PLATÓN

La república
Diálogos (Gorgias, Fedón y El banquete)

Copyright © EDIMAT LIBROS, S. A.
C/ Primavera, 35
Polígono Industrial El Malvar
28500 Arganda del Rey
MADRID-ESPAÑA
www.edimat.es

Colección: Obras selectas
Título: Platón
Obras incluidas:
    La república
    Diálogos
Introducción: Francisco Márquez
Traducción: Realizada o adquirida por equipo editorial
Diseño de cubierta: Juan Manuel Domínguez
Impreso en: Artes Gráficas Cofás

ISBN: 978-84-9794-146-4
Depósito legal: M-42151-2012

IMPRESO EN ESPAÑA – PRINTED IN SPAIN

LA REPÚBLICA

INTRODUCCIÓN

Francisco Márquez

El saber filosófico de Platón, se nos presenta en su extensa obra toda ella como un singular fenómeno literario al igual que un profundo sentido de la expresión de su propia concepción de la filosofía como actividad crítica.

Cabe admitir que la forma literaria del coloquio, definido por la prosa y discusión por un tema intelectual, no fue Platón quien le diera la luz, ya que antecesores a él, como Critias, al cual le unía algún parentesco, ya había escrito unas *Conversaciones (Homilíais)*, que bien le podía haber servido de modelo para su forma literaria. Antístenes también se le anticipó en la redacción de algunos *Lógoi Sokratikoí* con forma de diálogos. Sin embargo siguió por otros derroteros y se le atribuye ser precursor de los cínicos.

Fue Platón quien dio su estructura dialéctica, mucho más amplia y sutil, al nuevo género literario, aportándole un espíritu mucho más audaz y una claridad artística que anteriormente no tenía. Es por ello que está considerado el más grande de los prosistas helénicos; sus diálogos escritos alcanzaron la madurez y perfección como paradigma clásico de las discusiones filosóficas a cielo abierto. Posteriormente, a lo largo de la historia han reaparecido muchos filósofos con el mismo afán que Platón, todos ellos por imitación consciente y emulación de sus propios textos, como fueran Cicerón o Plutarco, en época más cercana a él; en el renacentismo, autores como Galileo Galilei, Giordano Bruno o, más tarde, idealistas como Berkeley, todos ellos con muy buena filosofía, aunque ninguno ha podido plasmar la vivacidad y soltura plástica, la expresividad honda y la claridad literaria que Platón nos legó en todos sus escritos de coloquios y diálogos.

Con anterioridad los filósofos que llamamos «presocráticos», ya habían dado a conocer sus ideas acerca de la naturaleza de las cosas y de la vida humana con bastante seriedad en prosa; todos los contemporáneos de Sócrates, ya fueran filósofos o médicos hipocráticos, escribían en una cuidada prosa con ciertos condimentos retóricos. Platón eligió el género del diálogo de un modo coloquial, divertido, flexible e irónico en el que se mantuvo durante toda su vida de escritor. En cada una de sus obras, se puede apreciar su propio talante, sobre el que cabe precisar, o tal vez suponer, tres factores vitales:

1. El magisterio de Sócrates, ágrafo e irónico conversador.
2. La convivencia democrática en Atenas, donde la palabra era de todos y la razón se imponía mediante la persuasión.
3. La afición al teatro desviada a la filosofía del joven Platón.

Desde que comenzara a escribir, pueden apreciarse esos diálogos breves que suelen calificarse como "socrático". Con cierta precisión, ya reflejan con mayor fidelidad la figura y la enseñanza de su maestro con su temática moral y sus conclusiones dudosas hasta sus obras más extensas, como *La república* y las *Leyes*. Platón escribió desde la muerte de su maestro Sócrates, en el 399 a. de C. hasta la suya propia, en el 347 a. de C., lo que supuso estar durante cincuenta años desarrollando su talento literario sin abandonar nunca, a lo largo de tan larga andadura de análisis, la forma del diálogo salvo en alguna aparente y breve excepción, como la *Apología de Sócrates*, un monólogo donde se puede apreciar que los interlocutores unidos están supuestamente presentes, y el *Menexeno*, parodia de un tipo de discursos.

Comencemos por recordar al impenitente conversador callejero, el paradójico Sócrates, a quien como discípulo había acompañado en numerosos encuentros y discusiones. ¿Cómo rememorar tras su muerte a ese sabio por saber que no sabía nada, sino presentándole en acción, entre sus contertulios ocasionales, con su vivaz pasión por la investigación de la verdad y la virtud, y su afán por desenmascarar los falsos saberes, las vanas opiniones y los prejuicios mostrencos? Como un tábano o un chato pez rémora, el inquisitivo Sócrates azuza y retiene a sus contertulios para obligarles a pensar a fondo en aquello que, por supuesto, creían saber y se descubren ignorar: qué es la virtud, el valor, el bien del alma, etc. Pero Sócrates no daba lecciones de un saber ya hecho y de compraventa, como los sofistas. En oposición a ellos iba armado con sus preguntas sutiles y su afán incesante por perseguir, más allá de la dóxa, el saber veraz.

Según Diès, prologista de la edición francesa de *La República de Platón*, de Chambry (París, 1948), hay una frase que parece resumir con certeza todo el pensamiento de Platón; cuenta que de hecho «Platón no llegó a la filosofía nada más que por la política y para la política».

Es de interés para el lector consignar aquí la frase de Diès, ya que con ella se coloca un importante peldaño para comprender de lleno al discípulo de Sócrates. Platón fue en efecto teorizador político y filósofo, y fue precisamente en su obra *La república*, ese diálogo fundamental entre los muchos que nos ha legado, donde formula varias de sus tesis más firmes y atrevidas, sacando como ejemplo una de ellas enlazada con su postura política que plantea de lleno la teoría metafísica de las ideas y nos adentra de lleno en un mundo de ricas y valiosas ideas e instituciones.

La discusión dialéctica para tratar de precisar un concepto es indispensable, siempre está presente en la mente de los que discuten como representación de un objeto común cuya naturaleza se investiga; es aquí donde ese objeto representa el principio de la vida social, siendo el vínculo que liga a los individuos y forma el Estado.

Es indudable que para Platón la política constituyó una acendrada y vivísima pasión con la que llenará su espíritu, ya que desde joven pensó en entregarse por entero a la política como cualquier otro ateniense como puede atribuírsele con toda justicia en la carta VII: «En otro tiempo, en mi juventud —*como tales palabras escritas*—, experimentaba lo que experimentan también tantos jóvenes, tenía el proyecto de entregarme a la política tan pronto como pudiese disponer de mí mismo.» Frases reales de Platón que revelan muy claramente el acierto de Diès y muestra a su vez la vía insoslayable para comprender su pensamiento.

El propósito de Platón era eminentemente político, su conclusión la podemos encontrar en esta obra *La república*; en ella refleja que no es en primer término la construcción ideal de una sociedad perfecta ni de hombre perfectos, sino un tratado de medicina política con aplicación a los regímenes que existían en su tiempo. Como propiamente lo confiesa el autor en algunos de sus pasajes, donde manifiesta su propósito de buscar el mínimo cambio de cosas para que esos Estados que están enfermos recobren la salud; ya que enfermos, en mayor o menor grado, se encuentran todos los Estados de su edad. Al igual que cuando habla de la tiranía de la polis, da a entender que son también enfermedades de los tres regímenes que le preceden.

En esta obra, Platón descubre toda la riqueza de su pensamiento filosófico y de su profundo amor a la justicia. Los males del gobierno en la ciudad, lo mismo que los vicios propios del individuo, se desvelan poco a poco con la observación, la experiencia y la reflexión de su espíritu tan inigualable.

Entendemos, pues, que al estudio del enfermo tiene que preceder la búsqueda del remedio para su enfermedad; de la misma forma es el pensamiento político platónico, partiendo de que el punto de arranque es examinar la situación de cada ciudad, ya que los regímenes políticos por esa época en Grecia no eran los mismos en una ciudad que en otra; incluso a veces se daba el caso de que en una misma ciudad se sucedían cambios opuestos. Platón redujo toda esta diversidad de sistemas imaginando una evolución a cuatro regímenes históricos fundamentales: Tinarquía, Oligarquía, Democracia y Tiranía.

Cada uno de estos regímenes aparecen uno tras otro como degeneración del que le precedía. Así pues, la Tinarquía nace de la propia corrupción de la aristocracia. Para Platón este era el mejor sistema de gobierno, el que aprobaba como representante de la sanidad primitiva. Salvo de la aristocracia de los restantes regímenes políticos tiene experiencia la Oligarquía, régimen que era muy celebrado en Creta y Lacedemonia.

La Oligarquía representa tan sólo la situación contemporánea que ya está en degeneración de la misma constitución Tinárquica. Platón conocía mejor los otros dos regímenes: por Atenas, su patria, la Democracia; y por su residencia en Siracusa en la época de Dionisio, la Tiranía.

No obstante, en los textos de Platón se percibe, que lo más vivo y constante en su alma es el régimen de su ciudad.

La Democracia ateniense, que ocupaba un campo mayor que ninguna en su propia experiencia personal, le ofrecía mayor riqueza de hechos y fue el más largo período que vivió dentro de un sistema político, donde pudo desarrollar toda su constructiva meditación filosófica, que constituía un descontento y una insatisfacción del régimen político donde había nacido y donde pasó la mayor parte de su vida. La experiencia y la reflexión platónicas quedan claramente testimoniadas con admirable precisión en su obra *La república*. En ella proclama Platón ese diálogo donde a su juicio se encuentra la clave de la renovación social helénica por la consecución del buen gobierno democrático.

La educación y el conocimiento que Platón posee del hombre es el indicio y argumento generador para unir la fértil idea de la justicia bajo la cual la vida pública y la privada alcanzan el más alto término de racionalidad; es ahí donde cobra evidencia y sumo rigor la renovación del gobierno social.

Esa fue la principal actitud que Platón quiso evocar, recurriendo para ello al diálogo en libertad, creando una riqueza en el lenguaje que nunca había existido, quizás ante la nostalgia por su desaparecido maestro y amigo.

Es lógico pensar que para tal conclusión de Platón, su principal patrón de conducta en el hombre la encontrará en el propio hombre de su ciudad, la un día gloriosa Atenas, desmantelada después en su época por el vicio y la corrupción, sin tratar de buscar para sus males un remedio que la volviera al lugar privilegiado del que antes gozara. En el pensamiento de Platón bien se puede apreciar, que no hay en realidad una forma de gobierno mala, sino hombres que son los que la convierten en mala. Platón confiaba firmemente en que era posible la renovación de la ciudad para levantarla a la plenitud de la gloria del pasado y para tal renovación había que comenzar ni más ni menos que por el examen de la educación nacional para detectar dónde estaba el mal y encontrar la viabilidad para atajarlo.

En *La república*, Platón presenta en algunos de los pasajes a los representantes de la democracia de su ciudad como un patrón robusto y hermoso pero sordo, ciego e ignorante, como un juguete para los marineros que llevan su barco; en otros, como un fuerte y gran animal cuyos humores y apetencias es estudiado por los sofistas para aceptarlo como ciencia con el fin de sacar de este estudio normas para el manejo de cada uno. Porque Platón tiene su propia imagen formada de la democracia de su ciudad, que refleja en esta obra como un demo menor de edad e insensata y unos demagogos que la arrastran a su capricho abusando de su incapacidad y falta de sentido; Platón no tiene hiel para el demo pero sí para los demagogos, como se puede apreciar en su obra: cuando habla del demo lo hace usando tonos que van desde la compasión a la ironía. Incluso cuando agravia, no lo hace con voluntad propia sino porque desconoce la realidad y sólo tiene información no directa y tal vez excedida por falsos informadores. La opinión de Platón, en ocasiones adversa a la realidad, era de espera dentro del entorno político; un hombre que había sido discípulo afecto de Sócrates, que además había recogido la experiencia de aquel agitado y triste período de la historia de Atenas a finales del siglo V, donde la guerra del Peloponeso puso un trágico colofón a una gran época de notorio esplendor artístico, cultural y político los conflictos políticos y sociales implican una lucha de ideas y de valores similar a la del combate armado o la rivalidad económica. Platón fue creciendo en medio de un descomunal conflicto entre Atenas y Esparta y de una lucha interna en la ciudad entre las facciones oligárquica y democrática. Existía, diríamos, un notable grado de plasticidad en las ideas políticas y sociales vigentes en la Atenas de Platón. Se sometían a discusión dos modelos antitéticos en los que se enfrentaban dos ideologías sobre las que discutían tanto en los círculos de los simposios y cenas como en la Asamblea y la plaza pública.

Platón nació al final de una época. Cuatro años antes de su nacimiento, Pericles había involucrado a Atenas en una guerra desastrosa con Esparta que duró casi treinta años y que acabó resultando una absoluta humillación para Atenas. En el mismo año en que estalló la guerra del Peloponeso, una terrible peste atacó el Ática, y durante los siguientes cuatro años redujo su población en un tercio.

Pericles murió el 429 a. de C., dejando que la ciudad —huérfana del símbolo vivo de su estabilidad política y su autoridad militar— acudiera al reto militar y político de Esparta bajo un liderazgo cada vez más inseguro. La niñez, la juventud y los primeros años de adulto de la vida de Platón transcurrieron en una ciudad en guerra. La posición social y los intereses políticos de sus familiares más próximos hicieron que la política y los resultados militares de la guerra se vivieran intensamente en su casa.

Cuando Platón tenía unos cinco años, los atenienses capturaron Esciona, una ciudad de Calcídica que se había pasado al bando de Esparta. Atenas condenó a muerte a todos los varones de Esciona y vendió como esclavos a todas las mujeres y niños. Seis años más tarde, la isla de Melos se negó a aliarse con Atenas. A pesar de que Melos estaba dispuesta a permanecer neutral, los atenienses pusieron sitio a la ciudad, la capturaron y la sometieron a la misma espantosa suerte que a Esciona.

Para inmortalizar su reputación, el dramaturgo Eurípides tuvo el coraje de exponer ante los ojos de sus conciudadanos la agonía que ellos mismos habían hecho recaer sobre las mujeres de Melos, representándolas como las viudas y cautivas víctimas de la guerra de Troya en su espeluznante obra *Las Troyanas*. El teatro en la Atenas clásica no era un mero lugar de diversión. Los grandes concursos en los que competían los dramaturgos tenían un poderoso cariz religioso. Las obras puestas en escena indagaban, mediante unas imágenes concretas, en los problemas últimos de la existencia humana: el sometimiento del ser humano a las ciegas fuerzas del destino, el conflicto entre las obligaciones personales y el poder del Estado, la mísera desesperación de las víctimas de la guerra y del poder político, el dinamismo autoperpetuante y vano de la venganza de sangre, la caprichosa e insensible crueldad de los dioses, la desesperada sed de certeza del hombre, la creativa —aunque frágil— belleza de la compasión… En sus años postreros, Platón se mostró manifiestamente hostil a la libertad de los dramaturgos para influir en las mentes y sentimientos del auditorio. La fuerza con que se opuso a ellos es testimonio del poder que reconocía que poseía el drama.

El año 415 marcó el comienzo de una amplia expedición militar a Sicilia. Las fuerzas partieron bajo las órdenes del gran estratega Nicias, cuyo entusiasmo por la empresa era, en cierta medida, limitado. La partida se vio entoldada por las nubes de un extraño sacrilegio. Durante una noche aparecieron mutilados todos los Hermes sagrados de Atenas. Era un presagio cierto: los atenienses combatieron durante dos años en la toma de Siracusa, y a pesar de que se reunieron decenas de miles de hombres, un gran número de naves y una cantidad descomunal de armas, el ejército ateniense sufrió una derrota aplastante en la que el propio Nicias encontró la muerte. Unos siete mil prisioneros dieron con sus huesos en las canteras de Siracusa y muchos más fueron vendidos como esclavos. Este desastre acaeció cuando Platón contaba catorce años. En el 411 la democracia fue derrocada por una revolución de derechas. Un Consejo de Cuatrocientos se hizo cargo del poder, aunque sólo se mantuvo dos años. Luego se restauró la democracia y la guerra continuó. A pesar de que hubo algunas oportunidades para negociar una paz que hubiera permitido salvar al menos algún vestigio del imperio ateniense, se impuso el patrioterismo demagógico y Atenas asumió el compromiso de continuar el combate hasta su amargo final.

En la primavera del 404, cuando Platón contaba veintitrés años, la ciudad se vio obligada a capitular. La pérdida de su flota y de miles de soldados, y un crudo invierno de enfermedad y hambre sufriendo un estrecho asedio forzaron a la ciudad a ponerse de rodillas. Los ciudadanos esperaban presos de terror, mientras los espartanos y sus aliados discutían qué trato darles a ellos y a la ciudad. El recuerdo de los ultrajes cometidos con Esciona y Melos no se había borrado. No les faltaba razón a muchos atenienses que temían que se les sometiera a una fuerte dosis de su misma e inhumana medicina. Hubo entre los aliados de Esparta ciertas voces influyentes que propugnaban esa suerte última. Al final, sin embargo, Atenas obtuvo el favor de Esparta: el pueblo fue perdonado, aunque los Muros Largos, que eran la principal defensa de Atenas, fueron derribados y la democracia quedó abolida para dar paso a un gobierno de Treinta Magistrados cuidadosamente seleccionados en atención a su postura antidemocrática y filoespartana.

Sin duda, hubo muchas personas clarividentes, compañeros de Platón, que derramaron muy pocas lágrimas ante el derrocamiento de la democracia. Tenían razones para esperar una vuelta a la estabilidad y la prosperidad bajo el liderazgo de un miembro de su educado y respetable círculo de ricos. Platón, sin duda, lo esperó. Algún miembro de su propia familia formaba parte de los Treinta, unas personas que habían frecuentado la compañía de Sócrates perfilando sus ideas políticas sobre la piedra de afilar de su analítica mente. Aun siendo trágica la derrota, abrió camino a radicales reformas políticas y sociales en la ciudad. A sus veintitrés años Platón era un hombre inteligente, dotado de un entusiasmo genuino por la reforma política. Había aprendido de Sócrates un desprecio total por un sistema «democrático» cuyas más altas magistraturas eran asignadas mediante sorteo y que durante los estadios de la guerra había demostrado ser vulnerable hasta unos límites inquietantes, ante las seductoras voces de la irresponsabilidad de la Asamblea. Platón aprendió de primera mano la realidad de toma de decisiones bajo la democracia y también tuvo que visitar los tribunales de justicia. Los juicios suponían en Atenas un centro de interés popular no pequeño, toda vez que en un proceso legal podía crearse o derrumbarse la figura de un político.

Con la instauración de los Treinta, Platón encaraba un período de gobierno racional a cargo de unas personas capaces, inteligentes y virtuosas que encarnaban los valores sanos, profundamente anclados en el sentido de la obligación de su propia clase de aristócratas. La desilusión de Platón fue rápida y total. El cabecilla de los Treinta era un hombre cruel e inmoral. Bajo el liderazgo de su tío-abuelo Cricias, los Treinta tiranos instauraron un régimen de terror: sus adversarios fueron eliminados, sus posibles oponentes fueron eliminados y los poderes del Estado fueron secuestrados. Y con gran disgusto para Platón, los Treinta intentaron incluso involucrar a Sócrates en sus acciones, acusándole de participar en el arresto de una de sus víctimas.

Los defensores de la democracia que aún sobrevivían escaparon y organizaron una fuerza revolucionaria bajo los estrategas Trasíbulo y Anito. Y cuando los espartanos fracasaron en su intento de ayuda a los Treinta, en el año 403, forzaron su regreso a la ciudad y restauraron la democracia. La restauración se produce con una moderación extraordinaria. Por unos momentos pudo dar la impresión a un joven como Platón de que, por fin, el austero y probo imperio de la ley y del buen sentido político que los Treinta —a pesar de su palabrería sobre la virtud— habían sido tan manifiestamente incapaces de implantar, podía llegar a convertirse en una realidad bajo el moderado gobierno de la recién restaurada democracia.

Cuando en el 309 el nuevo régimen democrático condenó a muerte a Sócrates, Platón se sintió amargado y profundamente ofendido. Dejó de lado cualquier ambición que pudiera tener por participar en la política de Atenas y se entregó al estudio de la filosofía.

Durante sus años de juventud, Platón había acompañado a sus tíos Cármides y Cricias y a sus hermanos Adimanto y Glaucón como discípulos de Sócrates. Ahora se retiró junto con otros miembros del círculo de Sócrates para residir en Mégara junto a Euclides, un filósofo eleático que asistió a los últimos momentos de la vida de Sócrates.

Sócrates fue una especie de institución en la vida de Atenas durante los años jóvenes de Platón. Figura familiar en las plazas públicas de la ciudad, sus conciudadanos estaban habituados a verle en el ágora, el gimnasio, o de paseo por la ciudad en compañía de un cortejo de jóvenes y un reguero de viejos amigos y compañeros enfrascados en su conversación.

Una famosa anécdota cuenta que su amigo Querefonte recibió del oráculo de Delfos el dictamen de que no había nadie «más libre, más justo ni más sabio» que Sócrates, y que el propio oráculo invitó a Sócrates (convencido como estaba de que él no sabía nada) a buscar a alguien que fuera realmente más sabio y de mayores conocimientos que él. Tras haber descubierto, a pesar de la confiada presunción de algunos de sus conciudadanos a quienes interrogó sobre esto, que nadie en Atenas conocía la única cosa que él sí sabía, se dice que Sócrates llegó a la conclusión de que, en efecto, él era el más sabio de los hombres de su ciudad, ya que al menos sabía que no sabía nada.

Platón apenas apunta en sus textos la sombra del conflicto bélico, pero la condena y muerte de su maestro Sócrates en el 399 a. de C. es una consecuencia de la reacción conservadora tras la derrota y la intentona por volver atrás. Los que le condenaron, querían condenar los excesos críticos de un movimiento como la Sofística buscando algún responsable de la crisis espiritual y desgarramiento social de la polis tras el fracaso en los combates.

Según Platón, el tribunal popular que condenó al más sabio y justo de los hombres de aquel tiempo, cometió un abuso de poder por ignorancia, algo que ya estaba profetizado en el coloquio con Calicles de Gorgias; para sus contemporáneos Sócrates fue otro sofista, caracterizado con hábitos pintorescos y ciudadanía ateniense. Platón nos presenta a su maestro en franco contraste con los sofistas, en cuanto a métodos y fines educativos, pese a estar claro que en muchos puntos Sócrates coincide con los mejores representantes de esa imagen. Es en ese ambiente ilustrado y democrático donde los diálogos sobre temas de ética y política alcanzan su preciso sentido histórico, precisamente porque todo estaba cuestionado por la crisis racionalmente con ideas y no fundándose en creencias tradicionales; los criterios básicos de la conducta social son por lo que Sócrates puede presentarse como un pedagogo *sui generis* y por lo que sus discípulos ven en él a un maestro de virtud, pese a que lo negaba el propio Sócrates. Para Platón, la oposición a la democracia era fruto de su desengañadora experiencia; había llegado a ella en virtud de una doctrina fundamental en el tratado de *La república,* pero indudablemente con procedencias socráticas, —la doctrina o principio de la técnica—. De su maestro heredó la idea de que el filósofo debe estar al servicio de la *polis.* Una idea que mantuvo siempre, aun cuando los reveses de su experiencia vital le apartaran de la praxis política. Platón considera que el filósofo tiene una función política, que puede desarrollar mediante su actuación personal, como hizo Sócrates, o mediante su lección por escrito, aunque tenga que inventar utopías. Claro está que en todo esto, sin embargo, no aparece sino un aspecto vulgar y previo del requerimiento socrático; porque el arte militar y el político entran dentro de aquella «ciencia humana y ciudadana». La capacidad de hacer más sensatas a la clase política que mejore a sus conciudadanos es lo que el Socrátes platónico exige de ella, al no tener la suerte de conseguirlo, es por ello que queda pronunciada la condena definitiva de la democracia; aunque la descripción que Platón hace de ella no quedaría completa a nuestros ojos si al lado de su razonamiento abstracto no tuviéramos en cuenta la animada pintura de la vida ateniense, la cual nos hace hablar del Estado y del hombre democrático en uno de los apartados de más valor literario de la obra de Platón, donde se ve el régimen en su hábito externo, con aquel henchimiento de libertad, anárquica indisciplina e insolencia agresiva tal que si estuviese en el ambiente, se transmite a los esclavos y a las bestias, de modo que hasta los caballeros y los asnos van por los caminos sueltos y arrogantes, atropellando a todo lo que le estorbara al paso. Libertad tan suspicaz que se irrita y se rebela contra cualquier intento de coacción y que para guardar perpetua y plena conciencia de sí misma termina por no hacer caso de norma alguna. Nadie como Platón pudo dejar cosa mejor sobre las flaquezas políticas de Atenas; sus consideraciones expuestas nos explican claramente la renuncia que tuvo a las soluciones del problema de la fidelidad del poder público, que consiste primordialmente en que fuera ejercido por la propia sociedad, creando un cuerpo de ciudadanos especializados para tales funciones directivas del Estado, sin idea de sistema representativo ni de balanza de poderes, sólo de acuerdo con su doctrina; esta creación está plasmada en gran parte en el tratado de *La república*.

No se sabe con exactitud el momento en que Platón comenzara a escribir y publicar sus obras, aunque todo apunta a que lo hiciera después de la muerte de su maestro Sócrates; pese a que no exista razón alguna para creer que haya escrito nada antes de su muerte, es posible que anterior a tal suceso, bien pudo haberse dedicado a escribir los pensamientos, impresiones, argumentos e ideas filosóficas que aparecen en sus diálogos publicados, aunque en un principio fueran anotaciones para su uso personal, para luego discutirlas con su amigo y maestro; indudablemente, no podemos eludir que a la muerte de Sócrates se sintió con la obligación de defender su memoria contra detractores y puede que este fuera el factor principal que influyera en su decisión de escribir y publicar para realzar su figura, dándole a conocer rápidamente como un filósofo por derecho propio. La publicación de los diálogos socráticos fue algo más que la publicación de unos simples recuerdos; también eran auténticas obras de serias discusiones filosóficas pese a que las presentara en forma literaria viva y entretenida.

El motivo de que Platón adoptara la forma del diálogo en sus obras, no cabe duda que se debe a su talento dramático desviado al relato filosófico. De todos es bien conocida la anécdota que, tras encontrarse con Sócrates, el joven Platón renunciara a su vocación de dramaturgo para dedicarse de lleno al diálogo, con su sentido del humor y su aprecio por el detalle burlón, que bien puede ser influido por la admiración que Platón hubiera sentido por algunos comediógrafos, como podemos señalar al propio Aristófanes, quien fuera uno de los comensales mejor tratado del *Banquete*, pese a que fuera uno de los mayores culpables de la impopularidad de Sócrates tal como se recoge en la *Apología*, con su ácida caricatura de las Nubes. En muchos diálogos de Platón queda claramente patente su gusto por la comedia, aunque poco se comenta hoy en día de ello.

Cuando Platón contaba con cuarenta años de edad, sobre el 388 a. de C., visita Italia y Sicilia; visitas de gran transcendencia para Platón, porque entró en contacto con Arquitas de Tarento, máximo representante, aún con vida, de la escuela pitagórica; seguidamente estableció una duradera amistad con Dión, el cuñado de Dionisio y tirano de Siracusa. Con la primera relación Platón tuvo acceso a una poderosa influencia intelectual, que le proporcionó justamente el estímulo que necesitaba para generar su propia respuesta sistemática al conjunto de preguntas que había heredado de Sócrates; posiblemente fuera por su relación con Arquitas de Tarento, con quien Platón encontrará la forma de poner en orden literario sus diálogos. El contacto con Dión que surgió gran amistad, le indujo a dos visitas posteriores a Siracusa, en los años 367 y 361 a. de C., visitas que bien pudiera decirse que no fueron muy fructíferas, ya que Platón no tuvo éxito en ninguna de las ocasiones al querer transformar al joven Dionisio en el tipo de gobernante que tanto Dión como él creían que el Estado necesitaba. En su empeño comenzó por enseñar a Dionisio los rudimentos de geometría y no encontró forma alguna en poder seguir adelante en su empeño.

Al regreso de su primer viaje a Siracusa, Platón fundó la Academia en Atenas al tomar contacto con el ciudadano Academus, quien permitió a Platón utilizar los jardines de su casa para fundar su escuela de filosofía, a la que Platón dio por llamar Academia en honor de su protector.

Legalmente la Academia era una asociación religiosa; pero en realidad se trataba de una institución en la que profesores, maestros y alumnos trataban, en conjunto, el estudio de la filosofía y de las ciencias; al frente de la cual Platón estuvo no menos de veinte años dedicado a la enseñanza de sus alumnos, así como a la producción del *corpus* de publicaciones que legó a la humanidad.

Sobre el 367 a. de C., cuando Platón contaba con la edad de sesenta años, nuevamente fue llamado por Dionisio el Viejo a Siracusa, destino de su segundo viaje. Dionisio se había quedado asombrado por la fama adquirida por la Academia de Platón, que en poco tiempo pasó a ser el templo espiritual de distinguidos profesores. Famosos fueron sus logros en filosofía y en matemáticas. También se produjeron algunas obras en el campo de las ciencias, como la biología y la medicina. Por toda esa formación adquirida, fue por lo que Dionisio el Viejo solicitó su presencia para que se encargara de la educación de su hijo Dionisio el Joven. Al partir Platón, Aristóteles se incorporó a la academia con tan sólo diecinueve años y permaneció en ella más de veinte años hasta la muerte de Platón —cuando cantaba ya ochenta años— sin descendientes, porque nunca se casó. En sus obras puso bien de manifiesto lo importante que para él era la amistad, como la surgida entre él y Dionisio el Joven, que le asignó una residencia fija en Siracusa.

LAS TEORÍAS POLÍTICAS DE PLATÓN

Platón es, pues, el fundador del *idealismo metafísico*. Los auténticos valores y la verdadera realidad, no son las cosas dadas en la experiencia sensible. Son entidades accesibles sólo al entendimiento inmutable y universal, al que él dio por llamar *Ideas*. Fuera de la mente, las *Ideas* existen como modelos o arquetipos generales de los que participan las cosas singulares, y gracias a esta participación reciben estructuras y sentido. Hay tantas *Ideas* como clases o especies de cosas que puedan existir en todo; es por ello que se puede constituir como un grupo por la semejanza que tienen con la *Idea* común de Platón.

Las *Ideas* se relacionaban en el mundo inteligible, según coordinación y subordinación y se jerarquizan bajo la *Idea* del bien. La verdad del conocimiento o de la ciencia es el buen saber de las *Ideas*, tal cual sólo puede proporcionarlo el entendimiento. En cambio los sentidos no nos pueden dar más que opinión, ya que sus objetos sólo son las impresiones fugaces que tan pronto son como no son. El alma ha preexistido al cuerpo. Antes de esta vida ha contemplado directamente a las *Ideas*. Las cosas de la experiencia, participaciones de aquéllas, avivan el recuerdo que el alma tenía, de tal forma que conocer es recordar la correspondiente *Idea*. Platón renueva las doctrinas *pitagóricas* y define que el cuerpo es la cárcel del alma y consta de tres partes; como expone en el famoso mito del carro alado del diálogo de *Fedro*:

La parte racional, directora, que reside en la frente.
La animosa en el pecho.
La patente en el vientre.

Según esta estructura tripartita, las virtudes se dividen:

La virtud de la razón es la sabiduría.
La del ánimo, la fortaleza.
La del apetito, la templanza.

La concordancia entre estas virtudes engendra la justicia, quedando así establecidas las posteriormente llamadas virtudes cardinales.

En la obra *La república*, Platón trata de su filosofía del Estado y de la pedagogía. El Estado ideal es tal que un inmenso organismo que reproduce la estructura humana. El origen se encuentra en la satisfacción de las necesidades de los ciudadanos y el principio de su organización interior es la división del trabajo. Análogamente a las partes del alma, las clases sociales del Estado deberán ser los gobernantes, filósofos y legisladores, cuya virtud es la prudencia; los guerreros, que defienden las fronteras del territorio y que deben brillar por su fortaleza, y los comerciantes y artesanos, que buscan el lucro personal y que deben tener la virtud de la templanza. La justicia es, pues, la virtud resultante de la armonía de las tres restantes. La educación de los ciudadanos está encomendada al Estado. Desde la infancia los niños son sometidos a varios ejercicios para su mejor preparación corporal y espiritual. Diversas pruebas de selección clasifican a los educados para adecuarlos a una clase social.

La moral ciudadana es la conclusión más cierta de la reforma política platónica, como claramente nos dice: *es sólo una consecuencia de la buena educación.*

Está claro que la construcción política de Platón no surge sólo de la contemplación de las realidades de su tiempo, ni de la insatisfacción que le inspira, sino de la repugnancia que siente contra las corrientes teóricas políticas que existen. Doctrinas y hechos siguen el mismo proceso en paralelo; primeramente, el pensamiento griego se aplicó a la contemplación de la naturaleza, al estudio de sus leyes, a las conjeturas sobre la composición del mundo físico. Posteriormente, al quedar el Estado incluido en el universo natural, resulta por tanto tan irreformable como la propia naturaleza. Indiferente resulta que se transporten de lo físico a lo humano los conceptos de justicia, o que sigan el proceso inverso; todo permanece dentro de lo fatal e inevitable.

Cuando Platón trata el origen de la democracia, lo pinta de una manera viva y verdadera viendo cómo en Atenas los hechos confirman la esperanza de que el poder cambia de manos; luego entonces no es válida la creencia del origen divino de los gobernantes, hay que dejar paso a la conversación y desechar la idea de fundamento natural del Estado. El peligro radica en que todo lo convencional es proclive al cambio, y frente a la antigua doctrina Estado-naturaleza, la del individuo-naturaleza deja el camino abierto a los asaltos del egoísmo, del capricho y, en último término, a la teoría de la fuerza, que sólo puede llevar a la tiranía o a la destrucción de la sociedad.

Atenas había pasado en esa época por varios desastres encadenados uno tras otro: la peste, la derrota, el hambre y el terror; la moral de los ciudadanos, pese a que los griegos tenían en las relaciones internacionales normas heredadas de muy antiguo con base religiosa, tales como la del respeto al pacto jurado y la de la inviolabilidad de los mensajeros, no les permitió aguantar más y violaron todas las normas de conducta humana, y sumergidos en la catástrofe ciudades, familias e individuos, no parecía haber otra consigna sino la de sálvese quien pueda, y la máxima de que cada cual no valía más que lo que su propia fuerza, de la que disponía tanto en las relaciones ciudadanas como en las relaciones internacionales.

Que las doctrinas demoledoras no eran ni mucho menos invenciones de Platón lo muestra con pruebas irrefutables en fragmentos escritos de los antiguos sofistas; Homero había enseñado que los reyes reciben su cetro de Zeus; Hesíodo había dado a la Justicia progenie divina; Heráclito había concebido el orden del Estado como una parte del gran orden del cosmos.

Tanto en Tucídides, como en Jenofonte, Aristófanes o Lisia, se halla reflejo del ambiente de aquellas sediciones y guerras civiles; como sucede siempre, el atropello y la crueldad rebasaban los límites entre Estados creando el horror entre los ciudadanos y nace en ellos la tenebrosa desconfianza y el miedo inefable a la tiranía y a la muerte, preguntándose anhelosamente hasta dónde llegaría aquello: el poder de los tiranos, ahogando sus propios miedos en la sangre de los ciudadanos.

La reconciliación y la amnistía de Atenas llegaron más tarde impuestas por los lacedemonios; pero aun así no termina con todo el rencor de todos los agraviados durante tan largo período de desastre y villanía; desde un principio los ciudadanos honrados y neutrales a cualquier bando que se creara, pasaron a ser las primeras víctimas de represiones de una u otra parte, en lucha por la supervivencia en medio del caos general y de las matanzas.

Cabe suponer que el proceso de Sócrates estuviese motivado por una de esas venganzas políticas disfrazadas con otras imputaciones que los jueces populares hallaron presentadas por los acusadores sin escrúpulos y con poder dentro de la vida social de Atenas. Al sucumbir la moral de los griegos por la reconciliación impuesta por los lacedemonios, el hombre medio y los ambiciosos de altura aceptan las doctrinas impuestas, aunque siempre queda una esperanza de remedio que viva en la conciencia; pero cuando ésta ya se encuentra cómoda nada cabe esperar si la formula hallada es la valedera.

Las relaciones internacionales y de partidos fueron abriéndose camino en el campo de la enseñanza pública merced a los sofistas que enseñaron un *arte de vivir*, faltando desde el principio los fundamentos tradicionales de religión y moral. Dejando a un lado también los problemas de la ciencia natural, de la cual los cultivadores mostraron gran diversidad de doctrinas que hacían desconfiar si con ellas se podría obtener algún resultado positivo, volvieron su mirada hacia el hombre designado *medida de todas las cosas*, como ya mencionaba Protágoras, que acudió por vez primera a Atenas a mediados del siglo V, quien por entonces confiara a Pericles el bosquejo de una constitución para Turios, la colonia panhelénica (422 a. de C.). La doctrina moral y política de Protágoras, de apariencia conservadora y respetuosa, fue derrocada y acusado éste por Pitidoro alrededor de unos cuatrocientos once años más tarde. Pese a ello la doctrina de Protágoras contenía dos gérmenes que habían de madurar en las enseñanzas de los posteriores sofistas.

Discrepaba de las leyendas anteriormente recibidas al igual que de la concepción común que se tenía de la antigüedad. Sostuvo que la salvaje fue la vida primitiva de los humanos, que para no ser aniquilados por las fieras tuvieron que congregarse, y de ahí el nacimiento de ciudades.

Platón demuestra también con prueba al sofista Antifonte, que profesó semejantes opiniones a las mencionadas por Protágoras sobre el origen de la sociedad, asegurando además que el *nomos* humano y las leyes de la ciudad violentan las leyes naturales, que son las únicas que presentan carácter de necesidad general; las otras sólo se deben obedecer en presencia de aquellos que las han hecho, pero cuando nadie lo observa conviene escaparse de ellas y vivir conforme a la naturaleza.

Es indudable que los hechos acaecidos precedieron a las teorías, ya que el abuso de la fuerza es tan antiguo como el propio hombre; y fue este el peligro con que se enfrentó Platón en su obra *La república*.

LA REPÚBLICA

LIBRO PRIMERO

I

En compañía de Glaucón, el hijo de Aristón, bajé ayer al Pireo con objeto de dirigir mis súplicas a la diosa y deseoso de ver asimismo cómo realizaban la fiesta que iba a tener lugar por primera vez. Me pareció ciertamente hermosa la procesión de los naturales del pueblo, aunque no lo fue menos la que celebraron los tracios. Después de orar y de haber contemplado la ceremonia, emprendimos el regreso hacia la ciudad. Pero Polemarco, el hijo de Céfalo, habiendo visto desde lejos que marchábamos a casa, mandó al esclavo que corriese hacia nosotros para pedirnos que le esperásemos. Y así fue que, cogiéndome del manto por detrás, me dijo:

—Polemarco os suplica que le esperéis.

Yo, entonces, volviéndome, le pregunté dónde se encontraba.

—Ahí atrás —contestó—, y ya avanza a nuestro encuentro; por favor, esperadle.

—Bien; así lo haremos —dijo Glaucón.

Poco después llegaron Polemarco y Adimanto, el hermano de Glaucón, así como Nicérato, el hijo de Nicias, y algunos otros, al parecer de regreso de la procesión.

Y dijo Polemarco:

—Parece, Sócrates, que estáis en camino de vuelta a la ciudad.

—En efecto, no te equivocas —le dije.

—¿Te has parado a mirar cuántos somos?

—Claro que sí.

—Pues una de dos: o demostráis ser más fuertes que nosotros, o decidís permanecer aquí.

—¿Y no queda otra solución —dije yo— que convenceros de que es preciso que nos dejéis marchar?

—¿Podríais hacerlo —dijo él— si nosotros no queremos?

—De ninguna manera —contestó Glaucón.

—Pues haceos a la idea de que no lo hemos de querer.

Y dijo entonces Adimanto:

—¿Es que no sabéis que al caer de la tarde habrá una carrera de antorchas a caballo en honor de la diosa?

—¿A caballo? —dije yo—. Cosa nueva, sin duda. ¿Acaso se pasarán unos a otros las antorchas en medio de la carrera? No comprendo que pueda ocurrir de otro modo.

—Efectivamente —dijo Polemarco—, y harán, además, una fiesta nocturna, digna de ser admirada; saldremos, pues, luego de haber cenado, nos reuniremos allí con otros muchos jóvenes y charlaremos con ellos. No lo penséis un momento más y quedaos con nosotros.

—Al parecer —dijo Glaucón—, no tendremos más remedio que quedarnos.

—Eso es —dije yo—, habrá que hacerlo así.

II

Nos fuimos, por tanto, a casa de Polemarco, y encontramos allí a Lisias y a Eutidemo, hermanos de aquél; a Trasímaco el calcedonio, a Carmántides el peanio y a Clitofonte, el hijo de Aristónimo. Estaba también con ellos Céfalo, el padre de Polemarco. Y en verdad que me pareció muy envejecido, pues tanto era el tiempo que llevaba sin verle. Se nos aparecía sentado en un asiento con cojín y con una corona en la cabeza, pues sin duda acababa de realizar un sacrificio en el patio de la casa. Nos sentamos con él, aprovechando que a su alrededor había colocados algunos taburetes.

En cuanto me vio Céfalo, me saludó y me dijo:

—Sócrates, muy pocas veces vienes a vernos al Pireo, no obstante la alegría que nos darías con ello. En cambio, si yo pudiese hacerlo, iría sin dudarlo a la ciudad, ahorrándote así el viaje hasta aquí. Pero como esto no es posible, debes ser tú el que trates de acercarte hasta nosotros con más frecuencia. Pues, en efecto, quiero decirte que cuanto más me abandonan los placeres del cuerpo, tanto más aumentan los deseos y las satisfacciones propias de la conversación. No nos olvides y acércate aquí con estos jóvenes, que en nosotros encontrarás a unos verdaderos amigos.

—Y ciertamente, Céfalo —le dije—, me complace mucho conversar con personas de edad avanzada; pues me parece necesario que sean ellas quienes me hablen de un camino ya recorrido y que, posiblemente, también nosotros tengamos que recorrer. Conviene que me digas cuál es este camino, si es penoso y difícil, o fácil y accesible. Con verdadero gozo escucharía tu opinión sobre esto, puesto que te encuentras ya en esa edad que los poetas denominan «el umbral de la vejez», y bien desearía saber si consideras desgraciado este momento de la vida o qué conceptuación te merece.

III

—Por Zeus, Sócrates —me contestó—, te diré al menos cómo se me muestra a mí. Confirmando el antiguo proverbio, sucede muchas veces que nos reunimos unos cuantos de una edad aproximada; la mayoría de ellos suelen lamentarse de su suerte, echando de menos los placeres del amor, que con los de la bebida y los banquetes y otras muchas cosas de este tenor llenaron sus años juveniles. Lloran su pérdida, como si en realidad hubiesen dejado de poseer grandes bienes, y se lamentan de que era entonces cuando les sonreía la vida, mientras que ahora ni siquiera viven. Algunos se quejan incluso de los insultos que reciben en su vejez de los que con ellos conviven, y ello les da pretexto para inculparla de todos sus males. A mi parecer, Sócrates, no dan con la causa real que los produce; porque si la vejez fuera la causa, hubiera sufrido yo lo mismo que ellos, con el peso de los años, e igualmente todos cuantos han llegado a esa edad. Ahora bien; he conocido a otros que no reaccionan así, y recuerdo precisamente que en cierta ocasión, estando con el poeta Sófocles, alguien le preguntó: «¿Cómo te comportas, Sófocles, respecto a los placeres amorosos?» A lo que él contestó: «Calla, por favor, buen hombre, que me he librado hace ya tiempo de ellos con la mayor alegría, como quien se libera de un amo furioso y cruel.» Justamente, creí entonces que decía verdad, y lo sigo creyendo ahora, pues es en la vejez cuando se produce una gran paz y libertad respecto a estas cosas. Cuando ceden los deseos y se relajan nuestras pasiones, ocurre enteramente lo que afirmaba Sófocles, esto es, que nos vemos libres de una gran multitud de furiosos tiranos. Pero de estas lamentaciones, así como de las referentes a los allegados, sólo una causa puede invocarse, y es ella, Sócrates, no la vejez, sino el carácter de los hombres. Pues en verdad que para los prudentes y bien dispuestos, la vejez no constituye un gran peso; pero sí lo es, Sócrates, tanto para el viejo como para el joven que no posee esas cualidades.

IV

Admirado de oírle decir eso, y queriendo que continuase hablando, le animé a ello y le dije:

—Pienso, Céfalo, que la mayoría no dará por buenas estas razones cuando te las oiga, sino que estimará que tú sobrellevas fácilmente la vejez, no por tu carácter, sino por la gran fortuna que posees, pues dicen que los ricos pueden proporcionarse muchos consuelos.

—Es verdad lo que dices —contestó—. No les dan crédito, y dicen ellos a su vez algo razonable, aunque no tanto como piensan. No está mal traer aquí a colación el dicho de Temístocles a un ciudadano de Sérifo, que le injuriaba diciéndole que debía su gloria a su patria y no a sus méritos. «Ciertamente, ni yo habría alcanzado renombre siendo de Sérifo, ni tú aunque te hubiese caído en suerte nacer en Atenas.» En cuanto a los ricos, que llevan gravosamente la vejez, les viene como anillo al dedo este razonamiento, porque ni el hombre virtuoso soportaría fácilmente la vejez en medio de la pobreza, ni el no virtuoso cargado de riquezas llegaría a encontrar satisfacción en ellas.

—¿Y qué es lo que ha ocurrido en tu caso, Céfalo —le dije yo—, que tus riquezas han sido fruto de la herencia o que las has adquirido tú en su mayor parte?

—¿Te refieres, Sócrates, a lo que yo he podio adquirir? —contestó—. Pues has de saber que en materia de negocios ocupo un lugar intermedio entre mi abuelo y mi padre. El primero, del mismo nombre que yo, habiendo heredado una fortuna aproximadamente igual a la mía, la multiplicó de manera considerable, y Lisanias, mi padre, aún la hizo menor de lo que ahora es. Me doy por contento con no dejársela a éstos disminuida, sino, antes bien, algo mayor de la que yo he heredado.

—Te preguntaba esto —le dije—, porque me parece que no sientes demasiado aprecio por las riquezas, como acontece generalmente con los que no las han adquirido por sí mismos; los que las han adquirido con su esfuerzo tienen un doble apego hacia ellas, demostrándoles el cariño que los poetas prodigan a sus poemas y los padres a sus hijos, con una preocupación relativa a sus riquezas igual que si se tratase de obra propia, y apreciando la utilidad que obtienen de ellas. Son, pues, hombres con los que resulta difícil tratar, pues no tienen otro pensamiento que el dinero.

—Dices la verdad —afirmó.

V

—Indudablemente —dije yo—. Pero responde ahora a lo que quiero preguntarte: ¿Cuál es el mayor provecho que se obtiene de la posesión de una gran fortuna?

—Quizá no pueda convencer a muchos con lo que voy a decir —añadió—. Porque debes saber, Sócrates, que cuando alguien piensa que se encuentra cerca de la muerte, siente miedo e inquietud por cosas que anteriormente no le preocupaban; es entonces también cuando las fábulas que se dicen del Hades (por ejemplo, de que el que aquí ha cometido faltas allí tendrá que sufrir el castigo), y que hasta ese momento le habían hecho reír, hacen mella en su ánimo como si realmente fuesen verdaderas. Y bien por la debilidad misma de su vejez, bien por encontrarse más cerca de su acceso al Hades, las observa con mayor respeto; comienza, pues, a verlas de manera recelosa y con miedo, reflexionando y considerando si ha cometido alguna injusticia con alguien. El que, en efecto, averigua las muchas faltas que ha cometido durante su vida, al igual que los niños, se despierta con frecuencia lleno de miedo y vive así completamente desesperado. El que, en cambio, no se siente culpable de ninguna injusticia, disfruta siempre consigo una dulce esperanza, incomparable «nodriza de la vejez», como dice Píndaro, que en hermosos versos afirmó, Sócrates, que al que ha vivido justa y piadosamente

> *le acompaña una dulce esperanza*
> *que mima su corazón como nodriza de la vejez,*
> *y gobierna a su antojo*
> *el espíritu voluble de los mortales.*

En lo cual acertó plenamente y de manera muy admirable. Pues creo yo también que ahí radica la mayor ventaja de las riquezas, no ya para cualquier hombre, sino más bien para el hombre prudente. La posesión de las riquezas sirve de valiosa ayuda para no verse obligado a engañar ni a mentir, ni aun involuntariamente, y para no ser deudor de sacrificios a los dioses ni de dinero a los hombres, lo cual proporciona una salida de este mundo libre de temor. Y tiene todavía otras muchas ventajas, aunque a decir verdad yo, al menos, estimo que entre todas ellas no es la menor ese provecho que otorga al hombre sensato.

—Hermosas cosas dices, Céfalo —le contesté—. Pero esto mismo que nos ocupa, esto es, la justicia, ¿diremos acaso que consiste en decir la verdad y en devolver a cada uno lo que de él se ha recibido, o incluso esto mismo se realiza unas veces justamente y otras no? Veamos, por ejemplo: si uno recibe armas de un amigo suyo que se encuentra en posesión de su juicio, y este mismo amigo se las pide luego de haberse vuelto loco, todo el mundo estaría de acuerdo en que no debe devolvérselas, y que no sería un acto justo el obrar así, ni tampoco argumentar tan sólo con verdades cuando el estado del amigo no lo permite.

—Justamente —afirmó.

—Por consiguiente, no podemos señalar como límite de la justicia el decir la verdad y el devolver lo que se ha recibido.

—Sin duda, Sócrates —dijo Polemarco, tomando el uso de la palabra—, si hemos de creer a Simónides.

—Pues bien —dijo Céfalo—: podéis seguir vosotros la discusión, que yo dejo mi puesto; es necesario que ofrezca el sacrificio.

—Entonces —afirmó Polemarco—, ¿me toca a mí ser tu heredero?

—Tú lo has dicho —contestó riendo.

Y se fue a cumplir su sacrificio.

VI

—Acláranos, pues —le dije—, ya que continúas tú la discusión, ¿en qué sentido afirmas que Simónides habló correctamente acerca de la justicia?

—Pues en el sentido —contestó— de que es justo dar a cada uno lo que le es debido; creo que al decir esto ha dicho simplemente la verdad.

—Indudablemente —argüí yo—, no sería fácil dejar de crecer a Simónides, hombre sabio y divino; mas quizá sepas tú, Polemarco, lo que ha querido decirnos con exactitud, y que yo, al menos, ignoro. Parece claro que no trataba de darnos a entender lo que hace poco decíamos, esto es, el devolver a uno su depósito cuando está privado de su juicio. No obstante, es evidente que lo depositado constituye una deuda, ¿no es cierto?

—Claro que sí.

—Pero, con todo, no deberá ser devuelto si lo pide alguien que no se encuentre en su juicio.

—Sin duda.

—Al parecer, pues, Simónides quiso dar a entender cosa muy distinta de esto al indicarnos que es justo devolver lo que se adeuda.

—Por Zeus que así es en efecto —dijo—, ya que él piensa que los amigos deben hacer bien a los amigos, y nunca mal.

—Así lo creo yo —dije—, porque no da lo que debe quien devuelve su oro al que se lo había confiado, cuando la devolución y la percepción resultan perjudiciales, y son, por otra parte, amigos el que devuelve y el que recibe. ¿No crees que es eso lo que quiere decir Simónides?

—En efecto.

—Mas dime, entonces: ¿habrá que devolver a los enemigos lo que se les debe?

—En su totalidad —dijo—, lo que se les debe; aunque pienso que a un enemigo se le debe tan sólo lo que conviene que se le deba, esto es, algún mal.

VII

—Por tanto —dije yo—, Simónides, según parece, expresó enigmática y poéticamente su pensamiento sobre la justicia. Pensaba, pues, como se ve, que la justicia consistía en esto, a saber: en dar a cada uno lo que le conviene, a lo cual llamó lo debido.

—No se podría pensar otra cosa —advirtió.

—¡Por Zeus! —le repliqué—. Y si alguien le hubiese preguntado: «Vamos a ver, Simónides, ¿qué es lo debido y conveniente que da el arte llamado medicina?» ¿Puedes tú anticiparnos lo que nos hubiera contestado?

—Claro que sí —dijo—: que la medicina da remedios, alimentos y bebidas a los cuerpos.

—¿Y qué es lo debido y conveniente que da el arte llamado culinaria y a quienes los da?

—Pues da los condimentos a los manjares.

—De acuerdo, pero, ¿qué dará, y a quiénes, el arte que se llama justicia?

—Si hemos de atenernos, Sócrates, a lo que antes se ha dicho —contestó—, dará ventajas a los amigos y males a los enemigos.

—Entonces, ¿consiste la justicia para Simónides en procurar beneficios a los amigos y males a los enemigos?

—Eso me parece a mí.

—¿Y quién puede hacer más bien a los amigos enfermos en lo que se refiere a la enfermedad y a la salud?

—El médico.

—¿Y a los navegantes en lo concerniente a los peligros del mar?

—El piloto.

—Vengamos ahora al hombre justo: ¿en qué asunto y ocasión es más capaz de hacer bien a los amigos y mal a los enemigos?

—A mi entender, luchando contra ellos o con ellos.

—Bien. Pero el médico ninguna utilidad reporta a los que no están enfermos, querido Polemarco.

—Indudablemente.

—Y tampoco el piloto a los que no navegan.

—Así es.

—Por tanto, ¿también es inútil el justo a los que no hacen la guerra?

—En eso sí que no estoy enteramente de acuerdo.

—¿Resulta, pues, útil la justicia en tiempo de paz?

—Yo así lo creo.

—¿Y lo es también, o no, la agricultura?

—Sí.

—¿Para la recolección de los frutos?

—Sí.

—¿Y asimismo el arte del zapatero?

—Sí.

—¿Te referirás, pienso yo, para la adquisición del calzado?

—Justamente, para eso.

—Pues bien: ¿para qué dirás que es útil y provechosa la justicia en tiempo de paz?

—Para dar vigor a los convenios, Sócrates.

—¿Llamas convenios a las asociaciones, o a alguna otra cosa?

—En efecto, a las asociaciones.

—Bien, y para la colocación de los dados, ¿quién es bueno y útil como asociado: el justo o el buen jugador?

—El buen jugador.

—Y para la colocación de ladrillos y piedras, ¿nos resultará más útil y mejor compañero el justo que el albañil?

—De ninguna manera.

—¿En qué clase, pues, de sociedad es el justo mejor compañero que el albañil o el citarista, al modo como lo es el citarista, sobre el justo, cuando se trata de pulsar las cuerdas?

—Me parece que para asociarse en cuestiones de dinero.

—Exceptuando quizá, Polemarco, si hay que hacer uso del dinero para comprar o vender en común un caballo; pues pienso que entonces será hombre útil el buen jinete, ¿no es eso?

—Así parece.

—Y si de lo que se trata es de un barco, el armador o el piloto.

—Conviene que sea así.

—Por tanto, ¿cuándo será más útil el justo que los demás para que pueda usar en común con él de la plata y del oro?

—Cuando haya que depositarlo y atender a su conservación, Sócrates.

—¿Querrás decir, por consiguiente, cuando no haya necesidad de usarlo y sí de mantenerlo inactivo?

—Eso es.

—De lo que viene a deducirse que cuando el dinero no reporta utilidad, sí se le reporta a él la justicia.

—Posiblemente.

—Y también será útil la justicia, en sociedad o privadamente, cuando haya que preservar una podadera; pero si lo que se quiere es servirse de ella, habrá que acudir al arte de cultivar la viña.

—Sin duda alguna.

—Y en cuanto al escudo y a la lira, ¿dirás igualmente que cuando haya que conservarlos y no servirse de ellos, será útil la justicia, pero en cambio cuando se precise usarlos, habrá que utilizar el arte del hoplita o la música?

—Seguramente.

—Y respecto a todo lo demás, ¿podremos decir que la justicia resulta inútil con su uso y que es útil cuando aquello a que se aplica no se emplea?

—Así parece.

VIII

—Apenas tendría importancia la justicia, querido, si su utilidad se redujese precisamente a lo inútil. Pero consideremos esta otra cuestión: el más hábil para pegar en la lucha, sea en el pugilato o en otra cualquiera, ¿no lo es también para librarse de los golpes?

—Sin duda alguna.

—Así, pues, el que es hábil para precaverse de una enfermedad, ¿no será el más a propósito para infundirla a otro inadvertidamente?

—A mí así me lo parece.

—Digamos más: ¿no resulta buen guardián del campamento el mismo que sabe robar los proyectos y demás preparativos del enemigo?

—Ciertamente.

—Por consiguiente, aquel que es hábil guardián de una cosa, también es hábil para robarla.

—Así parece.

—Y fácilmente se deduce que si el justo es hábil para conservar el dinero, no lo es menos para robarlo.

—Así nos lo muestra al menos —dijo— el argumento aducido.

—Según parece, pues, el justo se nos presenta como un ladrón, idea que muy bien has podido aprender de Homero, ya que éste, que trata con cariño a Autólico, abuelo materno de Ulises, dice de él «que supera a los demás hombres por el mal arte del robo y del juramento». Resulta, por tanto, evidente, según tú, según Homero y según Simónides, que la justicia es un arte de robar, si bien se cumple en beneficio de los amigos y daño de los enemigos. ¿No era esto lo que tú decías?

—No, por Zeus —contestó—, aunque ya ni yo mismo sé lo que decía; sin embargo, tengo para mí, y aún sigo creyéndolo, que la justicia consiste en procurar beneficios a los amigos y en hacer mal a los enemigos.

—Y al hablar de los amigos, ¿te refieres acaso a los que a cada uno le parecen ser buenos, o a los que está probado que lo son, aunque no lo parezcan, y lo mismo digo de los enemigos?

—Parece natural —dijo— que cada uno ame a los que considera buenos y odie a los que tenga por malos.

—¿Y es que no se equivocan los hombres sobre esto, de modo que les parece que muchos son buenos sin serlo y con otros muchos les pasa lo contrario?

—Sí, se equivocan.

—Entonces, ¿para ellos los buenos son enemigos, y los malos, amigos?

—Eso es.

—Con todo, ¿será justo que favorezcan a los malos y que hagan mal a los buenos?

—Así parece.

—Pero, no obstante, ¿los buenos son justos y no son capaces de cometer injusticias?

—Es verdad.

—Por consiguiente, según tu afirmación, es justo que se haga mal a los que en realidad no lo hacen.

—No es eso, Sócrates —dijo—; tal afirmación parece peligrosa.

—Luego —le contesté— será mejor hacer mal al injusto y favorecer a los justos.

—Que hables así ya me parece más razonable.

—Para muchos, pues, Polemarco, concretamente para cuantos se engañan enjuiciando a los hombres, es justo hacer mal a los amigos, ya que los considerarán como malos, y favorecer a los enemigos, por considerarlos buenos. De este modo concluiremos en una afirmación contraria a la que atribuíamos a Simónides.

—Así es, en realidad —dijo—; pero alteremos la argumentación, puesto que me parece que no puntualizamos bien quién es el amigo y quién el enemigo.

—¿Cuál era nuestro punto de partida, Polemarco?

—El de que es amigo nuestro el que parece ser bueno.

—¿Qué alteración hemos de efectuar? —dije yo.

—Simplemente ésta —contestó—: que es amigo nuestro el que lo parece y es, además, realmente bueno, y que el que lo parece y no lo es, sólo es amigo aparente, mas no real. La misma tesis podemos sentar acerca del enemigo.

—Según parece, y de acuerdo con esta afirmación, el bueno será amigo, y en cambio, el malo, enemigo.

—Indudablemente.

—¿Quieres, pues, cambiar en algo nuestra idea de lo justo, recogida en la afirmación de que era justo hacer bien al amigo y mal al enemigo? ¿Te parece que digamos ahora, además de eso, que es justo hacer bien al amigo bueno, y mal al enemigo malo?

—Lo estimo conveniente —contestó—, pues así acertaremos a expresarnos mejor.

IX

—Pero, ¿puede ser propio del hombre justo —dije yo— hacer mal a uno cualquiera de los hombres?

—Seguramente —dijo él—, siempre que se trate de hacer daño a los rematadamente malos.

—Si se hace mal a los caballos, ¿se vuelven éstos mejores o peores?

—Peores.

—Pero, ¿se vuelven así en lo que respecta a la virtud de los perros o en lo que concierne a la virtud de los caballos?

—En la de los caballos.

—¿Diremos, pues, igualmente, que si se hace mal a los perros, se vuelven éstos peores con respecto a la virtud de los perros, pero no con relación a la de los caballos?

—Necesariamente.

—¿Y no hemos de afirmar también, querido amigo, que si se hace mal a los hombres, se vuelven éstos peores con respecto a la virtud humana?

—Eso es.

—Pero, ¿acaso no es virtud humana la justicia?

—Nadie lo duda.

—Pues forzoso será entonces, querido amigo, que se vuelvan injustos los hombres a quienes se hace algún mal.

—Parece que sí.

—¿Asentirás también a que los músicos, usando de la música, pueden hacer a alguien ignorante de ella?

—A eso sí que no.

—¿Y a que los jinetes son incapaces de enseñar a montar sirviéndose de la equitación?

—Tampoco.

—¿Pueden entonces los justos llegar a hacer a alguno injusto valiéndose de la justicia? Y en suma, ¿los buenos a algunos malos con la práctica de la virtud?

—Es imposible.

—A mi entender, el enfriar no es obra del calor, sino de su contrario.

—Sin duda.

—Ni la humedad es obra de la sequedad, sino de su contrario.

—Así parece.

—Ni es propio del bueno hacer mal, sino de su contrario.

—Dices bien.

—¿Y el hombre justo es bueno?

—Creo que no hay duda de ello.

—No es, por consiguiente, propio del justo, Polemarco, hacer daño al amigo o a algún otro, sino de su contrario, esto es, del injusto.

—Me parece, Sócrates —contestó—, que ahora estás enteramente en lo cierto.

—Así, pues, si alguien dice que es justo dar a cada uno lo que es debido, y piensa, siguiendo esta tesis, que es propio del hombre justo hacer mal a los enemigos y ayudar a los amigos, no habla ciertamente como un sabio, ni afirma verdad alguna, porque de ningún modo parece justo hacer mal a alguien, sea el que sea.

—Estoy de acuerdo —dijo.

—Combatiremos en común tú y yo —añadí—, si se afirma en alguna parte que Simónides, o Biante, o Pítaco, o alguno de los famosos sabios y ejemplares varones, dijo cosa parecida.

—Yo, al menos —contestó—, estoy dispuesto a compartir contigo esa lucha.

—¿Sabes de quién creo que es —le dije— esa doctrina de que debe ayudarse a los amigos y hacerse daño a los enemigos?

—¿De quién? —inquirió.

—Pues, a mi juicio, de Periandro, o de Pérdicas, o de Jerjes, o de Ismenias el tebano, o de algún otro muy rico y poseído de su extraordinario poder.

—Nunca has dicho mayor verdad —contestó.

—Pues bien —le dije—, ya que ni la justicia ni lo justo se nos aparecen así, ¿qué otra cosa diremos que son?

X

Pero Trasímaco, que muchas veces durante nuestra conversación había intentado hacer uso de la palabra, cosa que le impidieron los que se encontraban cerca de él, a fin de que la discusión prosiguiese hasta su término, al ver que dejábamos de hablar después de formulada mi pregunta, perdió por completo la calma, y contrayéndose en sí mismo como una fiera, se vino hacia nosotros como para despedazarnos.

Polemarco y yo nos sobrecogimos de miedo; él, por su parte, gritando en medio de todos, decía:

—¿A qué viene, Sócrates, toda esta inacabable charlatanería? ¿Qué objeto tienen todas estas tontas condescendencias? Si realmente quieres saber qué es lo justo, no pongas todo tu empeño en preguntar o en refutar lo que los demás contestan, pues sabes bien que es más fácil preguntar que contestar. Por el contrario, contesta tú mismo y di qué es lo que entiendes por lo justo, y no recites la cantilena acostumbrada de que es lo conveniente o lo útil, o lo ventajoso, o lo lucrativo, o siquiera lo provechoso, pues lo que ahora digas habrás de decirlo con claridad y exactitud. Ten por seguro que no permitiré esas respuestas insustanciales.

Yo, al oírle, quedé un poco perplejo, y sentía miedo sólo de mirarle. Me parece que hubiera perdido el habla de no haberle mirado yo a él antes de que él me mirase a mí. Pero había ocurrido que en el momento de irritarse con nuestra discusión, fui yo el primero en dirigir a él mi mirada, con lo cual me encontré en condiciones de contestarle, como así lo hice, no sin un poco de temor:

—Trasímaco, no te muestres severo con nosotros; pues si éste y yo hemos errado en la marcha de nuestra argumentación, ten por seguro que ello ha sido enteramente contra nuestra voluntad. Si fuese oro lo que buscásemos, puedes creer que no cederíamos de buena gana el uno ante el otro para destruir así la esperanza de hallarlo; al investigar, por tanto, sobre la justicia, que es algo de mucho más valor que el oro, ¿nos juzgas acaso tan insensatos que pienses que estamos perdiendo el tiempo en vez de trabajar con todo nuestro esfuerzo por alcanzar aquélla? No vaya por ahí tu pensamiento, querido amigo. Lo que sí debes pensar es que nuestras fuerzas son harto escasas, y por ello, debéis considerar mucho más lógico el compadeceros de nosotros que el prodigarnos vuestro enojo, vosotros, precisamente, que sois hombres entendidos.

XI

Al oír esto, se echó a reír con mucho sarcasmo y dijo:

—¡Por Heracles!, tenemos a Sócrates otra vez con su acostumbrada ironía. Ya se lo había anunciado yo a éstos que tú no querrías contestar y que simularías tus conocidas argucias antes que responder a lo que se te preguntase.

—En verdad que eres muy prudente. Trasímaco —le dije yo—; pues sabes de sobra que si preguntases a uno cuántas son doce y al preguntarle le añadieras: «Ea, amigo, no vayas a decirme que doce son dos veces seis, o tres veces cuatro, o seis veces dos, o cuatro veces tres, porque no tendré por buena esa charlatanería», bien claro está, creo yo, que nadie contestaría al que le preguntase de esa manera. Pero supón que te dijese: «Trasímaco, ¿qué es lo que afirmas? ¿Que no puedo contestar ninguna de las cosas que tú anuncias? Y si alguna de ellas fuese verdad, ¿tendría que decir otra cosa muy distinta? ¿Cómo entiendes tú eso?» ¿Qué le contestarías al que así te preguntase?

—Bueno —dijo—, ¿pero qué tiene que ver esto con aquello?

—Indudablemente que sí —argüí yo—; pero, aunque no tuviese nada que ver, ¿te parece que si se muestra de tal modo a quien se dirige la pregunta va a dejar de contestar con arreglo a su criterio, se lo prohibamos nosotros o no?

—¿Intentas tú, pues —dijo—, obrar de esa manera y contestar con alguna de las respuestas que yo te he prohibido?

—No cabría extrañarse de ello —dije— si me pareciese que así debía hacerlo, una vez examinado el asunto.

—Y bien —replicó—. ¿Qué ocurriría si yo diese otra respuesta sobre la justicia distinta de las tuyas y mejor aún que ellas? ¿Qué condena sufrirías?

—No sería otra —le respondí— que la que conviene a todo aquello que no sabe. Lo procedente para éste es aprender del que sabe, y yo me encuentro en un caso semejante.

—Eres complaciente —dijo—. Pero, además de aprender, tendrás que pagar dinero.

—Eso será cuando lo posea —respondí.

—Lo posees —dijo Glaucón—. Y si el dinero es la causa, Trasímaco, habla: pues todos nosotros pagaremos por Sócrates.

—Pienso en verdad que lo que queréis —repuso él— es que Sócrates prosiga con su costumbre, esto es, que no sea él quien conteste y que, al ser otro el que responda, tome él la palabra y le refute.

—Pero, ¿cómo podría contestar, querido amigo —dije yo—, quien, no sabiendo nada de antemano, acepta que realmente no sabe, y que, por otra parte, si alguna cosa supiese, pesa sobre él la prohibición de decirla, que le impone un individuo nada despreciable? Es más razonable que hables tú, ya que dices que sabes y que tienes cosas por decir. No te hagas de rogar y compláceme con tu contestación; ni niegues ese deseo a Glaucón, que así te lo ha pedido, y a todos los demás.

XII

No bien hube dicho esto, Glaucón y los demás pidieron que no rehusase lo que le solicitaba. Bien se veía que Trasímaco ardía en deseos de hablar para que le escuchásemos su tan alabada opinión, creyendo que con ella superaría todo lo dicho, pero simulaba esta porfía con objeto de que fuera yo el que contestara. Por fin accedió e inmediatamente dijo:

—Tal es la ciencia de Sócrates: no quiere enseñar nada, sino andar de un lado para otro aprendiendo de los demás sin darles siquiera las gracias.

—Dices verdad, Trasímaco —respondí yo—, en eso de aprender de los demás, pero faltas a ella en lo de que no correspondo con mi agradecimiento; pues lo hago con lo que puedo, esto es, con mis alabanzas, ya que dinero no poseo. Y lo hago lleno de buena voluntad cuando alguien habla como debe, según comprobarás al instante, luego que tú respondas, ya que creo que lo harás adecuadamente.

—Escucha, entonces —dijo—: para mí lo justo no es otra cosa que lo que conviene al más fuerte.

—Pero, ¿por qué no das tu aprobación a esta respuesta? No querrás, seguramente.

—No dudes que la daré —le repliqué— si llego a entender lo que tú dices; pues en este momento todavía no lo sé. Dices que lo justo es lo que conviene al más fuerte. ¿Y qué quieres decir con esto, Trasímaco? No querrás decir, por ejemplo, que si Polidamante, el campeón de lucha, es más fuerte que nosotros y a él le conviene comer carne de vaca para sostener su cuerpo, ese mismo alimento será también conveniente y, a la vez, justo para nosotros, que somos inferiores a él.

—Hablas con desvergüenza, Sócrates —dijo—, y tomas mis palabras por donde más daño puedes hacerles.

—De ningún modo, querido amigo —añadí yo—, pero explica con más claridad lo que quieres decir.

—¿No sabes, acaso —replicó—, que unas ciudades son gobernadas tiránicamente, otras de manera democrática y otras, en fin, por una aristocracia?

—Claro que sí.

—¿Y no ejerce el gobierno en cada ciudad el que en ella posee la fuerza?

—Indudablemente.

—Por tanto, cada gobierno establece las leyes según lo que a él conviene: la democracia de manera democrática; la tiranía, tiránicamente, y así todos los demás. Una vez establecidas estas leyes, declaran que es justo para los gobernados lo que sólo a los que mandan conviene, y al que de esto se aparta le castigan como contraventor de las leyes y de la justicia. Lo que yo digo, mi buen amigo, que es igualmente justo en todas las ciudades, es lo que conviene para el que detenta el poder, o lo que es lo mismo, para el que manda; de modo que para todo hombre que discurre rectamente, lo justo es siempre lo mismo: lo que conviene para el más fuerte.

—Ahora —le contesté— sé bien lo que dices; si ello es verdad o no, es lo que tendré que examinar. Acabas de afirmar, pues, Trasímaco, que lo justo es lo que conviene, y, sin embargo, a mí me habías prohibido que te diese esa contestación. Aunque añadas en este caso: «Para el más fuerte.»

—¿Es posiblemente pequeña adición? —dijo.

—No puedo contestarte todavía si pequeña o grande; pero, en cambio, hay necesidad de examinar si lo que dices es verdad. Estoy de acuerdo contigo, por lo pronto, en que lo justo es algo que conviene, mas tú añades y vienes a decir que lo que conviene al más fuerte, cosa que yo desconozco y que, por consiguiente, debe ser examinada.

—Pues examínala —dijo.

XIII

—Eso haré —contesté—. Pero dime: ¿no afirmas también que es justo obedecer a los que mandan?

—Ciertamente.

—¿Y esos mismos que mandan son incapaces de equivocarse en cada ciudad, o pueden verse mezclados en el error?

—Pueden, por completo, caer en él —dijo.

—Entonces no hay duda que al intentar dictar leyes, unas las harán bien y otras mal.

—Así creo yo.

—Pero, ¿el hacerlas bien es hacerlas que convengan a ellos mismos, y el hacerlas mal que no les convengan? ¿O qué es lo que quieres decir?

—Eso mismo.

—¿Y las leyes que ellos dictan han de cumplirse por los gobernados, y es eso precisamente lo justo?

—Claro que sí.

—Así, pues, según lo que tú dices, no sólo es justo el hacer lo que conviene para el más fuerte, sino también lo contrario: lo que no conviene.

—¿Qué es lo que dices? —preguntó.

—A mi parecer, lo mismo que tú. Pero examinémoslo mejor: ¿no hemos quedado de acuerdo en que los gobernantes cuando ordenan hacer algunas cosas a los gobernados, también se engañan a veces en lo que es mejor para ellos mismos, y que es justo que los gobernados hagan lo que los gobernantes les mandan? ¿O no era esto lo acordado?

—Pienso que sí —dijo.

—Pues confiesa también —argüí yo— que si admites que es justo que los gobernantes y los más fuertes hagan cosas perjudiciales, cuando ellos mismos involuntariamente ordenan lo que no les conviene (y has afirmado en este sentido que es justo hacer lo que aquéllos ordenan), ¿puedes dudar entonces, sapientísimo

Trasímaco, de que no resulta ser justo necesariamente hacer lo contrario de lo que tú dices? Es claro que en este caso se ordena hacer a los más débiles lo que se presenta como perjudicial para el más fuerte.

—Sí, por Zeus, Sócrates —dijo Polemarco—; no hay duda de ello.

—Y tú lo atestiguas —atajó Clitofonte.

—Pero, ¿es que hay necesidad de que yo lo atestigüe? —contestó Polemarco—. El mismo Trasímaco está de acuerdo en que los gobernantes ordenan a veces cosas que a ellos mismos perjudican, y que es justo que los demás las hagan.

—El hacer lo ordenado por los gobernantes, Polemarco, fue precisamente lo establecido como justo por Trasímaco.

—Pero estableció además como justo, Clitofonte, lo conveniente para el más fuerte. Al postular ambas cosas, convino en que a veces los más fuertes ordenan cosas perjudiciales para ellos mismos, al objeto de que también las hagan los gobernados y los más débiles. Y si esto es así, no más justo sería para el más fuerte lo conveniente que lo perjudicial.

—Pero ten en cuenta —dijo Clitofonte— que entendía como conveniente para el más fuerte lo que este mismo creyese que le convenía. Lo cual habría de hacerse por el más débil, según su idea de la justicia.

—No fue eso lo que se dijo —afirmó Polemarco.

—Nada altera la cuestión, Polemarco —contesté yo—. Pero si ahora Trasímaco lanza tal afirmación, se la admitiremos también.

XIV

—Dime, pues, Trasímaco: ¿Era esto lo que querías afirmar como justo: lo que parece ser conveniente para el más fuerte al que se engaña, y justamente cuando se engaña?

—Pero a mí, al menos —le contesté—, me pareció que era eso lo que decías cuando convenías que los gobernantes no eran infalibles y que alguna vez caían en el error.

—Permíteme que te llame sicofanta*, Sócrates, en tus razonamientos —dijo—. Pues, ¿es posible que llames médico al que

---

* Falso acusador o delator.

comete un error respecto a los enfermos, precisamente en cuanto que se equivoca en el cálculo, en tanto se equivoca y según su misma equivocación? Claro que decimos a menudo, en la conversación, que el médico, o el calculador, o el gramático, se equivocaron, pero yo creo que cada uno de ellos no se equivoca en manera alguna siendo lo que es según nuestra designación; de modo que, con una expresión rigurosa, y ya que tú hablas también exactamente, ningún maestro en un arte se equivoca, y el que así lo hace es porque le abandona su ciencia, en cuyo momento no puede llamársele maestro en ese arte. Así, pues, ningún maestro en un arte, o sabio, o gobernante, se equivoca en tanto es tal maestro, o sabio, o gobernante, aunque se diga por todos que el médico o el gobernante se equivocaron. Acepta ahora como respuesta estas palabras mías, en las que puede precisarse mi pensamiento: el gobernante, en tanto que gobernante, no se equivoca, y al no equivocarse establece lo que es mejor para él, que será también lo que haya de hacer el gobernado. Repito, por tanto, lo que ya decía al principio: es justo el hacer lo que conviene para el más fuerte.

XV

—Y bien, Trasímaco —dije—; ¿te parece que hablo como un sicofanta?

—Desde luego —contestó.

—¿Crees, por tanto, que cuando yo te preguntaba lo hacía con alguna mala intención y como para confundirte?

—Así lo creo a ciencia cierta —contestó—. Pero nada ganarás con ello, porque ni se me ocultan tus malas artes, ni, una vez descubiertas, podrás hacer fuerza con tu razonamiento.

—No sería esa al menos mi intención, mi buen amigo Trasímaco —dije yo—. Pero, para que en lo sucesivo no ocurra lo mismo, deberás precisar cuando hablas del gobernante y del más fuerte, si usas de la expresión común o lo haces con todo rigor, como decías hace muy poco; esto es: que lo que conviene para el más fuerte será justo que lo realice el más débil.

—Lo hago en sentido riguroso —dijo—, refiriéndome al gobernante. Ahora, si te es posible, lanza tus maquinaciones y tus calumnias contra esto. No serás tú el que me abrumes, ni fuerzas tendrás para llegar a ese fin.

—Pero, ¿piensas —le dije— que seré yo tan loco que trate de esquilar al león y de calumniar a Trasímaco?

—Ahora, por lo menos, lo has intentado —contestó—, aunque no hayas tenido éxito alguno.

—Ya basta —dije yo— con todo esto; pero dime: el médico, en el rigor de la palabra, al que poco antes te referías, ¿es un vulgar negociante o un curador de enfermos? Digo, el que en realidad es médico.

—Curador de enfermos —afirmó.

—¿Y en cuanto al piloto? ¿El buen piloto deberá ser considerado como jefe de los marinos o como marino?

—Como jefe de los marinos.

—A mi entender, pues, no habrá de tenérsele en cuenta el hecho de embarcar en una nave, ni por ello se le llamará marino; porque no recibe el nombre de piloto por su dedicación a la navegación, sino por su arte y por ejercer el mando de los marinos.

—Es verdad —dijo.

—¿Y cada uno de éstos no tiene algo que le conviene?

—Ciertamente.

—¿Y el arte —le dije— no surgió justamente para esto, para buscar y proporcionar lo que conviene a cada uno?

—Para eso mismo —contestó.

—¿Y qué otra cosa hay que convenga a cada una de las artes, sino la que sea más perfecta?

—¿Qué quieres decir con esto?

—Es como si me preguntases —dije yo— si le basta al cuerpo ser cuerpo o necesita de algo más; te respondería que sí, pues lo necesita, y que por esta causa ha sido inventado el arte de la medicina, porque el cuerpo está enfermo y no tiene bastante consigo mismo. Por consiguiente, para proporcionarle lo que le conviene, para esto mismo se ha inventado el arte. ¿Te parece que hablo bien —dije— cuando hablo así, o no?

—Me parece que hablas bien —repuso.

—Veamos. ¿La medicina misma es imperfecta o nos hallamos en el caso de afirmar que cualquier arte necesita de alguna virtud, como, por ejemplo, los ojos de la vista o las orejas del oído, y que por esto a unos y a otras les es necesario un arte que establezca y proporcione lo que les conviene? ¿Hay quizá en el arte misma alguna imperfección y se precisa para cada una otra arte que le fije lo conveniente, y aun otra para esta última y así de manera indefinida? ¿O es ella misma también la que considera lo que le conviene? ¿O no necesita posiblemente ni de sí misma ni de otra para considerar lo que conviene a su imperfección, puesto que no hay imperfección ni error en ninguna de las artes, ni corresponde a ellas otra cosa que buscar lo que conviene a su objeto, dada su perfección y su pureza por ser rectas, hasta el punto de que el arte subsiste entonces precisamente como lo que es? Examina esto con el acostumbrado rigor de expresión: ¿es o no es así?

—Así parece —contestó.

—Por tanto —dije yo—, la medicina no busca lo que a ella misma conviene, sino lo que conviene al cuerpo.

—Claro que sí —dijo.

—Ni la equitación busca lo que conviene a la equitación, sino a los caballos; ni arte alguna (pues nada necesita) lo que conviene a sí misma, sino a aquello para lo que está hecha.

—Tal parece ser —dijo.

—Pero ciertamente, Trasímaco, las artes gobiernan y dominan aquello para lo que están hechas.

Convino también en esto, pero de mala gana.

—Así, pues, no hay conocimiento que examine y ponga en orden lo que conviene al más fuerte, sino lo que conviene al más débil y gobernado por aquél.

Al fin se mostró igualmente de acuerdo en esto, aunque intentando someterlo a discusión; y después que manifestó su conformidad, le dije:

—Según lo acordado, pues, ¿ningún médico, como tal médico, examina ni ordena lo que conviene al médico, sino lo que conviene al enfermo? Porque hemos llegado a la conclusión de que el verdadero médico es gobernante de los cuerpos, pero no negociante, ¿no es así?

Así lo reconoció.

—¿Y no hemos convenido también en que el verdadero piloto es jefe de los marinos, pero no marino?

No puso reparo alguno.

—Pero semejante piloto y jefe de los marinos no examina ni ordena lo que conviene al piloto, sino al que es marino y gobernado por él.

Una vez más lo admitió, aunque con desgana.

—Por consiguiente, Trasímaco —dije yo—, cualquiera que ejerce una función de gobierno, en cuanto tal gobernante, nunca examina ni ordena lo que a él mismo conviene, sino lo que conviene al gobernado y súbdito suyo. Y dice lo que dice y hace lo que hace mirando a éste y considerando lo que le conviene y le resulta apropiado.

XVI

Una vez llegados aquí, y estando ya claro para todos que la razón aducida sobre lo justo se había vuelto en contra de él, Trasímaco, en lugar de contestar, exclamó:

—Dime, Sócrates, ¿es posible que tengas nodriza?

—¿Qué quieres decir? —repliqué—. ¿No sería más conveniente contestar que hacer tales preguntas?

—Es que, en realidad —añadió—, te permite que tengas esos mocos y no se preocupa de limpiarte como es debido cuando así lo necesitas: tú mismo no sabes por ella lo que son las ovejas y lo que es el pastor.

—Pues dime la razón de ello —dije yo.

—Porque piensas que los pastores o los boyeros miran por el bien de las ovejas o de las vacas, y las ceban y cuidan de ellas tendiendo a otro fin que no sea la conveniencia de sus dueños o la de sí mismos, y que, igualmente, los gobernantes en las ciudades, los que de verdad gobiernan, tienen una idea respecto de sus súbditos y otra con relación al modo de gobernar sus ovejas, así como que examinan de día y de noche otra cosa que no sea la consecución de su provecho personal. Estás tan lejos de llegar al conocimiento de lo justo y de la justicia y de lo injusto y de la injusticia, que no sabes que la justicia y lo justo es en realidad un bien extraño, conveniente para el más fuerte y para el gobernante, familiar y perjudicial para el que vive sometido y obedece órdenes, y que la injusticia es lo contrario y ejerce el gobierno sobre los verdaderamente sencillos y justos, pues son los gobernados los que realizan lo que conviene al más fuerte y le hacen feliz prestándole su servicio, sin que de ningún modo se beneficien a sí mismos. Así, inocente Sócrates, hay que considerar las cosas: siempre y en todas partes sale peor parado el hombre justo. En primer lugar, en las relaciones mutuas, cuando uno entra en comunidad con otro, nunca hallarás que al disolverse la sociedad el justo posea más que el injusto, sino menos. Luego, en los asuntos públicos, cuando hay que satisfacer algunas contribuciones, es el justo, aun con los mismos bienes, el que tributa más, y menos el injusto; pero cuando se trata de recibir, el primero no obtiene ganancia alguna, y grande en cambio el segundo. Y cuando uno de los dos se hace cargo del gobierno, le ocurre al justo, si no otra pena mayor, el que sus asuntos domésticos queden por completo abandonados, al no poder obtener beneficio de la cosa pública por ser justo, y además el verse aborrecido por sus parientes y amigos, que no le perdonarán el no haberles procurado ayuda por no violentar la justicia; al injusto, sin embargo, le acontece exactamente todo lo contrario; y al decir esto, me refiero al que antes nombraba, es decir, al que disfruta de un gran poder; considérale con atención, si quieres llegar a discernir cuánto más le conviene, por su propio interés, ser injusto que justo. Y lo conocerás todavía mejor si tu punto de vista se fija en la injusticia extrema, la que hace más feliz al más injusto, y más desgraciados a los que padecen la injusticia y son incapaces de cometerla. No otra cosa es la tiranía, que arrebata lo ajeno, furtiva o descaradamente, sin consideración a su carácter sagrado o profano, privado o público, y no llevándoselo en pequeñas partes, sino en su totalidad. Cuando alguno es cogido *in fraganti* por haber cometido fraudes análogos, entonces se le castiga y recibe los mayores de nuestros insultos, porque se les llama sacrílegos, mercaderes, horadadores de padres, despojadores y ladrones a todos aquellos que faltan a la justicia de alguna manera. Pero si alguien, además de las riquezas de los ciudadanos, los somete y los reduce a la esclavitud a ellos mismos, es llamado dichoso y feliz en lugar de aplicarle esos nombres deshonrosos, y no sólo por los ciudadanos, sino incluso por cuantos tienen conocimiento de la plena realización de su injusticia; ya que quienes reprochan la injusticia, no lo hacen porque teman cometerla, sino por miedo a sufrirla. Y así, Sócrates, la injusticia, llevada a su punto máximo, es más fuerte, más libre y más poderosa que la justicia, y, como decía al principio, lo justo resulta ser lo que conviene al más fuerte, y lo injusto, en cambio, lo ventajoso y conveniente para uno mismo.

XVII

Una vez dicho esto, Trasímaco hacía intención de marcharse, como si al igual un bañero nos hubiese inundado nuestros oídos con su larga perorata; pero los que se encontraban presentes no se lo permitieron, sino que, por el contrario, le forzaron a quedarse y a procurar una explicación de las palabras que había pronunciado. Yo, por mi parte, también le prodigaba mis súplicas, diciéndole:

—Extraordinario Trasímaco, ¿eres capaz de marcharte después de habernos lanzado ese discurso y antes de mostrarnos suficientemente tus razones o de hacernos ver si ello es así o de otro modo? ¿O piensas que es asunto de poca importancia el delimitar esto, cuando no el precisar la norma de vida más provechosa a la que cada uno de nosotros debe sujetarse?

—¿Creéis acaso —dijo Trasímaco— que yo pienso de otro modo?

—Parece, ciertamente —le contesté— que no te preocupas la más pequeña cosa de nosotros, y que apenas te importa el que vivamos mejor o peor, ignorando lo que tú dices saber. ¡Ea!, pues, querido amigo, esfuérzate por ilustrarnos; nunca te arrepentirás del beneficio que nos proporciones a todos nosotros. En cuanto a mí, puedo decirte que no estoy convencido ni pienso que la injusticia sea más provechosa que la justicia, ni aunque se le den a aquélla todas las facilidades y no se le impida realizar cuanto quiera. Dejemos, querido, en paz, al injusto, permitámosle incluso que cometa injusticias, en secreto o por la fuerza; con todo, no habrá de convencerme nunca de que obtendrá más provecho que con la justicia. Posiblemente algún otro de los que están aquí piensen así, y no tan sólo yo; convéncenos, por tanto, divino Trasímaco, de que no andamos descarriados al preferir a la justicia mejor que a la injusticia.

—¿Y cómo voy a convencerte? —dijo—. Si con lo que ya he dicho no te he convencido, ¿qué podré entonces hacer por ti? ¿Es que tendré necesidad de introducir mis razones en tu alma?

—No, por Zeus —contesté yo—, no hay necesidad de ello; pero, cuando menos, manténte en todo lo que has dicho, o, si te decides a cambiarlo, cámbialo claramente y no te burles de nosotros. Porque ves ahora, Trasímaco (y volvamos de nuevo a lo de antes), que después de haber definido al verdadero médico, no has creído oportuno definir con el mismo rigor al verdadero pastor, sino que piensas que ceba sus ovejas como tal pastor, pero sin procurar lo mejor para ellas, ya que a tu parecer lo hace cual si se tratara de un comensal dispuesto para el banquete, con el que ha de regalarse, o para vender aquéllas, en calidad de negociante y no de pastor. Pero a la profesión de pastor no interesa otra cosa que aquello para lo que ha sido ordenada, a fin de procurarle lo mejor, puesto que todo lo referente a ella está suficientemente proporcionado, siempre que nada le falte para ser verdadera profesión de pastor. Así estimaba yo que era necesario nuestro acuerdo respecto a que todo gobierno, en cuanto gobierno, no considera otro bien que el del súbdito y el del gobernado, tanto si es público como privado. Pero, ¿tú crees que los gobiernos, las ciudades (indudablemente los que las gobiernan bien) lo hacen de muy buen grado?

—Por Zeus —dijo—, no sólo lo pienso, sino que lo sé.

XVIII

—Pues qué, Trasímaco —dije yo—, ¿no te das cuenta de que nadie quiere ejercer los otros gobiernos por su voluntad, sino que pide un salario, dando a entender con esto que ninguna utilidad obtendrá del cargo, la cual recaerá en los gobernados? Porque contéstame a lo que voy a decir: ¿no decimos en toda ocasión que cada arte es distinta de las demás, a tenor de su distinto efecto? ¡Ah, mi buen amigo Trasímaco!, no contestes contra tu opinión, para que nuestro progreso sea evidente.

—Sí, es distinta —contestó.

—¿Y cada una de ellas no nos proporciona una utilidad propia, no ya común, como la medicina, la salud, el pilotaje, la seguridad en la navegación, y así todas las demás?

—Indudablemente.

—Y, del mismo modo, ¿no nos procura un sueldo la profesión de asalariado? El efecto de ella es precisamente éste, y no creo que tú confundas la medicina con el pilotaje. O si quieres precisar con exactitud, como pretendías, ¿admitirás que si un piloto recobra la salud por efecto de la navegación puede considerarse la misma cosa a la medicina y al pilotaje?

—Es claro que no —dijo.

—Ni, creo yo, a la profesión de asalariado, porque alguno llegue a curarse por el hecho de trabajar a sueldo.

—Ciertamente.

—Pues, ¿por qué? Tampoco deberá estimarse a la medicina como el arte del mercenario porque algún médico exija un salario.

No asintió.

—¿No hemos convenido, al menos, que cada arte tiene su propia utilidad?

—Claro que sí —dijo.

—Por tanto, esa utilidad común que obtienen todos los profesionales de aquéllas, es manifiesto que la reciben de algo que también es común en todas las artes.

—Así parece —contestó.

—Habrá que decir, pues, que los profesionales a sueldo obtienen éste por servirse del arte del asalariado.

Asintió de mala gana.

—En consecuencia, la utilidad de que hablamos no la recibe cada uno de su propia arte, sino que, precisando las cosas con todo rigor, la medicina produce la salud y el arte del mercenario la soldada, así como la arquitectura la casa; aunque la retribución que se obtiene con esta última arte produzca también un sueldo. Del mismo modo, todas las demás artes tienen cada una su trabajo y proporcionan el provecho para el que están ordenadas. Porque si no se recibiese recompensada por ellas, ¿qué utilidad alcanzaría el profesional con su arte?

—Ninguna —dijo.

—Entonces, ¿no obtiene provecho alguno cuando trabaja gratuitamente?

—Yo, al menos, creo que sí.

—Por consiguiente, Trasímaco, se muestra ya con evidencia que ningún arte ni gobierno vela por su propio interés, sino que, como decíamos hace un momento, prepara y ordena las cosas en beneficio del gobernado, considerando ante todo su conveniencia, por ser el más débil, y desdeñado la del más fuerte. Por eso mismo, querido Trasímaco, afirmaba yo hace poco que nadie quiere gobernar por su voluntad ni trata de enderezar los males del prójimo, sino que exige una recompensa, porque quien desee ejercer su arte de la mejor manera posible no puede nunca hacer ni ordenar nada en beneficio de sí mismo, sino del gobernado. Así, pues, según parece, conviene otorgar recompensa a los que aceptan el mando de buen grado: esa recompensa consistirá en dinero, en honra, o bien en castigo, si no gobiernan.

XIX

—¿Qué es lo que dices, Sócrates? —dijo Glaucón—. Comprendo perfectamente lo de las dos recompensas, pero no sé lo que quieres dar a entender con ese castigo que también propones a modo de recompensa.

—¿No conoces entonces —dije— cuál es la recompensa de los sabios, por la que aceptan el poder los más virtuosos cuando se deciden a gobernar? ¿O no sabes quizá que se considera como vergonzosas a la ambición y a la avaricia, y que lo son realmente?

—Sí, lo sé —contestó.

—Por eso precisamente —repuse yo—, los buenos no quieren gobernar ni por dinero ni por honra, y ni siquiera alcanzando limpiamente una recompensa por el ejercicio de su cargo quieren que se les llame asalariados, o acaso ladrones si ellos mismos se apropian algo del gobierno secretamente. Como no son ambiciosos, tampoco les mueve la honra. Es preciso, pues, que les incite a ello la necesidad y el castigo, si han de llegar de algún modo al gobierno; de donde resulta que se estime indecoroso el procurarse voluntariamente el poder, sin que medie alguna fuerza coactiva. El mayor de los castigos consiste en ser gobernado por el más indigno, caso de que los buenos no quieran gobernar; por temor a aquél, me parece a mí que gobiernan, cuando gobiernan, los hombres virtuosos, los cuales aceptan entonces el gobierno no como un bien ni como si fuesen a darse con él buena vida, sino a manera de algo necesario; ya que no se dispone de otros hombres buenos, habría lucha para no gobernar como ahora la hay para gobernar, y entonces se mostraría claramente que el verdadero gobernante no ejerce en realidad el cargo para mirar por su propio bien, sino por el del gobernado; de modo que todo hombre inteligente preferiría mejor que otro trabajase en su provecho que tener que trabajar él por los demás. No puedo, por tanto, asentir de ningún modo a Trasímaco en eso de que lo justo es lo que conviene al más fuerte. Pero tendremos que examinar la cuestión de nuevo, porque más importante es lo que decía ahora Trasímaco, cuando menos según me parece a mí, al afirmar que es mejor la vida del injusto que la del justo. ¿Cuál eliges tú, Glaucón? —le dije—. ¿Cuál de las dos cosas te parece ser más verdadera?

—Yo considero como más ventajosa la vida del justo.

—¿Has oído —le pregunté— cuántos bienes atribuía hace poco Trasímaco al injusto?

—Sí, los he oído —repuso—, pero no me convenció.

—¿Quieres, pues, que seamos nosotros los que le convenzamos, caso de que podamos probar que no dice la verdad?

—¿Cómo no he de quererlo? —repuso.

—Pues bien —dije yo—, si ahora, oponiéndonos a él, refutásemos una a una sus razones, haciendo ver cuántas ventajas encierra el ser justo, y él por su parte replicara con otras, sería preciso enumerar y medir todos los bienes que cada uno presentase en su discurso y necesitaríamos también de jueces que fallasen la cuestión, pero si verificamos el examen en trato amistoso como hasta el momento, seremos nosotros mismos a la vez jueces y oradores.

—Naturalmente —dijo.

—Por tanto, ¿cuál de los dos métodos te agrada más? —añadí yo.

—El segundo —contestó.

XX

—Vamos a ver, Trasímaco —dije yo—; tomemos la cuestión desde el principio y contesta: ¿admites que la completa injusticia es más ventajosa que la completa justicia?

—Lo admito por entero —afirmó—, y ya he dicho por qué motivos.

—Aclárenos entonces tu opinión sobre esto. ¿Llamas a una de esas dos cosas virtud y a la otra vicio?

—Claro que sí.

—Por tanto, ¿será para ti virtud la justicia y vicio la injusticia?

—¿Y lo crees verosímil, querido —dijo—, después de afirmar que la injusticia es ventajosa y la justicia no?

—¿En qué quedamos, pues?

—Precisamente en todo lo contrario —contestó.

—¿Crees acaso que la justicia es vicio?

—No, sino una generosa simplicidad.

—¿Y estimas, por tanto, como maldad a la injusticia?

—No, sino prudencia.

—En consecuencia, Trasímaco, ¿te parece que los hombres injustos son juiciosos y buenos?

—Por lo menos —contestó— cuantos son capaces de realizar la completa injusticia y de someter a su poder ciudades y pueblos. Tú pensarás quizá que me refiero aquí a los rateros de bolsas, pero —prosiguió—, aunque esto también es provechoso si permanece en la impunidad, no van mis razones por ahí, sino a confirmar aquello de que ahora hablaba.

—Puedes estar seguro —dije— que no desconozco lo que quieres decir. Ahora bien, me ha dejado sorprendido que consideres la injusticia como parte de la virtud y la sabiduría, y la justicia como algo contrario.

—Desde luego, no lo dudes un momento.

—Muy duro me parece eso, querido amigo —contesté yo—, y no resulta fácil a nadie refutarlo. Si hubieses dicho tan solo que la injusticia es ventajosa, pero conviniendo a la vez que es vicio y vergüenza, como admiten otros, habría lugar para responder según lo acostumbrado, mas ahora aparece claro que la estimas cosa hermosa y fuerte y que le atribuyes todo aquello que nosotros concedemos a la justicia, ya que has llegado incluso a equipararla a la virtud y a la sabiduría.

—Tienes dotes de verdadero adivino —dijo.

—Pero, con todo —contesté—, no dejaré de proseguir el examen de la cuestión en tanto suponga que dices lo que piensas. Porque tengo para mí, Trasímaco, que ahora no hablas sin más, sino que dices lo que te parece ser verdad.

—¿Y qué te va a ti en ello —replicó— que sea esa o no mi opinión, si de lo que se trata es de que refutes mis afirmaciones?

—Nada me va ni me viene —dije yo—; pero intentaré que contestes a lo que voy a decirte: ¿te parece a ti que un hombre justo desea tener ventaja sobre otro hombre justo?

—De ningún modo —dijo—, porque entonces no sería tan complaciente y simple como lo juzgamos ahora.

—Pues, ¿qué? ¿Ni siquiera para una acción justa?

—Ni siquiera para eso —contestó.

—¿Y no estimaría conveniente superar al injusto? ¿Creería o no que esto es justo?

—Lo creería —contestó— y lo estimaría así, pero no estaría a su alcance.

—Pero no te pregunto esto —dije yo—, sino si el justo no estima conveniente y desea aventajar al injusto, tanto como al justo.

—Eso creo —replicó.

—¿Y en cuanto al injusto? ¿Crees también que pretenderá superar al justo y a la acción justa?

—No hay duda —dijo—, ya que estima conveniente obtener ventaja sobre todos.

—Por tanto, ¿tratará el injusto de superar al hombre justo y a la acción justa y se esforzará por tener esa ventaja sobre todos?

—Así es.

XXI

—Queda esto claro —dije—: el justo no tratará de superar a su semejante, sino al que no lo es; el injusto, en cambio, al semejante y al que no lo es.

—Lo has dicho muy bien —afirmó.

—¿Y es que al menos —añadí yo— no es el injusto juicioso y bueno, y el justo ni una ni otra cosa?

—Claro que sí —contestó.

—Así pues —dije—, ¿se parece el injusto al juicioso y bueno y el justo no?

—¿Cómo no ha de parecerse el primero si es como ellos, y cómo, en cambio, ha de parecerse el segundo?

—Indudablemente. Porque el que es de una determinada manera se parece a los que son semejantes a él.

—¿Podría ser entonces de otro modo? —dijo.

—Admitámoslo, Trasímaco; pero tú, ¿a alguien llamarás músico, y a alguien también negarás ese título?

—En efecto.

—¿Y cuál de los dos es inteligente y cuál no?

—Considero así al músico y carente de inteligencia al que no es músico.

—¿Crees asimismo que es bueno en aquello en que demuestra inteligencia y malo en aquello para lo que no es inteligente?

—Sí.

—¿Y ocurre otro tanto con el médico?

—Eso es.

—¿Y te parece a ti, querido amigo, que el músico que afina la lira desea superar al músico en la tensión y aflojamiento de las cuerdas o sacarle alguna ventaja?

—A mí no me lo parece.

—¿Y al que no es músico?

—Por fuerza —dijo.

—Vayamos con el médico. En lo que respecta al alimento o a la bebida, ¿quiere tomar ventaja sobre el hombre médico o sobre su profesión?

—De ningún modo.

—¿Ni tampoco sobre el que no es médico?

—Sí.

—Y en cuanto a cualquier conocimiento o ignorancia, ¿te parece a ti que el que es entendido desea obtener ventaja sobre otro que también es entendido, bien en hechos o en palabras, o aspira tan sólo a lo mismo que su semejante en la misma acción?

—Posiblemente resulte necesario —dijo— que esto sea así.

—¿Qué diremos del no entendido? ¿No desea en igual grado obtener ventaja sobre el entendido como sobre el no entendido?

—Quizá.

—Pero, ¿el entendido es sabio?

—Claro que sí.

—¿Y el sabio es bueno?

—Sí.

—Por consiguiente, el hombre bueno y sabio no deseará obtener ventaja sobre su semejante, sino sobre su desemejante y contrario.

—Así parece —dijo.

—Mas el hombre malo e ignorante anhelará obtenerla sobre su semejante y contrario.

—No creo que ofrezca duda.

—¿Y no decías tú también, Trasímaco —dije yo—, que el injusto desea obtener ventaja sobre su desemejante y no sobre su semejante?

—Sí.

—El justo, pues —afirmé yo—, se parece al sabio y al bueno, mientras que el injusto imita al malo y al ignorante.

—Nada hay que objetar.

—Pero hemos convenido ya en que cada uno es como aquel al que se parece.

—Por tanto, el justo se presenta como bueno y sabio, en tanto que el injusto aparece como ignorante y malo.

XXII

Trasímaco estuvo de acuerdo conmigo en todo esto, aunque no tan fácilmente como yo lo digo, sino más bien forzado a ello y a duras penas, chorreando sudor por efecto del calor veraniego. Y entonces vi yo por primera vez que Trasímaco se ruborizaba; mas cuando convinimos en que la justicia es virtud y sabiduría, y la injusticia maldad e ignorancia, dije yo:

—Dejemos ya probado este punto. Pero decíamos también que la injusticia era fuerte, ¿o no haces memoria de ello, Trasímaco?

—Sí que la hago —respondió—; pero no puedo dar mi aprobación a lo que ahora dices y tengo que hablar por mi parte. Aunque si yo hablase, bien sé que me acusarías de demagogo. Así pues, deja que diga cuanto quiera, o, si lo prefieres, pregunta; yo, desde luego, te contestaré que «sí» como a las viejas que recitan sus fábulas y aprobaré o disentiré con signos de cabeza.

—Pero no lo hagas, de ningún modo —dije yo—, contra lo que tú piensas.

—Como a ti te parezca —afirmó—, ya que no permites que hable. ¿Quieres aún algo más?

—Nada, por Zeus —dije yo—, sino que procedas como más te guste; yo, naturalmente, te preguntaré.

—Pues pregunta.

—Te preguntaré lo mismo que hace un momento a fin de que podamos proseguir ininterrumpidamente la discusión: ¿qué es la justicia con respecto a la injusticia? Parece haberse afirmado que la injusticia era más poderosa y más fuerte que la justicia, y ahora —dije—, si es que la justicia es sabiduría y virtud, pienso que fácilmente se nos mostrará más fuerte que la injusticia, ya que ésta no es otra cosa que ignorancia. Nadie querrá desconocer esto; pero no es mi deseo considerarlo de manera tan sencilla, sino de otro modo: ¿te atreverías a afirmar que existe una ciudad injusta que intenta someter injustamente a las demás ciudades, y que, en realidad, ya las ha sometido y las mantiene sojuzgadas bajo su poder?

—¿Cómo no? —dijo—. Y hará esto la ciudad que en mayor grado y con más perfección sea injusta.

—Ya sé —dije— que ese es tu pensamiento. Pero sobre ello quisiera puntualizar si la ciudad que se apodera de otra ciudad tiene este poder sin la justicia o le será necesario contar con ella.

—Si la justicia, como decías recientemente —afirmó—, es sabiduría, con la justicia; pero si es como yo pretendía, con la injusticia.

—Mucho me complace, Trasímaco —dije yo—, que no apruebes y desapruebes sólo con movimientos de cabeza, sino con respuestas muy claras como ahora.

—Me alegra que te haya dado gusto —contestó.

XXIII

—Lo has hecho muy bien, pero hazme el favor completo y dime: ¿estimas que una ciudad o un ejército, o unos bandidos o ladrones, o cualquier otra gente de esta calaña, sea la que sea la empresa injusta que realicen en común, ¿podrá llevarla a término actuando injustamente unos contra otros?

—No, por cierto —dijo.

—¿Adelantarían más si no procediesen de manera injusta?

—Indudablemente.

—Pues mira, Trasímaco, a mi entender la injusticia procura sediciones y odios, y luchas entre ellos, en tanto que la justicia les proporciona concordia y amistad; ¿o no lo crees así?

—Lo doy por bueno —dijo— para no llevarte la contraria.

—Vuelves a mostrarte muy prudente, querido amigo, pero sigue contestándome: si se considera como obra de la injusticia el introducir el odio dondequiera que éste se encuentre, ¿no se producirá también el odio recíproco, tanto en los hombres libres como en los esclavos, originando escisiones tales entre ellos que les haga impotentes para realizar tareas en común?

—Seguramente.

—Y si esto ocurre entre dos personas, ¿no ahondarán sus diferencias y cobrarán odio entre sí, haciéndose tan enemigas mutuamente como de las personas justas?

—Así será —dijo.

—Pues supón ahora, admirado amigo, que la injusticia se realiza en una sola persona; ¿perderá acaso todo su poder o lo conservará íntegramente?

—Lo conservará íntegramente —dijo.

—Por tanto, la injusticia se nos aparece con un poder tal que, ya se encuentre en un estado, ya en un ejército o en cualquier otra sociedad, la vuelve impotente para conseguir nada por la disensión y la discordia que origina, haciéndose a la vez enemiga de sí misma y de su contrario, lo justo; ¿no lo crees así?

—Sí.

—Pienso, además, que, si se encuentra en una sola persona, produce todo lo que por naturaleza le corresponde; primeramente, la deja sin fuerzas para actuar, en discordia y desacuerdo consigo misma; luego, la vuelve enemiga de sí misma y de las personas justas, ¿no es eso?

—Sí.

—Y los dioses, querido amigo, ¿no son también justos?

—No hay duda —contestó.

—Por consiguiente, Trasímaco, el injusto será enemigo de los dioses, y el justo, amigo.

—Deléitate y confía plenamente en tu discurso —dijo—; yo, por mi parte, no te contradiré para no enemistarme con éstos.

—Pues bien —dije yo—, completa ya este deleite mío respondiendo como lo hacías ahora. Porque los justos se nos aparecen como más sabios, mejores y más poderosos para la acción, y los injustos como si no fuesen capaces de actuar en común, hasta el punto de que si decimos que alguna vez hacen algo en común con éxito, aun siendo injustos, no decimos de ningún modo la verdad. Ciertamente, no podrían perdonarse unos a otros, siendo injustos, con lo cual está claro que hay cierta justicia en ellos que les impide cometer injusticias mutuas, y por aquélla realizan sus empresas y se atreven con sus crímenes, no obstante ser malos a medias, ya que los malos e injustos totalmente son también incapaces de hacer nada. Creo que esto es así y no como tú proponías al principio. Y respecto a la afirmación de que los justos viven mejor que los injustos y son más felices que ellos, es algo que dejamos para un examen posterior y que habrá que precisar. Ahora se nos muestran, según mi parecer, conforme se ha dicho, aunque haya que examinar mejor la cuestión, puesto que no se trata de resolver sobre algo intrascendente, sino nada menos que acerca de cómo es preciso vivir.

—Pues procede a su examen —dijo.

—Eso voy a hacer —contesté—. Pero dime: ¿te parece a ti que el caballo tiene una función que le es propia?

—Sí.

—¿Y propondrías como operación propia del caballo o de otro ser cualquiera la que sólo pudiera hacerse por él, o por él mejor que por nadie?

—No sé lo que quieres decir —dijo.

—Vamos entonces con otra cosa: ¿te sería posible ver de otro modo que con tus ojos?

—Seguramente que no.

—¿Y oír con algo que no fuesen tus oídos?

—De ninguna manera.

—¿Podríamos, pues, decir con razón que ésas son operaciones propias de ellos?

—Indudablemente.

—Pues qué, ¿serías capaz de cortar un sarmiento con un cuchillo, con un trinchete o con cualesquiera otros instrumentos?

—¿Cómo no?

—Pero, creo yo, nada resultaría más apropiado que una podadera adaptada para ello.

—Ciertamente.

—¿No diremos, por tanto, que es esta una operación propia suya?

—Claro que sí.

XXIV

—Pienso yo ahora que debes entender mejor lo que te preguntaba hace poco, al indagar si no era operación propia de cada cosa la que ella sola realiza o ella mejor que las demás.

—Sí que lo entiendo —dijo—, y me parece que esa es la operación propia de cada una.

—Pues bien —le dije—, ¿te parece a ti que existe una virtud para cada una de las cosas que se ordena a una operación? Volvamos a lo que antes decíamos: ¿puede hablarse de una operación propia de los ojos?

—Sí.

—Es decir, ¿que los ojos tienen, en efecto, una virtud que les es propia?

—No hay duda.

—¿Y no ocurre lo mismo con los oídos?

—Sí.

—Por tanto, ¿poseen una virtud?

—Indudablemente.

—¿Y no acontecerá otro tanto con los demás cosas?

—Claro que sí.

—Pues qué, ¿podrían los ojos realizar perfectamente su operación si no tuviesen la virtud que les es propia y dispusiesen, en cambio, de un vicio en lugar de la virtud?

—¿Y cómo no? —preguntó—. ¿Te refieres quizá a la ceguera en vez de a la visión?

—Poco importa por el momento —argüí yo— cuál sea la virtud de los ojos, pues todavía no pregunto eso, sino si se realizará bien su operación con su propia virtud y mal con el vicio.

—Al hablar así dices la verdad —contestó.

—E igualmente, los oídos, privados de su virtud, ¿realizarán mal su propia operación?

—Efectivamente.

—¿Ponemos, pues, todas las cosas en el mismo plano?

—Eso me parece.

—Ea, pues, pasemos ahora a otra cuestión: ¿hay una operación propia del alma que ningún otro ser pueda realizar, cual es la de dirigir, gobernar y decidir y todas las demás cosas por el estilo, y podríamos atribuirla a otro ser que no fuese ella, diciendo que en efecto le es propia?

—Sólo a ella.

—¿Y en cuanto a la vida? ¿Diremos que es una operación del alma?

—Sin duda —afirmó.

—¿Y diremos también que hay una virtud del alma?

—Claro que sí.

—Pues qué, Trasímaco, ¿el alma realizará bien sus operaciones privada de su virtud propia o es eso imposible?

—Imposible.

—Por tanto, es necesario que el alma mala mande y gobierne mal y que, en cambio, la buena realice bien todas estas cosas.

—Sí, lo es.

—¿Y no hemos acordado que la justicia es virtud del alma, y la injusticia vicio?

—En efecto.

—Así pues, el alma justa y el hombre justo vivirán bien; el hombre injusto, mal.

—Eso parece —dijo—, según tu razonamiento.

—Pero el que vive bien es feliz y dichoso, y todo lo contrario el que vive mal.

—¿Cómo no?

—Por consiguiente, el justo es dichoso, y el injusto, desgraciado.

—Admitido —dijo.

—Pero no se obtiene ventaja siendo desgraciado, sino siendo dichoso.

—Así es.

—Entonces, divino Trasímaco, la injusticia no es nunca más provechosa que la justicia.

—Puedes regalarte, Sócrates —dijo—, con todo eso en la Bendidias.

—A ti te lo deberé, Trasímaco —contesté—, por haberte suavizado tanto y haber cesado también en tu irritación. Sin embargo, pequeño va a ser el banquete, y no por tu culpa, sino por la mía, pues me parece a mí que así como los golosos gustan arrebatadamente de todo lo que se les presenta, sin haber disfrutado en justa medida de lo anterior, así también yo, sin haber llegado a encontrar lo que al principio considerábamos, esto es qué cosa es lo justo, olvidado de aquello me lancé a investigar acerca de si era vicio e ignorancia, o sabiduría y virtud, y surgida una nueva cuestión, a saber si la injusticia es más ventajosa que la justicia, no tuve reparo en dejar aquélla por ésta, de modo que ahora me ocurre que nada he sacado en limpio de la discusión. Pues al no saber qué es lo justo, difícil será que sepa si es una virtud o no, y si el que la posee es o no es dichoso.

LIBRO SEGUNDO

I

Una vez dicho esto, creía que se daba ya por finalizada la discusión, pero, al parecer, estábamos todavía en su comienzo. Porque Glaucón, siempre valeroso en todo, también entonces no consideró oportuna la renuncia de Trasímaco, sino que dijo:

—¿Quieres mejor, Sócrates, convencernos sólo aparentemente de que hay que preferir lo justo a lo injusto, o que lo creamos a todo evento?

—Si de mí dependiese —contesté— desearía convenceros realmente.

—Pues, indudablemente —dijo—, no haces lo que quieres. Porque, dime: ¿no te parece que existe algún bien, que deseamos poseer no en atención a lo que de él se deriva, sino por lo que él es, cual ocurre con la alegría y esos otros placeres inofensivos que no producen más ventaja que el goce para quien disfruta de ellos?

—Sí —respondí yo—, me parece que un bien de esa naturaleza existe.

—Pues qué, ¿no nos complacemos también con algún otro tanto por sí mismo como por sus resultados, así, por ejemplo, la inteligencia, la vista o la salud? Creo que por ambas razones gustamos de ellos.

—Sí —le dije.

—¿Y no convienes —añadió— que existe una tercera clase de bienes, entre los que se cuentan la gimnasia, el ser curado cuando se está enfermo, el ejercicio de la medicina y cualquier profesión lucrativa? Decimos de todas estas cosas que son penosas, pero que nos prestan su ayuda, y no desearíamos poseerlas por sí mismas, sino por las ganancias y cualesquiera otras ventajas que proporcionan.

—En efecto —dije—, admito esa tercera clase de bienes, pero, ¿con qué objeto hablas de ella?

—¿En qué clase —preguntó— pones tú a la justicia?

—Creo —le contesté— que debe estar en la mejor, que será la que desee, tanto por sí misma como por sus resultados, el hombre que quiera ser feliz.

—Pues no parece ser esa la opinión de la mayoría —añadió—, que considera a la justicia entre los bienes penosos y como algo que ha de ejercitarse en referencia a las ganancias y buena reputación que procura, pero que por sí misma ha de desdeñarse como molesta.

II

—Sé —le dije— que es esa la opinión general, por lo que Trasímaco la reprueba como tal, ensalzando, en cambio, la injusticia. Muy torpe debo ser yo, según parece, para no entenderlo así.

—Vamos a ver —dijo—, escúchame, que trataré de ponerte de acuerdo conmigo. A mi entender, Trasímaco, lo mismo que la serpiente, se ha dejado vencer demasiado pronto, y al igual que ella, fascinado por tus palabras. Yo, en cambio, no he quedado convencido hasta ahora con lo que ha dicho una y otra parte. Y deseo que se me hable tanto de la justicia como de la injusticia, de lo que es cada una de ellas y qué efectos producen en un alma, sin que para esto haya que tener en cuenta las ganancias y resultados que procuran. Esto es justamente lo que haré, si no pones reparo alguno. Repetiré las razones de Trasímaco y hablaré primero de lo que dicen que es la justicia y acerca de dónde proviene, y luego haré ver cómo cuantos la practican lo hacen contra su voluntad y necesariamente, no como si se tratase de un bien En tercer lugar, demostraré que obran así con razón, pues, según dicen, resulta mucho mejor la vida del injusto que la del justo. Pero a mí, Sócrates, no me parece que eso sea verdad; muy al contrario, estoy en dudas y me zumban los oídos al escuchar a Trasímaco y a otros mil como él, en tanto no he escuchado todavía a ninguno que defienda, según yo quisiera, que la justicia es mejor que la injusticia. Desearía en verdad oír a alguien que la alabase en sí misma y preferiría que fueses tú el que prodigase esta alabanza. Por esa razón procederé a extenderme en elogios sobre la vida injusta y después de ello te mostraré cómo quiero oírte censurar la injusticia y alabar la justicia. Mas advierte primeramente si lo que digo es de tu agrado.

—Completamente —dije yo—. Pues, ¿qué otra cosa más grata para un hombre sensato que hablar y escuchar sobre este tema?

—Bien dices —replicó—. Escúchame hablar sobre aquello con lo que dije que comenzaría, esto es, acerca de lo que es y de dónde procede la justicia. Pues dicen que es un bien el cometer la injusticia y un mal el padecerla, aunque hay mayor mal en recibir la injusticia que ventaja en cometerla, ya que luego que los hombres comenzaron a realizar y a sufrir injusticias, tanto como a gustar de ambos actos, los que no podían librarse de ellos resolvieron que sería mejor establecer acuerdos mutuos para no padecer ni cometer injusticias; y entonces, se dedicaron a promulgar leyes y convenciones y dieron en llamar justo y legítimo al mandato de la ley; tal es la génesis y la esencia de la justicia, a igual distancia entre el mayor bien, que consiste en cometer la injusticia sin recibir castigo, y el mayor mal, que no es otra cosa que la impotencia para defenderse de la injusticia recibida. En medio de ambas cosas, la justicia es querida no como un bien, sino como algo respetado por incapacidad para cometer la injusticia, puesto que el que puede cometerla y es verdaderamente hombre no intenta ponerse de acuerdo con nadie para evitar su realización o el sufrimiento que aquella impone. Se le tildaría de loco, en verdad. He aquí, por tanto, la naturaleza de la justicia, Sócrates, y todo lo que tiene relación con su origen, según lo dicho.

III

Y en cuanto a que los buenos lo son por su impotencia de ser injustos, forzoso será que hagamos la siguiente suposición:

demos libertad a cada cual, justo e injusto, para que proceda a su antojo, y veamos luego hasta dónde son capaces de llevar su capricho. Sorprenderemos al hombre justo en flagrante delito, dominado por la misma ambición que el injusto y llevado por naturaleza a perseguirla como un bien, aunque por ley necesaria se vea conducido al respeto de la igualdad. Esta libertad a que me refiero podrían disfrutarla quienes dispusiesen de un poder análogo al del antepasado del lidio Giges, que dicen era pastor al servicio del entonces rey de Lidia. Habiendo sobrevenido en cierta ocasión una gran tormenta acompañada de un terremoto, se abrió la tierra y se produjo una sima en el lugar donde apacentaba sus rebaños. Ver esto y quedar lleno de asombro fue una misma cosa, por lo cual bajó siguiendo la sima, en la que admiró, además de otras cosas maravillosas que narra la fábula, un caballo de bronce, hueco, que tenía unas puertas a través de las que podía entreverse un cadáver, al parecer de talla mayor que la humana. En éste no se advertía otra cosa que una sortija de oro en la mano, de la que se apoderó el pastor, retirándose con ella. Luego, reunidos los pastores en asamblea, según la costumbre, a fin de informar al rey, como todos los meses, acerca de los rebaños, se presentó también aquél con la sortija en la mano. Sentado como estaba entre los demás, sucedió que, sin darse cuenta, volvió la piedra de la sortija hacia el interior de la mano, quedando por esta acción oculto para todos los que le acompañaban, que procedieron a hablar de él como si estuviera ausente. Admirado de lo que ocurría, de nuevo tocó la sortija y volvió hacia fuera la piedra, con lo cual se hizo visible. Su asombro le llevó a repetir la prueba para asegurarse del poder de la sortija, y otra vez se produjo el mismo hecho: vuelta la piedra hacia dentro, se hacía invisible, y vuelta hacia fuera, visible. Convencido ya de su poder, al punto procuró que le incluyeran entre los enviados que habrían de informar al rey, y una vez allí sedujo a la reina y se valió de ella para matar al rey y apoderarse del reino. Supongamos, pues, que existiesen dos sortijas como ésta, una de las cuales la disfrutase el justo y la otra el injusto; no parece probable que hubiese nadie tan firme en sus convicciones que permaneciese en la justicia y que se resistiese a hacer uso de lo ajeno, pudiendo a su antojo apoderarse en el mercado de lo que quisiera o introducirse en las casas de los demás para dar rienda suelta a sus instintos, matar y liberar a capricho, y realizar entre los hombres cosas que sólo un dios sería capaz de cumplir. Al obrar así, en nada diferirían uno de otro, sino que ambos seguirían el mismo camino. Con esto, se probaría fehacientemente que nadie es justo por su voluntad, sino por fuerza, de modo que no constituye un bien personal, ya que si uno piensa que está a su alcance el cometer injusticias, realmente las comete. Ello, porque todo hombre estima que, particularmente, esto es para sí mismo; la injusticia le resulta más ventajosa que la justicia, en lo cual estará de acuerdo el que defiende la teoría que ahora expongo. Pues, verdaderamente, si hubiese alguien dotado de tal poder, que se negase en toda ocasión a cometer injusticias y a apoderarse de lo ajeno, parecería a los que le juzgasen un desgraciado y un insensato, aunque reservasen el elogio para sus conversaciones, temiendo ellos mismos ser víctimas de la injusticia. Esto es lo que puede decirse en tal caso.

IV

Respecto al juicio que nos merece la vida de los hombres de que hablamos, esto es si seremos capaces de juzgarles rectamente, habrá que decir que ello es posible a condición de referirse separadamente al que creemos más justo y más injusto. Pero, ¿cómo considerar esa separación? Indudablemente, no deberá quitarse nada al injusto de su injusticia, ni al justo de su justicia, sino que, por el contrario, a cada uno habrá que suponerle perfecto paradigma en su género de vida. En primer lugar, que el injusto desarrolle su trabajo como un buen artesano, cual si se tratase de un excelente piloto o de un médico que conocen las posibilidades o limitaciones de su técnica, realizando aquellas y omitiendo las segundas o incluso reparando sus faltas de manera suficiente caso de haberlas cometido. Así también, el hombre injusto que realiza perfectamente sus malas acciones, lo hace a escondidas para ser injusto en su verdadera medida. Porque si se le sorprende en ellas, forzoso será creer que es un hombre inepto, ya que la más perfecta injusticia consiste en parecer ser justo sin serlo. Demos, pues, al hombre perfectamente injusto la más perfecta injusticia, y no le privemos de ella como no sea para permitirle que cometa las acciones más reprobables y que, con ellas, obtenga la mayor reputación de hombre justo. Dejémosle que, si en algo fracasa, pueda intentar su recuperación e incluso llegar a convencer a quien se atreva a denunciar sus maldades, y obligar por la fuerza si es necesario, valiéndose de su valor y de su fuerza, de los recursos propios o de los de sus amigos. Pongamos ahora junto a él al hombre justo, que es un hombre sencillo y noble, decidido a ser bueno y no a parecerlo, como dice Esquilo. Despojémosle, pues, de su apariencia. Porque, si parece ser justo, tendrá los honores y recompensas que le corresponden, y no aparecerá con claridad si es tal por amor de la justicia o por las recompensas y honores que recibe. Hay que dejarle como desnudo de todo excepto de la justicia, haciéndole completamente contrario al hombre citado anteriormente: que no habiendo cometido injusticias sea tenido por el más perverso, a fin de que, sometida su virtud a las más duras pruebas, no se deje ablandar por la mala reputación y por todo lo que ella trae consigo, sino que vaya invariable hacia la muerte, con la inmerecida fama de hombre injusto. Llevados a su culminación estos dos hombres —culminación de justicia el uno, de injusticia el otro—, podrá juzgarse cuál de ellos es el más feliz.

V

—¡Oh, mi querido Glaucón! —dije yo—, cuán decididamente has purificado a cada uno de estos hombres, como si fuesen estatuas, para que así los juzguemos.

—Como estuvo en mi poder hacerlo —contestó—. Y siendo ambos de tal modo, no resultará difícil, a mi parecer, expresar con palabras la vida que aguarda a cada uno. Digámoslo, pues, y si tú crees que mi expresión es demasiado ruda, te diré Sócrates, que no hablo por mí mismo, sino para repetir el juicio de los que prefieren la injusticia a la justicia. Esto dirán: que si el justo es así, será fustigado, torturado, encadenado, le quemarán sus ojos, y, luego de haber sufrido toda clase de males, será crucificado y comprenderá con ello que no conviene querer ser justo, sino solo parecerlo. Mucho más adecuado estaría aplicado al injusto el dicho de Esquilo, ya que, en realidad, es de él de quien dirán que realiza sus acciones de acuerdo con la verdad y no a tenor de las apariencias, pues no pretende parecer injusto, sino serlo,

*ofreciendo a través de su mente el surco profundo
del que brotan los prudentes consejos,*

y gobernar sobre todo en la ciudad que le reputa como justo, así como tomar la esposa por él deseada, casar a gusto a sus hijos, trabar amistad y relación con quien desee y obtener ventaja de todo ello, puesto que no siente aversión a la injusticia. Tanto privada como públicamente podrá competir y vencer en procesos, superando a sus enemigos, con lo cual beneficiará a sus amigos para perjudicar, en cambio, a aquéllos, y podrá también ofrendar suficientes exvotos y sacrificios a los dioses, superando con mucho el cuidado que en esto prodigue el justo, siempre inferior en la honra a los dioses y a los hombres que desea enaltecer. De manera que llegará a ser, probablemente, más amado de los dioses que el hombre justo, y dirán entonces, Sócrates, que con respecto a los dioses y a los hombres la vida del injusto es mejor que la del justo.

VI

Una vez que Glaucón hubo dicho esto, ya me preparaba yo a contestarle, cuando su hermano Adimanto tomó el uso de la palabra y dijo:

—¿No creerás, Sócrates, que ya se habló suficientemente de la cuestión?

—Y entonces, ¿qué más queda por decir? —pregunté.

—No se ha hablado —dijo— de lo que más debía hablarse.

—Aplícate, pues, el proverbio —añadí— y que el hermano venga en ayuda del hermano. Por tanto, eres tú quien habrá de socorrerle, caso de que él se descuide. Yo tengo bastante con lo que ha dicho para declararme vencido y considerarme impotente para defender a la justicia.

—Nada nos dices con ello —afirmó—, pues tendrás también que escucharme a mí. Conviene que consideremos las razones contrarias a las suyas, esto es, las de los que ensalzan la justicia y condenan la injusticia, para que se perciba con claridad lo que me parece que quiere mostrar Glaucón. Dicen y recomiendan los padres a sus hijos, y todos cuantos están al cuidado de ellos, que es preciso ser justo, aunque no alaben la justicia, sino la buena reputación que proporciona, con vistas a obtener cargos, matrimonios y todo lo que ha mencionado Glaucón últimamente y que es para el justo el fruto de su fama. Pero estos todavía van más lejos. Así, haciendo aplicación de la buena disposición de los dioses, hablan de que procuran cuantiosos beneficios a los hombres justos. Traen en su apoyo a Hesíodo y a Homero; el primero, porque dice que los dioses han hecho las encinas para los hombres justos, al objeto de que «produzcan bellotas en sus copas y abejas en sus troncos. Las ovejas de abundante lana —dice también— se ven abrumadas por sus vellones», y otras muchas cosas por el estilo. El segundo se expresa de manera parecida:

> *Al modo como un irreprochable monarca, temeroso de los dioses,*
> *mantiene los derechos de la justicia, mientras la negra tierra*
> *le da trigo y cebada, los árboles se curvan con el fruto, los rebaños*
> *se multiplican sin cesar y el mar le proporciona peces*

Museo y su hijo conceden a los justos dones todavía más abundantes, llevándoles mentalmente al Hades y sentándoles allí a la mesa de los hombres puros, coronados de flores y enteramente ebrios para toda su vida, cual si el mejor premio para la virtud fuese la embriaguez eterna. Hay otros que alargan aún las recompensas de los dioses y dicen que el hombre justo y fiel a sus juramentos dejará hijos de sus hijos y un linaje para la posteridad. Estos y otros análogos son los elogios que se otorgan a la justicia, mas a los impíos y a los injustos los sumen en el cieno del Hades y les imponen el acarreo del agua con una criba, dándoles una vida de mala reputación, no diferente a la que Glaucón señalaba para los justos que pasan por injustos, con toda la secuela de sus castigos. Así es como se alaba y censura a unos y a otros.

VII

—Considera ahora, Sócrates, además de esto, todo lo que tanto el pueblo como los poetas dicen acerca de la justicia e injusticia. Pues repiten todos a una que la templanza y la justicia son buenas, pero difíciles y penosas, y que en cambio el desenfreno y la injusticia son dulces y fáciles de conseguir, pareciendo tan sólo vergonzosos a los ojos de los hombres y a la ley. Afirman igualmente que por lo general son más ventajosas las cosas injustas que las justas y se muestran de acuerdo para considerar felices y honrarles complacidamente, tanto pública como privadamente, a los malos que disfrutan de las riquezas o de cualquier otro poder, así como para juzgar indignos y desdeñar a los que sean débiles y pobres, aun teniendo a éstos por mejores que aquéllos. De todas estas razones, son las más extraordinarias las referentes a los dioses y a la virtud, sobre todo cuando atribuyen a los dioses las muchas calamidades y la vida mala que reciben los buenos, o la suerte contraria otorgada a los que no lo son. A su vez, los charlatanes y los adivinos se dirigen a las puertas de los ricos para convencerles de que disponen de poder divino para espiar con sacrificios o conjuros, y en medio de fiestas y diversiones, las faltas que hayan cometido ellos o sus antepasados. Y si alguno quiere hacer daño a un enemigo suyo, podrá hacérselo con poco dispendio, sea justo o injusto, valiéndose de ciertos conjuros con los que dicen que se atraen a los dioses y les convencen para que les ayuden. Y todo esto tiene para ellos la justificación de los poetas, que suelen conceder facilidades a la maldad, bajo el supuesto de que

fácilmente y en tropel puede conseguirse la maldad,
ya que el camino es llano y ella tiene su morada muy cerca.
En cambio, delante de la virtud han puesto los dioses el sudor
y un camino largo, áspero y escarpado.

Otras veces ponen a Homero como testigo de la seducción ejercida por los hombres sobre los dioses, citando sus mismas palabras:

Los dioses mismos se ablandan
con los sacrificios y amables celebraciones que los hombres les ofrecen,
haciendo uso de las libaciones y de la grasa de las víctimas,
cuando han cometido alguna falta o se han equivocado.

O presentan un gran número de libros de Museo y de Orfeo, descendientes, según dicen, de la Luna y de las Musas, de acuerdo con los cuales verifican los sacrificios, convenciendo no sólo a los particulares, sino incluso a las ciudades, de que la liberación o expiación de los pecados puede lograrse por medio de sacrificios o de juegos de placer realizados en vida, o aun después de muerto, purificaciones estas que nos libran de los males de allá abajo, en tanto significan castigos terribles para quienes no las practican.

VIII

—Todas estas, querido Sócrates —dijo—, son las cosas que se refieren acerca de la virtud y del vicio y respecto a la estimación en que los tienen los hombres y los dioses. Pero ahora cabría preguntar: ¿qué podrán producir en el alma de los jóvenes que las escuchen, si están bien dotados y son capaces de extraer consecuencias de todo lo que oyen, para deducir cómo han de ser y qué camino han de seguir para que transcurra su vida lo mejor posible? Jóvenes así se aplicarían a su propia persona el dicho de Píndaro: «¿Seguiré el camino de la justicia para escalar la alta fortaleza o bien haré uso del fraude desleal para llegar a aquélla?» Cualquiera de ellos argüiría que, al decir de los demás, ninguna utilidad se obtiene con ser justo, aun no pareciéndolo, sin trabajos y castigos manifiestos. Una «vida sobrehumana» se dice, en cambio, espera al que, siendo injusto, ha sabido prepararse reputación de justo. Así, pues, como a juicio de los sabios, «la apariencia vence a la realidad» y es «señora de la dicha», habrá que seguir enteramente ese camino. Adoptaré, por tanto, un ostentoso porte externo que dé una apariencia de virtud y llevaré detrás de mí la zorra «astuta y cambiante» del sapientísimo Arquíloco. Y al que me diga que no es fácil ser siempre malo sin que lo adviertan los demás, responderé que no hay ninguna gran empresa que no encierre dificultades, y que, de todos modos, si deseamos alcanzar la felicidad no debemos hacer otra cosa que seguir la huella de los discursos pronunciados. Para mantenernos ocultos encontraremos asociaciones y conjuras que nos presten su ayuda, y, asimismo, hay maestros que enseñan el arte de la elocuencia y son diestros para hablar al pueblo y a los jueces, con lo cual, unas veces por la persuasión y otras por la fuerza, aventajarán a los demás sin sufrir castigo. «Pero no puede emplearse el engaño y la fuerza contra los dioses.» Aunque, si no existen o no les preocupa en absoluto la suerte de los hombres,

¿por qué hemos de intentar engañarles? Si existen y en realidad se preocupan de los hombres, no sabemos ni hemos oído de ellos como no sea por los escritos y genealogías de los poetas, que dicen que es posible convencerles valiéndose de sacrificios, «suaves votos» y ofrendas. Y a los poetas hay que creerlos en ambas cosas o en ninguna de ellas. Si los creemos, habremos de ser injustos y formular sacrificios con el fruto de las injusticias. En cambio, siendo justos, quedaríamos libres del castigo de los dioses y renunciaríamos a las ganancias de la injusticia. Pero en el primer caso, nuestras ganancias aumentarían al implorarles con encarecimiento para tratar de reparar la falta o el engaño, convenciéndoles en favor de nuestra liberación. «Y, sin embargo, en el Hades nos corresponderá la pena por cuantas injusticias hayamos cometido aquí en la tierra, nosotros o los hijos de nuestros hijos.» Se argüirá seguramente, querido amigo, que también hay misterios y divinidades liberadoras de gran poder, según dicen las más grandes ciudades y los hijos de los dioses, que son sus poetas y sus profetas, y nos los revelan tal como se aparecen en la realidad.

IX

—¿Qué podría llevarnos a preferir la justicia a la injusticia suma si realmente podemos poseer ésta con una engañosa apariencia de virtud y alcanzar cuanto se nos antoje tanto de los dioses como de los hombres, bien en esta vida o después de ella? En esto concuerdan el hombre de la calle y el de más peso. De todo lo dicho, pues, ¿qué recurso cabe, Sócrates, para cualquier persona que quiera honrar la justicia con la ayuda de su alma, de sus riquezas, de su cuerpo o de su linaje, sino el de reírse al oír que otros la alaban? Así, pues, aun cuando pueda demostrarse que lo dicho no es verdad, e, igualmente, que está suficientemente probado que es mejor la justicia, ningún hombre aparentará irritación contra los injustos y, bien al contrario, tendrá para ellos gran indulgencia, sabiendo como sabe que, a excepción del caso en que alguien por su excelencia de carácter sienta aversión a la injusticia o por su conocimiento de ella la repudie, nadie es justo por su voluntad, sino por su falta de hombría, por su vejez o por cualquier otra debilidad que le hacen impotente para obrar injustamente. Prueba de ello es que cuando alguno de estos hombres llega a alcanzar cierto poder, se hace injusto y obra mal a medida de sus propias posibilidades. La causa de todo ello no es otra que la que ha originado esta discusión en la que estamos comprometidos Glaucón y yo, que venimos a decirte: «¡Oh, admirable Sócrates!, de todos cuantos convenís en defender la justicia, empezando por los héroes antiguos, cuyos discursos han llegado hasta nosotros, y terminando por los hombres de hoy, no ha habido nadie que haya censurado la injusticia o ensalzado la justicia por otro motivo que el de la reputación, honores y recompensas originados por ella. En cuanto al poder que tiene cada una y a su propia virtud ocultos en el alma del que los posee, tanto para los dioses como para los hombres, no ha habido nadie nunca que ni en poesía ni en prosa haya probado suficientemente que la injusticia es el mayor de los males del alma y, en cambio, la justicia el mayor de los bienes. Si, pues, os hubieseis expresado así todos vosotros desde un principio con el fin de persuadirnos desde nuestra juventud, no tendríamos que andar previniéndonos unos y otros de la injusticia, sino que, por el contrario, cada cual sería guardián de sí mismo, ante el temor de ser injusto y provocar con ello para sí el mayor de los males.»

Estas, y quizá todavía otras mayores, Sócrates, serían las razones que podrían ofrecer Trasímaco o cualquier otro acerca de la justicia y de la injusticia, confundiendo groseramente, según yo estimo, la virtud de ambas. Pero yo, que no tengo necesidad de ocultarte nada, he hablado con tanta extensión, movido por el deseo de escucharte las tesis contrarias. No te limites sólo a mostrarnos que la justicia es mejor que la injusticia, sino lo que produce cada una por sí misma en el que la posee y que hace se la considere como un mal o como un bien. Prescinde de la reputación, como Glaucón recomendaba, porque si no haces esto en uno u otro caso con la verdadera, ni añades la falsa, diremos que no ensalzas la justicia, sino su apariencia, y que no censuras la injusticia, sino también lo que así parece, así como que prescribes la realización de la injusticia de manera oculta al convenir con Trasímaco que la justicia es un bien para el prójimo, ventajoso para el más fuerte, pero que la injusticia, en cambio es conveniente y útil para el que la practica, e inconveniente para el débil. Ya que te muestras de acuerdo en reconocer que la justicia es uno de los mayores bienes, de los que resultan provechosos por todo lo que de valor nos procuran, y aún mucho más por sí mismos, cual ocurre con la vista, el oído, la inteligencia, la salud y todos los demás bienes fecundos por naturaleza, y no ya por la opinión que merecen, deberás ensalzar de la justicia lo que aprovecha al que la posee y señalar a la vez el daño de la injusticia, dejando que celebren los demás el premio y la reputación que proporcionan. En cuanto a mí, aceptaría las alabanzas ajenas a la justicia y las censuras a la injusticia, siempre que no encomiasen ni censurasen otra cosa que la reputación y ganancia de aquéllas, aunque a ti no te lo consentiría de no ordenármelo, puesto que tú mismo precisamente no has hecho otra cosa durante toda tu vida que examinar esta cuestión. No procures sólo demostrar con tus razones que la justicia es mejor que la injusticia; lo que habrás de hacer es mostrar lo que cada una produce por sí misma al que la posee, tanto si es conocida o no de los dioses y de los hombres, y si podrá reputarse en un caso como un bien y en otro como un mal.

X

Y yo, después de haberle escuchado, ratifiqué mi admiración de siempre en las dotes naturales de Glaucón y de Adimanto, y especialmente en esta ocasión hube de exclamar:

—No sin razón, hijos de un padre ilustre, el amante de Glaucón compuso en vuestro honor, para honrar vuestra intervención en la batalla de Megara, la elegía que comienza así: «Hijos de Aristón, divino linaje de un noble varón.» Lo cual, queridos amigos, me parece muy bien dicho, pues es indudable que hay en vosotros algo divino, si no estáis convencidos de que la injusticia es mejor que la justicia y sois capaces de defenderlo. A mi entender, sin embargo, no es esa vuestra opinión verdadera, como deduzco de vuestra manera de ser, antes que de vuestras palabras, que me harían desconfiar de vosotros. Precisamente, cuanto más confío en vosotros, tanto más perplejo quedo respecto a lo que habré de contestar. Porque en realidad no puedo acudir en ayuda de la justicia, de lo cual me considero incapaz, como lo prueba el hecho de que pensaba haberos obligado a cambiar de opinión respecto a la superioridad de la justicia sobre la injusticia, sin haberlo logrado realmente; pero tampoco puedo dejar de prestarle esa ayuda, porque temo que no sea lícito callarse si se ataca a la justicia en presencia de uno, o dejar de defenderla mientras quede un soplo de vida y fuerza para ello. Lo mejor, pues, será socorrerla de la mejor manera posible.

En este momento, Glaucón y los demás me pidieron que de ningún modo dejase de defenderla y que prosiguiese mi discurso tratando de indagar qué es lo que puede atribuirse a una y a otra y cuál es la verdad acerca de la ventaja que ambas proporcionan. Les di a conocer mi opinión en este sentido:

—La investigación en la que nos empeñamos no es nada despreciable, sino que, por el contrario, exige, a mi entender, una persona de visión penetrante. Como nosotros no poseemos esa visión, me parece a mí —dije— que conviene emprender dicha búsqueda incidiendo en la práctica de aquel que, debiendo leer a distancia unas letras pequeñas, se da cuenta de que éstas se hallan reproducidas en otro lugar con caracteres gruesos y sobre un fondo mayor. Según yo creo, se consideraría un hallazgo feliz el poder leer primero aquéllas y comprobar luego si las más pequeñas son ciertamente las mismas.

—En efecto —dijo Adimanto—. Pero, ¿qué relación estableces entre esto y la investigación sobre lo justo?

—Te lo diré en seguida. ¿No afirmamos, por ejemplo, que existe una justicia propia del hombre particular y otra propia de una ciudad entera?

—Claro que sí —contestó.

—Pero, ¿no es la ciudad mayor que el hombre particular?

—Indudablemente —dijo.

—Parece natural, por tanto, que la justicia sea mayor en el objeto mayor y resulte más fácil reconocerla en él. Si así lo deseáis, examinaremos primeramente cuál es la naturaleza de la justicia en las ciudades, y luego pasaremos a estudiarla en cada individuo particular, comparando la justicia de unas y de otros para establecer su verdadera similitud.

—Me parece que estás en lo cierto —repuso.

—Si contemplamos en pensamiento —le dije— el nacimiento de una ciudad, ¿no asistiríamos también en ella al desarrollo de la justicia y la injusticia?

—Posiblemente —contestó.

—Sabe, pues, esperar que después de esto sea más fácil comprobar lo que investigamos.

—No cabe duda.

—¿Juzgáis conveniente que prosigamos? Porque creo que no será tarea fácil. Reflexionad en ello.

—Ya lo hemos pensado —dijo Adimanto—. No te queda otro recurso que seguir.

XI

—A mi entender —repliqué yo—, la ciudad toma su origen de la impotencia de cada uno de nosotros para bastarse a sí mismo y de la necesidad que siente de muchas cosas. ¿O piensas que es otra la razón por la que se establecen las ciudades?

—De ningún modo —repuso.

—Por consiguiente, cada cual va uniéndose a aquel que satisface sus necesidades, y así ocurre en múltiples casos, hasta el punto de que, al tener todos necesidad de muchas cosas, agrúpanse en una sola vivienda con miras a un auxilio en común, con lo que surge ya lo que denominamos la ciudad. ¿No es así?

—En efecto.

—Y si uno da algo a otro o lo recibe de él, ¿podemos pensar que lo haga por ser mejor para él?

—Ciertamente que sí.

—Entonces —dije yo—, construyamos de palabra una ciudad desde sus cimientos. Nuestras necesidades, a mi entender, le servirán de base.

—¿Cómo no?

—Pero, en verdad, la primera y mayor de las necesidades es la provisión del alimento del que dependen nuestro ser y nuestra vida.

—Así es.

—Y la segunda necesidad la constituye la habitación, la tercera el vestido y de la misma manera otras por el estilo.

—Dices verdad.

—Vamos a ver —dije yo—, ¿cómo se las arreglará la ciudad para proveer de tantas cosas? ¿No habrá en ella un ciudadano que sea labrador, otro arquitecto y otro tejedor? ¿Y no tendremos todavía que añadirles un zapatero o alguno de los que atienden al cuidado del cuerpo?

—Indudablemente.

—Entonces, toda la ciudad se compondrá, cuando menos, de cuatro o cinco hombres.

—Así parece.

—Ahora bien, ¿no conviene que cada uno de ellos ponga al servicio de la comunidad todo su esfuerzo, y que, por ejemplo, el labrador prepare el alimento para cuatro y dedique un tiempo y un trabajo cuatro veces mayor para esa preparación beneficiosa a la comunidad? ¿O es que le iba a resultar mejor desentenderse de los demás y aplicar para él tan sólo la cuarta parte del tiempo en la obtención de la cuarta parte del alimento, dejando que las tres restantes transcurriesen en la ordenación de su vivienda, de sus vestidos y de su calzado, sin preocupación alguna por hacerlos comunes con los otros, sino, al contrario, dirigiendo él mismo y por sí mismo lo privativamente suyo?

Y Adimanto dijo:

—Quizá, Sócrates, lo primero sea para este hombre más fácil que lo segundo.

—No me extraña nada, por Zeus —contesté—. Porque al hablar tú así me doy perfecta cuenta, en primer lugar, de que ninguno de nosotros nace con la misma disposición natural, sino que difiere ya de los demás desde el momento en que viene al mundo, predispuesto para una ocupación determinada. ¿O no concuerdas en esto?

—Claro que sí.

—Pues qué, ¿realizaría mejor su trabajo una persona dedicada a muchos oficios o sólo a uno?

—Indudablemente, dedicada sólo a uno —repuso.

—Además, según yo creo, y ello está claro, quien deja pasar el momento oportuno para realizar su trabajo, fracasa en él.

—Así es.

—Porque, a mi juicio, la obra no suele esperar a los momentos de ocio del que la ejecuta, sino que, por el contrario, éste debe acomodarse a ella y no darla de lado como poco importante.

—Eso habrá de hacer.

—De lo cual se deduce que se hacen más cosas, y mejor y más fácilmente, cuando cada uno se aplica a un solo trabajo de acuerdo con su inclinación y lo realiza en el momento oportuno sin preocuparse de los demás.

—Sin duda alguna.

—Pero si así es, Adimanto, tenemos necesidad de más de cuatro ciudadanos para cubrir los objetivos a que antes nos referíamos. Porque, al parecer, el labrador no hará por sí mismo el arado, si le interesa que sea bueno, ni el azadón, ni los demás instrumentos de trabajo que requiere la agricultura. Otro tanto ocurre con el arquitecto, pues necesita también de muchos instrumentos. E igualmente con el tejedor y el zapatero, ¿no es cierto?

—Sí lo es.

—De este modo se agregarán a nuestra pequeña comunidad e irán aumentándola los carpinteros, los herreros y otros muchos artesanos por el estilo.

—No hay duda.

—Pero no aumentará todavía demasiado si le añadimos boyeros, vaqueros y pastores, a fin de que los agricultores dispongan de bueyes para arar, los arquitectos y los mismos labradores puedan usar de bestias para los transportes y los zapateros y los tejedores de pieles y de lanas para su trabajo.

—Una ciudad que contase con todo esto —dijo él— no sería ya una ciudad pequeña.

—Pues bien —añadí yo—: establecer una ciudad así en un lugar en el que no hubiese necesidad de mercancías importadas, resulta casi imposible.

—Resulta imposible, en efecto.

—Habrá necesidad, por tanto, de otras personas que transporten desde otra ciudad a la nuestra todo lo que ésta precise.

—Sí.

—Pero, ciertamente, si ese servidor no lleva nada de lo que les falta a aquellos de quienes se traen las cosas que necesitan nuestros ciudadanos, nada recibirá a cambio. ¿No es eso?

—Así me parece a mí.

—Conviene, pues, que los recursos de la ciudad no sólo sean suficientes para los ciudadanos, sino que sean también tales y cuales lo necesiten aquellos de quienes recibimos algo.

—En efecto.

—Se precisan en nuestra ciudad, por consiguiente, más labradores y artesanos.

—Claro que sí.

—Y también más servidores que se encarguen de las importaciones y de las exportaciones necesarias. Pero, ¿no son éstos los que llamamos comerciantes?

—Sí.

—Tendremos, ciertamente, necesidad de comerciantes.

—No hay duda.

—Y si el comercio se verifica por el mar, habrá necesidad de contar con muchos otros peritos en el arte de la navegación.

—Con muchos, realmente.

XII

—Veamos aún. En la ciudad misma, ¿cómo se intercambiarán unos y otros los productos de su trabajo? Porque con este fin hemos establecido la comunidad y la ciudad.

—Está claro que lo harán —respondió— comprando y vendiendo.

—Mas, si así ocurre, habrá necesidad de un mercado y de una moneda como señal de cambio.

—Naturalmente.

—Pero si el labrador, u otro cualquiera de los artesanos, lleva al mercado alguno de sus productos y no llega en el momento propicio para la venta de su mercancía, ¿deberá permanecer ocioso en aquél sin poder atender sus asuntos?

—De ningún modo —contestó—, pues ya hay personas que, previniendo esto, se dedican a dicho menester, y así, en las ciudades que funcionan bien, los más débiles de cuerpo o incapaces de realizar otros servicios suelen prestar aquéllos. Y conviene que permanezcan en el mercado y que compren por dinero lo que unos necesitan vender, o vender a su vez las mercancías que otros necesitan comprar.

—Con ello se evidencia la necesidad de comerciantes en nuestra ciudad. ¿O no llamamos así a los que permanecen en el mercado dedicados a la compra y venta y traficantes a los que van de ciudad en ciudad?

—Eso mismo.

—Y hay también otros servidores, a mi juicio, que no descuellan en el ejercicio de su inteligencia, pero que tienen, en cambio, suficiente fuerza física para desarrollar trabajos duros. La ponen en venta y reciben por este servicio un determinado salario, llamándoseles por ello, según creo, asalariados. ¿No es eso?

—Claro que sí.

—Estos asalariados son, por tanto, en mi opinión, una exigencia de la ciudad.

—Así también me parece a mí.

—Entonces, Adimanto, ¿es ya nuestra ciudad lo suficientemente grande para que la consideremos perfecta?

—Quizá lo sea.

—Y bien, ¿dónde encontraremos en ella la justicia y la injusticia? ¿De cuál de los elementos mencionados ha podido tomar su origen?

—Yo por lo menos, Sócrates, lo desconozco —contestó—. Como no sea de la utilización de estos mismos elementos en sus relaciones mutuas.

—Posiblemente —dije yo— tengas razón. Pero habrá que considerarla y no retroceder.

—Primeramente, consideraremos el modo de vida de los ciudadanos así dispuestos. ¿Harán otra cosa que procurarse trigo, vino, vestidos y zapatos? Construirán viviendas durante el verano, trabajarán frecuentemente desnudos y descalzos, y durante el invierno, en cambio, bien vestidos y calzados. Se alimentarán de harina de cebada y de trigo, que cocerán o amasarán en forma de tortas y de panes, para comer sobre juncos o sobre hojas limpias, acostados ellos y sus hijos en alfombras de verdura, de tejo y de mirto; beberán vino, coronados de flores y entonando alabanzas a los dioses, gozosos también de recrearse juntamente; y en fin, se guardarán muy bien de la pobreza y de la guerra, no procreando más hijos que los que su fortuna les permita.

XIII

Pero Glaucón tomó entonces la palabra y dijo:

—A mi entender, regalas a estos hombres con un banquete sin vianda alguna.

—Ciertamente —contesté—. Olvidaba decir que también lo tendrán; y así, contarán con sal, aceitunas, queso, y podrán cocer las cebollas y verduras que produce la tierra. Les ofreceremos de postre higos, guisantes y habas, y tostarán al fuego bayas de mirto y bellotas, que acompañarán bebiendo con moderación. Y de este modo, luego de haber pasado la vida en paz y con salud, morirán, como es lógico, a una avanzada edad, dejando a sus hijos la herencia de una vida semejante.

A lo que él repuso:

—Si tuvieras que preparar, Sócrates, una ciudad de cerdos, ¿dispondrías de otros alimentos que los ya dichos?

—¿Qué es, entonces, Glaucón, lo que haría falta? —pregunté.

—Lo que normalmente se acostumbra hacer —dijo—. En mi opinión, si no han de soportar una vida fatigosa, será conveniente que coman recostados, sirviéndose de la mesa las viandas de que hoy se dispone.

—Bien —dije yo—, te comprendo perfectamente. Según parece, no consideramos tan sólo el origen de una ciudad, sino el de una ciudad de vida voluptuosa. Quizá no esté mal venir a parar en esto, pues al examinar una ciudad tal, posiblemente descubramos cómo se originan en las ciudades la justicia y la injusticia. Pero, de cualquier manera que sea, me parece a mí que la ciudad verdadera es la que queda descrita, pues es también una ciudad saludable. Mas, si os place, echaremos una mirada a una ciudad hinchada de tumores; no hay nada que nos lo impida. Es indudable que no gustará a algunos la alimentación y el género de vida propuesto y que, por el contrario, le añadirán camas, mesas, muebles de todas clases, manjares, bálsamos, perfumes, cortesanas y golosinas que colmen sus antojos. Y ya no se considerarán solamente como cosas necesarias las que antes decíamos: la habitación, el vestido, el calzado, sino también el ejercicio de la pintura y del bordado, exigiéndose igualmente el disponer de oro, marfil y materiales por el estilo. ¿No es eso?

—Sí —respondió.

—Por consiguiente, será necesario aumentar la ciudad de que primero se habló. Pues aquélla, que era la ciudad sana, ya no resulta suficiente y ha de agrandarse y recibir más gentes, que no radicarán allí forzadas por la necesidad. Tal es el caso de los cazadores de todas clases y de los que se dedican a imitar figuradamente, unos las formas y los colores, otros los sonidos, como los poetas y todos los que con ellos tienen relación, rapsodas, actores, danzantes, empresarios de teatros, artesanos de todas clases y, en especial, los que tienen algo que ver con el tocado femenino. Pero aún habrá necesidad de más servidores. ¿O no te parecen indicados preceptores, nodrizas, ayas, camareras, peluqueros, cocineros e incluso carniceros? No hay duda de que también se necesitarán porquerizos, cosa que no teníamos en la primera ciudad, pero que en esta última deberán existir. Y necesariamente habrá de contarse con gran número de animales de todas clases, si queremos dar gusto a nuestros ciudadanos. ¿No lo crees así?

—¿Cómo no?

—Viviendo de esa manera, es claro que se necesitarán muchos más médicos que antes.

—Muchos más.

XIV

—Y entonces el país, que en un principio era suficiente para alimentar a sus habitantes, no lo será ahora, y se nos quedará pequeño. ¿No es verdad lo que decimos?

—Indudablemente —dijo.

—Habremos, pues, de apoderarnos del territorio de nuestros vecinos si queremos disponer de suficiente pasto y tierra de labor, y ellos harán lo mismo a su vez, si rebasando los límites de su necesidad, se entregan a un desenfrenado afán de riqueza.

—Es muy natural que sea así, Sócrates —replicó.

—Y esto, ¿no traerá consigo la guerra, Glaucón? ¿O de qué otro modo lo explicas?

—Como tú afirmas —añadió.

—Y nada digamos —proseguí— de los males o bienes que origina la guerra, sólo nos referiremos a los motivos que la producen, de los que provienen esos grandes azotes públicos y privados que se ciernen sobre las ciudades.

—Así es.

—Lo dicho anteriormente, querido amigo, nos exige que hagamos la ciudad mucho mayor para que pueda dar cabida a todo un ejército, el cual tendrá que salir a combatir contra los invasores, en defensa de las riquezas comunes y todo aquello que mencionábamos hace poco.

—Pues qué —replicó—, ¿no pueden hacerlo los ciudadanos por sí mismos?

—No —contesté yo—, si tú y todos nosotros hemos llegado a una conclusión cierta al dar forma a nuestra ciudad; porque estábamos de acuerdo, si tú recuerdas, en la imposibilidad de que uno solo realizase bien muchos oficios.

—Tienes razón —dijo.

—Entonces —añadí yo—, ¿el oficio de la guerra no lo es en realidad a tu juicio?

—Claro que lo es —dijo.

—Luego, ¿debe exigir mayor atención el oficio de zapatero que el de militar?

—De ningún modo.

—Ahora bien: no permitíamos que el zapatero intentase ser a la vez labrador, tejedor o arquitecto, sino que le pedíamos fuese tan sólo zapatero para que desempeñase a la perfección el cometido propio de su oficio; además, señalábamos una tarea determinada a cada uno de los otros artesanos, y esa tarea era ni más ni menos la que le imponían sus aptitudes específicas con las que habría de desenvolverla durante toda su vida sin preocuparse en absoluto de cualquier otra labor. ¿O no es acaso muy importante que las cosas de la guerra se realicen en la debida forma? ¿O bien las crees tan fáciles que estimas que un labrador, un zapatero o cualquier otro artesano pueda ser al mismo tiempo un buen militar, cuando a nadie es posible llegar a ser un buen jugador de dados o de tabas si no practica estos juegos desde la niñez y sólo se aplica a ellos incidentalmente? ¿Estimas quizá que basta con empuñar un escudo o cualquier otra de las armas e instrumentos bélicos para convertirse en un buen hoplita o, en general, en un buen soldado, cuando el hecho de coger en la mano instrumentos de las demás artes no convierte a nadie en artesano o en atleta, y ni siquiera presta utilidad al que no posee un conocimiento de cada arte y no ha desarrollado en él suficiente práctica?

—¡Mucho tendrían que encarecerse —dijo— los instrumentos de cada arte!

XV

—Así, pues —añadí—, cuanta más importancia se dé al cometido de los guardianes, tanto más se necesitará que queden libres de toda otra ocupación y que desempeñen su trabajo con la mayor solicitud.

—Esa, al menos, es mi opinión —contestó.

—Pero, ¿no habrá necesidad también de una especial disposición para dicho cometido?

—¿Cómo no?

—Corresponde a nosotros, a mi entender, si somos capaces de ello, el señalar qué personas cuentan con las características más adecuadas para ser guardianes de la ciudad.

—Sí, es misión nuestra.

—Por Zeus —dije yo—, que nos impones un carga nada despreciable. Sin embargo, no hay que acobardarse en cuanto dependa de nuestra fuerzas.

—Tienes razón —confirmó.

—¿Y no te parece —añadí yo— que hay semejanza natural en su disposición para la vigilancia entre un buen cachorro y un muchacho de noble linaje?

—¿Qué es lo que quieres decir?

—Pues que necesitan uno y otro una fina agudeza para percibir al enemigo, velocidad para perseguirle y la fuerza precisa para luchar con él después de haberle alcanzado.

—Sí, tendrán necesidad de todo eso.

—Y habrán de ser valientes, si se quiere que luchen bien.

—¿Cómo no?

—Mas, ¿puede ser valiente un caballo, un perro o cualquier otro animal que no sea fogoso? ¿O no te has dado cuenta todavía de que la fogosidad es algo invencible e irresistible, que hace a toda alma intrépida e invencible?

—Sí, ya me he dado cuenta.

—Entonces, está claro cuáles son las cualidades del cuerpo que necesita poseer el guardián de ciudad.

—Sí.

—Y ciertamente, también se evidencia que el alma ha de ser al menos fogosa.

—Naturalmente.

—¿Cómo, pues, Glaucón —dije yo—, no van a ser feroces unos con otros y con el resto de los ciudadanos, si poseen tales cualidades?

—Por Zeus —contestó—, no será fácil.

—Sin embargo, es necesario que sean afables para con sus conciudadanos y que guarden su fiereza para con los enemigos. De no ser así, no podrán esperar a que vengan los demás a destruirlos, sino que ellos mismos serán los que se destruyan.

—Así es —dijo.

—¿Qué, pues —pregunté—, tendremos que hacer nosotros? ¿Dónde podremos encontrar un carácter que sea a la vez afable y animoso? Porque estas cualidades se contradicen en una misma naturaleza.

—Eso parece.

—No obstante, si falta alguna de estas dos cosas, no contaremos con un buen guardián. Y como parece imposible conciliarlas, resultará también imposible disponer de un buen guardián.

—Es muy posible —dijo.

Y yo, después de haber dudado y reflexionado durante algún tiempo sobre lo que acabábamos de decir, añadí:

—¡Ah, querido amigo!, bien merecida tenemos esta dificultad. Porque nos hemos alejado del ejemplo propuesto.

—¿Cómo dices?

—Pues que hemos dejado de considerar que se dan, en efecto, caracteres que, contra lo que pensábamos, reúnen esas cualidades opuestas.

—¿Dónde están?

—Se advierte a buen seguro en muchos animales, pero especialmente en el que comparábamos con el guardián. Habrás visto, observando los perros de raza, que por disposición natural son animales de gran mansedumbre con la gente que conocen y en cambio aparecen como todo lo contrario con los desconocidos.

—Sí, ya lo he visto.

—Por tanto, es posible —argüí yo— y no va contra la lógica encontrar un guardián como el que mencionamos.

—No lo parece.

XVI

—Pero, ¿no estimas que ese futuro guardián todavía necesita alguna cosa? Por ejemplo, ¿no habrá de ser, además de fogoso, filósofo por naturaleza?

—¿Cómo? —dijo—. No comprendo lo que quieres dar a entender.

—Pues eso —añadí— puede ser observado en los perros, lo cual es digno de admiración por tratarse de bestias.

—¿A qué te refieres?

—Quiero decir que si ven a un desconocido se enfurecen, aunque no les haya hecho daño alguno; en cambio, se muestran solícitos con el que conocen, aun sin haber recibido de él ningún bien. ¿Nunca te has admirado de esto?

—No, por cierto —dijo—, nunca hasta ahora me había fijado en ello. Pero está claro que así ocurre.

—Y prueba, en efecto, que poseen un fino rasgo natural verdaderamente filosófico.

—Explícate mejor.

—Te añadiré que para distinguir la persona amiga de la enemiga no se basan en otra cosa que en el conocimiento de la una y el desconocimiento de la otra. ¿Y cómo no sentirá deseo de aprender el que fía a su conocimiento o ignorancia la condición de amigo o enemigo?

—No podrá acontecer de otro modo —contestó.

—Veamos —proseguí—, ¿no es cierto que el deseo de aprender y el ser filósofo constituyen una misma cosa?

—En efecto —afirmó—, son una misma cosa.

—¿Podremos, pues, decir del hombre, con ánimo confiado, que para ser afable con sus familiares y amigos conviene que sea filósofo y amante del saber?

—Creo que sí —contestó.

—Por consiguiente, quien quiera constituirse en un buen guardián de la ciudad, deberá ser filósofo y hombre fogoso, rápido en sus decisiones y fuerte por naturaleza.

—No cabe duda de ello —dijo.

—Así tendrán que ser nuestros guerreros. Mas, ¿de qué modo los alimentaremos y los educaremos? ¿Y no serán de utilidad para nuestro fin las consideraciones que hemos hecho? ¿No nos indicarán acaso cómo se originan en la ciudad la justicia y la injusticia? No dejemos de lado nada importante que pueda ayudar a nuestro propósito.

Entonces tomó el uso de la palabra el hermano de Glaucón, que dijo:

—A mí me parece que el tema discurre por un camino muy útil para nuestra investigación.

—Por Zeus, querido Adimanto —dije yo—, no hay que abandonar la cuestión, aunque se alargue demasiado.

—No, por cierto.

—Pues bien, eduquemos a estos hombres como si estuviésemos platicando con ellos holgadamente.

—Así será menester.

XVII

—Mas, ¿qué clase de educación van a recibir? ¿Mejor acaso que la que practicamos desde tiempo inmemorial? Esta no es otra que la gimnasia para el desarrollo del cuerpo y la música para la formación del alma.

—Eso es.

—¿Y no comenzaremos esta educación por la música antes que por la gimnasia?

—¿Cómo no?

—¿Incluyes tú —dije— los discursos en la música?

—Yo, al menos, sí los incluyo.

—¿Y no hay dos clases de ellos, unos verdaderos y otros falsos?

—Sí.

—¿Habrá de contar la educación con ambos, y antes de nada con los falsos?

—No comprendo lo que quieres decir —afirmé.

—¿Es que no sabes entonces —dije yo— que son fábulas lo primero que narramos a los niños? Y éstas, por lo general, resultan ser falsas, aunque posean un fondo de verdad. Pero nosotros nos servimos de las fábulas antes que de los gimnasios para la educación de los niños.

—Así es.

—A esto quería venir yo a parar: que debemos hacer uso de la música antes que de la gimnasia.

—Ni más ni menos —dijo.

—¿Y no sabes también que en toda obra lo que importa es el comienzo, especialmente si se trata de jóvenes de la más tierna edad? Porque es entonces cuando se modela el alma revistiéndola de la forma particular que se quiera fijar a ella.

—Enteramente de acuerdo.

—¿Permitiremos, pues, sin inconveniente alguno que los niños escuchen al primero que encuentren las fábulas que quiera contarles y que las reciban en sus almas, aun siendo contrarias con mucho a las ideas que deseamos tengan en su mente cuando lleguen a la mayoría de edad?

—De ningún modo debemos permitirlo.

—En primer lugar, por tanto, hemos de vigilar a los que inventan las fábulas, aceptándoles tan sólo las que se estimen convenientes y rechazando las otras; en segundo lugar, trataremos de convencer a las nodrizas y a las madres para que lean a los niños fábulas escogidas y modelen sus almas con mucho más cuidado que el que se pone para formar sus cuerpos. Desde luego, despreciaremos la mayor parte de las fábulas de nuestros días.

—¿Quieres indicarme cuáles son? —preguntó.

—Por las fábulas mayores —respondí— juzgaremos de las menores. Porque tanto las fábulas mayores como las menores responden a la misma impronta y se dirigen también a lo mismo. ¿No es esa tu opinión?

—Estoy de acuerdo —dijo—, pero no sé a ciencia cierta a qué fábulas mayores te refieres.

—Pues a las que nos han dejado Hesíodo, Homero y los demás poetas. Éstos son los que han forjado las falsas fábulas que vienen repitiéndose indefinidamente*.

—Sin embargo —respondió—, interesa saber concretamente cuáles son estas fábulas y qué es lo que tú censuras en ellas

—Lo que, ante todo, debe ser por necesidad censurado, especialmente cuando ni siquiera se engaña con el suficiente decoro.

—Dilo más claramente.

—Me refiero a todas aquellas fábulas que nos presentan a los dioses y a los héroes no como realmente son, sino a la manera como los diseñaría un pintor que no reflejase el parecido del modelo en sus obras.

—Creo que tienes razón en lo que dices —asintió—, y que, en efecto, debe ser censurado. Pero, ¿qué casos análogos puedes ofrecernos en esos fabulistas?

—Vayamos por partes, ¿no es una falsedad, y de las mayores, la que sin recato alguno narran los actos que Hesíodo atribuye a Urano y cómo Cronos tomó venganza de él? Y respecto a los trabajos del mismo Cronos y a los castigos que le infligió su hijo, ni aunque los juzgase verdaderos creería oportuno que se presentasen con tal ligereza a niños privados todavía de razón. Muy al contrario, recomendaría que se les silenciase y que, si necesariamente habían de leerse, se hiciese esto cuando sólo pudiese escucharlo secretamente el menor número de personas, las cuales inmolarían no ya un cerdo, sino otra víctima más valiosa y más rara, para limitar lo más posible los oyentes de tales narraciones.

—Dices bien —observó—, porque esas historias son realmente peligrosas.

—Por consiguiente, Adimanto —dije yo—, no deben ser referidas en nuestra ciudad. Ni debe decirse a ningún joven oyente que, cometiendo los más bajos crímenes o castigando de algún modo las acciones de su padre, no realiza acciones extra-

---

* Platón, lo mismo que Pitágoras, Jenófanes y Heráclito, condena y repudia abiertamente la poesía de Homero y de Hesíodo.

ordinarias, sino que se comporta como los primeros y más grandes de entre los dioses.

—No, por Zeus —contestó—, no me parece que todo esto deba ser divulgado.

—Ni siquiera —añadí— habrá de contárseles que los dioses se hacen la guerra, se tienden asechanzas y luchan entre sí (lo cual tampoco es verdad), si es nuestro deseo que los que han de encargarse de la vigilancia de la ciudad consideren que nada hay más vergonzoso que dejarse llevar fácilmente por el odio a los demás. Mucho menos debe dárseles a conocer o pintar las gigantomaquias o las muchas otras querellas de todas clases que han tenido lugar entre los dioses y los héroes, sus parientes y sus amigos. Por el contrario, hemos de procurar convencerles de que no existió nunca ciudadano alguno que haya odiado a otro y de que no es lícito que lo haga, y esto sobre todo es lo que deben narrar a los niños desde su más tierna edad los ancianos y las ancianas. Después, una vez llegados a la mayoría de edad, se impondrá a los poetas la obligación de que sus relatos sean adecuados a aquélla. No podrán admitirse en la ciudad, sean alegóricas o no, esas historias que hablan de cómo uno fue aherrojado por su hijo y cómo Hefaisto, que pretendía defender a su madre maltratada por su padre, fue lanzado del cielo por éste, o todas las teomaquias inventadas por Homero. Porque el niño no es capaz de distinguir dónde se da o no la alegoría y todo lo que recibe en su alma a tal edad difícilmente se borra o se cambia. Por lo cual, seguramente convenga antes de nada que las primeras fábulas que oiga el niño sean también las más adecuadas para conducirle a la virtud.

XVIII

—Es razonable lo que dices —afirmó—. Pero si ahora alguien nos preguntase cuáles son esas fábulas a las que nos referimos, ¿qué podríamos contestarle?

A lo que repuse:

—Adimanto, ni tú ni yo somos poetas en este momento, sino sólo fundadores de una ciudad. Y como tales fundadores no nos corresponde inventar fábulas, sino únicamente conocer a qué modelo deben atenerse los poetas para componerlas y no salirse nunca de él.

—Está bien lo que dices —añadió—, pero concretemos más; ¿qué normas habrán de seguirse si se quiere tratar de los dioses?

—Estas, poco más o menos —dije yo—: que siempre se procure presentar al dios tal como es, ya se le haga aparecer en una epopeya, en un poema lírico o en una tragedia.

—Exactamente.

—Mas, ¿no es esencialmente buena la divinidad y no debe decirse esto mismo de ella?

—No hay duda alguna.

—Pero admitimos también que nada que sea bueno es nocivo, ¿no es así?

—Admitido.

—¿Y puede hacer daño lo que no es nocivo?

—De ningún modo.

—Lo que no hace daño alguno, ¿podrá en cambio producir algún mal?

—Desde luego que no.

—¿Ni podrá ser causa de ningún mal?

—Tampoco.

—Pues qué, ¿es ventajoso lo que es bueno?

—Sí.

—Y, por tanto, ¿causa del bien obrar?

—Sí.

—Así, pues, lo que es bueno no es causa de todas las cosas, sino tan sólo causa de las que están bien y no de las que están mal.

—Completamente de acuerdo —dijo.

—Por consiguiente —proseguí yo—, la divinidad, que es en realidad buena, no puede ser causa de todas las cosas, como dice la mayoría, sino solamente de unas cuantas de las que acontecen a los hombres, y no de una gran parte de ellas. Pues son muchas menos, en realidad, las cosas buenas que las cosas malas. Las primeras únicamente a la divinidad han de atribuirse; la causa de las malas habrá de buscarse en otra parte y en otro ser que no sea divino.

—Me parece —contestó él— que nunca has dicho cosa más verdadera.

—No debemos, pues, fiarnos de Homero o de los demás poetas cuando cometen un error tan inmenso al decir de los dioses que…

en el umbral de la morada de Zeus hay dos tinajas llenas de destinos, pero una de ellas de destinos felices, la otra de destinos desgraciados,

y que si Zeus concede a uno destinos mezclados,

unas veces conseguirá la felicidad y otras se verá inmerso en la desgracia,

así como en el caso de que tome tan solo de una de las tinajas,

a ese hombre le perseguirá por la tierra divina un hambre que nunca se sacia.

No podemos pensar que Zeus es para nosotros

el que distribuye los bienes y los males.

XIX

—No debemos de ningún modo dar nuestra aprobación a quien nos refiera que Pándaro, instigado por Atenea y por Zeus, violó los juramentos y la tregua, como tampoco al que hable de la disputa de los dioses y de la lucha originada por Temis y por Zeus, o al que repita a los jóvenes los versos de Esquilo que dicen:

La divinidad engendra la culpa en los hombres cuando quiere arruinar por completo una casa.

Si alguien, pues, haciendo uso de los yambos, canta las desgracias de Niobe, de los Pelópidas de Troya u otras por el estilo, no se le podrá permitir que atribuya a Dios estas acciones, o, si se le admite, tendrá que inventar para ellas algo que se parezca a lo que ahora estamos nosotros buscando, y decir además que Dios sólo realizó cosas justas y buenas y que los hombres que recibieron el castigo obtuvieron con ello un beneficio. No se le consentirá que diga que son desgraciados los hombres que han purgado su pena en virtud de la acción divina, sino que, por el contrario, lo eran precisamente por estar necesitados de un castigo que, al recibirlo de los dioses, ha constituido para ellos motivo de provecho. A la divinidad, que es esencialmente buena, no deberá hacérsela aparecer como causante de males, y nadie podrá decir eso en una ciudad debidamente regulada, como nadie también, ya sea joven o viejo, habrá de parecer dispuesto a escuchar estas fábulas, lo mismo si están en prosa que en verso, pues en verdad quien dice tales cosas injuria a los dioses, sin obtener provecho con ellas ni el necesario acuerdo.

—Estoy conforme con esa ley —dijo—, y de veras que me agrada.

—Así, pues —proseguí yo—, la primera de las leyes y de las reglas que concierne a los dioses y a la cual deberán atenerse los que componen las fábulas será la siguiente: la divinidad no es causa de todas las cosas, sino tan sólo de las buenas.

—Y es ya suficiente —dijo.

—¿Cómo habremos de formular la segunda? ¿Debe considerarse tal vez que un dios es una especie de encantador capaz de manifestarse insidiosamente con una forma diferente, ora adquiriendo apariencia distinta multiplicada por sus cambios, ora engañándonos de modo que veamos en él tal o cual cosa, o un ser simple y el menos capaz de apartarse de la forma que le es propia?

—No podría contestarte en este momento —dijo.

—Veamos: ¿no es necesario que, cuando algo depone su forma lo haga por sí mismo o forzado a ello por algo extraño?

—En efecto, lo es.

—¿Y no admitimos como cosas más perfectas las que en menor grado se alteran o sufren transformación causada por otro? Así, los cuerpos se ven afectados por la acción de los alimentos, de las bebidas y de los trabajos, y las plantas, por la del sol, de los vientos o de otros fenómenos atmosféricos; pero, ¿no causa menos trastorno esta alteración a los que están más sanos y más robustos?

—¿Cómo no?

—¿No será, pues, menos afectada y alterada por alguna causa exterior el alma más varonil e inteligente?

—Ciertamente, lo mismo diremos de todos los objetos fabricados: por ejemplo, utensilios, edificios y vestidos. También en este caso, según lo dicho, los que menos alteración reciben por el tiempo u otros fenómenos son los que están bien hechos y formados.

—Así es.

—En general, toda obra perfecta, con perfección natural, artística o de ambas clases a la vez, consiente menos alteraciones producidas por causa externa.

—Indudablemente.

—Pero la divinidad y todo cuanto con ella se relaciona es verdaderamente perfecto.

—¿Cómo no?

—Por tanto, la divinidad es el ser que menos formas puede adoptar.

—También es verdad.

XX

—¿Le atribuiremos entonces a sí misma las transformaciones y alteraciones que sufre?

—Es claro que sí, de producirse en ella algún cambio.

—Ahora bien, ¿ese cambio la mejora y embellece o en realidad la hace peor y más desgraciada?

—Necesariamente —contestó—, la empeora, supuesto que la divinidad reciba transformación alguna. Porque no podremos decir de ningún modo que la divinidad esté carente de belleza o de virtud.

—Hablas muy bien —dije yo—; y justamente, por todo lo dicho, ¿te parece a ti, Adimanto, que alguien, hombre o dios, puede llegar a empeorar por su propia voluntad?

—Lo juzgo imposible —contestó.

—Y será imposible igualmente —añadí— que un dios quiera modificarse a sí mismo, pues a mi entender, todos ellos son los seres más excelentes y perfectos, por lo cual permanecen siempre y absolutamente en la misma forma.

—También me parece a mí —dijo— que eso tiene que ocurrir así por necesidad.

—Entonces, mi admirado amigo —afirmé yo—, ningún poeta podrá decirnos que

los dioses, parecidos a extranjeros de todas partes, toman toda clase de formas y recorren así las ciudades,

ni tampoco podrá engañarnos con la historia de Proteo y de Tetis o presentarnos en tragedias u otros poemas a Hera bajo la forma de una sacerdotisa mendigando

para los vivificantes hijos de Inaco, el río de Argos,

u otras muchas mentiras de esta naturaleza. Que las madres, seducidas por estas patrañas, no llenen de temor a sus hijos, diciéndoles fábulas perniciosas en las que se habla de unos dioses que recorren el mundo por la noche, disfrazados de extranjeros de los más diversos países, y eviten en lo posible que blasfemen contra la divinidad y se vuelvan a la vez seres medrosos.

—Evidentemente, así debe ser —dijo.

—¿Y no será acaso —añadí yo— que los dioses son capaces no de cambiar de forma, sino de mostrársenos así a nosotros, engañando nuestros sentidos y haciéndonos presa de encantamientos?

—Quizá ocurra de esa manera —afirmó.

—Pues qué —pregunté—, ¿podría un dios querer engañarnos de palabra o de obra, fingiendo ser un fantasma?

—No lo sé —contestó.

—¡Cómo! ¿No sabes —le pregunté— que la verdadera mentira, si nos es permitido expresarnos así, es algo que odian todos los dioses y los hombres?

—¿Qué quieres decir? —inquirió.

—Pienso —añadí—, que nadie quiere ser engañado en la parte más noble de sí mismo y con respecto a las cosas más señeras, y que, muy al contrario, eso es precisamente lo que más se teme.

—Tampoco ahora te comprendo —dijo.

—Es, sin duda, porque esperas que te diga algo verdaderamente sublime. Y lo que yo afirmo es que nadie desea ser o haber sido engañado en el alma con respecto a la realidad, o seguir en la ignorancia de ella y a cuestas con la mentira. Antes bien, todos temen esta situación y la aborrecen plenamente.

—Bien dices —afirmó.

—Ciertamente, pues, como hace un poco decía, la verdadera mentira designa la ignorancia que existe en el alma del que es engañado. Porque la mentira manifestada en palabras es algo así como la expresión de un fenómeno anímico y un gen originado por él, pero nunca una mentira enteramente pura. ¿No es eso?

—Exactamente.

XXI

—La mentira, por tanto, no es odiada sólo por los dioses, sino también por los hombres.

—Así lo creo yo.

—Refirámonos concretamente a la mentira expresada en palabras. ¿Cuándo y para quién puede ser útil hasta el punto de no hacerse digna de ser odiada? ¿No lo será acaso en nuestras relaciones con los enemigos y con los llamados amigos cuando alguno de éstos pretende hacer algo malo, bien por algún extravío o cualquier otra perturbación? ¿No resultará ese el remedio más útil para apartarle de él? ¿Y no hacemos lo propio con las leyendas mitológicas a que antes nos referíamos cuando desconocemos la verdad de los hechos antiguos y damos a la mentira el colorido de la verdad?

—Así es, sin lugar a dudas —afirmó.

—Veamos, pues, ¿qué es lo que puede justificar la utilidad de la mentira en relación con la divinidad? ¿Acaso el desconocimiento de los hechos de la antigüedad?

—Eso movería a risa —contestó.

—Ningún dios puede ser concebido como un poeta embustero.

—Indudablemente.

—¿Y podrá mentir, temeroso de sus enemigos?

—Imposible de todo punto.

—¿Quizá le moviera a ello el extravío o perturbación de sus amigos?

—Nadie —repuso—, insensato o alocado, es amigo de los dioses.

—Por tanto, no existe motivo alguno para que ningún dios mienta.

—Claro que no.

—Así, pues, la divinidad y lo divino están por completo reñidos con la mentira.

—Así es —dijo.

—Luego la divinidad es enteramente simple y verdadera tanto en sus palabras como en sus obras. Ni se transforma, ni engaña a los demás, valiéndose de fantasmas, de discursos o de signos, tanto en sueños como en estado de vigilia.

—Eso mismo me parece a mí, después de haberte oído.

—¿Estás, pues, de acuerdo —pregunté— en que sea nuestra segunda ley la que proclama que respecto a los dichos y a las obras de los dioses no debe decirse que reflejan un encantamiento o una transformación ni que aquéllos intentan engañarnos de palabra o de hecho?

—Estoy de acuerdo.

—Por consiguiente, no daremos la razón a Homero, ni prestaremos aprobación al pasaje en el que es enviado el sueño a Agamenón por Zeus; ni creeremos a Esquilo cuando hace decir a Tetis lo que Apolo cantó en sus bodas celebrando la dicha de tener buenos hijos,

libres de enfermedades y con vida longeva.
Después de decir todo esto y de anunciarme un destino querido de los
[dioses
entonó el peán y llenó mi corazón de alegría.
Y yo no podía esperar que la boca divina de Febo fuese capaz de mentir,
ella precisamente tan pródiga en el arte de la adivinación.
Pues este dios, el mismo que había cantado, presente en el festín de las
[bodas;
el mismo que había dicho todo aquello, él, y no otro, fue el asesino de mi
[hijo.

Cuando alguien hable así acerca de los dioses, mostraremos nuestro disgusto y no le daremos coro ni permitiremos que los maestros se sirvan de sus obras para instruir a los jóvenes, si pretendemos que los guardianes sean piadosos y que se asemejen a los dioses tanto como es posible a la naturaleza humana.

—Yo, por lo menos —dijo él—, estoy por completo de acuerdo con estas normas, y bien desearía que las tuviésemos como leyes.

LIBRO TERCERO

I

—Tales son —dije yo—, según parece, y respecto a los dioses, las cosas que pueden o no escuchar desde niños quienes habrán de honrar a la divinidad y a sus padres y ensalzar también a la amistad mutua en no pequeña medida.

—Pienso igualmente —afirmó— que es justo lo que decimos.

—Pero si queremos que sean valientes, ¿no tendremos que decirles cosas que les hagan temer lo menos posible a la muerte? ¿O crees, acaso, que puede ser valeroso quien alberga en sí mismo ese temor?

—¡Por Zeus, yo al menos no lo estimo así! —exclamó.

—Pues qué, ¿quien crea en el Hades y en sus castigos, ¿podrá sentirse libre de miedo y preferir la muerte en las batallas en lugar de la derrota y la esclavitud?

—De ningún modo.

—Conviene, según parece, que mantengamos vigilancia sobre los que emplean su tiempo en contar esas fábulas y que les pidamos no censuren tan abusivamente todo lo referente al Hades, sino que, antes bien, lo alaben, ya que ni al expresarse así dicen la verdad ni ayudan en modo alguno a los que el día de mañana tendrán que empuñar las armas.

—En efecto, conviene que sea así —afirmó.

—Borraremos, pues —añadí yo—, empezando por los que siguen, todos los versos análogos a éstos:

Preferiría trabajar la tierra sirviendo a otro hombre desprovisto de bienes y en el que no se reuniesen grandes recursos, que ser soberano de toda la multitud de los muertos.

Y los que dicen:

Se aparecía a los ojos de mortales e inmortales la morada terrible, sombría, aborrecida de los mismos dioses.

O:

¡Ay de mí! En la morada del Hades persisten todavía el alma y la imagen, pero nada en absoluto queda de entendimiento en ellas.

O:

Solo él piensa, mientras a su alrededor todo son sombras errantes.

O:

Y el alma, abandonado el cuerpo, descendió al Hades, llorando su suerte y echando de menos su virilidad y su juventud.

O también:

Y el alma, al igual que el humo, se sumió en la tierra, dejando oír sus gemidos.

Y en fin:

Al modo como los murciélagos, en el fondo de una gruta sagrada, revolotean y lanzan chillidos si uno de ellos se desprende de la hilera rocosa y se enganchan de nuevo unos a otros, así fueron las almas, dejando oír sus gemidos.

Pediremos a Homero y a los demás poetas que no lleven a mal el que borremos de sus obras estos o parecidos versos, y no por considerarlos faltos de poesía o desagradables para los oídos de la mayoría, sino por cuanto al ser más poéticos tanto menos podrán escucharlos los niños y los hombres que deban disfrutar de la libertad y temer más la esclavitud que la muerte.

—Desde luego.

II

—Rechazaremos también esos nombres terribles y horrendos que designan «el Cocito», «la Estigia», «los de abajo», «los espíritus» y otros tantos por el estilo que sólo con nombrarlos hacen estremecer a todos los que los oyen. Eso podrá tal vez ser de utilidad con otro fin, pero nosotros tememos, en lo que respecta a los guardianes, que en virtud de ese mismo miedo se hagan menos apasionados y ardorosos de lo que sería necesario.

—Y lo temeremos con fundamento —dijo él.

—¿Los suprimiremos, pues?

—Sí.

—¿Nos expresaremos y compondremos nuestras poesías a tenor de reglas contrarias?

—Es claro que sí.

—¿Prescindiremos igualmente de los lamentos y sollozos en boca de hombres insignes?

—Será necesario —dijo— si mantenemos nuestras afirmaciones anteriores.

—Considera, no obstante —proseguí yo—, si esa supresión es o no razonable. Decimos, en verdad, que el hombre virtuoso no deberá juzgar la muerte como algo terrible para otro hombre de las mismas condiciones que él y compañero suyo.

—Desde luego, eso es lo que afirmamos.

—No tendrá motivo, por tanto, para lamentarse por él como si le hubiera ocurrido algo terrible.

—Indudablemente.

—Pero decimos también que un hombre así se basta de manera suficiente a sí mismo para vivir bien y distinguirse de los demás por no tener necesidad de ellos.

—Dices verdad —afirmó.

—En consecuencia, no considerará una desgracia el verse privado de un hijo, de un hermano, de sus riquezas o de algo por el estilo.

—Sin duda alguna.

—Se lamentará, pues, lo menos posible y sobrellevará con ánimo tranquilo una desgracia de esta naturaleza.

—Así lo hará.

—Y haremos nosotros muy bien, por consiguiente, en suprimir los lamentos de los hombres ilustres, para atribuírselos en cambio a las mujeres, y de éstas a las más débiles tanto como a los hombres más perversos, para que sientan repugnancia a imitarles aquellos que queremos instruir para la vigilancia de la ciudad.

—Estás en lo cierto —dijo.

—De nuevo, pues, pediremos a Homero y a los demás poetas que no nos representen a Aquiles, hijo de una diosa,

unas veces tendido de lado, otras boca arriba,
otras, en fin, boca abajo,

o siquiera levantándose de pronto y navegando agitado por la orilla del mar estéril», ni «tomando polvo humeante con sus dos manos y vertiéndolo sobre su cabeza», ni llorando y lamentándose como lo hace aquel. Tampoco deberá mostrarnos a Príamo, casi emparentado con los dioses, suplicando y

arrastrándose por el estiércol,
llamando por su propio nombre a cada uno de los hombres.

Aún con más encarecimiento les pediremos que no representen a los dioses diciendo entre lamentos:

¡Ay de mí, desgraciada! ¡Ay de mí, madre infortunada de un héroe!

Si este lenguaje no es apropiado respecto de los dioses, con menor motivo lo será en relación con el más grande de ellos, del que no se podrá decir:

¡Ay de mí! Veo con mis ojos a un varón amigo perseguido alrededor de
[la ciudad,
y mi corazón se compadece de él.

O también:

¡Ay, ay de mí, testigo del destino que lleva a Sarpedón, el más querido
[de los hombres
a perecer a manos de Patroclo, el hijo de Menecio!

III

—Porque, querido Adimanto, si nuestros jóvenes oyesen en serio tales historias y no se burlasen de ellas como si fuesen indignas, difícil resultaría que ninguno de ellos, hombres al fin, las considerasen impropias de sí mismo y que no pensase en decir o hacer cosas análogas. Antes bien, sin avergonzarse de nada ni mostrando firmeza alguna, se abandonaría a inacabados lamentos y lágrimas.

—Nada más cierto que lo que dices —afirmó.

—Y, sin embargo, no conviene que sea así, según razonábamos hace un instante. Y a estas mismas razones debemos atenernos hasta que alguien nos convenza de otra cosa mejor.

—En efecto, no conviene que ocurra.

—Ahora bien, tampoco es necesario que sean amigos de la risa. Porque cuando alguien se entrega a una risa violenta, casi seguro que sufre después una alteración violenta.

—Eso me parece a mí.

—Por tanto, no permitiremos que nos presenten a personas de prestigio dominadas por la risa, y mucho menos todavía si son dioses.

—Mucho menos —asintió.

—Así, pues, no admitiremos versos homéricos de este tipo acerca de los dioses:

Una risa inextinguible estalló entre los dioses bienaventurados,
cuando vieron a Hefaisto pasear jadeante por su palacio,

porque sería ir contra tu razonamiento.

—¡Si tú quieres atribuírmelo...! Pues bien, no admitiremos estos versos.

—Mas la verdad debe prevalecer sobre todas las cosas. Porque, si hablábamos rectamente hace un momento, y en realidad la mentira, aunque no resulte útil a los dioses, puede, en cambio, serlo a los hombres cual si se tratara de un medicamento, está claro que su uso corresponde tan sólo a los médicos, pero no a los particulares.

—Indudablemente —dijo.

—Si a alguien es lícito faltar a la verdad será únicamente a los que gobiernan la ciudad, autorizados para hacerlo con respecto a sus enemigos y conciudadanos. Nadie más podrá hacerlo. El que un particular engañase a los gobernantes lo consideraríamos como una falta mayor que la que pueden cometer el enfermo que miente a su médico o el educando que no dice la verdad a su maestro en relación con el estado de su cuerpo, o incluso el que no manifiesta al piloto cómo se encuentran la nave y la tripulación, y tanto él mismo como sus compañeros de travesía.

—Gran verdad dices —asintió.

—Por tanto, si el gobernante sorprendiese en la mentira a alguno de los ciudadanos

de la condición de los artesanos,
sea un adivino, un médico o un artesano de la madera,

le castigará como si hubiese introducido en la ciudad, lo mismo que en una nave, un mal destructor y funesto.

—En efecto —dijo—, si los hechos siguen a las palabras.

—Pues qué, ¿no estarán nuestros jóvenes necesitados de la templanza?

—¿Cómo no?

—¿Y no consisten para la mayoría los principales efectos de la templanza en mostrarse sumisos a los que mandan, mientras ellos, si llega el caso, gobiernan sus apetitos de comida y bebida y sus placeres amorosos?

—Eso me parece a mí.

—Diremos, pues, pienso yo, que estén bien dichas las palabras que Homero atribuye a Diomedes:

Guarda silencio, amigo, y sé dócil a mis consejos,

y estas otras que siguen:

Los aqueos marchaban llenos de coraje, pero en silencio, temerosos de sus jefes,

y todas las demás de esta naturaleza.

—Perfectamente.

—¿Y qué me dices de los versos que ahora recitaré?

Borracho, que tienes ojos de perro y corazón de ciervo.

¿Y de los que vienen a continuación, así como de todos los que con insolencia manifiesta nos dan a conocer el trato de los individuos particulares hacia sus gobernantes?

—No puedo calificarlos como buenos.

—Ciertamente, creo yo, no son apropiados para infundir templanza a los jóvenes que los escuchan, aunque no resulta extraño que les proporcionen algún placer. ¿O no te parece a ti así?

—Estoy de acuerdo —contestó:

IV

—¿Pues qué? Y cuando se nos presenta al más sabio de los hombres diciendo que nada le parece más hermoso que

encontrarse con mesas llanas de pan y de carne,
y al escanciador vaciando el vino de los cántaros
para traerlo y servirlo en las copas,

¿juzgas que puede hacerse nacer en el joven sentimientos de moderación? ¿Y cuando se nos afirma

que no hay destino más miserable que el de morir víctimas del hambre?

¿O se presenta a Zeus, durante el sueño de los demás dioses y de los hombres, como al único que mantiene la vela, olvidándose fácilmente de todo lo que ha proyectado y con una excitación de tal naturaleza que llega a decir, a la vista de Hera, que ni siquiera es capaz de acercarse a su aposento, sino que siente deseos de satisfacer allí mismo su pasión, no igualada ni cuando cohabitaron la primera vez, «sin saberlo sus padres»? ¿O de manera parecida cuando se nos dice que Ares y Afrodita fueron encadenados por Hefaisto?

—No, por Zeus —contestó—, no me parece apropiado.

—Mas si se nos habla de personas que demuestran perseverancia hacia todo —añadí yo— y que tanto en sus dichos como en sus hechos se comportan como hombres insignes, habrá que contemplarlas y escuchar versos como estos:

Golpeándose el pecho, reprendió a su corazón de esta manera:
«Ten resignación, corazón; alguna otra vez has soportado cosas
más terribles.»

—Naturalmente —dijo.

—Pero no debe permitirse, desde luego, que los hombres sean venales y amantes de las riquezas.

—Eso, de ningún modo.

—Ni se les debe cantar aquello de que

los presentes ganan a los dioses y ganan a los reyes venerables,

ni alabar a Fénix, el preceptor de Aquiles, por aconsejarle que ayudase a los aqueos, si le hacían regalos, y que, en cambio, no pusiese fin a su cólera si no le agasajaban. Tampoco podremos considerar al mismo Aquiles, con criterio unánime, capaz de ambicionar las riquezas hasta el punto de aceptar presentes de Agamenón y sólo mediante ellos avenirse a la devolución del cadáver.

—Yo, al menos —dijo—, no creo que esos relatos deban ser alabados.

—Únicamente en atención a Homero —proseguí— no me atrevo a decir que sea indigno atribuir esos hechos a Aquiles y creerlos a los que hablan de ellos. En este caso se encuentran las palabras que dirige a Apolo:

Me has engañado, flechero, y el más funesto de todos los dioses
tomaría venganza de ti si tuviese poder suficiente para ello.

Y nada digamos de su resistencia frente al río divino, contra el cual está decidido a pelear, y de sus manifestaciones referentes a su cabellera, consagrada al otro río, el Esperqueo: «Desearía ofrecer mi cabellera al héroe Patroclo»; pues siendo éste un cadáver, no puede creerse que llegase a hacer tales cosas. O de la acción de arrastrar a Héctor alrededor de la tumba de Patroclo y de la inmolación de prisioneros en la hoguera, cosas todas ellas que no debemos estimar como verdad, ni permitir que se persuada a nuestros guerreros de que Aquiles, hijo de una diosa y de Peleo, hombre sapientísimo y bisnieto de Zeus, educado por el virtuoso Quirón, poseía un espíritu tan turbado que reunía en sí mismo dos vicios claramente opuestos, como son un miserable afán de riqueza y una manifiesta insolencia respecto de los dioses y de los hombres.

—Tienes razón —afirmó.

V

—No creamos todas esas cosas —proseguí—, ni consintamos que se diga que Teseo, hijo de Poseidón, y Piritoo, hijo de Zeus, se atrevieron a realizar tales rapiñas, como tampoco que cualquier otro hijo de los dioses o cualquier héroe hayan intentado cometer las tremendas impiedades que ahora falsamente se les atribuyen. Por el contrario, tendremos que obligar a los poetas a que digan que esas acciones no son imputables a los héroes, o que éstos no son hijos de los dioses, pues ambas cosas no pueden admitirse. Y no se les dejará que convenzan a los jóvenes de que los dioses han engendrado algo malo y que los héroes en nada superan a los hombres. Pues, como decíamos hace poco, esas afirmaciones no son lícitas ni verdaderas, por cuanto hemos demostrado ya que es imposible que los males tomen su origen de los dioses.

—¿Cómo no?

—Y, ciertamente, todo eso es perjudicial para el que lo escucha. Pues todo hombre disculpará su propia manera de ser, si está convencido de que hicieron y hacen lo mismo que él

los descendientes de los dioses,
los consanguíneos de Zeus, que tienen en lo alto de la montaña Idea
un altar dedicado a Zeus patrio,

y además…

que no han visto aún extinguida en ellos la sangre de los inmortales.

Así, pues, hay que desterrar por completo esas fábulas, no vaya a ser que hagan nacer en nuestros jóvenes una irresistible inclinación al mal.

—Enteramente de acuerdo —dijo.

—Bien; veamos ahora entonces qué otros temas debemos tocar para decidir si habrán de narrarse o no. Ya se ha dicho cómo conviene hablar acerca de los dioses, de los genios, de los héroes y de las cosas del Hades.

—Sin duda.

—Sólo nos resta, por tanto, lo referente a los hombres.

—Es cierto.

—¡Ah, querido amigo!, pero en este momento no podemos puntualizar esta cuestión.

—¿Por qué?

—Porque pienso que diríamos que poetas y compositores de fábulas se equivocan gravemente cuando afirman que los hombres de bien son en su mayoría infortunados y que los malos son felices, en razón de lo cual convendría cometer injusticias a escondidas, si se admite que la justicia es un bien para los demás y un mal para el que la practica. Sería necesario prohibir que se dijera todo eso, y al contrario, ordenar que se cantase y refiriese todo lo contrario. ¿No lo crees así?

—Tengo el pleno convencimiento de ello —dijo.

—Si reconoces, pues, que digo la verdad, ¿podré decir también que estás de acuerdo conmigo en todo aquello que venimos investigando desde hace tiempo?

—Tu sospecha es razonable —afirmó.

—¿Convenimos, por tanto, en que habrá que aplicar esos discursos a los hombres cuando descubramos en qué consiste la justicia y si es por naturaleza beneficiosa para el que la practica, lo parezca o no a los demás?

—Desde luego, convenido —dijo.

VI

—Punto final, pues, a los temas debatidos. A mi juicio, después de esto debemos enfrentarnos con el problema de la dicción, ya que así quedará completamente en claro tanto lo que hay que decir como la forma en que ha de decirse.

A lo cual replicó Adimanto:

—No entiendo lo que quieres decir.

—Y, sin embargo, conviene que lo entiendas —contesté—. Posiblemente lo entenderás mejor de esta otra manera. ¿No es todo cuanto se narra por los fabulistas o poetas una exposición de cosas pasadas, presentes o futuras?

—¿Qué otra cosa podría ser? —preguntó a su vez.

—¿Y no realizan esto, bien acudiendo a una narración simple, a una narración imitativa o a una mezcla de ambas?

—También necesito —dijo— que me presentes esta cuestión más claramente.

—Entonces —respondí yo— parece que soy un maestro ridículo y oscuro. No me queda otro recurso que proceder como los que son incapaces de hacerse entender, y en vez de hablar de manera general, tomando una parte de la cuestión intentaré mostrarte en ella lo que yo quiero. Dime, pues: ¿No conoces los primeros versos de la *Ilíada*, en los que el poeta dice que Crises suplicó de Agamenón que le devolviese a su hija, y éste se irritó contra aquél, por lo cual el mismo Crises, convencido de que no lo conseguiría, lanzó sus imprecaciones al dios contra los aqueos?

—Los conozco.

—Sabrás también que hasta en estos versos:

> *Y suplicaba a todos los aqueos,*
> *pero especialmente a los dos Atridas, ordenadores de pueblos,*

habla el propio poeta y no trata de hacernos creer que sea otro y no él quien se expresa así. Sin embargo, después de ellos, habla como si él fuese Crises y procura convencernos sin lugar a duda que no es Homero el dicente, sino el anciano sacerdote. Y casi

113

de la misma manera desarrolla la mayor parte de las narraciones referentes a Ilión e Ítaca, e igualmente toda la *Odisea*.

—Así es —dijo.

—Pero, ¿el poeta no nos presenta siempre una narración, tanto en los discursos como en todo lo que intercala entre ellos?

—¿Cómo no?

—Mas, al expresarse como si fuese otro el que habla, ¿no tendremos que decir que su dicción se asemeja lo más posible a la de aquel que, según ha advertido de antemano, va a hacer uso de la palabra?

—Indudablemente, lo diremos.

—¿Y no es imitar a aquel al cual uno se hace semejante, el reproducirle en su habla y en su apariencia exterior?

—Claro que sí.

—En tal caso, según parece, tanto este mismo poeta como los demás desarrollan una narración imitativa.

—Ciertamente.

—Ahora bien, si el poeta no se ocultase a sí mismo bajo la persona de otro, todo su poema y su narración serían simples y no imitativos. Para que no digas que tampoco entiendes esto, te explicaré ahora mismo cómo tiene lugar. Si Homero, después de haber dicho que llegó Crises con el rescate de su hija, como suplicante de los aqueos, y sobre todo de los dioses, continuase hablando como tal poeta y no con el lenguaje propio de Crises, comprenderías fácilmente que no se trata de una imitación, sino de una narración simple, que poco más o menos sería ésta, y hablo en prosa, ya que no tengo dotes poéticas: «Una vez llegado el sacerdote suplicó a los dioses que permitieran a los griegos la toma de Troya y un regreso feliz, y que éstos a la vez le devolvieran a su hija, por respeto al dios y a cambio del rescate que les ofrecía. A estas palabras todos asintieron piadosamente, salvo Agamenón, que, enfurecido contra él, le ordenó que se marchase inmediatamente y que no volviese más a su presencia, no fuese a ocurrir que el cetro y las ínfulas del dios no le bastasen para preservarse. Dijo que antes de que su hija le fuese devuelta, envejecería en Argos en su compañía. Le mandó, pues, que se marchase sin excitarle si quería volver sano y salvo a su casa. El anciano se llenó de temor al oírle y salió de allí en silencio, pero una vez lejos del campamento dirigió una prolongada súplica a Apolo, llamándole con todos sus apelativos divinos y recordándole con insistencia todo cuanto había hecho en su honor, bien construyéndole templos, bien sacrificándole víctimas, en gracia de lo cual le pedía encarecidamente que vengase en los aqueos con sus dardos las lágrimas que le habían hecho derramar.» Esto sería, querido amigo —concluí yo—, una narración simple, no imitativa.

—Ahora lo comprendo —dijo.

VII

—Pues debes saber también —proseguí— que existe otro tipo de narración opuesto a éste, cuando se suprime todo lo intercalado por el poeta para dejar tan sólo la alternativa de los diálogos.

—No se me escapa que esta es la narración propia de la tragedia.

—Tienes razón —dije yo—, y pienso que ahora queda ya en claro para ti lo que antes no eras capaz de entender, esto es, que en cuanto a la poesía y a la relación de fábulas se da, como tú dices, una completa imitación en la tragedia y en la comedia; en cambio, la relación hecha por el mismo poeta aparece sobre todo en los ditirambos, donde tú mismo podrás encontrarla, y, en fin, una tercera compuesta de ambas se nos ofrece en las epopeyas y en otras composiciones. ¿Tienes aún alguna duda?

—Ahora comprendo —afirmó— lo que antes querías decirme.

—Pues recuerda asimismo que antes de esto afirmábamos haber hablado lo que debía decirse, pero no todavía de cómo sería su expresión.

—Sí que lo recuerdo.

—A esto precisamente era a lo que quería venir a parar: que resultaba necesario llegar a un acuerdo sobre si debe permitirse que los poetas nos presenten las narraciones en forma imitativa, o unas veces imitando y otras no, y en uno y otro caso cómo deberán hacerlo, o bien si no hay que consentirles de ningún modo que utilicen la imitación.

—Adivino —dijo él— que quieres investigar si debemos admitir la tragedia y la comedia en la ciudad. ¿No es eso?

—Posiblemente —asentí—, y quizá desee tratar de cosas aún más importantes. Pero yo mismo no lo sé todavía; iremos allí donde nos lleve el viento de nuestra argumentación.

—Bien dices —afirmó.

—Entonces, Adimanto, reflexiona conmigo: ¿conviene que nuestros guardianes sean imitadores o no? ¿No está dada la respuesta a esto por lo que antes dijimos, a saber, que cada uno sólo puede realizar bien una sola cosa, pero no muchas, y que si se aplica a muchas fracasará probablemente en todas sin llegar a ser tenido en cuenta en ninguna?

—Claro que sí.

—¿Y no puede decirse lo mismo de la imitación, ya que realmente la misma persona no sería capaz de imitar a muchas cosas a la manera como imita a una sola?

—No.

—Difícilmente, pues, podrá uno dedicarse a un cometido importante e imitar a la vez muchas otras cosas, y sobresalir incluso como imitador, si ni siquiera las mismas personas llegan a practicar a la perfección dos narraciones imitativas tan próximas entre sí como la comedia y la tragedia. ¿O no llamabas así hace un momento a estos dos géneros?

—Desde luego. Y dices bien, porque las mismas personas no llegarán a sobresalir en esos dos géneros.

—Ni es posible que un hombre pueda ser rapsoda y actor a la vez.

—Indudablemente.

—Y aun ni los mismos actores son adecuados para la comedia y la tragedia. Y ambas son imitaciones, ¿no es así?

—En efecto, lo son.

—Pues todavía debo añadir, Adimanto, que me parece a mí que las disposiciones humanas se dividen en relación a cosas más pequeñas, de modo que es imposible imitar bien muchas cosas o hacer aquellas mismas de las que las imitaciones constituyen una reproducción.

—Nada más cierto —dijo.

VIII

—Por tanto, si mantenemos la primera de las normas dictadas, esto es, que conviene que nuestros guardianes se hallen libres de la práctica de cualquier oficio y que, por ser artesanos muy escrupulosos de la libertad de la ciudad, habrán de abstenerse de toda ocupación que no les oriente a aquélla, es claro que no deberán preocuparse por hacer o imitar cosa alguna. Puestos en el caso de imitar, que imiten al menos y ya desde niños todo lo que puede serles conveniente, como, por ejemplo, el valor, la sensatez, la piedad, la libertad y cuantas otras excelsas cualidades poseen los hombres superiores. Pero que no hagan ni imiten siquiera acciones innobles e indignas, ni nada que sea realmente vergonzoso, para que no pasen de la imitación a la realidad. ¿O no has observado que, cuando se persevera durante largo tiempo y desde la niñez en la imitación, llega ésta a introducirse en las costumbres y en la misma naturaleza, mudando el cuerpo, la voz e incluso la manera de pensar del que imita?

—Así es —asintió.

—No permitiremos, pues —proseguí—, que quienes se hallan bajo nuestro cuidado, y conviene además que sean buenos ciudadanos, imiten, siendo hombres, a mujeres jóvenes o viejas que censuran a sus maridos o rivalizan con los dioses, llevadas de su engreimiento. Ni consentiremos tampoco que en sus desgracias se entreguen a quejas y lamentos y, mucho menos todavía, que imiten a mujeres enfermas, enamoradas o en trance de parto.

—De ningún modo —dijo.

—Y no habrán de imitar asimismo a esclavas y esclavos que realizan los trabajos de su condición.

—No.

—Ni, por lo menos a mi entender, a hombres malos y cobardes, que practican cosas contrarias a las que antes enumerábamos, esto es, que se insultan e injurian mutuamente, se dicen obscenidades, borrachos o no, y llevan a efecto todas esas cosas con las que, de palabra o de hecho, faltan a sí mismos y a los demás. Creo que tampoco harán bien acostumbrándose a imitar el lenguaje y las obras de los dementes; porque aunque debe conocerse perfectamente a los locos y a los malos, no es conveniente hacer o imitar sus propias acciones.

—Desde luego —dijo.

—Pues qué —añadí yo—, ¿deberán imitar a los herreros o a cualesquiera otros artesanos, a los remeros de las trirremes o a sus cómitres, o, en fin, a personas por el estilo?

—¿Y cómo podrán hacerlo —replicó— si no se les permite prestar atención a ninguno de estos cometidos?

—Vamos a ver: ¿estarán en condiciones de imitar el relincho de los caballos, el mugido de los toros, el murmullo de las aguas del río, el estruendo de las olas del mar, los truenos y otras cosas semejantes?

—¡Pero si se les ha prohibido —exclamó— que se vuelvan locos o que traten de imitarles!

—Ya estoy, pues, al tanto de lo que quieres manifestar —dije yo—: existe una forma de expresión y de narración que deberá emplear, cuando tenga algo que decir, el que es realmente hombre de bien, y otra forma muy diferente a la primera, de la que se sirve y en la que se expresa la persona contraria a aquella por su nacimiento y por su educación.

—¿Cuáles son esas formas? —preguntó.

—Tengo para mí —repliqué— que cuando un hombre sensato llegue en el curso de la narración al momento en que deba hablar o actuar un hombre de bien, querrá presentarle como si él mismo fuese esa persona y no se avergonzará de imitarle si el imitado es verdaderamente un buen hombre y obra con discreción; en cambio, lo hará con menos interés si se trata de imitar una enfermedad, el amor, la embriaguez, o cualquier otra circunstancia análoga. Mas, cuando haya necesidad de imitar a una persona indigna, no deseará nuestro hombre tomar en serio la representación de alguien inferior a él, y únicamente lo hará como de paso cuando ese personaje deba realizar algo provechoso, sintiéndose avergonzado y a la vez falto de experiencia para imitar el resto de sus acciones. Mucha aversión tendría que mostrar hacia sí mismo si se amoldase y adaptase a modelos que le son inferiores, a quienes mentalmente desprecia; esto sólo tiene justificación como mero entretenimiento.

—Así debe ser —asintió.

IX

—Se servirá, pues, de una narración como la que antes mencionábamos al referirnos a los poemas de Homero, y su expresión participará del procedimiento imitativo y del narrativo, aunque, sin embargo, la imitación se prodigará pocas veces en el desarrollo de la narración. ¿No es cierto lo que digo?

—Indudablemente —dijo—, y así es necesario que se exprese un hombre de esa condición.

—Por el contrario —añadí—, cuanto más vil sea el hombre distinto a éste, tanto más procurará imitarlo todo y no considerar nada como indigno, hasta el punto de prodigar seriamente y en público esa imitación de que antes hablábamos: los truenos, el ruido de los vientos, del granizo, y de los ejes y ruedas de los carros, así como los sonidos de las trompetas, flautas, caramillos y de toda clase de instrumentos, sin dejar siquiera de lado el ladrido de los perros, el balido de las ovejas y los cantos de los pájaros. ¿No se convertirá así toda su expresión en una imitación de sonidos y de gestos, sin que apenas entre en ella la verdadera narración simple?

—En efecto —dijo—, así debe ser.

—Pues esas son —concluí— las dos formas de dicción de que hablaba.

—De acuerdo —asintió.

—La primera de ellas presenta pocas variaciones, pues una vez que se le ha dado la armonía y el ritmo convenientes, el dicente que quiera expresarse bien apenas tiene que hacer otra cosa que adaptarse a la única armonía (las variaciones casi no existen), y seguir de igual manera un ritmo semejante.

—Tienes razón —dijo.

—¿Y qué decir de la segunda de las formas? ¿No es cierto que necesita de todas las armonías e incluso de todos los ritmos, para ser empleada debidamente, por abarcar en sí misma variaciones de todas clases?

—Indudablemente.

—¿Y no es cierto también que todos los poetas y los que refieren alguna cosa, se aplican a una o a otra de estas formas de expresión, o bien mezclan ambas para que se produzca una nueva?

—Así es —dijo.

—¿Qué haremos nosotros entonces? —pregunté—. ¿Permitiremos en la ciudad todas estas formas, tomadas las puras por separado o bien la mixta?

—De prosperar mi criterio —afirmó—, sólo deberá permitirse la imitación pura de la virtud.

—Sin embargo, Adimanto, la narración mixta resulta muy agradable; y todavía gusta más a los niños y a los maestros el tipo de narración contrario al que tú eliges.

—No hay duda de ello.

—Pero quizá digas —proseguí yo— que no se ajusta muy bien a nuestra teoría política, puesto que no hay nadie entre nosotros que pueda actuar como dos hombres ni como muchos, por entregarse cada uno a una sola ocupación.

—Claro que no se ajusta.

—¿Y por esto mismo no será nuestra ciudad la única en la que el zapatero sea solamente zapatero, y no piloto además de zapatero, y el labrador sólo labrador y no juez además de labrador, o el soldado, soldado a secas y no comerciante a la vez que soldado, y así todos los demás?

—Sí, lo será —dijo.

—Por tanto, según parece, si llegase a nuestra ciudad un hombre capaz por su sabiduría de adoptar mil formas y de imitar todas las cosas y que quisiese darnos a conocer sus poemas, nos inclinaríamos ante él como si fuese un ser divino, admirable y arrebatador, pero le diríamos que nuestra ciudad no dispone de un hombre que se le semeje ni es justo que llegue a tenerlo y que, por consiguiente, hemos de devolverle a otra ciudad una vez derramada mirra sobre su cabeza y adornada ésta con cintas de lana. Nosotros mismos desearíamos disponer de un poeta o de un fabulista más austero y menos agradable, aunque más útil, el cual imitase tan sólo lo conveniente y lo que dicen los hombres de bien de acuerdo con aquellas normas que ya hemos establecido cuando tratábamos de la educación de nuestros soldados.

—Lo haríamos así —asintió— si de nosotros dependiese.

—¡Ah, mi querido amigo! —exclamé—, ahora parece que hemos llevado a feliz término todo lo referente a la parte de la música que concierne a los discursos y a las fábulas, puesto que se ha hablado de lo que hay que decir y de cómo ha de decirse.

—Eso creo yo —dijo.

X

—Y después de esto —añadí—, ¿no tenemos que hablar aún del canto y de la melodía?

—Indudablemente.

—¿Y no se percibe claramente por todo el mundo lo que debe decirse si somos consecuentes con nuestras afirmaciones anteriores?

Y Glaucón, echándose a reír, dijo:

—Temo, Sócrates, hallarme al margen de todo ello, ya que por el momento no me encuentro en condiciones de explicar lo que podríamos decir, aunque casi lo sospeche.

—Sin embargo —le repliqué—, podrás lanzar a buen seguro esta afirmación: que la melodía está compuesta de tres elementos, a saber: la letra, la armonía y el ritmo.

—Sí —dijo—, eso al menos estaré en condiciones de afirmarlo.

—¿Y no diremos también en cuanto a la letra de la melodía, que no difiere en nada de la que no se acompaña con música respecto a la conveniencia de que ambas se atengan a las normas establecidas recientemente?

—Así es —dijo.

—Ciertamente, la armonía y el ritmo, al menos, se acomodarán a la letra.

—¿Cómo no?

—Pero decíamos, no obstante, que en nuestros discursos no tendrían cabida los lamentos y las quejas.

—Desde luego.

—¿Cuáles son, pues, las armonías quejumbrosas? Dímelo, ya que tú eres músico.

—La lidia mixta —contestó—, la lidia tensa y otras seme-jantes.

—¿No convendrá suprimirlas? —dije yo—. Porque si ni siquiera son útiles para mujeres virtuosas, menos aún lo serán para hombres.

—En efecto.

—Añadamos que nada resulta más inapropiado para los guardianes que la embriaguez, la molicie y la indolencia.

—¿Cómo no?

—Pero, ¿cuáles son las armonías muelles y a propósito para los festines?

—La jonia y la lidia —contestó— suelen considerarse como afeminadas.

—¿Y serías capaz, querido amigo, de servirte de ellas ante una muchedumbre de soldados?

—De ningún modo —afirmó—, si bien creo que has dejado de mencionar la doria y la frigia.

—Realmente, no conozco las armonías —le dije—, pero quiero aconsejarte que permitas aquella que imite dignamente tanto la voz como los acentos de un héroe que, bien en acción bélica, bien en cualquier otra acción violenta, se ve abatido por una herida o va derecho a la muerte, o cae en otra desgracia semejante, y, sin embargo, en todas estas circunstancias acepta su mala suerte firmemente y con entereza. También puedes admitir otra que imite a aquel que, de manera pacífica y no for-zada, sino más bien voluntaria, trata de llevar a otro al conven-cimiento de algo y le suplica, con promesas si se dirige a un dios, con instrucciones y amonestaciones si se trata de un hombre; o, por el contrario, que se aviene a las súplicas, enseñanzas o per-suasiones ajenas, y lejos de sentirse orgulloso con todo lo que ha conseguido, transparenta en todas sus acciones sensatez y mesu-ra y se muestra siempre contento con su suerte. Deja, pues, esas dos armonías, violenta y espontánea, que son las que pueden imitar mejor las voces de los desdichados, de los afortunados, de los prudentes y de los valientes.

—Las armonías que tú me pides —dijo— no son otras que las que yo mencionaba hace poco.

—Por tanto —añadí—, en nuestros cantos y melodías no tendremos necesidad de muchas cuerdas ni de lo panarmónico.

—Creo que no —dijo a su vez.

—Ni habrá que mantener artesanos que construyan triángulos, arpas y todos los demás instrumentos de muchas cuerdas y de muchas armonías.

—Parece que no.

—Pues qué, ¿permitirás en la ciudad a los fabricantes de flautas y a los flautistas? ¿No es éste el instrumento de mayor número de cuerdas y no son también los panarmónicos imitación suya?

—Claro que sí —asintió.

—Te quedan, pues, solamente —dije yo— la lira y la cítara como instrumentos útiles en la ciudad; dejamos en los campos el caramillo para los pastores.

—Esto es, al menos —repuso él—, lo que resulta de nuestra argumentación.

—Pero nada inesperado descubrimos, amigo mío —le contesté—, al dar la preferencia a Apolo y a los instrumentos apolíneos sobre los de Marsias y los suyos.

—No, por Zeus —exclamó—, no me lo parece.

—¡Por el perro!* —dije a mi vez—. Apenas sin darnos cuenta purificamos de nuevo la ciudad que hace poco calificábamos como ciudad de molicie.

—Y lo hacemos con buen juicio —dijo por su parte.

XI

—Pues purifiquemos también lo que nos queda. Siguiendo el camino trazado con las armonías, trataremos ahora de los ritmos, no para encontrar en ellos variada complejidad o ritmos de todas clases, sino para comprobar cuáles son los ritmos apropiados a una vida ordenada y valerosa; y después de esto, tendremos que precisar la dependencia del pie y la melodía al lenguaje de un hombre así, y no al contrario. Es cosa que te compete designar cuáles son estos ritmos y esas armonías.

---

* Juramento típico de Sócrates, quizá de tono burlesco, que se encuentra en más de uno de los diálogos platónicos.

—Por Zeus —replicó—, que no sé qué decirte, porque hay tres formas con las que se combinan los ritmos, así como también se dan cuatro tonos de los que proceden todas las armonías, según lo que yo he observado. No podría señalarte, sin embargo, qué clase de vida se imita con ellos.

—Examinaremos luego con Damón —añadí— con qué medidas se expresan la vileza, la insolencia, la locura y todos los demás vicios, e igualmente qué ritmos deberán dejarse para las virtudes contrarias a aquéllos. Pues creo que le he oído hablar de una manera no muy clara de un metro compuesto al que daba el nombre de enoplio, y de un dáctilo y de un heroico, que no acierto a precisar cómo ordenaba igualando la sílaba de arriba y la de abajo para que terminase en breve o en larga. En mi recuerdo están el yambo y otro metro llamado troqueo, compuestos de sílabas largas y breves. Me parece que con relación a alguno de ellos censuraba o alababa el empleo del pie no menos que los ritmos, o la combinación resultante de ambos. No te lo podría decir con seguridad. Pero quede esto para que lo resuelva Damón, como antes te indicaba; en su discusión nos alargaríamos demasiado, ¿no te parece?

—No, por Zeus —contestó.

—Y bien, ¿no eres capaz de decirme si el decoro y su contrario dependen de la euritmia y de la arritmia?

—¿Cómo no?

—Pero la euritmia y la arritmia se acomodarán a la bella expresión y a su contraria, e igual ocurrirá con lo armónico y lo inarmónico si, de acuerdo con lo que decíamos poco ha, el ritmo y la armonía siguen a la letra, y no ésta a aquéllos.

—No hay duda —replicó— que deberán seguir a la letra.

—Y tanto la expresión como la palabra misma —pregunté—, ¿no se verán afectadas por la disposición de ánimo?

—¿Cómo no?

—¿No sigue todo lo demás a la expresión?

—Sí.

—Así, pues, la bella dicción, la armonía, la gracia y la euritmia están en relación directa con la simplicidad de carácter, aunque no por cierto con lo que corrientemente se entiende por estupidez, sino con esa simplicidad que es la propia de un carácter en el que resplandecen la verdad y la belleza.

—Completamente de acuerdo —dijo.

—¿Y no necesitarán nuestros jóvenes perseguir estas cualidades por todas partes si quieren cumplir con sus deberes?

—Claro que sí.

—Eso es precisamente lo que se proponen la pintura y todas las demás artes, como la tejeduría, el bordado, la edificación y todas cuantas se refieren a la fabricación de los distintos objetos, y en no menor grado la naturaleza de los cuerpos vivos y de las plantas. En todas partes se nos aparece la gracia y la falta de ella. Mas, tanto la falta de gracia como la arritmia y la carencia de armonía están hermanadas con la fea expresión y las malas costumbres, mientras que las cualidades opuestas reflejan e imitan también el carácter opuesto, sensato y bueno.

—Así es, indudablemente —dijo.

XII

—Por tanto, no sólo debemos ejercer vigilancia sobre los poetas, forzándoles a que nos presenten en sus versos hombres de buen carácter o a que dejen de servirse de la poesía, sino que también hemos de vigilar a los demás artistas para impedirles que nos ofrezcan la maldad, el desenfreno, la grosería o la falta de gracia en la representación de seres vivos, en las edificaciones o en cualquier otro género artístico. No podrá realizar obra alguna entre nosotros quien no sea capaz de apartarse de esos modelos, evitando así que nuestros guardianes, alimentados de imágenes viciosas, como si se tratase de un mal pasto, y cogiendo de aquí y de allí, aunque en pequeñas cantidades, puedan introducir un gran mal en sus almas, sin apenas darse cuenta de ello. Habrá que buscar artistas capaces de rastrear la huella de todo lo bello y gracioso, para que los jóvenes vivan como en un lugar sano y reciban ayuda por doquier, expresada en las bellas obras que impresionen sus ojos o sus oídos, al igual que un aura llena de vida que ya desde la infancia y apenas sin darse cuenta les moviera a imitar y a amar lo bello de perfecto acuerdo con la belleza expresiva.

—Esa sería —respondió— la mejor educación.

125

—Por esta misma razón —dije yo—, ¿no es la música la que proporciona la educación más señera, ya que precisamente el ritmo y la armonía se introducen en lo más íntimo del alma, y haciéndose fuertes en ella la proveen de la gracia y la hacen a este modelo si la educación recibida es adecuada a él, pero no si ocurre lo contrario? ¿No es cierto también que penetrará con más agudeza en los defectos de las obras naturales y artísticas la persona que ha recibido la educación conveniente y que, desdeñando por tanto los vicios, está en condiciones de alabar y gozar de lo bueno que, acogido ya en su alma, le servirá de alimento y le hará un hombre plenamente virtud? Si reprueba los vicios, los odiará enteramente desde la niñez y antes que llegue al uso de razón; y una vez en posesión de ésta la saludará con alborozo y la tendrá desde un principio como algo muy familiar.

—Por eso me parece a mí —dijo él— que la educación descansa en la música.

—Y así también el aprendizaje de las letras —proseguí yo— no nos deja suficientemente instruidos caso de que no lleguemos a conocerlas todas, que sólo son unas pocas, en cuantas combinaciones puedan darse, grandes o pequeñas, y siempre que no nos dediquemos a distinguirlas en todas partes, pues de otro modo no habría posibilidad alguna de que llegásemos a ser gramáticos.

—Indudablemente.

—¿Podremos acaso reconocer las imágenes de las letras, ya se aparezcan reflejadas en las aguas o en los espejos, si antes no conocemos las propias letras, cuando ambas cosas dependen del mismo arte y del mismo estudio?

—Imposible de todo punto.

—Pues vamos entonces, por los dioses, a lo que digo: ¿seremos capaces de dominar la música, no ya nosotros, sino los guardianes cuya educación nos compete, si no reconocemos dondequiera que sea la forma de la templanza, del valor, de la generosidad, de la grandeza de alma y demás virtudes hermanas de éstas, así como las que les son contrarias, y si, por otra parte, no nos damos cuenta de que existen, ellas mismas y sus imágenes, en cuantos las poseen? Creo que no debemos despreciarlas ni en las cosas pequeñas ni en las grandes y, por el contrario, hemos de pensar que son objeto del mismo arte y del mismo estudio.

—Muy necesario será que así pensemos —dijo.

—¿Y no merecerá ser calificado —pregunté— como el más hermoso de los espectáculos para su contemplador el hecho de ver coincidir un hermoso carácter y admirables cualidades físicas que concuerdan y armonizan entre sí como participantes de un mismo ser?

—Ciertamente.

—¿Y no es lo más bello, lo más digno de ser amado?

—¿Cómo no?

—El músico, pues, tendrá que amar en mayor grado a esa clase de hombres. Pero no podrá amar a la persona discorde.

—Desde luego, si su falta atañe directamente al alma. Porque si se refiriese al cuerpo, la soportaría e intentaría prodigarle su cariño.

—Comprendo lo que quieres decir —contesté—. Transijo con que hables así porque amas o has amado a una persona de esas condiciones. Pero respóndeme ahora: ¿tienen algo de común la templanza y el placer excesivo?

—¿Y cómo podrán tenerlo —preguntó a su vez— si éste priva al alma de su lucidez no menos que lo hace el dolor?

—¿Puede establecerse la semejanza con cualquier otra virtud?

—De ningún modo.

—Pues qué, ¿tampoco con la soberbia y la incontinencia?

—Con éstas sí, y más que con ninguna.

—¿Puedes tú citar aquí un placer mayor y más fuerte que el placer amoroso?

—Desde luego que no —contestó—; ni tampoco más furioso.

—En cambio, ¿no es el verdadero amor un amor sensato y perfectamente acorde con lo ordenado y con lo bello?

—Indudablemente —asintió.

—¿Debe, pues, ofrecerse al verdadero amor ocasión de afinidad con la locura o la incontinencia?

—En modo alguno.

—¿No debe, por tanto, darse una oportunidad tal al placer que mencionábamos, ni dejarle que presida las relaciones entre los amantes que aman y son amados en el justo sentido?

—No, por Zeus —dijo—, no puede llegarse a eso.

—Así, pues, según parece, tendrás que prescribir para la ciudad que estamos tratando de fundar una ley que prohíba las relaciones carnales entre los amantes, las cuales, con fines honestos y acuerdo de la voluntad, serán de la misma naturaleza que las que se prodigan a un hijo. Y de tal modo ocurrirá así que ni siquiera en la relación del amante con el amado pueda llegar a sospecharse que ambos han ido más lejos de lo que antes se dice. En otro caso, podrá echárseles en cara y censurárseles su falta de finura y su grosería.

—Desde luego —contestó.

—Por consiguiente —añadí para terminar—, ¿no te parece que con esto queda dicho todo lo que hay que decir sobre la música? Ciertamente, se ha terminado donde se debía, puesto que conviene que la música concluya en el amor de la belleza.

—Estoy de acuerdo contigo —afirmó.

XIII

—Veamos ahora. Es necesario que después de haber recibido la formación musical los jóvenes sean educados en la gimnasia.

—Indudablemente.

—Y es necesario también que en ella reciban una seria educación ya desde niños y para toda la vida. Voy a expresarte mi opinión sobre este asunto para que tú, por tu parte, la sometas a consideración. No me parece a mí que el cuerpo, aun estando bien constituido, pueda prestar utilidad al alma con su propia virtud; muy al contrario, es el alma buena la que puede ofrecer al cuerpo, con su virtud, toda la perfección posible. ¿Estás de acuerdo conmigo?

—Pienso lo mismo que tú —respondió.

—Así, pues, ¿no procederíamos rectamente si después de haber prodigado todos los cuidados al alma dejásemos que ésta se encargase por completo de la educación del cuerpo y nosotros nos reservásemos tan sólo el papel de guías para no tener que hacernos demasiado pesados?

—Exactamente.

—Dijimos además que deberían renunciar a la embriaguez, porque nada resulta más inapropiado para un guardián que la embriaguez, ya que con ella hasta ni saben el lugar de la tierra donde se encuentran.

—En efecto, sería cosa de risa que el guardián tuviese necesidad de un guardián.

—¿Y qué diremos del alimento? ¿Es que no deberán ser nuestros hombres atletas destinados al mayor de los certámenes?

—Sí.

—Les convendrá, pues, el régimen de vida de los atletas de profesión.

—Quizá.

—Pero este régimen —le dije— es el propio de los dormilones y de los hombres débiles de salud. ¿O no te has dado cuenta de que estos atletas se pasan la vida durmiendo y, por poco que se aparten de las normas fijadas para ellos, contraen grandes y peligrosas enfermedades?

—Sí, ya lo he visto.

—Necesitamos, pues, de un régimen de vida que favorezca más la salud de nuestros atletas guerreros, los cuales, como los perros, es conveniente que estén a todas horas en vela y con el oído y el olfato siempre alerta, cambiando con frecuencia en campaña de aguas y de alimentos o padeciendo los rigores de las estaciones sin que su salud vacile lo más mínimo.

—Eso me parece a mí.

—¿Y no será la mejor gimnasia hermana de esa música de que hablábamos hace unos momentos?

—¿Qué quieres decir?

—Pues mira, te diré que me refiero a una gimnasia simple y moderada, especialmente si han de practicarla los guerreros.

—¿Y cómo será esa gimnasia?

—En Homero mismo —proseguí— puede tomarse razón de ella. Sabes bien que cuando comen los héroes en campaña no se les da de comer pescado, a pesar de que se encuentran a la orilla del mar, en el Helesponto, ni tampoco carne cocida, sino solamente asada, que es sobre todo la más accesible a los soldados. Porque, por así decirlo, resulta más fácil en todas partes proveerse del fuego y servirse de él que andar de un lado para otro con las ollas.

—Sí, resulta mucho más fácil.

—No hago memoria tampoco de que Homero hable alguna vez del empleo de las especias en las comidas. Porque, ¿no es sabido por todos los atletas que para mantener el cuerpo a punto hay que desdeñarlas por completo?

—Creo que eso lo saben todos —dijo— y por eso prescinden de ellas.

—Al parecer, querido amigo, no das tu aprobación a la cocina siracusana y a esa variedad de guisotes sicilianos, si realmente estás de acuerdo con lo que digo.

—Desde luego que no.

—Y serás, por tanto, el primero en censurar que tengan por amiga a una muchacha corintia esos hombres que deben mantener su cuerpo siempre en forma.

—En efecto, y sin lugar a duda.

—¿Y qué opinión manifiestas sobre los pasteles áticos?

—Que no los creo necesarios.

—Entonces, pienso yo, no está de más que comparemos esa alimentación y género de vida con la melodía y el canto preparados con todas las armonías y ritmos.

—¿Cómo no?

—¿No se veía claro que en un caso la variedad engendraba la licencia y en el otro la enfermedad, y que, en cambio, la simplicidad en la música era presagio de templanza en las almas como la gimnasia lo era también de salud en los cuerpos?

—Indudablemente.

—Pero si en una ciudad se multiplican la licencia y las enfermedades, ¿no hay necesidad entonces de que se abran muchos tribunales y clínicas, y de que se encomie en sumo grado la oratoria forense y la medicina, ya que incluso muchos hombres libres se ocuparán de ellas, activamente y con todo interés?

—No otra cosa es presumible.

XIV

—¿Y qué otro mejor testimonio podrá aducirse de la mala y vergonzosa educación en una ciudad que la necesidad de médicos y jueces hábiles, y no sólo por la gente baja y artesana, sino también por los que han recibido una formación de hombres libres? ¿O no te parece vergonzoso e indudable prueba de ineducación el verse obligado a recurrir a la justicia ajena por falta de la propia, con lo cual se convierte a los demás en señores y jueces del derecho?

—Desde luego —convino—, no hay nada más vergonzoso.

—¿Y no crees —proseguí— que todavía se da una situación más vergonzosa que ésta, y que es, por ejemplo, la del que no sólo deja transcurrir la mayor parte de su vida en demandas y pleitos ante los tribunales, sino que incluso se vanagloria de esta misma bajeza suya, como si fuese digna de admirarse su destreza para cometer injusticias y su plena suficiencia para todos los rodeos judiciales, recurriendo a todos los subterfugios y plegándose a todas las resoluciones con objeto de eludir los castigos de la justicia, aun en trances de poca o ninguna importancia? Quien obra así desconoce cuánto mejor y más decoroso es disponer la vida propia de modo que no haya necesidad de acudir a un juez vencido por el sueño.

—Indudablemente —dijo—, esto resulta aún más vergonzoso que aquello.

—¿Y qué diremos —continué— de la necesidad de la medicina, no obligados por una herida o por haberse producido enfermedad epidémica, sino por efecto de la indolencia o del régimen de vida, condición de esa plétora de humores y de vapores que, cual un pantano, obligan a los discípulos de Asclepio a designar a las enfermedades con nombres tales como los de flatulencias o catarros? ¿No te parece que, realmente, es vergonzosa?

—En sumo grado —contestó—, ¡y bien extraños y fuera de lugar me parecen asimismo esos nombres de enfermedades!

—A mi entender —dije yo—, no estaban en uso en vida de Asclepio. Y baso mi afirmación en el hecho de que sus dos hijos se encontraban en el sitio de Troya y, sin embargo, no reprendieron a la mujer que dio a beber al herido Eurípilo un vino de Prammo preparado con mucha cebada y queso rallado, todo lo cual parece adecuado para producir la flema; ni censuraron siquiera a Patroclo, que cuidaba del herido, el haber procedido así.

—Ciertamente —asintió—, resultaba una bebida extraña para quien se hallaba en ese estado.

—No te lo parecerá —contesté— si piensas por un momento que la terapéutica llamada pedagógica, y que hoy se denomina yátrica, no era usada por los discípulos de Asclepio para combatir las enfermedades, por lo menos, según dicen, antes de Heródico. Y Heródico, que fue profesor de gimnasia y se vio privado de la salud, hizo una mezcla de gimnasia y de medicina, con la que en primer lugar se atormentó a sí mismo y luego a muchos otros que siguieron su ejemplo.

—¿Cómo? —preguntó.

—Pues procurándose —le contesté— de una muerte lenta. Porque, al no saber cómo combatir su enfermedad, que era mortal, debió de pretender seguirla, creo yo, durante toda su vida, preocupado siempre por mantener su régimen normal de dieta; con ello consiguió llegar a la vejez, pero con una vida torturada por la muerte.

—¡Buena cosa sacó de su arte! —exclamó.

—Indudablemente —dije yo—, lo que parece apropiado para quien desconoce que no fue por ignorancia ni por inexperiencia del arte médica por lo que Asclepio no la dio a conocer a sus descendientes, sino por saber que en toda ciudad bien gobernada a cada ciudadano se procura una ocupación que habrá de realizar necesariamente, sin que a nadie se le permita el estar enfermo y el ocio de cuidarse a sí mismo durante su vida. ¿No es bien ridículo, por cierto, que advirtamos este abuso en los artesanos y que en cambio lo perdonemos si se trata de personas que nadan en la opulencia y parecen felices?

—¿Cómo? —preguntó.

XV

—Pues mira —dije yo—, si se encuentra enfermo un carpintero, juzga conveniente que el médico le dé a beber un vomitivo que le ayude a echar fuera la enfermedad, o que le obligue a evacuarla por abajo, e incluso que le aplique un cauterio o una incisión. Pero suponte que se le ordena un largo régimen y se le aconseja cubrirse la cabeza con un gorrito de lana y otras cosas semejantes. Contestará en seguida que no dispone de tiempo para estar enfermo y que ni siquiera le interesa vivir de esa manera, a vueltas con la enfermedad y sin poder preocuparse del trabajo que le corresponde. Y nada más decirlo, despedirá al médico y, o bien recobrará la salud, entregado ya a su normal régimen de vida y de trabajo, o, caso de que su cuerpo no resista la enfermedad, morirá sin pena ni gloria, libre ya de toda preocupación.

—Es indudable —dijo— que esa manera de tratar la enfermedad parece adecuada para hombres como el que indicas.

—¿Y no es así —pregunté— por el hecho de que han de realizar un oficio, sin el cual, desde luego, no les sería posible vivir?

—En efecto —asintió.

—El hombre rico, en cambio —proseguí—, no tiene a su cargo ninguna tarea determinada, renunciando a la cual deje sin sentido su propia vida.

—Es al menos lo que se dice.

—¿No has oído nunca —le pregunté— el dicho que se atribuye a Focílides y según el cual cuando ya se tiene con qué vivir debe practicarse la virtud?

—Pienso yo —dijo— que aun antes de tener con qué vivir ha de practicarse la virtud.

—Pues bien —dije yo—, no pongamos pero alguno a la máxima de Focílides. Nuestro deber es informarnos antes si el rico debe practicar la virtud y si le resulta insoportable vivir caso de no practicarla, o si el cuidado de las enfermedades, que les impide a los carpinteros y a los demás artesanos dedicarse a sus respectivos oficios, no se opone en nada a la recomendación de Focílides.

—Sí, por Zeus, se opone —exclamó—. Y hasta es posible que se oponga a ella más que ninguna otra cosa el desmesurado cuidado del cuerpo que va más allá de las reglas de la gimnasia. Porque constituye una traba tanto para el gobierno de la casa como para el desempeño de los cargos en el ejército y en la vida pública de la ciudad.

—Y lo peor de todo es que presenta dificultades para toda clase de estudios, reflexiones y cuidados internos, al sospechar y atribuir siempre a la filosofía nuestros dolores de cabeza y nuestros vértigos, hasta el punto que, dondequiera que ese cuidado del cuerpo se evidencia y se da por bueno, constituye un estorbo completo. Realmente, obliga a pensar que estamos siempre enfermos y que nos angustiamos continuamente por el estado de nuestro cuerpo.

—Así parece —dijo.

—¿Y no tendremos que decir que en esto mismo pensaría Asclepio cuando prescribió las reglas que debían aplicarse a aquellos que, con un cuerpo sano por naturaleza y un determinado régimen de vida, contraían alguna enfermedad pasajera? Pues sólo a estos hombres y a los que disfrutan de esta constitución les permite que prosigan su régimen normal de vida, aplicando únicamente a sus enfermedades, drogas e incisiones para que la comunidad no reciba daño alguno, en tanto, con respecto a los cuerpos minados por la enfermedad no prescribe un régimen que prolongue su vida por medio de purgas y evacuaciones, ya que les pondría en condiciones de traer hijos al mundo que, como es lógico, heredarían esas características naturales. Muy al contrario, en este caso cree que no se debe prestar cuidados a la persona que no es capaz de vivir con su acostumbrado ritmo vital y que, por consiguiente, no es útil ni a sí misma ni a la ciudad.

—Ya veo —replicó— que conviertes a Asclepio en un gran político.

—Y es que realmente lo fue —añadí—. ¿No ves acaso cómo sus hijos, que se mostraron tan buenos soldados frente a Troya, se servían de la medicina a la manera antes descrita? Recordarás perfectamente que cuando Pándaro infligió una herida a Menelao,

le chuparon la sangre y vertieron sobre la herida remedios calmantes,

pero no le prescribieron, tanto a él como a Eurípilo, lo que había de beber o comer después de esto, pues conociendo, sin duda, que eran hombres que hasta el momento de recibir sus heridas habían llevado un régimen de vida sano y ordenado, juzgaban suficientes los remedios empleados, aunque en aquel preciso instante estuviesen bebiendo el brebaje a que nos referimos. De las personas de naturaleza enfermiza o desarregladas pensaban que no necesitaban del arte médica, ya que no resultaría útil ni para ellas ni para el prójimo el prolongarles la vida o el prodigarles cuidados, aunque dispusiesen de más riquezas que el propio Midas.

—Dices cosas bastante sutiles —afirmó— de los hijos de
Asclepio.

XVI

—Son las adecuadas a ellos —respondí—. Sin embargo, los
poetas trágicos y Píndaro se apartan de nuestra opinión y dicen
que Asclepio, hijo de Apolo, halagado por dinero, quiso curar a
un hombre en trance de muerte, lo cual le ocasionó el ser fulmina-
do por el rayo. Nosotros, desde luego, si nos mantenemos en lo
que antes afirmamos, no podemos dar crédito a ambas cosas. En
primer lugar, «si era hijo de un dios —refutaremos— no pudo ser
codicioso. Y si lo fue, es que no era en realidad hijo de un dios».

—Estás en lo cierto —asintió—. Pero, ¿qué dirás a esto, Sócrates? ¿No es preciso disponer de buenos médicos en la ciudad?
Serán éstos, sin duda, aquellos que hayan tratado a más personas
sanas y enfermas, al modo como se considera buenos jueces a los
que han juzgado a personas de los más diversos caracteres.

—Creo que conviene contar con muy buenos médicos y con
muy buenos jueces —dije yo—. Pero, ¿sabes a quiénes considero yo como tales?

—Tú dirás —replicó.

—Eso intentaré hacer —añadí—, aunque debes tener en
cuenta que no reúnes en la cuestión que propones dos cosas
semejantes.

—¿Cómo? —inquirió.

—Pues mira —dije yo—, serán los médicos más diestros
todos aquellos que además de dominar a fondo el arte médica,
hayan tratado desde jóvenes el mayor número posible de cuerpos mal constituidos y hayan sufrido también en sí mismos, por
no gozar de una naturaleza robusta, toda clase de enfermedades.
Porque, a mi entender, no es con el cuerpo como curan el cuerpo —en cuyo caso no podrían estar enfermos ni llegar a estarlo
nunca—, sino con el alma, la cual, si no disfruta de salud, no será
capaz de curar nada.

—En efecto —asintió.

—Pero el juez, amigo mío, debe gobernar el alma con el alma
propia, sin que tenga necesidad alguna de haber mantenido fre-

cuente trato desde la niñez con las almas malas o de haber apurado hasta el fin toda la escala de las acciones criminales para llegar a reconocer, con el dato de su experiencia, los delitos cometidos por los demás, como puede hacer el médico con los cuerpos enfermos. Muy al contrario, conviene que este hombre se mantenga en estado de inocencia y de pureza con respecto a los seres viciosos si se quiere que su conducta intachable le facilite un juicio recto sobre lo que es justo. Por ello, los hombres buenos parecen sencillos cuando son jóvenes y se dejan engañar fácilmente por los malos, y es que en realidad no encierran en sí mismos el modelo que les hermane con los malos.

—Ciertamente —dijo— se les engaña muy a menudo.

—Por consiguiente —proseguí—, un joven no puede ser buen juez y es más conveniente confiar este cargo a un anciano que, informado tardíamente de la injusticia, y no por haberla vivido en sí mismo, sino por haberla observado como algo ajeno en almas también ajenas, ha llegado a conocer, más por la reflexión que por la experiencia propia, la naturaleza misma del mal.

—Desde luego —afirmó—, ese juez parece ser el más excelente.

—Y asimismo, un buen juez —añadí—, como tú deseabas. Porque es bueno quien tiene un alma buena. Mas el hombre hábil y suspicaz que ha delinquido muchas veces y se tiene por astuto e inteligente, cuando necesita relacionarse con sus semejantes se pone en guardia con rara habilidad como hombre preparado para ello con sólo mirarse a sí mismo. En cambio, cuando entra en contacto con hombres mejores y más viejos que él, entonces sí que parece un perfecto tonto, que desconfía indebidamente y con desconocimiento absoluto de los hombres de bien. Justamente, esa desconfianza es la originada por no poder acudir al modelo de sí mismo, pues al encontrarse muchas más veces con los malos que con los buenos se hizo a la idea, e igualmente los demás, de que podría pasar por inteligente antes que por ignorante.

—Eso es la pura verdad —dijo él.

XVII

—No conviene, por tanto —continué—, que busquemos en ese hombre al juez bueno y sabio, sino en el otro a que antes me he referido. Porque la maldad nunca será capaz de conocerse a sí misma y a la virtud, y, por el contrario, la virtud natural, de la mano de la educación y ayudada por el tiempo, llegará a adquirir un conocimiento simultáneo de sí misma y de la maldad. A mi entender, pues, el hombre virtuoso será sabio, pero no así el malo.

—Estoy de acuerdo contigo —asintió.

—¿No será preciso que establezcas en la ciudad una práctica médica como la que mencionábamos y una judicatura en parangón con ella, las cuales cuidarán tan sólo de los ciudadanos bien formados en cuerpo y alma, dejando morir a los demás, si son defectuosos en sus cuerpos, o condenando a muerte a los que poseen un alma naturalmente mala e incorregible?

—Eso es lo que parece mejor —replicó—, tanto para esos seres desgraciados como para la ciudad en que viven.

—En cuanto a los jóvenes —seguí diciendo—, es claro que rehuirán toda preocupación por la justicia si practican aquella música sencilla a la que atribuíamos el poder de engendrar la templanza.

—Desde luego —admitió.

—Y si el músico cultiva la gimnasia, ateniéndose a estas mismas reglas, ¿no llegará a prescindir de la medicina, si así lo desea, utilizándola tan sólo en caso de extrema necesidad?

—Eso me parece a mí.

—Pero en el ejercicio de la gimnasia y en sus mismos esfuerzos corporales, mirarán de modo especial a la parte fogosa de su naturaleza, más para estimularla que para desarrollar su fuerza. No harán, pues, como los demás atletas, que se preocupan únicamente, en su régimen alimenticio y gimnástico, de aumentar de lleno su vigor.

—Indudablemente —asintió.

—¿Y no crees tú, querido Glaucón —dije yo—, que los que establecieron una educación musical y gimnástica no lo hicieron, como piensan algunos, para procurar con una de ellas el cuidado del cuerpo y con la otra el del alma?

—¿Qué otro fin podían buscar? —preguntó a su vez.

—Posiblemente —contesté— ambas han sido instituidas con el fin exclusivo de atender al cuidado del alma.

—¿Cómo?

—¿No has observado —le dije— cuáles son las condiciones de carácter de los que dedican su vida a la práctica de la gimnasia y prescinden en cambio de la música? ¿Y no te has fijado también en el fenómeno contrario?

—¿Qué quieres dar a entender —dijo— con todo esto?

—Pues que los primeros son rudos y obstinados, mientras que los otros son blandos y dulces —contesté.

—Eso creo yo —dijo—. Ciertamente, los que practican tan sólo la gimnasia se vuelven más rudos de lo que sería conveniente, en tanto los que cultivan únicamente la música se hacen más blandos de lo necesario.

—En verdad —observé yo— que esa rudeza a la que nos referimos puede derivar de las mismas condiciones naturales que, bien conducidas, desembocarían en la virilidad, pero que si se las deja a su pleno arbitrio, se convertirán, como es lógico, en dureza y brutalidad.

—Estoy de acuerdo contigo —dijo.

—Pues qué, ¿no se corresponde la mansedumbre con un natural filosófico que, llevado a su relajamiento extremo, se hace más suave de lo debido, pero que, con buena educación, se vuelve suave y prudente?

—Así es.

—Y bien, nosotros decíamos que los guardianes deberían reunir esas dos cosas en su naturaleza.

—Es lo que conviene.

—¿Y no se precisa también que armonicen ambas entre sí?

—¿Cómo no?

—Pero el alma en la que se dé esa armonía, ¿no será prudente y varonil?

—Desde luego.

—¿Y cobarde y ruda la que carezca de ella?

—En sumo grado.

XVIII

—Cuando alguien se entrega hechizado a la música y permite que su alma se vea inundada a través de sus oídos, como por un canal, de las dulces, suaves y lastimeras armonías de que hablábamos hace un momento, y, por añadidura, pasa toda su vida entre gorjeos y el embeleso del canto, puede decirse que este hombre comienza por moderar su fogosidad, de la misma manera que se produce el ablandamiento del hierro por el fuego, y se vuelve así hombre de bien de inútil y duro que antes era. En cambio, cuando persiste con entera libertad y no decae en su pasión por la música, disuelve y consume esa fogosidad hasta el punto que, derretida en su totalidad y cortados como si dijéramos sus propios nervios, se convierte en un «cobarde guerrero».

—Indudablemente —dijo.

—Muy pronto se producirá ese efecto —proseguí—, si este hombre posee un alma indolente desde su nacimiento. Con un alma fogosa, en cambio, la debilidad de su espíritu le hará fácilmente irascible y el más pequeño motivo será causa de excitación o abatimiento. Se volverán, pues, coléricos e irascibles y mostrarán continuamente su descontento en lugar de un ánimo ardiente.

—Cierto es.

—Pero, ¿y si practica con deleite la gimnasia y trabaja denodadamente, sin preocuparse en modo alguno de la música y de la filosofía? ¿No se envalentonará al principio su cuerpo y con la plena conciencia de ello no se hará también más varonil de lo que era?

—Efectivamente.

—Mas supongamos que no se dedica a ninguna otra cosa y que no tiene asimismo relación con la música. Al no sentir deseos de aprender, ni cultivar la ciencia y la investigación, ni participar de palabra o de hecho en el ejercicio musical, ¿no se embotará su alma y quedará como ciega y sorda por no ser estimulada, ni educada, ni purificada en sus sensaciones?

—Así parece —dijo.

—Creo yo, pues, que un hombre con esta educación se hará enemigo de la ciencia y de las Musas, y no intentará servirse nunca del lenguaje para la persuasión de los demás, sino que intentará, al igual que una bestia, conseguirlo todo usando de la fuerza bruta. Finalmente, vivirá en la ignorancia y en la insensatez, apartado del ritmo y de la gracia

—No cabe duda —dijo— de que así obrará.

—Con arreglo a esto, a mi entender, los dioses otorgaron a los hombres esas dos artes, la música y la gimnasia, destinadas a elevar el ánimo fogoso y filosófico y no con objeto de que reciban tal beneficio el alma y el cuerpo —este último sólo de una manera indirecta—, sino para que los principios antes citados armonicen mutuamente en el alma llevada a un límite justo la intensidad de su tensión y de su relajación.

—Eso me parece a mí —afirmó.

—Por tanto, quien sepa mezclar la gimnasia con la música en la proporción debida y aplicar ambas artes al alma, será ciertamente el hombre que merece ser llamado el músico más perfecto y armonioso, con mucho mayor motivo que el que sólo se dedica a armonizar las cuerdas entre sí.

—Justamente, Sócrates —dijo.

—Así, pues, Glaucón, ¿no tendrá necesidad nuestra ciudad de un gobernante de esta naturaleza, si quiere que subsista su propia forma de gobierno?

—Desde luego, necesitará de ese gobernante más que de ninguna otra cosa.

XIX

—Con ello se cumplen las condiciones generales de la instrucción y de la educación. ¿Tendríamos, por tanto, que extendernos hablando de la danza, de la caza, de los concursos gimnásticos e hípicos? Porque casi podemos dar por sabido que en todo esto han de seguirse las mismas normas, las cuales no resulta difícil descubrirlas.

—Quizá —dijo— no resulte difícil.

—Vayamos a la conclusión —afirmé—. Porque, ¿nos quedará todavía algo por determinar después de esto? ¿Es quizá de los ciudadanos que deben gobernar o ser gobernados?

—Ciertamente.

—¿No conviene acaso que los gobernantes sean más viejos y los gobernados más jóvenes?

—En efecto.

—¿Y además los mejores de entre ellos?

—También eso.

—¿No son los mejores labradores los más versados en la agricultura?

—Sí.

—Pues entonces no queda otro recurso sino que los jefes sean los mejores guardianes, ya que éstos resultarán los más aptos para la custodia de la ciudad.

—Sí.

—Pero, ¿no convendrá también que los que manden sean personas sensatas y prudentes, que se preocupen por los asuntos de la ciudad?

—Desde luego.

—Pero es objeto de mayor preocupación precisamente aquello que más se ama.

—Necesariamente.

—Y nuestro amor se prodiga en mayor grado hacia aquello que consideramos coincidente con nuestros intereses, de tal modo que sus éxitos o sus fracasos son también los nuestros.

—Así es —dijo.

—Debemos escoger, pues, entre los guardianes a aquellos hombres que nos parezca que han pasado toda su vida preocupados por los asuntos de la ciudad y que en ningún caso han querido perjudicarla.

—Serán los más adecuados —afirmó.

—De todos modos, creo que deberá vigilárseles en todo momento para comprobar siempre su aptitud para la custodia y si ni la seducción ni la coacción han sido bastantes en orden a olvidar y desechar lo que más conviene hacer en la ciudad.

—¿Qué quieres decir con eso? —preguntó.

—Te lo explicaré ahora mismo —dije—. Me parece a mí que una opinión puede surgir en nuestro espíritu de dos maneras: voluntaria o involuntariamente; voluntariamente, cuando uno se da cuenta de su engaño; involuntariamente, tratándose de opiniones verdaderas.

—Comprendo perfectamente —dijo— lo que manifiestas en el primer punto, pero necesito que me aclares el segundo.

—Pues qué, ¿no piensas tú —continué— que los hombres se ven privados de las cosas buenas involuntariamente y de las malas en cambio voluntariamente? ¿No es un mal el ser engañado con respecto a la verdad, y un bien, en cambio, el poseerla?

¿O no te parece ser la verdad el pensar que las cosas son como son?

—Desde luego —dijo—, y no vas descaminado, porque en mi opinión los hombres se ven privados de la verdad muy a su pesar.

—¿No les ocurre esto cuando son robados, engañados o maltratados?

—No logro entender lo que dices —arguyó.

—Al parecer, me expreso en estilo trágico —dije yo—. Pues entiendo que son robados los que son convencidos por alguien o se olvidan por sí mismos, porque a estos últimos es el tiempo el que les fuerza a olvidar, en tanto a los primeros es, sin duda, la palabra. ¿Llegas a comprenderlo ahora?

—Sí.

—Digo que son maltratados aquellos a quienes les muda de opinión un dolor o una pena.

—Esto lo entiendo perfectamente —dijo—, y creo que estás en lo cierto.

—En cuanto a los engañados, creo que tú mismo serías capaz de señalar quiénes cambian de opinión movidos por el placer o temerosos de algún mal.

—Parece, pues —dijo—, que la seducción y el engaño son una misma cosa.

XX

—Volvamos a lo que decíamos hace poco: habrá que investigar quiénes son los mejores guardianes de esa máxima; a saber: que debe hacerse siempre en la ciudad cuanto parezca mejor para ella. Conviene vigilar a estos guardianes ya desde la niñez, dejándoles a su cargo todo aquello que sea más susceptible de olvido o de engaño. Nuestra elección recaerá entonces sobre el que tenga mejor memoria o resulte más difícil de engañar. Los demás, por el contrario, deberán ser desechados, ¿no es eso?

—Sí.

—Y luego, se les probará mediante trabajos, dolores y combates, en los que demostrarán esas mismas cualidades.

—Muy bien —asintió.

—Sin embargo —proseguí—, aún será preciso ponerles a prueba una vez más, por si se dejan llevar de la seducción. Procederemos al igual que con los caballos, a los que se lleva a lugares donde se producen ruidos y tumultos con objeto de ver si son espantadizos, y, del mismo modo, conduciremos a nuestros jóvenes ante cosas que originen temor, que luego cambiaremos por placeres, pruebas todas ellas más eficaces que la del oro en el fuego. Así podremos comprobar si son difíciles de embaucar y si muestran su decoro en todas las ocasiones, como buenos guardianes de sí mismos y de la música que aprendieron. Muy importante será también el hecho de que adopten siempre en su conducta las leyes del ritmo y de la armonía, comportándose en todo momento como seres muy útiles a sí mismos y a la ciudad. A todo aquel que haya soportado airoso, de niño, de joven y en edad madura, las pruebas antes citadas, le proclamaremos hombre incólume y le haremos a la vez gobernante y guardián de la ciudad, concediéndole en vida honores y, después de muerto, las honras más solemnes y que más exalten su memoria. Al que no reúna esas condiciones, le daremos de lado. Tal me parece ser, Glaucón —concluí—, la manera más apropiada de elegir e instituir gobernantes y guardianes, aunque quizá no me haya expresado con la suficiente exactitud.

—Me parece —dijo— que es verdad lo que afirmas.

—¿No haríamos bien, entonces, en llamar a estos hombres guardianes perfectos y los más adecuados para impedir que los enemigos de fuera y los amigos de dentro puedan o quieran hacernos daño, dando a los jóvenes, en vez de la denominación de guardianes, la de auxiliares y ejecutores de las órdenes de los jefes?

—Creo que sí —respondió.

XXI

—¿De qué mecanismo nos valdríamos ahora —continué— para inventar alguna mentira beneficiosa, como la que antes señalábamos, y tratar de convencer con ella a los gobernantes o, cuando menos, al resto de la ciudad?

—¿A qué clase de mentira te refieres? —dijo.

—No voy a traer a colación nada nuevo —proseguí—, sino un caso fenicio, que aconteció hace ya mucho tiempo y al que dan crédito los poetas con íntima convicción. Desde luego, ni ocurrió en nuestros días ni creo que pueda ocurrir, pues dista mucho de llegar a ser creíble.

—A mi parecer —dijo—, no te atreves a relatarlo.

—Te convencerás cuando lo cuente —le contesté—, que tengo muchas razones para no atreverme a decirlo.

—Habla —insistió—, y no temas.

—Hablaré, pues, aunque no sé de qué modo y con qué palabras para intentar persuadir a los mismos gobernantes y a los soldados, y después al resto de la ciudad, de que la educación y la instrucción que les hemos dado no es otra cosa que un sueño experimentado por ellos. Pues, ciertamente, permanecieron bajo tierra mientras se modelaban y formaban sus cuerpos, sus armas y el resto de sus enseres, y hasta que, terminada en totalidad esa conformación, la tierra, su madre, les dio a luz. Es ahora, en realidad, cuando conviene que se preocupen de la tierra en que viven, como si de su madre y nodriza se tratase, defendiéndola si alguien la atacase y considerando a los demás ciudadanos como hermanos que han salido del mismo seno.

—No sin fundamento —dijo— dudabas tanto en contarnos esta mentira.

—Y con toda lógica —añadí—. Pero mantén tu atención al resto del mito: «Sois hermanos, por tanto, cuantos habitéis en la ciudad —les diríamos prosiguiendo la fábula— y sois hermanos en los que los dioses hicieron entrar oro al formar a los destinados al gobierno, plata al preparar a los auxiliares y bronce y hierro al hacer surgir a los labradores y demás artesanos. Así, pues, como tenéis un mismo origen, ocurrirá que engendraréis hijos parecidos a vosotros, aunque quizá pueda llegar a nacer un hijo de plata de un padre de oro, o un hijo de oro de un padre de plata, pudiendo producirse también combinaciones semejantes. La divinidad prescribe de manera primordial y principalísima a los gobernantes que ejerzan su vigilancia como buenos guardianes respecto al metal que entra en composición en las almas de los niños, con el objeto de que si alguno de ellos, incluso su propio hijo, cuenta en la suya con parte de bronce o de hierro, no se compadezca en absoluto, sino que le relegue al estado que le conviene, bien sea éste el de los artesanos o el de los labradores.

Y les ordena igualmente que si nace de éstos un hijo cuya naturaleza contenga oro o plata, le prodiguen la educación que corresponde a un guardián en el primer caso o la que se da a los auxiliares en el segundo, puesto que según la predicción de un oráculo la ciudad será destruida cuando la vigile un guardián de hierro o de bronce.» Esta es la fábula. ¿De qué medio nos valdríamos para que la crean?

—No estimo, desde luego —replicó—, que podamos convencer a los hombres de nuestra generación. Pero sí a sus hijos, a los hijos de éstos y a todos los demás que nazcan en el futuro.

—Eso sería suficiente —proseguí— para que cuidasen con más empeño de la ciudad y de los ciudadanos que en ella viven; casi comprendo lo que tú quieres decir.

XXII

—Pero vaya este mito hasta donde la fama quiera llevarle; a nosotros nos toca armar a estos hijos de la tierra y conducirlos luego bajo la dirección de sus jefes. En esa situación habrán de considerar cuál es el lugar de la ciudad más apropiado para acampar y desde el que puedan reprimir mejor las rebeliones internas de los que no quieran obedecer a las leyes, y defenderse de los enemigos de fuera que, como lobos, se lancen contra el rebaño. Que después de haber acampado y realizado los sacrificios convenientes, preparen sus lugares de descanso. ¿No es eso?

—Eso es —contestó.

—¿Y no serán esos lugares los más adecuados para pasar el invierno y librarse del calor del verano?

—¿Cómo no? Sin duda —dijo—, te refieres a sus habitaciones.

—Sí —contesté—, hablo de habitaciones de guerreros y no de lugares de descanso de negociantes.

—Pero, ¿existe entonces diferencia entre las habitaciones de unos y las de otros? —preguntó.

—Vamos a ver si puedo explicártelo —dije—. No habría cosa más funesta y más vergonzosa para los pastores que el que diesen a sus perros, guardianes de sus rebaños, una formación tal que pudieran ser movidos por la intemperancia, el hambre o cualquier otro vicio para atacar ellos mismos a los rebaños y parecer de este modo lobos y no perros.

—Sería funesta, desde luego —replicó.

—¿No será, pues, conveniente vigilar con todo interés para que nuestros auxiliares no hagan lo mismo con los ciudadanos, ya que disponen de la fuerza, y puedan llegar a convertirse en rudos déspotas en vez de en bondadosos protectores?

—Sí, habrá que vigilarles —dijo.

—¿Y qué otro remedio más factible para ello, en realidad, que el darles una excelente educación?

A lo que yo contesté:

—Esto no se ha sostenido todavía con demasiada fuerza, querido Glaucón. Si, ciertamente, como decíamos antes, conviene que reciban una buena educación, cualquiera que ella sea, ésta habrá de manifestarse principalmente en la mansedumbre de ánimo hacia sí mismos y hacia aquellos a quienes guardan.

—Muy bien dicho —asintió.

—Además de esta educación, no se negará a los guardianes por cualquier hombre sensato la necesidad de que dispongan de viviendas y de enseres que les permitan ser los mejores en su clase, sin que muestren animadversión alguna hacia los demás ciudadanos.

—Y su afirmación estará justificada.

—Considera, pues, si les convendrá el régimen de vida y la habitación que yo propongo con ese fin. En primer lugar, nadie poseerá hacienda propia, salvo caso de extrema necesidad. En segundo lugar, nadie dispondrá también de habitación y despensa en donde no pueda entrar todo el que lo desee. Respecto a los víveres, se ordenará que reciban del resto de los ciudadanos una retribución adecuada y ni mayor ni menor que la que necesiten para el año unos guerreros fuertes, sobrios y valerosos. Frecuentarán las comidas en común, obrando siempre, en este sentido, como si estuviesen en campaña. Y se les dirá, en cuanto al oro y a la plata, que los dioses ya han dotado a sus almas para siempre de porciones divinas de estos metales, por lo que no tienen necesidad del oro y de la plata terrestres, cuya adquisición mancharía ese mismo don recibido. El oro puro que poseen no podría coaligarse con los muchos crímenes cometidos por el oro de la tierra. Serán ellos los únicos a los que no se permita manejar e incluso tocar el oro y la plata, ni penetrar en la casa donde se guarden o beber en recipientes de estos metales. Sólo así podrán salvarse a sí mismos y salvar a la ciudad, porque si adquiriesen tierra propia, casa y dinero, pronto tendrían que ser llamados empresarios y labradores mejor que guardianes, y en lugar de defensores de los demás ciudadanos se les aplicaría el calificativo de tiranos y enemigos. En esta situación pasarían su vida odiando y siendo odiados, tramando asechanzas y siendo objeto de ellas, temiendo mucho más y en mayor grado a los enemigos de dentro que a los de fuera y corriendo ellos mismos y la ciudad rápidamente hacia su ruina. ¿No te parece, pues —concluí—, que todas estas razones nos fuerzan a convenir en la ordenación del alojamiento y de todas las demás cosas referentes a los guardianes, que precisaremos tal como se ha dicho?

—No hay duda alguna —dijo Glaucón.

LIBRO CUARTO

I

Haciendo entonces uso de la palabra Adimanto, dijo:

—¿Qué podrías argüir, Sócrates, en tu defensa, si alguien te dijese que no consigues la felicidad para esos hombres, y ello por su culpa, ya que siendo verdaderamente los dueños de la ciudad no disfrutan de ningún bien, tal como ocurre con los demás, que poseen campos, construyen grandes y hermosas casas, adquieren los enseres apropiados para ellas, realizan a sus expensas sacrificios a los dioses, acogen a los extranjeros, y lo que tú decías hace un momento, se hacen con oro y plata y con todas las demás cosas que necesitan para ser felices? Parece sencillamente que se encuentran en la ciudad como auxiliares a sueldo y que no tienen otro cometido que el de guardarla.

—Desde luego —contesté yo—, y ello tan sólo por el alimento, ya que no habrán de recibir sueldo como los demás, de tal modo que aunque quieran ausentarse privadamente de la ciudad no tendrán opción para hacerlo, ni tampoco para regalarse con cortesanas o disponer de cosa alguna a su antojo a la manera como proceden las personas que parecen felices. Estas y otras muchas cosas has omitido en tu acusación.

—Puedes incluirlas en ella —replicó.

—¿Quieres saber ahora cómo nos defenderíamos?

—Sí.

—Prosiguiendo el camino emprendido —dije yo— encontraremos todo lo demás. Digamos, ante todo, que nada impide que, aun así, nuestros guardianes sean hombres muy felices;

pero nosotros, en fin de cuentas, no fundamos nuestra ciudad con vistas a la felicidad de una sola clase, sino para que lo sean todos los ciudadanos sin distinción alguna. Consideramos que en una ciudad así formada se encontrará la justicia mucho mejor que en cualquier otra y que en una ciudad peor constituida dominará por doquier la injusticia, con lo cual venimos a parar a lo que hace tiempo nos proponíamos. Ahora, pues, de acuerdo con nuestra opinión, queda regulada la ciudad feliz, y no para que disfruten de la felicidad unos cuantos ciudadanos, sino para que la posean todos en general: inmediatamente, examinaremos la forma de gobierno contraria a ésta. Supón, por ejemplo, que nos dedicamos a pintar estatuas y que alguien se acerca para decirnos que no aplicamos los más bellos colores a las partes más hermosas de la figura (porque, en verdad, los ojos no ven realizada su belleza con el color de la púrpura, sino con el negro); entonces sería ocasión de contestarle adecuadamente, replicándole: «Admirado varón, no pienses que tenemos que pintar los ojos tan bellamente que no parezcan ojos, ni tampoco de la misma manera las demás partes de la figura. Observa ante todo si dando a cada parte el color que le conviene hacemos hermoso el conjunto. Lo mismo deseo decirte a ti, volviendo a la cuestión primitiva: no me obligues a conceder a los guardianes una felicidad tal que les transforme en cualquier otra cosa menos en guardianes. Sabemos, en efecto, que nuestros labradores podrían ser vestidos con mantos purpúreos y adornados con oro, y hasta que cabría ordenarles que no labren la tierra sino por placer, y que no habría inconveniente en recostar a los alfareros de izquierda a derecha, prescindir de la rueda y darles asueto para que se banqueteasen y bebiesen a porfía junto al fuego, deján-doles en libertad de ejercitar su oficio para cuando les viniese en gana. Haríamos lo mismo con los demás ciudadanos y su felicidad llevaría aparejada la de la ciudad entera. Pero, por favor, no nos recuerdes esto: de hacerte caso, ni el labrador sería labrador, ni el alfarero alfarero, ni nadie mantendría la dignidad que le caracteriza dentro de la ciudad. Nuestra represión sería menor en el caso de los demás oficios; porque que los zapateros se envilezcan, se dejen corromper y finjan ser lo que en realidad no son, no encierra peligro para la ciudad; pero que los guardianes de las leyes y de la ciudad no lo sean verdaderamente sino, sólo en apariencia, puedes comprender que traería de arriba abajo la ruina completa de la ciudad, ya que esos guardianes son los únicos a quienes compete procurar la felicidad de todos.» Por tanto, si queremos disponer de buenos guardianes, no les pongamos en el trance de que puedan dañar a la ciudad, pues el que desee mantener aquello de que los labradores han de ser felices convidados a una gran fiesta, ése no piensa realmente en la ciudad, sino en algo muy distinto. Habrá que precisar primeramente si nuestro propósito es el de establecer los guardianes para que consigan la mayor felicidad posible en beneficio propio o si hemos de poner la vista en que la alcance la ciudad, obligando y convenciendo a los auxiliares y guardianes para que se conviertan en los mejores artesanos de su trabajo e igualmente a todos los demás. Y así, a medida del acrecentamiento de toda la ciudad y de la mejora de sus condiciones de vida, podrá permitirse a cada una de las clases sociales que participe de la felicidad que la Naturaleza le otorga.

II

—Ciertamente —dijo, me parecen acertadas tus palabras.

—Vamos a ver —proseguí— si te parece tan bien este otro razonamiento, parejo del anterior.

—Aclárame de qué se trata.

—Examina si las cosas que voy a decir no corrompen a los demás artesanos y llenan de maldad su corazón.

—¿Qué cosas son ésas?

—La riqueza y la pobreza —contesté.

—¿Y cómo?

—Pues de la siguiente manera. ¿Te parece a ti que si un alfarero se hace rico querrá dedicarse a su oficio?

—De ningún modo —dijo.

—¿No se hará, por el contrario, más indolente y despreocupado de lo que antes era?

—Indudablemente.

—Se convertirá, pues, en el peor de los alfareros.

—En efecto —dijo—, así ocurrirá.

—Además, si por causa de su pobreza, no puede adquirir las herramientas o cualesquiera otros instrumentos necesarios para el desarrollo de su arte, trabajará mucho peor y hará que sus

hijos o aquellos a quienes enseñe aprendan a ser malos artesanos.

—¿Cómo no?

—Por ambos motivos, pues tanto por la riqueza como por la
pobreza, se envilecen las artes y degeneran los artesanos.

—Así parece.

—En este caso, acabamos de encontrar dos cosas a las que
los guardianes deberán prestar la mayor atención para que no se
introduzcan en la ciudad subrepticiamente.

—¿Y cuáles son esas dos cosas?

—La riqueza —dije yo— y la pobreza. La primera procura
la molicie, la pereza y el amor a la novedad; la segunda, además
de este mismo afán, la bajeza y la malicia.

—Muy bien dicho —asintió—; pero, sin embargo, Sócrates,
es conveniente que consideres cómo nuestra ciudad, que no
posee riqueza alguna, será capaz de sostener una guerra, especialmente cuando tenga que luchar con otra ciudad grande y rica.

—Está claro —repliqué— que le resultará difícil luchar con
una sola, pero fácil en cambio si se trata de dos ciudades.

—¿Cómo dices? —inquirió.

—Por lo pronto —dije—, si hay necesidad de entrar en guerra, ¿no lucharán contra hombres ricos y será la ventaja para los
nuestros, atletas de la guerra?

—En eso sí que tienes razón —admitió.

—Pero, Adimanto —pregunté—, un púgil dotado de la
mejor preparación posible, ¿no te parece que podrá luchar fácilmente contra otros dos, ricos y obesos?

—Tal vez no —contestó—, si tiene que pelear con ambos al
tiempo.

—Veamos —añadí—; ¿y si fuese capaz de huir y seguir
luchando sin descanso, volviéndose a cada momento para propi-
nar sus golpes en medio de un sol ardiente? ¿No podría nuestro
hombre dar cuenta sucesivamente de muchos otros?

—Seguramente —dijo—, no tendría nada de extraño.

—Pero, ¿no crees que los ricos están más enterados de las
artes del pugilato que de las de la guerra?

—Yo, al menos, así lo creo —dijo.

—Por consiguiente, nuestros atletas lucharán sin dificultad
alguna contra un número de enemigos dos o tres veces mayor.

—Estoy de acuerdo contigo —afirmó—, porque me parece que tienes completa razón.

—Piensa por un momento —repliqué— que envían una embajada a otra ciudad y que le dicen, como es verdad: «Nosotros no tenemos necesidad para nada del oro y de la plata, ni nos está permitido servirnos de estos metales como a vosotros; si lucháis a nuestro lado dejaremos para vosotros el botín ajeno.» ¿Crees tú que al oír esto preferirían hacer la guerra a unos perros robustos y secos que unirse con ellos contra unos rebaños untuosos y tiernos?

—No lo creo. Pero si se reúnen en una sola ciudad las riquezas de las demás, cuida que no haya peligro para aquella que no las posee.

—Feliz tú —le dije— si crees que puede darse el nombre de ciudad a otra que no se rija según nuestros deseos.

—¿Por qué no? —preguntó.

—A las demás ciudades —contesté yo— hay que dar una denominación mucho más extensa, porque cada una de ellas no es una sola ciudad, sino la reunión de muchas, como ocurre en el juego. Por lo menos, se confundirán dos en una y enemigas ambas: la ciudad de los pobres y la ciudad de los ricos. Muchas más hay en cada una de ellas, a las cuales si las consideras como una sola, errarás completamente, mas si las consideras como muchas, dando a unos las riquezas y las fuerzas de los otros, te granjearás siempre muchos aliados y pocos enemigos. En tanto tu ciudad sea gobernada razonablemente según lo establecido con anterioridad, será realmente grande y no sólo en la estimación de los demás; ello aunque sólo disponga de un millar de combatientes. No encontrarás fácilmente ni entre los griegos ni entre los bárbaros otra ciudad tan grande como ésta, aunque muchas parezcan ser mayores que ella. ¿O enfocas la cuestión de otro modo?

—No, por Zeus —dijo.

III

—Por tanto —proseguí—, queda ya fijado el límite más perfecto para la actividad de nuestros gobernantes. Ése es el que conviene que den a la ciudad y a su territorio, omitiendo, en cambio, todo lo demás.

—¿A qué límite te refieres? —preguntó.

—Me refiero —añadí— al que ahora voy a decir: mientras la ciudad pueda aumentar sin dejar de ser una, permítase su crecimiento, pero sin pasar de ahí.

—Conforme contigo —dijo.

—Pero habrá que prescribir otra nueva orden a los guardianes: es ella la de que procuren por todos los medios que la ciudad no parezca pequeña ni grande, sino que sea una y suficiente para todos.

—Quizá les prescribamos —afirmó— una cosa de poca importancia.

—Y aún de menor importancia —proseguí— era esa otra de la que hicimos mención cuando decíamos que, si los guardianes tuviesen un hijo de baja condición, convenía que le entregasen a los demás ciudadanos, lo que, en caso contrario, deberían hacer éstos, entregándole a su vez a los guardianes. Se quería dar a entender con ello que cada ciudadano habrá de ocupar el puesto que por naturaleza le corresponde, a fin de que sea uno y no una pluralidad al aplicarse al trabajo propio. Sólo así la ciudad toda conservará su unidad y no encerrará en sí misma muchas otras.

—Indudablemente —dijo—, eso es de mucha menos importancia.

—Todas estas cosas que nosotros prescribimos, mi buen Adimanto, parecen muchas y de gran interés, pero en realidad no lo son, pues lo que importa únicamente es que en vez de su grandeza conserven su suficiencia.

—¿Y cuál es? —preguntó.

—La educación y el cuidado infantiles —le contesté—. Porque si con una buena educación nuestros hombres se hacen comedidos, verán entonces con facilidad todas estas cosas y aún muchas otras más que ahora damos de lado, como son, por ejemplo, la posesión de las mujeres, los asuntos del matrimonio y de la procreación de los hijos, todas las cuales, según el proverbio, deben ser comunes entre amigos en la mayor medida posible.

—Buena solución sería —asintió él.

—Ciertamente —dije—, si un Estado empieza bien su crecimiento se asemeja al del círculo: el cuidado infantil y la educación van formando buenos caracteres, que, a su vez, tomando por su cuenta esta educación, se hacen mejores que los que les han engendrado, tanto en lo relativo a las otras cosas como a la procreación, al igual que ocurre en los demás animales.

—Parece natural —dijo.

—Así, pues, para decirlo en breves palabras: los que cuidan de la ciudad han de esforzarse en esto, a saber: que la educación no se corrompa con conocimiento de ellos, por cuyo motivo su vigilancia será completa en bien de que no se produzca innovación alguna ni en la gimnasia ni en la música. Antes al contrario, extremarán su vigilancia temerosos de que alguien pueda decir:

los hombres estiman mucho más aquel canto que surge más nuevo de labios de los cantores *;

y no piensen entonces que el poeta habla de cantos nuevos, sino de una nueva manera de cantar, la cual, por cierto, no deberán ensalzar. Pues ni conviene que lo hagan ni siquiera que lo supongan. Habrá de mantenerse la prevención con respecto a cualquier innovación en el canto, al objeto de no echarlo todo a perder; porque, como dice Damón, cuya opinión apruebo, no se pueden modificar las reglas musicales sin alterar a la vez las más grandes leyes políticas.

—Puedes contarme también —dijo Adimanto— entre los partidarios de esa tesis.

IV

—Por consiguiente —añadí yo—, el cuerpo de guardia de nuestros guardianes tendrá que establecerse, al parecer, en la música.

—En ella, precisamente —dijo—, la infracción de la ley se insinúa de manera más insensible.

---

* Cita de la *Odisea*, I, 351.

—Sí —afirmé—, como si se tratase de un juego del que ningún mal hay que temer.

—Ni realmente produce otra cosa —continuó— que un silencioso deslizamiento en las costumbres y en el modo de vivir. Pero a renglón seguido se introduce en las relaciones ciudadanas y pasa luego al dominio de las leyes y de las instituciones de gobierno, mostrándose ya, Sócrates, con el mayor desenfreno, hasta que, para terminar, destruye toda la vida privada y pública.

—Bueno —dije yo—; pero, ¿ocurre esto así?

—Al menos, tal me parece a mí —contestó.

—Entonces, volvemos a lo del principio: ¿no convendrá procurar a los niños desde la más tierna edad juegos perfectamente regulados, convencidos de que, si ni los niños ni los juegos se someten a las leyes, será de todo punto imposible que al llegar a hombres dediquen su actividad a la justicia?

—¿Cómo no? —dijo.

—Cuando los niños, comenzando a desarrollar sus juegos de manera racional, aceptan la buena norma a través de la música, ocurre lo contrario de lo que antes decíamos, esto es, que el orden les sigue a todas partes y les hace crecer, poniendo de nuevo en pie todo lo que estaba caído en la ciudad.

—Es verdad —asintió.

—Y entonces —proseguí— descubrirán hasta los mínimos detalles de esas leyes que sus predecesores repudiaron.

—¿Cuáles son?

—Las siguientes: el silencio de los jóvenes ante los ancianos, el cuidado que han de poner al sentarse y al levantarse, el respeto a los padres, el modo de cortarse el pelo, de vestirse y de calzarse, todo el porte referente al cuerpo y las demás cosas semejantes a éstas. ¿No lo crees así?

—Desde luego.

—Sería una simpleza, a mi entender, preparar leyes para todo esto, ni se promulgan en ninguna parte ni podría hacérselas valer por la palabra o por la escritura.

—¿Cómo, pues?

—Parece, mi querido Adimanto —dije yo—, que todo se apoya en la educación y es a la vez un resultado de ella. ¿O no es verdad que lo semejante llama siempre a lo semejante?

—Indudablemente.

—En fin de cuentas, creo que podríamos afirmar que algo completo y vigoroso saldrá de ahí, ya sea bueno o todo lo contrario.

—¿Por qué no? —dijo.

—Así, pues —añadí—, por todo esto no sería yo el que tratase de legislar acerca de tales cosas.

—Como es natural —dijo.

—Por los dioses —indiqué—, ¿habrá necesidad de imponer leyes sobre las cuestiones del mercado, los convenios que en él tienen lugar y, si se quiere, sobre los contratos con los artesanos, las injurias, los ultrajes, los procesos, la elección de los jueces, el establecimiento o supresión de tributos por mar y por tierra, y en una palabra, sobre todo lo relativo al tráfico, urbano y marítimo, o cuestiones análogas?

—No parece justo —replicó— prescribir lo que tú dices a hombres íntegros, porque ellos mismos se encontrarán fácilmente la mayor parte de las leyes que convenga dictar.

—Sí, querido amigo —dije yo—, a condición de que los dioses les concedan la conservación de las normas a que antes nos referíamos.

—Si así no fuese —dijo—, pasarán su vida dictando y rectificando leyes y pensando que van a conseguir lo más perfecto.

—Con lo cual querrás dar a entender —insinué yo— que esos hombres vivirán lo mismo que los enfermos que no se avienen, por su intemperancia, a dar de lado a un régimen perjudicial.

—En efecto.

—Pues sí que va a resultar agradable su vida. Con ese cuidado ningún progreso alcanzan, sino muy al contrario la complicación y el empeoramiento de sus enfermedades. Pero, con todo, estarán siempre esperando que les procure la salud un medicamento que cualquiera les recomiende.

—Ciertamente —dijo—, eso les pasa a tales enfermos.

—Pero —proseguí—, ¿no es todavía lo más gracioso que consideren como el peor de sus enemigos a aquel que les dice la verdad y les anuncia que si no dejan de comer y de beber inmoderadamente y de vivir entregados al placer y a sus ocios, ni los medicamentos, ni los cauterios, ni las incisiones, ni los conjuros, ni cosas por el estilo, les servirán de utilidad?

—No creo que resulte gracioso —dijo—, porque no tiene gracia alguna el mostrarse violento con quien habla prudentemente.

—Al parecer —dije yo—, no te muestras admirador de tales hombres.

—No, por Zeus —recalcó.

V

Por tanto, cuando la ciudad entera realice cosas análogas a las que ahora mencionamos, tampoco manifestarás admiración. ¿O no te parece que obran de la misma manera las ciudades que, mal gobernadas, ordenan públicamente a sus ciudadanos que no modifiquen en nada la constitución, bajo pena de ser condenados a muerte, mientras que quien halaga dulcemente a los que obran así y muestra su sumisión arrojándose a sus pies y previendo sus intenciones, da satisfacción a su habilidad para presentarse como un ciudadano prudente y discreto en los asuntos importantes y es honrado por ellos?

—Eso mismo es lo que hacen —dijo—, pero yo no lo apruebo en modo alguno.

—¿Y qué diremos, en cambio, de los que ponen a prueba toda su buena voluntad en el cuidado de esas ciudades? ¿No es de admirar su valor y su destreza?

—Yo, desde luego, les admiro —contestó—, aunque no cuento en la admiración que me producen a los que se dejan engañar y piensan que realmente son políticos, por el hecho de que les ensalce la multitud.

—¿Cómo dices? ¿Es que no perdonas a esos hombres? ¿Piensas acaso que un hombre que no sabe medir puede dejar de dar crédito cuando le dicen muchos otros como él que tiene cuatro codos de alto?

—Desde luego que no.

—Por tanto, muéstrate benevolente con ellos. Esos hombres son en realidad los más graciosos del mundo al prescribir las leyes a que poco antes nos referíamos, leyes que luego rectifican en la idea de que encontrarán algo que remedie los males que afectan a los contratos y todo lo que yo con anterioridad mencionaba, desconociendo en realidad que están cortando las cabezas de una hidra.

—Creo ciertamente —dijo— que no hacen otra cosa.

—Estaba yo en lo justo —proseguí— al entender que no es conveniente que el buen legislador haya de preocuparse de tal género de leyes y constituciones, en una ciudad bien o mal gobernada; porque en esta última no reporta utilidad con su quehacer, y en la primera, porque aquéllas se hallan al alcance de cualquier ciudadano o se deducen por sí mismas de las leyes ya dictadas.

—¿Qué es, pues —preguntó—, lo que nos queda por tratar en materia de legislación?

A lo que yo contesté:

—A nosotros nada, desde luego, porque las leyes más grandes, las más hermosas y las primeras de todas son patrimonio de Apolo, el dios de Delfos.

—¿Y cuáles son éstas? —siguió preguntando.

—Las referentes a la construcción de templos, a los sacrificios y a los demás cultos de los dioses, de los genios y de los héroes; también se cuentan en ellas las sepulturas de los muertos y cuantos servicios fúnebres han de celebrarse aquí para atraerse a los del otro mundo. Puesto que nosotros no sabemos nada de esto, al fundar la ciudad no podremos obedecer a ningún otro, si es que conservamos el uso de la razón, ni servirnos de otro guía que no sea el de nuestro país. Es el dios de Delfos el consejero en nuestra patria de todos los hombres, a los que gobierna sentado sobre el ombligo de la tierra y en el centro del mundo.

—Estás en lo cierto —dijo—, y así habrá de hacerse.

VI

—Entonces —agregué yo—, quede ya fundada la ciudad, hijo de Aristón. Ahora tendrás que mirar por ella y procurarte de donde sea la luz necesaria; para esto, llama a tu hermano y a Polemarco y a los demás, a fin de que podamos considerar en qué lugar se encuentra la justicia y en cuál otro la injusticia, en qué se diferencian ambas y cuál de las dos debe procurar alcanzar quien quiera ser feliz, a la vista o no de los dioses y de los hombres.

—No estoy de acuerdo con eso —dijo Glaucón—, porque eres tú mismo quien prometiste hacer esa indagación, manifestando que no creías justo dejar de defender la justicia por todos los medios.

—Es verdad lo que tú me recuerdas —contesté— y no tendré otro recurso que obrar así, aunque será preciso que vosotros me prestéis ayuda.

—Y la tendrás —replicó.

—Voy a explicaros en qué baso mi esperanza de encontrar lo que buscamos —dije yo—: si nuestra ciudad está fundada como es debido, no hay duda que será completamente buena.

—Por necesidad —asintió.

—Es claro entonces que dominará en ella la prudencia, el valor, la templanza y la justicia.

—Indudablemente.

—Si, pues, encontramos en nuestra ciudad alguna de esas cualidades, ¿lo que quede podrá ser lo que no hayamos encontrado?

—Pues, ¿qué otra cosa habría de ser?

—Cuando de cuatro cosas buscamos una solamente y nos damos por satisfechos una vez que la hemos encontrado, es claro que si ya con anterioridad habíamos hallado tres de ellas por este mismo hecho se daba a conocer la que faltaba. Ciertamente, ésta sería la que quedaba por encontrar.

—Tienes razón —observó.

—¿Y no te parece que de la misma manera deberá procederse con las cualidades citadas, que también son cuatro?

—En efecto.

—Bien claro está que la primera de ellas es la prudencia, aunque algo extraño aparece con relación a esta cualidad.

—¿Qué es? —preguntó.

—En realidad, nuestra ciudad parece prudente porque la discreción reina en ella. ¿No es eso?

—Sí.

—Y esto mismo, la discreción o el buen consejo, es claro que resulta ser una ciencia; con ella, y no con la ignorancia, puede decidirse lo que es justo.

—Desde luego.

—Pero muchas y también de muchas clases son las ciencias que existen en la ciudad.

—¿Cómo no?

—¿Hay razón para considerar prudente y discreta a la ciudad atendiendo a la ciencia de sus constructores?

—De ningún modo —dijo—, porque en ese caso lo que convendrá llamarla es maestra en construcciones.

—Tampoco podrá decirse que la ciudad es prudente si sólo se tiene en cuenta la ciencia de los que trabajan la madera.

—No, por cierto.

—Pero, ¿aumentan las razones para ello si nos fijamos en la ciencia de los que trabajan el bronce u otros por el estilo?

—De ninguna manera.

—Ni, claro está, ateniéndonos a la producción de frutos de la tierra, cosa que atañe a la agricultura.

—Eso me parece a mí.

—Vamos a ver entonces —dije yo—. ¿Hay en la ciudad que acabamos de fundar recientemente una ciencia que posean sólo determinados ciudadanos y con la cual no se resuelva sobre alguna cosa de la ciudad, sino en general sobre la ciudad entera, tratando de que ésta mantenga las mejores relaciones posibles no sólo consigo misma, sino también con las demás ciudades?

—Creo que sí las hay.

—¿Cuál es entonces —pregunté yo— y en qué ciudadanos se encuentra?

—No es otra que la que tiene por objeto la vigilancia de la ciudad —contestó—, y puedes admirarla en aquellos gobernantes que denominábamos guardianes perfectos.

—En relación con esta ciencia, ¿cómo designarás a nuestra ciudad?

—Diré —afirmó— que es discreta y realmente prudente.

—Muy bien —seguí preguntando—. ¿Crees que en nuestra ciudad abundarán más los que trabajan el bronce o estos guardianes que mencionamos?

—Habrá mucho mayor número de gentes que trabajen el bronce —replicó.

—Así también —dije—, de todos cuantos reciben su denominación de la ciencia que cultivan, ¿no serán estos guardianes los que constituyan el menor número?

—En efecto.

—En consecuencia, la ciudad fundada conforme a reglas naturales podrá ser toda ella prudente por la parte de gente que menos abunda en ella, que no es otra que la que la preside y gobierna. Es este, al parecer, el linaje más reducido y al cual corresponde la participación en esta ciencia, que es, entre todas, la única que debe ser llamada con el nombre de prudencia.

—Gran verdad la que tú manifiestas —dijo.

—No sé por qué especie de hado hemos encontrado la primera de esas cuatro cualidades e incluso la parte de la ciudad donde asienta.

—Me parece, desde luego —añadió—, que la hemos encontrado suficientemente.

VII

—Si ahora pasamos a la consideración del valor y a la parte de la ciudad donde se halla y por la cual se da a la ciudad el nombre de valerosa, no creo que pueda presentarse dificultad alguna.

—¿Cómo?

—¿Quién —dije yo— podría denominar a la ciudad cobarde o valerosa si no mirase a esa parte de ella que combate y pelea en campaña en su favor?

—Nadie —contestó— que tendiese la vista hacia otra parte.

—A mi parecer —continué—, los demás ciudadanos que viven en la ciudad, sean cobardes o valientes, no la hacen de ningún modo tal cual ellos son.

—Desde luego.

—Por tanto, la ciudad es valerosa atendiendo a esa parte de ella en la que se mantiene a todo evento la opinión de las cosas temibles, que han de ser siempre las mismas y en consonancia con la prescripción educativa del legislador. ¿O no estimas que en eso reside el valor?

—No he comprendido muy bien lo que dices —afirmó—; repítelo de nuevo.

—Soy de la opinión —dije— de que el valor es una especie de conservación.

—¿Y qué clase de conservación?

—Me refiero a la opinión adquirida por la educación acerca de cuáles y cómo son las cosas que resultan temibles. Al hablar de conservación a todo evento quiero decir que el valor es garantía de esa conservación, tanto entre dolores como entre placeres, entre deseos como entre temores. Si no pones inconveniente, procuraré describirte a qué me parece que es semejante.

—Al contrario, encantado de escucharte.

—Sabes seguramente —dije yo— que los tintoreros, cuando quieren teñir lanas de color de púrpura, escogen primero, de entre todos los colores, la lana blanca, a la que preparan seguidamente con exquisito cuidado, a fin de que tome mejor el color, hecho lo cual proceden al teñido. Lo que se ha teñido de esta manera resulta ya indeleble hasta el punto de que el lavado de la tela sin jabón o con él, no es capaz de privarla del brillo que posee. Sabes también lo que ocurre cuando se intenta teñir lanas de otro color o sin la preparación a que antes me he referido.

—Sí que lo sé —contestó—, que se destiñen fácilmente y quedan hechas una lástima.

—Pues piensa por un momento —añadí— que eso mismo tratamos de hacer nosotros cuando realizamos la elección de nuestros soldados y les preparamos una educación por medio de la música y de la gimnasia. No otra cosa pretendemos con ello que el que reciban de las leyes un perfecto teñido, obedeciéndolas en todo momento para que, de acuerdo con la educación y la crianza recibidas, se afirme en su espíritu la opinión de las cosas que se han de temer y las que no. Es claro que ese teñido no podrán alterarlo todas las lociones que actúan como fuertes disolventes y que, como el placer, de poder más terrible que cualquier sosa o lejía, el dolor, el temor y el deseo, producen efectos verdaderamente decisivos. Esta fuerza y conservación a todo evento de la opinión recta y justa de las cosas que hay que temer y de las que no, la llamo yo valor y me confirmo en ella, caso de que tú no la refutes.

—Nada tengo que objetar —afirmó—, pues me parece que esa recta opinión acerca de las mismas cosas, pero nacida sin educación, esto es, la animal y servil, no la consideras acorde con las leyes ni la calificas con el nombre de valor.

—Estás muy en lo cierto —dije yo.

—Admito, por tanto, que eso que tú dices es el valor.

—Y tendrás que admitir también —añadí— que es una virtud política, en lo cual acertarás plenamente. En otro momento volveremos a tratar de esto, si así lo quieres, con más precisión, puesto que ahora en realidad no iba por ahí nuestra búsqueda, sino en pos de la justicia. Ya bastante se ha investigado acerca de esa cuestión, por lo menos según mi criterio.

—Dices bien —replicó.

VIII

—Aún quedan dos cosas —continué— a las que conviene prestar atención en la ciudad: son, ciertamente, la templanza y aquella otra que es motivo de nuestra investigación, la justicia.

—En efecto.

—¿Cómo podríamos encontrar la justicia para no tener que habérnoslas ya con la templanza?

—Yo, desde luego —afirmó—, ni lo sé ni quisiera que se mostrase la primera, porque entonces no tomaríamos el trabajo de examinar en qué consiste la templanza. Si prefieres cumplir mis gustos, considera ésta antes que aquélla.

—Nada se opone a que lo haga —contesté—, y sería injusto si no accediese a tus deseos.

—Pues apréstate entonces a su consideración —dijo.

—No lo dudes —repliqué—. Y ya, por lo que puedo colegir de antemano, se parece más que todo lo anteriormente examinado a un cierto acorde y armonía.

—¿Cómo?

—La templanza —añadí— es como un cierto orden y continencia de los placeres y de los deseos, según la expresión de los que dicen, no sé con qué razón, que se trata del dominio de sí mismos. Hay también otras expresiones que vienen a ser como huellas de aquella cualidad. ¿No lo crees así?

—Le presto mi entera aprobación —dijo.

—Pero, ¿no es risible eso de hablar del «dominio de sí mismos»? Porque el que es dueño de sí mismo es también esclavo, y viceversa; en resumen, es a la misma persona a la que nos referimos con estas expresiones.

—¿Cómo iba a ser de otro modo?

—Entiendo yo, sin embargo —dije—, que esa expresión quiere significar que en el alma del mismo hombre se encuentra algo que es mejor y algo que es peor, y que cuando lo que es mejor por naturaleza manda sobre lo peor, se dice de ese hombre que posee el «dominio de sí mismo», lo que constituye una alabanza, pero cuando por su mala educación o compañía, lo mejor resulta dominado por la multitud de lo peor, esto se considera como un deshonor, diciéndose del hombre así que es esclavo de sí mismo y modelo de intemperancia.

—Y así parece —observó.

—Pues ahora —proseguí— tiende la vista a nuestra nueva ciudad y encontrarás en ella una de estas dos cosas; porque, en efecto, podrás decir justamente que es dueña de sí misma, si es que ha de llamarse templado y dueño de sí mismo a todo aquel que sobrepone su parte mejor a la peor.

—Al hacer lo que tú dices —afirmó— veo que tienes razón.

—No obstante, el mayor y más variado número de deseos, placeres y penas pueden encontrarse de manera especial en los niños, en las mujeres y en los criados, incluso en la mayor parte de los hombres libres, pero que realmente valen poco.

—En efecto.

—En cambio, los sentimientos más sencillos y moderados, esos sentimientos que se dejan llevar sensatamente por la recta razón, sólo se hallarán en unos cuantos, que disfrutan de este privilegio por su naturaleza y por su educación.

—Dices la verdad —asintió.

—Pero, ¿no adviertes que esto mismo ocurre en la ciudad y que en ella los deseos y ruindades de la mayoría son dominados por los deseos y la inteligencia de los menos y más virtuosos?

—Sí que lo advierto —dijo.

IX

—Si, pues, conviene dar a alguna ciudad el nombre de ciudad dueña de sus deseos y apetitos, y por tanto de sí misma, esa ciudad no podrá ser otra que la nuestra.

—Indudablemente.

—¿Y no dominará en ella la templanza, según lo dicho?

—Desde luego —afirmó.

—Ciertamente, si en alguna otra ciudad puede darse la coincidencia de opiniones, tanto en los gobernantes como en los gobernados, respecto a los hombres que deben mandar, no hay duda que también se producirá en la nuestra. ¿No te parece?

—Así es —contestó.

—Y en esta ocasión, ¿dónde dirás que reside la templanza? ¿En los gobernantes o en los gobernados?

—En ambos —replicó.

—Verás, pues —añadí—, que no íbamos antes descaminados al predecir que la templanza se parece a una cierta armonía.

—¿Por qué motivo?

—Sencillamente por la razón de que así como el valor y la prudencia, que residen en una parte de la ciudad, la hacen a toda ella valerosa y prudente, la templanza, en cambio, no procede de la misma manera, sino que se derrama naturalmente por todos los ciudadanos, consiguiendo que canten al unísono los más débiles, los más fuertes y los de en medio, ya quieras clasificarlos por su inteligencia, por su fuerza, por su número, por sus riquezas o por cualquier otra circunstancia análoga. De manera que podría decirse con razón que la templanza es algo así como un acuerdo, como una armonía que se establece entre lo que es inferior y lo que es superior por naturaleza, en relación con la parte que debe gobernar, bien en la ciudad, bien en cada uno de los individuos.

—Soy en todo de tu opinión —dijo.

—Con lo cual —afirmé— hemos visto ya, según parece, tres cosas de la ciudad; sólo queda por considerar esa cualidad que concede su virtud a la ciudad y que no puede ser otra que la justicia.

—Sin duda alguna.

—En ese propósito, querido Glaucón, conviene que, al igual que los cazadores, demos un rodeo a la mata y fijemos toda la atención para que no se nos escape la justicia y desaparezca de nuestra vista, porque está claro que se encuentra en nosotros. Mira, pues, y observa con todo interés y no dejes de avisarme si la ves antes que yo.

—¡Bien quisiera que fuese así! —exclamó—, pero bastante tendré ya con seguirte y tratar de ver lo que tú me enseñes.

—Haz entonces la acostumbrada invocación* y sígueme —le ordené.

—Eso haré —replicó—, pero a condición de que seas tú el guía.

Yo le contesté:

—Pues bien: el lugar me parece inaccesible, oscuro, lleno de sombras y difícil de explorar. Pero hemos de avanzar por él.

—No lo dudemos un momento más —dijo.

—¡Ay, ay, querido Glaucón! —le dije, después de haber observado un rato—, creo que ya tenemos una pista y que la justicia no se nos escapará.

—¡Buena nueva! —exclamó.

—Verdaderamente —dije yo— era estúpida nuestra ofuscación.

—¿Por qué?

—Pues porque me parece, mi buen amigo, que la justicia se halla ante nuestros pies sin que seamos capaces de verla. Merecemos que se rían a carcajadas de nosotros, ya que al igual que aquellos que buscan lo que se encuentra en sus manos, así nosotros ni mirábamos a la justicia y nos distraíamos oteando a lo lejos, con lo cual quizá no hacíamos otra cosa que ocultarla.

—¿Cómo dices? —preguntó.

—Digo en verdad —contesté— que a mi entender hace tiempo que hablamos y oímos hablar de justicia sin que siquiera nos demos cuenta de ello.

—Largo prólogo —dijo— para quien arde en deseos de escuchar.

---

* Se refiere a la invocación de los cazadores a Apolo y a Artemis.

X

—Escucha, pues —advertí—, por si algo puedes aprovechar de lo que yo digo. Justamente, lo que establecimos al principio, cuando echábamos los fundamentos de la ciudad para que se realizase en todas las circunstancias, eso mismo, por lo menos en mi opinión, viene a ser una forma de la justicia o la justicia sin más. Lo que establecimos y dijimos repetidamente, si quieres hacer memoria, es que conviene que cada cual preste atención a una sola cosa de la ciudad, precisamente a aquella para la que por naturaleza esté mejor preparado.

—Sí, convengo contigo.

—Pero también hemos oído a otros muchos y nosotros mismos repetíamos con frecuencia que el hacer cada uno lo suyo y no tratar de meterse en cosas ajenas constituye la justicia.

—Eso hemos dicho.

—Entonces, mi querido amigo —añadí—, parece que ya encontramos en qué consiste la justicia: no en otra cosa que en hacer cada uno lo suyo. ¿Y sabes de dónde saco esta conclusión?

—No, pero dímela tú —objetó.

—A mi entender —dije yo—, lo que faltaba por considerar en la ciudad, después de haber tratado de la templanza, del valor y de la prudencia, era eso que da a estas cualidades la fuerza que necesitan para subsistir. Si permanece en ellas no hay duda de que las conserva. Decíamos en verdad que si encontrábamos las tres cualidades citadas, la cuarta sería sin duda la justicia.

—Y por fuerza que así ha de ser —observó.

—Pero si hubiese necesidad de discriminar —proseguí— qué cualidad hará a nuestra ciudad mejor, estimo que sería difícil de determinar si la igualdad de opiniones de los gobernantes y de los gobernados, o el hecho de que se mantenga en los soldados la idea legítima e inquebrantable sobre lo que es temible o no, o la inteligencia y la vigilancia en los gobernantes, o, en fin, eso mismo que sobre todo hace buena a la ciudad y que descansa en la ocupación propia y limitada del niño, de la mujer, del esclavo, del hombre libre y del artesano, del gobernante y del gobernado, a sus actividades características.

—Desde luego, sería difícil —dijo—. ¿Cómo no?

—Por consiguiente, y al parecer, esa virtud de que cada cual haga en la ciudad las cosas que le corresponden, rivaliza con la prudencia, la templanza y el valor.

—Indudablemente —afirmó.

—Entonces, al menos, mantendrás a la justicia como rival de aquéllas para la perfección de la ciudad.

—En efecto.

—Considera ahora lo que sigue y dime si te parece lo mismo: ¿corresponderá a los gobernantes en la ciudad el administrar justicia?

—¿Y por qué no?

—Bien, y cuando eso hagan, ¿qué otro fin tendrán sino el de ocuparse de que nadie posea lo que no es suyo ni se vea privado de lo que le pertenece?

—Ningún otro que el que tú dices.

—Pero, ¿con el pensamiento de que eso es justo?

—Sí.

—Con ello, la posesión y la práctica de lo que a cada uno compete se reconocerá como la justicia.

—Eso es.

—Mira, pues, ahora si estás de acuerdo conmigo. Supón que el carpintero se entremete en el oficio del zapatero o el zapatero en el del carpintero, o bien que uno de ellos, el que sea, se apropia de los instrumentos y la autoridad del otro, o que trata de hacer lo de los dos, ¿te parece que podría causar grave daño a la ciudad?

—No me lo parece —contestó.

—En cambio, creo yo, cuando un artesano o un hombre de espíritu comerciante, engreído por su riqueza, por la multitud de adeptos, por su fuerza o por cualquier otra cosa análoga, trata de introducirse en la clase de los guerreros, o por otra parte, el guerrero en la de los consejeros y guardianes, sin que ambos tengan cualidades para ello, intercambiándose al efecto sus instrumentos y autoridad, o cuando uno mismo intenta realizar todas estas cosas, entonces, a mi entender, y seguramente también en tu opinión, se producen un trastorno y una confusión tales que originan la ruina de la ciudad.

—Doy mi aprobación a lo que dices.

—Así, pues, la confusión y el intercambio mutuo de estas tres clases constituyen el mayor daño que puede inferirse a la ciudad y con razón deberían ser calificados de verdadero crimen.

—En efecto.

—¿Y qué otro crimen mayor contra la ciudad que cometer injusticia con ella?

—Ninguno.

XI

—Pues entonces queda precisado el alcance de la injusticia. Y en sentido inverso podremos decir también: lo contrario de la injusticia y lo que hace que la ciudad sea justa no es otra cosa que la aplicación a su privativo trabajo del linaje de los comerciantes, auxiliares y guardianes.

—Opino —dijo él— que no puede ser de otra manera.

—Sin embargo —advertí yo—, no lo digamos todavía con mucha firmeza. Hemos de trasladar esta idea de la justicia a cada uno de los hombres para comprobar si se realiza en ellos, porque, de ser así, ¿qué más podemos pedir? De lo contrario, tendremos que lanzarnos en otra dirección. Pero ahora debemos dar fin a nuestra investigación considerando si no estaría mejor tratar de observar la justicia antes de nada en aquellos seres más extensos que también la poseen; luego, resultaría mucho más fácil encontrarla en un hombre solo. Hemos juzgado a la ciudad como ese algo más extenso, y así hemos fundado una que se estima la mejor posible, enteramente convencidos de que únicamente en la ciudad buena podría hallarse la justicia. Lo que allí se nos mostró lo trasladaremos al hombre; caso de mantenerse el acuerdo, nada habrá que objetar. Ahora bien, si en el hombre se observan diferencias apreciables, volveremos a la ciudad para realizar de nuevo la prueba, y así, mirando a uno y a otra y poniendo a ambos en contacto, conseguiremos seguramente que salte la chispa de la justicia. Al hacerla visible, la consolidaremos todavía más en nosotros mismos.

—Creo —afirmó— que nos encontramos en el buen camino, y convendrá seguir por él.

—Contéstame ahora —proseguí—; si se dice de una cosa que es lo mismo que otra, aun siendo mayor o más pequeña, ¿puede atribuírsele la semejanza o la desemejanza con ella?

—La semejanza —contestó.

—Por tanto, el hombre justo no diferirá en nada de la ciudad justa en lo que concierne a la idea de justicia, sino que será semejante a ella.

—Indudablemente —afirmó.

—Y, sin embargo, ya se echó de ver que la ciudad es justa cuando las tres clases de naturalezas que existen en ella hacen lo que les corresponde; y moderada, valerosa y prudente, atendiendo a las condiciones y hábitos de esas mismas naturalezas.

—Así es —dijo.

—Por consiguiente, querido amigo, estimaremos que el individuo que tenga en su propia alma esas mismas partes de que hablamos, merecerá ser llamado con razón con el nombre de la ciudad que reúne estas condiciones.

—Será completamente necesario —afirmó.

—Pues entonces, admirado amigo —dije yo—, nos encontramos con una embarazosa cuestión respecto al alma, y es la de saber si tiene o no esas tres partes ya mencionadas.

—Desde luego que no me parece nada fácil —contestó—. Porque posiblemente, Sócrates, sea verdad el dicho de que lo bello es difícil.

—Eso parece —añadí—. Pues has de saber, Glaucón, que en mi opinión, sirviéndonos de los métodos habitualmente empleados, no lograremos nunca nuestro propósito. Mucho más largo y complicado será el camino que nos lleve a él. Pero quizá el método usado sea el adecuado para todo lo que hemos dicho e investigado hasta ahora.

—¿Y no debemos darnos ya por contentos? —dijo—. A mí, al menos, me parece suficiente con lo dicho.

—Sí —afirmé—, y para mí también basta.

—Pues bien —recalcó—, no te desanimes y prosigue tu consideración.

—¿Y no tendremos que reconocer por necesidad —añadí— que en cada uno de los ciudadanos se dan las partes y modos de ser que se encuentran en la ciudad? Es a ésta a la que pasan aquéllos. Porque sería ridículo pensar que a las ciudades a las que se atribuye un carácter ardiente, cual ocurre con las de Tracia, Escitia y casi todas las de la zona Norte, no les viene ese carácter de los mismos individuos; o, por ejemplo, el amor al saber atribuible en mayor grado a nosotros, y no menos la afición a las riquezas que es característica de los fenicios y de los habitantes de Egipto.

—Indudablemente —dijo.

—Así es —confirmé yo—, y no resulta difícil reconocerlo.

—No, por cierto.

XII

—Lo que ya no parece fácil es decidir si hacemos todas las cosas por medio de estas tres partes o si aplicamos cada una a la suya propia. ¿Entendemos con uno de los principios, nos irritamos con otro y aún deseamos con un tercero los placeres de la comida, de la generación y otros análogos a éstos, o bien es el alma entera la que nos pone en movimiento para todo ello? Esto es lo que parece difícil de precisar con exactitud.

—También lo creo yo así —dijo.

—Con lo cual la elucidación de esos tres principios deberá realizarse del modo siguiente.

—¿Y cómo?

—Está claro que un mismo ser no querrá hacer o sufrir al mismo tiempo y con respecto a lo mismo cosas contrarias, de manera que si encontramos que eso ocurre en dichos principios, sabremos en realidad que no son uno solo, sino muchos.

—Desde luego.

—Mantén tu atención en lo que voy a decir.

—Habla.

—¿Es posible —dije— que una misma cosa se mantenga quieta y se mueva al mismo tiempo y con relación a lo mismo?

—De ningún modo.

—Habrá que asegurarse más para no tener que disentir en adelante. Porque si alguien dijese de un hombre que se encuentra parado y que mueve los pies y la cabeza, que está quieto y se mueve al mismo tiempo, pienso que no sería del todo conveniente lo que dice y que mejor se expresaría afirmando que una parte del hombre está quieta y otra se mueve. ¿No es eso?

—Sin duda.

—Y si el que hablase así quisiese todavía mostrarse gracioso y añadiese que las peonzas se mantienen quietas y giran a la vez cuando se fijan en un punto y dan vueltas sin salirse de este sitio o que lo mismo ocurre con cualquier otro objeto que gira sobre el mismo punto de apoyo, no le daríamos crédito alguno, ya que para nosotros no permanecen quietos y se mueven respecto a la misma parte de sí mismos. Consideraríamos en ellos dos partes, la línea recta y la circunferencia, y afirmaríamos que se mantienen quietos en cuanto a la línea recta, puesto que no se inclinan a ningún lado, pero que en cuanto a su circunferencia se mueven en círculo, y que cuando inclina su línea recta hacia la derecha, hacia la izquierda, hacia adelante o hacia atrás al mismo tiempo que dan vueltas, entonces no están de ningún modo quietos.

—Así es —dijo.

—Por tanto, no nos llenará de estupor nada de lo dicho, ni podrá tampoco persuadirnos de que hay algo que sea capaz de sufrir, de ser o de hacer cosas contrarias, al mismo tiempo y con relación a lo mismo.

—A mí, desde luego, no me convencerá —afirmó.

—Sin embargo —proseguí—, para que no tengamos necesidad de prolongar nuestras discusiones respecto a todo esto, asegurando que no es verdadero, admitamos que realmente es así y sigamos adelante. Y reconozcamos sobre todo que si en alguna ocasión se aparece de modo distinto, todas las cosas que deduzcamos quedarán sin efecto.

—Es menester hacerlo así —dijo.

XIII

—Pues vamos a ver —añadí—. ¿Querrás admitir que el asentimiento y la negación, o desear un objeto y luego rechazarlo, así

173

como atraerlo y repudiarlo y todo lo que es análogo, son cosas contrarias entre sí, sean acciones o pasiones? Porque nada de esto importa.

—Sí —repuso—, las considero contrarias.

—Pues, ¿qué? —pregunté—. El hambre, la sed y en general todos los apetitos, así como el querer y el desear, ¿no se refieren a esas partes que ahora hemos enumerado? ¿No se dirá, por ejemplo, que el alma del que algo desea tiende siempre a lo que apetece, o que atrae hacia sí lo que desearía poseer, o que en cuanto quiere que se le proporcione, asiente ella a sí misma como si aumentase sus exigencias respondiendo a la pregunta de alguien?

—Estoy de acuerdo con ello.

—Pero, ¿no pondremos el no querer, el no desear y el no apetecer, con el rechazar y alejar de sí, entre las cosas contrarias a las de antes?

—¿Cómo no?

—Si esto es así, ¿no diremos que hay una clase de apetitos y que los que más claros se nos presentan son los que llamamos sed y hambre?

—Sí, lo admitiremos —asintió.

—Y la primera clase, ¿no es un apetito de bebida, así como la otra de comida?

—En efecto.

—Por tanto, la sed en cuanto sed, ¿será en el alma deseo de algo más que lo que hemos dicho? ¿Podrá admitirse que la sed sea sed de algo caliente, o frío, o de mucha o poca bebida, o, en una palabra, de alguna bebida determinada? ¿O no añade el calor a la sed el deseo de la bebida fría, o el frío el deseo de la bebida caliente? ¿Y no ocurre también que al ser grande la sed se quiere beber mucho, en tanto cuando es pequeña se desea beber poco? Pero la sed en sí misma no es nunca deseo de otra cosa, sino de lo que la naturaleza le exige, esto es, de la bebida en sí misma, al igual que el hambre lo es de la comida.

—No hay duda de ello —afirmó—; pues todo deseo lo es sólo de lo que le conviene por naturaleza, y de tal o cual cualidad, según lo que se le añada.

—Que no nos conturbe nadie —añadí— de manera imprevista advirtiendo que no se desea la bebida en sí, sino bebida buena, ni la comida en sí, sino comida buena. Porque ciertamente todos apetecemos las buenas cosas, y si la sed es un apetito, lo será de algo bueno, bebida o comida, y lo mismo los otros apetitos.

—Quizá resulte de importancia —arguyó— lo que ahora se dice.

—Sin embargo —dije yo—, todas aquellas cosas que tienden a un objeto se refieren indudablemente a él en cuanto son tales cosas, pero a mi entender sólo a su objeto propio consideradas en sí mismas.

—No lo comprendo —afirmó.

—¿Y no comprendes asimismo —pregunté— que lo que es mayor lo es por ser mayor que algo?

—Desde luego.

—¿Y que la relación se manifiesta porque algo también es menor?

—Sí.

—¿Y que la distancia aumenta entre una cosa mucho mayor y otra mucho más pequeña?

—Sí.

—¿Tienes algo que oponer a que lo que fue mayor lo haya sido en relación a algo más pequeño, y a que esa relación no se mantenga en el futuro?

—¿Qué voy a oponer? —contestó.

—La misma relación subsiste no sólo entre lo más con respecto a lo menos, sino entre lo doble con respecto a la mitad y entre las demás cosas de este tipo. Igual ocurre si reparamos en lo más pesado relativamente a lo más ligero, y en lo caliente respecto a lo frío, y en todo lo que sea semejante a esto.

—Desde luego.

—¿Y qué decir de las ciencias? ¿No se razona con ellas del mismo modo? La ciencia en sí es ciencia del conocimiento en sí o de todo aquello que, sea lo que sea, conviene que se convierta en objeto de conocimiento. Una ciencia, y determinada ciencia, lo es asimismo de un determinado conocimiento. Así, por ejemplo, cuando surgió la ciencia de la construcción, ¿no quedó ya aparte de las demás ciencias y se la denominó en lo sucesivo con el nombre de arquitectura?

—Efectivamente.

—¿Y no ocurrió así por ser una ciencia especial distinta de todas las demás?

—Sí.

—Pero con ello lo que se hacía era precisarla como ciencia de un objeto determinado. ¿Y no podría decirse lo mismo de las demás artes y ciencias?

—Indudablemente.

XIV

—Creo que ahora comprenderás —dije yo— cuál era mi pensamiento anterior, si es que has entendido mi razonamiento. No he querido afirmar otra cosa sino que las cosas consideradas en sí mismas se refieren a sí mismas, pero que son también tales o cuales cosas cuando hacen relación a tales o cuales objetos. Y no quiere decirse con ello que serán tal cual sean los objetos, pues en este caso habría que hablar de una ciencia de la salud sana y de una ciencia de la enfermedad enferma. Antes bien, el objeto de la ciencia médica no es el objeto de la ciencia en sí, sino uno determinado, en un caso la enfermedad y en otro la salud, lo que hace que ella misma pase a ser ciencia, pero no ciencia simplemente, sino de algo que se le añade y que es el arte médica.

—Ya comprendo lo que quieres decir y me parece que debe ser así —afirmó.

—Y en cuanto a la sed —proseguí—, ¿no la considerarás entre aquellas cosas que tienen un objeto propio y que no es otro que...?

—Sí, no sigas —dijo—; la bebida.

—Parece, pues, que la sed podrá serlo de una o de otra bebida, aunque la sed en sí no lo sea ni de mucha ni de poca, ni de buena ni de mala bebida, ni, en una palabra, de una bebida especial, sino sólo y por naturaleza de la bebida en sí.

—Enteramente de acuerdo.

—Por tanto, el alma de un hombre que tiene sed no desea otra cosa que beber, y eso es lo único a que tiende y se lanza.

—En efecto.

—Así, pues, si alguna vez, aun teniendo sed, algo tira de ella en sentido opuesto, es que hay en ella otro principio de abstinencia de la sed y distinto del que la empuja brutalmente hacia la bebida. Decíamos ya a este respecto que una misma cosa no puede producir efectos contrarios en relación con el mismo objeto y al mismo tiempo.

—Desde luego.

—De la misma manera, pienso yo, no sería lícito decir del arquero que sus manos rechazan y atraen el arco, sino que una de ellas lo rechaza y la otra lo atrae.

—Estás en lo cierto —dijo.

—¿Podremos decir que algunas personas aun teniendo sed no desean beber?

—Claro que sí —afirmó—, pues son muchas y ello ocurre también en muchas ocasiones.

—¿Qué explicación —pregunté— cabe entonces dar a esto? ¿Es que no hay en el alma de estas personas algo que las impulsa a beber y algo que las retiene? ¿Y no es este último principio más poderoso que el primero?

—Eso me parece a mí —replicó.

—Y cuando se origina ese principio que las impide beber, ¿no nace de la razón, en tanto que aquellos otros que las mueven y las arrastran tienen como causa los padecimientos y las enfermedades?

—También parece ser así.

—No sin razón —dije yo—, hemos de estimar que se trata aquí de dos cosas diferentes, una de las cuales, que es la parte con que se razona, es el principio racional del alma, y la otra, aquello con lo que se desea, se siente hambre y sed. Este último principio también absorbe los demás apetitos y todo lo irracional y concupiscible, como amigo que es de las satisfacciones cumplidas y de los placeres.

—Es natural —asintió— que sea este nuestro pensamiento.

—Precisemos, pues —añadí—, estos dos principios que se encuentran en el alma. Mas, y la cólera y aquello con que nos encolerizamos, ¿deberá ser considerado como un tercer principio o antes bien de la misma naturaleza de los otros dos?

—Quizá —dijo— haya que hermanarlo con el apetito concupiscible.

—Sin embargo —argüí yo—, en cierta ocasión hube de escuchar una historia a la que ciertamente doy mi aprobación: Leoncio, hijo de Aglayón, al subir del Pireo por la parte exterior de la muralla norte, advirtió unos cadáveres que yacían al lado del verdugo. Se desencadenó entonces en él una terrible lucha: sentía irreprimibles deseos de ver los cadáveres, pero a la vez clara aversión y repugnancia hacia ellos. Se cubría el rostro sin cesar hasta que, cediendo a sus deseos, abrió enteramente los ojos y, echando a correr hacia los muertos, exclamó: «¡Ahí los tenéis, desgraciados disfrutad ampliamente del hermoso espectáculo!»

—También yo había oído esa historia —afirmó.

—Y habrás visto por ella —observé— que la cólera combate a veces con los apetitos como si fuese algo distinto de ellos.

—En efecto —dijo—, eso parece.

XV

—¿Y no observamos igualmente —añadí— en muchas otras ocasiones, cuando nuestros deseos se rebelan contra la razón, que nos irritamos contra nosotros mismos y contra el apetito que priva en nuestro interior, y que, como en una lucha partidista de dos enemigos, la cólera se alía entonces con la razón? En cambio, no creo que hayas podido experimentar ni en ti mismo ni en ningún otro que la cólera se ponga de acuerdo con el apetito concupiscible cuando la razón proclame que ya nada queda por hacer.

—No, por Zeus —dijo.

—¿Y qué hemos de afirmar —añadí— cuando uno piensa que es injusto? ¿No es verdad que cuanto más generoso se muestre, tanto menos podrá irritarse, aunque sufra en sí mismo los rigores del hambre, del frío o de cualesquiera otros males, aplicados por quien estima que obra justamente? Como digo, su cólera no llegará al extremo de despertarse contra ese individuo.

—Así es —dijo.

—Sin embargo, otra es la cuestión si uno piensa que padece la injusticia. ¿No hierve en él la cólera, no se irrita y se alía con todo lo que le parece justo, y a pesar de sufrir hambre, frío y todas las demás cosas análogas a éstas, se sobrepone a ellas, las vence y no cesa en sus esfuerzos hasta que las realiza enteramente o le alcanza la muerte, o, si acaso, se aquieta ante el llamamiento de la razón como un perro a la voz de su pastor?

—Me parece muy bien lo que dices —afirmó—; por eso en nuestra ciudad hemos puesto a los auxiliares como si fuesen perros obedientes a los gobernantes, que son los verdaderos pastores de la ciudad.

—Has comprendido perfectamente —dije yo— qué quería mostrar con mi comparación. Pero presta atención ahora a la reflexión que voy a hacerte.

—¿Cuál es?

—Que la cólera se nos muestra en estos momentos como todo lo contrario de lo que decíamos hace poco. Pensábamos entonces que en algo concupiscible, mas ahora se aparece tomando las armas en favor de la razón en cuanto se suscita una querella en el alma.

—Nada más cierto —dijo.

—¿Y habremos de considerarla como algo distinto de la razón o bien como una de las formas de ella, de tal modo que no sean tres, sino dos, lo racional y lo concupiscible, los principios existentes en el alma? ¿O de la misma manera que en la ciudad se mantenían estos tres linajes, el de los comerciantes, el de los auxiliares y el los magistrados, se encontrará también un tercero en el alma, el apetito irascible, auxiliar por naturaleza de la razón siempre que no se le haya deformado por una mala educación?

—Es necesario —contestó— que exista un tercer principio.

—Sí —afirmé—, a condición de que se muestre distinto del racional, como ya se mostró distinto del concupiscible.

—Cuestión que no parece difícil —dijo—. Porque cualquiera puede observar que los niños, al nacer, están dominados por la cólera, y que algunos incluso no parece que lleguen nunca al uso de la razón; muchos, por lo pronto, demasiado tarde.

—Sí, por Zeus —observé—, es justa tu aclaración. Podría también comprobarse en las bestias lo que tú dices referido a los hombres. Pero, por encima de todo, nos confirmará el aserto la expresión de Homero citada anteriormente:

Y golpeándose el pecho, reprendió de esta manera a su corazón.

Aquí se evidencia claramente que Homero quiso representar dos principios distintos: de una parte, la razón que reprende al valor, después de haber reflexionado sobre lo que conviene o no hacer; de otra, el valor irracional.

—Nada tengo que objetar a lo que dices —afirmó.

XVI

—Por tanto —concluí—, aunque con dificultad, hemos llegado a poner de manifiesto que en el alma de cada uno de nosotros se encuentran los mismos principios, y en el mismo número, que en la ciudad.

—Así es.

—¿No será, pues, necesario que el individuo demuestre ser prudente en la misma medida y por la misma razón que la ciudad?

—¿Cómo no?

—¿Y que por el mismo motivo sea valeroso, a la manera de la ciudad, y obre en la misma forma que ésta en todo lo referente a la virtud?

—Necesariamente.

—Pienso yo, Glaucón, que reconoceremos al individuo justo por las mismas razones que a la ciudad.

—También eso es necesario.

—Pero no debemos echar en olvido, sin embargo, que la ciudad era justa porque lo eran también las tres clases de que se componía.

—No creo que lo hayamos olvidado —dijo.

—Recordemos, pues, que cada uno de nosotros sólo será justo en la medida en que haga lo que le corresponde e igualmente las partes que le componen.

—Desde luego —observó—, conviene que lo recordemos.

—¿Y no es al principio racional al que compete el gobierno, precisamente por su prudencia y la previsión que ejerce sobre toda el alma, y al principio irascible la condición de auxiliar y aliado?

—En efecto.

—¿No se logrará eso, como decíamos, merced a la combinación armónica de la música y de la gimnasia, que mantendrá la tensión de uno de los principios con sus buenos preceptos y su enseñanza y hará a la vez que el otro se apacigüe y se someta con la armonía y el ritmo?

—Enteramente —dijo.

—Con esta educación y esta instrucción, que es la propia de ellos, dichos principios gobernarán el apetito concupiscible (que ocupa la mayor parte del alma en cada uno y manifiesta por naturaleza su ansia de bienes) y tendrán sumo cuidado de que, lleno aquél hasta el máximo de los llamados placeres del cuerpo, no se haga fuerte en tal grado que deje de realizar las cosas que le competen y trate de doblegar y gobernar aquello que no le corresponde, alterando así por completo la vida de todos.

—Sin duda alguna —dijo.

—¿No serán también esos dos principios —añadí yo— los que mantengan mejor la vigilancia sobre el alma toda y el cuerpo contra los enemigos externos, tomando por una parte las determinaciones necesarias, luchando y siguiendo por otra al que manda y procurando obedecerle sin mengua alguna de su valor?

—Así es.

—A mi entender, llamaremos a cada uno valeroso, atendiendo a este segundo principio cuando lo irascible conserve su lucidez racional respecto a lo que es temible y a lo que no lo es a través de sus penas y placeres.

—Eso creo yo también —asintió.

—Y será prudente en razón a esa su pequeña parte que manda en él y le da tales enseñanzas, pues así posee la ciencia de lo que conviene a cada cual y a toda la comunidad, con las tres partes que la componen.

—En efecto.

—Pero, ¿no surgirá la templanza por el amor y la armonía de estas mismas partes, cuando lo que gobierna y lo que es gobernado se muestran de acuerdo en que el principio racional debe gobernar y no se sublevan contra él?

—Tanto para el individuo como para la ciudad —afirmó—, no hay otro modo de entender la templanza.

—Y aquél será justo por las razones que ya hemos repetido muchas veces.

—Necesariamente.

—Aunque —dije—, ¿no podrá ocurrir que se nos embote la justicia y que parezca distinta a la que se nos mostró en la ciudad?

—No lo estimo así —contestó.

—Bien, pues si nuestra alma permaneciese todavía en la duda —afirmó—, tendríamos que hacerla desaparecer recurriendo al procedimiento de los absurdos.

—¿Cuál es?

—Supongamos que hemos de llegar a un acuerdo acerca de la ciudad que mencionamos y del individuo que por naturaleza y educación es semejante a ella. ¿Es de creer que un hombre así, que hubiese recibido un depósito de oro o de plata, sería capaz de cometer un fraude? ¿Quiénes juzgas que habrían de pensar de esta manera sino precisamente los que no estuviesen formados como él?

—Opino como tú —contestó.

—¿No estaría este hombre muy lejos de cometer sacrilegios, robos y traiciones, tanto públicas como privadas, contra sus amigos o contra las ciudades?

—Desde luego, muy lejos estaría de ello.

—Además, de ningún modo faltaría a sus juramentos y a todas las demás concesiones que hiciese.

—¿Cómo habría de faltar?

—Los adulterios, el abandono de los padres y la falta de veneración a los dioses, serán cosas atribuibles a otro cualquiera, pero no a él.

—En efecto —contestó.

—¿Y no hemos de considerar como causa de todo esto el hecho de que están reglamentadas todas las partes de su alma, tanto en lo referente a gobernar como a ser gobernadas?

—Esa y no otra parece ser la causa.

—¿Podrías encontrar otra virtud que no fuese la justicia, capaz de producir tales hombres y tales ciudades?

—No, por Zeus —contestó.

XVII

—Se ha realizado, pues, aquel ensueño que al principio veíamos con desconfianza. Ya que una vez se han puesto los cimientos de la ciudad, se advierte que, con la ayuda de la divinidad, es posible cierto hallar principio y señal de la justicia.

—Enteramente de acuerdo.

—Para nosotros ya existía, Glaucón, una imagen de la justicia, que nos ha sido de mucha utilidad: no es otra que la de considerar que quien es zapatero por naturaleza debe dedicarse a hacer zapatos y no a otra cosa, y que quien es constructor habrá de emplear su tiempo en las construcciones, y de igual modo todos los demás.

—Así parece.

—Realmente, la justicia parece que es algo de esta clase, pero no en lo que concierne a la acción externa del hombre, sino respecto a su acción interna; es ella la que no permite que ninguna de las partes del alma haga lo que no le compete ni que se entremeta en cosas propias de otros linajes, sino que, ordenando debidamente lo que le corresponde, se rige a sí misma y se hace su mejor amiga al establecer el acuerdo entre sus tres elementos, como si fuesen los términos de una armonía, el de la cuerda grave, el de la alta y el de la media, y todos los demás tonos intermedios, si es que existen. Una vez realizada esta ligazón, y conseguida la unidad a través de la variedad, con templanza y concierto, el hombre tratará de actuar de algún modo, ya para la adquisición de riquezas, ya para el cuidado de su cuerpo, ya para dedicarse a la política o para consagrarse a los contratos privados, juzgando y denominando justa y buena en todas las ocasiones a la acción que conserve y mantenga en él dicho estado, y dando el nombre de prudencia al conocimiento que la presida, así como el de acción injusta a la que corrompa esa ordenación, e ignorancia a la opinión que la gobierne.

—Gran verdad es lo que dices, Sócrates —dijo.

—No creo, pues, que nos engañemos —repliqué—, si decimos que hemos encontrado ya no sólo al hombre justo, sino también a la ciudad justa, así como a la justicia que en ambos existe.

—Por Zeus, desde luego que no —dijo.

—¿Sentaremos esa afirmación?

—No hay inconveniente.

XVIII

—Sigamos, entonces —añadí—, pues pienso que después de esto todavía tendremos que examinar lo que es la injusticia.

—Indudablemente.

—¿Y qué otra cosa podrá ser sino una subversión de esos tres principios, su injerencia indiscreta en cuanto no les corresponde y la sedición de una parte del alma contra la totalidad de ella al objeto de usurpar un mando que no le compete, pues precisamente la Naturaleza ha dispuesto esas partes para obedecer o para mandar, según los casos? A mi entender, debemos decir que la perturbación y extravío de esas partes es lo que llamamos injusticia, intemperancia, cobardía e ignorancia y, en una palabra, maldad total.

—Así es —dijo.

—Por tanto —proseguí—, el hacer cosas injustas, el obrar de acuerdo con la justicia o contra ella, ¿no son cosas que conocemos ya perfectamente, sabiendo como sabemos lo que es la injusticia y la justicia?

—¿Cómo no?

—Porque en esto —dije yo— no hay diferencia respecto a la salud y a la enfermedad. Éstas afectan, en realidad, al cuerpo, pero aquéllas, al alma.

—¿Y cómo? —preguntó.

—Pues mira, las cosas sanas es indudable que producen la salud, mientras que las nocivas producen la enfermedad.

—Sí.

—¿Y no produce también la justicia el realizar cosas justas, y la injusticia el actuar injustamente?

—Necesariamente.

—Pero producir la salud no es otra cosa que preparar las partes del cuerpo para que dominen o sean dominadas, según su naturaleza; en tanto que producir la enfermedad es alterar este mismo orden, contra lo naturalmente previsto.

—En efecto —afirmó.

—Apliquemos estas razones a nuestro propósito: ¿no es el producir la justicia preparar las partes del alma para que cumplan su cometido, según su naturaleza, y el producir la injusticia atribuir a unas y a otras un gobierno que va contra su naturaleza.

—Desde luego —contestó.

—En consecuencia, y según parece, la virtud es una especie de salud, belleza y buen estado del alma, mientras que el vicio es una enfermedad, deformidad y flaqueza de la misma.

—Estás en lo cierto.

—¿Y no sabemos que las acciones buenas nos llevan a la adquisición de la virtud y las malas a la posesión del vicio?

—Por fuerza.

XIX

—Al parecer, no nos queda ya otra cosa por investigar sino si es conveniente ser justos, actuar honradamente y consagrarse a la justicia, se conozcan o no los hechos del que obre así, o cometer injusticias y ser injustos, libres del temor a sufrir el castigo o bien obligados a mejorar de conducta.

—En cuanto a mí, Sócrates, estimo ridículo que nos detengamos en esa investigación, porque si creemos que una vez destruida la naturaleza del cuerpo es imposible vivir, aun poseyendo todos los alimentos y bebidas y toda clase de riquezas y de poder, ¿será posible que vivamos cuando se perturbe y corrompa la naturaleza de aquello con lo que vivimos, no obstante conservar la facultad de hacer cuanto desee, a excepción de lo que pueda liberarle del vicio y ayudarle a la adquisición de la justicia y de la virtud? Así parece que debe ser, suponiendo que las cosas ocurran tal como hemos dicho.

—En efecto, resulta ridículo —dije yo—; aunque, sin embargo, puesto que hemos llegado a un punto en el que meridianamente se nos manifiesta esa verdad, quizá no sea lícito que nos detengamos:

—Por Zeus —observó—, de ningún modo debemos desfallecer.

—Atiéndeme un momento —dije— para que puedas advertir bajo cuántas formas se presenta el vicio, por lo menos según lo entiendo yo, y cuáles son las dignas de consideración.

—Ya te sigo —afirmó—; sólo queda que tú hables.

—Pues bien —añadí—, desde la altura de la discusión a la que hemos llegado y que nos revela, como desde una atalaya, la forma única de la virtud y las innumerables que reviste el vicio, podemos precisar las cuatro clases de este último que merecen nuestro examen.

—¿Qué quieres decir? —preguntó.

—Quiero decir —repuse— que los modos del alma guardan justa relación con los modos de gobierno.

—¿Y cuántos son?

—Cinco —dije—, tanto en uno como en otro caso.

—Pues enuméramelos —observó.

—Yo digo —repliqué— que es una la forma de gobierno a la que nos hemos referido, pero que puede recibir dos denominaciones: cuando hay un hombre sólo que sobresale entre los demás gobernantes, se llamará monarquía; mas si son muchos, aristocracia.

—Dices la verdad —afirmó.

—Pero esto en nada priva para que la forma de gobierno sea única —observé—. Porque ya sea uno, ya sean muchos los que gobiernen, no se alterarán las leyes fundamentales de la ciudad si se mantienen la educación y la instrucción de que hablamos.

—No es verosímil —repuso.

LIBRO QUINTO

I

—Tales son la ciudad, la forma de gobierno y el individuo a los que califico de buenos y rectos. Y si esta forma de gobierno es recta, no hay duda que serán malas y viciosas todas las demás, tanto si se refieren a la ciudad como si atañen al carácter peculiar del alma. Limitemos a cuatro estas formas viciosas.

—¿Y cuáles son? —preguntó.

Iba yo a proceder a su enumeración, tal como me parecían nacer unas de otras, cuando Polemarco —sentado a cierta distancia de Adimanto—, extendiendo el brazo y cogiéndole del manto por la parte superior y junto al hombro, le acercó hacia sí e inclinándose le dijo unas palabras de las que sólo pudimos entender las siguientes:

—¿Te parece que lo dejemos o seguimos adelante?

—En modo alguno —dijo Adimanto levantando la voz.

A lo que yo repuse:

—¿Qué es eso —pregunté— que no queréis dejar?

—Pues nada menos que a ti —contestó.

—¿Y con qué motivo? —pregunté.

—Nos parece —repuso— que vas perdiendo el ánimo y que tratas de ocultar a nuestra consideración una parte y no la menos importante de lo que venimos tratando; has creído que podías despacharte a tu gusto diciendo sencillamente que en cuanto a las mujeres y a los niños estaba claro que todas las cosas de los amigos debían ser comunes.

—¿Y no es así entonces, Adimanto? —pregunté.

—Desde luego —contestó—. Pero eso, como muchas otras cosas, necesita una explicación para dejar en claro de qué comunidad se habla. Pues piensa que ésta puede revestir varias formas, por lo cual no deberás omitir a cuál deseas referirte. Nosotros, por lo pronto, hace tiempo que estamos a la espera de tus declaraciones sobre la procreación de los hijos, sobre la manera de educarlos después de nacidos y, en general, sobre esa comunidad de mujeres y de hijos que tú mencionas. Porque estimamos que es sobremanera importante para una ciudad el que una cuestión como la presente tenga o no feliz realización. Así, pues, al ver ahora que atendías a otra forma de gobierno sin haber tratado de ésta suficientemente, nos ha parecido oportuno, como ya has oído, no dejarte pasar adelante sin haber aclarado antes este punto, como has hecho con los demás.

—Uno mi voto al vuestro —dijo en ese momento Glaucón.

—Sin duda, Sócrates —dijo Trasímaco—, piensa que todos nosotros nos hallamos enteramente de acuerdo en esto.

II

—¡Pues sí que os habéis tomado buen trabajo —exclamé— al arrojaros así sobre mí! ¿Qué nueva discusión queréis promover, como al principio, sobre la forma de gobierno? ¡Y yo que ya me sentía contento de haber salido bien de esto, satisfecho también de que hubieseis aceptado mis palabras tal como entonces las había dicho! Pero quizá no supongáis el enjambre de cuestiones que promovéis al desear volver sobre este asunto. Yo, desde luego, ya lo había previsto y omitido intencionadamente, para que no nos causase demasiada molestia.

—Pero, entonces —dijo Trasímaco—, ¿crees acaso que hemos venido aquí para fundir oro y no para escuchar tus razonamientos?

—Sí —respondí—, por lo menos para razonar con mesura.

—Pero para los hombres sensatos, Sócrates —replicó Glaucón—, la vida entera no es medida suficiente de estos debates. Déjanos, pues, a nosotros, y tú, por tu parte, en modo alguno omitas el contestarnos, pues se trata de saber, de tus labios, cuál es la comunidad propia de los guardianes en relación con sus mujeres y sus hijos, y cómo se ha de criar a éstos en su niñez, en ese tiempo que media entre el nacimiento y el inicio de su educación y que parece ser el más trabajoso de todos. Intenta, pues, decirnos cómo ha de tener lugar todo esto.

—No es fácil, mi querido Glaucón —dije yo—, el discurrir sobre esta cuestión, puesto que provocará mucha más desconfianza que todo lo dicho anteriormente. Porque o bien lo que diga no se considerará realizable, o, si así se estima, aún podrá pensarse que existe algo mejor. Por ello, siento repugnancia a tocar estas cosas, no sea, mi querido amigo, que parezca mi deseo fuera de lugar.

—No temas, en absoluto —dijo—. Porque no son insensatos, ni incrédulos, ni malévolos los que van a escucharte.

A lo cual contesté:

—¿Quieres darme ánimos, excelente Glaucón, al hablarme de ese modo?

—En efecto —dijo.

—Pues bien —contesté—, vas a conseguir lo contrario de lo que te propones. Si yo mismo confiase en todo lo que digo, tus exhortaciones tendrían razón de ser. Ante hombres sensatos y amigos puede hablarse con seguridad y confianza si se conoce la verdad sobre objetos importantes y queridos; pero en cambio, si existen dudas y se investiga a la vez sobre lo que se está tratando, se produce una situación peligrosa y resbaladiza, cual es la mía ahora, y no porque tema provocar la risa (lo que sería realmente pueril), sino porque al no acertar yo con la verdad, arrastre conmigo en la caída a mis propios amigos en todo aquello en que menos conviene dar un mal paso. Y suplico a Adrastea*, Glaucón, que no me tenga en cuenta lo que voy a decir, esto es, que considero un crimen menor matar a uno involuntariamente que hacerle víctima de engaño en lo referente a la belleza, bondad y justicia de las leyes. Más vale, desde luego, correr este riesgo con los enemigos que con los amigos, de manera que no obras bien al aconsejarme así.

Pero Glaucón entonces rompió a reír y dijo:

---

* Diosa griega de origen frigio que pasaba por hija de Zeus.

—Sócrates, si tus razonamientos han de traer por resultado el conducirnos al error, puedes tener por seguro que te absolveremos, como, si se tratase de un homicidio, y que, además te declararemos limpio y no reo de engaño. Habla, pues, con toda confianza.

—En verdad —observé—, en el homicidio la persona absuelta queda limpia de culpa, según la ley. Parece natural que también ocurra lo mismo en este caso.

—Por lo cual —dijo—, con más razón todavía debes hablar.

—Conviene, pues —añadí—, que volvamos ahora atrás para considerar de nuevo lo que ya quizá debiera haberse dicho. Pero posiblemente venga muy a punto dar entrada en la representación al sexo femenino después de haber hecho actuar en escena a los hombres; con ello, seguramente, se dará satisfacción a tus deseos.

III

—En mi opinión, para hombres de naturaleza y educación como la descrita, no hay otra norma más adecuada de posesión y disfrute de sus hijos y mujeres que el continuar por el camino que ya en un principio les hemos señalado. Mas, como sabéis, nuestro propósito fue el de presentar a los hombres como guardianes de un rebaño.

—Sí.

—Continuemos por esta senda y démosles ahora una generación y una formación inicial semejantes; luego tendremos que considerar si es o no de nuestra conveniencia.

—¿Cómo? —preguntó.

—Pues del modo siguiente. ¿Juzgamos acaso que las hembras de los perros guardianes deben vigilar al igual que ellos, cazar en su compañía y hacer todo lo demás en común, o, por el contrario, que han de quedarse en sus casas, imposibilitadas por los partos y la alimentación de sus cachorros, en tanto los machos realizan los trabajos y se aplican al cuidado de los rebaños?

—A nuestro juicio, todo ha de ser común —dijo—. Pero a las unas las consideraremos como más débiles y a los otros como más fuertes.

—Pero —argüí yo—, ¿podremos exigir de un animal unas tareas determinadas si no le damos la formación y educación necesarias para ellas?

—Desde luego que no.

—Por consiguiente, si nos servimos de las mujeres para las mismas ocupaciones que exigimos a los hombres, habrá que educar a unos y a otras de la misma manera.

—Sí.

—A aquéllos, como sabes, los hemos educado en la música y en la gimnasia.

—Sí.

—Por tanto, también habrá que educar a las mujeres en las mismos artes y, asimismo, en la práctica de la guerra; esto es, deberán ser usadas en todo como los hombres.

—Es una consecuencia de lo que dices —afirmó.

—Pero quizá mucho de lo que ahora propugnamos —dijo— parecería risible y contra la costumbre si llegara a realizarse de ese modo.

—En efecto —observó.

—Pero —dije yo—, ¿de todo esto qué es lo que te parece más risible? ¿Será acaso el ver a las mujeres completamente desnudas ejercitándose en las palestras junto a los hombres, y no sólo a las jóvenes, sino también a las viejas, siguiendo el ejemplo de esos viejos que gustan todavía de acudir a los gimnasios a pesar de lo arrugados y faltos de atractivo con que se presentan a la vista?

—¡Sí, por Zeus! —exclamó—. Parecería risible para nuestras costumbres.

—Mas —dije yo—, puesto que ya hemos iniciado la cuestión, no nos detengamos ante las burlas de los que nos critican, por mucho y grande que sea lo que ellos digan respecto a la innovación que introducimos en el ejercicio de la gimnasia y de la música, y no menos en el manejo de las armas y la monta de los caballos.

—Estás en lo cierto —dijo.

—Pues bien, metidos de lleno en el asunto, tendremos que marchar rectamente hacia lo más escabroso de esas normas. Y para ello hemos de pedir a esos críticos que dejen sus cosas por un momento y que, adoptando un tono más serio, hagan esfuerzos por recordar que, no hace mucho tiempo, parecía vergonzoso y ridículo a los griegos lo que ahora se muestra así a la mayor parte de los bárbaros, esto es, el que los hombres se presentasen desnudos a la vista de los demás. Y cuando los cretenses, por primera vez, y luego los lacedemonios, comenzaron a hacer uso de los gimnasios, los burlones de entonces sacaron de ello materia para sus sátiras. ¿No lo crees?

—Yo, al menos, no lo pongo en duda.

—Pero cuando, a mi entender, la experiencia les hizo ver que era mejor desnudarse que cubrir todas sus partes, también se disipó el ridículo que aparecía ante sus ojos, vencidos por la razón de la conveniencia. Con ello se demostró que es verdaderamente necio quien considera risible algo que no sea el mal en sí, o quien sólo trata de promover la risa ante la contemplación de algo que no sea la insensatez y la maldad, o incluso quien se aplica seriamente a otro objetivo distinto del bien.

—Indudablemente —dijo.

IV

—¿Y no hemos de convenir ante todo si es esto posible o no y conceder el derecho a discutirlo a quien así lo desee, ya sea en tono de broma o en serio? ¿No entra dentro de ello la discusión acerca de si las mujeres son capaces por naturaleza de acomodarse a todas las tareas masculinas o, por el contrario, a ninguna de éstas, o si acaso a unas sí y a otras no? ¿Y en qué número incluiremos los ejercicios propios de la guerra? Si este es el mejor comienzo que propugnamos, ¿no es también natural que lleguemos al mejor fin?

—En efecto —contestó.

—¿Deseas, por tanto —pregunté a mi vez—, que discutamos entre nosotros acogiendo las razones de éstos para que la parte contraria no quede sin defensa?

—Nada lo impide —afirmó.

—Digamos, pues, por ellos: «Sócrates y Glaucón, no hay necesidad de que otros acudan a mantener la discusión, ya que vosotros mismos, cuando comenzabais a establecer la ciudad que habéis fundado, reconocíais la necesidad de que cada uno hiciese lo que por naturaleza le correspondía.»

—Creo que veníamos en ello, ¿cómo no?

—¿Y no es verdad que la naturaleza de la mujer difiere grandemente de la del hombre?

—No podríamos negarlo.

—Y de acuerdo con esto, ¿no serán también diferentes los trabajos que deban asignarse a cada sexo?

—¿Cómo no?

—Por tanto, ¿no os equivocáis ahora y manifestáis contradicción con vosotros mismos al decir que los hombres y las mujeres deben hacer las mismas cosas, aun existiendo una radical diferencia entre sus naturalezas? Mi querido Glaucón, ¿podrás rechazar estos argumentos?

—De momento —respondió— no resultaría fácil. Pero querría pedirte, y te lo pido sin más, que traduzcas en palabras nuestras razones, cualesquiera que éstas sean.

—Esta y muchas otras dificultades parecidas, Glaucón —dije yo—, hace tiempo que habían sido previstas por mí; por ello sentía temor y vacilación a tratar de la adquisición y cuidado de las mujeres y de los hijos.

—No, por Zeus —dijo—, no parece cosa fácil.

—Y no lo es —repliqué—, pero también ocurre que tanto si uno cae en un pequeño estanque como en un inmenso piélago, no menos se verá precisado a nadar.

—Desde luego.

—Apliquemos el cuento y tratemos de nadar y de salir a salvo de la discusión, en la esperanza de que pueda recogernos un delfín o de que acontezca otra salvación impensada.

—Eso debemos hacer —dijo.

—Pues manos a la obra —afirmé—, a ver si encontramos alguna solución afortunada. Porque hemos convenido en que cada naturaleza ha de aplicarse a un determinado trabajo, y no hay duda de que aquella difiere en el hombre y en la mujer. Decimos ahora, sin embargo, que la mujer y el hombre deberán tener las mismas ocupaciones. ¿Se basa en esto vuestra acusación?

—En efecto.

—¡Qué gran poder, Glaucón —exclamé—, poseer el arte de la contradicción!

—¿Por qué?

—Porque —proseguí— me parece que son muchos los que, bien a pesar suyo, caen en la discusión creyendo no que disputan, sino que discurren sobre algo. Y caen en ella precisamente por no ser capaces de establecer las distinciones necesarias en lo que dicen, ateniéndose tan sólo al sentido literal de las palabras, lo que da lugar a la disputa, que sustituye así al diálogo

—Sí, es cierto que eso ocurre con la mayoría. Pero, ¿estamos nosotros también en ese caso?

· —Desde luego —dije yo—, y sin quererlo nos vemos en peligro de caer en la contradicción.

—¿Cómo?

—Porque ateniéndonos a la letra de la argumentación sostenemos firmemente y sin cejar en la disputa que las naturalezas diferentes no deben dedicarse a los mismos trabajos. Y es el caso que no hemos considerado todavía hasta dónde alcanza esa diversidad de naturaleza para precisar con exactitud sus justos límites, aunque sí atribuimos trabajos diferentes a naturalezas diferentes y los mismos trabajos a las mismas naturalezas.

—Efectivamente —asintió—, no hemos procedido a esa consideración.

—Por tanto —dije yo—, nos es lícito, según parece, preguntarnos a nosotros mismos si es la misma o diferente la naturaleza de los calvos y la de los peludos. Cuando hayamos encontrado que son de naturaleza opuesta, hemos de impedir que los peludos sean zapateros si lo son ya los calvos, o viceversa, que lo sean los calvos si lo son ya los peludos.

—Pero eso movería a risa —observó.

—¿Y qué razón hay para ello —añadí—, sino el que en ese caso no considerábamos de manera absoluta la identidad y diversidad de naturalezas, sino sólo aquella clase de diversidad y semejanza que se refería a los mismos oficios? Porque, en nuestra opinión, los hombres dotados para la medicina tienen la misma naturaleza, ¿o no lo crees así?

—Yo, al menos, no lo pongo en duda.

—Pero, en cambio, poseen naturaleza diferente el médico y el carpintero.

—Completamente diferente.

V

—Por consiguiente —dije yo—, si se nos hace ver que el linaje de los hombres y el de las mujeres difieren en relación con algún arte u oficio, diremos que convendrá asignarles arte u oficio diferente a cada uno. Pero si la diferencia estriba únicamente en que la mujer da a luz y el hombre engendra, entonces en modo alguno admitiremos como evidente que la mujer difiere del hombre respecto a todo lo que decíamos. Por el contrario, seguiremos creyendo que conviene asignar los mismos oficios a nuestros guardianes y a sus mujeres.

—Y estás en lo cierto —afirmó.

—Después de esto, habrá que invitar a nuestro contradictor a que nos enseñe en relación con qué arte u oficio propios de la ciudad no son idénticas, sino diferentes, la naturaleza de la mujer y la del hombre.

—Justo será obrar así.

—Pero posiblemente algún otro nos contestase como tú decías hace poco, que no es fácil dar al instante una respuesta satisfactoria, aunque nada difícil resultaría después de alguna reflexión.

—Sí, en efecto, eso diría.

—¿Quieres, pues, que a ese contradictor le supliquemos atención a nuestro razonamiento, en la idea de demostrarle que no hay en el gobierno de la ciudad menester privativo de la mujer?

—Desde luego.

—Vamos a ver —le diremos—, responde: ¿no eres tú el que admitías que quien está bien dotado para algo suele aprenderlo con facilidad, mientras que el que carece de disposición para ello no halla sino dificultades? ¿Y no estimabas que al primero le son suficientes unas ligeras enseñanzas para llevar sus descubrimientos más allá de lo que ha aprendido, y que en cambio al segundo le cuesta trabajo retener lo que aprendió a través de una larga dedicación y estudio? ¿Y que en aquél las actividades del cuerpo sirven a satisfacción a la inteligencia, mientras que en el otro ocurre precisamente lo contrario? ¿Son estas u otras tal vez las cualidades para distinguir si un hombre está bien dotado para una cosa o no?

—Nadie —dijo— podrá disentir de ello.

—¿Sabes de algún menester desempeñado por los seres humanos, en el cual no se aprecie de modo especial la superioridad de los hombres sobre las mujeres? ¿O tendremos que hablar largamente del arte de tejer, del cuidado de los pasteles y de los guisos, en los que parece que el sexo femenino aventaja al hombre, evitando el ridículo a que su inferioridad daría lugar?

—Estás en lo cierto —dijo—, porque, por así decirlo, uno de los dos sexos aventaja al otro en todo. Y esto no impide, sin embargo, que muchas mujeres superen a muchos hombres en muchas cosas; pero, generalmente, es cierto lo que tú dices.

—No hay, por tanto, querido amigo, en el gobierno de la ciudad, oficio alguno que corresponda a la mujer como tal mujer, o al hombre como tal hombre, sino que, diseminadas en unos y en otras las condiciones naturales de manera semejante, a la mujer, lo mismo que al hombre, competen por naturaleza todos los oficios. Pero, naturalmente también, la mujer es en todo más débil que el hombre.

—En efecto.

—¿Reservaremos, pues, todos los trabajos para los hombres, y ninguno para las mujeres?

—¿Y cómo?

—A mi entender, existen mujeres con disposición para la medicina, y otras negadas para ello, como hay asimismo mujeres con aptitud para la música y otras que naturalmente no la tienen.

—¿Cómo no?

—¿Y no las hay también con disposición para la gimnasia y para la guerra, y otras en cambio que son pacíficas y no amigas de la gimnasia?

—Eso creo yo.

—Y, en fin, ¿no las hay amantes y enemigas de la sabiduría? ¿Y apasionadas y faltas de ánimo?

—En efecto, las hay que reúnen esas condiciones.

—Por tanto, hay mujeres aptas para la guardia de la ciudad y otras que no lo son ¿No son esas, por cierto, las cualidades naturales por las que elegimos a los guardianes?

—Sí, lo son.

—Por consiguiente, en cuanto a la vigilancia de la ciudad, el hombre y la mujer tienen la misma naturaleza, pero la del hombre es más fuerte y la de la mujer más débil.

—Así parece.

VI

—Entonces, habrá que escoger mujeres de esa clase para compañeras de los hombres destinados a la guarda de la ciudad, la cual compartirán con ellos en virtud de su afinidad natural.

—Indudablemente.

—¿Y no es necesario adecuar los mismos cometidos a las mismas naturalezas?

—Los mismos.

—Hemos llegado, pues, después de dar tanta vuelta, a nuestra afirmación primera, y convendremos de nuevo en sostener que no va contra la naturaleza el que las mujeres de los guardianes practiquen la música y la gimnasia.

—Completamente cierto.

—Lo que nosotros legislábamos, no era de ningún modo imposible ni quimérico, puesto que la ley establecida se ajustaba a la naturaleza. Al parecer, los usos de nuestros días son los que se oponen a ella.

—Parece que sí.

—Pero, ¿no era nuestro propósito examinar si era posible y, a la vez, si era lo mejor?

—En efecto.

—¿Y no hemos convenido ya en que era posible?

—Sí.

—Después de ello, sólo nos resta afirmar que también es lo mejor.

—Naturalmente.

—¿Podrá, acaso, ser otra y distinta la educación que reciban las mujeres de los guardianes? ¿No es, en verdad, la misma la naturaleza de ambos?

—No podrá ser distinta.

—Y bien, ¿cuál es tu opinión sobre lo que ahora voy a decir?

—¿Sobre qué?

—¿Te imaginas, quizá, que hay unos hombres mejores y otros peores? ¿O piensas que todos son iguales?

—De ningún modo.

—¿Crees, por ejemplo, que en la ciudad que hemos fundado, los guardianes vienen obligados a ser mejores por la educación que señalamos, o habrán de serlo los zapateros, educados en su arte respectivo?

—Formulas una pregunta ridícula —afirmó.

—De acuerdo —dije yo—. Pero, ¿no son los guardianes los mejores de todos los ciudadanos?

—Sin duda.

—Entonces, ¿no tendrán que ser sus mujeres las mejores de todas?

—Sí, con mucho.

—¿Y puede haber cosa más excelente para la ciudad que el disponer de hombres y mujeres dotados de las mejores cualidades?

—Desde luego que no.

—Pero sólo será posible con la adopción de la música y de la gimnasia, a la manera que hemos señalado.

—¿Cómo no?

—Por tanto, no solamente era posible la ley que establecíamos, sino también la mejor para la ciudad.

—En efecto.

—Así, pues, las mujeres de los guardianes deberán también desnudarse, ya que cubrirán su cuerpo con la virtud, en vez de hacerlo con vestidos, y participarán al igual que sus maridos tanto en la guerra como en cualquier otra clase de vigilancia de la ciudad, sin practicar ya ninguna otra cosa. Sin embargo, habrá que otorgar las más leves de estas tareas antes a las mujeres que a los hombres, a causa de la debilidad de su sexo. Del hombre que se ría al ver a las mujeres desnudas y llevando a cabo un noble fin, diremos que con su risa «recoge todavía verde el fruto de su sabiduría»*, sin saber, al parecer, por qué se ríe ni lo que hace. Pues siempre se dice y se dirá con razón que lo útil es bello y lo dañoso, feo.

—Indudablemente.

---

* Cita de Píndaro, fr. 209.

VII

—¿Podremos afirmar entonces que al establecer esa legislación femenina hemos sorteado ya la primera oleada, puesto que no sólo no nos ha llevado consigo cuando formulábamos la conveniencia de que todos los oficios deben ser practicados en común por nuestros guardianes y sus mujeres, sino que ella misma nos ha ayudado a probar que resulta posible y ventajosa?

—En realidad —dijo—, no era pequeña ni mucho menos la ola de la que has escapado.

—Pues no dirás lo mismo —observé— cuando veas la que viene detrás de ella.

—Habla —dijo—, y la veré.

—En mi opinión —continué—, esta ley que voy a decir se sigue de la anterior y de las ya conocidas.

—¿Y cuál es?

—Las mujeres de estos hombres serán comunes para todos ellos, y ninguna convivirá en privado con ninguno de éstos. Los hijos serán también comunes, y ni el padre conocerá a su hijo ni el hijo a su padre.

—Estimo que esa ley va a provocar mucha más desconfianza que la precedente en cuanto a la posibilidad de su aplicación y a la ventaja que ofrezca.

—No creo —dije yo— que se ponga en duda su utilidad ni que nos proporcionaría el mayor de los bienes, de ser realizable, la comunidad de las mujeres y de los hijos. Pienso justamente que lo que más discusiones originará es la viabilidad o no de esta ley.

—Desde luego —objetó—, ambas tesis se prestan a amplias discusiones.

—Dejas ante mí —repliqué— una coalición de argumentos. Y yo, en cambio, esperaba librarme de uno de ellos, si tú confirmases su utilidad, quedando sólo para consideración posterior la de su posible realización o no.

—Pues no podrás escapar sin que nosotros lo advirtamos —dijo—; tendrás que dar razón de las dos tesis.

—Me avengo —respondí— a sufrir el castigo. Pero concédeme si acaso este favor: permíteme que celebre una fiesta, al igual que la que suelen ofrecerse a sí mismos, cuando pasean a solas los hombres de carácter indolente. Pues, efectivamente, esta clase de personas, antes de llegar a averiguar de qué modo se realizarán sus deseos, dejando esto a un lado para ahorrarse la fatiga de discutir si son posibles o no, dan ya por hecho lo que quieren y disponen lo demás con el mayor regocijo, discurriendo a sus anchas sobre su realización y haciendo al alma todavía más indolente. Yo también, perezoso como ellos, deseo retrasar la cuestión y dejar para más tarde la consideración de si es posible o no. Ahora, si te parece bien, la tendré como posible y te haré ver cómo la ejecuten los gobernantes, mostrándote así mismo que no hay cosa más beneficiosa que ésta para la ciudad y para los guardianes. Si no te opones a ello, intentaré primeramente examinar esto contigo y luego todo lo demás.

—Puedes verificar la investigación —dijo—, que yo no opondré reparo alguno.

—A mi parecer —proseguí—, si los gobernantes son dignos de tal nombre, y lo mismo sus auxiliares, éstos desearán hacer lo que se les ordene, y los primeros estarán prestos a mandar, pero obedeciendo a su vez a las leyes o imitándolas en todo aquello que les confiemos.

—Así debe ser —dijo.

—Y tú —añadí—, que actuarás en concepto de legislador, elegirás a las mujeres lo mismo que los hombres y las agruparás de acuerdo con naturaleza. Al disponer de viviendas comunes al realizar también sus comidas en común, pues no se permitirá que nadie posea nada en privado, la convivencia les llevará a entremezclarse, tanto en los gimnasios como en cualquier otro punto, y por una necesidad innata, a mi juicio, colmarán esta unión cohabitando unos con otros. ¿O no te parece necesaria esta unión a que me refiero?

—Pues mira —observó—, según creo, no se tratará de una necesidad geométrica, sino de una necesidad erótica, más aguda quizá que aquélla y, cuando menos, más capaz de convencer y arrastrar a las multitudes.

VIII

—Estás en lo cierto —dije—. Pero, querido Glaucón, en una ciudad de seres felices no sería decorosa esa promiscuidad ni cualquier otra cosa por el estilo, que los gobernantes estarían encargados de impedir.

—Y lo harían con justicia —afirmó.

—Se evidencia, por tanto, que conforme a esto habremos de instituir matrimonios lo más santos posibles. No hay duda de que los más ventajosos a la ciudad serán también los más santos.

—Enteramente.

—¿Y cómo podrán producir esas ventajas? Tú tienes ahora la palabra, Glaucón, porque veo que posees en tu casa perros de caza y una gran cantidad de aves seleccionadas. Dime: ¿no prestas especial atención al apareamiento y a la cría de estos animales?

—¿Qué quieres saber de mí?

—En primer lugar, ¿no hay entre estos animales, aunque todos ellos estén seleccionados, algunos mejores que los demás?

—Sí, los hay.

—¿Tienes la misma consideración para las crías de todos ellos o prefieres las de los mejores?

—Las de los mejores.

—Bien; pero, ¿de los más jóvenes, de los más viejos o de los que están en la flor de la edad?

—De los que están en la flor de la edad.

—Y si los apareamientos no se produjeran así, ¿no crees que sería mucho peor para tu raza de aves y carnes?

—Eso creo yo —dijo.

—¿Y piensas —pregunté— que acontecerá otro tanto con los caballos y los demás animales? ¿O bien ocurrirá de otro modo?

—Absurdo sería, desde luego —contestó.

—¡Ay, mi querido amigo! —dije yo—. Nos van a ser necesarios excelentes gobernantes, si es que ocurre lo mismo con el linaje de los hombres.

—Pues, ¿cómo va a ser de otro modo?

—Necesariamente, se verán obligados a usar de muchos medicamentos. Porque en nuestra opinión, será suficiente un médico de poco alcance cuando los cuerpos no necesitan de medicamento y se someten dócilmente a un determinado régimen. Pero cuando hay que echar mano de ellos entonces no dudamos en llamar a un médico más versado.

—En efecto; pero, ¿a qué viene esa digresión?

—A lo siguiente —dije yo—: Quizá convenga que nuestros gobernantes usen muchas veces de la mentira y del engaño en favor de sus gobernados. Decíamos ya en alguna ocasión que la mentira puede resultar útil usada como medicina.

—Desde luego.

—Y justamente, parece que con referencia al matrimonio y a la procreación será muy útil y no de poca importancia.

—¿Cómo no?

—Conviene, por tanto —añadí—, en virtud de lo que venimos diciendo, que sean muy numerosas las relaciones de sexo entre los mejores, y muy raras, en cambio, entre los peores. Y si se quiere que el rebaño progrese, habrá que atender a los hijos de los primeros y no a los hijos de los segundos; todo ello sin que lo sepan otras personas que los gobernantes, si es que se pretende que el rebaño de los guardianes permanezca lo más tranquilo posible.

—Nada más razonable —dijo.

—Por consiguiente, habrá que establecer determinadas fiestas para reunir en ellas a las novias y a los novios. Y éstas irán acompañadas de sacrificios, así como de himnos que compondrán los poetas en homenaje a los matrimonios que se celebren. El número de los matrimonios se da cuenta de los gobernantes, quienes, en razón de las guerras, epidemias y todos los demás accidentes, procurarán mantener inalterable el número de los ciudadanos, para que apenas se modifique la ciudad tanto en más como en menos.

—Buena cosa —asintió.

—A mi juicio, deberá procederse a unos ingeniosos sorteos, de modo que los ciudadanos de condición inferior tengan que culpar del emparejamiento antes a su mala suerte que a los propios gobernantes.

—En efecto —dijo.

IX

—Y a los jóvenes que se distingan en la guerra o en otra actividad, habrá que concederles entre otros premios una mayor facultad para cohabitar con las mujeres, con lo cual se dará ocasión a que nazca de estos hombres el mayor número de hijos.

—Ciertamente.

—Los hijos que así nazcan serán recogidos por personas competentes, que bien pueden ser hombres, mujeres o de ambos sexos, pues esas funciones resultan apropiadas para las mujeres y para los hombres.

—Sí.

—Y creo, además, que deberán tomar a los hijos de los mejores y llevarlos al redil, donde los cuidarán unas ayas que habitarán en un lugar aislado de la ciudad; en cambio, a los hijos de los peores o a cualquiera de los otros que nazca lisiado, los mantendrán ocultos, en un lugar secreto y desconocido.

—Eso, si se quiere conservar puro el linaje de los guardianes.

—Esas mismas personas se ocuparán de la alimentación de los niños y cuidarán de llevar a sus madres al redil cuando juzguen que están en época de lactancia. Ahora bien, impedirán por todos los medios que ninguna de ellas conozca a su hijo, y se procurarán otras mujeres que tengan leche, en el caso de que las madres no la posean en una cantidad suficiente. Asimismo, habrán de atender a que la lactancia no se prodigue más de lo debido, encargando de las velas y demás cuidados inferiores a las nodrizas y a las ayas.

—¡Cómoda maternidad —exclamó— reservas tú para las mujeres de los guardianes!

—Es la que conviene —dije yo—. Pero continuemos por el camino emprendido. Afirmábamos la necesidad de que la procreación de los hijos tenga lugar en la flor de la edad.

—Es verdad.

—¿Te muestras de acuerdo conmigo en que los límites propios de esa edad son unos veinte años para la mujer y unos treinta para el hombre?

—¿A qué años te refieres? —preguntó.

—Entiendo —dije yo— que la mujer debe dar hijos a la ciudad desde los veinte a los cuarenta años. Y que el hombre, una vez que haya pasado su época más fogosa, ha de proporcionar hijos al Estado hasta los cincuenta y cinco años.

—En efecto —dijo—, tanto en la mujer como en el hombre, esa es la época más vigorosa de su cuerpo y de su espíritu.

—Por consiguiente, si algún ciudadano, antes o después de los límites señalados procura hijos a la comunidad, diremos que su falta es impía e injusta, ya que el niño engendrado para la ciudad en forma oculta, nacerá no bajo la protección de los sacrificios y de las súplicas, que tanto las sacerdotisas y los sacerdotes, como toda la ciudad, dirigirán a los dioses por cada matrimonio para que de esos buenos y útiles ciudadanos nazcan hijos mejores y más útiles, sino entre tinieblas y como producto de una funesta incontinencia.

—Desde luego —afirmó.

—Esta ley tiene aplicación —proseguí— en el caso de que alguien en edad de procrear trabe relación carnal con alguna mujer en las mismas condiciones, sin consentimiento de los gobernantes. El hijo que nazca de esta unión lo consideraremos como bastardo, ilegítimo e impío.

—Con mucha razón —dijo.

—Sin embargo, creo yo que cuando las mujeres y los hombres hayan sobrepasado la edad fijada para la procreación, deberán tener libertad para cohabitar con quien deseen, menos con sus hijas o con sus madres, o con las descendientes y ascendientes de éstas. Esta excepción alcanzará a las mujeres con sus hijos y con su padre, o con sus respectivos descendientes y ascendientes. Ahora bien, aún en este caso tendrán que ser advertidos de la necesidad de no dar a luz ningún fruto, el cual, si en efecto naciese a pesar de los obstáculos puestos a ello, no podrá contar con ayuda alguna para su desarrollo.

—Muy atinadas me parecen tus observaciones —observó—. Pero, ¿cómo podrán conocerse unos a otros, los padres y las hijas y todos los demás parientes a los que ahora te referías?

—De ningún modo —respondí—, sino que cada uno considerará como hijos a todos los varones y como hijas a todas las hembras que hayan nacido en el décimo mes, o en el séptimo, a partir de su matrimonio. Y ellos, a su vez, le considerarán como padre. Dará la denominación de nietos a los hijos de sus hijos, y éstos, por su parte, le llamarán abuelo. Y cuantos nazcan en la época de procreación de sus madres y de sus padres, se considerarán como hermanas y como hermanos. Así que, como ahora decíamos, no tendrán contacto alguno entre sí, salvo si se trata de hermanos y de hermanas, a los que la ley dará permiso para que cohabiten, caso de que la suerte decida en este sentido y la pitonisa lo declare abiertamente.

—Sin duda alguna —dijo.

X

—Tal es, Glaucón, la comunidad de mujeres y de hijos que hemos de establecer entre los guardianes de la ciudad. Después de esto convendrá precisar el acuerdo de esta comunidad con todas las demás leyes y la ventaja que posee sobre ellas. ¿O procederemos de otro modo?

—Así, desde luego, por Zeus —replicó.

—¿Y no señalaremos el comienzo de nuestro acuerdo preguntándonos a nosotros mismos cuál es el mayor bien para la organización de una ciudad, que convenga proponer al legislador como objetivo de sus leyes, y cuál también el mayor mal? Después habrá que investigar si todo lo que ahora hemos considerado se adapta a la huella del bien o si se aparta de la del mal.

—Exactamente —dijo.

—¿Pero no estimamos como el mayor mal de una ciudad aquello que la divide y hace de ella muchas ciudades en vez de una sola? ¿Y como el mayor bien aquello que la agrupa y la unifica?

—Sin duda alguna.

—¿Y no une precisamente la comunidad de placeres y de penas, cuando la mayor parte de los ciudadanos gozan y se afligen de la misma manera ante idénticas felicidades o desgracias?

—En efecto —dijo.

—Mas, ¿no desune a la vez la distinción de estos sentimientos, esto es, el hecho de que unos ciudadanos sientan dolor y otros alegría a la vista de lo que ocurre a la ciudad y a los que viven en ella?

—¿Cómo no?

—¿Y de dónde tomará origen esta desunión sino de que los ciudadanos no coincidan en la pronunciación de las palabras mío y no mío, y otras por el estilo, referidas a las cosas del prójimo?

—De ahí enteramente.

—Por tanto, ¿consideraremos como la ciudad mejor gobernada aquella en la que se coincida siempre al expresar las palabras mío y no mío?

—Efectivamente.

—¿Y no será ésta la que tenga más parecido con un solo hombre? Supongamos que uno de nosotros recibe una herida en un dedo: es claro que toda la comunidad corporal que se ordena al alma siente en sí misma la herida en perfecta comunión con la parte rectora, y que además sufre toda ella con el dolor de una de sus partes. Y decimos por eso que el hombre tiene dolor en un dedo. Lo cual ocurre en cualquier otra ocasión, siempre que se habla del dolor de una persona dañada en un miembro, o de su placer cuando aquél se alivia.

—Tienes razón —dijo—. Y como tú decías, la ciudad mejor gobernada es la que vive de manera parecida a ese ser.

—Creo yo, pues, que cuando uno cualquiera de los ciudadanos experimente algo bueno o algo malo, la ciudad que establecimos hará suya esa circunstancia y toda ella se regocijará o sufrirá con él.

—Necesariamente —dijo—, si esa ciudad está bien regida.

XI

—Pues llegado es el momento —añadí— de que vengamos a nuestra ciudad y examinemos si todas estas conclusiones se aplican a ella mejor que a ninguna otra.

—Así debe hacerse —dijo.

—Entonces, ¿hay en las demás ciudades unos gobernantes y un pueblo análogos a los de ésta?

—Sí, los hay.

—¿Y todos ellos se darán mutuamente el nombre de ciudadanos?

—¿Cómo no?

—Pero, además de este nombre, ¿qué otro da el pueblo en las demás ciudades a quienes le gobiernan?

—En la mayor parte de ellas, el de señores, y en las democráticas, ese mismo nombre de gobernantes.

—¿Y qué dice el pueblo de nuestra ciudad? ¿Cómo denomina a sus gobernantes, sin mengua de llamarles ciudadanos?

—Salvadores y protectores —dijo.

—¿Y ellos al pueblo?

—Pagadores de su sueldo y de su alimento.

—¿Y cómo llaman en las demás ciudades los gobernantes a los del pueblo?

—Esclavos —dijo.

—¿Y ellos entre sí?

—Se llaman colegas en el gobierno —afirmó.

—¿Y los nuestros?

—Compañeros de la misma guardia.

—¿Podrías decirme, en relación con los gobernantes de las demás ciudades, si tienen entre sí trato de amigos o trato de extraños?

—Debo afirmarte que eso es lo que ocurre.

—Por tanto, ¿al amigo le consideran como algo suyo y al extraño como algo que no lo es?

—En efecto.

—Y, en cambio, ¿tus guardianes podrían considerar o hablar de alguno de sus compañeros como si fuese un extraño?

—De ningún modo —dijo—. Porque estimará que cualquiera de los ciudadanos con los que se encuentren será o su hermano, o su hermana, o su padre, o su madre, o su hijo, o su hija, o un descendiente o ascendiente de éstos.

—Estás en lo cierto al decir eso —observé—, pero contéstame ahora a lo siguiente: ¿les exigirás que usen el nombre familiar o les obligará además a que realicen todas las cosas según ese nombre, demostrando hacia sus padres todo respeto y el cuidado que exige la ley como prueba de sumisión filial? ¿No les harás ver que obrar de otro modo sería indisponerse con los dioses y con los hombres, hasta el punto de que no resultaría piadoso ni justo su comportamiento? ¿Qué otras advertencias sino éstas deberán repetir todos los ciudadanos desde muy pronto en los oídos de sus hijos? ¿No se referirán ante todo al trato que hay que dispensar a los que les designen como padres o en calidad de parientes?

—En efecto —dijo—. Pues sería ridículo que sólo se limitasen a pronunciar sus nombres sin poner de acuerdo los hechos con las palabras.

—En esta ciudad, pues, más que en ninguna otra, se compartirá la felicidad o la desdicha de uno solo y, como hace poco decíamos, estará en boca de todos esa frase de *lo mío marcha bien* o *lo mío marcha mal*.

—Nada más cierto —dijo.

—¿Y no decíamos también que a este modo de pensar y de hablar seguiría la comunidad de placeres y de penas?

—Eso decíamos y con razón.

—Nuestros ciudadanos, en mayor grado que los de otra ciudad, se harán partícipes de todo lo que personalmente se denomina *lo mío*. Así, con esta participación, tendrán igualmente la mayor comunidad de penas y de alegrías.

—Desde luego.

—¿Y no habremos de considerar como causa de esto, además de la constitución de la ciudad, a la comunidad de mujeres y de hijos entre los guardianes?

—Sí, más que ninguna otra —dijo.

XII

—Justamente, habíamos convenido ya en que este era el mayor bien de la ciudad, a cuyo efecto comparábamos una ciudad bien constituida con un cuerpo que siente en sí mismo el dolor o el placer de una parte suya.

—No era descaminado ese acuerdo —afirmó.

—Se presenta, por tanto, ante nosotros como el mayor bien de la ciudad la comunidad de hijos y de mujeres entre los elementos auxiliares.

—No hay duda de ello —dijo.

—Pero la convicción común se extiende también a las afirmaciones anteriores: porque decíamos que esos hombres no debían tener ni casa, ni tierra, ni posesión alguna de carácter particular, sino que, recibiendo de los demás su sustento, como pago de su vigilancia, habrían de hacer sus gastos en común para ser considerados como verdaderos guardianes.

—Así es —asintió.

—¿No les hará, por tanto, más perfectos guardianes todo lo que antes hemos dicho y lo que ahora hemos añadido y, por otra parte, no impedirá que desgarren la ciudad dando el nombre de mío no a una misma cosa, sino uno a una y otro a otra, como sería el caso si cada uno se apropiase de una vivienda para sí y dispusiese de mujer y de hijos a título personal, e incluso considerase como propios y privativos suyos los placeres y las penas? Está claro que con un mismo pensamiento sobre todas estas cosas y tendiendo todos a un mismo fin, compartirán, en la medida de lo posible, los mismos placeres y las mismas penas.

—No puede ponerse en duda —replicó.

—Pero veamos. ¿No desaparecerían también entre ellos los procesos y las acusaciones mutuas, ya que, por así decirlo, no les restaría otra posesión personal que el cuerpo, al ser todo lo demás común? En realidad, ¿cómo iban a producirse ahora aquellas discusiones que se originan entre los hombres por la adquisición de riquezas, o por los hijos y los parientes?

—Necesariamente —dijo—, quedarían libres de ellas.

—No será justo, asimismo, que se den entre ellos procesos por abuso de fuerza o por ultrajes. Pero estimaremos como bueno y conforme a la justicia el que los hombres de la misma edad se defiendan de los coetáneos, imponiéndoles como necesaria la preocupación por su cuerpo.

—Bien dices —asintió.

—Con ello —proseguí— esta ley favorecerá un resultado feliz, a saber, el de que si alguien se deja llevar de la cólera con otro, una vez que la desahogue en éste no tendrá que acudir a mayores disputas.

—Seguramente.

—Se dispondrá igualmente que el más anciano mande y castigue a los más jóvenes.

—Es natural.

—Y en adecuación con esto, el más joven no intentará, como es lógico, usar de la violencia ni golpear al más anciano, sin consentimiento de los gobernantes. A mi juicio, tampoco debe ultrajarle bajo ningún pretexto, pues no se lo permitirán dos guardianes tan celosos como el temor y el respeto; el respeto prohibiéndole tocarle cual si fuera su propio padre, el temor recelando que los demás tomen la defensa del ofendido, unos en calidad de hijos, otros en calidad de hermanos, otros, en fin, en calidad de padres.

—Así ocurre, efectivamente —dijo.

—Por todo ello, nuestros hombres disfrutarán entre sí de una paz completa, en virtud de las leyes.

—Al menos, de una gran paz.

—Y no produciéndose disputas entre ellos, tampoco habrá temor a que surja disensión alguna en la ciudad por parte del resto de los ciudadanos o a que la ciudad misma extreme su desacuerdo.

—Desde luego que no.

—No me atrevo ya a enumerar aquellos males menores de los que se verían libres. Pero es lo cierto que los pobres no tendrán necesidad de adular a los ricos ni experimentarán los disgustos que ocasiona la educación de los hijos y el mantenimiento de los esclavos, con la consiguiente acumulación de riqueza. Privados de esta atención, no habrá lugar a que pidan dinero prestado, ni a que nieguen sus deudas, y menos a que se procuren recursos por cualquier medio para que los administren sus mujeres y sus esclavos. ¡Esas y otras cosas por el estilo, mi querido amigo, que aunque manifiestas para todos, son verdaderamente viles e indignas de referirse!

XIII

—Las ven hasta los ciegos —asintió.

—Apartados, pues, de todo esto, vivirán una vida mucho más feliz que la de los mismos vencedores de los juegos olímpicos.

—¿Cómo?

—Por la sencilla razón de que esos hombres distan sólo de una parte de la felicidad que se otorga a nuestros guardianes. La victoria de éstos es más hermosa y el alimento que les proporciona el pueblo, más completo. Pues con su victoria alcanzan la salvación de todo el pueblo y ellos mismos y sus hijos reciben por corona el alimento y todas las cosas que la vida exige. Además, a las recompensas que su propia patria les concede, en vida, se añaden unas solemnes ceremonias fúnebres a la hora de la muerte.

—Bien hermoso es todo ello —dijo.

—¿Y no recuerdas —pregunté— la objeción que nos formuló anteriormente, aduciendo que no hacíamos felices a los guardianes, puesto que, pudiendo poseer todo lo que poseen los demás ciudadanos, nada se les deja en propiedad? Contestábamos a ello que, si a mano venía examinaríamos de nuevo el asunto, pero que por el momento nos interesaba conseguir verdaderos guardianes y hacer a la ciudad lo más feliz posible, sin que nos preocupase en absoluto alcanzar la felicidad para uno solo de los linajes de la ciudad.

—Lo recuerdo —contestó.

—Entonces, ¿cómo consideras ahora la vida de los auxiliares? Si realmente se nos aparece mucho más hermosa y mejor que la de los vencedores en los juegos olímpicos, no hay razón para compararla con la vida de los zapateros o de cualesquiera otros artesanos o labradores.

—No me lo parece —contestó de nuevo.

—Pues bien, aún conviene que repita ahora lo que entonces dije: que si el guardián intenta alcanzar una felicidad que no es la adecuada a su menester, y no le basta la vida llena de moderación y solidez, y mejor que ninguna otra, que nosotros le ofrecemos, sino que llevado de su insensatez y de su elucubración juvenil, trata de apoderarse de cuanto hay en la ciudad, haciendo uso de su poder, conocerá en ese momento la gran sabiduría de esta máxima de Hesíodo: «La mitad es más que el todo.»

—A mi entender —dijo—, debiera permanecer en su condición primera.

—Te muestras de acuerdo, por tanto —dije yo—, en la comunidad de ambos sexos a que ya nos hemos referido, y que debe manifestarse tanto en la educación de los hijos como en la vigilancia de los demás ciudadanos. Y crees conmigo que las mujeres, bien permanezcan en la ciudad, bien acompañen a sus maridos a la guerra, deberán compartir con ellos, como lo hacen los perros, la vigilancia y las tareas de la caza. Esa comunidad la extenderán hasta donde sea posible, en la convicción de que obrando así no proceden contra la naturaleza de la mujer en sus relaciones con el hombre, pues todo ha de ser común para ambos.

—De acuerdo —dijo.

XIV

—Por consiguiente —añadí—, resta sólo por examinar si es posible, y hasta qué punto, en los hombres, una comunidad como las que existen con los demás animales.

—Te has adelantado a sugerir lo mismo que yo iba a decirte —observó.

—Creo yo —continué— que en lo referente a la guerra está bien claro el modo de hacerla.

—¿Cómo? —preguntó.

—Pues han de pelear en común y, asimismo, han de llevar a la guerra a sus hijos ya crecidos, para que, al igual que los demás artesanos, vean por sus propios ojos las tareas que les aguardan una vez llegados a la madurez. Y no sólo verán, sino que servirán, ayudarán y obedecerán a sus padres y a sus madres en todo lo referente a la guerra. ¿No has observado cómo se aprende la práctica de los oficios y cómo, por ejemplo, los hijos de los alfareros contemplan y ayudan a sus padres durante mucho tiempo antes de atreverse a trabajar por sí solos?

—Sí, lo he observado.

—¿Y es que ha de ser menor el cuidado y el empeño que pongan los guardianes en educar a sus hijos que los que demuestran los alfareros con esa práctica y observación tan necesarias?

—Resultaría ridículo —contestó.

—Es cierto, además, que todo animal pelea con más fiereza cuando sus hijos están presentes.

—Sí que lo es. Pero no será también pequeño peligro, Sócrates, el de los que caigan vencidos, lo cual sucede muy bien en la guerra, ya que de esta manera arrastrarán consigo a sus hijos, sin dar ocasión a la ciudad para que pueda resarcirse de esta pérdida.

—Dices verdad —afirmé—; pero, ¿es que piensas acaso que nuestra primera preocupación deba ser la de no exponerles a peligro alguno?

—De ningún modo.

—Entonces, si ha de correrse peligro en algún momento, ¿no podrá ser éste el que proporcione el éxito?

—Claro que sí.

—¿Y piensas, pues, que resulta de poca monta y no adecuado al peligro el hecho de que contemplen las acciones guerreras esos niños que después, al llegar a hombres, tendrán que intervenir en ellas?

—En relación con lo que dices, es, desde luego, una ventaja.

—Se procurará, por tanto, que los niños sean testigos de la guerra, aunque alejándoles de las situaciones de peligro. ¿No será esto lo conveniente?

—Sí.

—Esas mismas situaciones peligrosas —proseguí— habrán de determinarlas ante todo los propios padres, que, como hombres maduros, sabrán distinguir los riesgos de las campañas.

—Naturalmente —dijo.

—Y así, los llevarán a las que convenga y los apartarán de las peligrosas.

—En efecto.

—Pondrán —dije yo— como jefes de ellos, no a hombres envilecidos, sino más bien a hombres con experiencia y en edad madura, que tengan calidad de pedagogos.

—Eso conviene.

—¡Ah!, pero diremos asimismo que ocurren muchas cosas imprevistas.

—Desde luego.

—Así, pues, querido amigo, necesario será que los niños tengan alas desde la edad más temprana, a fin de que, si preciso fuere, puedan huir de los peligros remontando el vuelo.

—¿Cómo dices? —preguntó.

—Quiero indicarte que ya desde la primera infancia deben ser enseñados a montar a caballo, para conducirles luego, una vez adiestrados, a los lugares de la lucha, pero no en caballos ardientes y belicosos, sino en otros más rápidos y más dóciles. De esta forma verán mejor y con más seguridad el menester que les espera, e incluso podrán salvarse, si fuese necesario, siguiendo a sus jefes de más edad.

—Me parece que tienes razón —dijo.

—Vamos ahora con las cosas de la guerra —proseguí—. ¿Cómo habrán de comportarse los guerreros entre sí y con sus enemigos? ¿Te parece bien o no lo que yo pienso?

—¿Y qué es lo que tú piensas?

—¿No convendrá relegar al oficio de artesano o de labrador —pregunté— a todo aquel que abandone las filas o arroje de sí el escudo o haga cualquier otra cosa que demuestre su cobardía?

—Indudablemente.

213

—¿Y qué diremos del que caiga vivo en poder de los enemigos? ¿No deberá considerarse como botín de guerra de estos para que procedan con él a su libre antojo?

—Y, en cambio, todo aquel que se distinga por su valor, ¿no deberá ante todo ser coronado en el mismo campo de batalla por sus camaradas de armas, jóvenes y niños? ¿No te parece así?

—Yo, al menos, así lo estimo.

—Entonces, ¿no será también justo que le dé la mano?

—Desde luego.

—Sin embargo, no creo que apruebes lo que voy a decir ahora —añadí.

—¿Y qué es?

—Que bese a cada uno de sus compañeros y sea besado a su vez por ellos.

—Pues eso lo considero más justo que ninguna otra cosa —dijo—. Y añadiré a lo ya expuesto que, mientras dure la campaña, debe permitírsele besar a quien él quiera, sin impedimento de ninguna clase. Porque, precisamente, si siente pasión amorosa por alguien, sea hombre o mujer, su corazón arderá en deseos de probar su valor.

—Muy bien dicho —observé—. A disposición del hombre valeroso, y más que de ningún otro, estará la elección de mujer, que podrá realizar con más frecuencia en orden a conseguir un mayor número de hijos.

—Ya se ha dicho eso —afirmó.

XV

—Según Homero, es muy natural que estos jóvenes valerosos sean honrados de otra manera. Y él mismo nos refiere cómo Áyax, héroe de la guerra, «fue distinguido con un lomo descomunal», premio que resultaba apropiado para un guerrero joven y valiente, al objeto de que, a la vez que recibía honra, aumentase también en vigor.

—Justa recompensa —dijo.

—Por tanto, seguiremos en esta cuestión a Homero —agregué—. Nuestro deber será honrar a los valientes y a cuantos demuestren serlo, en los sacrificios y ocasiones semejantes, con himnos y con todas las cosas que venimos diciendo. Y además de esto, se les ofrecerán «asientos, carnes y copas rebosantes», para que estos hombres y mujeres, calificados por su valor, reciban una honra que les robustezca.

—Nada mejor —dijo.

—Desde luego. Pero para aquellos que mueran gloriosamente y con las armas en la mano, ¿no será menester ante todo la calificación de hombres de la raza de oro?

—En alto grado.

—¿Seguiremos también a Hesíodo cuando, refiriéndose a la muerte de los de este linaje, dice que

se convierten en genios sagrados, que habitan en la tierra,
genios benéficos, guardadores de males, vigilantes de los hombres
dotados de habla?

—Sí, le seguiremos.

—¿Y consideraremos oportuno preguntar a la divinidad de qué modo eminente ha de enterrarse a estos genios con apariencia de dioses? No hay duda que hemos de proceder conforme a sus indicaciones.

—¿Qué otra cosa podríamos hacer?

—Ya en lo sucesivo, sobre sus tumbas prodigamos nuestra veneración y nuestras súplicas, cual se tratase de genios tutelares. Y estas mismas honras serán dispuestas para aquellos que mueran viejos o en cualquier otra circunstancia, pero después de una vida altamente encomiable.

—Nada más justo —afirmó.

—Bien. Y con respecto a los enemigos, ¿cómo procederán nuestros soldados?

—Pero, ¿en qué?

—Primeramente, en la cuestión de la esclavitud. ¿Te parece justo que las ciudades griegas reduzcan a la esclavitud a hombres de su raza, o no convendrá, por el contrario, habituarlas en lo posible a que demuestren consideración hacia el linaje griego, evitando así el caer bajo la esclavitud de los bárbaros?

—Esa consideración —respondió— es de todo punto necesaria.

—Por consiguiente, ¿no será procedente que nosotros adquiramos esclavos griegos, ni estará de más aconsejar en este sentido a todos los demás griegos?

—Indudablemente —contestó—. Así, volverán las armas más bien contra los bárbaros y se abstendrán de hacerlo contra sus hermanos de raza.

—Entonces, una vez alcanzada la victoria, ¿te parece bien que despojen a los muertos de otra cosa que de sus armas? ¿No es ello un pretexto para que los cobardes abandonen la lucha haciendo como que realizan algo necesario cuando se agachan ante un cadáver? ¿Acaso no ha perdido a muchos ejércitos esta ansia de botín?

—En efecto.

—¿No resulta innoble y propio de un ánimo codicioso el saquear a un cadáver? ¿No debe considerarse tal hecho como indicio de un alma pequeña y femenina? Pues, ¿a qué estimar como enemigo el cuerpo de un muerto una vez que ha volado de él la enemistad y sólo queda el arma con que luchaba? ¿No crees que los que hacen esto proceden igual que los perros, que dirigen su cólera hacia las piedras que les lanzan, sin preocuparse absolutamente nada de la mano que las arroja?

—Eso creo, ni más ni menos —dijo.

—¿Permitiremos todavía el saqueo de los muertos y mantendremos la prohibición de que se lleven los cadáveres?

—No, por Zeus, no lo permitiremos —contestó.

XVI

—Ni creo conveniente que traslademos a los templos, para consagrarlas, las armas de lo vencidos, y desde luego, de ningún modo, las de los griegos; si es que tiene algún valor para nosotros la buena disposición hacia los demás griegos, aumentaría nuestro temor de que con ello se manchasen los lugares sagrados, al llevar allí los despojos de los vecinos; eso si ya la divinidad no dispone otra cosa.

—Desde luego —dijo.

—¿Y para qué mencionar la disgregación de la era helénica y el incendio de sus casas? ¿Cuál sería la acción de tus soldados en relación con los enemigos?

—Si tú no tuvieses inconveniente en darla a conocer, desearía escuchar tu opinión sobre este asunto —afirmé.

—Pues mira —contesté—, a mi juicio no deberán realizar ninguna de esas dos cosas, sino únicamente privarles de la cosecha del año ¿Quieres saber la razón de esto?

—Claro que sí.

—A mí me parece que así como se nombran de manera distinta la guerra y la sedición, así también se dan dos realidades diferentes que corresponden a esos nombres. Y te diré que una de ellas es la que tiene lugar entre parientes y allegados; la otra, entre personas ajenas y extrañas. La enemistad entre parientes recibe el nombre de sedición, pero entre extraños, el de guerra.

—No dices nada que parezca inconveniente —observó.

—Mira si lo que voy a decir está de acuerdo con lo anterior: sostengo que el linaje helénico tiene entre sí relaciones de sangre y de parentesco, pero afirmo también que es ajeno y extraño al linaje de los bárbaros.

—Estás en lo cierto —dijo.

—Estableceremos, por consiguiente, que los griegos pueden combatir con los bárbaros y los bárbaros a su vez con los griegos, por tratarse de enemigos naturales. Esa lucha sí que podremos denominarla como una verdadera guerra. Pero cuando los griegos peleen entre sí, tendremos que decir que son amigos los que combaten y que es entonces una enfermedad y una disensión la que se produce en Grecia. A ésta le aplicaremos el nombre de sedición.

—Mi opinión en esto no es otra que la tuya —dijo.

—Con lo cual puedes considerar —proseguí— a tenor de nuestro acuerdo, la división que se produce en la ciudad cuando unos y otros ciudadanos se dedican a talar los campos y a quemar las casas ajenas. ¿No te parece abominable esa sedición y los ciudadanos que a ella se entregan poco generosos con la ciudad? Si otra cosa pensasen, es claro que no se atreverían a destruir a su madre y nodriza ¿No deberían los vencedores colmar la medida de su victoria privando a los vencidos de la cosecha anual y pensando por otra parte que habrán de reconciliarse con ellos una vez que finalice la guerra?

—Esa manera de pensar —dijo— es mucho más humana que la otra.

—Entonces —pregunté—, ¿no es una ciudad helénica la que tú intentas fundar?

—Conviene que lo sea —afirmé.

—En sus ciudadanos, pues, resplandecerá la bondad y la humanidad.

—Lógicamente.

—¿Y no serán asimismo amantes de los griegos? ¿No considerarán a Grecia como algo propio y no participarán de los mismos ritos religiosos que los demás griegos?

—Es muy natural.

—Justificarán sus diferencias con los demás griegos dándoles el nombre de discordias y nunca las llamarán guerras.

—Desde luego.

—¿Y tendrán en cuenta esa posibilidad de reconciliación antes mencionada?

—Con mucho.

—Por tanto, se mostrarán benévolos y no les castigarán con la esclavitud ni con la muerte siendo, antes bien, consejeros que enemigos de los demás griegos.

—En efecto —dijo.

—Y al considerarse como griegos no procederán a talar los campos de Grecia, ni quemar sus casas, ni sostendrán la opinión de que en cada ciudad griega todos han de ser enemigos suyos, ya sean hombres, mujeres o niños. Al contrario, verán que siempre son unos pocos los enemigos que originan la discordia. Y por todo ello, no querrán talar sus tierras, en la idea de que la mayoría son amigos, ni destruir sus casas, sino que se limitarán a usar de la fuerza hasta el momento en que los culpables de la discordia se vean forzados a sufrir el castigo a cuenta del dolor de los inocentes.

—Convengo contigo en que así deben proceder nuestros ciudadanos con sus adversarios, y con los bárbaros, sobre todo, de la manera que proceden hoy los griegos entre sí.

—¿Debemos, pues, imponer esta norma a los guardianes, esto es, que no talen las tierras y no quemen las casas?

—Desde luego —dijo—, y consideraremos necesarias tanto ésta como las anteriores.

XVII

—Pero me parece a mí, Sócrates, que si se te deja seguir vas a omitir el tratar de aquello que te ocupaba en un principio: la posibilidad de un régimen tal y hasta qué punto es posible. En efecto, si esa ciudad existiese, sólo bienes reportaría, y aún tendría yo que añadir algunos a los que tú has enumerado. Así, al no tener que abandonarse unos a otros, lucharían mucho mejor contra los enemigos, ya que se reconocerían y se darían a sí mismos los nombres de hermanos, de padres o de hijos. Por otra parte, si las mujeres combatiesen con ellos, bien en primera línea, bien en la retaguardia, para imponer respeto al enemigo o para ser utilizadas, si preciso fuere, en un momento de gravedad, creo que podría considerárseles invencibles. Veo también cuán grandes serían los beneficios en la paz, y que ahora se dejan a un lado. Accedo a que todo eso ocurriese, e incluso otras mil cosas, si el régimen de que hablamos se realizase, pero no juzgo necesario que hables de él por más tiempo. Lo importante es persuadirnos de su viabilidad y de su posible realización; poco importa, pues, todo lo demás.

—¡Buen ataque —exclamé— has verificado contra mi discurso, sin tregua alguna para que me repusiese! Posiblemente no te hayas parado a pensar que después de haber escapado con dificultad de tus dos primeras oleadas me lanzas ahora la tercera, que es la mayor y más difícil. Ahora bien: tú mismo la verás y la escucharás, y después de ello alcanzarás la razón de mi retraimiento; comprenderás fácilmente el porqué de esa vacilación y el temor que sentía a considerar una proposición tan increíble.

—Pues bien: cuantos más pretextos pongas —contesté—, más estrecharemos el cerco para que nos des a conocer la viabilidad del régimen de que tratamos. Habla y no nos hagas perder tiempo.

—Y bien —añadí—, debemos recordar ante todo que hemos llegado hasta aquí tratando de investigar qué es la justicia y qué es la injusticia.

—Exacto —dijo—; pero, ¿a qué viene esto?

—A nada. Sin embargo, cuando descubramos la naturaleza de la justicia, ¿estimaremos que el hombre justo no debe diferenciarse en nada de ella, sino que, por el contrario, ha de adaptarse a ella en todo? ¿O nos bastará si acaso que esté lo más cerca posible y que participe de ésta más que los otros hombres?

—Sí, eso nos bastará —contestó.

—Buscando un modelo de justicia —dije yo—, investigábamos lo que era en sí la justicia y el hombre perfectamente justo, caso de existir, y nos fijábamos asimismo en la injusticia y en el hombre más acusadamente injusto. De este modo, viéndoles a ellos y observando esos dos modelos de felicidad y de infelicidad, nos sentíamos obligados a convenir con nosotros mismos que nuestra semejanza con aquellos nos proporcionaría un destino análogo. Pero con esto no pretendíamos demostrar que dichos modelos pudiesen existir.

—Estás en lo cierto —observó.

—¿Crees acaso que perdería algo la calidad del pintor que después de haber pintado el modelo humano más hermoso y con los retoques más perfectos no fuese capaz de probar la existencia de ese hombre?

—No, por Zeus —repuso.

—Entonces, ¿no diremos también que en nuestra conversación dábamos a conocer el modelo de ciudad más perfecta?

—Desde luego.

—¿Piensas, pues, que nuestro discurso no tiene sentido alguno si no podemos demostrar la posibilidad de una ciudad como la que mencionamos?

—No lo creo —dijo.

—Entonces, esa y no otra es la verdad —apunté—. Pero si es preciso que me esfuerce en darte gusto, esto es, que te demuestre la posibilidad de un régimen semejante, tendrás que coincidir conmigo en los puntos de la demostración.

—¿Y cuáles son?

—¿Te parece que la práctica está de acuerdo con la palabra, o estimas quizá que la acción se enlaza menos con la verdad que la palabra, eso aunque no lo parezca a todo el mundo? Dame tu opinión a este respecto.

—Te sigo en todo —dijo.

—Por tanto, no tiene objeto el obligarme a demostrar que las cosas han de ocurrir enteramente como las presentamos. Ahora bien, si nos es posible ofrecer una ciudad real lo más cercana posible a la mencionada, te verás precisado a conocer que es factible realizar lo que tú pretendías. ¿O no te darás aún por satisfecho con esto? Yo, desde luego, ya lo consideraría suficiente.

—Y yo también —afirmó.

XVIII

—Después de esto, parece que debamos investigar y hacer manifiesto qué es lo que ahora se realiza más en las ciudades para que no se viva en la forma descrita. También convendría precisar qué cambios serían necesarios para alcanzar ese régimen de que hablamos. Limitémonos a uno solo, y si no, a dos, aunque, en todo caso, al menor número y al más viable.

—De completo acuerdo —asintió.

—Podremos afirmar —añadí— que con sólo realizar un cambio sería posible la demostración de que todo cambiaría súbitamente. Ese cambio no es pequeño ni fácil, pero sí posible.

—¿Y cuál es? —preguntó.

—Te diré —respondí— que hemos llegado precisamente a lo que considerábamos la ola mayor; continuaré, pues, mi discurso, aunque, como ola que rompiera a reír de pronto, me hunda sin más en el ridículo y en el menosprecio.

—Habla —dijo.

—Mientras los filósofos —proseguí— no se enseñoreen de las ciudades o los que ahora se llaman reyes y soberanos no practiquen la filosofía con suficiente autenticidad, de tal modo que vengan a ser una misma cosa el poder político y la filosofía, y mientras no sean recusadas por la fuerza las muchas naturalezas que hoy marchan separadamente hacia uno de esos dos fines, no habrá reposo, querido Glaucón, para los males de la ciudad, ni siquiera, al parecer, para los del linaje humano. Tampoco podrá pensarse en la posibilidad de ese régimen y que vea la luz del sol una ciudad como la descrita. Y esto es lo que yo no me atrevía a decir hace un momento, al observar que mi opinión chocaría en grado sumo con la de los demás. Porque es difícil aceptar que ninguna otra ciudad, sino la nuestra, sea capaz de traducir la felicidad al ámbito público y privado.

—En efecto, Sócrates —dijo—, tus palabras y tu discurso van a causar estupor. Y puedes pensar que al hablar así, muchos hombres, y no los más despreciables, van a despojarse de sus mantos, y tomando en estas condiciones lo que cada uno encuentre a mano, se lanzarán sobre ti, dispuestos a lo que sea. Si no puedes rechazarlos y escapar de ellos con tus razones, sospecho que recibirás un castigo adecuado a tu atrevimiento.

—¿Y por qué no confiesas tu propia culpabilidad? —pregunté.

—Me afirmo en ella —contestó—. Y no sólo no he de abandonarte, sino que te defenderé con todas mis fuerzas. Confío para ello en mi favorable disposición de ánimo y en mis propias exhortaciones, con las que podré contestar a tus preguntas quizá más acertadamente que ningún otro. Haciendo uso de esta ayuda, intenta convencer a los incrédulos de la verdad de tu pensamiento.

—Lo intentaré —dije yo—, confiado en ese gran auxilio que me ofreces. Pero si hemos de salir indemnes de esos hombres de que hablas, me parece necesario precisar cuáles son los filósofos que nosotros pretendemos para rectores de la ciudad. Una vez dados a conocer, será más factible la defensa y podrá mostrarse también que a unos hombres conviene por naturaleza dedicarse a la filosofía y dirigir la ciudad y a otros, en cambio, prescindir de ella y no hacer otra cosa sino seguir al que manda.

—Creo que es el momento de precisarlo —afirmó.

—Pues entonces, sígueme, si estimas que hemos dado en algún modo con el buen camino.

—Te sigo —contestó.

—¿Precisaré recordarte —dije yo—, o tú mismo serás el encargado de hacerlo, que cuando decimos que alguien ama alguna cosa, debe mostrarse, para hablar con exactitud, que no es a una parte de la cosa a la que ama y a la otra no, sino a la cosa en su totalidad?

XIX

—Me parece que tendrás que recordármelo —observó—, porque no puedo descubrir qué es lo que quieres decir.

—Tus palabras, Glaucón —proseguí—, estarían mejor en boca de otro que en la tuya. Porque a un hombre como tú, experto en cuestiones de amor, no le conviene olvidar que todos los jóvenes agraciados hacen mella de algún modo en el ánimo de un corazón amante, moviéndole a que los juzgue dignos de sus cuidados y de sus zalemas ¿O no es así como procedéis en tales casos? A uno, porque es chato, le alabáis sus gracias; y os atrevéis a decir de la nariz aguileña de otro que es una nariz propia de un rey, y de la de un tercero, intermedio entre esos dos, que resulta del todo proporcionada. De los jóvenes morenos afirmáis que son varoniles, pero de los blancos decís que son hijos de los dioses. ¿Y quién pudo inventar ese nombre de «pálido como la miel» sino un amante empequeñecido por el amor y condescendiente con la palidez del amado, cuando éste se encuentra en la flor de la edad? En una palabra, apeláis a todos los pretextos y os dejáis llevar de todos los recursos de la voz, con tal que no os rechace ninguno de los jóvenes en su primavera de la vida.

—Si es que quieres —dijo— tomarme como muestra de lo que hacen los enamorados, lo acepto para no invalidar tu argumentación.

—Por tanto —respondí—, ¿no adviertes que hacen lo mismo los amigos de la bebida? ¿No saludan alborozados cualquier clase de vino que se les presente?

—Desde luego.

—Y un ejemplo por el estilo, a mi entender, te lo ofrecen los ambiciosos, los cuales, cuando no pueden mandar todo un ejército, se dan por satisfechos con dirigir una tercera parte de una tribu, y si no alcanzan la honra de los hombres grandes y venerables, consideran suficiente el honor que les dispensen los pequeños e ineptos, porque al fin y al cabo están deseosos de honores a cualquier precio.

—Tienes razón.

—Ahora deberás contestar afirmativa o negativamente a lo que voy a preguntar: si decimos de alguien que está deseoso de una cosa, ¿queremos dar a entender con ello que la desea en su totalidad o que sólo apetece una parte y la otra no?

—Creo que la desea en su totalidad —contestó.

—Por consiguiente, ¿diremos también del filósofo que ama la sabiduría no en parte, sino en su totalidad?

—Sí, eso diremos —replicó.

—Del que siente aversión por el estudio, sobre todo si es joven y aún no tiene conciencia de lo que es útil o no, difícilmente podríamos afirmar que está deseoso de saber o que es filósofo, lo mismo que no diremos del hombre al que repugna la comida que es hombre que siente hambre o ansia de comer, sino que es inapetente.

—Y lo afirmaríamos con razón.

—Pero al que se deja llevar con verdadera inclinación hacia toda clase de enseñanza, y al que trata de aprender, siempre con insaciable contento, a ese sí que le llamaremos con justicia filósofo. ¿No es eso?

Y Glaucón respondió:

—Pues creo que vas a encontrar muchos y extraños seres de esa clase. De tal naturaleza me parecen todos los aficionados a espectáculos, deseosos también de llegar a saber, y más extraños resultan los amantes de las audiciones para que se les considere como filósofos. Ciertamente, estas gentes no vendrían con gusto a escuchar estos discursos, sino que, cual arrendadores de ovejas, andarían de un lado para otro dispuestos a prestar atención a todos los coros de las fiestas dionisias, fuese en la ciudad o en una simple aldea. A todos éstos, e incluso a aquellos otros que sólo mostrasen deseos por las artes más íntimas, ¿podríamos llamarlos filósofos?

—De ningún modo —dije—; únicamente, si acaso, semejantes a filósofos.

XX

—Entonces, ¿a quiénes llamas tú verdaderos filósofos? —preguntó.

—Tan sólo —contesté— a los que gustan de contemplar la verdad.

—Estás sin duda en lo cierto —dijo—; pero, ¿qué quieres dar a entender con eso?

—No resultaría fácil —respondí— hacérselo saber a otro, pero creo que tú llegarás a mostrarte de acuerdo conmigo en esta cuestión.

—¿A qué te refieres?

—No te será fácil comprender que, siendo lo bello contrario de lo feo, se trata en realidad de las dos cosas distintas.

—¿Cómo no?

—Al ser, pues, dos cosas distintas, cada una de ellas es una, ¿no es eso?

—Desde luego.

—La misma razón habría que aducir respecto de lo justo y de lo injusto, de lo bueno y de lo malo y de todas las demás ideas. Cada una de ellas es una distinta, pero al entrar en comunidad con las acciones, con los cuerpos y con todas las demás cosas, se aparece con multitud de formas.

—Hablas con razón —dijo.

—Por este motivo —continué—, establezco una clara distinción; y de un lado, coloco a los que tú mencionabas hace un momento, esto es, a los amantes de los espectáculos, a los predispuestos para la técnica y a los hombres de acción; de otro, en cambio, a los únicos que rectamente pueden ser llamados filósofos, y que son los ya mencionados.

—¿Cómo dices? —preguntó.

—Digo, en realidad —contesté—, que los amantes de las audiciones y de los espectáculos se complacen en degustar buenas voces, colores y formas, y todas aquellas cosas en las que entran estos elementos, pero que su mente no es en cambio capaz de ver y abrazar lo bello en sí mismo.

—Así ocurre, sin duda alguna —dijo.

—¿No son ciertamente bien escasos los hombres capaces de acercarse contemplativamente a lo bello en sí mismo?

—Desde luego.

—El que piensa en las cosas bellas, pero no en lo bello en sí mismo, y, por otra parte, tampoco es capaz de seguir en su carrera al que le lleve hasta el conocimiento de su idea, ése, ¿te parece que vive en un sueño o despierto? Fíjate bien. ¿Qué otra cosa es la ensoñación, sino esto mismo; es decir, ya en sueños, ya despierto, tomar la sombra de una cosa por la cosa misma, pensando en las relaciones de semejanza?

—En efecto —contestó—, yo diría, del que esto hiciese, que está soñando.

—Entonces, aquel que, por el contrario, juzga que existe algo bello en sí mismo y que puede llegar a contemplarlo, e incluso las cosas que son participación de la belleza, eso sin pensar que las cosas bellas son lo bello en sí y viceversa, ¿te parece a ti que vive despierto o como en un sueño?

—Muy despierto —replicó.

—Por tanto, ¿diremos justamente que el pensamiento de este último constituye verdadera ciencia, y que el del otro, en cambio, es sólo mera opinión?

—Indudablemente.

—¿Y qué diremos si se vuelve contra nosotros ese hombre al que atribuimos la opinión, pero no el conocimiento, y si sostiene que no decimos la verdad? ¿Tendríamos medios para apaciguarle y para convencerle suavemente, ocultándole, sin embargo, que no está en su razón?

—Conviene que así sea —dijo.

—Pues bien, considera entonces lo que hemos de decirle. ¿Quieres acaso que le preguntemos, diciéndole que no sentiremos envidia de él por el hecho de que sepa algo, sino que, por el contrario, estaríamos gustosos de disfrutar de su conocimiento? «Dinos, por ejemplo: el que conoce, ¿conoce algo o no conoce nada?» Tú podrás responderme por él.

—Mi respuesta —contestó— es que conoce algo.

—Pero, ¿algo que existe o que no existe?

—Algo que existe, pues, ¿cómo podría conocerse lo que no existe?

—¿Tenemos, por tanto, como suficientemente demostrado que, desde cualquier punto de vista, lo que existe absolutamente es también absolutamente cognoscible, y que lo que de ninguna manera existe, de ninguna manera también puede ser conocido?

—Como enteramente suficiente.

—Bien. Supongamos ahora que hay algo que existe y a la vez no existe. ¿No lo consideraríamos como intermedio entre lo puramente existente y lo que de ninguna manera existe?

—Sí, como intermedio.

—Así, pues, si respecto a lo que existe se da un conocimiento, y respecto a lo que no existe una ignorancia por demás necesaria, ¿habrá que buscar también sobre ese otro intermedio algo que lo sea a su vez entre la ignorancia y el saber en el supuesto de que en efecto exista?

—Creo que sí.

—¿Diremos, por tanto, que hay algo llamado opinión?

—¿Cómo no?

—¿Y su poder es distinto o análogo al de la ciencia?

—Distinto.

—Entonces, la opinión se ordena a una cosa, y la ciencia a otra, cada una a tono con su propia potencia.

—Así es.

—La ciencia se dirige a lo que naturalmente existe, en el deseo de conocer lo que es el ser. Aunque me parece que todavía queda por hacer aquí una distinción.

—¿Cómo?

XXI

—Admitiremos que las potencias son una cierta clase de seres que nos revisten del poder de que nosotros disfrutamos. En el mismo caso está todo aquello que tiene algún poder. Si comprendes lo que quiero decir al usar este nombre específico, mencionaré como potencias la vista y el oído.

—Lo comprendo —dijo.

—Escucha, pues, mi parecer sobre ellas. Yo, desde luego, no veo en la potencia color alguno, ni forma, ni nada que se les semeje. No ocurre aquí como en otras muchas cosas, donde se pueden deslindar los campos perfectamente. Al considerar la potencia, sólo me fijo en aquello para que sirve, y en lo que ella misma realiza; de esto me valgo para asignar nombre a cada una, hasta el punto de que doy la misma denominación a la que está ordenada a lo mismo y produce también lo mismo, y denominación diferente, en cambio, a la que está ordenada a otra cosa y produce igualmente algo distinto. ¿No es eso también lo que tú haces?

—Sí, eso hago —contestó.

—Volvamos de nuevo al meollo de la cuestión, querido amigo —dije—. ¿Afirmas tú que la ciencia es realmente una potencia o la incluyes en algún otro linaje de seres?

—Estimo —replicó— que es una potencia, y de las más poderosas.

—Por tanto, ¿también cabe considerar a la opinión como una potencia, o, por el contrario, hay que pasarla a otro campo?

—A ninguno —dijo—; porque la opinión no es otra cosa que aquello con lo que nos es dado opinar.

—Pero no es esto lo que afirmabas hace un momento, cuando admitías la distinción entre la ciencia y la opinión.

—¿Y cómo podría mantener una persona razonable —dijo— que lo infalible se vincula con lo que no lo es?

—Con ello se pone en claro —observé— que la opinión es para nosotros algo distinto a la ciencia.

—Desde luego.

—¿No tiene cada una de ellas objeto diferente en virtud de la distinción de su potencia?

—Necesariamente.

—Así, ¿no se ordena la ciencia a lo que existe a fin de conocer cómo es el ser?

—Sí.

—La opinión, en cambio, ¿no decimos que está para opinar?

—Sí.

—¿Versan ambas sobre lo mismo? ¿Son la misma cosa el objeto de la ciencia y el objeto de la opinión? ¿O es de todo punto imposible?

—Imposible —dijo—, de acuerdo con lo ya convenido. Si cada potencia se orienta por naturaleza a un determinado objeto, y ambas, opinión y ciencia, son virtualmente distintas, como afirmábamos, se deduce fácilmente de ello que no cabe en lo posible identificar lo cognoscible y lo sujeto a opinión.

—Si, pues, el objeto de la ciencia es el ser, ¿no será el de la opinión algo distinto al ser?

—En efecto.

—¿Habrá opinión sobre lo que no existe? ¿O es imposible en realidad opinar sobre esto? Presta atención ahora: el que opina, ¿no formula opinión sobre algo? ¿Es posible una opinión que verse sobre nada?

—Imposible.

—Por consiguiente, el que opina, opinará sobre algo.

—Sí.

—¿Y es «algo» lo que no existe, o convendrá designarlo, con toda razón, con el nombre de «nada»?

—Con el de nada.

—¿Y no atribuimos la ignorancia forzosamente a lo que no existe, y la ciencia, en cambio, a lo que existe?

—Justamente —dijo.

—Por tanto, ¿no se opina sobre lo que existe y lo no existente?

—Desde luego.

—¿No cabe, pues, para la opinión el denominarla con el nombre de ignorancia o de conocimiento?

—No lo parece.

—¿Queda entonces fuera de estas dos cosas, y se muestra con más luz que la ciencia o más oscura que la ignorancia?

—Ni una ni otra cosa.

—¿No te resultará la opinión —pregunté— más oscura que la ciencia y más clara que la ignorancia?

—Y con mucho —contestó.

—¿Podemos, pues, colocarla entre ambas?

—Sí.

—Será luego intermedia entre una y otra.

—Ciertamente.

—¿Y no decíamos hace un momento que, caso de que apareciese algo a la vez existente y no existente, habría que colocarlo entre lo que puramente existe y lo absolutamente privado de existencia? ¿No afirmábamos también que sobre ello no se daría la ciencia y la ignorancia, sino más bien lo que se encuentre intermedio entre ambas?

—Y lo decíamos con razón.

—Pero, ¿no se nos presenta ahora, intermedio entre la ciencia y la ignorancia, eso que llamamos opinión?

—Sí, se presenta.

XXII

—Sólo nos resta por investigar, al parecer, aquello que participa de una y otra cosa, esto es, del ser y del no-ser, y a lo que en realidad de verdad podemos designar con uno u otro nombre. Si logramos encontrarlo, podremos hablar rectamente del objeto de la opinión, asignando los extremos a los extremos y lo intermedio a lo intermedio. ¿No es así?

—Así es.

—Y ya resuelto esto, diré que es hora de que se acerque para contestarme ese buen hombre que no cree en lo bello ni en idea alguna de la belleza que se mantenga inmutable, sino sólo en una multitud de cosas bellas. Venga también hasta nosotros ese amante de los espectáculos, incapaz de aguantar que alguien le hable de lo bello en sí y de lo justo en sí y, en suma, de todo lo demás. Venga, pues, que le preguntaremos: «Querido amigo, ¿no hay en esa multitud de cosas bellas algo que se muestre feo? ¿Y entre las justas, no se da también algo injusto? ¿O algo no puro entre las cosas puras?»

—No —replicó—, sino que necesariamente esas cosas parecerán de algún modo bellas y de algún modo feas, y lo mismo diría del resto de tus preguntas.

—¿Qué decir asimismo de las cantidades dobles? ¿Se nos aparecen menos como mitades que como dobles?

—No.

—Y en cuanto a las cosas grandes y pequeñas, ligeras y pesadas, ¿les convienen más estas denominaciones que las contrarias?

—No —contestó—, porque cada una participará siempre de ambas.

—¿Y no son con más razón que lo contrario, lo que precisamente se dice que son?

—Se parece todo esto —replicó— a esas ambigüedades que tan de moda están en los banquetes, y al enigma infantil acerca del golpe que lanzó el eunuco al murciélago. En este caso las palabras son equívocas, porque se insinúa no sólo con qué le tira, sino sobre qué lanza el golpe. La misma ambigüedad resalta ahora, ya que no es posible afirmar o negar rotundamente ni lo uno ni lo otro, ni ambas cosas o ninguna de ellas.

—¿Qué otra cosa podrás hacer con esas cosas —dije yo—, o en dónde podrás colocarlas mejor que entre la existencia y el no-ser? Porque realmente ni se aparecen más oscuras que el no-ser para que tengan menos existencia que éste, ni más claras que el ser para que su existencia sea más veraz.

—Nada más cierto —asintió.

—Con lo cual hemos llegado a descubrir, según parece, que esa serie de creencias de la multitud acerca de lo bello y demás cosas por el estilo, va y viene sin cesar de un lado a otro, entre el no-ser y el ser puro.

—Creo que esa es la conclusión alcanzada.

—Habíamos convenido anteriormente que, si algo así aparecía, convendría considerarlo como objeto de la opinión, pero no de la ciencia. Y esto es precisamente lo que por su carácter errante, a mitad de camino entre el ser y el no-ser, debe ser captado por la potencia intermedia.

—Sí, ese era nuestro acuerdo.

—Por consiguiente, de los que admiran muchas cosas bellas, pero no ven en cambio lo bello en sí ni son capaces de seguir a quienes puedan enseñárselo, y de los que, asimismo, perciben muchas cosas justas, pero no lo justo en sí, y de igual manera todo lo demás, diremos que sólo tienen opinión acerca de esas cosas y no conocimiento de ellas.

—Sin duda alguna —dijo.

—¿Qué diremos, en cambio, de los que alcanzan a ver la cosa en sí y siempre igual a sí misma? ¿Es conocimiento u opinión lo que tienen?

—Tampoco hay duda en esto.

—¿No será justo afirmar que unos abrazan y aman todo aquello que es objeto de la ciencia, en tanto que otros se satisfacen con la opinión? ¿No recuerdas acaso lo que decíamos de estos últimos que sienten deleite por las buenas voces y hermosos colores, pero que no tienen paciencia para admitir la existencia de lo bello en sí?

—Sí, lo recuerdo.

—¿Faltaríamos a nuestro deber si les llamásemos amantes de la opinión más bien que filósofos? ¿Podrían enojarse con nosotros si les aplicásemos ese calificativo?

—No lo harán —dijo— si en algo estiman mis enseñanzas, pues no es justo que se enojen con la verdad.

—¿Daremos entonces el nombre de filósofos y no de amantes de la opinión a los que van en pos del ser en sí?

—Enteramente.

LIBRO SEXTO

I

—Aunque a duras penas y después de una larga discusión —dije yo—, se nos ha mostrado con claridad, querido Glaucón, quiénes son los filósofos y quiénes no lo son.

—Posiblemente —objetó— no hubiera sido fácil llegar a ello por un camino más corto.

—Ciertamente —dije—. Pero creo al menos que todavía se habría mostrado con más claridad si sólo hubiésemos tenido que tratar esta cuestión, sin parar mientes, como hemos de hacer ahora, respecto a la diferencia entre la vida justa y la injusta.

—Por tanto, ¿qué es lo que nos queda por examinar?

—Pues no otra cosa —contesté— que lo que sigue. Puesto que son filósofos los hombres capaces de percibir lo que siempre mantiene su identidad consigo mismo, y no lo son los que se detienen en multitud de cosas diferentes, ¿a cuáles de ellos podrá entregárseles el mando de la ciudad?

—¿Qué camino —preguntó— es el más apropiado para esto?

—A mi entender —dije yo—, conviene designar como guardianes de la ciudad a cuantos parezcan capaces de preservar las leyes y las costumbres.

—En efecto —asintió.

—Una cosa parece clara —añadí—: ¿se precisa o no que el encargado de la vigilancia tenga buena vista?

—Y bien clara, desde luego —contestó.

—¿Crees tú que se diferencian en algo de los ciegos los

hombres privados del conocimiento del ser en sí y que no llevan en su alma ningún modelo claro? ¿No parece que les será imposible proceder como los pintores, esto es, dirigir su mirada a lo supremamente verdadero para contemplarlo con toda atención y traer así a las cosas las leyes de lo hermoso, de lo justo y de lo bueno? ¿Serían capaces después de conservar el orden establecido?

—No, por Zeus —replicó—. La diferencia entre ellos no es grande.

—¿Y quiénes habrán de ser entonces los guardianes de la ciudad: los hombres ahora mencionados o los que tienen la ciencia del ser y cuentan además con la experiencia de aquéllos y con su cúmulo de virtudes?

—No resultaría extraño —dijo— echar mano de otros hombres cuando esos mismos de que hablamos ahora nada tienen que envidiar a los primeros. Posiblemente aún cobren ventaja sobre ellos en lo más importante.

—Mas, ¿convendrá que expliquemos cómo se alcanza esa ventaja?

—Desde luego.

—Según decíamos ya al comienzo de la discusión, lo primero que debe conocerse es la naturaleza de esos hombres. Pienso que si hay sobre ella acuerdo suficiente, a los filósofos, y no a otros hombres, convendrá poner al frente de la ciudad.

—¿Cómo?

II

—Respecto a las naturalezas filosóficas, no será difícil precisar que se muestran siempre apasionadas por todo aquello que les da a conocer la esencia inmutable de las cosas, no sujeta al vaivén de la generación y la corrupción.

—En efecto.

—Por su voluntad —proseguí—, no dejan de lado ninguna parte de ella, sea pequeña o grande, de mucho o poco valor, como decíamos no hace mucho de los ambiciosos y enamorados.

—Tienes razón —afirmó.

—Después de esto conviene que examines si aún queda por mencionar alguna otra condición propia de estos hombres.

—¿Cuál puede ser?

—El amor a la verdad y el no conceder derecho alguno a la mentira. El deseo de poseer aquélla se corresponderá con el odio a ésta.

—Posiblemente —dijo.

—Y tan posible, querido amigo, como que resulta incluso necesario para el que ama por condición natural, amar también todo lo que tiene parentesco y relación con el objeto amado.

—Indudablemente —dijo.

—¿Y qué podrá encontrarse más ligado a la ciencia que la verdad?

—Nada, desde luego —asintió.

—No hay, pues, lugar para identificar la naturaleza del filósofo con la del que ama la mentira.

—De ningún modo.

—Conviene, por tanto, que el hombre amante de la ciencia se oriente ya decididamente hacia la verdad desde su juventud.

—Por completo.

—Ahora bien, sabemos que la preponderancia de los deseos hacia una cosa trae consigo una mayor debilidad de ellos hacia todo lo demás, pues toda la corriente se dirige en aquella dirección.

—Claro que sí.

—A mi entender, aquel que corre hacia la ciencia y hacia todo lo que con ella tiene relación, gusta sólo de los placeres del alma en sí misma, desdeñando, en cambio, los que se refieren al cuerpo. Eso si su afición a la ciencia es verdadera y no fingida.

—Gran verdad, sin duda.

—Un hombre así será, ciertamente, templado y de ningún modo amante de la riqueza. A nadie más que a él conviene moderar esa ilusión por la riqueza, con toda su secuela de dispendios.

—Exacto.

—Otra cosa conviene también examinar cuando haya que emitir juicio sobre la naturaleza del filósofo.

—¿Y cuál es?

—Que no se te escape ninguna ruindad de su alma. Porque la cicatería de pensamiento es realmente lo más opuesto a un alma que debe tener por encima de todo a apropiarse enteramente de cuanto existe de divino y de humano.

—Muy cierto es lo que dices —afirmó.

—¿Piensas tú acaso que podrá sentir gran preocupación por la vida humana el alma que abarque contemplativamente todo tiempo y toda esencia?

—Imposible —dijo.

—Por consiguiente, ¿ni siquiera considerará a la muerte como algo temible?

—De ninguna manera.

—Y entonces la naturaleza cobarde y envilecida no tendrá participación alguna, según parece, en la filosofía.

—No parece que deba tenerla.

—¿Pues qué? Y el hombre ordenado, que no ama las riquezas, ni es innoble, ni arrogante, ni cobarde, ¿será capaz de mostrarse intratable, de cometer injusticias?

—No lo creo.

—Así, pues, para considerar qué alma es o no filosófica, habrá que observar, ya desde su juventud, si es realmente justa y mansa o insociable y salvaje.

—Desde luego.

—A mi entender, tampoco deberás omitir esta otra cualidad.

—¿Cuál es?

—Si comprende fácilmente o es tarda para aprender. ¿O es que esperas que alguien tome suficiente gusto por todo lo que realiza con pena, con dificultad y con poco provecho?

—De ningún modo.

—Y si no es capaz de retener nada de lo que aprende, por ser alma de frágil memoria, ¿podrá superar alguna vez su vacuidad de conocimientos? ¿Cómo?

—Pero si trabaja sin alcanzar provecho, ¿no crees que terminará por odiarse a sí misma e incluso la actividad que desarrolla?

—¿Cómo no?

—Por tanto, no deberá computarse como alma propiamente filosófica a la que se muestra olvidadiza. Antes bien, nos conviene que disfrute de la buena memoria.

—Enteramente.

—De una naturaleza sin sentido musical e informe no podrá esperarse otra cosa que la desmesura.

—En efecto.

—¿Y piensas acaso que la verdad guarda afinidad alguna con la desmesura o con la proporción?

—Hemos de buscar, pues, un alma proporcionada y con gracia que, además de esas otras cualidades, posea una disposición natural para aprehender la esencia de cada ser.

—¿Cómo no?

—Entonces, ¿no te parece que todas esas cualidades de que hablamos no son verdaderamente necesarias ni se siguen unas de otras en el alma que se aplica al conocimiento completo y absoluto del ser?

—Las estimo de todo punto necesarias —contestó.

—¿Te atreverías a censurar las actividades de quien por naturaleza disfrutase de una buena memoria, fuese aplicado, generoso, agradable, amigo y compañero de la verdad, de la justicia, de la hombría y de la templanza?

—Creo que ni las censuraría el mismo Momo* —replicó.

—¿No convendría —dije yo— confiar el gobierno de la ciudad tan sólo a estos hombres, aleccionados ya por la educación y por los años?

III

Y entonces Adimanto dio a conocer su opinión:

—Sócrates —dijo—, no creo que nadie pudiese contradecirte. Sin embargo, he aquí lo que experimentan cuantos te oyen a menudo: piensan que su inexperiencia en preguntar y en responder los conduce engañosamente fuera de la cuestión, hasta el punto de que, al cabo de una serie de incidencias, caen en un error desmedido, opuesto en todo a sus previsiones primeras. Y al modo como en el juego de damas los malos jugadores se ven acorralados por los más hábiles y no saben ya de qué

---

* Momo, dios burlón por excelencia.

modo seguir, así también éstos se ven bloqueados y no aciertan a responder en ese otro juego que no es de damas, sino de palabras. Y créeme que la verdad no obtiene ganancia con ello. Y digo esto en consideración a lo que acabo de oírte. Desde luego, nada podría oponerse de palabra a tus razones; mas de hecho se advierte que cuantos se dedican al estudio de la filosofía, y no ya para educarse en su juventud y luego dejarla, sino para ejercitarse en ella de por vida, éstos, cuando menos en su mayoría, se vuelven seres extraños, por no decir miserables, y en cambio, los que parecen más discretos se hacen inútiles para su función social luego de esa experiencia filosófica a la que tú tanto ensalzas.

A lo que yo hube de responderle:

—¿Es que piensas que los que dicen eso faltan a la verdad?

—No lo sé —contestó—, pero escucharía gustosamente tu opinión.

—Pues a mí me parece que dicen verdad.

—¿Y cómo podrá afirmarse —preguntó— que las ciudades no cesarán en sus males hasta que las gobiernen los filósofos, esos hombres que precisamente reconocemos como inútiles?

—Haces una pregunta —afirmó— que sólo puede ser contestada si nos valemos de una comparación.

—¡Pues no creía —dijo— que tuvieses la costumbre de emplear comparaciones!

IV

—Bien —respondí—; observo que te burlas de mí, luego de haberme lanzado a una discusión realmente intrincada. Escucha la demostración para que veas con claridad el mal uso que hago de aquéllas. Es tan duro el trato que se da a los hombres discretos en las ciudades, que nadie habrá que lo haya experimentado a su manera. De ahí que convenga, para la reproducción y defensa de ellos, acudir a la reunión de muchos elementos, al modo como hacen los pintores, que combinan los ciervos con los machos cabríos y realizan otras cosas semejantes. Voy a presentarte el ejemplo de lo que podría ocurrir en una o en varias naves: supónte que hay en una de ellas un piloto que aventaja a los demás en corpulencia y en vigor, pero que es algo sordo, corto de vista y con conocimientos náuticos parejos de estos defectos; añade que los marineros se disputan unos a otros el gobierno de la nave, creyendo que corresponde a cada uno de ellos, a pesar de no haber aprendido este arte en ninguna ocasión ni poder señalar al maestro que le enseñó o el tiempo de aprendizaje, sino, antes bien, manifestando que no hay que aprenderlo y que están dispuestos a despedazar al que eso afirme. Hay que imaginarlos rodeando al piloto y haciendo todo lo posible para que les entregue el timón; si por casualidad no le convencen y aquél hace caso de otros, entonces dan muerte a esos hombres y los arrojan de la nave, deshaciéndose a la vez del honrado piloto por medio de la mandrágora, del vino o de cualquier otra medida adecuada. Luego se hacen cargo de la nave y usufructúan todo lo que hay en ella, y además, beben y se regalan espléndidamente, navegando como es natural que lo hagan gentes inexperimentadas. Para ellos es buen marino, piloto y entendido en cosas de mar todo aquel que les presta su ayuda, por el convencimiento o por la fuerza, para arrojar al piloto de la nave, y no lo es quien esto no hace. No consideran como propio del buen piloto el que tenga que preocuparse del tiempo, de las estaciones, del cielo, de los astros y de todas las cosas que conciernen el arte de la navegación, bien que realmente le corresponda el mando de la nave. Para el gobierno de la nave, lo quieran así o no algunos de los que la tripulan, no se necesita aprendizaje, ni práctica, ni arte del piloto. Si estas cosas, pues, ocurren en la nave, ¿no tendrán que pensar los marineros que el verdadero piloto es, realmente, un observador de las estrellas, un sutil razonador y un hombre inútil en relación con los que navegan en naves así preparadas?

—Indudablemente —dijo Adimanto.

—No creo —proseguí— que necesites desmenuzar ahora la comparación para darte perfecta cuenta que representa la disposición de las ciudades respecto a los verdaderos filósofos. Comprenderás perfectamente lo que digo.

—Desde luego —dijo.

—Ya puedes, pues, ante todo, hacer ostensible la comparación a aquel que se admiraba del trato que reciben los filósofos en las ciudades. Deberás convencerle de que sería todavía mucho más admirable el hecho de que los honrasen de algún modo.

—Se lo mostraré así —afirmó.

—También deberás decirle que no va descaminado al juzgar como inútiles, para la mayoría, a los más discretos de entre los filósofos. Sin embargo, incítale a que busque a los verdaderos culpables ellos no son otros que los que no se sirven de los filósofos. No parece natural que el piloto de la nave suplique a los marineros que acepten su gobierno, ni que los sabios vayan hasta las puertas de los ricos con el mismo fin. El que se complace en estas muestras de ingenio falta a la verdad, que no consiste en otra cosa, naturalmente, sino en que el enfermo, sea rico o pobre, acuda necesariamente a casa del médico, y en que todo el que deba ser gobernado se ponga bajo la dependencia del que puede gobernarle, sin que el gobernante tenga que solicitar una prerrogativa como ésta, de la que verdaderamente se deriva alguna utilidad. No te equivocarás si comparas a los políticos que ahora disfrutan del poder con los marineros de que hablábamos hace un momento, y a los llamados por éstos inútiles y charlatanes con los verdaderos pilotos.

—Muy cierto es lo que dices —asintió.

—Por todo ello no parece que puedan imponer la mejor norma los que viven de la manera contraria. Ciertamente, la mayor y más fuerte acusación contra la filosofía proviene de aquellos que dicen practicarla. A éstos creo se refiere el acusador de que tú hablabas, que califica de miserables a los que acuden a la filosofía, y a lo sumo de hombres inútiles a los más discretos de entre los filósofos, cosa que tú y yo hemos tenido ya por verdadera. ¿O no es así?

—Sí.

V

—¿No queda, pues, explicada la causa de la inutilidad de los llamados filósofos?

—En efecto.

—¿Te parece bien que averigüemos después de esto por qué ocurren así las cosas? ¿No crees oportuno que intentemos mostrar, si podemos, que la filosofía no tiene la culpa de ello?

—Justamente.

—No hay entonces más remedio que seguir hablando y escuchando alternativamente. Y convendrá también recordar las cualidades naturales que deberá reunir el hombre de bien. Si no eres frágil de memoria, recordarás fácilmente que la primera de esas cualidades es la verdad, que debe perseguir constantemente y en todas partes el verdadero filósofo; quien esto no haga, será realmente un vanidoso, pero de ningún modo un hombre que participe de la verdadera filosofía.

—Recuerdo todo eso.

—Pero la mayor parte de los hombres, ¿no se muestran unánimes en adoptar el punto de vista contrario?

—Desde luego —dijo.

—¿Y qué otra defensa mejor que la de afirmar la disposición natural del verdadero amante de la ciencia para preocuparse por el ser? ¿No es cierto que este hombre no se detiene en la mayoría de las cosas que parecen existir, sino que prosigue su camino y no cede ni renuncia a su amor hasta alcanzar la naturaleza misma de lo que existe, precisamente con aquella parte de su alma a la que conviene —y conviene por afinidad— intimar y tener contacto con la verdadera realidad? Por ese medio engéndrase la inteligencia y la verdad, procurando así, en lo sucesivo, conocimiento, vida y alimento verdaderos, que le preserven de los dolores del parto.

—No hay defensa más apropiada —contestó.

—Entonces, ¿será propio de ese hombre el complacerse en la mentira o, por el contrario, odiarla por entero?

—Odiarla —afirmó.

—Y si la verdad es la que conduce, no creo que deba ser seguida de un coro de vicios.

—¿Cómo?

—Al contrario, se corresponderá con un carácter sano y justo, dotado también de la templanza.

—Efectivamente —dijo.

—¿Tendremos necesidad de enumerar de nuevo esas cualidades que constituyen el coro natural del filósofo? Deberán recordar como cualidades muy indicadas para estos hombres el valor, la grandeza de alma, la facilidad para aprender y la memoria. A tu objeción de entonces, respecto a la necesidad de convenir en lo que decíamos, siempre que omitiésemos los discursos y mirásemos tan sólo a los seres a que se refieren, una parte de los cuales nos parecerían inútiles, pero otra gran parte, en cambio, entera y totalmente perversos, hemos llegado en este momento, al considerar el motivo de esta acusación. Ya se vislumbra por qué la mayoría son malos, circunstancia que nos ha obligado a estudiar y delimitar la naturaleza de los verdaderos filósofos.

—Estás en lo cierto —dijo.

VI

—Conviene examinar —proseguí— el motivo de que se corrompa en muchos esa naturaleza hasta el punto de que sólo sean unos pocos los que escapan al apelativo de miserables para recibir el de inútiles. Y después de esto, vendrá la consideración de los que imitan esta misma naturaleza y se aplican a su actividad característica, lo cual permitirá comprobar cuáles son las almas que, dirigiéndose a una ocupación de la que son indignas y para la que no están preparadas, delinquen abiertamente y procuran a la filosofía ese general descrédito a que tú te refieres.

—¿Podrás decirme —preguntó— esos motivos de corrupción?

—Intentaré dártelos a conocer —dije—, si es que soy capaz de ello. Por lo pronto, creo que todos estarán conformes conmigo en admitir la rara posibilidad de naturalezas como las anteriormente descritas y a las que se da con entero fundamento el nombre de amantes de la filosofía. ¿No lo estimas así?

—Con mucho.

—Pues bien, ahora verás cuán numerosas son y cuán grandes las causas de corrupción de esas raras naturalezas.

—¿Cuáles son?

—La que sin duda más te sorprenderá es que esas mismas cualidades, para las que no regateábamos el elogio, corrompen el alma del que las posee e incluso le apartan de la filosofía. Hablo del valor, de la templanza y de todo lo demás ya mencionado.

—Extraño parece escuchar eso —dijo.

—También la corrompen y la apartan —proseguí— todas esas cosas que consideramos como bienes: la belleza, la riqueza, la fuerza del cuerpo, los parentescos que deciden en el gobierno de la ciudad y otras circunstancias por el estilo. Ya comprendes lo que quiero decir.

—Lo comprendo —afirmó— . Aunque desearía que fueses más exacto en tu explicación.

—Toma la cuestión en su verdadero sentido —dije yo—, y se te hará completamente evidente y nada extraña la explicación que te he dado.

—¿Qué es, pues —preguntó—, lo que me ordenas?

—Sabemos con certeza —añadí— que toda planta o animal que crecen en un medio poco adecuado, sin clima y lugar propicios, notarán en mayor grado y cuanto más robusta sea su naturaleza la falta de las condiciones requeridas. Porque lo malo es más contrario de lo bueno que de lo que no lo es.

—¿Cómo no?

—Por eso creo yo que la naturaleza más perfecta, afectada por un régimen de vida que no es el suyo, lleva peor esa situación que una naturaleza más débil.

—En efecto.

—¿Convendrá, pues, Adimanto —dije yo—, aplicar el cuento a las almas y decir de las más vigorosas que se vuelven malas en grado eminente cuando reciben una mala educación? ¿O piensas que los grandes crímenes y la perversidad consumada prenden mejor en un alma indigna que en un alma fuerte destruida por la educación? ¿Acaso una naturaleza débil podrá ser causa de grandes bienes y de grandes males?

—No otra cosa pienso por lo que tú dices —contestó.

—Y yo creo que si la naturaleza filosófica a que nos referimos recibe una educación conveniente, verá acrecentada en sí misma, necesariamente, todo género de virtudes. Ahora bien, sembrada, criada y alimentada en un lugar no adecuado, se desarrollará en sentido contrario, a no ser que algún dios le preste su ayuda. ¿O es que tú adoptas la opinión de la mayoría, que piensa que algunos jóvenes son corrompidos por los sofistas, y concretamente por sofistas que de modo particular actúan sobre ellos? ¿No estimas como más lógico el que sean los mayores sofistas quienes hacen tales manifestaciones, los cuales sabe educar y moldear a su gusto a jóvenes y viejos a hombres y mujeres?

—¿Y en qué ocasión lo hacen? —preguntó.

—Pues cuando, reunidos en gran número de las asambleas, en los tribunales, en los teatros en cualquier otra concentración pública, aprueban o desaprueban a gritos y con mucho estruendo algunos de los dichos o de las acciones cometidas. La gritería y los aplausos resuenan en las bóvedas y aumentan el estruendo de las censuras y de las alabanzas. ¿Cuál piensas que será el estado de ánimo del joven en una situación así? ¿O de qué naturaleza habría de ser la educación recibida para que ese joven se mantuviese firme, como un náufrago que no se deja llevar por la corriente de las censuras y de las alabanzas? ¿Es posible que no se deje arrastrar por esa misma corriente y no llame buenas y malas a las acciones de aquéllos, imitándolas en su totalidad?

—No hay duda que así procederá, Sócrates —dijo.

VII

—Sin embargo —proseguí—, aún no he hecho alusión a la prueba más importante.

—¿Y cuál es? —preguntó.

—La violencia de que hacen uso estos educadores y sofistas cuando no son capaces de convencer con sus palabras. ¿O no sabes acaso que al que no los obedece le castigan con la pérdida de su reputación, de sus bienes o incluso de su vida?

—Sí que lo sé —contestó.

—¿Qué otro sofista, pues, o qué razones particulares podrían enfrentarse con éxito a las ya mencionadas?

—Creo que nadie podría hacerlo —dijo.

—Desde luego —añadí—, porque ya sería gran locura el intentarlo. Ni hay, ni ha habido, ni habrá nunca un carácter distinto en cuanto a la virtud, si se ve sometido a una educación contraria a la de esos sofistas. Me refiero a un carácter humano, querido amigo, y dejo a un lado el divino, de acuerdo con el proverbio. Pues conviene que sepas que si en una ciudad gobernada según estas máximas algo se salva o acontece como es debido, puede afirmarse con razón que su salvación ha dependido del favor otorgado por la divinidad.

—Soy de tu opinión —afirmó.

—Pues a esta evidencia —dije yo— añadirás lo que voy a decir.

—¿Y qué es ello?

—Que cada uno de los particulares a sueldo, a los que ésos llaman sofistas y consideran como rivales, no enseña otra cosa que las opiniones adoptadas por la mayoría en sus asambleas, a lo cual atribuyen el nombre de sabiduría. Imagínate un hombre que tuviese a su cargo una criatura grande y fuerte y que para cumplir bien su cometido se aprendiese sus inclinaciones naturales y sus apetitos con objeto de saber por dónde hay que acercársele y sujetarle, y cuándo se muestra fiera o se aplaca, y por qué causas y con qué motivos suele articular determinadas voces y cuáles son, a la vez, las que, pronunciadas por otro, le amansan o irritan. Imagínate ahora que, por el trato y la experiencia adquirida, diese en llamar ciencia a este arte y se dispusiese a enseñarlo a los demás, apenas sin poder discernir claramente lo que hay de hermoso o de feo, de bueno o de malo, de justo o de injusto en cualquiera de esas inclinaciones y apetitos. No parece dudoso que emplearía todas estas denominaciones de acuerdo con los instintos de la gran bestia; esto es, llamando bienes a todo lo que a ella agrada y males a lo que ella aflige, pero mostrándose incapaz de razonar estos calificativos y limitándose a llamar justo y hermoso a todo lo necesario, aunque sin llegar a comprender ni a exponer a los demás cuánto difieren entre sí lo necesario y lo bueno. ¿No es cierto, por Zeus, que un maestro así resultaría bien extraño?

—A mí, desde luego, me lo parece —dijo.

—¿Y no te parece también que con esta imagen se retrata a la persona que, tanto en la pintura como en la música o en la política, cree haber calado en las inclinaciones y los gustos de toda una multitud reunida? Porque si alguno se ve precisado a presentar a éstos una poesía o cualquier otra obra de carácter artístico o utilitario para la ciudad, los convierte en señores de su causa y contrae así, más allá de lo conveniente, esa llamada necesidad diomedea que le hace conformarse con todo lo que los demás ensalzan. ¿Has oído alguna vez a alguien que pretenda probar realmente la bondad y la belleza de estas cosas con razones que no muevan a risa?

—Ni creo que le oiré —contestó.

VIII

—Pues hora es de que recuerdes lo que voy a decir, luego de haber considerado todo esto. ¿Es posible que la multitud sostenga o piense que existe lo bello en sí, pero no, en cambio, la multiplicidad de las cosas bellas, y cada cosa en sí, pero no la pluralidad de cosas particulares?

—Yo, al menos, no lo admito —afirmó.

—Por consiguiente —dije yo—, resulta imposible que la multitud cultive la filosofía.

—Imposible.

—Y necesariamente, los filósofos serán censurados por ella.

—Necesariamente.

—Y, de la misma manera, por esos particulares que conviven con la plebe y desean complacerla en sus gustos.

—Desde luego.

—Entonces, ¿qué puerto de salvación prevés para el verdadero filósofo, de modo que pueda llevar hasta el fin su propia inclinación? Piensa para ello en todo lo que hemos dicho. Por lo pronto, habíamos convenido ya que la facilidad para aprender, la memoria, el valor y la grandeza del alma eran las características de esa naturaleza.

—Sí.

—Es claro que ya desde niño tendrá la primacía sobre los demás, sobre todo si su cuerpo se desarrolla paralelamente a su alma.

—¿Qué se opone a ello? —preguntó.

—Una vez que llegue a la edad madura, espero que sus parientes y conciudadanos querrán servirse de él en su propio provecho.

—¿Cómo no?

—Por tanto, se postrarán ante él para abrumarle con súplicas y con honores y le prodigarán de antemano su adulación con vistas a su poder futuro.

—Eso es lo que suele ocurrir —afirmó.

—¿Y qué crees —dije yo— que podrá hacer quien se encuentre en esas condiciones, siendo, demás, originario de una gran ciudad, en la que disfruta de riqueza y prosapia, y teniendo hermosa presencia y alta estatura? ¿No se llenará de inconcebible esperanza, pensando que llegará a detentar el poder de los helenos y de los bárbaros, y tratando de exagerar su posición henchido de magnificencia y de vana insensatez?

—En efecto —asintió.

—Supón que a un hombre poseído de esas ilusiones se le acercase alguien para decirle sencillamente la verdad: que no posee inteligencia, que está carente de ella y que no logrará adquirirla si no pone todo su empeño en su adquisición. ¿Piensas que dará oídos a estas razones si está dominado por tan nefastas lucubraciones?

—Muy lejos estoy de pensarlo —dijo.

—Mas si sus buenas condiciones naturales y su afinidad con las razones expuestas —proseguí— le hiciesen volver a la realidad y plegarse y dejarse arrastrar hacia la filosofía, ¿qué pensaríamos iban a preparar todos aquellos que perdían con ello su favor y su amistad? ¿No apelarían a todos los medios, a todas las palabras persuasivas para que no siguiese por ese camino ni prestase atención al que intentase convencerle? ¿No le tenderían asechanzas públicas y privadas y envolverían en pleitos para que ese intento no pudiese llevarse a la práctica?

—Necesariamente tendría que ser así —dijo.

—¿Podría, pues, ese hombre llegar a ser filósofo?

—De ningún modo.

IX

—Compruebas, por tanto —añadí—, con cuánta razón decíamos que las mismas condiciones naturales del filósofo, cuando se ven afectadas por una mala educación, son la causa de que se aparte de su verdadera ocupación. A ello ayudan también todo lo que entendemos por bienes, riquezas y recursos por el estilo.

—Se dijo con toda razón —afirmó.

—Tales son, admirado amigo —dije yo—, los motivos de ruina y de perversión que hacen presa en las mejores naturalezas para la práctica de su más excelsa actividad. Y considera que su número es reducido, como decíamos. De entre estos hombres surgen los que procuran los mayores males, tanto a las ciudades como a los simples ciudadanos, y son ellos también los que, si la corriente los lleva por el buen camino, producen los mayores bienes. Una naturaleza pequeña, en cambio, será incapaz de realizar ninguna acción grande, ni en favor de un particular ni de la ciudad.

—Admitido —dijo.

—Y estos mismos hombres, apartados así de la filosofía, a pesar de ser los más aptos para ella, dejan a aquélla en la más completa soledad y abandono y se entregan a una vida que ni les conviene ni es verdadera. Entre tanto, otros hombres indignos aprovechan la orfandad de la filosofía para lanzarse sobre ella, deshonrarla y cubrirla de improperios análogos a los que tú atribuyes a los que aducen razones de convivencia. De éstos, cierto que algunos nada merecen, pero la mayoría deberían recibir los mayores males.

—Eso es precisamente lo que se dice —asintió.

—Y con todo fundamento —observé—. Pues cuando otros hombrecillos echan de ver que esa fortaleza se encuentra desguarnecida y llena tan sólo de nombres ostentosos, redoblan su contento imaginándose prisioneros que, escapados de la cárcel, encontrasen cobijo en un templo. Y es entonces también cuando abandonan sus oficios y caen sobre la filosofía los hombres más diestros en su propia ocupación. Sin embargo, aun en ese estado, a la filosofía le queda una elevada dignidad que no alcanzan las demás artes. Y es esa dignidad la que atrae a muchas personas de imperfecta condición, viles artesanos en su mayoría, que en la práctica de su oficio han mutilado su cuerpo y han anulado y quebrantado su alma. ¿No tendrá que ocurrir así?

—Con mucho —dijo.

—¿No te parece —pregunté— que estos hombres en nada difieren de aquel calderero calvo y pequeño que, liberado poco ha de sus cadenas y disponiendo de algún dinero, intenta casarse con la hija de su dueño, ya recién salido del baño peripuesto como un novio?

—Desde luego, en nada difieren de él —contestó.

—¿Qué hijos podrán salir de semejante matrimonio? ¿No nacerán ya corrompidos y viles?

—Necesariamente.

—Entonces, cuando se acercan a la filosofía y tienen trato con ella hombres de naturaleza indigna, ¿qué pensamientos y opiniones podrán engendrar en su alma? ¿Merecerán otro nombre que el de sofismas? ¿Habrá entre ellos alguno que sea legítimo y propio de una verdadera inteligencia?

—De ningún modo —dijo.

X

—Así, pues, Adimanto —proseguí—, sólo nos queda un número muy pequeño de hombres que pueda entregarse dignamente al estudio de la filosofía. Quizá alguna naturaleza noble y bien educada que, aleccionada por el destierro y sin tener quien la corrompa, haya permanecido fiel a su natural filosófico, lo cual ocurre a veces en una ciudad pequeña cuando nace un alma grande que desdeña los cargos públicos por considerarlos deshonrosos. Y posiblemente, algunos hombres de talento acudan también a la filosofía, apartándose justamente de su privativo oficio. No es este el caso de nuestro compañero Teages, en quien actúa, como freno para dedicarse a la política, el cuidado de su cuerpo enfermo, pues todas las causas se concitan en él para hacerle abandonar la filosofía. No juzgo oportuno hablar ahora del llamado genio socrático*; seguramente muy pocos o ninguno lo han experimentado antes que yo. Quienes se incluyen en este pequeño número y han gustado dulcemente de una feliz adquisición y visto, además, con suficiencia plena la locura de la mayoría o comprobado que nadie aplica su sano juicio, por así decirlo, a los asuntos políticos, y que uno no encuentra aliado que le acompañe cuando se trata de ayudar a la justicia, sino que, por el contrario, al igual que un hombre caído en medio de las bestias, ha de abstenerse de cometer injusticias o de defenderse de esas mismas bestias, convencido de que su sacrificio personal no reportará beneficio alguno a la ciudad, a sus amigos y a sí mismo, y de que si se hace estas reflexiones, preferirá conservar su tranquilidad y entregarse a sus cosas, como viajero que sorprendido por el temporal, se arrimase a un paredón para res-

---

* Se trata de la célebre señal demónica o imperativo ético socrático.

guardarse del polvo y de la lluvia. Ese hombre, que comprueba en todas partes el desprecio a las leyes, se complacerá con vivir una vida limpia totalmente de injusticias y de sacrilegios para que al cabo de ella le alcance una hermosa, tranquila y alegre esperanza.

—No sería pequeño bien —dijo— el salir de este mundo después de una vida así.

—Pero tampoco habría alcanzado el mayor —respondí—, de no haber encontrado el régimen político conveniente. En un régimen de esta naturaleza, él mismo se desenvolvería mejor y, con su propia prosperidad, salvaría los asuntos particulares y los públicos.

XI

Con ello se prueba la sinrazón de las acusaciones que se formulan a la filosofía, pero me parece a mí que ya se ha hablado de esto suficientemente, a no ser que tú nos reserves todavía algo en tu interior.

—Yo, desde luego —afirmó—, nada tengo que decir sobre ello. Ahora bien, ¿qué régimen de los actuales consideras tú adecuado a la naturaleza filosófica?

—Realmente, ninguno —contesté—. Y esto es lo que origina mis quejas, pues ninguna de las instituciones de ahora resulta adecuada para la naturaleza del filósofo. De ahí que esta se tuerza y se transforme, lo mismo que la simiente que, sembrada en una tierra extraña, pierde su propia consistencia y se adapta al suelo del país. Y no otra cosa ocurre al linaje filosófico, que en nuestro tiempo no conserva su fuerza característica, sino que la cambia en otra distinta. Ahora bien, si se encuentra con un régimen político cuya excelencia iguale a la suya, entonces mostrará claramente que posee una naturaleza divina y que las restantes naturalezas y actividades tienen un carácter meramente humano. A buen seguro que preguntarás inmediatamente qué régimen político es ése.

—No entraba eso en mis cálculos —dijo—. Pero, ¿se corresponde con la ciudad que nosotros hemos delineado?

—Desde luego —respondí—, salvo en una cosa. Pues dijimos entonces que convendría subsistiese en la ciudad el mismo principio de autoridad que tú, como legislador, has introducido en sus leyes.

—Sí, eso es lo que se dijo —afirmó.

—Mas no se desenvolvió con suficiente claridad —añadí—, porque nos preocupaba y llenaba de temor la larga y difícil demostración que habíais ofrecido. Y, por otra parte, tampoco resulta fácil probar lo restante.

—¿Qué es ello?

—Cómo deberá ser administrada nuestra ciudad para que se conserve en su seno el espíritu filosófico. Pues todas las grandes cosas son inestables, y, como suele decirse, las cosas bellas son realmente difíciles.

—Con todo —dijo—, hay que llevar la demostración hasta el fin para que este punto quede en claro.

—No me lo impedirá mi voluntad —objeté—, sino, si acaso, la limitación de mis propias fuerzas. Tú, que estás presente, darás fe de mi empeño. Considera ahora con cuánta vehemencia y temeridad voy a mostrarte que conviene a la ciudad una línea contraria a la que actualmente desarrolla.

—¿Cómo?

—En nuestro tiempo —dije—, los que se dedican a la filosofía son adolescentes, apenas salidos de la niñez, que, después de haberse entregado al estudio de aquélla en su parte más difícil, esto es, la dialéctica, la dejan a un lado para pensar en el gobierno de la casa y en los negocios. Con esto se convierten en esclarecidos filósofos que, ya en lo sucesivo, creen hacer demasiado si dan oídos a las conversaciones filosóficas de otros, en la idea de que esa ocupación es poco importante para ellos. Y en cuanto llegan a la vejez, todos, excepto unos pocos, se extinguen mucho más que el sol de Heráclito, puesto que no vuelven a recobrar su luz.

—¿Qué debe hacerse, pues? —preguntó.

—Todo lo contrario. Para la niñez y la adolescencia debe reservarse la educación y la filosofía apropiadas; y en esa época en que crecen y se hacen hombres procurarán los máximos cuidados a sus cuerpos, ganándolos así al servicio de la filosofía. Después, una vez en la edad madura, redoblarán los ejercicios que a ésta convengan, y cuando, perdidas las fuerzas, esos hombres hayan de apartarse de la política y del ejército, entonces quedarán en plena libertad para no hacer otra cosa que procurarse una vida feliz, con el fin de alcanzar más tarde un destino que corresponda a su felicidad terrena.

XII

—Me parece, Sócrates —dijo—, que hablas con verdadera vehemencia. Creo, no obstante, que la mayoría de los que te escuchan, y Trasímaco el primero, pondrán todavía más ardor en contradecirte y en no aceptar tus razones.

—No me indispongas —objeté— con Trasímaco, de quien me he hecho amigo hace poco, aunque en verdad nunca haya sido enemigo suyo. Por lo demás, no ahorraremos esfuerzos hasta convencer a éste y a los demás para que, al menos, nuestros consejos les sirvan de utilidad en otra vida, si llegados a ella se encuentran de nuevo en conversaciones como ésta.

—¡Corto es el plazo a que te refieres! —exclamó.

—¡Y qué es eso comparado con la eternidad! —dije yo—. Sin embargo, no me parece extraño que la mayoría no dé crédito a lo que afirmo. Al fin y al cabo, nunca han visto realizado lo que ahora hemos dicho, y sus discursos igualan cuidadosamente las palabras, en tanto los nuestros se producen con toda naturalidad. Nunca, desde luego, habrán podido admirar a un solo hombre que, dentro de lo que cabe, mantenga de hecho y de palabra correspondencia y semejanza con la virtud y que, a la vez, gobierne en una ciudad de esas condiciones. ¿O no lo crees así?

—En efecto.

—Tampoco, querido amigo, habrán podido escuchar con relativa frecuencia conversaciones de hombres virtuosos y libres en las que, sin otro fin que el de gozar de ella, se busque la verdad denodadamente y por todos los medios. En esas discusiones se desechan los adornos y las sutilezas y se ve muy de lejos todo aquello que tiende a ganar reputación tanto en las disputas de los tribunales como en las reuniones particulares.

—No habrán oído esas conversaciones —asintió.

—Pues este era el motivo —dije yo— que detenía nuestras reflexiones y nos hacía declarar, aunque obligados por la verdad, que no existirá nunca ciudad, ni régimen político, ni siquiera hombre alguno que sean perfectos hasta que una especie de necesidad obligue a esta minoría de filósofos, ahora considerados no como malos, sino como inútiles, a que se ocupen, quieran o no, de los asuntos de la ciudad, y a que ésta se muestre sumisa a ellos, o, al menos, hasta que por alguna inspiración divina se apodere de los hijos de los que ahora gobiernan o de los mismos monarcas un verdadero amor hacia la verdadera filosofía. No hay razón, a mi juicio, para afirmar que una u otra de estas dos cosas, o ambas, no sean posibles. Porque entonces caeríamos en el más justificado de los ridículos al tratar de fundamentar vanas promesas. ¿No es así?

—Indudablemente.

—Por tanto, si en el pasado, o ahora mismo en algún estado bárbaro, realmente fuera de nuestra vista, o incluso en el futuro, se ha dado, da o dará la necesidad de que los filósofos más capaces tengan que ocuparse del gobierno de la ciudad, tendremos que sostener de palabra que ha existido, existe o existirá un régimen político como el ya descrito, a condición de que la musa filosófica se convierta en señora de la ciudad. Y esto no resulta de ningún modo imposible, ni nosotros mismos lo hemos considerado así; conveníamos, sin embargo, en apreciar su difícil realización.

—Soy de esa misma opinión —afirmó.

—¿Dirás acaso —pregunté yo— que la mayor parte de los hombres no parece opinar así?

—Posiblemente —dijo.

—¡Oh mi buen amigo! —exclamé—. No prejuzgues tan mal de la multitud. Pues su manera de pensar será muy otra, si en vez de disputar con ella se buscan los medios de apaciguarla y se intenta vencer su desacuerdo con la filosofía, mostrándole los filósofos a los que tú te refieres y precisándole, como hace un momento, su naturaleza y su conducta política, para que no se imagine que estás hablando de los que ella misma piensa. ¿Creerás que si ven las cosas de este modo, no van a abandonar sus opiniones primitivas y a responder de otra manera? ¿O pensarás que alguien que no es envidioso ni irritable va a violentarse con el que tampoco demuestra envidia o irritación? Yo, desde luego, anticipándome a lo que tú digas, afirmaré que una naturaleza de este cariz suele manifestarse en unos cuantos, pero no en la multitud.

—Ten por seguro —dijo— que mi parecer no es otro que el tuyo.

—Por consiguiente, también convendrás conmigo en que la aspereza de la multitud hacia la filosofía viene originada por aquellos falsos filósofos que, después de su irrupción indebida en ella, se injurian y se enemistan unos con otros, ocupándose tan sólo de cuestiones meramente humanas y haciendo así que la filosofía descienda de su verdadero rango.

—Convengo en ello —dijo.

XIII

—Realmente, Adimanto, a aquel hombre que dirige su pensamiento hacia la contemplación del verdadero ser no le queda un momento de ocio para bajar su mirada a los asuntos de los hombres o para luchar con ellos lleno de envidia y de malquerencia. Pues como las cosas que ve y contempla están todas ellas en una misma ordenación y ni proceden injustamente ni reciben injusticia de otros, sino que se mantienen en un orden racional, tiene bastante con imitarlas y con que prive en él su semejanza más completa con aquéllas. ¿O es que crees que puede dudarse de la imitación de aquello con lo que uno convive amigablemente?

—Imposible —afirmó.

—Así, pues, el filósofo que convive con lo divino y ordenado, se hace él también ordenado y divino en cuanto su condición humana se lo permite. Y eso que en todos los terrenos se prodiga la calumnia.

—En todos, en efecto.

—Por tanto —dije—, si llevado por alguna necesidad, extiende su preocupación a los asuntos públicos y privados de los demás hombres en el deseo de que se aprovechen de todo lo que perfecciona su alma, ¿piensas quizá que sería un mal forjador de templanza, de justicia y de las demás virtudes civiles?

—De ninguna manera —contestó.

—Entonces, no cabe duda que si la multitud se da cuenta de que es verdad lo que decimos de este hombre, se irritará contra los filósofos y llegará a desconfiar de esta afirmación nuestra, esto es, de que la ciudad no podrá alcanzar la felicidad sino en el caso de que sus líneas generales sean delineadas por esos pintores que contemplan el modelo divino.

—No se irritarán —dijo— si efectivamente se dan cuenta de ello. Pero, ¿cuál es ese diseño al que tú te refieres?

—Tomarán la ciudad y los caracteres de los hombres —proseguí—, como si fuese una tablilla, y en primer lugar, la dejarán limpia por completo, lo cual no es nada fácil. Sabes, sin embargo, que disentirán de los demás en el hecho de que no querrán ocuparse de los asuntos particulares o de los de la ciudad, ni siquiera dictar leyes, hasta que reciban aquella limpia o ellos mismos procedan a limpiarla.

—Y tendrán mucha razón para ello —dijo.

—¿No crees que, después de esto, esbozarán como modelo el régimen político conveniente?

—¿Cómo no?

—Luego, a mi juicio, dirigirán frecuentes miradas a uno y otro lado, es decir, a lo naturalmente justo, bello y dotado de templanza, y a todas las demás virtudes, así como a cuantas puedan infundirse en los hombres por la mezcla y combinación de distintos elementos, con lo que formarán el modelo humano apoyando en lo que Homero llamó divino y semejante a los dioses cuanto se encuentra innato en los hombres.

—Harán bien —dijo.

—Y espero, además, que borrarán y volverán a pintar de nuevo todos los rasgos necesarios hasta que los caracteres humanos se hagan gratos a los dioses en la medida de lo posible.

—Sería esa una pintura muy hermosa —afirmó.

—¿No habremos logrado persuadir —añadí— a los que, según tú, avanzaban en orden de batalla contra nosotros, una vez demostrado que ese pintor de regímenes políticos es el mismo que les ensalzábamos y que ellos miraban con recelo, temiendo a la vez que le entregásemos el gobierno de las ciudades? ¿Se habrán apaciguado ya después de lo que han oído ahora?

—Desde luego —asintió—, si conservan su sensatez.

—¿Qué objeciones podrán presentarnos? ¿Se atreverán a decir que los filósofos no son amantes del ser y de la verdad?

—Bien extraño resultaría —dijo.

—¿Y acaso que la naturaleza de ellos, tal como queda reseñada, no es afín de lo mejor?

—No creo que digan eso.

—Entonces, ¿aducirán tal vez que una naturaleza así y que reúna cualidades adecuadas no será mejor y más filosófica que cualquier otra? ¿O dejarán ese puesto, con más razón, para los filósofos que nosotros hemos excluido?

—No, por supuesto.

—¿Mantendrán todavía su irritación cuando digamos nosotros que no habrá remedio para los males de la ciudad y de los ciudadanos hasta que el linaje de los filósofos no se haga cargo del gobierno? ¿No será esta de hecho la condición política que imaginábamos?

—Sí, y su irritación quizá se reduzca —dijo.

—¿Quieres, pues —pregunté—, que dejemos a un lado esa posibilidad y que los estimemos ya por completo pacificados y convencidos, a fin de que, si no otra cosa, sea la vergüenza la que les mueva al acuerdo?

—Será mejor —contestó.

XIV

—Entonces —proseguí—, considerémoslos ya como convencidos. Pero, ¿es que alguien se atreverá a poner en duda que los hijos de los reyes o de los gobernantes no poseen condiciones naturales filosóficas?

—Nadie —replicó.

—Y si las poseen, ¿podrá decirse que necesariamente habrán de corromperse? Ya nosotros conveníamos, desde luego, en que es difícil que se salven. Pero, ¿es que alguien llegará a dudar, de que ninguno de ellos logre salvarse en todo el curso de los tiempos?

—¿Y cómo?

—Bastaría con uno solo —dije yo— que encontrase a la ciudad dispuesta a obedecerle, y todas estas cosas de que ahora se duda tendrían plena realidad.

—Sí, sería suficiente —dijo.

—Y en el caso de que exista un gobernante —añadí— que promulgue las leyes y disposiciones antes mencionadas, no resulta imposible que los ciudadanos quieran someterse a él.

—Desde luego.

—¿Podrá creerse, pues, que nuestra opinión parezca sorprendente e incluso imposible a todos los demás?

—Yo, al menos, no lo estimo así —afirmó.

—A mi entender, quedó ya suficientemente demostrado con anterioridad que nuestro régimen era el mejor, siempre que fuese posible.

—Sí, suficientemente.

—Ahora, al parecer, convenimos en que todo lo que decimos acerca de la legislación es lo mejor, si realmente puede realizarse. Cierto que resultará difícil, pero de ningún modo imposible.

—Estamos de acuerdo en eso —dijo.

XV

—Pues bien, ya que hemos llegado al fin propuesto, aunque con gran dificultad, hablemos ahora de todo lo demás, es decir, de qué enseñanzas y de qué instrucciones hemos de valernos para formar a los hombres capaces de salvar el régimen y a qué edad convendrá adecuarlos a ellas.

—Sea ese nuestro tema —dijo.

—Parece —proseguí— que de nada me sirvió la habilidad que usé anteriormente, cuando dejé a un lado la dificultad relativa a la posesión de las mujeres, a la procreación de los hijos y a la elección de los gobernantes, en la idea de que, en su completo desarrollo, este régimen sería objeto de envidia difícilmente realizable. Pero ha llegado el momento en que, con no menor motivo, conviene tratar estos puntos. Se han expuesto ya las cuestiones referentes a las mujeres y a los hijos; pero, en cambio, en cuanto a los gobernantes, es necesario poner tanto interés como al principio. Decíamos entonces, si es que no lo has olvidado, que convendría demostrasen un gran amor a la ciudad, puesto a prueba tanto en los placeres como en los dolores. Y afirmábamos asimismo que ni los trabajos, ni los temores, ni ninguna otra alteración de su vida, podrían ser motivo para que desertasen del principio: Que debiera separarse a aquel que no resistiese estas pruebas, y en cambio, al que saliera de ellas puro como el oro pasado por el fuego, a ése habría que imponerle como gobernante y concederle honores y distinciones de por vida y después de su muerte. Todo esto lo he dicho antes, aunque usando de rodeos y evasivas, porque temía revelar lo que ahora se nos presenta.

—Es muy cierto lo que dices —asintió— y lo recuerdo perfectamente.

—Temía decir, en efecto, mi querido amigo —añadí—, todo lo que ahora, por fin, me he atrevido a declarar. Y ya que así lo he hecho conviene instituir a los filósofos como los guardianes más perfectos.

—Pues quede indicado —dijo.

—Piensa que, verosímilmente, contarás con un número reducido de ellos. Hemos afirmado también que requieren una naturaleza cuyas partes no suelen encontrarse reunidas en un solo individuo; antes bien, lo natural es que se repartan entre muchos.

—¿Cómo dices? —preguntó.

—Bien sabes que los hombres que disponen de facilidad para aprender, de memoria, de sagacidad, de agudeza y de otras cualidades que siguen a éstas, no acostumbran poseer a la vez sentimientos de generosidad y de nobleza que les permitan vivir una vida ordenada, tranquila y estable, sino que, por el contrario, se dejan llevar de su misma vivacidad, dando a un lado toda su firmeza.

—Tienes razón —dijo.

—Mas, los carácteres firmes y no mudables, en los cuales puede tenerse más confianza, por mantenerse inconmovibles frente a los peligros de la guerra, son por esto mismo muy poco aptos para el estudio; se vuelven lentos y torpes y quedan como embotados y vencidos por el sueño y el bostezo en cuanto les llega el momento de trabajar con algún esfuerzo.

—Eso es —dijo.

—Ahora bien, nosotros señalábamos que debían participar justa y convenientemente de ambas cualidades, ya que en otro caso no cabría procurarles una esmerada educación ni otorgarles honores y dignidades.

—En efecto —asintió.

—¿Y no crees que rara vez se dará una naturaleza así?

—¿Cómo que no?

—A esos hombres convendrá probarles con los trabajos, peligros y placeres de que entonces hablábamos. Y aún añadiremos ahora algo que en aquella ocasión hemos omitido, y es que deberán adiestrarse en muchas otras ciencias, único medio de que observemos si son capaces de soportar los estudios más profundos, o bien si se acobardan ante ellos, como hacen los espíritus pusilánimes, en todas las demás cosas.

—Será preciso —afirmó— someterlos a esa observación. Aunque, ¿cuáles son esos estudios más profundos que tú mencionas?

XVI

—Recordarás —dije yo— que, después de haber establecido las tres partes del alma, precisábamos también la naturaleza de la justicia, de la templanza, del valor y de la prudencia.

—Si no lo recordara —dijo—, no sería justo que escuchase todo lo demás.

—Y lo dicho anteriormente.

—¿A qué te refieres?

—Decíamos que se necesitaría un largo rodeo para llegar a conocer mejor esas cualidades. Y no cabe duda que al término de ese recorrido la visión sería más clara. Aunque, sin embargo, existen otras demostraciones que nos pondrían en el camino antes iniciado. Vosotros tuvisteis suficiente con lo dicho, y por ello no se trataron las cosas, a mi entender, con el necesario rigor; ahora os toca repetir, pues, si fueron de vuestro agrado.

—Para mí, desde luego, sí lo fueron —dijo—; y espero que así haya parecido a los demás.

—¡Ah, mi querido amigo! —afirmé—, no puede considerarse medida justa aquella que carece de algo. Porque lo que no está completo no puede ser medida de nada. Sin embargo, algunos se contentan en ocasiones y creen que no debe proseguirse la búsqueda.

—En efecto —dijo—, y son numerosos los que obran así por pereza de espíritu.

—Pues bien —dije yo—, eso debe ocurrirle, menos que a nadie, al encargado de guardar la ciudad y las leyes.

—Naturalmente —asintió.

—Y, por consiguiente, querido compañero —proseguí—, a ese hombre convendrá el rodeo más largo y no esforzarse menos en su aprendizaje espiritual que en el cuidado de su cuerpo. O, como afirmábamos hace poco, no llegará nunca a alcanzar del todo aquel conocimiento que es, a la vez que el más sublime, el que más conviene a sus condiciones.

—¿Concibes acaso —preguntó—, que existan todavía virtudes mayores que la justicia y que todas las demás ya mencionadas?

—No sólo las hay mayores —respondí—, sino que, de estas mismas virtudes, convendrá ver algo más que un diseño, que es lo que hacemos ahora, sin renunciar por lo pronto a la obra completa. ¿O no sería ridículo procurar a otras cosas de poca monta una perfección y limpieza excesivas, cuando a las más importantes no se las concede la suficiente atención?

—Efectivamente —dijo—. Sin embargo, ¿crees que vas a seguir hablando sin que nadie te pregunte por ese sublime conocimiento y el objeto sobre el que versa?

—No lo creo, en modo alguno —contestó—, y tú mismo puedes formular la pregunta. Aunque sin duda muchas veces has oído lo que puedo decirte, y ahora o no lo recuerdas o pretendes ponerme en un aprieto con tus objeciones. Esto último será lo más probable. Muchas veces habré repetido que la idea del bien es el conocimiento más importante, pues es esa idea la que proporciona utilidad y positiva ventaja tanto a la justicia como a las demás virtudes. Sabes de sobra que es esto mismo, poco más o menos, lo que tengo que decirte ahora, añadiendo si acaso que no lo conocemos de manera suficiente. Si, pues, no lo conocemos, no nos servirá de nada todo lo demás, aún conocido de la manera más perfecta, ya que esto último ningún provecho proporciona de no poseer a la vez la idea del bien. ¿O crees que reporta alguna ventaja poseer todas las cosas, con excepción del bien? ¿O conocerlo todo, excepto el bien, y no conocer nada que sea bello y bueno?

—Por Zeus, yo al menos no lo creo —respondió.

XVII

—Sabes, sin embargo, que para la mayoría parece ser el bien el placer, y en cambio para los más discretos, el conocimiento.

—¿Cómo no?

—Y sabes, igualmente, querido amigo, que quienes aceptan esta opinión no pueden mostrar a qué conocimiento se refieren, sino que se ven forzados a decir, en último término, que al del bien.

—Y eso sí que mueve a risa —dijo.

—¿Cómo no va a mover —observé—, si después de habernos reprochado que no conocemos el bien nos hablan nuevamente de él como si lo conociéramos? Porque dicen que es el conocimiento del bien, como si nosotros pudiéramos dar nuestra aprobación a sus palabras cuando pronuncian el nombre del bien.

—Estás en lo cierto —replicó.

—¿Y qué decir de los que definen el bien por el placer? ¿Es que no incurren en un extravío no menor que el de los otros? ¿O no se ven forzados, éstos también, a admitir la existencia de placeres malos?

—Sin duda alguna.

—Les sucede, pues, creo yo, que admiten la bondad y la maldad de las mismas cosas. ¿O no es así?

—En efecto.

—¿No se muestra claramente que acerca de esto existen muchas y grandes dudas?

—¿Cómo no?

—Entonces, ¿no se evidencia también que la mayoría prefiere lo que parece justo y bello, tanto en sus palabras como en sus acciones, aunque realmente no lo sea? ¿Y no es verdad, en cambio, que a nadie basta el poseer lo que parece bueno, sino que todos buscan lo que en realidad lo es sin preocuparse para nada de la apariencia?

—No de otro modo ocurre —dijo.

—Y este bien que persigue toda alma y en vista de lo cual hace todo, sospechando que realmente existe, pero que en su incertidumbre no acierta a definir con exactitud ni a precisar con el criterio de certeza que aplica a todo lo demás; este bien, digo, por el cual llega a perder la ventaja que aquello le proporciona, ¿deberá permanecer oculto en su excelsa grandeza para esos ciudadanos que son los mejores en la ciudad y a los que confiamos todas las cosas?

—De ningún modo —dijo.

—Pienso, efectivamente —añadí—, que las cosas justas y bellas de las que no se sabe en qué medida son buenas, no tendrán un guardián que valga mucho, caso de que desconozca esto. En mi opinión, nadie las conocerá bastante, si no conoce previamente el bien.

—Aciertas, desde luego —dijo.

—¿No dispondremos de un régimen perfectamente organizado si lo vigila un guardián que conoce estas cosas?

XVIII

—Por fuerza —afirmó—. Pero, ¿qué es para ti el bien, Sócrates: el conocimiento, el placer o alguna otra cosa distinta?

—¡Vaya insistencia! —exclamé—. Desde hace algún tiempo percibía claramente que no te ibas a dar por contento con la opinión de los demás acerca de ello.

—Es que no me parece justo, Sócrates —afirmó—, que un hombre que durante tanto tiempo se ha preocupado por estas cosas, se limite a exponernos la opinión de los demás, pero no la suya propia.

—Por tanto —pregunté—, ¿crees más justo que uno quiera hablar de lo que no sabe como si realmente supiese?

—No, desde luego, como si supiese —arguyó—, pero sí al menos dándonos a conocer su opinión.

—¿No te has dado cuenta todavía —proseguí— que son impuras todas las opiniones que carecen de conocimiento? Las mejores de éstas son ciegas. ¿O te parece que se diferencian algo de los ciegos que van por buen camino todos los que abrazan una recta opinión, pero sin conocimiento?

—En nada —dijo.

—¿Quieres, pues, contemplar cosas impuras, ciegas y tortuosas, cuando está en tu mano oírlas claras y bellas?

—Por Zeus, Sócrates —dijo Glaucón—, no te detengas aquí como si ya hubieses alcanzado el final. Será suficiente para nosotros que, al igual que nos diste a conocer lo que eran la justicia, la templanza y las demás virtudes, nos expliques ahora en qué consiste el bien.

—Y lo sería también para mí en grado sumo, compañero —objeté—. Pero no vaya a ser que provoque vuestra risa a costa de mis torpezas y en definitiva, nada consiga con ello. Creo, queridos amigos, que convendrá dejar a un lado ahora la cuestión del bien, porque, por el camino emprendido y a tenor de la marcha que llevamos, me parece que se encuentra fuera de nuestro alcance. Deseo hablaros, por contra, de algo que parece descender del bien y semejarse mucho a él; eso, naturalmente, si es de vuestro agrado, ya que si así no fuese pasaríamos a otra cosa.

—Háblanos, por favor —dijo—, de ese descendiente, que ya tendrás ocasión de ocuparte del padre.

—Bien quisiera —dije— poder pagaros esa deuda y daros a la vez gusto, sin tener que echar mano de los intereses. Acoged, pues, a ese hijo y descendiente del bien en sí. Pero procurad que no engañe sin yo quererlo, pagándoos tal rédito en moneda falsa.

—Por nuestra parte, pondremos el mayor cuidado —dijo—. Habla, pues.

—Desde luego —afirmé—, pero antes tendré que convenir con vosotros y recordaros todo lo que se había dicho antes y repetido con mucha frecuencia.

—¿A qué te refieres? —preguntó.

—Hemos afirmado y precisado, a través de nuestra discusión —indiqué—, que existen muchas cosas bellas y buenas, y así las hemos tratado en cada caso.

—En efecto.

—E igualmente, lo bello y lo bueno en sí. Del mismo modo procedíamos con todas las demás cosas que entonces considerábamos como múltiples y que asignábamos como correspondientes a una sola idea, razón de su unidad en «lo que es».

—Bien está.

—Decimos que las cosas múltiples caen en el campo de los sentidos y no en el del entendimiento; y, en cambio, que las ideas son percibidas por el entendimiento, pero no vistas.

—Enteramente de acuerdo.

—Vamos a ver, ¿y con qué sentido percibimos lo que vemos?

—Con la vista —dijo.

—¿Y no percibimos —pregunté— con el oído lo que oímos y con los demás sentidos todo lo que es objeto de percepción?

—¿Qué duda hay?

—Mas, ¿no te has percatado —proseguí— de cuánta magnificencia hizo gala el artífice de nuestros sentidos al crear la facultad de ver y de ser visto?

—No había caído en eso —respondió.

—Pues ahora lo verás ¿Hay algo de naturaleza distinta que se necesite añadir al oído para oír, o a la voz para ser oída? ¿Existe en realidad ese tercer elemento, sin el cual ni el oído puede oír ni la voz ser oída?

—De ningún modo —contestó.

—Creo, además —dije yo—, que tampoco otras muchas facultades, y pudiera decir todas, tienen esa exigencia. ¿O puedes exceptuarme alguna?

—Yo no, desde luego —afirmó.

—Y en cambio, ¿no percibes una necesidad como aquélla en cuanto a la facultad de ver y de ser visto?

—¿Cómo?

—Quiero decir que aunque los ojos se encuentren en buenas condiciones, su poseedor intente usar de ellos e, igualmente, las cosas detenten su color, si no se les añade un tercer elemento por naturaleza adecuado para este fin, ni existirá realmente visión, ni los colores podrán ser percibidos. Creo que eso lo sabes tú bien.

—¿Me dirás —preguntó— qué es eso a que te refieres?

—Precisamente —respondió— a lo que tú llamas luz.

—Entonces —dijo—, estás en lo cierto.

—El sentido de la vista y la facultad de ser visto superan con mucho en su unidad el lazo de unión de todos los demás sentidos, siempre, claro está, que la luz no se estime como algo despreciable.

—Muy lejos está de serlo —contestó.

XIX

—¿A cuál de los dioses del cielo podrías atribuir el dominio de esas cosas e incluso la producción de la luz, por medio de la cual ven nuestros ojos y son vistos los objetos de la manera más perfecta?

—Pues al que tú y los demás le atribuyen —afirmó—. Porque parece claro que quieres referirte al sol.

—Y bien, ¿no es esta la relación natural de la vista con ese dios?

—No te entiendo.

—¿No es como un sol la vista, y lo mismo el órgano en el que se produce, al que damos el nombre de ojo?

—Creo que no.

—Sin embargo, debo decirte que, a mi entender, es de todos los órganos de nuestros sentidos el que más se parece al sol.

—Sin duda.

—Y esa facultad de ver que posee, ¿no le ha sido concedida por el sol como a título de emanación?

—Así es —dijo.

—A él deseaba referirme —proseguí— cuando hablaba de ese descendiente del bien, análogo en todo a su padre. El uno se comporta en la esfera de lo visible, con referencia a la visión y a lo visto, no de otro modo que el otro, en la esfera de lo inteligible, con relación a la inteligencia a lo pensado por ella.

—¿Cómo? —preguntó—. Acláramelo un poco más.

—¿No sabes, acaso —dije yo—, que cuando no se dirige la vista a los objetos iluminados por la luz del sol, sino a los dominados por las sombras de la noche, los ojos reducen su poder y parecen casi ciegos, como si su visión no fuese realmente pura?

—Sí que lo sé —dijo.

—Pero cuando el sol ilumina esos mismos objetos, ven, a mi juicio, con toda perfección, y la visión de los ojos parece clara.

—¿Cómo no ha de serlo?

—Puedes pensar que lo mismo ocurre con respecto al alma. Cuando detiene su atención en algo iluminado por la verdad y el ser, lo comprende, lo conoce y prueba que es inteligente. Pero cuando se fija en algo envuelto en la oscuridad, que nace y que perece, el alma acorta su vista y muda y cambia de opinión a cada momento, hasta el punto de parecer completamente irracional.

—Eso parece.

—Pues otro tanto dirás de la idea del bien, como causa del conocimiento y de la verdad. Es ella misma la que procura la verdad a los objetos de la ciencia y la facultad de conocer al que conoce. Aun siendo muy hermosas ambas cosas, esto es, la ciencia y la verdad, pensarás con razón si juzgas aquella idea como algo distinto y mucho más bello. Y al modo como en el otro mundo puede pensarse rectamente que la luz y la visión se parecen al sol, sin que haya de estimarse que son el mismo sol, así también debe pensarse en éste que la ciencia y la verdad se parecen al bien, sin llegar a creer por ello que sean el bien mismo. Sin embargo, la posesión del bien ha de requerir mucha más estima.

—En tu opinión —dijo—, el bien posee una extraordinaria belleza. Es causa de la ciencia y de la verdad y supera en belleza a éstas. ¿No querrás decirnos ahora que el bien se identifica con el placer?

—Habla con más recato —observé—, presta más atención a su imagen y hazlo de esta manera.

—¿Cómo?

—A mi entender, dirás del sol que no sólo procura la facultad de ver los objetos, sino también la generación, el crecimiento y el alimento. Y eso sin que podamos identificarle con la generación.

—Naturalmente.

—Y, asimismo, el bien no sólo proporciona a los objetos inteligibles esa cualidad, sino incluso el ser y la esencia. Pero en este caso tampoco el bien es la esencia, sino algo que está por encima de ella en cuanto a preeminencia y poder.

XX

—¡Por Apolo! —dijo Glaucón riéndose—. ¡Extraordinaria superioridad es ésa!

—Tú mismo eres el culpable —dije yo—, por haberme obligado a expresarme así.

—Y no dejes de hablar, en modo alguno —afirmó—. Si no quieres referirte a otra cosa, explícanos al menos esa semejanza del bien con el sol.

—Posiblemente, algo habrás omitido todavía.

—Desde luego —dije—, aún es mucho lo que queda por hablar.

—Pues no omitas —te lo ruego— ni lo más mínimo.

—Insisto en lo dicho: mucho ha quedado sin tratar. Sin embargo, por mi voluntad no quedará nada sin decir en esta ocasión.

—Harás lo que debes —afirmó.

—Piensa, pues —añadí—, como decimos, que el bien y el sol son dos reyes, señor el uno del mundo inteligible y el otro del mundo visible. No digo del cielo, para que no te parezca que estoy jugando con el vocablo. Pero responde: ¿no tienes ante ti esas dos especies, la visible y la inteligible?

—Sí, las tengo.

—Toma ahora una línea cortada en dos partes desiguales y vuelve a cortar cada una de éstas en otras dos partes, también desiguales, que representen la especie visible y la inteligible. La claridad y la oscuridad se harán manifiestas en ambos casos, y en la parte visible nos encontraremos con las imágenes. Doy el nombre de imágenes en primer lugar a las sombras, y luego a las figuras reflejadas en las aguas y en todo lo que es compacto, liso y brillante, y si me comprendes, a todo lo que es análogo a esto.

—Sí que te comprendo.

—Coloca a un lado aquello de lo cual esto es imagen: así, los animales que están a nuestro alrededor, las plantas y todo lo que se prepara con el arte.

—Ya lo coloco —dijo.

—¿Por ventura te avendrías a admitir —dije yo— que esta división, aplicada a la verdad la falsedad, es la misma que puede aplicarse a la opinión respecto de la ciencia, siguiendo el ejemplo de la imagen?

—No tendría inconveniente alguno —respondió.

—Pues ahora deberás considerar cómo ha de dividirse la sección de lo inteligible.

—¿Y cómo?

—El alma se verá forzada a buscar una de las partes haciendo uso, como si se tratase de imágenes, de las cosas que entonces eran imitadas. Procederá por hipótesis y se dirigirá no al principio, sino a la conclusión. Y para encontrar la otra, iniciará un camino de hipótesis, pero para llegar a un principio absoluto, aquí prescindirá por completo de las imágenes y se quedará tan solo con las ideas consideradas en sí mismas.

—No comprendo de manera suficiente —dijo— lo que acabas de enunciar.

—Pues no tendré inconveniente en repetirlo —afirmé—. Y lo comprenderás fácilmente en cuanto comience mi declaración. Bien sabes a mi juicio que los que se ocupan de la geometría, del cálculo y de otras ciencias análogas, dan por supuestos los números impares y los pares, las figuras, tres clases de ángulos y otras cosas parecidas a éstas, según el método que adopten. Emplean estas hipótesis como si en realidad las conociesen, y ya no creen menester justificar ante sí mismos o ante los demás lo que para ellos presenta una claridad meridiana. Empezando por aquí, siguen en todo lo demás un camino semejante hasta concluir precisamente en lo que intentaban demostrar.

—Eso, desde luego, ya lo sabía yo —dijo.

—¿Sabes igualmente que se sirven de figuras visibles que dan pie para sus razonamientos, pero que en realidad no piensan en ellas, sino en aquellas cosas a las que se parecen? ¿Y así, por ejemplo, que cuando tratan del cuadrado en sí y de su diagonal, no tienen en el pensamiento el que diseñan, y otras cosas por el estilo? Las mismas cosas que modelan y dibujan, cuyas imágenes nos las ofrecen las sombras y los reflejos del agua, son empleadas por ellos con ese carácter de imágenes, pues bien saben que la realidad de esas cosas no podrá ser percibida sino con el pensamiento.

—Verdad es lo que dices —asintió.

XXI

—Pues esta es la clase de objetos que yo consideraba inteligibles. Para llegar a ellos, el alma se ve forzada a servirse de las hipótesis, pero no caminando hacia el principio, dado que no puede ir más allá de las mismas hipótesis y ha de usar de unas imágenes que son objetos imitados por los de abajo, los cuales son honrados y estimados como evidentes en una relación comparativa con los primeros.

—Veo perfectamente —dijo— que tu método no es otro que el de la geometría y ciencias hermanas.

—Y no hay duda de que ahora comprenderás también a qué llamo yo la segunda sección de lo inteligible. Es aquella que la razón misma alcanza con su poder dialéctico. No tendrá que considerar ahora las hipótesis como principios, sino como hipótesis reales, esto es, como puntos de apoyo y de partida que la conduzcan hasta el principio de todo, independiente ya de toda hipótesis. Una vez alcanzado ese principio, descenderá hasta la conclusión por un camino de deducciones implicadas en aquél; pero no se servirá de nada sensible, sino de las ideas mismas que, en encadenamiento sucesivo, podrán llevarla hasta el fin, lo que es igual a las ideas.

—Ya lo comprendo —dijo—, aunque no de manera suficiente. Creo que la empresa que tú pretendes es verdaderamente importante e intenta precisar que es más clara la visión del ser y de lo inteligible adquirida por el conocimiento dialéctico que la que proporcionan las artes. A estas artes prestan su ayuda las hipótesis, que les sirven de fundamento; ahora bien, quienes se dedican a ellas han de utilizar por fuerza la inteligencia y no los sentidos, con lo cual, si realmente no remontan a un principio y siguen descansando en las hipótesis, podrá parecerte que no adquieren conocimiento de lo inteligible, necesitado siempre de un principio. Estoy en la idea de que llamas pensamiento, pero no puro conocimiento, al discurso de los geómetras y demás científicos, porque sitúas el pensamiento entre la opinión y el puro conocimiento.

—Has comprendido perfectamente la cuestión —dije yo—. Ahora tendrás que aplicar a esas cuatro partes de que hablamos otras cuatro operaciones del alma; la inteligencia, a la que se encuentra en el primer plano; el pensamiento, a la segunda; la fe, a la tercera, y la conjetura, a la última. Concédeles también un orden racional que atienda a la participación de los objetos en la verdad proporcionadamente a su misma claridad.

—Ya lo entiendo y convengo contigo —afirmó—; adoptaré, pues, la ordenación de que hablas.

LIBRO SÉPTIMO

I

Después de esto —añadí—, represéntate la naturaleza humana en la siguiente coyuntura, con relación a la educación y a la falta de ella. Imagínate una caverna subterránea, que dispone de a una larga entrada para la luz a todo lo largo de ella, y figúrate unos hombres que se encuentran ahí ya desde la niñez, atados por los pies y el cuello, de tal modo que hayan de permanecer en la misma posición y mirando tan sólo hacia delante, imposibilitados como están por las cadenas de volver la vista hacia atrás. Pon a su espalda la llama de un fuego que arde sobre una altura a distancia de ellos, y entre el fuego y los cautivos un camino eminente flanqueado por un muro, semejante a los tabiques que se colocan entre los charlatanes y el público para que aquellos puedan mostrar, sobre ese muro, las maravillas de que disponen*.

—Ya me imagino eso —dijo.

—Pues bien: observa ahora a lo largo de ese muro unos hombres que llevan objetos de todas clases que sobresalen sobre él, y figuras de hombres o de animales, hechas de piedra, de madera de otros materiales. Es natural que entre estos portadores unos vayan hablando y otros pasen en silencio.

---

* Platón presenta aquí la célebre alegoría de la caverna, una de las más singulares de su mundo mítico. La imagen del hombre prisionero en este mundo —mundo de sombras—, es típica de la concepción platónica.

271

—¡Extrañas imágenes describes —dijo— y extraños son también esos prisioneros!

—Sin embargo, son semejantes en todo a nosotros —observé—. Porque, ¿crees en primer lugar que esos hombres han visto de sí mismos o de otros algo que no sean las sombras proyectadas por el fuego en la caverna, exactamente enfrente de ellos?

—¿Cómo —dijo— iban a poder verlo, si durante toda su vida se han visto obligados a mantener inmóviles sus cabezas?

—¿Y no ocurrirá lo mismo con los objetos que pasan detrás de ellos?

—Desde luego.

—Si, pues, tuviesen que dialogar unos con otros, ¿no crees que convendrían en dar a las sombras que ven los nombres de las cosas?

—Por fuerza.

—Pero supón que la prisión dispusiese de un eco que repitiese las palabras de los que pasan.

—¿No crees que cuando hablase alguno de éstos pensarían que eran las sombras mismas las que hablaban?

—No, por Zeus —dijo.

—Ciertamente —indiqué—, esos hombres tendrían que pensar que lo único verdadero son las sombras.

—Con entera necesidad —dijo.

—Considera, pues —añadí—, la situación de los prisioneros, una vez liberados de las cadenas y de su insensatez. ¿Qué les ocurriría si volviesen a su estado natural? Indudablemente, cuando alguno de ellos quedase desligado y se le obligase a levantarse súbitamente, a torcer el cuello, caminar y a dirigir la mirada hacia la luz, todo esto con dolor, y con el centelleo de la luz se vería imposibilitado de distinguir los objetos cuyas sombras percibía con anterioridad. ¿Qué podría contestar ese hombre si alguien dijese que entonces sólo veía bagatelas y que, en cambio, estaba más cerca del ser y de los más verdaderos? Supón además que al presentarle a cada uno de los transeúntes, le obliga a decir lo que es cada uno de ellos. ¿No piensas que le alcanzaría gran dificultad y que vería las cosas vistas anteriormente como más verdaderas que las que ahora se le muestran?

—Sin duda alguna —contestó.

II

—Y si, por añadidura, se le forzase a mirar a la luz misma, ¿no sentiría sus ojos doloridos y trataría de huir, volviéndose hacia las sombras que contempla con facilidad y pensando que son ellas más reales y diáfanas que todo lo que se le muestra?

—Eso ocurriría —dijo.

—Y si ahora le llevasen a la fuerza por la áspera y escarpada subida y no le dejasen de la mano hasta enfrentarle con la luz del sol, ¿no sufriría dolor y se indignaría contra el que le arrastrase, y luego, cuando estuviese ante la luz, no tendría los ojos hartos de tanto resplandor hasta el punto de no poder ver ninguno de los objetos que llamamos verdaderos?

—Es claro que, de momento, no podría hacerlo —dijo.

—Sólo la fuerza de la costumbre, creo yo, le habituaría a ver las cosas de lo alto. Primero, distinguiría con más facilidad las sombras, y después de esto, las imágenes de los hombres y demás objetos, reflejados en las aguas, por último, percibiría los objetos mismos. En adelante, le resultaría más fácil contemplar por la noche las cosas del cielo y el mismo cielo, mirando para ello a la luz de las estrellas y a la luna, y durante el día el sol y todo lo que a él pertenece.

—¿Cómo no?

—Y finalmente, según yo creo, podría ver y contemplar el sol, no en sus imágenes reflejadas en las aguas, ni en otro lugar extraño, sino en sí mismo y tal cual es.

—Necesariamente —dijo.

—Entonces, ya le sería posible deducir, respecto al sol, que es él quien produce las estaciones y los años y endereza a la vez todo lo que acontece en la región visible, siendo, por tanto, la causa de todas las cosas que se veían en la caverna.

—Está claro —dijo— que después de todo aquello vendría a parar en estas conclusiones.

—Por tanto, ¿qué ocurriría cuando recordase su primera morada y la ciencia de que tanto él como sus compañeros de prisión disfrutaban allí? ¿No crees que se regocijaría con el cambio y que compadecería la situación de aquéllos?

—Desde luego.

—¿Y te parece que llegaría a desear los honores, las alabanzas o las recompensas que se concedían en la caverna a los que demostraban más agudeza al contemplar las sombras que pasaban y acordarse con más certidumbre del orden que ocupaban, circunstancia más propicia que ninguna otra para la profecía del futuro? ¿Podría sentir envidia de los que recibiesen esos honores o disfrutasen de ese poder, o experimentaría lo mismo que Homero, esto es, que preferiría más que nada «ser labriego al servicio de otro hombre sin bienes» o sufrir cualquier otra vicisitud que sobrellevar la vida de aquéllos en un mundo de mera opinión?

—A mi juicio —dijo—, aceptaría vivir así antes que amoldarse a una vida como la de aquéllos.

—Pues ahora medita un poco en esto —añadí—. Si vuelto de nuevo a la caverna, disfrutase allí del mismo asiento, ¿no piensas que ese mismo cambio, esto es, el abandono súbito de la luz del sol, deslumbraría sus ojos hasta cegarle?

—En efecto —dijo.

—Supón también que tenga que disputar otra vez con los que continúan en la prisión, dando a conocer su parecer sobre las sombras en el momento en que aún mantiene su cortedad de vista y no ha llegado a alcanzar la plenitud de la visión. Desde luego, será corto el tiempo de habituación a su nuevo estado; pero, ¿no movería a risa y no obligaría a decir que precisamente por haber salido fuera de la caverna había perdido la vista, y que, por tanto, no convenía intentar esa subida? ¿No procederían a dar muerte, si pudiesen cogerle en sus manos y matarle, al que intentase desatarles y obligarles a la ascensión?

—Sin duda —dijo.

III

—Pues bien, mi querido Glaucón —dije—: toda esta imagen debe ponerse en relación con lo dicho anteriormente, por ejemplo, la realidad que la vista nos proporciona con la morada de los prisioneros, y esa luz del fuego de que se habla con el poder del sol. No te equivocarás si comparas esa subida al mundo de arriba y la contemplación de las cosas que en él hay, con la ascensión del alma hasta la región de lo inteligible. Este es mi pensamiento que tanto deseabas escuchar. Sólo Dios sabe si está conforme con la realidad. Pero seguiré dándotelo a conocer: lo último que se percibe, aunque ya difícilmente, en el mundo inteligible es la idea del bien, idea que, una vez percibida, da pie para afirmar que es la causa de todo lo recto y hermoso que existe en todas las cosas. En el mundo visible ha producido la luz y el astro señor de ésta*, y en el inteligible, la verdad y el puro conocimiento. Conviene, pues, que tenga los ojos fijos en ella quien quiera proceder sensatamente tanto en su vida pública como privada.

—Convengo contigo —afirmó— en la medida en que ello me es posible.

—Tendrás que convenir también —dije yo— en que no hay razón para extrañarse de que los que han llegado a esa contemplación no deseen ocuparse ya de las cosas humanas y anhelen más que sus almas asciendan a lo alto. Parece lógico que ocurra así si lo que digo se muestra de acuerdo con la imagen ya referida.

—Lógico de todo punto —dijo.

—Entonces, ¿juzgas extraño —pregunté— que al pasar un hombre de la contemplación de las cosas divinas a las miserias humanas, obre torpemente y caiga en el más deplorable de los ridículos cuando, con toda su cortedad de vista y no suficientemente habituado a las tinieblas, se vea obligado a discutir sobre las sombras de lo justo o las imágenes de que son reflejo esas mismas sombras, e incluso a luchar por esa causa, precisamente con quienes no han tenido nunca ocasión de admirar la justicia en sí?

—Nada extraño me parece —dijo.

—Creo, por el contrario —proseguí—, que cualquier hombre sensato recordará que dos son las maneras y dos son las causas que producen la turbación de los ojos: una, al pasar de la luz a la oscuridad; otra, al pasar de la oscuridad a la luz. Seguro que no se echará a reír sin más, luego que haya pensado que en la misma situación se encuentra el alma cuando se turba y no

---

* Se refiere al sol.

puede distinguir los objetos; entonces comprobará que al porvenir de una vida más luminosa, la falta de hábito le produce esa ceguera, o que, al pasar de una mayor ignorancia a una mayor claridad, se ve deslumbrada por el resplandor de ésta. De igual modo, la primera alma le parecerá feliz por su conducta y por su vida, y la segunda le moverá a compasión, tanto que, aunque quiera reírse de ella, lo hará con menos burla que si se dirigiera al alma que desciende de la región de la luz

—Muy atinado es lo que dices —asintió.

IV

—Conviene, pues —dije yo—, si esto que se dice es verdad, formular la siguiente conclusión: que la educación no hemos de entenderla como nos la prescriben algunos. Dicen éstos que podrían proporcionar la ciencia al alma que carece de ella, igual que si se tratase de dar luz a unos ojos ciegos.

—Sí, eso dicen —afirmó.

—Mas —observé—, la discusión que sostenemos nos hace ver que esta facultad del alma de cada uno y el órgano con el que aprende, a semejanza de lo que ocurre con el ojo que no puede volverse de las tinieblas a la luz como no sea moviendo la totalidad del cuerpo, han de acompasarse con el alma toda y apartarse de lo que nace en pos de alcanzar la contemplación del ser y de la parte más luminosa de éste. Y decimos que no es otra cosa que el bien, ¿no es así?

—Sí.

—Habrá, pues —dije—, que precisar cuál será el arte que más convenga, por su utilidad y eficacia, para la rotación de la que hablamos. Es claro que este arte no producirá la visión, sino que tratará de enderezar el órgano que, teniendo vista, no se ordena ni mira hacia donde debe.

—Eso parece —afirmó.

—En cuanto a las demás virtudes, las llamadas virtudes del alma, quizá sean bastante cercanas a las del cuerpo. No hay duda, por lo pronto, de que aún no existiendo en un principio, podrán ser producidas más adelante con ayuda de la costumbre y del ejercicio. La virtud del conocimiento, según parece, es de una naturaleza algo más divina, que jamás hace dejación de su poder, su utilidad y su ventaja, o su inutilidad y su perjuicio, dependerán del giro que se le dé. ¿O no has observado por ventura con qué penetración procede el alma de esos hombres perversos, pero inteligentes, y con qué agudeza se aplica a lo que le interesa, justamente porque no tiene mala vista y debe servir por fuerza a la maldad, de modo que, la medida de esa misma agudeza de su mirada, lo será también de los males que cometa el alma?

—Naturalmente —contestó.

—Sin embargo —proseguí—, si ya desde la infancia se procediese a una poda radical de esas tendencias innatas que, como bolas de plomo empujadas por la glotonería y otros placeres por el estilo, inclinan hacia abajo la visión del alma; si, liberada de ellas, se volviese, en cambio, hacia la verdad, esa alma de esos mismos hombres la vería con gran agudeza, no de otro modo que las cosas que ahora ve.

—En efecto —dijo.

—Por tanto —pregunté—, ¿no es natural y se deduce necesariamente de todo lo dicho con anterioridad que ni los faltos de educación y alejados de la verdad resultan adecuados en ninguna ocasión para regentar la ciudad, ni tampoco los que emplean todo su tiempo en el estudio? Los primeros, porque no tienen en su vida objetivo alguno que regule todas las actividades que deben desarrollar tanto en sus relaciones públicas como privadas; los segundos, porque no consentirán en ello voluntariamente, creyendo que viven ya en las islas de los bienaventurados.

—Es verdad —dijo.

—Corresponde, pues, a nosotros —añadí— obligar a los hombres de mejor condición a que se apliquen al conocimiento que antes considerábamos como el más importante, con objeto de que contemplen el bien y practiquen la ascensión aquella. Luego, después de haber realizado la subida y contemplado de manera suficiente el bien, no podrá permitírseles lo que ahora se les permite.

—¿Y qué es eso?

—El que permanezcan en la situación referida, sin querer bajar de nuevo hasta la caverna de la prisioneros ni participar en los trabajos y en los honores de éstos, sean de poco o de mucho valor.

—Si es así —dijo—, ¿no cometeremos una injusticia con ellos y haremos que vivan peor cuando les es posible vivir mejor?

V

—Creo que echas en olvido, querido amigo —objeté—, que es indiferente para la ciudad que exista en ella una clase de hombres privilegiados, pues el objetivo importante es que alcance este honor a todos los ciudadanos. Lo que interesa a la ley es llevar el orden a los que viven en la ciudad, bien sea por el convencimiento o por la fuerza, haciendo a la vez que unos ciudadanos presten a los otros el apoyo que necesiten para el bien de la comunidad y formando ciudadanos de esa clase en la ciudad, no para dejarles cumplir su capricho, sino para servirse de ellos con miras a la unificación de aquélla.

—Ciertamente —repuso—, ya lo echaba en olvido.

—Ten presente, querido Glaucón —dije—, que no podemos cometer injusticia con los filósofos que se encuentran entre nosotros, sino que, por el contrario, hemos de obligarles con palabras justas a que cuiden y vigilen a los demás. Les diremos que, en efecto, en las demás ciudades los filósofos no participan naturalmente de esos trabajos; ahora bien, en éstas se forman solos, sin intromisión alguna en su vida del régimen político, por lo cual también es justo que al no deber protección a nadie, tampoco la prodiguen a los demás. Pero a vosotros os hemos dado nosotros el ser, con objeto de que lo empleéis en vuestro provecho y en el de la ciudad, como jefes y reyes de la colmena, mejor y más celosamente educados que aquéllos y con más posibilidad de participar de ambas cosas. Os convendrá descender a la morada de los demás para acostumbrar vuestros ojos a las tinieblas. Y una vez que hayáis adquirido ese hábito, veréis mucho mejor que los de allí y conoceréis a la perfección cada imagen y a qué seres corresponde, porque habréis visto ya la verdad en relación con lo bello, lo justo y lo bueno. De este modo, nuestra ciudad y la vuestra será una plena realidad y no un sueño, como ocurre ahora a la mayoría de ellas, con las luchas fútiles y las disputas de unos ciudadanos con otros por el poder, al igual que si se tratase de algún gran bien. La verdad, sencillamente, se reduce a esto: la ciudad en la que muestren menos deseos de gobernar los que deben hacerlo será, sin duda, la mejor y necesariamente la más tranquila; y ocurrirá lo contrario en aquella que presente un cariz de gobierno distinto.

—Seguramente —dijo.

—¿Crees, por tanto, que nuestros pupilos no darán oídos a nuestras palabras y que no desearán también compartir los trabajos que les correspondan en la ciudad, conviviendo después en un mundo de pureza durante largo tiempo?

—Imposible —dijo—, pues estas son cosas justas, ordenadas a hombres justos. Ahora bien, cada uno de ellos aceptará el gobierno como algo inevitable, al contrario de lo que acontece ahora a los gobernantes de las ciudades.

—Esto es, en efecto, mi querido amigo —afirmé—. Busca si acaso para los que han de gobernar una vida mejor que la actual y podrás contar entonces con una ciudad bien gobernada. Ser esta la única ciudad cuyo gobierno detenten los verdaderamente ricos, pero no en oro, sino en lo que conviene poseer para disfrutar de la felicidad, esto es, una vida buena y sensata. Si son, en cambio, pobres y hambrientos los que ansían el mando en la idea de que ahí encontrarán dónde satisfacerse, ese fin no será alcanzado. Porque una vez desatada la lucha por el poder, esa misma disputa doméstica e intestina traerá consigo la ruina de los gobernantes y de la ciudad.

—Tienes razón —asintió.

—Pero, ¿puedes presentar otra vida —pregunté— que desprecie los cargos de gobierno y que no sea la del verdadero filósofo?

—No, por Zeus —dijo.

—Sin embargo, será eso precisamente lo que convenga: que no vayan a los cargos con pasión por ellos, porque en este caso surgirán disputas de rivalidad.

—¿Cómo no?

—¿Quiénes habrán de ser, pues, los llamados a vigilar la ciudad, sino aquellos que además de los mejores conocimientos sobre el gobierno, atesoran en sí mismos unos honores y una vida mejor que la del político?

—No otros que los que tú dices —afirmó.

VI

—¿Quieres, pues, que consideremos de qué manera se formarán esos hombres y cómo podrá conducírseles hasta la luz, al modo como, según dice, ascendieron algunos desde la mansión del Hades hasta la de los dioses?

—¿Cómo no voy a querer? —contestó.

—No se trata aquí, al parecer, de practicar el juego de la teja. Lo que importa es que el alma pase de la región de las tinieblas a la de la verdad; entonces se producirá la ascensión hacia el ser, a la que llamaremos la verdadera filosofía.

—Y con razón.

—¿No convendrá investigar para ello el poder que pueden ejercer las distintas ciencias?

—¿Cómo no?

—¿De qué riendas nos valdremos, amigo Glaucón, para conducir el alma desde lo que nace hasta lo que es? Estoy pensando en esto y tengo que decirte lo que sigue: ¿no afirmábamos la necesidad de que nuestros filósofos fuesen ya de jóvenes atletas a la guerra?

—Sí, lo afirmábamos.

—Añadiremos, pues, a aquella ciencia esta otra que ahora buscamos.

—¿Cuál es?

—La de que no sean inútiles a los guerreros.

—Desde luego —dije—, siempre que resulte posible.

—El plan de educación que antes habíamos propuesto comprendía la gimnasia y la música.

—En efecto —dijo.

—La gimnasia se ocupa, como sabes, de todo lo que tiene relación con el nacimiento y la muerte. Es ella la que regula el crecimiento y la decadencia del cuerpo.

—Así parece.

—Entonces no es esa la ciencia buscada.

—No.

—¿Será si acaso la música, tal como la describíamos anteriormente?

—Ahora bien, recuerda —dijo— que la música se encuentra en correspondencia con la gimnasia. Y que es ésta la que forma las costumbres de los guerreros, según una cierta proporción y armonía, pero no procurando ciencia, sino, por medio del ritmo, euritmia. En cuanto a los discursos, fabulosos o verídicos, presenta rasgos muy parecidos —añadió—. Mas, referente a la ciencia que tú buscas, nada hay en ella que la procure.

—Me lo recuerdas de manera muy precisa —agregué—. Realmente, no reconocíamos nada igual. Porque, bendito Glaucón, ¿cuál podría ser esa ciencia? Por lo pronto, todas las artes nos parecían muy vulgares...

—¿Cómo no? ¿Y a qué otra parte podremos recurrir si prescindimos de la música y de la gimnasia?

—Yo creo que si no podemos utilizar ninguna de éstas, debemos acudir a una ciencia que se aplique a todas.

—¿A cuál?

—Pues a la que resulta tan común por el uso que hacen de ellas las artes, los discursos y las ciencias. Con ésta habrá que contar entre las primeras.

—Sigo formulándote la pregunta —dijo.

—Es la que enseña —añadí— lo que es uno, dos y tres, cosa bien vulgar por cierto. En resumen, trata del número y del cálculo. Porque, ¿no es verdad que todo arte y toda ciencia se ven obligadas a participar de ella?

—Desde luego —asintió.

—¿No acude a esta ciencia —pregunté— el arte militar?

—Necesariamente —dijo.

—Ridículo general —añadí— es el Agamenón que nos presenta repetidamente Palamedes en las tragedias. ¿No te has fijado que habla de haber inventado los números, de que ordenó el ejército situado ante Ilión, de que procedió al recuento de las naves y a todo lo demás, como si Agamenón, al parecer por no saber contar, no pudiese decir siquiera cuántos pies tenía? ¿Qué clase de juicio podrás formar de un general de este talante?

—Muy extraño resultaría —dijo— si eso que antecede es verdad.

VII

—¿Qué otra ciencia, pues, será más necesaria para el guerrero que la de poder contar y calcular?

—Ésa antes que ninguna otra —dijo— si quiere llegar a entender algo sobre la manera de ordenar un ejército o si, al menos, desea hacerse un hombre.

—¿Estás, por tanto, de acuerdo conmigo —pregunté— respecto a esta ciencia?

—¿A qué te refieres?

—Me parece que es ella una de las que buscamos como conducente por naturaleza al conocimiento puro. Ahora bien, nadie se sirve de esta ciencia con rectitud, aunque nos arrastre enteramente hacia la esencia de las cosas.

—¿Cómo dices? —preguntó.

—Trataré de mostrarte —proseguí— cuál es mi opinión a este respecto. Pero, desde luego, deberás distinguir conmigo las cosas que pueden conducirnos al fin indicado. Después podrás afirmar o negar según lo creas oportuno, para que veamos con más claridad si todo eso ocurre como yo lo imagino.

—Habla entonces —dijo.

—Te haré patente, si quieres aceptarlo así, lo que acontece con los objetos de la sensación. Hay unos que no invitan a la inteligencia a su examen, por caer de lleno en el juicio de los sentidos; otros, en cambio, la exhortan con insistencia a que reflexione sobre ellos, porque de los sentidos nada sano puede esperarse.

—Te refieres, sin duda —advirtió—, a las cosas percibidas a lo lejos y a las pinturas en claroscuro.

—No pareces entender lo que digo —contesté.

—Dime, pues, a qué te refieres —inquirió.

—Estimo como objetos que no invitan a la inteligencia —añadí— cuantos no desembocan a la vez en dos sensaciones contrarias. Y considero como objetos que la invitan aquellos que sí desembocan, puesto que con la sensación no se nos manifiesta que el objeto sea esto o su contrario, aunque se encuentre cerca o lejos de ella. Quizá se te presenten más claras las cosas de la siguiente manera: aquí tenemos tres dedos, a los que llamamos el más pequeño, el segundo y el medio.

—En efecto —dijo.

—Estoy hablando de ellos como si los hubiese visto de cerca. Pero haz conmigo esta observación.

—¿Cuál?

—Es evidente que cada uno de ellos se nos aparece igualmente como un dedo, para lo cual no importa que se le vea en medio o a un extremo, de color blanco o negro, gordo o delgado, o de cualquiera otra manera parecida. En todas estas cosas el alma de la mayoría no viene obligada a preguntar a la inteligencia qué es un dedo, porque la vista no le ha mostrado que el dedo sea a la vez lo contrario de un dedo.

—Desde luego, no se lo ha mostrado —dijo.

—Es natural —proseguí— que una cosa de esta naturaleza no llame la atención ni despierte el entendimiento.

—Sí que lo es.

—¿Por qué? ¿Puede la vista apreciar como es debido la grandeza o la pequeñez de los dedos, sin tener en cuenta para nada que uno de ellos se encuentre en el medio o en un extremo? ¿Cabría decir lo mismo del tacto con respecto al grosor y a la delgadez, o a la blandura y a la dureza? Y los demás sentidos, ¿no se muestran también deficientes respecto a sus objetos? ¿No ocurre con cada uno de los sentidos que primero se ve forzado a juzgar de una cosa y después de otra, y así, por ejemplo, juzga de lo blando el sentido preparado para lo duro, anunciando luego al alma que el objeto que la afecta es al mismo tiempo duro y blando?

—Eso ocurre —afirmó.

—¿Y no es necesario —dije yo— que en tales circunstancias el alma no sepa con seguridad qué es lo que la sensación le presenta como duro, ya que a esto mismo le atribuye la blandura, y qué es también lo que considera como ligero y pesado, cuando da el nombre de ligero a lo pesado y viceversa?

—Es claro —repuso— que esos testimonios resultan extraños para el alma y se ven necesitados de consideración.

—Será natural, pues —indiqué—, que en casos así el alma intente primeramente ayudarse con el cálculo y la inteligencia, tratando de averiguar si son una o dos cada una de las cosas que los sentidos le presentan.

—¿Cómo no?

—Pero si parecen ser dos, ¿no se mostrarán distintas una de otra?

—Sí.

—Y, en cambio, si cada una le parece ser una, y ambas dos, se le mostrarán realmente como separadas. Porque si así no fuese, entonces no podría pensarlas como dos, sino como una.

—Ciertamente.

—Decíamos en verdad que la vista percibía lo grande y lo pequeño, pero no separado, sino mezclado. ¿No es eso?

—Sí.

—En orden a la clarividencia de esto, el entendimiento se ve forzado a considerar lo grande y lo pequeño no como realmente mezclado, sino como separado. Procede, pues, de manera contraria a la vista.

—Verdaderamente que sí.

—¿No será este el motivo de que comencemos a preguntarnos qué es lo grande y qué es lo pequeño?

—Sin duda alguna.

—Y del mismo modo, claro está, distinguimos de una parte lo inteligible y de otra lo visible.

—Justamente.

VIII

—Pues a eso quería referirme yo hace un momento, cuando decía que hay cosas que invitan a la reflexión y otras no; y así, consideraba en el primer caso a las que producen al mismo tiempo sensaciones opuestas, y en el segundo a las que, por ofrecer una sola sensación, no despiertan para nada la inteligencia.

—Ya te comprendo —dijo— y convengo contigo en todo.

—Entonces, ¿dónde te parece que deben incluirse el número y la unidad?

—No acierto a contestar —replicó.

—Puedes hacerlo con lo que acabo de decir. Supón que la unidad es contemplada de manera suficiente y en sí misma por uno cualquiera de los sentidos. Seguro que con esa contemplación no podríamos alcanzar su esencia, como en el caso concreto del dedo. Ahora bien, si se ve al mismo tiempo algo que es opuesto a ella, de manera que haya motivos para afirmar lo contrario, entonces habrá necesidad de un juez y será necesario también que el alma despeje sus dudas, haga que trabaje la inteligencia y se pregunte qué es la unidad en sí. Se evidencia con ello que el conocimiento de la unidad es una de las cosas que conducen y vuelven al alma hacia la contemplación del ser.

—Otro tanto ocurre, igualmente —objetó—, con la visión de la unidad. Porque la misma cosa es vista por nosotros como una y como multitud infinita.

—Pero eso que acontece a la unidad —dije yo—, ¿no deberá ocurrir también con cualquier otro número?

—¿Cómo no?

—No cabe duda que la ciencia del cálculo y la aritmética se ocupan por entero del número.

—Desde luego.

—Una y otra, pues, parece que conducen hacia la verdad.

—Son perfectamente aptas para ello.

—He aquí, según parece, que tenemos ya dos de las ciencias que buscamos. Ambas son necesarias de todo punto al guerrero y al filósofo; al primero para la mejor ordenación de los ejércitos, y al segundo para que emerja del mundo perecedero hacia la esencia de las cosas, si es que se precia de hombre calculador.

—Así es —afirmó.

—Y bien sabes tú que nuestro guardián habrá de ser guerrero y filósofo.

—En efecto.

—Convendrá, por tanto, Glaucón, imponer esta enseñanza por medio de una ley y convencerlos de que deben ocupar los puestos de gobierno en la ciudad para que desarrollen su gusto por la ciencia del cálculo, pero no de una manera superficial, sino hasta alcanzar la contemplación de la naturaleza de los números sirviéndose de la inteligencia. Porque aquélla no es de uso exclusivo de los comerciantes y chamarileros, ni se ciñe tan sólo a las compras y a las ventas, sino que puede aplicarse a la guerra y a facilitar una vuelta del alma misma al mundo de la verdad y de la esencia.

—Tienes razón —dijo.

—Ahora caigo yo —añadí—, después de lo dicho sobre la ciencia del cálculo, en lo excelente y útil que resulta en muchos aspectos para el fin que perseguimos. Pero se trata de utilizarla para adquirir conocimiento y no para traficar con ella.

—¿Qué intención te guía entonces? —preguntó.

—Pues la que has oído. Porque es lo cierto que esa ciencia conduce al alma hacia lo alto y la obliga a razonar sobre los números, sin permitir de ningún modo que nadie presente el ejemplo de números corpóreos y tangibles. Sabes bien que cuantos tienen conocimiento de estas cosas toman a mofa y no dan oídos al que trata de dividir la unidad en sí. Y si tú la divides, ellos mismos la multiplican, temerosos de que la unidad no parezca lo que es, sino una reunión de partes.

—Verdad es lo que afirmas —dijo.

—Pues bien. ¿Y si se les hiciese, Glaucón, la siguiente pregunta: «¡Oh, admirables varones! ¿Sobre qué números razonáis y dónde se encuentran ciertamente los que vosotros suponéis, iguales por entero entre sí y sin que ofrezcan diferencia alguna ni partes que los compongan?» ¿Serías capaz tú adelantar la respuesta?

—Creo yo, al menos, que hablan de cosas a las que sólo debe aplicarse la inteligencia y de ningún modo cualquier otra facultad cognoscitiva.

—Compruebas entonces, querido amigo —dije yo—, que esa ciencia se nos presenta con visos de necesaria, puesto que parece forzar al alma servirse de la inteligencia pura para alcanza la verdad en sí.

—Y lo hace —dijo— con maravillosa propiedad.

—Entonces, ¿no te has parado a observar que los hombres calculadores por naturaleza manifiestan notable facilidad por así decirlo para todas las ciencias, y que, por otra parte, los espíritus torpes, si son educados y ejercitados en aquel conocimiento, obtienen de él, si no otra cosa, una mayor agudeza de la que antes carecían?

—Así es —asintió.

—Sin embargo, a mi entender, pocas ciencias podrás encontrar que ofrezcan más dificultades que tratar de aprenderla y ejercitarse en ella.

—Pocas, en efecto.

—Por eso mismo, no convendrá desdeñarla. Y deberá consagrarse a ella a los que demuestren mejor disposición natural.

—Convengo contigo —dijo.

IX

—Queda, pues, adoptada —advertí— como primera de las ciencias. Ahora tendremos que considerar si nos conviene la ciencia que sigue a ésta.

—¿Cuál es? ¿Te refieres —preguntó— a la geometría?

—Tú lo has dicho —contesté.

—Creo que sí nos interesa —afirmó— en cuanto tenga relación con las cosas de la guerra. Mucho diferirá el geómetra del que no lo es al disponer los campamentos de un ejército, o la toma de posiciones, o las concentraciones, o los despliegues de hombres, o cualesquiera otras maniobras que realicen las tropas en el campo de batalla o en una simple marcha.

—Mas, para todo esto —observé yo— poca geometría y poco cálculo se necesitarían. Lo que sin duda debemos examinar es si la parte mayor y más elevada de esta ciencia nos conduce a lo que antes decíamos; es decir, a una contemplación más factible de la idea del bien. Conducen a ella, afirmábamos, todas aquellas cosas que fuerzan al alma a volverse hacia el lugar en el que se encuentra lo más feliz de cuanto es, y a donde conviene que mire de todos los modos posibles.

—Estás en lo cierto —dijo.

—Se evidencia, pues, que si la geometría nos obliga a contemplar la esencia, conviene aceptarla; no así si se detiene en la generación.

—Lo damos por bueno.

—Pues bien —agregué—: no creo que ninguno de los que se dedican a la geometría, por poca práctica que tengan de ella, vayan a ponernos en duda que esta ciencia ofrece perspectivas contrarias a las mantenidas por sus verdaderos usuarios.

—¿Cómo? —preguntó.

—Dicen muchas cosas que por fuerza resultan ridículas. Pues hablan como si realmente actuasen y como si sus palabras tuviesen tan sólo un fin práctico, adornando su lenguaje de términos como «cuadrar», «prolongar» y «adicionar». Y, sin embargo, toda esta ciencia se aplica fundamentalmente al conocimiento.

—Sí, por entero —dijo.

—¿No querrás convenir aún en lo que voy decir?

—¿En qué?

—En que esta es una ciencia del conocimiento, del ser, pero no de lo que está sujeto a la generación y a la muerte.

—Conforme en todo con ello —dijo—, pues sin duda la geometría es una ciencia de lo que siempre es.

—Por tanto, mi buen amigo, conducirá al alma hacia la verdad y dispondrá la mente del filósofo para que eleve su mirada hacia arriba en vez de dirigirla a las cosas de abajo, que ahora contemplamos sin deber hacerlo.

—Será esa su gran tarea —advirtió.

—Y no otra —añadí— la que habrá de encomendarse a los que vivan en tu hermosa ciudad, para que de ningún modo desdeñen el estudio de la geometría. Porque tampoco son pequeñas las ventajas que otorga de pasada.

—¿Cuáles son? —preguntó.

—Además de las que tú has dicho —respondí—, todas ellas referentes a la guerra, aquellas otras que facilitan en mayor grado el estudio de las ciencias, cualesquiera que estas sean. Pues no desconoce nadie que existe una diferencia radical entre quien se ha dedicado a la geometría y quien no.

—Sí, por Zeus, la diferencia es grande —asintió.

—¿Admitiremos, pues, que sea ésa la segunda ciencia de nuestros jóvenes?

—No hay inconveniente alguno.

X

—Pues bien, ¿reservamos el tercer lugar para la astronomía? ¿O no estás de acuerdo con ello?

—Sí, lo estoy —dijo—. Pues tanto para la labranza como para la navegación es conveniente conocer las estaciones, los meses y los años; no digamos para la eficacia de la estrategia.

—Eres un hombre verdaderamente bondadoso —objeté—, porque te preocupa la opinión de la mayoría y temes prescribirle conocimientos inútiles. Ahora bien, no debe parecer despreciable, aunque sí difícil de creer, el hecho de que con estas ciencias se purifica y reaviva el órgano del alma de cada uno, extinguido y cegado por todas las demás actividades. Y es este órgano el que merece una atención mayor que diez mil ojos, puesto que sólo por él puede contemplarse la verdad. Quienes ya convengan en esta opinión, no hay duda que aplaudirán tus palabras; pero aquellos otros que no se hayan ocupado de estas cosas, pensarán que no tiene valor lo que tú dices, pues no advierten otra utilidad destacable en la ciencia de que hablamos. Considera, pues, desde este momento, a qué personas diriges tus razonamientos. Mira que no sea a ti mismo a quien formulas esos argumentos, sin repulsa alguna, no obstante, para que otro pueda obtener partido de ellos.

—Eso mismo es lo que yo prefiero —dijo—: hablar, preguntar y responder, pero pensando especialmente en mi provecho.

—Entonces —añadí— tendrás que volver hacia atrás, porque no hemos considerado cómo se debe estudiar la ciencia que sigue a la geometría.

—¿Qué es, por tanto, lo que hemos hecho? —dijo.

—Después de las superficies —dije yo—, hemos pasado a los sólidos en movimiento, pero sin tener en cuenta para nada lo que son en sí mismos. Lo normal sería seguir un orden gradual, y así referirse al desarrollo de los cubos y a lo que participa de la profundidad.

—Tienes razón —asintió—; aunque me parece, Sócrates, que en esto no hemos llegado aún a ningún descubrimiento.

—Y dos son las causas —advertí—. Una de ellas el hecho de que no exista ninguna ciudad que aprecie debidamente estos conocimientos, en los que se trabaja débilmente por su misma dificultad. La otra, el que los investigadores tengan necesidad de echar mano de un guía, sin el cual su búsqueda resultaría estéril. Este guía, en primer lugar, no se encontrará fácilmente, y en segundo lugar, si realmente se encontrase, no sería obedecido por todos aquellos que investigan con manifiesta presunción. Ahora bien, si fuese la ciudad entera la que se preocupase por estas cuestiones, habría ciertamente una aplicación ininterrumpida a ellas, con una tensión renovada en la búsqueda para mostrar dónde se halla la verdad. Pues aún ahora, desdeñadas y entorpecidas por la mayoría e incluso por los que se dedican a ellas, que no alcanzan siquiera la razón de su utilidad, remontan todos los obstáculos y se desarrollan por su mismo encanto, con lo cual nada admirable resulta que se nos ofrezcan en este estado.

—Desde luego —afirmó—, el encanto que poseen es extraordinario. Pero explícame con más claridad lo que decías hace un momento. ¿No era para ti lo primero el estudio de las superficies, o lo que es lo mismo, de la geometría?

—Sí —contesté.

—Después de esta ciencia colocaste primeramente la astronomía, pero en seguida diste marcha atrás.

—La razón está en mi propia premura, que produce efectos contrarios; me retrasa en vez de facilitar mi camino. Debiera haber hablado del desarrollo en profundidad, que dejé a un lado por no referirme a una investigación ridícula. Mencioné, en cambio, a la astronomía después de la geometría, considerando así el movimiento en profundidad.

—Dices bien —asintió.

—Pongamos, pues, a la astronomía en el cuarto lugar —indiqué—, y reservemos el tercero para esa ciencia que ahora hemos omitido, siempre, claro está, que la ciudad quiera adoptarla.

—Es natural —dijo—. Mas, dado que hace un momento me reprendías, Sócrates, por mi importuna alabanza de la astronomía, ahora la ensalzaré con tus mismas razones. Me parece a mí plenamente evidente para todos que esta ciencia obliga al alma a mirar hacia arriba y la conduce de las cosas de aquí abajo a las del cielo.

—Quizá —objeté— sea eso evidente para todos, pero para mí no lo es. Porque yo no comparto esa opinión.

—¿Cuál es tu opinión, entonces? —preguntó.

—Pues que, tal como la practican los que ahora quieren elevarla al rango de filosofía, obliga a mirar no hacia arriba, sino hacia abajo.

—¿Cómo dices? —preguntó de nuevo.

—Me parece —proseguí— que no das un sentido mezquino a esa ciencia que se ocupa de las cosas de lo alto. Te presentaré el caso de una persona que, al mirar hacia arriba, observará en el techo una gran variedad de colores. Siguiendo tu razonamiento, parecería que contemplas con la inteligencia y no con los ojos. Bien, quizá seas tú el que piensas como se debe y yo, en cambio, de una manera simple. Pero, realmente, no puedo creer que haya otra ciencia que obligue al alma a mirar hacia arriba, sino aquella que tiene por objeto el ser y lo invisible. Digo, pues, que si alguien intenta conocer una cosa sensible, no podrá alcanzar a conocerla mirando hacia arriba con la boca abierta y hacia abajo con la boca cerrada, y ello porque no cae en el campo del conocimiento. Así, pues, su alma no mirará hacia lo alto, sino más bien hacia abajo, aunque se encuentre recostada de espaldas sobre la tierra o sobre el mar.

XI

—Razón tienes en reprenderme —dijo— porque merecido es el reproche. Pero, ¿de qué manera conviene estudiar la astronomía, y no como ahora, para que su conocimiento nos reporte alguna utilidad en relación con lo que decimos?

—Te la expondré en seguida —afirmé—. Hemos de pensar, desde luego, de esa policromía con que está adornado el cielo, que es, con mucho, lo más hermoso y lo más perfecto que puede existir. Ahora bien, esa belleza queda muy por debajo de la belleza verdadera, que es la que produce la velocidad y la lentitud características en la relación de ambas, según el verdadero número y según todas las verdaderas figuras que se mueven a sí mismas y mueven a la vez lo que hay en ellas. Todo esto es accesible a la razón y al pensamiento, pero no a la vista. ¿No lo crees así?

—De ningún modo.

—Hemos de servirnos, pues —dije—, de la imagen de ese cielo policromado como ejemplo que nos produce la comprensión de todas esas cosas. Procedamos, por consiguiente, de la misma manera que lo haríamos con dibujos perfectamente diseñados y trabajados por Dédalo o por cualquier otro artista o pintor. Un hombre práctico en la geometría pensaría, sin duda, al contemplar una obra de esta naturaleza, que sería difícil otra igual; mas consideraría ridículo dedicarle un estudio serio, en la idea de descubrir ahí la verdadera igualdad, o la esencia de lo doble o de cualquier otra simetría.

—Claro que sería ridículo —dijo.

—¿Y no ocurriría lo mismo al astrónomo —añadí— cuando se pare a observar seriamente los movimientos de los astros? Considerará que quien ha hecho el cielo reunió en él y en lo que en él se encuentra la mayor belleza posible para una obra de esta naturaleza; pero en cuanto a la relación de la noche al día y de éstos con respecto al mes, así como del mes con respecto al año y a los demás astros que mantienen relaciones mutuas, ¿no crees que juzgará extraño al que imagine que todo esto ocurre siempre así y que de ninguna manera puede cambiar, aun estando por medio los cuerpos y las cosas que se ven, e intente descubrir a todo trance la verdad que aquí se oculta?

—Conforme con tu opinión —dijo— después de haberte oído hablar.

—Por tanto —advertí—, para la práctica de la astronomía acudiremos a los problemas, lo mismo que cuando empleamos la geometría. Dejaremos a un lado las cosas del cielo, si realmente queremos, ahondando en el estudio de la astronomía, obtener algún provecho de la parte inteligente que por naturaleza hay en el alma.

—Prescribes, pues —dijo—, a quienes se entregan a la astronomía, una tarea mucho más dura que la actual.

—De igual forma debemos proceder respecto a las demás ciencias —añadí—, si es que algún provecho va a derivarse de nuestras leyes.

XII

—¿Puedes aún recordarme alguna otra ciencia que nos convenga?

—Ahora, en este preciso momento —dijo—, no me viene ninguna a la memoria.

—Pues el movimiento, a mi entender —insinué—, presenta no una sola forma, sino muchas. Un sabio podría quizá enumerarlas en totalidad; nosotros, si acaso, esas dos que conocemos.

—¿Cuáles?

—Además de la astronomía —dije yo—, la que se corresponde con ella.

—¿Cuál?

—Parece en verdad —indiqué— que así como los ojos han sido hechos para la astronomía, los oídos lo fueron para el movimiento armónico, y que estas ciencias son como hermanas, al decir de los pitagóricos y de nosotros mismos, Glaucón, que comulgamos en ello. ¿O pones en duda lo que ahora te digo?

—Lo apruebo —dijo.

—Y bien —dije yo—, puesto que la cuestión es difícil, formularemos nuestras preguntas a los que entienden de estas cosas y quizá todavía de algunas otras. Nosotros, sin embargo, no echaremos en olvido nuestro principio.

—¿Cuál?

—Cuidar de que aquellos a los que hemos de instruir no se apliquen a un estudio imperfecto de estas cosas, que no alcance el lugar que debe alcanzar, a la manera como decíamos hace un momento refiriéndonos a la astronomía. ¿O no sabes que proceden en parecido sentido con la armonía? Limitándose a la medida de los acordes y sonidos, realizan, al igual que los astrónomos, un trabajo ineficaz.

—Por los dioses —objetó—; no sólo resulta ineficaz, sino ridículo. Refiéranse a una cierta combinación y aprestan los oídos como si quisiesen atrapar los sonidos del vecino. Y unos dicen que aún oyen un sonido en medio, que viene a ser el más pequeño intervalo posible, por el cual hay que efectuar la mediación; y otros, en cambio, afirman que los dos sonidos son claramente semejantes. Ahora bien, ambos se inclinan por el oído antes que por la inteligencia.

—Quieres presentarnos —dije yo— a esos virtuosos músicos que acumulan dificultades a las cuerdas e incluso las torturan, valiéndose del tormento de las clavijas. Mas, para no alargar más la descripción hablando, por ejemplo, de cómo golpean las cuerdas con el plectro y de las acusaciones que les dirigen por la negativa y la jactancia de ellas, prescindiré de esta imagen y diré que no es de estos hombres de los que deseaba hablar, sino de aquellos a los que hace un momento pretendíamos interrogar acerca de la armonía. Porque, al fin y al cabo, hacen lo mismo que los que se ocupan de la astronomía. Buscan también los números en esos mismos acordes que escuchan, pero no se consagran a los problemas ni consideran, por tanto, qué números son armónicos y cuáles no, y por qué unos lo son y otros no.

—Hablas de una tarea maravillosa —dijo.

—Útil, sin duda —observé—, para la búsqueda de lo bello y de lo bueno, aunque inútil para perseguir otros objetivos.

—Es natural —dijo.

XIII

—A mi juicio —proseguí—, si el estudio de todas esas cosas que hemos mencionado llega a descubrir la comunidad y parentesco que existe entre ellas, e incluso las relaciones íntimas que mantienen unas con otras, nos proporcionará alguno de los fines que buscamos, con lo cual nuestro trabajo no resultará vano; sí, en cambio, en cualquier otro caso.

—Estoy de acuerdo contigo —afirmó—; pero esa tarea, Sócrates, parece propia de gigantes.

—¿Quieres decir el preludio o alguna otra cosa? —dije—. ¿No nos damos cuenta acaso que todas estas cosas son como el preludio de esa misma melodía que debemos aprender? ¿O no te parece que son dialécticos los hombres que entienden de estas cosas?

—No, por Zeus, salvo un pequeño número de los hombres con que me he encontrado.

—Dime entonces —pregunté—: ¿crees que sabrán algo de lo que decimos que conviene saber quienes no son capaces de dar o de admitir razón de nada?

—Desde luego que no —contestó.

—¿No se encuentra ya aquí, Glaucón —dije yo—, esa melodía que verifica el arte de la dialéctica? Es un arte que, a pesar de su raíz inteligible, puede ser imitada por la facultad de la vista, a la que atribuíamos el intento de dirigirse hacia los animales, a los astros y, en fin, al mismo sol. Y así, cuando alguien utiliza la dialéctica y prescinde en absoluto de los sentidos, pero no de la razón, para elevarse a la esencia de las cosas, y no ceja en su empeño hasta alcanzar por medio de la inteligencia lo que constituye el bien en sí, llega realmente al término mismo de lo inteligible, como llegó también el dialéctico antedicho al término mismo de lo visible.

—En efecto —asintió.

—Pues bien, ¿no es esta la marcha propia de la dialéctica?

—¿Por qué no?

—Vuélvete ahora al hombre de la caverna y considérale libre de sus cadenas, desviada su atención de las sombras y dirigida ya hacia las imágenes y al fuego. Supónte que ha iniciado su ascensión desde la caverna hasta el lugar que ilumina el sol y que todavía no es capaz de mirar allí cara a cara a los animales, a las plantas y a la misma luz del astro solar, sino tan sólo a los reflejos divinos que trasparecen en las aguas y a las sombras de los seres, que ya no son ahora sombras de imágenes proyectadas por otra luz que se toma por el sol. Este es el poder que conferimos a las ciencias de que hemos hablado; por ellas puede elevarse la mejor parte del alma a la contemplación del mejor de los seres, al modo como el más excelente de los órganos del cuerpo se eleva a la contemplación de lo más luminoso en la región de lo corpóreo y de lo visible.

—Apruebo enteramente lo que dices —afirmó—. Y ello, a pesar de que algunas cosas no me parecen fáciles de admitir, ni, por otra parte, de rechazar. Sin embargo, como esto no ha de ser oído tan sólo en la presente ocasión, sino que habrá de merecer pródigo examen, demos por hecho que es así como se dice y volvamos a la melodía en sí para estudiarla en la misma forma que el preludio. Dinos, pues, cuál es el modo característico de la facultad dialéctica, en cuántas especies se divide y por qué caminos se llega a ellas. Son éstos, al parecer, los que nos pueden conducir a ese lugar en el que, una vez llegados, se nos reserva ya el descanso como al término de la jornada.

—Creo, querido Glaucón —dije yo—, que no vas a ser capaz de seguirme, y no porque te falte todo mi buen deseo. Si así fuese, podrías contemplar, no la imagen de los que decimos, sino la verdad en sí misma, o lo que a mí me parece ser la verdad. Si estoy en lo cierto o no, es cosa que no vale la pena discutir. De lo que no podemos dudar es de la conveniencia de ver algo semejante. ¿No lo estimas así?

—¿Por qué no?

—¿No es verdad, pues, que sólo la facultad dialéctica puede realmente mostrarlo a quien se halle práctico en las ciencias de que hemos hablado? Porque de cualquier otro modo no sería posible.

—Tampoco ofrece duda alguna —dijo.

—Con lo cual —afirmé— se nos ofrece ya algo que nadie podrá discutir, y es que únicamente por este método podrá lle-

295

gar a descubrirse la esencia de cada cosa. Porque casi todas las demás artes se ocupan o de las opiniones de los hombres o de sus deseos, o de la generación de las producciones, o del cuidado absorbente de las cosas nacidas o fabricadas. Las artes restantes, como la geometría y las que siguen a ésta, a las que atribuíamos la aprehensión de una parte del ser, vemos que sólo sueñan con la esencia sin que puedan verla en modo alguno en el estado consciente, a no ser que limiten el uso de la hipótesis al no poder dar razón de ellas. Pues si se desconoce el principio y, asimismo, la conclusión y las proposiciones intermedias que le sirven de base, ¿cómo será posible otorgar el nombre de ciencia a todo este proceso?

—No es posible —contestó.

XIV

—Es, pues —añadí—, el método dialéctico el único que se encamina a aquel fin, prescindiendo en absoluto de las hipótesis para robustecer su mismo principio. Y saca suavemente al ojo del alma del bárbaro cieno en el que se encuentra sumido y le eleva hacia lo alto, sirviéndose para ello, como compañeras de trabajo y colaboradoras suyas, de las artes que hemos enumerado. Por seguir la costumbre, dábamos muchas veces a éstas, el nombre de ciencias; pero reconocemos que están necesitadas de otro nombre, de más evidencia que la opinión, pero a la vez más oscuro que la ciencia. Ya con anterioridad utilizábamos la denominación de pensamiento, aunque, a mi entender, no conviene detenerse en una disputa de nombres cuando hay otras muchas cosas que investigar.

—En efecto —afirmó.

—Por tanto, ¿será suficiente mostrar tan sólo con claridad la constitución de la cosa?

—Sí, lo será.

—Y también —añadí— llamar, como antes, ciencia a la primera parte; pensamiento, a la segunda; fe y conjetura, a la tercera. Estas dos últimas constituyen la opinión, y las dos primeras, la inteligencia. Aplícase la opinión a la generación, y la inteligencia a la esencia; de modo que la misma relación hay entre la inteligencia y la opinión que entre la esencia y la generación, igualmente entre la inteligencia y la opinión que entre la ciencia, de una parte, y la fe y la conjetura, de otra. Séanos permitido, Glaucón, prescindir por ahora de la analogía que se nos ofrece, incluso de la división en dos partes de lo opinable e inteligible, para no recaer en una discusión mayor que la que nos ha envuelto.

—En cuanto puedo seguirte —dijo—, me parece que puedo concordar contigo.

—¿No das tú, por cierto, el nombre de dialéctico al que alcanza la esencia de cada cosa? ¿Y no dices también del que no la alcanza, ya para percatarse de ella o para hacerla conocer a los demás, que no la ha visto con su inteligencia?

—No podría decir otra cosa —afirmó.

—Pues con el bien nos encontramos en el mismo caso. De todo aquel que no es capaz de precisar con la razón la idea del bien, distinguiéndola de todas las demás, y como en una batalla triunfar de todas las objeciones, pero no fundándose en la opinión, sino apoyándose fervientemente en la esencia de las cosas, que le pondría al cabo de todos los obstáculos, ¿no dirás que, precisamente por ser de ese modo, ni alcanza a conocer bien en sí ni ninguna otra cosa que sea buena y que, a lo sumo, podrá percibir alguna imagen del bien por la vía de la opinión, pero no por la vía de la ciencia? ¿No afirmarás también que pasa por esta vida como dominado por el letargo del sueño y en un continuo ensueño, que no tendrá ya fin hasta que marche al Hades y duerma allí para siempre el sueño verdadero?

—Sí, por Zeus —contestó—, diré todo eso con plena convicción.

—Por tanto, de tener que educar en alguna ocasión a esos hijos tuyos, que ahora formas y educas imaginariamente, no les permitirías, a mi juicio, que fuesen gobernantes en la ciudad ni dueños en ella de las cosas más importantes, si se portan como líneas irracionales.

—Desde luego que no —dijo.

—¿Les impondrías, en cambio, que se preocupasen en mayor grado de aquella educación que les haga más hábiles para preguntar y responder?

—Se lo impondría —dijo—, en pleno acuerdo contigo.

—¿No te parece, pues —pregunté—, que la dialéctica viene

a ser como un coronamiento en lo más alto de las demás enseñanzas, y que ninguna de éstas puede ser colocada en un plano superior, ya que es ella, precisamente, la culminación de todas?

—Sí, me lo parece —contestó.

XV

—Sólo resta precisar —añadí— la distribución de estas ciencias y de qué modo las enseñaremos.

—Sin duda —dijo.

—¿Recuerdas la primera elección de nuestros gobernantes y cuáles eran realmente los elegidos?

—¿Cómo no? —dijo.

—Bajo cualquier punto de vista —advertí— considera las naturalezas que deben ser elegidas. Habrá que escoger, sin duda, a los más firmes y a los más valerosos y, siempre que sea posible, a los más hermosos. Además, procuraremos no sólo que sean nobles y graves de carácter, sino también que posean las condiciones adecuadas a esta educación.

—¿Y cuáles podrán ser esas condiciones?

—Les convendrá disponer, querido amigo —dije yo—, de una agudeza especial para las ciencias, en las que no habrán de encontrar dificultad alguna. Porque las almas se acobardan más en los estudios difíciles que en la práctica de la gimnasia; en este caso, el trabajo es exclusivo de ella y no se hace común con el cuerpo.

—Verdaderamente —dijo.

—Deberá contarse, pues, con personas dotadas de memoria, firmes de carácter y laboriosas a ultranza. De otro modo, ¿cómo crees que iba nadie a esforzarse, no solamente con esos trabajos corporales, sino también con una dedicación y una solicitud de tal naturaleza?

—Nadie, desde luego —advirtió—, que no disfrutase de unas condiciones de carácter excepcionales.

—El error y la infamia —proseguí— que ahora se atribuyen a la filosofía, y que antes ya fueron tratados por nosotros, son debidos a que privan en ella hombres indignos de este estudio, esto es, espíritus bastardos y no legítimos.

—¿Cómo? —dijo.

—En primer lugar —dije yo—, no deberá ser un hombre vacilante en cuanto a su laboriosidad aquel que se dedique a la filosofía; su amor al trabajo tendrá que ser total y no distribuirse en partes, que es lo que ocurre cuando uno ama la gimnasia y la caza y toda clase de esfuerzos corporales, pero no es, en cambio, amigo de la ciencia, ni ansioso de escuchar o de investigar, sino, al contrario, odiador de todas estas actividades. Hombre de esta clase puede considerarse al que procede de manera contraria.

—Ni más ni menos —afirmó.

—¿No merecerá igualmente el nombre de lisiada, en relación con la verdad —pregunté—, aquella alma que odia la mentira voluntaria y la sobrelleva con dificultad, irritándose en extremo con los que la practican, pero que acepta complacida la mentira involuntaria y no se molesta cuando se la advierte de su ignorancia, sino que, antes bien, procede a ensuciarse en ella como lo haría un vulgar puerco?

—Claro que sí —dijo.

—Así, pues, la vigilancia que debemos observar —añadí— habrá de extenderse a la templanza, al valor y a todas las demás virtudes, por lo que respecta a la distinción entre el hombre bastardo y el de buen linaje. Porque es bien sabido que cuando un particular o una ciudad no aciertan con esta distinción, se ven precisados a utilizar el servicio de la amistad o del gobierno, de hombres cojos, en un caso, o bastardos, en otro.

—Cosa muy frecuente, por cierto —asintió.

—Por tanto, hemos de poner un cuidado sumo en todas estas cosas —advertí—. Si realmente prodigamos nuestra educación a hombres bien conformados en cuerpo y en espíritu y, además, lo aplicamos a estas enseñanzas y ejercicios, la justicia misma no podrá censurarnos nada, y salvaremos así la ciudad e incluso el régimen político. De cualquier otro modo, esto es, dedicando a estos trabajos a hombres de condición distinta, el resultado será totalmente contrario, con lo cual procuraremos a la filosofía un ridículo todavía mucho mayor.

—Cosa vergonzosa, por supuesto —dijo.

—En efecto —afirmé—. Pero me parece que yo mismo estoy cayendo en el ridículo.

—¿Qué quieres decir? —preguntó.

—Pues que me he olvidado —añadí— de que todo esto no es más que un proyecto, y lo he tomado con mucho calor. Y es que al hablar miré a la vez a la filosofía, y viéndola tan indignamente ultrajada, subió de punto mi irritación, e indignado contra los culpables, puse un celo desmedido en su defensa.

—No, por Zeus —dijo—; no me parece esa la opinión del que escucha.

—Pero sí me parece la mía —atajé—, que soy el que habla. Pon empeño en recordar que en nuestra primera elección escogíamos a hombres ancianos, cosa que no sería posible en ésta. Porque no debe creerse a Solón cuando dice que un anciano puede aprender muchas cosas. Más fácil le resultará correr, pues todos los trabajos grandes y numerosos son de competencia de los jóvenes.

—Necesariamente —dijo.

XVI

—Por consiguiente, será preciso inculcar a los niños la ciencia de los números, la geometría y cualquier otra instrucción que preceda y conduzca a la dialéctica. Pero toda esa didáctica no deberá en modo alguno hacer uso de la fuerza.

—¿Por qué?

—Porque un hombre libre —advertí— no podrá recibir su enseñanza como si se tratase de un esclavo. Pues si es verdad que los trabajos corporales no disminuyen la fortaleza del cuerpo, sí lo es que no persevera en el alma cualquier conocimiento adquirido por la fuerza.

—Desde luego —dijo.

—No habrá, pues, querido amigo, que emplear la fuerza para la educación de los niños; muy al contrario, deberá enseñárseles jugando, para llegar también a conocer mejor las inclinaciones naturales de cada uno.

—Tienes razón en lo que dices —asintió.

—¿Y no recuerdas —pregunté— que hablábamos de llevar a los niños a la guerra, para que la contemplasen de cerca montados en sus caballos, pero en condiciones de seguridad? Así podrían gustar de la sangre, como ocurre con los cachorros.

—Ya lo recuerdo —afirmó.

—Pertenecerá, por tanto —dije—, al grupo de los elegidos aquel que demuestre siempre una mayor agilidad en todas estas cosas, esto es, en los trabajos, los estudios y los peligros.

—¿Y a qué edad? —preguntó.

—Pues cuando quede libre —dije yo— del período de gimnasia obligatoria. Porque en este tiempo (sean dos o tres los años que transcurran), será imposible que emprendan ninguna otra acción, ya que la fatiga y el sueño son enemigos de las ciencias. Una de las pruebas a que habrán de someterse, y no la menos importante, será precisamente la de los ejercicios gimnásticos.

—¿Cómo no? —dijo.

—Transcurrido este período —agregué—, todos los elegidos de veinte años recibirán mayores honores que los demás, y todos aquellos conocimientos adquiridos profusamente en la niñez los obtendrán ahora en una visión sinóptica de las relaciones entre unas y otras ciencias y entre éstas y la naturaleza del ser.

—Ese conocimiento —dijo— es el único que proporciona firmeza a los que lo hayan adquirido.

—Y es también —añadí— la mejor prueba de una naturaleza dialéctica. Porque reúne las condiciones del dialéctico aquel que posee la visión de conjunto de las cosas, y no las reúne el que no la alcanza.

—Convengo en ello —afirmó.

—Aun después de hecha esta elección —dije yo—, deberás considerar quiénes son los caracteres más firmes para las ciencias y los más resistentes para la guerra y para las demás actividades. Y una vez llegados a los treinta años, cogerás todavía a los mejores y les concederás mayores recompensas. Entonces habrán de ser probados con el poder de la dialéctica, para distinguir quién es capaz de alcanzar el ser en sí válido de la verdad, pero sin ayuda alguna de la vista y de los demás sentidos. Labor, querido amigo, que requiere un escrupuloso cuidado.

—¿Por qué razón? —preguntó.

—¿No te das cuenta —dije yo— del gran mal que reina en estos momentos en la dialéctica?

—¿Cuál es? —inquirió.

—Esa infracción de la ley —dije yo— que la vicia por todas partes.

—Efectivamente —dijo.

—Pero, ¿no consideras algo extraño —pregunté— lo que les ocurre a los dialécticos? ¿No les perdonas su falta?

—Explícate mejor —dijo.

—Supón —añadí— que un hijo ilegítimo se hubiese formado entre grandes riquezas, en el seno de una familia noble y numerosa y rodeado muchos aduladores. Supón también que, al llegar a la mayoría de edad, se apercibe de que no es hijo de los que dicen ser sus padres, pero que encuentra a los que realmente lo son, ¿podrías imaginarte la situación de este hombre en relación con sus aduladores y con sus pretendidos padres antes y después de conocer la suplantación de que fue objeto? ¿O quieres escuchar lo que yo pienso?

—Sí, prefiero escucharte —dijo.

XVII

—Yo me imagino —proseguí— que honraría más al padre, a la madre y a todos los demás pretendidos parientes que a los aduladores, y que llevaría a mal el que estuviesen privados de algo, procurando no decir o hacer cosas que les molestasen. Desde luego, en el tiempo en que no conociese la verdad mostraría más obediencia a aquellos que a los aduladores respecto a las cosas más importantes.

—Naturalmente —dijo.

—Me imagino también que, una vez sabedor de la verdad, honraría y trataría con más interés a los aduladores que a los pretendidos padres y que obedecería a aquellos en mucho mayor grado que antes, viviendo y relacionándose con ellos de una manera más abierta. Ya, pues, no se preocuparía en absoluto de aquel padre y de los pretendidos parientes, a no ser que dispusiese de una naturaleza virtuosa.

—Todo ocurriría como tú dices —contestó—. Pero, ¿qué relación tiene la imagen que presentas con los hombres que usan de la dialéctica?

—La siguiente. Hay en nosotros, desde niños, los principios sobre lo justo y lo bello, en los que hemos sido educados como por unos padres, obedeciéndolos y honrándolos a la manera debida.

—Así es.

—Pero hay asimismo otros principios contrarios a éstos, de tentadores del placer y que halagan nuestra alma y la atraen hacia sí, aunque sin convencer a los hombres mesurados que honran y obedecen a los principios heredados de sus padres.

—En efecto.

—Pues bien —dije yo—, cuando al hombre que así procede se le pregunta qué es lo bello y al responder con lo que escuchó del legislador se le refutan sus razones, y por insistir muchas veces y de muchas maneras se le inclina a pensar que no hay nada bello que no pueda ser considerado como vergonzoso y que lo mismo puede decirse de lo justo y de lo bueno y de todas las cosas que él más estimaba, ¿no crees que, después de esto, mostrará una disposición análoga respecto a la honra y a la obediencia que debe?

—Por fuerza —dijo—, y ya no las honrará ni obedecerá de la misma manera.

—Por tanto —indiqué—, cuando no las considere como preciadas y propias ni, por otra parte, alcance a encontrar la verdad, ¿a qué otra vida podrá acercarse con más razón que a aquella que le llena de lisonjas?

—A ninguna otra —contestó.

—A mi juicio, parecerá haber cambiado de actitud, presentándose ahora como contrario a las leyes.

—Necesariamente.

—¿No es pues natural —inquirí— esta caída de los que se dedican a la dialéctica, y, como antes decía, no son merecedores de que se los perdone?

—E incluso de que se tenga compasión de ellos —añadió.

—Pues bien, para que no den lugar a esa compasión unos muchachos entrados ya en los treinta, ¿no habrá de precavérseles a todo evento en el uso de la dialéctica?

—Desde luego —dijo.

—¿Y no será también una excelente medida de precaución la de que no tanteen la dialéctica cuando todavía son jóvenes? No se te habrá escapado que cuando los adolescentes han llegado a probar los argumentos dialécticos, se sirven de ellos como si estuviesen en un juego, tomándolos siempre como base de sus objeciones. Y a imitación de los que los contradicen, refutan a su vez a los demás y gozan como cachorros, maltratando y denostando a cuantos se acercan hasta ellos.

—Maravillosa descripción —dijo.

—Y luego, cuando ya han refutado a muchos y han sufrido también sus refutaciones, concluyen rápidamente por no creer en nada de lo que antes creían. Con ello no sólo se desacreditan ante los demás, sino también en todo lo que concierne a la filosofía.

—Efectivamente —dijo.

—Cosa que no ocurrirá al hombre adulto —agregué—, porque no querrá participar de esta manía sino que tratará, antes bien, de imitar a quien desea esforzarse para descubrir la verdad de los que se entregan a la discusión tan sólo por juego y diversión. Procediendo así, ese hombre pasará por persona moderada y reportará a la actividad filosófica un crédito del que antes carecía.

—Sin duda alguna —asintió.

—¿Y no fue como medida de precaución por lo que se había dicho lo anterior, esto es, que el cultivo de la dialéctica debe reservarse a los hombres de natural ordenado y firme y no, como ahora, al primero que llega y sin disposición alguna para ella?

—Desde luego —dijo.

XVIII

—¿Bastará, pues, con que se fije para el estudio de la dialéctica una asiduidad e intensidad que excluya cualquier otra dedicación, y que ese estudio se corresponda perfectamente con los ejercicios corporales, pero en un número de años doble que éstos?

—¿Cuántos años quieres decir? ¿Seis o cuatro? —preguntó.

—No te preocupes por eso —dije—. Admite que sean cinco. Ahora bien, después de esto, los obligarás a que bajen a la caverna y se verán en la necesidad de desempeñar los empleos militares y cuantos sean propios de la edad juvenil, para que no cedan a nadie en experiencia. Y aún habrá de ponérselos a prueba para comprobar si se mantienen firmes o si cambian de lugar cuando se los arrastra en todas direcciones.

—¿Y qué tiempo señalan para esta prueba? —dijo.

—Quince años —contesté—. Luego, una vez llegados a los cincuenta, a los que hayan superado todos los obstáculos y descollado extraordinariamente tanto en la ciencia como en la práctica, habrá que inclinarlos a que dirijan la mirada de su alma al ser que proporciona la luz a todos, pues así, viendo el bien mismo, se servirán de él como modelo cuando, en el resto de su vida, les llegue el turno de atender a la ciudad, a los particulares o a sí mismos. Es cierto que dispondrán del mayor tiempo posible para el estudio de la filosofía; pero a la vez, y llegada la ocasión, tomarán con más celo los asuntos políticos y se dispondrán a gobernar la ciudad no ya poseídos de que es un bien el que hacen, sino una imperiosa necesidad. Con el cumplimiento de esta tarea y la preparación de otros hombres que puedan sucederlos en el cuidado de la ciudad, aquellos de que hablamos podrán partir felizmente hacia las islas de los bienaventurados. Y la ciudad perpetuará su memoria con mausoleos y sacrificios públicos no como si se tratase de genios, sino de espíritus bienaventurados y divinos, siempre que así lo autorice la pitonisa.

—¡Bien hermosos resultarían, Sócrates —exclamó—, esos gobernantes que acabas de modelar a la manera de los escultores!

—Gobernantes y gobernantas, Glaucón —dije yo—. Pues no vayas a pensar que en todo lo que he dicho me refería más a los hombres que a las mujeres igualmente dotadas de una natural conveniente.

—Perfectamente —aprobó—, si como hemos dicho, todas las tareas han de ser comunes entre las mujeres y los hombres.

—Pues bien —dije—, ¿concederéis entonces que no son vanos deseos los que acabamos de formular en torno a la ciudad y a su régimen político, sino proyectos que, aunque difíciles, son de algún modo realizables, una vez que gobiernen la ciudad uno o varios hombres que, como verdaderos filósofos, muestren desprecio por las horas de ahora, considerándolas impropias de ser libres e indignas de estimación? Su mayor aprecio, por el contrario, lo aplicarán a lo recto y a los honores que esto procura, en el pensamiento de que es lo justo cosa más importante y necesaria, a la cual servirán y tratarán de engrandecer cuando emprendan la reforma de su ciudad.

—¿Cómo? —dijo.

—Relegarán al campo —advertí— a cuantos haya en la ciudad que cuenten más de diez años y se harán cargo de sus hijos para sustraerlos a las costumbres de esta hora, que también practican sus padres, educándolos, en cambio, de acuerdo con sus costumbres y sus leyes, tal como anteriormente se ha indicado. De esta manera, quedará establecido en la ciudad, rápida y fácilmente, el régimen político a que nos referíamos, el cual es realmente feliz y reportará también las mayores ventajas al pueblo que lo disfrute.

—En efecto —dijo—. Y me parece, Sócrates, que te has expresado muy bien respecto a la realidad de ese régimen, si es que alguna vez se lleva cabo.

—¿Son entonces suficientes —pregunté yo— las razones aducidas en favor de esta ciudad y del hombre que deba habitarla? Porque se muestra claro también cómo debe ser el hombre que hemos de proponer.

—No hay duda —contestó—. Y como tú dices, me parece que la cuestión ha quedado zanjada.

LIBRO OCTAVO

I

—Ea, pues, Glaucón, hemos convenido en que en una ciudad debidamente regida habrán de ser comunes las mujeres, los hijos y toda la educación, y, asimismo, cuantas actividades tengan relación con la guerra y con la paz. Serán reyes de ella aquellos hombres que se distingan entre todos en lo concerniente a la filosofía y a las artes bélicas.

—Sí, en eso hemos quedado —asintió.

—Nuestro acuerdo se extendía también a lo siguiente: admitíamos que, una vez instituidos los gobernantes, llevarían a los guerreros a unas viviendas como las descritas, en las que no existiría nada de carácter particular, sino común, para todos. Además de la disposición de las viviendas, recordarás cuáles eran los bienes que acordábamos concederles.

—Recuerdo, en efecto —dijo—, que nos parecía conveniente que nadie poseyera ninguna de las cosas que ahora poseen los demás y que, cual atletas de la guerra y guardianes de la ciudad, les prescribiríamos un salario por su labor, que consistiría en la alimentación anual a entregar por los otros ciudadanos. Ellos, en cambio, deberían atender al cuidado de sí mismos y de la ciudad.

—Bien dices —afirmé—. Pero, ya que hemos dado fin a todo esto, convendrá recordar de dónde nos desviamos para volver de nuevo al punto de partida.

—No resultará difícil —dijo—. Casi aducías las mismas razones que ahora, como si hubieses agotado el repertorio en lo tocante al gobierno de la ciudad. Y decías que considerabas como buena a la ciudad entonces descrita y al hombre adecuado para ella, aunque admitías todavía una ciudad y un hombre mejores que esos. Añadías que si esta ciudad era buena, las demás tendrían que parecer defectuosas, y de los restantes regímenes político afirmabas, según recuerdo, que podrían clasificarse en cuatro especies, de los que habría que examinar y contemplar sus defectos y los hombres que a ellos convenían. Con este examen se nos facilitaría el juicio sobre estos hombres. y ya no sería posible convenir en cuál es el mejor y peor de ellos, para investigar a continuación si el mejor es el más feliz y el peor el más desgraciado, o si, por el contrario, ocurre de otro modo. Cuando yo te preguntaba por esos cuatro regímenes políticos de que hablabas, he aquí que tomaron la palabra Polemarco y Adimanto, con lo que te envolvieron en la digresión que nos ha conducido hasta aquí.

—Tu recuerdo —le dije yo— es perfectamente exacto.

—Permite entonces que, al igual que si fueses un luchador, vuelva a asirte por el mismo sitio. Por ello, cuando incida en mis preguntas, intenta contestar con lo que antes tenías preparado.

—Si puedo —advertí—, no dejaré de hacerlo.

—Pues créeme —dijo— que estoy deseando escucharte respecto a esos regímenes políticos de que hablabas.

—No será difícil —respondí— dar gusto a tus deseos, pues los regímenes a que me refería tienen un nombre bien conocido y alabado por la mayoría: el de cretenses y lacedemonios. El segundo, y segundo también en popularidad, es el régimen de la oligarquía, lleno por lo demás de innumerables males. A continuación de éste, pero contrario a él, colocaremos a la democracia, y luego a la nobilísima tiranía, que supera a todos los otros como cuarta y última enfermedad de la ciudad. ¿O tienes tú idea de algún otro régimen político que difiera claramente por su forma de los que ahora te ofrezco? Porque las oligarquías y reinos venales y regímenes por el estilo, son intermedios entre los citados y se encuentran de manera parecida tanto entre los bárbaros como entre los griegos*.

---

* La simpatía de Platón por los regímenes de Creta y Esparta se manifiesta claramente. Con todo, Platón mismo apela a la opinión del vulgo en una época en que Esparta, vencedora de la guerra del Peloponeso, contaba con el favor popular, La oligarquía, la democracia y la tiranía no quedan, por contra, en muy buen lugar.

—Son muchos y extraños —dijo— los regímenes de que se habla.

II

—¿Y no sabes, además —pregunté—, que existen por fuerza tantos caracteres de hombres como regímenes políticos? ¿O piensas que los regímenes nacen de alguna encina o de alguna piedra* y no de los caracteres que se dan en las ciudades y que arrastran en su misma dirección a todo lo demás?

—De ninguna otra parte —contestó—, sino de ahí.

—Por consiguiente, si son cinco los regímenes que pueden adoptar las ciudades, también serán cinco las disposiciones propias del alma humana.

—¿Quién lo duda?

—Nos hemos referido ya al hombre que corresponde con el régimen aristocrático, del que decimos con razón que es bueno y justo.

—Sí, hemos hablado de él.

—Creo que, después de esto, debemos ocuparnos de los caracteres inferiores. ¿O es que no vamos a tratar del ansioso de disputas y de honores, tal como se desarrolla en el régimen de los lacedemonios, y luego del oligárquico, del democrático y del tiránico, a fin de que, una vez que hayamos contemplado el más injusto, podamos contraponerle al que nos parezca más justo y nos sirva así de investigación ulterior para determinar la relación de la pura justicia con la injusticia pura respecto a la felicidad o la infelicidad de quien las posee? ¿No podremos así, de acuerdo con la opinión de Trasímaco, seguir el rastro de la injusticia, o bien el de la justicia, ateniéndonos a las razones expuestas?

—Desde luego —replicó—, eso es precisamente lo que debemos hacer.

—Pues bien, del mismo modo que comenzamos a examinar los carácteres en los regímenes políticos antes que en los particulares, por estimar que este sería el método más claro, ¿no

---

* Expresión que se encuentra en Homero, *Odisea*, XIX, 163, e *Ilíada*, XXII, 126.

debemos también ahora iniciar nuestra consideración por el régimen de los ambiciosos, para el cual no encontraría mejor nombre que el de timocracia o timarquía? ¿No pondremos en relación con éste al hombre que le corresponda, para pasar luego revista a la oligarquía y al hombre oligárquico y volver a continuación la mirada a la democracia y al hombre democrático, y aun por último a la ciudad dominada por la tiranía, en la que habrá que prestar atención al alma tiránica, intentando así resolver como jueces competentes acerca de las cosas que nos hemos propuesto?

—Así, desde luego —afirmó—, ese examen y ese juicio serán perfectamente racionales.

III

—Veamos, pues —añadí—, y tratemos de explicar cómo podrá tener lugar el tránsito de la aristocracia a la timocracia. ¿O no es plenamente cierto que todo régimen político se ve afectado por un cambio cuando la discordia se apodera de los mismos gobernantes, y que, con todo, la escisión no llegará a producirse si se mantiene unidad de criterio entre los disidentes?

—Así es.

—¿Y cómo concibes, Glaucón —dije yo—, una alteración en nuestro régimen y cuál podría ser la causa de la disidencia entre los auxiliares y los gobernantes, entre sí y consigo mismos? ¿O prefieres que, como Homero, invoquemos a la musas para que nos digan «de qué modo surgía la primera discordia» y las hagamos hablar en tono trágico, e incluso ponderadamente, cuando lo que hacen es jugar y burlarse de nosotros, como si fuésemos niños?

—¿Cómo?

—Ahora te lo diré. Difícil resulta que en una ciudad así se produzca una sedición. Pero como todo lo que nace no puede por menos de corromperse, es evidente que ese régimen no perdurará eternamente, sino que también se destruirá. Y su destrucción será esta: no sólo para las plantas que se dan en la tierra, sino también para los animales que viven sobre ella, hay períodos de fertilidad y de esterilidad que sobrevienen a las almas y a los cuerpos cuando los retornos alternativos anudan las circunferencias cíclicas de las distintas especies, las cuales son cortas para los seres de breve tránsito y largas para los seres de larga vida. En lo que respecta a vuestro linaje y a los hombres que educasteis para el gobierno de la ciudad, aun siendo sabios, no serán capaces de fijar, por más que usen del razonamiento y de los sentidos, los períodos de fertilidad y de esterilidad, y así dejarán pasar la ocasión para procrear y, en cambio, engendrarán hijos cuando no debieran hacerlo. Para la generación divina contamos con un período de número perfecto; pero para la humana, con otro número en el que se reflejan primeramente los aumentos predominantes y dominados, con tres intervalos y cuatro límites, tanto de lo semejante como de lo que no lo es, o de lo que aumenta como de lo que disminuye. Aquellos aumentos nos presentarán todas las cosas como concordes y ya convenidas. Y a la vez, su base epitrita, uncida a la péntada y con triple incremento, nos procurará dos armonías: una, que será otras tantas veces igual, con sus partes varias veces mayores que ciento; otra igual de largo en un sentido, pero oblonga, que comprende cien números de la porción convenida de la péntada, cada uno de los cuales se reduce en una unidad, o de la porción no acorde, reducidos en dos, y otros cien cubos de la tríada. Este es el número geométrico, señor de todo lo creado. Si por ignorarlo, vuestros guardianes efectúan matrimonios inoportunos, los hijos de estas uniones no nacerán bien dotados ni bajo buenos auspicios. Sus padres escogerán a los mejores de entre ellos para que los sucedan; pero al ser indignos de los cargos que ocupan, comenzarán por descuidar nuestra vigilancia y, en primer lugar, mostrarán menor estimación de la debida a la música, luego a la gimnasia, y como resultado de esto, vuestros jóvenes perderán todo su gusto. Entonces, la designación de los gobernantes recaerá en personas no muy aptas para guardianes, de acuerdo con la selección de linajes admitida por Hesíodo, pues se producirá entre vosotros la raza de oro, la de plata, la de bronce y la de hierro. Al mezclarse la de hierro con la de plata y la de bronce con la de oro, aparecerá una determinada diferencia, traducida en una desigualdad inarmónica que, al realizarse, traerá siempre consigo la secuela de las guerras y enemistades. He aquí la raza productora de la discordia, dondequiera que esta surja*.

—Nosotros diremos —afirmó— que las musas contestan admirablemente.

—Y así deben hacerlo —dije yo—, puesto que son musas.

—Pues bien —inquirió—, ¿qué más podrán decir después de esto?

—Producida ya la escisión —añadí—, se formarán dos grupos de razas: el uno, que comprenderá la de hierro y la de bronce, inclinadas ambas hacia la posesión de riquezas, de tierras, de casas, de oro y de plata; el otro, esas otras dos razas, de oro y de plata, que aun sin ser pobres, sino ricas por naturaleza, llevan a las almas en pos de la virtud y de la antigua constitución. Luego de muchas luchas y resistencias, unas y otras razas llegaron a un acuerdo para repartir entre sí las tierras y las casas; y a los que antes vigilaban y mantenían, considerándolos como hombres libres y amigos, en lo sucesivo los esclavizarán, convirtiéndolos en periecos y criados. Sin embargo, persistirán en su preocupación por la guerra y por la vigilancia de sus sometidos.

—Me parece, en efecto —dijo—, que ese y no otro es el origen del cambio.

—Y el régimen político a que te refieres —pregunté—, ¿no se encontrará entre la aristocracia y la oligarquía?

—Desde luego.

IV

—Así, no cabe duda, se producirá el cambio. Pero, ¿cómo será el nuevo gobierno que siga? ¿No parece evidente que imite

---

* Al decir de todos, este es el pasaje más oscuro de toda la República. Y tanto, que la mayoría de los intérpretes y traductores no han encontrado una explicación racional al número geométrico de que habla Platón. La equivalencia matemática del lenguaje platónico, no obstante el sentido muy preciso en que se expresa Adam, no es todo lo clara que debiera. Hay implicado aquí todo un saber mítico, astronómico y biológico, que responde a las influencias recibidas por Platón a través de su azarosa vida. Veamos, por ejemplo, cómo al estudio de los ciclos evolutivos se añade luego la teoría de las razas de Hesíodo, envuelta en la ingenuidad de la poesía cosmogónica.

en algo al antiguo régimen y también a la oligarquía, puesto que ambos participan, pero con una característica peculiar suya?

—Claro que sí —dijo.

—Imitará al antiguo régimen en el honor que dispense a los gobernantes, así como en la aversión de las clases dirigentes a la agricultura, a las profesiones manuales y demás oficios lucrativos, o en la preparación de las comidas en común y en la práctica de los ejercicios gimnásticos y militares.

—Sí.

—Pero, ¿no serán rasgos propios del sistema el temor a que los sabios ocupen el gobierno, cuando ya no se encuentren con hombres sencillos y fuertes, sino mezclados, y el inclinarse hacia los espíritus coléricos y simplicísimos, más adecuados por su naturaleza para la guerra que para la paz, o el tener en gran estima los engaños y las maquinaciones de aquélla, manteniendo así de continuo el ansia de pelea?

—Efectivamente.

—Los hombres de ese régimen serán, pues —añadí—, amantes de las riquezas, ni más ni menos que los de las oligarquías. Y honrarán feroz y desmedidamente el oro y la plata, hasta el punto de sostener almacenes y tesoros privados en los que oculten las riquezas conseguidas. Rodearán de murallas sus viviendas, que serán para ellos unos sencillos nidos particulares, en los que prodigarán a manos llenas el dinero, tanto para sus mujeres como para todo aquello que les venga en gana.

—Estás en lo cierto —dijo.

—Pero no por ello dejarán de ahorrar de lo suyo, lo mismo que si venerasen un dinero que poseen clandestinamente. Mas, amigos de derrochar los bienes del prójimo y de satisfacer sus pasiones, se procurarán a sí mismos placeres secretos, rehuyendo las leyes a la manera como los niños escapan a sus padres. Y todo esto por haber sido educados no persuasivamente, sino con la fuerza, o por haber desoído a la verdadera musa, compañera de la dialéctica y de la filosofía, y haber honrado, en cambio, con mayor veneración a la gimnasia que a la música.

—Ciertamente —dijo—, el régimen que mencionas es una mezcla de mal y de bien.

—Apruebo tu opinión —asentí—. Y por predominar en él de manera bien clara ese único rasgo del carácter colérico, se producen las porfías y las ostentaciones.

—En grado sumo —dijo.

—Así se nos presenta, pues —añadí—, el origen y la contextura del régimen descrito, del cual, por cierto, sólo he trazado un esbozo no muy detallado, pero suficiente para revelar y dar a conocer al hombre más justo y al más injusto. Improba tarea sería el tratar por extenso de todos los regímenes y de todos los caracteres, sin omitir siquiera uno solo de ellos.

—En efecto —afirmó.

V

—¿Cuál es, por tanto, el hombre que se corresponde con ese régimen? ¿Cómo habrá de formarse y cuál tendrá que ser su carácter?

—Pienso —dijo Adimanto— que, cuando menos en punto a ambición, deberá semejarse mucho a Glaucón.

—Quizá sea así en eso —advertí—; pero a mí me parece que no se le semeja en nada en todo lo que voy a decir.

—¿Y en qué?

—Conviene que sea más presuntuoso —dije yo— y un poco más despegado de las musas, aunque conserve su aprecio por ellas. Será también amigo de escuchar, pero en modo alguno de hablar. Se mostrará duro para con los esclavos, pero no con fatuo engreimiento, como los que quieren alardear de suficiente educación; se abrirá con sentido humano hacia los hombres libres, ofreciéndose humilde y sumiso a los gobernantes. En suma: amará los cargos públicos y los honores, pero no estimará digno alcanzar el poder por medio de la elocuencia o por cualquier otra práctica análoga, sino por sus acciones bélicas y otras por el estilo; completará su condición con la pasión por la gimnasia y por la caza.

—Has reflejado exactamente —dijo— el carácter adecuado para ese régimen político.

—Y es claro —dije yo— que, mientras sea joven, hará caso omiso de las riquezas; pero, en cambio, las acogerá con alborozo a medida que pasen los años, dejando ver entonces ese fondo avaricioso de su carácter, impuro en cuanto a la virtud, por estar falto del mejor guardián.

—¿De quién? —atajó Adimanto.

—De la dialéctica —repuse— mezclada con la música. Es ese el único guardián que preserva la virtud cuando habita de por vida en una persona.

—Muy bien dicho —asintió.

—Tal es —dije yo— el muchacho de carácter timocrático, adecuado a una ciudad en la que impera ese régimen.

—Efectivamente.

—Poco más o menos —dije—, este joven se forma del modo siguiente. En ocasiones, se aparecerá como hijo de un padre bueno, ciudadano de una ciudad mal gobernada y que huye de los honores de los cargos públicos, de los procesos y de todo los entremetimientos ajenos, deseando a la vez perjudicarse él mismo antes que verse envuelto en los asuntos de Estado.

—Bien; pero, ¿cómo se forma? —preguntó.

—En primer lugar —añadí—, influirá grandemente en su conducta el continuo disgusto de su madre, quejosa porque su marido no disfruta cargos de gobierno, lo cual la rebaja ante las demás mujeres. Luego, el que ella vea la falta de interés de aquél por aumentar su capital o por intervenir con invectivas, públicamente o en los procesos privados, y sobre todo su despreocupación por las cosas de ese tipo; pues ella se dará cuenta de que su marido tiene siempre el pensamiento en sí mismo y de que la vida de la esposa le resulta por completo indiferente; y así, disgustada por todo esto, repetirá a su hijo que su padre es un hombre demasiado indolente y cuantas otras cosas gustan de deplorar las mujeres.

—Desde luego —dijo Adimanto—, esas cosas y otras muchas son muy propias de ellas.

—Sabes también —dije yo— que los criados de la casa, justamente los que parecen mejor dispuestos, refieren, a escondidas, a los hijos otros pormenores análogos, y si ven que el padre no persigue judicialmente al que le debe dinero o le ha hecho objeto de alguna injuria, animan al hijo para que, una vez llegado a la mayoría de edad, se vengue de todos ellos y demuestre ser más hombre que su padre. Al salir de su casa, oye y ve otras cosas por el estilo; comprueba, en efecto, que los ciudadanos que se ocupan de lo suyo son tenidos por imbéciles y merecen escasa consideración, en tanto se honra y se ensalza a los que se mezclan en lo que no les importa. En esta situación, el joven que escucha y ve todo esto, y escucha también las palabras de su padre o ve con sus propios ojos todas sus acciones, que pone en comparación con las de los demás, se encuentra solicitado a la vez por estas dos fuerzas: su padre hace madurar y desarrollarse la parte razonable de su alma, y los demás, la parte apasionada y colérica. Como no es hombre perverso por naturaleza, y sólo actúan sobre él las malas compañías de los demás, cogido por estas dos fuerzas, adopta entonces un término medio y entrega el gobierno de sí mismo a esa parte en la que priva el espíritu colérico y la porfía, haciéndose así un hombre orgulloso y amante de la gloria.

—Me parece —afirmó— que has dado a conocer perfectamente la génesis de este carácter.

—Por tanto —dije yo—, tenemos ya delimitado el segundo régimen y el segundo hombre.

—Sí, lo tenemos —dijo.

VI

—Así, pues, después de esto no repetiremos las palabras aquellas de Esquilo: «Otro hombre junto a otra ciudad», y atenderemos a la ciudad según nuestra primera hipótesis*.

—Así es —dijo.

—Según creo, a continuación del régimen anterior conviene considerar el oligárquico.

—¿Y qué es lo que entiendes tú por oligarquía? —preguntó.

—Para mí —agregué—, es un régimen en el que decide la tasación de la fortuna y, por tanto, en el que mandan los ricos, sin que los pobres tengan participación en él.

—De acuerdo —dijo.

—¿Y no deberá decirse cómo se cambia la timarquía en oligarquía?

---

* *Siete contra Tebas*, 451 y 570.

—Sí.

—Ciertamente —añadí—, hasta para un ciego es claro cómo se realiza ese cambio.

—¿Cómo?

—Ese tesoro acumulado por cada uno —dije yo— es precisamente el que pierde al régimen. Porque primeramente se procuran nuevos dispendios, sin reparar para ello en la transgresión de las leyes, a las que faltan hombres y mujeres.

—Naturalmente —dijo.

—Después, a mi entender, cada uno se dedica a contemplar al vecino y a hacerle objeto de imitación, terminando por inducir a la mayoría a que haga lo mismo.

—En efecto —dijo.

—Desde ese momento —advertí— se deslizan ya por la pendiente de los negocios y aumentan su interés por ellos a medida que disminuyen el que otorgan a la virtud. ¿O no podemos representar la distancia entre la virtud y la riqueza con la imagen de los platillos de una balanza, siempre moviéndose en sentido contrario?

—Claro que sí —dijo.

—Por consiguiente, cuanto más se honra en una ciudad a la riqueza y a los hombres ricos, menos se estima a la virtud y a los hombres buenos.

—Sin duda.

—Más se practica siempre lo que se honra y se descuida lo que no se estima.

—Así es.

—Por ello, los hombres poseídos de la envidia y de la ambición terminan por volverse ansiosos de riquezas y aficionados al dinero. Y entonces alaban y admiran al rico, pero desdeñan y desprecian al pobre.

—Desde luego.

—Promulgan, pues, una ley, que es un verdadero límite del régimen oligárquico, ya que condicionan el ejercicio del poder a la mayor cantidad de riqueza. Esa cantidad aumenta o disminuye según la fortaleza o debilidad del régimen, de tal modo que dejan sin acceso a los cargos a los que no disponen de una determinada renta. Y llevan a término su plan valiéndose de la fuerza o de las armas, o imponiendo este régimen simplemente por el temor. ¿O no lo crees así?

—En efecto, no lo pongo en duda.

—He aquí, por tanto, cómo se instaura, por así decirlo, el régimen de que hablamos.

—Sí —dijo—. Pero, ¿cuáles son sus características y cuál es también su defecto fundamental?

VII

—En primer lugar —dije yo—, ese límite que antes le atribuíamos. Porque, presta atención a lo que voy a decir: si para elegir al piloto de una nave hubiese que seguir el sistema antedicho y se desatendiese por completo al pobre, no obstante sus excelentes condiciones...

—¡Menudo viaje iban a realizar así! —exclamó.

—Pues otro tanto ocurriría con el mando de cualquier otra cosa.

—Yo así lo creo.

—¿Y con el de la ciudad? —pregunté—. ¿Tendríamos que admitir un gobierno de esta clase?

—Nuestro cuidado debería prodigarse más —dijo—, porque gobernar la ciudad es asunto de difícil y vital importancia.

—Ahí tienes, por tanto, uno de los defectos primordiales de la oligarquía.

—Eso parece.

—¿Pues qué? ¿No es menos grave el que voy a decir?

—¿Cuál?

—El de que una ciudad como ésa será necesariamente no una, sino dos, la ciudad de los pobres y la ciudad de los ricos, que conviven en el mismo lugar y se tienden asechanzas entre sí.

—En efecto —dijo—, no resulta menos grave el efecto apuntado.

—Pues, por otra parte, no podrá considerarse una buena cosa la imposibilidad de hacer una guerra, o por necesitar de la multitud armada y temerla más que al enemigo, o por no servirse de ella y parecer entrar en lucha con un ejército de oligarcas. Aunque, justamente por ser amantes del dinero, no querrán cargar con los gastos de la guerra.

—Estás en lo cierto.

—Volvamos ahora a lo que antes censurábamos. ¿Te parece bien que en un régimen así los mismos hombres se ocupen de muchas cosas diferentes y que sean, por ejemplo, labradores, comerciantes y guerreros?

—De ningún modo.

—Mira, pues, si no será este el mayor y el primero de todos los males que habrá de soportar el régimen.

—¿Cuál?

—El permitir la venta de los bienes propios y la adquisición de los ajenos, y que el que ha procedido a la venta de lo suyo pueda seguir en la ciudad sin formar parte de ella, ni ser comerciante, ni artesano, ni caballero, ni hoplita, ni merecer otro calificativo que el de pobre e indigente.

—El primero, desde luego —dijo.

—En los regímenes oligárquicos no hay nada que ponga coto a esto. Si ello se intentase, no abundarían los unos en riquezas, ni serían los otros pobres de solemnidad.

—En efecto.

—Pues ahora considera esto: ¿era más útil a la ciudad un ciudadano de esta clase cuando dilapidaba su riqueza? ¿No ves que, aunque pareciese ser uno de los gobernantes, en realidad, ni era gobernante, ni era servidor de la ciudad, sino más bien derrochador de sus bienes?

—Eso mismo —dijo—; aunque otra cosa pareciese, sería sólo un derrochador.

—¿Quieres que digamos de él —afirmé— que, al igual que el zángano, plaga de la colmena, es en su casa otro zángano, plaga de la ciudad?

—Tienes razón, Sócrates —dijo.

—¡Ah!; pero si la divinidad, Adimanto, produjo todos los zánganos alados desprovistos de aguijón, no hizo lo mismo con los de dos pies, algunos de los cuales no lo poseen, mientras otros sí que lo tienen y de efectos terribles. De los que carecen de aguijón resultan al final los hombres indigentes, y de los que lo tienen, todos cuantos reciben el nombre de ladrones.

—Muy atinadas son tus palabras —asintió.

—Es claro —dije yo— que en una ciudad donde veas hombres indigentes habrá también ladrones ocultos, cortabolsas, saqueadores de templos y artesanos de todos estos males.

—Ciertamente —dijo.

—¿Pues qué? ¿Y no se encuentran mendigos en las ciudades de régimen oligárquico?

—Poco faltará para que lo sean todos los ciudadanos —afirmó—, a excepción de los gobernantes.

—¿No tendremos que pensar entonces —pregunté— que hay en esas ciudades muchos ladrones provistos de aguijones, a los que los gobernantes procuran someter por la fuerza?

—Sí, eso tendremos que pensar —contestó.

—¿Atribuiremos acaso la presencia de esos ladrones a la falta de educación, a la mala instrucción y a vicios análogos de la organización política?

—Sí, la atribuiremos.

—Así quedará definida la ciudad oligárquica y tales serán los males que la vicien, y aun quizá más.

—Posiblemente —dijo.

—Y el cuadro ya perfilado —añadí— nos presentará ese régimen al que denominan oligarquía y en el que decide sobre el gobierno la tasación de riquezas. Ahora consideremos al hombre que se corresponde con ese régimen: precisemos cómo nace y cómo es, después de haber nacido.

—Me parece muy bien —dijo.

VIII

—¿No es de esta manera sobre todo como se cambia el hombre timocrático en oligárquico?

—¿Cómo?

—El hijo de un timócrata emula primeramente a su padre y procura seguir sus huellas, pero pronto le ve estrellarse contra la ciudad, como si hubiese encontrado un escollo, y comprueba que echa a perder sus bienes y se echa a perder a sí mismo, bien en el mando de un ejército o al frente de algún cargo importante, lo cual le acarrea su conducción ante un tribunal, calumniado por los sicofantas, o la muerte, o el destierro, o la pérdida de su honra y de toda su hacienda.

—Es cierto —dijo.

—Al ver sufrir todo esto, querido amigo, ese hijo, que ya ha perdido todos sus bienes, siente temor por sí mismo, y al punto, creo yo, arroja del trono que ocupaban en su alma a la presunción e iracundia propias. Humillado por el estado de indigencia a que ha llegado, consigue rehabilitar su fortuna y se hace con dinero a fuerza de sacrificios y pequeños ahorros. Y ya en ese estado, ¿no crees que entonces ascenderá al trono a esa misma iracundia y amor al dinero, que convertirá en sus soberanos, revestidos de tiara, collar y cimitarra?

—Efectivamente —dijo.

—A los pies de ellos quedarán, creo yo, la razón y la pasión, sentadas a uno y otro lado y sujetas al yugo de la esclavitud. A la una no la permitirán pensar ni considerar otra cosa que el modo de aumentar sus riquezas, y a la otra la forzarán a admirar y a honrar, por encima de todo, a la riqueza y a los ricos, así como a poner todo su empeño en la adquisición de bienes o en cualquier otra cosa que a ello conduzca.

—Ningún otro cambio —objetó— se produce tan rápida y violentamente como éste de que hablamos.

—Pero, ¿es el propio del hombre oligárquico? —pregunté.

—Desde luego, y tiene lugar en un hombre que se parece al régimen político del que procede la oligarquía.

—Examinemos, pues, si se parece a ella.

—Hagámoslo así.

IX

—¿No se le parece primordialmente por el gran aprecio que dispensa a las riquezas?

—¿Cómo no?

—Y se le parece también por su afán de lucro y por su amor al trabajo. Satisface únicamente sus imprescindibles deseos, aunque no se procura ningún otro gasto, puesto que mantiene sojuzgados como insensatos a los demás deseos.

—En efecto.

—Hombre sórdido —añadí—, aplica a todas las cosas su espíritu de ahorro y se convierte en un hombre que atesora riquezas y da gusto a las ansias de la multitud. ¿O no serán estas las características del hombre que semeje un tal sistema?

—Eso al menos creo yo —dijo—. Realmente, las riquezas son las cosas de más valor para esa ciudad y para ese hombre.

—A mi juicio —indiqué—, ese hombre no ha pensado nunca en su educación.

—No lo parece —dijo—; pues si así fuera, no se dejaría conducir por un ciego, ni lo estimaría más que ninguna otra cosa.

—Desde luego —advertí—. Y considera ahora lo que voy a decir. ¿No es verdad que por falta de educación hay en él deseos propios de un zángano, que se corresponden con los de un mendigo o los de un ladrón, pero que están fuertemente retenidos?

—Sin duda alguna —dijo.

—Mas, ¿cuándo podrás apreciar esos malos deseos?

—¿En qué ocasión? —preguntó.

—Pues cuando se convierten en tutores de huérfanos o realizan cualquier otra cosa que les permite la libertad de ser injustos.

—Es verdad.

—¿Y no es evidente que lo que hace ese hombre en todos los demás contratos, en los que goza de buena reputación por su apariencia de justo, es contener todos sus malos deseos a fuerza de ejercitar su prudencia, sin llegar por ello a convencerse de que ha obrado bien o de que ha procurado ablandarse con razones, ya que la represión de esos mismos deseos tiene lugar por necesidad y por temor, al sentir su buen miedo por el resto de su hacienda?

—Así es —dijo.

—Por Zeus, mi querido amigo —dije yo—, sólo cuando haya que gastar lo ajeno llegarás a descubrir en la mayoría de los hombres los deseos propios de los zánganos de que ahora hablas.

—Muy bien dicho —asintió.

—Pero la tranquilidad tendrá que faltar en el ánimo de un hombre como ése; y al faltar también la unidad, convertida ahora en duplicidad, preferirá, sin duda, los buenos deseos sobre los peores.

—En efecto.

—Por esta razón, a mi juicio, el hombre a que nos referimos presentará mejor apariencia que muchos otros, aunque habrá volado lejos de él la verdadera virtud de un alma acorde y unida.

—Tal me parece a mí.

—Y ciertamente, en el terreno particular o en las luchas en la ciudad será un contrincante de escasa importancia para la disputa de alguna victoria o de cualquier otra competencia honrosa. Porque no querrá gastar dinero alguno a cuenta de su honor y en esa clase de certámenes, temeroso de despertar sus costosos deseos y de pedirles su alianza para la lucha. Combatirá, por tanto, con una parte de sus fuerzas y a la manera oligárquica; será derrotado casi siempre, y, no obstante, continuará siendo rico.

—Y en alto grado —dijo.

—¿Habrá duda todavía —pregunté— del lugar que corresponde a ese indigente y amante de los negocios dentro del régimen oligárquico?

—Creo que ninguna —contestó.

X

—Por tanto, después de esto, según parece, hemos de pasar revista a la democracia y considerar cómo se origina y desarrolla una vez nacida, a fin de que, luego que conozcamos el carácter del hombre que a ella corresponde, procedamos a un juicio comparativo.

—En ese caso —dijo—, emplearemos el método acostumbrado.

—Pero, vamos a ver —pregunté de nuevo—, ¿no se produce el cambio de la oligarquía a la democracia a causa del deseo insaciable de proponerse como un bien la posesión del mayor número de riquezas?

—¿Y cómo?

—Pues sencillamente, quienes gobiernan en esta ciudad detentan sus cargos, a mi juicio, con el apoyo de grandes riquezas, por lo cual no quieren prohibir la indisciplina de los jóvenes disolutos ni les impiden que gasten y dilapiden todos sus bienes, para hacer posible así la compra de ellos, los préstamos con garantía y el aumento de su crédito.

—Efectivamente.

—Ahora bien: ¿no se evidencia en una ciudad que resulta imposible a los ciudadanos honrar la riqueza y adquirir a la vez suficiente templanza, y que, por el contrario, es necesario despreocuparse de una u otra cosa?

—Es de todo punto evidente —contestó.

—Pues esa despreocupación propia de las oligarquías y ese dejar hacer que en ellas impera reduce muchas veces a la indigencia a hombres de buen linaje.

—Eso ocurre.

—Son estos mismos hombres, a mi juicio, los que llevan una vida sedentaria en la ciudad; pero dotados de aguijón y armados con toda clase de armas, algunos de ellos se ven agobiados por las deudas, otros llegan a perder sus derechos y algunos también ambas cosas a la vez. Lo cual da por resultado el odio y la conspiración contra los que adquirieron sus bienes y contra el resto de los ciudadanos, en un ansia clarísima de revoluciones.

—Así es.

—Y, en cambio, los comerciantes rehúyen dirigirles la mirada, como si no quisiesen verles. Su objetivo no es otro que herir con su aguijón a todos los demás a su alcance, haciéndose así con un interés muchas veces mayor y procurando a la ciudad muchos más zánganos y mendigos.

—¿Cómo no ha de ser así? —preguntó.

—No se deciden además a apagar ese fuego —dije yo—, bien impidiendo que cada cual haga con lo suyo lo que se le antoje, bien aplicando otra ley que resolviese la situación.

—¿Y cuál sería ella?

—Pues una ley que ocuparía el segundo lugar después de aquélla y que obligaría a los ciudadanos a preocuparse por la virtud. Porque si los contratos voluntarios tuviesen que realizarse en su mayor parte con riesgo propio del que presta, la usura brillaría con menos desvergüenza en la ciudad y menores serían también los males semejantes a esos de que estamos hablando.

—Desde luego —dijo.

—Por todas estas cosas puede deducirse fácilmente a qué condición se ven relegados los ciudadanos que se corrompen a sí mismos y a sus hijos. ¿Y no es así como ven incapaces de adiestrar su cuerpo y su alma, y blandos para resistir los placeres, las penas e incluso el ocio?

—En efecto.

—Sin otra preocupación que la de las riquezas, esos padres no toman más interés por la virtud que el que puedan tomar los indigentes.

—Evidentemente.

—Así, pues, cuando preparados de este modo gobernantes y súbditos se encuentren juntos en un viaje por tierra o de cualquier clase que éste sea, por ejemplo, una expedición de carácter religioso o una expedición militar que permita la convivencia en la navegación y en la guerra, o se vean unos a otros en los mismos peligros, sin que de manera alguna los pobres sufran el desprecio de los ricos, sino que, al contrario, muchas veces un hombre pobre, seco y tostado por el sol, tenga que formar en orden de combate junto a un rico educado a la sombra y vencido por la obesidad, ¿qué crees que podrá pensar el pobre al verle falto de respiración y en situación apurada? ¿No se dirá asimismo que los ricos deben su riqueza a la cobardía de los pobres y no se transmitirán unos a otros la consigna siguiente cuando se reúnan en privado: «estos hombres son nuestros; de nada valen»?

—Yo, al menos, no dudo de que es eso lo que hacen —dijo.

—Y así, al modo como un cuerpo enfermo sólo con recibir un pequeño ataque de fuera se halla propenso a la enfermedad y aun a veces disiente en sí mismo sin actuar sobre él esa causa externa, otro tanto le acontece a la ciudad que se encuentra en las mismas condiciones, en la cual, con el menor pretexto, los ricos y los pobres llaman en su ayuda a los habitantes de una ciudad oligárquica o democrática, produciendo su enfermedad y su división, que a veces ni siquiera necesita del acicate externo.

—Muy cierto es lo que dices.

—La democracia se origina, a mi entender, cuando los pobres, después de vencer a los ricos, a unos les dan muerte, a otros les destierran y a los demás les reservan equitativamente cargos de gobierno que, en este sistema, suelen otorgarse por sorteo.

—De esa manera —dijo—, se produce el establecimiento de la democracia; unas veces haciendo uso de las armas, otras por el temor que se apodera de los demás y les obliga a retirarse.

XI

—¿Podrás indicarme entonces —pregunté— cuál será el carácter distintivo de este régimen y cuál su constitución? Porque está claro que el hombre que se corresponda con él se presentará como el hombre democrático.

—Sí, lo está —contestó.

—En primer lugar, ¿no contará el régimen con hombres libres y no se verá inundada la ciudad de libertad y de abuso desmedido del lenguaje, con licencia para que cada uno haga lo que se le antoje?

—Eso es lo que dicen —afirmó.

—Si esa licencia existe, es evidente que cada uno dispondrá su propia vida en la ciudad de la manera que más le guste.

—En efecto.

—Creo yo —añadí— que en un régimen de esa clase habrá hombres de todas las procedencias.

—¿Cómo no?

—Es muy posible —dije yo— que sea también el más hermoso de todos los regímenes. Pues así como resplandece de hermosura un manto artísticamente trabajado y adornado con toda clase de flores, no otra cosa ocurre con un régimen en el que florecen toda clase de caracteres. Y quizá —proseguí— haya muchos que, como los niños y las mujeres enamorados de todo lo artificioso, consideran ese régimen como el más bello.

—Desde luego —dijo.

—¡Ah!, mi querido amigo —exclamé—, la ciudad de que hablas es la más apropiada para toda clase de regímenes políticos.

—¿Por qué?

—Porque esa misma licencia permite toda clase de constituciones. Lo cual hará posible organizar la ciudad a gusto de cada uno, al modo como hacíamos nosotros. Vaya, pues, quien quiera a un régimen democrático, donde podrá elegir, como en un bazar, el sistema que más le agrade. Una vez que lo haya elegido, se asentará en él y se adaptará a sus leyes.

—Quizá —dijo— no carecería de modelos para obrar así.

—El que en esa ciudad no haya necesidad de gobernar —argüí—, ni de que se imponga esto a quien puede hacerlo, como tampoco el ser gobernado, si uno no lo desea, o el no entrar en guerra cuando los demás así lo hacen, o el mismo hecho de no vivir en paz, si así lo quieres, a despecho de que la prefieran los otros, e incluso aunque la ley te prohíba gobernar y juzgar, el prescindir de esas mismas acciones, si no te parece todo ello verdaderamente extraordinario y agradable, ya sin parar mientes en otras cosas?

—Posiblemente lo sea —contestó—, por lo menos de primera intención.

—¿Pues qué? ¿No resulta admirable la mansedumbre con que se reciben a veces los castigos?

—¿O es que no has visto en un régimen como éste a hombres que, después de haber sido condenados a muerte o al destierro, permanecen todavía en la ciudad y siguen paseando por ella cual si fueran héroes, entre gentes que ni les prestan atención ni se preocupan de mirarlos?

—He visto a muchos —repuso.

—¿Y te has fijado en esa su indulgencia reñida con todo espíritu mezquino, pero que desdeña cuantas cosas exigíamos nosotros para la fundación de nuestra ciudad, hasta el punto de que quien no dispusiese de una naturaleza extraordinaria no podría convertirse en un hombre de bien, de no haber jugado de niño entre cosas hermosas que le inclinasen luego a otras semejantes? Parece como si se pisotease todo ello con verdadera generosidad, sin pensar en la educación que han recibido los que llegan a detentar los cargos públicos. Muy al contrario, se prodigan los honores a todo aquel que pregona una sola cosa: su favorable disposición hacia la multitud.

—Mucha generosidad revela eso —dijo.

—Pues estas y otras análogas —advertí— son las características de la democracia. Se trata, según parece, de un régimen agradable, sin jefe, pero artificioso, que distribuye la igualdad tanto a los iguales como a los que no lo son.

—Es bien comprensible lo que dices —afirmó.

XII

—Considera, pues —dije yo—, lo que es este hombre privadamente. ¿O convendrá primero ver cómo se forma, siguiendo el ejemplo del régimen descrito?

—Sí —contestó.

—¿Y no será de esta manera? A mi juicio, el hijo del ahorrativo oligárquico abundará en las mismas costumbres que su padre.

—¿Por qué no?

—Por tanto, dominará por la fuerza los deseos de placer que en él se den y cuantos le resulten costosos y no productivos, esto es, los llamados innecesarios.

—Evidentemente —dijo.

—¿Te parece bien —inquirí—, para no deambular entre sombras, precisar antes de nada cuáles son los deseos necesarios y cuáles no?

—Sí, desde luego —contestó.

—¿Y no debiera llamarse justamente necesarios a aquellos deseos que no podemos rehusar y a cuantos una vez realizados nos prestan alguna ayuda? Creo que nuestra naturaleza necesita por fuerza de ambos. ¿O no convienes en ello?

—En efecto.

—Diremos, por tanto, con toda justicia, que son plenamente necesarios.

—Sí, con toda justicia.

—¿Pues qué? Hablemos de los deseos que, con empeño juvenil, podríamos alejar de nosotros, sin que perdiésemos nada con ello, antes al contrario. ¿No estaríamos en lo cierto al calificarlos de deseos innecesarios?

—Indudablemente.

—¿Tomaremos, pues, un ejemplo de lo que son unos y otros para darnos una idea de ambos?

—Es preciso hacerlo.

—¿No es acaso necesario el deseo de satisfacer nuestro apetito con el alimento adecuado a nuestra salud y a nuestro bienestar?

—Eso pienso yo.

—Esa necesidad de alimento responde a dos razones: el provecho que proporciona y la preocupación por nuestra propia vida.

—Sí.

—El condimento procura en cambio la necesaria ayuda para el bienestar corporal.

—Efectivamente.

—Mas el deseo que sobrepasa el ansia normal de alimento y que puede reprimirse en la mayoría de los hombres cuando ya lo ha sido en la juventud, por medio de la educación, ese deseo, perjudicial para el cuerpo y para el alma en lo que respecta a la sensatez y a la templanza, ¿no deberá considerárselo con toda justicia necesario?

—Con toda justicia.

—¿Llamaremos entonces a estos deseos costosos y, por contrario, crematísticos, a los que resultan más útiles para la acción?

—¿Qué otra cosa cabe?

—¿Y cómo calificar los deseos amorosos y los demás?

—Pues de la misma manera.

—Y del hombre al que poco ha llamábamos zángano, ¿no decíamos que estaba lleno de esos placeres y deseos innecesarios, e incluso dominado por ellos? ¿No ocurría justamente lo contrario en el hombre ahorrativo y oligárquico?

—¿Cómo no?

XIII

—Volvamos ahora al problema planteado: cómo del hombre oligárquico sale el hombre democrático. La mayoría de las veces acontece del modo siguiente.

—¿Cómo?

—Cuando un joven, educado de la manera que decíamos, mejor dicho, privado de educación e imbuido de afán de lucro, gusta de la miel de los zánganos y traba relación con animales como éstos, ardientes y temibles, que pueden producir en él toda clase de placeres de las más variadas clases, entonces ponte a pensar que se da ya en su alma el cambio de gobierno, pasando por tanto del régimen oligárquico al democrático.

—Necesariamente —dijo.

—Pues bien, si la ciudad sufría una alteración al recibir una de las facciones que la componen, ayuda de fuera de otra análoga a ella en sus designios, ¿no es explicable ese mismo cambio en el momento en que el joven cuenta con apoyo externo, por afinidad y semejanza, para una clase de sus deseos?

—No hay duda alguna.

—Y si a la facción oligárquica que hay en él se le otorga auxilio por algún aliado, ya provenga de su mismo padre o de sus parientes y en forma de amonestación y de reproche, se origina en su interior una verdadera guerra que le destroza.

—¿Cómo no?

—En ocasiones, a mi juicio, la facción democrática cede ante el empuje de la oligarquía, y entonces una parte de los deseos es destruida, mientras la otra es arrojada fuera del alma. Por efecto de ello, nace en el alma del joven un cierto sentimiento de pudor que endereza de nuevo su vida.

—Sí, eso sucede algunas veces —dijo.

—Pero en seguida, creo yo, otros deseos análogos a los ya expulsados prolifican en gran número y con gran fuerza en virtud de la falta de educación paterna.

—Así suele ocurrir, en efecto —asintió.

—Y le arrastran hacia las mismas compañías, surgiendo luego de esta furtiva relación una multitud de nuevos deseos.

—¿Cómo no?

—Finalmente, creo yo, hacen suya la fortaleza del alma juvenil, al darse cuenta de que está vacía de ciencia, de actividades hermosas y de pensamientos verdaderos, que son los mejores guardianes y vigilantes de la razón en los propósitos de los hombres amados de los dioses.

—Son los mejores, con mucha diferencia sobre los demás —dijo.

—Sigo creyendo, además, que muchas razones y opiniones falsas y vanidosas se lanzan a ocupar el lugar de aquéllos.

—Y no piensas ninguna tontería —afirmó.

—Pero, ¿no vuelve entonces a reunirse con los lotófagos* y a convivir abiertamente con ellos, hasta el punto de que, si por parte

---

* Comedores de lotos o yuyubas, a los que se refiere Homero, *Odisea*, IX, 82 y sigs.

de los allegados, se le presta alguna ayuda al elemento ahorrador de su alma, aquellas vanidosas razones cierran las puertas del palacio real y no permiten la entrada de ningún socorro, ni siquiera admiten los consejos que les prodigan los ancianos en calidad de embajadores? Al contrario, ellas mismas triunfan en la lucha y califican al pudor de verdadera simpleza y aun llegan a echarlo fuera del alma como si fuese algo indigno; destierran también a la templanza dándole groseramente el nombre de cobardía, y con el auxilio de muchos deseos perjudiciales expulsan a la moderación y a la previsión tomándolas por rusticidad y tacañería.

—En efecto.

—Después de vaciar y de purificar el alma de este joven, cual si se tratase de un iniciado en grandes misterios, llevan a él un gran acompañamiento de figuras coronadas, entre las que se cuentan la soberbia, la anarquía, el desenfreno y la desvergüenza. Y las llenan de encomios y de halagos, llamando por ejemplo a la soberbia buena educación; a la anarquía, libertad; al desenfreno, magnificencia, y a la desvergüenza, virilidad ¿Y no es de este modo —pregunté— como el joven deja de satisfacer sus deseos necesarios, en los que había sido inculcado, para volver la vista a la libertad y a la disolución que suponen los placeres innecesarios e inútiles?

—Lo expones con absoluta claridad —contestó.

—Yo no dudo que, después de esto, ese hombre tendrá que vivir entregado tanto a los placeres necesarios como a los innecesarios. En unos y en otros empleará su dinero, sus esfuerzos y su tiempo. Si realmente tiene éxito en la vida y no se deja llevar por un delirio báquico, sino que, entrado ya en años, y después de apaciguada la gran revuelta de su espíritu, acoge en su seno a una parte de los deseos desterrados y sin entregarse del todo a ellos se dedica a poner orden en los placeres, echando a suertes, por decirlo así, a quien, en primer lugar, habrá de corresponder el mando de sí mismo. Una vez que éste se sacie, verificará el relevo y, sin despreciar a ninguno, atenderá por igual a todos.

—Desde luego.

—No dará crédito —proseguí—, ni dará entrada en su fortaleza a quien se atreva a decirle que hay placeres de dos clases, unos que son resultado de deseos hermosos y buenos y otros que responden a deseos perversos; que deben cultivarse y estimarse los primeros, pero en cambio refrenarse y dominarse los segundos. Volverá la cabeza atrás en señal de denegación, y dirá, por el contrario, que todos los placeres son semejantes y que merecen la misma estimación.

—Así hace, en efecto —dijo—, quien se encuentra en esa disposición de ánimo.

—Como que pasa su vida —añadí—, ininterrumpidamente, entregado al primer deseo que se le presente, bien embriagado tocando la flauta, o bebiendo sólo agua y desnutriendo su cuerpo, bien ejercitándose en la gimnasia, o incluso reduciendo al mínimo su actividad y despreocupándose de todo, cual si pensase únicamente en la filosofía. Muchas veces participará en la administración pública y, subido a la tribuna, dirá y hará todo lo que se le antoje. Pero llega un día en que siente envidia de los guerreros y allá se va a la milicia; o se entrega a los negocios, si la ocasión le es propicia. Así, pues, no hay nada ordenado ni invariable en su vida, que, por encima de todo, le parece agradable, libre y feliz, y así la llama y usa de ella.

—Has descrito perfectamente —dijo— la vida de un hombre deseoso de igualdad.

—Y a mi entender —dije yo—, este hombre reúne toda clase de caracteres y está lleno de todos los placeres, de tal modo que es hermoso y variado, al igual que la ciudad de que hablábamos. Por ello, muchos hombres y mujeres mirarán su vida con admiración, tomándola como modelo polifacético de los regímenes y caracteres que existen.

—Ni más ni menos —asintió.

—Pues bien, ¿se colocará a este hombre frente a la democracia, y se le dará la recta denominación al llamarle hombre democrático?

—Debe hacerse —contestó.

XIV

—Entonces —dije yo—, sólo queda tratar del régimen más hermoso y también del hombre más hermoso, esto es, de la tiranía y del tirano.

—Perfectamente —dijo.

—Veamos, pues, mi querido amigo, cuál es el origen de la tiranía. Parece claro, por lo pronto, que procede de la democracia.

—Sí, lo parece.

—¿No habrá quizá que poner en parangón con el paso de la oligarquía a la democracia el de la democracia a la tiranía?

—¿Cómo?

—¿No era la riqueza el bien que anticipábamos como asiento de la oligarquía?

—Sí.

—Pero fue también el deseo insaciable de esa misma riqueza y la despreocupación de todo lo demás lo que trajo su ruina.

—En verdad que sí —contestó.

—¿Y no ocurrirá otro tanto con la democracia? ¿No será, pues, el deseo insaciable de su propio bien lo que ocasiona su perdición?

—Tendrías que precisarnos cuál es ese bien.

—No es otro que la libertad —añadí—. Oirás decir por doquier en una ciudad gobernada democráticamente que la libertad es lo más hermoso y que sólo en un régimen así merecerá vivir el hombre libre por naturaleza.

—Desde luego —afirmó—, eso es lo que se dice repetidamente.

—Pero, y a esto venía yo, ¿no es el deseo insaciable de libertad y el abandono de todo lo demás lo que prepara el cambio de este régimen hasta hacer necesaria la tiranía?

—¿Qué dices? —preguntó.

—Pues mira: a mi juicio, cuando una ciudad gobernada democráticamente y sedienta de libertad cuenta con unos escanciadores que la derraman más allá de lo debido y sin mezcla alguna, halla pretexto para reprender a sus gobernantes y calificarlos de malvados y oligárquicos, si no son enteramente complacientes con ella y no le procuran la mayor libertad posible.

—Eso hace, sin duda alguna —dijo.

—Y hay más: a los que se muestran sumisos a los gobernantes, los insulta cual si se tratase de esclavos voluntarios y que no sirven para otra cosa; a los gobernantes que semejan a los gobernados, así como a los gobernados que semejan a los gobernantes, los ensalza y los honra tanto en público como en privado.

¿No resulta, pues, necesario que en una ciudad de esta naturaleza la libertad lo domine todo?

—¿Cómo no?

—¡Ah!, querido —dije yo—, pero en tales condiciones la anarquía se adentrará en las familias y terminará incluso por infundirse en las bestias.

—¿Qué quieres decir con ello? —preguntó.

—Que nace en el padre —respondí— el hábito de considerarse igual a sus hijos y de temerlos, y recíprocamente, en los hijos con respecto al padre, hasta el punto de que ni respetan ni temen a sus progenitores para dar fe de su condición de hombres libres. Así se igualan también el meteco y el ciudadano, y el ciudadano y el meteco; y otro tanto ocurre con el extranjero.

—En efecto, así ocurre —asintió.

—Pues anota, además de eso —dije yo—, otras menudencias de que voy a hablar: en ese régimen el maestro teme y halaga a sus discípulos, los discípulos se despreocupan de sus maestros y menosprecian a sus ayos. Y, generalmente, los jóvenes se comparan con los viejos y disputan con ellos de palabra y de hecho, mientras los ancianos condescienden ante los jóvenes y remedan su buen humor y sus gracias con gran espíritu de imitación para no parecer antipáticos ni despóticos.

—Muy cierto es eso —dijo.

—Pues bien, querido amigo —indiqué—, el abuso mayor de libertad se produce en la ciudad cuando los esclavos y quienes les han comprado disfrutan en este sentido de las mismas ventajas. Y casi nos olvidábamos de decir qué grado de igualdad y de libertad preside las relaciones de ambos sexos.

—Por consiguiente —preguntó—, ¿repetiremos las palabras de Esquilo y «diremos lo que ahora nos venga a la boca»?

—Desde luego —respondí—. Y eso mismo es lo que yo digo. Porque difícilmente podría creerse que los animales domésticos son más libres en este gobierno que en ningún otro. Las perras, se hacen sencillamente como sus dueñas, e igualmente los caballos y los asnos; incluso terminan por acostumbrarse a marchar libre y pomposamente, lanzándose por los caminos contra todo aquel que les sale al encuentro, si buenamente no les cede el paso. En todo lo demás reina también la misma plenitud de libertad.

—Acabas de decirme —afirmó— cuanto me habían revelado los sueños. Porque yo mismo he experimentado esto con frecuencia en mis salidas al campo.

—¿Y no te das cuenta —pregunté— de la consecuencia principal de todas estas cosas? ¿No ves que se ablanda el alma de los ciudadanos, de modo que a la menor muestra de esclavitud se irritan contra ella y no la resisten? Ya, por fin, como sabes, dejan de interesarse por las leyes, escritas o no, para no temer así de ningún modo a señor alguno.

—Sí que lo sé —dijo.

XV

—Tal es el inicio, mi buen amigo —dije yo—, por cierto, bien hermoso y juvenil, del que, a mi parecer, proviene la tiranía.

—Es verdaderamente juvenil —asintió—; pero, ¿qué tienes todavía que añadir?

—Pues que esa enfermedad producida en la oligarquía y que terminó con ella, es la que en este régimen se agudiza y se hace más peligrosa hasta llegar a esclavizar a la democracia. En realidad, todo exceso en la acción busca con ansia el exceso contrario, y no otra cosa comprobamos en las estaciones, en las plantas y en los cuerpos, no menos que en los regímenes políticos.

—Naturalmente —dijo.

—Por tanto, parece que el exceso de libertad no trae otra cosa que el exceso de esclavitud, tanto en el terreno particular como en el público.

—Así es.

—Y, naturalmente —dije yo—, la tiranía no tiene como origen más régimen que la democracia; de éste, esto es, de la más desenfrenada libertad, surge la mayor y más salvaje esclavitud.

—Tienes razón —asintió.

—Ahora bien: según creo —proseguí—, no era esto lo que me preguntabas, sino cuál es esa enfermedad que teniendo su origen en la oligarquía produce la esclavitud en la democracia.

—Dices verdad —afirmó.

—Al hablar de esa enfermedad —dije yo—, me refería al linaje de los hombres holgazanes y pródigos, una parte de los cuales, la más valerosa, se convierte en guía de la otra, falta por completo de virilidad. Recuerda que establecíamos la semejanza con los zánganos, provistos los unos de aguijón y carentes los otros de él.

—En efecto —dijo.

—Esas dos clases de hombres —añadí— producen en cualquier régimen político la misma perturbación que la flema y la bilis en el cuerpo. Se hace necesario, pues, que el buen médico y legislador de la ciudad, no menos que el experto apicultor, tomen a su tiempo las debidas precauciones, especialmente para que no arraigue esa plaga o para que, si ya se ha producido, acaben con ella lo antes posible e igualmente con sus panales.

—Sí, por Zeus —dijo—, habrá que exterminarla por completo.

—Tomemos otro aspecto de la cuestión —indiqué—, para llegar a una comprensión más clara de lo que queremos ver.

—¿Cómo?

—Hagamos una separación mental de las tres partes que realmente componen la ciudad democrática. Una de éstas es ese mismo linaje que origina en ella el desenfreno y que alcanza aquí tanto desarrollo como en el régimen oligárquico.

—Así es.

—Con la diferencia de que en el régimen democrático es mucho más agudo que en aquel.

—¿Cómo?

—Porque así como en el régimen oligárquico no recibe honra alguna y se le aparta de los cargos públicos, con lo cual se ve privado de ejercicio y de poder, en la democracia, en cambio, dicho linaje detenta el poder con raras excepciones, y sus hombres más violentos hablan y actúan a su gusto; los demás tienen bastante con sentarse alrededor de la tribuna, zumbar con estrépito y no permitir que se aireen otras opiniones. Así, pues, en un régimen como éste todas las cosas se administran según se ha dicho, salvo contados casos particulares.

—Sí, por cierto —dijo.

—Pero hay otra parte que se separa en todo momento de la multitud.

—¿Y cuál es?

—Al pensar todos en su propio enriquecimiento, los más ordenados por naturaleza se hacen con la mayor parte de las ganancias.

—Es natural.

—De ellos, a mi juicio, extraen los zánganos más miel y de manera más cómoda.

—Claro que sí —contestó—; pues, ¿cómo iban a obtenerla de los que tienen poco?

—Esos ricos son, a mi juicio, los denominados hierba de zánganos.

—Poco más o menos —dijo.

XVI

—El tercer linaje quedará constituido por el pueblo, esto es, por cuantos viviendo del trabajo de sus manos y a espaldas de la política, no tienen ocasión de hacerse ricos. Es esta clase, precisamente, la más numerosa y la que disfruta de más autoridad en las reuniones democráticas.

—No lo pongo en duda —advirtió—, pero con frecuencia prefiere no reunirse, si no va a recibir el premio de la miel.

—Y lo reciben —añadí— siempre que puedan otorgárselo los que detentan el poder, quienes privarán de su hacienda a los ricos para distribuirla entre el pueblo, pero reservándose ellos mismos la mayor parte de aquélla.

—Esa es la distribución que adoptan —dijo.

—Entonces, a mi entender, los que se han visto privados de su fortuna, vienen obligados a defenderse, hablando ante el pueblo y empleando todos los medios a su alcance.

—¿Cómo no?

—Pero, por eso mismo, se les acusa por los otros de que tienden asechanzas al pueblo y de que se comportan como hombres oligárquicos, aunque en realidad no deseen preparar innovaciones.

—Es bien cierto.

—Mas, al fin, cuando ven que el pueblo, no voluntariamente, desde luego, sino por ignorancia y seducción de los calumniadores, trata de actuar contra ellos, entonces, quieran o no quieran, se tornan verdaderamente oligárquicos. Y ya la culpa no podrá cargarse a aquéllos, sino al mismo zángano que, al introducirles el aguijón, engendra ese mal que padecen.

—Perfectamente.

—En seguida están a la orden del día las denuncias, los procesos y las disputas entre unos y otros.

—En efecto.

—De ahí que el pueblo acostumbre ante todo a elegir un protector, a quien procura alimentar y hacer poderoso.

—Sí, eso tiene por costumbre.

—Por consiguiente —dije yo—, se muestra claramente que cuando surge un tirano, brota de esa raíz de protectores y no de ninguna otra.

—Desde luego.

—Bien, ¿y cómo se produce la transformación de esos hombres en tiranos? ¿O no se evidencia su inicio cuando se repite lo de la fábula del templo de Zeus Liceo en Arcadia?

—¿A qué fábula te refieres? —preguntó.

—A la que dice que quien ha probado entrañas humanas mezcladas con las de otras víctimas, necesariamente se convierte en lobo. ¿No has escuchado este relato?

—Sí.

—Pues de la misma manera ocurre cuando el protector del pueblo, teniendo a su cargo una multitud fácilmente sumisa, no perdona la sangre de su misma raza, sino que, levantando falsas acusaciones, como suele suceder, lleva a sus adversarios a los tribunales y se mancha de sangre en ellos, inmolando sus vidas y gustando de la misma sangre de su linaje con su boca y su lengua impuras. Su labor se cifra en desterrar y matar y en proponer el perdón de las deudas y el reparto de las tierras, por lo que no es extraño deba perecer a manos de sus enemigos o convertirse en tirano y en lobo de hombre que era.

—Necesariamente —dijo.

—Este sujeto —añadí— es el que acostumbra a levantarse contra las gentes acaudaladas.

—Eso es.

—Pero supón que se le destierra y que luego regresa a la patria a pesar de sus enemigos: ¿no volverá convertido en un verdadero tirano?

—En efecto.

—Y si sus enemigos no son capaces de expulsarle o de darle muerte lanzando a la ciudad contra él, conspiran en la sombra para asesinarle.

—Así suele ocurrir —afirmó.

—Todos los que pasan por esta situación formulan al pueblo la petición de los tiranos, esto es, piden una guardia personal para conservarle su defensor.

—Cierto es.

—Y se los dan, creo yo, con verdadero temor por aquél, pero sin preocuparse lo más mínimo por ellos mismos.

—Enteramente.

—Mas el hombre rico que ve estas cosas y que, por razón de su fortuna, es acusado de enemigo del pueblo, ese hombre, querido amigo, conforme a la predicción manifestada en Creso,

huye hacia el Hermo pedregoso
y no se detiene ni se avergüenza de su cobardía.

—En efecto —dijo—, no podría avergonzarse por segunda vez.

—Y yo estimo que si le aprehenden, pagará a buen seguro con la vida.

—Por necesidad.

—Está claro, desde luego, que ese protector no yace «grande él, en un gran espacio»*, sino que, apoderándose de otros muchos, se coloca en el carro de la ciudad y termina por convertirse en tirano.

—No podría ser de otra manera —dijo.

XVII

—¿Quieres que pasemos revista ahora —pregunté— a la felicidad propia del hombre y de la ciudad en la que nace ese mortal?

---

* Homero, *Ilíada*, XVI, 776.

—Me parece muy bien —contestó.

—Veamos. ¿No sonríe indulgentemente y acoge con cariño a todo aquel que le sale al paso de los primeros días de su mando? ¿Y no dice que no es tirano y hace promesas múltiples, tanto privada como públicamente, liberando de deudas y repartiendo tierras al pueblo y a los que se encuentran a su alrededor? Esa su benevolencia y mansedumbre la prodiga con todo el mundo.

—Necesariamente —dijo.

—Y creo también que cuando se ha reconciliado con una parte de los enemigos y ha destruido a la otra, con la consiguiente tranquilidad de todos ellos, empieza siempre por promover algunas guerras, a fin de que el pueblo tenga necesidad de un jefe.

—Naturalmente.

—De ese modo, al verse obligados a tributar, los ciudadanos concluirán en la pobreza y forzados por sus necesidades diarias no se preocupan tanto de tenderle asechanzas.

—Claro que sí.

—Sigo pensando que al sospechar del ansia de libertad de algunos y de las trabas que han de poner a su gobierno, hallará un pretexto para deshacerse de ellos y para entregarlos a los enemigos. Por todas estas razones, un tirano tendrá siempre necesidad de promover guerras.

—Desde luego.

—Pero, ¿no le acarreará ese mismo proceder el odio de los ciudadanos?

—¿Cómo no?

—Por lo pronto, algunos de los que procuraron su encumbramiento y comparten con él el poder le hablarán con toda libertad e incluso se franquearán unos con otros, y los más valientes llegarán a censurar lo que está ocurriendo.

—En efecto.

—Con lo cual, el tirano, si quiere conservar el poder, deberá alejar de su lado a todos los que le rodean, hasta prescindir de todas las personas de provecho, ya sean amigos o enemigos.

—Evidentemente.

—Le convendrá, pues, observar atentamente si hay algún hombre valeroso, o magnánimo, o inteligente, o rico. Y su felicidad será tal, que por necesidad, quiera o no quiera, se volverá enemigo de todos ellos y les tenderá asechanzas hasta dejar limpia la ciudad.

—¡Hermosa limpieza hará entonces! —exclamó.

—Sí —contesté—, la contraria precisamente de la que hacen los médicos en el cuerpo; porque éstos quitan lo peor y dejan lo mejor, mientras el tirano hace lo contrario.

—Según parece —dijo—, es necesario que obre así, caso de que quiera gobernar.

XVIII

—Ni más ni menos; bajo esa forzosa necesidad discurre su vida: o convive con la multitud de los hombres malvados, odiado además por ellos, o no vive en realidad.

—Esa es su disyuntiva —afirmó.

—¿Y no es verdad que cuanto más odioso se haga a los ciudadanos con su proceder, mayor y más leal habrá de ser la guardia armada que necesite?

—¿Cómo no?

—Pero, ¿quiénes serán esos hombres leales? ¿Y de dónde los hará venir?

—Espontáneamente y en gran multitud —dijo— acudirán a su llamada, siempre que les asigne un sueldo.

—Me parece, por el perro —observé—, que quieres referirte a otros zánganos, extranjeros y de todas partes.

—Es verdad lo que así te parece —contestó.

—¿Pues qué? ¿No querría confiarse a los de su patria?

—¿Cómo?

—Privando de sus esclavos a los ciudadanos, dándoles luego la libertad y haciéndoles guardianes suyos.

—Es claro —atajó—, porque esos hombres resultarían con mucho los más adictos a su causa.

—¡Vaya negocio para el tirano! —exclamé—. Según tú dices tendrá que servirse de esos esclavos como amigos y leales, luego de haber destruido a los mejores ciudadanos.

—Pues no le quedará más remedio —dijo— que servirse de ellos.

—Y entonces —añadí—, los nuevos ciudadanos se convertirán en sus admiradores y camaradas, mientras que los verdaderamente discretos le odiarán y escaparán de él.

—¿Qué otra cosa iban a hacer?

—No sin razón —agregué— se considera especialmente a la tragedia, y sobre todo a Eurípides, como escuela de sabiduría.

—¿Por qué?

—Porque sólo una mente despierta como la de él pudo pronunciar aquellas palabras de que «los tiranos son sabios por su convivencia con los sabios»*. Claramente se refería a esos hombres al hablar de la convivencia con los sabios.

—Tanto Eurípides como los demás poetas —dijo él—, encomian a la tiranía y la hacen semejante a los dioses. Y aún otras muchas cosas dicen de ella.

—Mas, como son sabios los poetas trágicos, nos perdonarán a nosotros y a todos cuantos comulgan con nuestros principios políticos el que no les demos cabida en este régimen cual cantores que son de la tiranía.

—A mi juicio —contestó—, no tendrán inconveniente en perdonarnos, sobre todo los más discretos de entre ellos.

—Pero con todo, creo yo, recorren las otras ciudades, reúnen a la multitud y alquilan voces hermosas, sonoras y de gran efecto, que arrastran a los regímenes políticos a la tiranía y a la democracia.

—Sin duda alguna.

—Con ello, además, consiguen dinero y honores, especialmente, como es lógico, de parte de los tiranos, y en segundo lugar, de la democracia. No obstante, a medida que suben a la cumbre de los regímenes políticos, debilitan su honra y les ocurre como si perdiesen la respiración.

—En efecto.

XIX

—Ahora bien —dije yo—, con esto nos salimos de nuestro tema. Sigamos hablando, como antes, del ejército del tirano,

---

* Referencia maliciosa e irónica de Platón.

hermoso en verdad, numeroso, multicolor y siempre renovado, y digamos de dónde proviene su alimento.

—Dilapidará —dijo él— los tesoros sagrados que se encuentren en los templos, y en tanto duren los productos de su venta serán menores las contribuciones que imponga al pueblo.

—Bien, ¿y qué hará cuando termine con esos tesoros?

—Naturalmente —contestó—, se sustentará con los recursos paternos, y no sólo él, sino también sus convidados, sus camaradas y cortesanas.

—Ya lo entiendo —dije yo—: será el pueblo, engendrador del tirano, el que mantenga a éste y a los suyos.

—Por fuerza tendrá que ser así —afirmó.

—¿Cómo dices? —pregunté—. Supón que el pueblo se irrita y aduce que no es justo que un hijo en la flor de la edad, sea alimentado por su padre, sino al contrario, el padre por el hijo. ¿Acaso no deberá pensar que al engendrarle y elevarle lo hizo no para seguir otorgándole alimento, en su mayoría de edad, a él, y por añadidura a sus propios esclavos y a cuantos otros constituyen su cortejo, sino para liberarse, bajo el mando de aquél, de los ricos y de los llamados en la ciudad hombres de bien? Por eso, le ordenará salir de la ciudad, y también a sus camaradas, con la misma decisión que un padre arroja de casa a su hijo, con sus molestos comensales.

—Y será entonces, ¡por Zeus! —exclamó—, cuando el pueblo se dé cuenta de la clase de hijo que engendró, cuidó amorosamente e hizo crecer, y verá asimismo que aun siendo más débil trata de expulsar a los más fuertes.

—¿Cómo dices? —pregunté—. ¿Acaso se atreverá el tirano a usar de la fuerza contra su padre e incluso a golpearle, caso de que no le obedezca?

—Sí —contestó—, una vez que le haya quitado las armas.

—Con ello —dije yo— llamas al tirano parricida y perverso sustentador de la ancianidad. Al parecer, esto es lo que todos convienen en tildar de tiranía. Como suele decirse, el pueblo, queriendo huir del humo de la esclavitud entre hombres libres, cae de lleno en el fuego despótico de los esclavos. De ese modo, a una desmedida e inoportuna libertad sucede la más dura y la más amarga de las esclavitudes: la que se sufre bajo el dominio de los esclavos.

—Así es, efectivamente —dijo él.

—Entonces —pregunté—, ¿no diremos algo fuera de tono si afirmamos haber desarrollado suficientemente ese cambio de la democracia en tiranía y el mismo carácter de ésta?

—Creo que está bien expuesto —dijo.

LIBRO NOVENO

I

—Sólo resta por examinar ahora —dije yo— el carácter del hombre tiránico, cómo surge del hombre democrático, cómo es una vez que nace y de qué modo vive, si desgraciado o feliz.

—Desde luego, sólo eso nos resta —afirmó.

—¿Sabes —dije yo— lo que todavía echo de menos?

—¿Y qué es?

—Me parece que no hemos hablado lo suficiente de cuántos y de qué clase son los deseos. Si nos hemos explayado poco en este punto, resultará que la investigación de lo que buscamos no se aparecerá clara.

—Pues estamos a tiempo de hacerlo —indicó.

—En efecto. Considera lo que yo creo ver en esos deseos, que no es otra cosa que esto: me parece que algunos de los placeres y deseos no necesarios son contrarios a las leyes y se dan, no obstante, en todos los hombres. Con todo, en una parte de éstos se ven refrenados por las leyes y por los deseos mejores, gracias a la razón; y desaparecen en su totalidad o se debilitan y quedan notoriamente reducidos. En otra parte, en cambio, son más fuertes y numerosos.

—¿Me quieres precisar esos deseos? —preguntó.

—Pues mira —respondí—, trato de los deseos que se despiertan en el sueño cuando está dormida la parte del alma razonable, pacífica y dominadora de aquella otra, esto es, la parte bestial y salvaje, plena de manjares y de vino, que es la que salta e intenta rechazar al sueño, en vista de satisfacer sus propios

---

apetitos. Sabes perfectamente que en esa situación se atreve a todo como si se la hubiese liberado y desatado de la vergüenza y de la sensatez. E incluso llega a pensar en yacer juntamente con su madre o con cualquier otro ser, ya sea hombre, dios o bestia, y mancha sus manos en sangre de los demás, sin privarse de alimento alguno. En resumen: no hay insensatez ni desvergüenza que no deje de realizar.

—Estás en lo cierto —afirmó.

—Ahora bien, cuando, a mi entender, el hombre lleva una vida sana y regulada y se entrega al sueño luego de haber ejercitado su propia razón y de haberla alimentado con hermosas palabras y reflexiones; cuando, además, adentrándose en sí mismo, no deja resquicio a la necesidad o a la hartura de su parte concupiscible, en el deseo de que descanse y no perturbe con su alegría y su tristeza a la parte mejor, y permite que se la considere en su ser y en su pureza para tratar de darse cuenta de lo que no sabe, sea esto algo pasado, presente o futuro; cuando ese hombre apacigua del mismo modo su parte colérica y no duerme poseído de ese espíritu, sino que, tranquilizado por completo, pone en movimiento su tercer elemento, en el que se encuentra su sano juicio, y así concilia el sueño, sabes perfectamente que puede alcanzar mejor la verdad sin que le entorpezcan las visiones fantásticas de los sueños.

—Estoy enteramente de acuerdo con esa idea —dijo él.

—Creo, sin embargo, que hemos ido ya demasiado lejos. Nuestro propósito era simplemente este: probar que hay en cada uno de nosotros, aun en los de pasiones más moderadas, deseos verdaderamente temibles, salvajes y contra toda ley. Y eso se evidencia claramente en los sueños. Observa, pues, y di si tienen valor alguno mis palabras y si las apruebas.

—Las apruebo.

II

—¿Recuerdas ahora cómo retratábamos al hombre democrático? Decíamos que había nacido de un padre ahorrativo, celoso de su educación, pero preocupado tan sólo de allegar riquezas, con desprecio de los deseos innecesarios que procuran únicamente las diversiones y los adornos. ¿No es así?

—En efecto.

—Si ese hombre entra en contacto con otros hombres más sutiles y ahítos de los deseos a que nos hemos referido, termina por entregarse a la inmoderación y al régimen de vida de aquellos y por odiar la tacañería de su padre. Mas, como su naturaleza es mejor que la de los que le corrompen, atraído hacia dos direcciones opuestas, se mantiene en medio de ambas y complaciéndose moderadamente en ellas, lleva, a su juicio, un vida que no puede calificarse ni de innoble ni injusta, pero que acentúa su paso de la oligarquía a la democracia.

—Esa era y es —dijo— la opinión sustentada por nosotros.

—Pues supón —añadí— que ese hombre, entrado ya en la vejez, tiene un hijo al que se le educa en las mismas costumbres.

—Lo admito.

—Piensa por un momento que le acontece le mismo que a su padre y que es empujado hacia todo desenfreno, esto es, hacia lo que constituye la plena libertad en el pensamiento de los que le arrastran; y piensa también que tanto el padre como sus otros allegados prestan ayuda a los deseos de moderación, mientras la otra parte secunda los deseos contrarios. Cuando estos temibles magos y forjadores de tiranos desesperan de retener al joven, hacen por introducir en él algún amor que se convierta en jefe de los deseos ociosos y pródigos, cual si se tratase de un gran zángano alado. ¿O crees que es otra cosa el amor de estos hombres?

—Yo, al menos, coincido en lo que tú dices —afirmó.

—Pues bien, cuando los demás deseos, zumbando a su alrededor y llenos de perfumes, de bálsamos, de coronas, de bebidas y de todos los placeres licenciosos que se originan en tales compañías, hacen crecer y alimentan al zángano hasta un límite insospechado, armándole a la vez del aguijón de la ambición, entonces él mismo, como señor de su alma, se hace proteger por la locura y deja en libertad a su furor. Le sobran ya esas opiniones y deseos vergonzosos y aprovechables que todavía anidaban en su alma, a los que da muerte, y expulsa de sí hasta eliminar su propia sensatez, que sustituye por una extraña locura.

—Es ese —dijo— un perfecto retrato de la génesis del tirano.

—De ahí la razón —añadí— de que Eros haya sido llamado tirano desde hace mucho tiempo.

—En efecto —asintió.

—¿Y no es cierto también, querido amigo —dije yo—, que el hombre embriagado se inclina hacia la tiranía?

—Sí, lo es.

—De igual manera, el hombre furioso y fuera de sí intenta y espera ser capaz de dominar a hombres e incluso a los dioses.

—Desde luego —afirmó.

—Concluiremos, pues, incomparable amigo —dije yo—, que el hombre se vuelve rigurosamente tiránico, cuando llevado por su naturaleza o sus hábitos, o por ambas cosas a la vez, se hace borracho, enamoradizo y atrabiliario

—Enteramente de acuerdo.

III

—Así es, según parece, como se origina ese hombre. Pero, ¿y cómo vive?

—Espero que me lo digas tú —contestó—, al igual que ocurre en los juegos.

—Pues te lo diré —afirmó—. Creo que, después de lo dicho, todo se volverán fiestas, banquetes, gozos, cortesanas y todas esas cosas por el estilo, que guardan en su interior al tirano Eros como director de su alma.

—Necesariamente —dijo.

—¿Y no surgen cada día y cada noche, como nuevos retoños, muchos y terribles deseos, que no se sacian nunca?

—Muchos, en efecto.

—Lo cual le acarreará el gasto de sus riquezas, si es que algunas tiene.

—¿Cómo no?

—Después de esto, como es natural, vendrán los préstamos y la disipación de la hacienda.

—¿Qué duda cabe?

—Es indudable que cuando nada le reste ya, los compactos y violentos deseos que anidan en su alma se pondrán a chillar contra él; y no le quedará otro recurso, hostigado como está por los aguijones de los demás deseos y de manera especial por el amor mismo, conductor de la guardia personal que forman todos ellos, que armarse de furor y considerar atentamente a quien puede quitarle algo, bien por medio de engaños, bien por la fuerza.

—Desde luego —dijo.

—Necesariamente, pues, tendrá que allegar riquezas de donde sea o verse afligido por grandes dolores y tormentos.

—Necesariamente.

—Y así como los placeres nuevos vienen a ocupar en él el lugar de los antiguos, privándoles de lo suyo, así también él mismo, con su carácter juvenil, tratará de apoderarse de todo lo que poseen su padre y su madre y hacérselo propio, luego de haber dilapidado su parte.

—Eso es lo que ocurrirá —dijo.

—Pero si sus padres no se lo otorgan, ¿no intentará entonces robarles su hacienda y engañarles?

—En efecto.

—Y cuando no le sea posible, ¿de qué otro medio usará sino de la violencia?

—De ningún otro —contestó.

—Supón, no obstante, que ellos se oponen y luchan, ¿crees, querido amigo, que se guardará de perdonarles la vida o de proceder con el arma de los tiranos?

—Yo, desde luego —advirtió—, no querría verme en el pellejo de sus padres.

—¡Por Zeus!, Adimanto, ¿es que piensas que ese hombre va a emprender una acción semejante con su amiga necesaria de toda la vida, que es su madre, por dejarse llevar de una cortesana recién conocida y no necesaria? ¿O tal vez crees que por un joven que apenas trata, la tomará con su anciano padre, el más necesario y el más antiguo de sus amigos? ¿E incluso que llegará a hacerlos esclavos de esos jóvenes cuando éstos se vean dueños de su casa?

—Sí, por Zeus —contestó.

—Pues sí que parece una gran suerte —dije yo— el haber procreado un vástago tiránico.

—Sin duda —dijo.

—¿Pues qué? Vayamos a la situación que se origina cuando no le queden ya los bienes de su padre y de su madre y los placeres, apiñados en él, semejen más un enjambre que otra cosa.

¿No se apoderará entonces de la casa del vecino, o del vestido de algún transeúnte rezagado, o, a continuación de esto, del tesoro de algún templo? Con todo ello, echará por los suelos aquellas arraigadas opiniones sobre las cosas hermosas y justas, y albergará en su seno esas otras que constituyen la escolta del amor y que han sido liberadas poco ha de la esclavitud. Son las mismas, por cierto, que alimentaban su sueño cuando él mismo era regido todavía democráticamente por las leyes y por su padre. Tiranizado ya por el Amor, procede siempre, durante la vigilia, tal cual lo hacía rara vez durante el sueño; y no se priva de dar muerte a quien sea, o de la orgía o del crimen, sino que por el contrario, viviendo bajo el dominio exclusivo de Eros, sin orden y sin ley, conduce al que le lleva a toda clase de atrevimientos, con tal de obtener alimento para sí y para los que le rodean, llegados los unos de fuera en mala compañía y los otros del interior, desatados y liberados por sus mismas inclinaciones. ¿O no concibes así la vida de este hombre?

—Así es, en efecto —dijo.

—Si realmente —añadí— los individuos de este cariz son pocos y la ciudad conserva su buen sentido, no cabe duda que tendrán que salir de ella para servir de escolta a algún tirano o venderse por dinero allí donde surja la guerra. Pero si la paz y la tranquilidad son tónica general, es muy cierto que producirán algunos pequeños males en la ciudad.

—¿Y cuáles son esos males?

—Por ejemplo, robar, penetrar por las paredes, cortar bolsas, despojar de vestidos, cometer sacrilegios y reducir a los hombres a la esclavitud. Si son elocuentes, no sólo acusarán calumniosamente, sino que se harán testigos falsos e incluso se dejarán sobornar.

—¡Y llamas pequeños a esos males —exclamó— y pocos a esos hombres!

—¡Ah!, es que lo pequeño —dije yo— es pequeño precisamente en relación con lo grande. Y todos estos males, como suele decirse, son poca cosa referidos al tirano, y a la maldad y a la desgracia de la ciudad. Porque cuando aumenta el número de estos hombres y el de los que les siguen, y ellos mismos se dan cuenta de que son mayoría, entonces apelan a la insensatez del pueblo y elevan al cargo de tirano a aquel de entre ellos que manifieste en su alma la más encendidas dotes de tiranía.

—Ciertamente —asintió—, ese hombre será el más apropiado para tirano.

—Bien irán las cosas, si los otros retroceden. Pero si la ciudad no se confía, al igual que castigaba a su madre y a su padre, castigará también a su patria, siempre que le sea posible. E introducirá en la ciudad a nuevos camaradas, bajo los cuales reducirá a la esclavitud y mantendrá sojuzgada a esa su patria amada, a esa su madre, como dicen los cretenses. No otro vendrá a ser el fin de los deseos de este hombre.

—Desde luego —dijo.

—Mas, ahora te diré —añadí— cuál es el comportamiento de esos hombres en privado y antes de ocupar el poder. Primeramente, los que conviven con ellos se convierten en sus aduladores y hacen todo lo posible por servirles. Y si algo necesitan, ellos mismos se arrastran a los pies de quien sea y se atreven a cubrir todas las apariencias en calidad de parientes; pero cambian ese papel una vez alcanzado su objetivo.

—Has dicho la verdad.

—Por lo cual pasan toda su vida sin prodigar su amistad a nadie; muy al contrario, son déspotas en un caso o esclavos en otro, ya que la naturaleza del tirano no puede gustar nunca de la verdadera libertad y de la verdadera amistad.

—En efecto.

—¿No es justo, pues, que llamemos incrédulos a estos hombres?

—¿Cómo no?

—Y también podrá conceptuárseles injustos en sumo grado, si era verdad lo que reconocíamos anteriormente acerca de la justicia.

—Lo era, indudablemente —afirmó.

—Resumamos, pues, nuestra teoría —dije yo— en cuanto al hombre más perverso. Cual lo describíamos en sueños, así es en el estado de vigilia.

—Nada hay que objetar.

—Puedes imaginártelo dotado de la naturaleza más tiránica y revestido de toda la autoridad. Cuanto más tiempo viva en la tiranía, tanto más perverso se mostrará.

—Necesariamente —dijo Glaucón, tomando inmediatamente la palabra.

IV

—Ahora bien —dije yo—, si se muestra como el hombre más perverso, se aparecerá también como el más desgraciado. Y cuanto más tiempo y más duramente ejerza la tiranía, mayor y más duradero será su grado de perversidad. Hablamos aquí conforme a la verdad y no según el criterio de la multitud.

—Necesariamente —dijo—, así tendrá que ser.

—Ten por seguro, además —añadí—, que el hombre tiránico es semejante a la ciudad tiranizada, lo mismo que el democrático se parece a la ciudad democrática, e igualmente todos los demás.

—¿Cómo no?

—¿Y no es verdad que la relación existente en virtud y felicidad entre una y otra ciudad es la misma que hay entre uno y otro hombre?

—No puede ser de otro modo.

—¿Qué diferencia puede haber, pues —pregunté—, entre la ciudad sometida al tirano y la gobernada por el rey a la que antes nos referíamos?

—Una oposición total —contestó—; la una es la mejor, y la otra, en cambio, es la peor.

—No es mi propósito preguntarte —dije yo— cómo aplicas tú esos calificativos, porque, sin duda, parece claro para todos. Pero, ¿opinas también lo mismo en cuanto a la felicidad y a la desgracia de la ciudad? No nos llenemos de admiración mirando tan sólo al tirano o a unos cuantos que le rodean; antes bien: juzgo necesario que penetremos en la ciudad y la contemplemos totalmente, ya que sólo hundiendo nuestra mirada en ella podremos descubrir mejor nuestra opinión.

—Está bien lo que pides —afirmó—. Y lo que se muestra claramente para todos es que la ciudad tiranizada resulta ser la más desgraciada, y la gobernada por el rey la más feliz.

—¿No crees, por tanto, que estoy en lo cierto —dije—, al exponer estas mismas cosas en relación con los individuos y estimar que debe formular su juicio sobre ellos quien sea capaz de discernir mentalmente en el carácter de los hombres y no a la manera del niño que mira desde fuera y puede ser deslumbrado por la apariencia del tirano? Convendrá que distinga debidamente. ¿Qué dirías, por otra parte, si creyese que todos nosotros debíamos prestar atención a ese juez que ha convivido con el tirano, le ha acompañado en sus labores domésticas y le ha visto relacionarse con sus parientes, desprovisto de ese su equipo teatral con que aparece en los asuntos públicos? Pues supón que después de ver esto le pidiese que nos anunciase cuál es la felicidad y la desgracia del tirano en relación con la que disfrutan los demás hombres.

—Creo que sería muy justa esa invitación tuya —dijo.

—¿Y si somos nosotros mismos los que nos encontramos en condiciones de juzgar al tirano por haber convivido ya con él? En ese caso tendremos también quien conteste a nuestras preguntas.

—En efecto.

V

—Sígueme, pues —dije yo—, y considera la cuestión. Recuerda, por ejemplo, la semejanza de que hablábamos entre la ciudad y el individuo, y fijándote sucesivamente en cada uno, explicando cuáles son sus características.

—¿Y cuáles son? —preguntó.

—En primer lugar —dije yo—, ¿llamas libre o esclava a la ciudad tiranizada?

—Para mí, sin discusión, es una ciudad esclava —dijo.

—Pero ves en ella señores y hombres libres.

—En efecto —contestó—, pero en número reducido. Generalizando, puede decirse que la parte más virtuosa de ella es la que sufre indigna y desgraciada.

—Sí, pues —añadí—, el individuo se parece a la ciudad, ¿no será necesario que se den en él las mismas cosas y que su alma se encuentre abrumada de esclavitud y de bajeza, e incluso que sean esclavas esas mismas partes de ella que consideramos más prudentes, en tanto la parte más pequeña, la peor y más extraviada, ejerce su señorío sobre el todo?

—Claro que lo será —repuso.

—¿Pues qué? ¿Dirás de un alma así que es esclava o que es libre?

—Diré que es esclava.

—Y bien, es cierto que una ciudad esclava y tiranizada no hace de ningún modo lo que quiere.

—Desde luego.

—El alma tiranizada (y hablemos ahora del alma en totalidad) tampoco podrá hacer lo que quiera; porque, arrastrada siempre por la fuerza del aguijón, se verá llena de turbación y arrepentimiento.

—¿Cómo no?

—¿Y qué? ¿Será necesariamente rica o pobre esa ciudad tiranizada?

—Pobre.

—Así, pues, también el alma tiránica será siempre, y por necesidad, pobre e insaciable.

—Sin duda alguna —dijo.

—Veamos. ¿No se encontrarán necesariamente llenos de miedo esa ciudad y ese hombre?

—En efecto.

—¿Crees tú que podremos encontrar en otra ciudad más lamentos, más gemidos, más quejas y más dolores que en ésta?

—De ningún modo.

—¿Y qué dirás del individuo? ¿Podrán darse todas estas cosas en otro hombre con más agudeza que en el tiránico, dominado por los deseos y los placeres eróticos?

—¿Cómo iban a darse? —preguntó.

—Yo pienso que mirando a estas cosas y a otras por el estilo has podido juzgar a esta ciudad como la más desgraciada de todas.

—¿Y acaso no tengo razón? —dijo.

—Mucha, desde luego —dije yo—. Pero mira todas estas cosas desde el punto de vista del hombre tiránico.

—Pues te diré, refiriéndome a él, que es el más desgraciado de todos los hombres.

—En eso —afirmé— me parece que ya no tienes razón.

—¿Cómo? —preguntó.

—A mi juicio —dije yo—, no es ese el hombre más desgraciado.

—Y entonces, ¿quién puede serlo?

—Seguro que te lo parecerá quizá el hombre que voy a citarte.

—¿Cuál?

—Pues mira —advertí—, se trata de aquel hombre que, siendo tirano, no pasa la vida como un simple particular, sino que tiene la desdicha, por un triste azar, de convertirse en tirano de la ciudad.

—Por lo que ya va dicho —afirmó—, reconozco que estás en lo cierto.

—Sí —dije yo—, pero no basta con eso, sino que en una materia como ésta convendrá aplicar el juicio de la razón; nuestra consideración, al fin y al cabo, versa sobre lo más importante, esto es, sobre la vida feliz o desgraciada.

—En efecto —dijo.

—Mira, por tanto, si lo que afirmo es verdad. A mí me parece que conviene mirar al tirano desde este punto de vista.

—Tú dirás desde cuál.

—Considera el caso de esos particulares que disponen en la ciudad de grandes riquezas y poseen muchos esclavos. Sin duda, se parecen a los tiranos en eso de mandar a muchas personas, aunque la diferencia numérica habla a favor del tirano.

—Desde luego.

—¿Y no sabes que estos hombres viven sin miedo alguno y que ni siquiera temen a sus esclavos? No concibo qué podrían temer.

—Nada —dijo—; pero, ¿conoces la causa?

—Sí, no es otra que la ayuda prestada por la ciudad toda a cada uno de esos particulares.

—Muy bien dicho —afirmé—. ¿Pues qué? Supónte que un dios se hiciese con uno de esos hombres poseedor de cincuenta o más esclavos, le sacase de la ciudad, a él, a su mujer y a su hijos; supónte todavía más: que los colocase en un desierto con toda su hacienda y sus esclavos allí donde ningún hombre libre pudiese prestarle ayuda, ¿no crees que se vería dominado por el miedo de perecer, él mismo, su mujer y sus hijos a manos de esos esclavos?

—En un todo —contestó.

—¿No es verdad que se vería obligado a lisonjear a algunos de esos esclavos, a prometerles muchas cosas, a concederles innecesariamente la libertad y a presentarse de este modo como adulador de quienes le sirven?

—Así tendría que hacer —dijo—, o, en otro caso, resignarse a perecer.

—Porque —pregunté yo—, ¿qué ocurriría si el mismo dios rodease su morada de muchos vecinos que no permitiesen que nadie mandase en otro, sino que, por el contrario, aplicasen el último castigo a quienes otra cosa intentasen?

—A mi juicio —dijo—, sus males aumentarían, rodeado como estaba por todos sus enemigos.

—¿Y no es esa acaso la cárcel en la que se encuentra el tirano, quien, por naturaleza y como ya dijimos, se ve agobiado por numerosos temores y deseos? Aun siendo mucha su curiosidad, no le será posible, a él tan sólo, salir de la ciudad adondequiera que sea, ni contemplar todo lo que los demás hombres están en condiciones de contemplar. Es claro que pasará su vida metido en su propia casa cual si fuese una mujer, envidiando además a los otros ciudadanos, caso de que éstos salgan de su patria y vean algo digno de ser visto.

—Efectivamente —dijo.

VI

—Estos son los males que recogerá como fruto de su labor aquel hombre tiránico que tú consideraste como el más desgraciado de los hombres. Pues, realmente, no hace discurrir su vida como un simple particular, sino que se siente forzado por algún azar a ejercer la tiranía, cosa bien extraña cuando, sin poder dominarse a sí mismo, trata de imponerse a los demás. Podríamos compararle a un hombre enfermo y carente de fuerzas que, en vez de pensar en sí mismo, se dedicase durante toda su vida a luchar con los demás.

—Es una comparación muy atinada, Sócrates —dijo—, y estimo que cuanto dices es la pura verdad.

—¿No resulta, pues, evidente, querido Glaucón —pregunté—, que su vida es una continua desgracia y que el que vive tiránicamente vive en realidad de manera más miserable que la concebida por ti?

—Enteramente —contestó.

—Así, pues, verdaderamente, y aunque así no lo parezca, el hombre tiránico no es otra cosa que un esclavo, sometido a las mayores lisonjas y bajezas, adulador de los hombres más viciosos, insaciable en sus deseos, carente de casi todas las cosas y ciertamente pobre si nos decidimos a mirar a la totalidad de su alma. Hombre, además, dominado por el temor durante toda su vida, lleno de sobresaltos y de dolores, si su vida se parece de verdad al régimen de la ciudad que él gobierna. Porque, ¿no dudarás que se parece?

—Sin duda alguna —respondió.

—Añádele a esto todo aquello que mencionábamos antes: necesariamente tendrá que ser y aun volverse más envidioso, más desleal, más injusto, más hostil, más impío, más propicio a acoger y alimentar toda maldad, con lo cual terminará por hacerse el hombre más desgraciado. Y con él, se harán también así los que están a su alrededor.

—No hay hombre de buen sentido —dijo— que te conteste lo contrario.

—Pues ocupa tú el puesto de juez —dije yo— y resuelve quién es el hombre más feliz de todos, quién el que le sigue a éste y así sucesivamente, de entre esos cinco caracteres de que hablábamos: el real, el timocrático, el oligárquico, el democrático y el tiránico.

—Bien fácil resulta ese juicio —contestó—. Para mí han de ser considerados como coros que entran en escena, tanto en lo que se refiere a virtud como a maldad, a felicidad como a su contrario.

—¿Quieres, por tanto, que alquilemos un pregonero —pregunté—, o me he de encargar yo mismo de decir que el hijo de Aristón ha dictaminado que el hombre más feliz es el mejor y el más justo, circunstancias que concurren en ese hombre real, soberano de sí mismo? ¿Aprobarás también que el más infeliz es el peor y el más injusto, como se evidencia en el que, por ser más tirano, ejerce su tiranía de manera absoluta sobre sí mismo y sobre su ciudad?

—Puedes decirlo —afirmó.

—¿Añadiré todavía —inquirí— que las cosas ocurrirán así, lo conozcan o no lo conozcan los hombres y los dioses todos?

VII

—No hay ningún inconveniente —dije—. Pues esa es una buena demostración; he aquí la segunda, si te parece bien.

—¿Cuál es?

—Como, según lo dicho, el alma de cada uno, al igual que la ciudad, se divide en tres partes, nuestra demostración, a mi entender, recibe una segunda prueba.

—Tú dirás.

—Veamos: al ser tres esas partes, serán tres igualmente los placeres que se correspondan con ellas. Del mismo modo, para los deseos y los cargos.

—¿Cómo dices? —preguntó.

—Hay una parte, decíamos, con la que el hombre conoce; otra, con la que se encoleriza, y una tercera a la que, por su variedad, no fue posible encontrar un nombre adecuado; esta última, en atención a lo más importante y a lo más fuerte que había en ella, la denominamos la parte concupiscible. Ese nombre respondía a la violencia de sus deseos, tanto al entregarse a la comida y a la bebida como a los placeres eróticos y a todos los demás que de éstos se siguen; y la considerábamos amante de las riquezas, por satisfacerse con ella esos deseos, de manera más especial.

—Ésa es la denominación razonable —dijo.

—Si añadiésemos, además, que el placer más afín de esta facultad es la ganancia, ¿no apoyaríamos nuestra idea en un principio fundamental hasta el punto de aclarar para nosotros la referencia a esa parte del alma? ¿No crees que la llamaríamos con razón ansiosa de riquezas y de ganancias?

—Sí, eso creo —dijo.

—Pues bien, hablemos de la parte irascible. ¿No decimos que arrastra siempre y enteramente a la dominación, a la victoria y al deseo de gloria?

—En efecto.

—¿Convendría, pues, que la llamásemos amiga de disputas y de honores?

—Sería lo mejor.

—En cuanto a la parte que conoce, resulta claro para todos que tiende siempre y por completo a conocer la verdad, dondequiera que se encuentre, y que nada le importa menos que las riquezas o la reputación.

—Así es.

—A ésta habrá que llamarla con toda justicia amante de la ciencia y del saber.

—¿Cómo no?

—¿Y no es verdad también —pregunté— que unas veces manda en el alma de los hombres esa parte ya dicha y otras alguna de las dos restantes, según convenga?

—En efecto —dijo.

—De ahí que para nosotros los caracteres principales de hombres sean tres: el filósofo, el ambicioso y el avaro.

—No cabe duda.

—Y tres igualmente los placeres que se dan en ellos.

—Desde luego.

—¿Y no te das cuenta —proseguí— que si tuvieses que indagar de cada uno de los hombres cuál es la vida que resulta más dulce, cada uno respondería con encomios de alabanza a la suya propia? Para el avaro no tendrá valor el placer de la honra o el de conocer, que supeditará al de la ganancia; salvo, claro está, que aquel placer le proporcione dinero.

—Es verdad —dijo.

—¿Y qué le ocurrirá al ambicioso? —añadí—. ¿No considerará importuno el placer de las riquezas y no tendrá también como mera bagatela el placer de conocer, en cuanto que la ciencia no proporciona honra?

—Sin duda alguna —contestó.

—Vamos ahora con el filósofo —dije yo—: ¿qué pensará este hombre respecto a los demás placeres, si sólo siente deseos de conocer la verdad y de llegar siempre a su completa posesión? ¿No los concebirá lejos del verdadero placer, llamándolos, si acaso, necesidades inevitables, pero de las que podría prescindir, si su misma necesidad no las prescribiese?

—Seguramente —contestó.

VIII

—Así, pues —dije yo—, ya que se trata de decidir acerca de estos placeres incluso sobre la misma vida, no desde luego en cuanto a la más honesta o a la más vergonzosa, a la mejor o a la peor, sino relativamente a la más dulce y a la más grata, ¿cómo podríamos saber quién de estos hombres dice la verdad?

—Me declaro impotente para ello —repuso.

—Entonces, contéstame a esto: ¿a quién se requerirán las condiciones del buen juicio? ¿No son éstas la experiencia, la inteligencia y la razón? ¿O crees que hay algún criterio mejor?

—¿Cómo habría de haberlo? —afirmó.

—Presta atención por un momento; de los tres hombres, ¿cuál estimas tú más experimentado en los placeres de que hablamos? Supónte que el avaro se decidiese a conocer la verdad en sí misma: ¿le creerías con más experiencia del placer de saber que, por ejemplo, el filósofo del placer de la ganancia?

—Mucha diferencia habría entre los dos —dijo—; el filósofo, realmente, ha gustado ya por fuerza, desde la niñez, de los otros placeres, y en cambio, el avaro no ha sentido esta necesidad de entregarse al estudio de la verdad y de saborear experimentalmente el placer que proporciona; aunque su deseo le llevase a ello, no le sería fácil conseguirlo.

—Es mucho mayor, por tanto —advertí—, la experiencia del filósofo, respecto al avaro, en lo que atañe a ambos placeres.

—Desde luego.

—¿Y qué decir del ambicioso? —proseguí—. ¿No es mayor también la experiencia del filósofo, respecto al placer de la honra, que la de aquél respecto al saber?

—La honra, desde luego, les alcanza a todos si realizan lo que pretenden (pues el rico es honrado por muchos, y lo mismo el valiente y el sabio), hasta el punto de que todos han experimentado también ese placer de la honra. Sin embargo, ningún otro hombre, a excepción del filósofo, ha gustado de la contemplación del ser.

—Refiriéndonos, pues, a la experiencia —dije yo—, el mejor juicio corresponderá al filósofo.

—Y con mucho.

—Será el único hombre que acompañe la experiencia de la reflexión.

—En efecto.

—Ahora bien, del instrumento con que se juzga no diremos que corresponde al avaro o al ambicioso, sino al filósofo.

—¿A qué instrumento te refieres?

—¿No es acaso por razonamientos como conviene juzgar?

—Sí.

—Y los razonamientos son precisamente el instrumento del filósofo.

—¿Cómo no?

—Si el juicio mejor pudiese formularse con la riqueza y con la ganancia, no cabe duda que lo que el avaro alabase o censurase sería por fuerza la máxima verdad.

—Naturalmente.

—Y si hubiese que apelar a la honra, a la victoria y al valor, ¿no deberíamos contar con el amante de la gloria y de las disputas?

—Claro que sí.

—Mas a quien hay que acudir es a la experiencia, a la inteligencia y a la razón.

—Necesariamente —dije yo—, las cosas que el filósofo y el amante de la razón convienen en aprobar, ésas son las más verdaderas.

—De los tres placeres que estamos considerando, es sin duda el más dulce el de aquella parte del alma con la que conocemos, como es, asimismo, la vida más grata la que asienta en su dominio.

—¿Cómo no iba a serlo? —pregunté—. Porque si al hombre toca hacer su panegírico, es indudable que, por lo menos el hombre sensato, alabará su propia vida.

—¿Y qué vida y qué placer, a juicio de éste, quedarán en segundo término?

—Es evidente que la vida y el placer del hombre guerrero y ambicioso. Se aproximan mucho más a los suyos que los del hombre dedicado a los negocios.

—Según parece, pues, al avaro corresponde el último lugar.

—En efecto —dijo.

IX

—Con ello se patentizan dos victorias sucesivas del hombre justo sobre el injusto. Para la tercera habrá que invocar, olímpicamente, a Zeus Olímpico y Salvador. Observa si no que el placer de los demás, a excepción del que disfruta el filósofo, no es un placer completo ni puro; antes al contrario, parece como envuelto en sombras, según he oído decir a alguno de los sabios. He aquí la mayor y fundamental desgracia del hombre injusto.

—Indudablemente; pero, ¿cómo la explicarías?

—Pues mira —dije yo—, la encontraré si tú vas respondiendo a mis preguntas.

—Pregunta entonces —dijo.

—Eso haré —afirmé yo—, ¿no decimos, por ejemplo, que el dolor es contrario al placer?

—Claro que sí.

—¿Existe un estado en el que el alma ni goce ni sufra?

—Existe, desde luego.

—Y no será otra cosa que algo intermedio entre aquéllos, esto es, una cierta tranquilidad del alma respecto al placer y al dolor. ¿O no es eso lo que dices?

—Eso mismo —contestó.

—¿No recuerdas, por ventura —dije yo—, lo que suelen manifestar los enfermos cuando se encuentran atacados de su mal?

—¿Y qué es?

—Que nada hay más dulce para ellos que la salud, bien que no lo hayan reconocido así antes de contraer la enfermedad.

—Lo recuerdo —afirmó.

—¿Y no oyes decir a todos los que sufren de manera violenta que nada hay más dulce que dejar de sufrir?

—Sí que lo oigo.

—Sabes, por otra parte, que los hombres atraviesan en la vida por muchas circunstancias y que cuando, por ejemplo, están afectados de dolor, dedican elogios encendidos no ya al gozar, sino al no sufrir y a la tranquilidad que esto proporciona.

—Esto es, sin duda —dijo—, porque esa misma tranquilidad quizá les resulte más apetecible.

—Del mismo modo —respondí—, cuando alguno deja de gozar, se producirá en él una situación penosa.

—Quizá —dijo él.

—La tranquilidad que advertíamos en medio de ambas cosas será, pues, algo que participe del dolor y del placer.

—Así parece.

—Mas, ¿cómo es posible que lo que no es ni una ni otra cosa se convierta en ambas cosas?

—Yo no lo creo.

—Ciertamente, el placer y el dolor que se producen en el alma son, uno y otro, como un determinado movimiento, ¿no es así?

—Sí.

—¿Y no resulta verdad también que lo que no es dolor ni placer es, como hemos visto hace poco, una especie de tranquilidad en medio de ambos?

—Así se ha mostrado —afirmó.

—¿Cómo, pues, podrá considerarse rectamente el no sufrir como algo dulce, o el no gozar como algo penoso?

—No hay lugar a ello.

—Entonces —dije yo—, el estado a que nos referimos no es en modo alguno, sino que lo parece, placentero y doloroso, en relación con lo doloroso y lo placentero. Si miramos, en cambio, a la verdad del placer, nada provechoso obtendremos de esas apariencias, sino tan sólo una especie de impostura.

—Eso parece demostrar tu razonamiento —dijo él.

—No te des a pensar —proseguí—, fiado de la consecuencia que voy a ofrecerte, que el placer consiste en la cesación del dolor, y el dolor en la cesación del placer; mira para ello a los placeres que no proceden de dolores.

—No veo bien a qué quieres referirte —inquirió.

—Muchos son los placeres que yo sugiero —dije yo— y fáciles de percibir en lo que concierne a los del olfato. Por lo pronto, estos placeres no vienen precedidos por aflicción alguna y se producen de una manera muy viva, sin que tampoco dejen, al cesar, la más pequeña sensación de dolor.

—Es verdad —dijo.

—No podrá convencernos, pues, esa teoría de que la cesación del dolor es un puro placer y la cesación del placer un dolor.

—Desde luego.

—No obstante —dije yo—, los placeres que a nuestro entender pasan del cuerpo al alma, y que, posiblemente, sean los más numerosos e importantes, resultan ser de esa clase. Son, en efecto, como unas cesaciones del dolor.

—Ciertamente.

—¿Y no acontece lo mismo con las sospechas agradables o desagradables de lo que va a suceder, cuando nos encontramos a la expectativa del futuro?

—Sin duda alguna.

X

—Ya sabes —indiqué yo— cómo son los placeres de que hablamos y a qué se parecen sobre todo.

—¿Y a qué? —preguntó.

—Pensarás, a no dudarlo —dije yo—, que se dan en la naturaleza lo alto, lo bajo y lo de en medio.

—Tenlo por seguro.

—¿Y qué puede creer una persona a la que se la lleva de lo bajo a lo de en medio sino que se ha elevado a lo alto? Cuando ya se encuentra en medio, sólo se le ocurrirá pensar que ha llegado a lo alto, al contemplar el punto desde donde se la ha traído y no percibir, en cambio, la verdadera altura.

—¡Por Zeus! —exclamó—, no creo que esa persona pueda imaginarse las cosas de otro modo.

—Pero supón que se la volviese de nuevo al punto de donde partió —añadí—; ¿no pensaría, ahora con razón, que se la descendía a lo bajo?

—¿Cómo no?

—Esa sensación sería resultado de su inexperiencia, esto es, de desconocer lo verdaderamente alto, lo verdaderamente bajo y lo verdaderamente en medio.

—Naturalmente.

—¿Te causaría admiración, por ejemplo, que quienes no han tenido contacto con la verdad no sólo se formen ideas equivocadas sobre muchas otras cosas, sino también sobre el placer, el dolor y lo que hay en medio de ellos, hasta el punto de que, cuando son arrastrados al dolor, creen realmente que sufren, y cuando del dolor pasan a lo intermedio estiman en verdad que han llegado a la plenitud del placer? En esto proceden como aquellos que, sin conocer lo blanco, juzgan el color gris en oposición al negro; al igual que ellos, y por su inexperiencia del placer, caen en el error de considerar la falta del dolor como algo opuesto al dolor.

—¡Por Zeus! —exclamó—, eso no me sorprendería nada; mucho más si ocurriese todo lo contrario.

—Pues bien —advertí yo—, atiende ahora a lo que voy a decir: ¿no son el hambre, la sed y las demás necesidades de este tipo algo así como una especie de vacíos en la disposición del cuerpo?

—No otra cosa pueden ser.

—Y a la vez, ¿no son la ignorancia y la insensatez otra clase de vacíos en la disposición del alma?

—En efecto.

—No cabe duda que el vacío del cuerpo se colmaría con el alimento y el del alma con la razón.

—¿Cómo no?

—¿Y cuál es más verdadera plenitud, la de lo que tiene más realidad o la de lo que tiene menos?

—Es evidente que la de lo que tiene más.

—Bueno; pero, ¿cuál de estos dos géneros de cosas tiene mayor participación en la existencia pura: el trigo, la bebida, cualquier vianda o alimento, o la opinión verdadera, la ciencia, la inteligencia y, en una palabra, toda manifestación de virtud? Formula ahora tu juicio: lo que se atiene siempre a lo igual, a lo inmortal y a lo verdadero, y con estos caracteres se manifiesta en algo semejante, ¿te parece más real que lo que nunca revela igualdad e inmortalidad, ni en sí mismo ni en ninguna de las cosas en que se produce?

—Hay una clara preeminencia —dijo— de lo que se atiene a lo siempre igual.

—¿Concederemos entonces más realidad —pregunté— al ser de lo perpetuamente mudable que al de la misma ciencia?

—De ningún modo.

—¿Pues qué? ¿Y más verdad?

—Tampoco.

—A menos verdad corresponderá, sin duda, menos realidad.

—Necesariamente.

—¿No queda, pues, en claro y de manera general que las cosas referentes al cuidado del cuerpo participan en menor grado de la verdad y de la realidad que las concernientes al cuidado del alma?

—Desde luego.

—¿Y no crees que ocurre lo mismo con el cuerpo respecto del alma?

—Yo, al menos, sí lo creo.

—Por tanto, la plenitud de libertad y lo que en sí mismo es más realidad se encuentra más lleno que lo que se colma de menos realidad y es también menos real en sí mismo.

—¿Cómo no?

—Así, pues, si el llenarse de las cosas convenientes a la naturaleza produce placer, lo que está más realmente lleno y de cosas que tienen más realidad gozará también con un placer mucho más real y verdadero. Y a la vez, lo que participa de cosas menos reales se llenará menos real y sólidamente y compartirá así un placer más desleal y menos verdadero.

—Por fuerza, tendrá que ser así —dijo.

—He ahí por qué quienes desconocen el valor de la inteligencia y de la virtud y sólo se preocupan de los festines y de otras cosas análogas se ven arrastrados, según parece, a lo bajo y llevados de nuevo a la mitad del camino, en lo cual pierden el tiempo de su vida. Pues es claro que nunca alcanzan la verdadera altura ni dirigen a ella sus miradas, y en fin, no se llenan realmente de la realidad ni gustan de un sólido y puro placer, sino que, al igual que las bestias, inclinan su mirada y su cuerpo hacia tierra y hacia sus mesas, porque no desean otra cosa que cebarse y aparearse, y en vista de esto se cocean y cornean entre sí, empleando sus cascos y sus cuernos de hierro, olvidando el llenarse su ser de las cosas reales que le convienen.

—Pareces un verdadero oráculo, Sócrates —dijo Glaucón, describiendo tan fielmente la vida de la mayoría.

—Necesariamente, por consiguiente, gustarán de placeres mezclados con dolores, que serán como imágenes y sombras del verdadero placer, sin otro color que el que resulta del cotejo de placeres y dolores, y así provocarán esos violentos transportes de los insensatos, análogos a los que, según Estesícoro, se produjeron ante Troya por desconocimiento de la verdadera Helena*.

—No otra cosa podrá ocurrir —dijo.

XI

—Pues bien, ¿no se da la misma necesidad con lo irascible cuando cumple su propósito llevado de la ambición y de la envidia, o de la violencia y de la porfía, o simplemente de su cólera y de su malhumor, en pos de una plenitud de honra, de victoria y de saciedad, pero privada de pensamiento y de reflexión?

—Sin duda —dijo—, ocurrirá eso mismo.

—Entonces —añadí—, ¿podremos afirmar confiadamente que cuantos deseos se refieren al ansia de riquezas y de gloria únicamente llegarán a alcanzar los placeres más verdaderos, en la medida de lo posible, si siguen el camino del conocimiento y de la razón? En este caso, tendrán consigo la luz de la verdad y disfrutarán de los placeres más apropiados a ellos, si realmente lo mejor para cada uno resulta ser también lo más adecuado.

—En efecto —dijo—, tendrá que ser lo más adecuado.

—Así, pues, cuando el alma toda marche dirigida por la razón y no se manifieste en ella deseo alguno de sedición, cada una de sus partes realizará lo que le es debido y mantendrá su amor a la justicia; asimismo, disfrutará de los placeres que más le convengan y, en lo posible, de los más verdaderos.

—Enteramente.

---

* Refiérese Platón al poema *La destrucción de Ilión*, compuesto por Estesícoro, y en el que este poeta habla con acritud de Helena. Según él, sólo la sombra de Helena había llegado a Troya.

—Ahora bien, si alguna de las otras partes impone su autoridad por encima de todo, no halla tampoco su propio placer y, por añadidura, obliga a que el alma, en su integridad, persiga un placer que le es ajeno y no verdadero.

—Así es —dijo.

—De esta manera lo que se encuentra más lejos de la filosofía y de la razón traerá como resultado estos efectos.

—Con mucho.

—Pero lo que se aleja en mayor grado de la razón, ¿no se aleja a la vez de la ley y del orden?

—Claro que sí.

—¿Y no acontece esto principalmente con los deseos eróticos y tiránicos?

—Ciertamente.

—En cambio, ¿no se hallan a menor distancia los deseos reales y moderados?

—Sí.

—Creo, por consiguiente, que el hombre tiránico está más alejado del placer verdadero y apropiado, y el otro, más cerca.

—Por fuerza.

—El tirano, pues —dije yo—, vivirá de una manera más odiosa, y el rey, por el contrario, de una manera más agradable.

—Sin duda alguna.

—¿No sabes, acaso —pregunté—, cuánto más odiosamente vive el tirano que el rey?

—Si tú lo dices —contestó.

—Según parece, existen tres clases de placeres: una, de placeres legítimos, y otras dos, de placeres bastardos. El tirano remonta más allá de los placeres bastardos y, huyendo de la ley y de la razón, se lanza a convivir con los placeres puramente serviles. No podría decirse fácilmente, sin embargo, hasta qué grado es inferior al otro, excepto quizá en lo que voy a afirmar.

—¿Cómo? —preguntó.

—Empezando por el hombre oligárquico, el tirano es el que ocupa el tercer puesto. Y en medio de ambos debe colocarse al hombre demócrata.

—Sí.

—De ser cierto lo que decimos, ¿no está tres veces más alejada de la verdad la apariencia de placer de la que goza ese hombre?

—Desde luego.

—Si consideramos como uno solo al hombre aristocrático y al real, el oligárquico ocupará, sin duda, el tercer lugar.

—Eso es, el tercer lugar.

—Por consiguiente —dije yo—, el tirano se halla alejado del verdadero placer en un número triple del triplo.

—Así parece.

—En tal sentido —añadí—, la apariencia del placer tiránico podría representarse, en cuanto a su largura, por un número plano.

—Enteramente.

—Está claro que, una vez elevado este número a la segunda y a la tercera potencia manifestaría la distancia a que se halla el tirano de la verdad.

—Un calculador —dijo— fácilmente lo encontraría.

—Pero si tuviésemos que averiguar, inversamente, qué distancia hay del rey al tirano en el disfrute del verdadero placer, encontraríamos que el rey es setecientas veintinueve veces más feliz que el tirano, y, al mismo tiempo, que el tirano guarda esa misma proporción en su infelicidad.

—Ese número —dijo— refleja la sorprendente diferencia entre los dos hombres, el justo y el injusto, respecto al placer y al dolor.

—Sin embargo —advertí yo—, la diferencia que tú indicas es real y verdadera y enteramente de acuerdo con sus vidas, siempre, claro está, que cumplan sus días, sus noches, sus meses y sus años.

—Y no hay duda que los cumplen —dijo.

—En consecuencia, si el hombre bueno y justo aventaja tanto al malo y al injusto en cuanto al disfrute del placer, ¿puede sorprender a alguien la gran diferencia que demuestre no sólo en el decoro de su vida, sino también en la belleza y la virtud de que la adorna?

—En modo alguno, ¡por Zeus! —contestó—, aunque esta diferencia resulta inconcebible.

XII

—Y bien —dije yo—. Llegados ya a este punto del razonamiento, convendrá volver a lo primero, por ser, sin duda, lo que nos trajo hasta aquí. Afirmábamos, según creo, que al hombre verdaderamente injusto le conviene cometer injusticias, siempre que guarde la apariencia de hombre justo. ¿No decíamos eso?

—Claro que sí.

—Ahora, pues —observé—, deberíamos centrar ahí la disputa, ya que hemos llegado a un acuerdo sobre el obrar justamente y el obrar de manera contraria.

—¿Cómo? —preguntó.

—Habrá que formular mentalmente una imagen del alma, para que quien eso diga compruebe de manera fehaciente lo que dice.

—¿A qué imagen te refieres? —dijo él.

—Hablo, claro está —proseguí—, de esos seres que, como la Quimera, Escila, el Cerbero y otros, fueron en otro tiempo, y en el pensamiento mitológico, la unidad de muchas figuras de distinta naturaleza.

—Eso se dice —afirmó.

—Modela, si acaso —dije yo—, un monstruo variado y policéfalo, rodeado de cabezas de animales, unos domésticos y otros feroces, que saca de sí mismo, y cambia a su antojo esas mismas cosas.

—Sólo podría hacer eso —advirtió— un modelador muy experto. Pero, en fin, demos por hecho ese monstruo, puesto que el pensamiento es más dúctil que la cera y que cualesquiera otros materiales.

—Formemos ahora la figura de un león y, en seguida, otra de hombre. Pero ten en cuenta que la primera ha de ser mayor y que la segunda ocupará el segundo lugar.

—Desde luego, fácil resulta —repuso—, y dalas ya por formadas.

—Pues bien, reúne esas tres cosas en una, de modo que presenten la forma de un todo.

—Eso hago —dijo.

—Rodéalas por fuera de la imagen de una sola cosa, esto es, de una figura humana, pero de manera que sólo aparezca un ser vivo, o si tú quieres, un hombre, para quien vea únicamente la apariencia externa, pero no la verdad interna.

—Ya está formada —dijo.

—Habría que decir al que admite para este hombre la conveniencia de cometer injusticias y de abstenerse de lo que es justo que, de acuerdo con su afirmación, también debería tratar con esplendidez a esa fiera de varia condición, haciéndola fuerte, y lo mismo al león y a lo que rodea a éste. Pero, en cambio, tendría que matar de hambre al hombre y condenarle a la debilidad, hasta el punto de dejarle enteramente a merced de aquellos seres. Y es claro que no permitiría la convivencia de ellos y ni siquiera su amistad, sino que, por el contrario, procuraría que se mordiesen y devorasen en la lucha unos a otros.

—Eso diría, no cabe duda, el hombre que alabase la injusticia.

—¿Y cómo se expresaría el que afirmase la conveniencia de la justicia y de que el hombre interior sea más fuerte que el otro, cuidando para ello como un labrador de la bestia policéfala y alimentando y domando su parte buena en perjuicio de la salvaje, para lo cual recabaría la ayuda del león y procuraría la conjunción de todos en un deseo de amistad recíproca y también hacia sí mismo?

—Así procedería quien tuviese que encomiar a la justicia.

—Desde cualquier punto de vista, pues, estaría en lo cierto quien alabase la justicia, y en cambio, mentiría quien hiciese lo propio con la injusticia. Porque, ya se considere el placer, o la reputación, o el provecho, dice verdad el que ensalza lo justo, y el que es su censor no dice nada sólido y ni siquiera conoce lo que censura.

—Desde luego —dijo—, eso me parece a mí.

—Bien, y puesto que su error es involuntario, tratemos de convencerle afablemente. Habremos de preguntarle: «Querido amigo, ¿cuál es el indicio para reconocer y distinguir lo digno de lo indigno? ¿No es, acaso, el hecho de que lo primero supedita al hombre, y quizá mejor a la parte divina que hay en él, toda su naturaleza salvaje, en tanto lo segundo pone al servicio de la parte bestial lo que hay en aquel de suavidad y dulzura?» ¿Contestará de modo afirmativo o no?

—Afirmativo, si atiende mi consejo —contestó.

—Por consiguiente —proseguí—, ¿será conveniente a alguien tomar dinero injustamente, si con esta acción no hace otra cosa que esclavizar su parte mejor a la más perversa? Si a ese precio tuviese que comprar la esclavitud de un hijo o de una hija y dejarlos, además, a manos de hombres salvajes y perversos, no cabe duda que prescindiría de las más grandes riquezas que pudiera conseguir; porque, al esclavizar la parte más divina de sí mismo a la impía y malvada, se volvería con ello un ser desgraciado, y el precio de su destino sería entonces mucho más terrible que el de Erifila, infausta vendedora de la vida de su esposo por un simple collar*.

—Puedo contestarte por él —respondió Glaucón—: se volverá mucho más desgraciado.

XIII

—¿Qué otras razones piensas que ha habido desde la antigüedad para censurar el desenfreno, sino porque procura la más amplia libertad a esa grande y variada bestia de que hablamos?

—Esas mismas —contestó.

—¿No se censuran la presunción y el malhumor cuando aumenta y se extiende inarmónicamente la parte leonina y colérica?

—En efecto.

—Lo cual ocurre también con la molicie y la blandura cuando, por la relajación y disolución del natural humano, originan en él la cobardía.

—Qué duda cabe.

—¿Y qué decir de la adulación y de la bajeza cuando se las coloca por bajo de la parte turbulenta, de modo que, llevada entonces la parte irascible de la sed de riquezas y de su deseo insaciable, se ve humillada desde la juventud y convertida de león en mono?

—Estás en lo cierto —dijo.

---

* Citada por Homero, *Odisea*, XI, 325, como causa de la muerte de su esposo Anfiarao.

—¿Qué es, por otra parte, esa clase artesana y trabajadora y por qué crees tú que merece la censura? ¿No será por el hecho de que en estas profesiones la parte mejor es naturalmente débil, hasta el punto de que no puede gobernar a las bestias que en ella existen y se ve precisada a servirlas y a prodigarles tan sólo la adulación?

—Así parece —dijo.

—Por tanto, para que esos hombres alcancen a ser gobernados por algo semejante a lo que gobierna al hombre mejor, convendrá que se hagan esclavos de este último, en el que radica el principio divino. Y pensamos que la obediencia del esclavo no debe constituir daño alguno para él, tal como creía Trasímaco cuando se refería a los súbditos; antes bien, a todo hombre conviene le dirija un principio divino y racional, ya porque se dé en sí mismo, ya porque le regule desde fuera, a fin de que, gobernados por una misma razón, seamos todos, en la medida de lo posible, semejantes y amigos.

—No tengo nada que oponer —asintió.

—Está claro, además —añadí—, que la ley no quiere otra cosa, pues es a la postre aliada de todos en la ciudad. Y las mismas características tiene el gobierno de los niños, ya que no les dejamos disfrutar de libertad hasta que instituimos en ellos un régimen análogo al de la ciudad misma. Porque, en efecto, después de haber desarrollado en éstos la parte mejor que anida en nosotros, les dejamos para su gobierno un guardián y rector que nos sustituya, en el que descansará para lo sucesivo la libertad de que usen.

—Indudablemente —dijo.

—Pues, ¿cómo podríamos afirmar, Glaucón, y sobre todo con qué razón, que resulte ventajoso cometer injusticias, o vivir licenciosamente, o comportarse de manera vergonzosa para no obtener de ello otra conclusión que la más perversa maldad, alimentada, en todo caso, con un gran acopio de riquezas o de cualquier otro poder?

—Bajo ningún aspecto —contestó.

—¿Y es que podría alcanzarse alguna ventaja con mantener oculta la injusticia y no sufrir el castigo merecido? ¿No se incrementa acaso la maldad para el que esconde su delito? Porque es bien cierto que una vez descubierto y recibido el castigo, la parte bestial del hombre entra en la paz de la mansedumbre y se obliga al dominio de la razón; y es entonces también cuando el alma toda, recobrada su naturaleza mejor, toma una disposición más honrosa y adquiere una templanza y una justicia para las que alienta ya el principio racional. No hay comparación posible con el cuerpo, por muy vigoroso y hermoso que éste sea y por grande que parezca su salud, puesto que el alma merece mucha más estimación que el cuerpo.

—No cabe duda —afirmó.

—He aquí, por tanto, que el hombre dotado de razón dirigirá todas sus fuerzas a ese fin y, en primer lugar, a la honra, que es debida a cuantas ciencias perfeccionen su alma, desdeñando, en cambio, todo lo demás.

—Claro que sí.

—Después —proseguí—, respecto a la disposición y al régimen de su cuerpo, no buscará de ningún modo el placer irracional de las bestias y ni siquiera mirará a su salud ni se preocupará de ella para mantener su fortaleza, su vigor y su hermosura, caso de que con esto no aproveche en nada a su prudencia. Más convendrá que se dedique siempre a ajustar la armonía de su cuerpo en bien del acorde necesario con su alma.

—Si en verdad quiere ser músico —dijo—, procederá así en un todo.

—¿Y no regirá también esa ordenación y esa armonía para la adquisición de sus riquezas? —pregunté—. Porque no creo que, impresionado por la idea que se forma la multitud de la felicidad, desee aumentar esas riquezas hasta el infinito y aumentar igualmente sus males en proporción semejante.

—No lo creo —dijo.

—En mi opinión —añadí—, mirará al gobierno de sí mismo y cuidará de que no le conturben las diferencias de fortuna adecuando sus adquisiciones y sus gastos a sus propias posibilidades.

—Enteramente —asintió.

—En cuanto a los honores, procederá de la misma manera. Participará y gustará complacido de aquellos que él estime le harán mejor. Pero, en cambio, huirá en público y en privado de los que crea pueden alterar el orden de su alma.

—Si eso es, en efecto, lo que le preocupa —dijo—, no querrá dedicarse a la política.

—No, ¡por el Can! —contesté—. Atenderá con todo esmero a su ciudad interior; mas, posiblemente, no se preocupe de su patria, siempre que no se lo exija un motivo divino.

—Te comprendo perfectamente —dijo—. Hablas sin duda de la ciudad que tratábamos de fundar y que sólo existe en nuestra imaginación; porque no creo que tenga asiento en lugar alguno de la tierra.

—Pero quizá se dé en el cielo —advertí— un modelo como ése, para el que quiera contemplar y regir por él la conducta de su alma. Aunque poco importa, por lo demás, que exista o haya de existir algún día. Sólo esa, y ninguna otra, es la ciudad adecuada para la acción del sabio.

—Es natural —dijo.

LIBRO DÉCIMO

I

—Ciertamente —dije—, muchas son las razones que abriga mi mente sobre la perfección suma de la ciudad que intentábamos fundar. Y no es la menos importante el pensamiento que yo había forjado sobre la poesía.

—¿Y cuál es? —preguntó.

—Que no ha de admitirse en modo alguno en la ciudad, poesía de tipo imitativo. Este pensamiento se afirma todavía más en mí y con mayor claridad después de haber considerado separadamente las diversas partes del alma.

—¿Cómo dices?

—Si he de ser claro ante vosotros (pues no creo que vayáis a denunciarme a los poetas trágicos y a todos los demás que se dedican a la imitación), esas obras parecen constituir un insulto a la sensatez de los que las oyen, cuando éstos no poseen el antídoto conveniente para ellas; esto es: el conocimiento de lo que en realidad son.

—¿Qué fundamento tienes para expresarte así? —dijo.

—Te lo diré —insistí—, a pesar del cariño y el respeto que profeso desde niño por Homero y que va a contener mis palabras. Pues no me es posible dudar de que Homero ha sido el primer maestro y el jefe de todos esos calificados poetas trágicos. Ahora bien, como el hombre no ha de recibir más honra que la verdad, diré simplemente lo que tengo que decir.

—Muy bien —asintió.

—Escúchame, pues, o mejor, respóndeme.

—Pregunta.

—¿Cómo definirías tú, en general, la imitación? Yo, verdaderamente, no alcanzo a comprender lo que quiere expresarse con esa palabra.

—¿Y crees entonces que lo comprenderé yo mejor? —dijo.

—No sería nada extraño —observé—; porque, en muchas ocasiones, los hombres de vista débil demuestran más agudeza que los que ven bien.

—Así es —contestó—; pero, estando tú delante, no me atrevería a dejar oír mi opinión. A ti te corresponde hablar.

—¿Quieres entonces que comencemos nuestra investigación siguiendo el método acostumbrado? Ya sabes por experiencia que solíamos aplicar una idea a la multitud de cosas que designábamos con el mismo nombre. ¿O no comprendes esto?

—Sí que lo comprendo.

—Refirámonos ahora a la multitud que tú quieras. Por ejemplo, si te parece bien, a la multitud de camas y a la multitud de mesas.

—¿Cómo no?

—Pero las ideas que comprenden esas dos clases de muebles son, por una parte, la idea de cama, y, por otra, la idea de mesa*.

—Sí.

—¿Y no acostumbrábamos a decir que el artesano fabricante de cada uno de esos muebles dirige la mirada a la idea cuando trata de hacer las camas o las mesas de que nos servimos, y así todo lo demás? Es evidente que ningún artesano fabrica la idea misma, porque eso es imposible.

—De ningún modo.

—Considera qué nombre conviene a este otro artesano.

—¿A cuál?

—Al que hace todas las cosas que realizan los demás obreros manuales.

—¡Bien hábil y extraordinario sería ese hombre!

—Aún es pronto para que digas eso, porque vas a comprobarlo rápidamente. Este artesano no sólo fabrica toda clase de mobiliario, sino que hace surgir todas las cosas de la tierra, pro-

---

* Nueva y detallada exposición de la teoría de las ideas.

duce los seres vivos e incluso se produce a sí mismo. Pero además de esto, es causa de la tierra, del cielo y de los dioses, y elabora todo lo que se encuentra en el cielo y bajo la tierra, en el Hades.

—Hablas, ciertamente —dijo—, de un sabio extraordinario.

—¿Es que no lo crees así? —pregunté—. Pues dime: ¿te parece que no existe en absoluto un artesano como ése, o que la realidad de este hacedor sólo puede comprenderse en un sentido y en otro no? ¿No te das cuenta de que tú mismo podrías hacer todas esas cosas de alguna manera?

—Tendrías que explicármelo —contestó.

—No resulta difícil ese trabajo —dije yo—. Rápidamente y de muchos modos serías capaz de realizarlo. Bastaría con que tomases un espejo y lo dirigieses a todas partes: harías en un momento el sol y todas las cosas que hay en el cielo; y también la tierra, a ti mismo, a todos los seres vivos y cuantos muebles, plantas y demás objetos entran en nuestra enumeración.

—Sí —asintió—; haría todo eso en apariencia, pero carecería de realidad.

—Hermosa objeción presentas a mi razonamiento —dije yo—. Creo, sin embargo, que podemos incluir al pintor entre estos artesanos. ¿No es así?

—¿Cómo no?

—Dirás, acaso, que lo que este hombre hace no posee realidad alguna. Mas, de algún modo, él fabrica también una cama. ¿O no?

—Repito lo de antes —dijo—: hace una cama en apariencia.

II

—Pero, ¿qué es lo que hace el constructor de camas? ¿No decías hace un momento que él no hace la idea, la cual, según nuestro criterio, es la cama misma, sino una determinada cama?

—Sí, eso decía.

—Por consiguiente, si no hace la cama misma, en su esencia, no hace la cama real, sino algo parecido a ella, pero no real. Quien afirmase la plena realidad de la obra del constructor de camas o de cualquier otro artesano, correría el riesgo de no decir la verdad.

—No diría la verdad, desde luego —dijo—, para la opinión de los hombres versados en esto.

—No es nada extraño, pues, que todas esas obras resulten algo oscuras en relación con la verdad.

—Desde luego.

—¿Quieres, por tanto —pregunté—, que demos en buscar la condición de ese imitador?

—Si tú también lo deseas —contestó.

—Tres son las camas a las que podemos referirnos: una, la que existe en la Naturaleza, fabricada por el dios, según yo creo; pues, ¿a qué otro ser podríamos atribuirla?

—A mi juicio, a ningún otro.

—Otra cama es la que hace el carpintero.

—No hay duda —dijo.

—Y una tercera, que es la realizada por el pintor. ¿No estás conforme?

—Lo admito.

—El pintor, el fabricante de camas y el dios, son los tres maestros de esas tres camas.

—En efecto.

—Y el dios, sea porque no quiso, sea porque la necesidad le obligó a no fabricar más que una cama, hizo esa única cama de que hablamos, la cama misma o esencial. Puedes tener por cierto que el dios no produjo nunca dos o más camas, ni las producirá tampoco en el futuro.

—¿Cómo es eso? —preguntó.

—Porque si fuesen dos las camas realizadas —dije yo—, habría de surgir una nueva cama de cuya idea participasen esas dos. Esa sería la cama verdadera, pero no las dos mencionadas.

—Ciertamente —dijo.

—Yo creo que el dios, consciente de sus actos, quiso ser sólo el hacedor de la cama real, pero no un constructor cualquiera de una cama cualquiera. Por eso fabricó la cama única por naturaleza.

—Así parece.

—¿Quieres, pues, que consideremos al dios como productor de la cama, o algo por el estilo?

—Justo es darle ese título —contestó—, ya que fue él quien fabricó la cama por naturaleza y todas las demás cosas de ese tenor.

—Pero, ¿qué decir del carpintero? ¿No es acaso artesano de camas?

—Sí.

—Y el pintor, ¿no trabaja y construye ese mismo objeto?

—De ningún modo.

—Entonces, ¿qué dirás de él en relación con la cama?

—Me parece que convendría llamarle, más adecuadamente, imitador de la obra de aquellos artesanos.

—Queda, pues, en claro —dije yo—, que llamas imitador al autor de una obra, distante tres grados de la natural.

—Evidentemente —dijo.

—Y lo mismo ocurrirá con el autor de tragedias, por tratarse de un imitador: esto es, que figurará tercero a continuación del rey y de la verdad, e igualmente todos los demás imitadores.

—Es posible.

—Estamos, pues, de acuerdo en lo que concierne al imitador. Pero, respecto al pintor, tendrás que contestarme a lo siguiente: ¿te parece que trata de imitar las obras de la Naturaleza o las obras de los artesanos?

—A mí me parece que las de los artesanos —dijo.

—Pero, ¿tal como son o en su apariencia? Deberás precisar este punto.

—¿Cómo dices? —preguntó.

—Lo que ahora vas a oír: ¿hay o no hay diferencia en la cama misma, si te atienes a un determinado punto de vista, mirándola por ejemplo de lado o de frente? ¿No te parecerá distinta en cada caso? Y lo mismo acontece con lo demás.

—En efecto —dijo—, semeja ser diferente, pero realmente no lo es.

—Bien; considera ahora esta otra cuestión: ¿qué es lo que pretende la pintura de cada objeto? ¿Procura quizá imitar la realidad tal como es, o tan sólo la apariencia como tal apariencia? ¿Es, pues, imitación de algo aparente o de algo verdadero?

—De algo aparente —contestó.

—Por consiguiente, este arte de la imitación se encuentra alejado de lo verdadero y, al parecer, realiza tantas cosas por el hecho de que alcanza solamente un poco de cada una, y aun este poco es un simple fantasma. Admitimos por eso que el pintor supla a un zapatero, un carpintero y los demás artesanos, sin entender la más pequeña cosa de sus artes. No obstante, si es un buen pintor, podrá mostrar a distancia su obra, tanto a niños como a hombres insensatos, y llegar a engañarles con la apariencia de un carpintero de verdad.

—¿Cómo no?

—Creo, pues, querido amigo, que en esta cuestión hemos de opinar así: cuando alguno nos anuncie que sabe de un hombre conocedor de todos y cada uno de los oficios, e incluso con más perfección que cualquier otro hombre, convendrá responderle que ha sido víctima de su simpleza y que, según parece, ha caído en el engaño de un encantador o de un imitador, a quien él estimó como muy sabio por no ser capaz de distinguir debidamente la ciencia, la ignorancia y la imitación.

—Estás en lo cierto —dijo.

III

—Después de esto —proseguí—, habrá que considerar la tragedia y con ella a Homero, jefe de este género. Porque hemos oído a algunos que los poetas trágicos son conocedores de todas las artes, de todas las cosas humanas relativas a la virtud y al vicio, y aun de las divinas. En realidad, si el buen poeta ha de realizar a la perfección sus composiciones, deberá hacerlas con pleno conocimiento, o, en otro caso, no alcanzará el fin propuesto. Pero no vaya a ser que aquellos hombres sufran el engaño de estos imitadores y que ni siquiera se den cuenta, cuando ven sus obras, que se hallan a triple distancia del ser y faltos del conocimiento de la verdad, pues sus obras son meras apariencias, pero no realidades. Y esto es lo que en última instancia deberá decidirse: si los buenos poetas saben lo que dicen respecto a las cosas que tanto gustan a la multitud.

—Sí, eso habrá que examinar —asintió.

—Supón por un momento que alguien fuese capaz de hacer ambas cosas: el objeto imitado y su imagen. ¿Crees que entonces se aplicaría a la fabricación de imágenes y dedicaría a ello los mejores afanes de su vida, como si se tratase de la cosa mejor?

—Yo, al menos, no lo estimo así.

—Y yo pienso también que si conociera verdaderamente todas aquellas cosas que imita, procuraría ante todo encararse con ellas más que con sus imitaciones, e intentaría legar a la posteridad muchas y hermosas obras que constituyen un monumento de su quehacer. Desearía ser, por encima de todo, un hombre elogiado y no un elogiador.

—De acuerdo contigo —afirmó—, pues no son iguales el honor y el provecho que se alcanzan en uno y otro caso.

—Sin embargo, no exijamos de Homero o de cualquier otro de los poetas que nos den la razón de todas las cosas, ni les preguntemos quién de ellos era médico o, tan sólo si acaso, imitador de los médicos; o cuáles son los enfermos que ha curado alguno de los poetas antiguos o modernos, como se dice, por ejemplo, de Asclepio, o qué discípulos dejó para la práctica del arte médica, siguiendo la huella de aquél. Nada les pidamos igualmente sobre las otras artes, aunque es justo preguntar a Homero acerca de las cosas más importantes y hermosas de las que él intenta hablar: incluyamos aquí las guerras, la dirección de los ejércitos, los regímenes de las ciudades y la educación del hombre. Sobre esto, precisamente, le diremos: «Querido Homero, si realmente no ocupas el tercer lugar a partir de la verdad, no eres un artesano de apariencias al que debamos considerar como imitador; si de cierto tu puesto es el segundo y puedes llegar a conocer qué clase de actividades vuelven a los hombres mejores, tanto pública como privadamente, dinos por favor qué ciudad mejoró por ti su constitución, en la medida que lo hizo Lacedemonia por obra de Licurgo, y otras grandes y pequeñas ciudades por otros muchos hombres. ¿Podrías indicarnos a qué ciudad aprovecharon tus dotes de legislador? Italia y Sicilia se beneficiaron de Carondas, y nosotros, de Solón. Pero, ¿cuál de ti? ¿Eres capaz de señalar a alguna»?

—No creo que respondiese afirmativamente —respondió Glaucón—, porque ni los seguidores de Homero dicen nada de eso.

—¿Y puede atribuirse a la dirección o recomendación de Homero el feliz término de alguna guerra?

—De ningún modo.

—Vayamos con los grandes inventos y adquisiciones del pensamiento aplicables a las artes o a otras actividades, en los que descuellan varones sabios como Tales de Mileto y Anacarsis el Escita. ¿Se distinguió Homero en ellos?

—Al menos, nada se dice de eso.

—Bien; pues ya que Homero no ha descollado en la vida pública, ¿lo ha hecho quizá en la vida privada? ¿Podría decirse que constituyó en vida un guía didáctico para aquellos que le amaban por su conversación y que legó a la vez a la posteridad un método de vida homérico, como el mismo Pitágoras, amado especialmente por ese motivo y que dejó discípulos que aún hoy parecen distinguidos entre los demás hombres por un género de vida que llaman pitagórico?

—Es claro —dijo— que tal género de vida no puede atribuirse a Homero. Porque si nos fijamos en Creófilo, el discípulo de Homero, quizá resulte, Sócrates, mucho más ridículo por su educación que por su nombre. Esto, si es verdad, en efecto, lo que se cuenta de Homero, de quien se dice que fue, durante su vida, completamente olvidado por aquél.

IV

—Sí, eso se dice de él —asentí yo—. Pero, ¿eres de opinión, Glaucón, que si Homero hubiese podido educar a los hombres e incluso hacerles mejores, no precisamente por la imitación de estas cosas, sino por su conocimiento de ellas, habría dejado de atraerse un gran número de adictos que le honrasen y le prodigasen su amor? Si Protágoras de Abdera, Pródico de Ceos y muchos otros pudieron hacer creer a sus discípulos, al hablarles en privado, que no serían capaces de dirigir su casa y su ciudad al no contar con su rectoría y su instrucción, por cuya ciencia recibieron el premio de un acendrado respeto, de esos mismos discípulos que no dudaron en llevarlos en triunfo, ¿hay razón para pensar que los contemporáneos de Homero iban a permitir que éste o Hesíodo recorriesen las ciudades como rapsodas, sin acogerse en mayor grado a su enseñanza? ¿No sentirían por ellos más aprecio que por el oro y no les llevarían a sus propias casas, o, de no convencerles de esto, no les habrían seguido adondequiera que fuesen hasta ver completada su educación?

—Me parece, Sócrates —contestó él—, que dices toda la verdad.

—¿Propondremos, pues, como cierto, que todos los poetas, y Homero el primero, son imitadores de apariencias de virtud y de esas otras cosas sobre las que ejercen su trabajo? ¿Diremos, acaso, que no alcanzan la verdad y que repiten el ejemplo del pintor al que nos referíamos, el cual hace algo que parece un zapatero y, sin saber lo que hace, presenta su obra a los que, como él, no entienden de zapatería y se deslumbran tan sólo por los colores y los signos externos?

—Sin duda alguna.

—Diremos también, creo yo, que el poeta no sabe más que imitar, pero de una manera tal, que emplea colores de cada una de las artes, con los nombres y expresiones adecuados, hasta el punto de que aquellos otros que fían de las palabras estiman en mucho su disertación, ya se refiera en metro, ritmo y armonía; al arte del zapatero, ya hable acerca de la estrategia o de cualquier otra cosa. ¡Tan prodigioso encantamiento produce la expresión poética! Porque pienso que no se te escapa a qué quedan reducidas las palabras de los poetas cuando se las despoja de toda su musicalidad y su colorido. Alguna vez lo habrás comprobado.

—Es cierto —dijo.

—¿No se parecen —pregunté— a esos rostros en sazón, pero no hermosos, en el momento en que pierden su flor juvenil?

—Enteramente —contestó.

—Vayamos a otra cosa: ¿diremos del hacedor de apariencias, esto es, del imitador, que no conoce nada del ser, sino sólo lo aparente? ¿Lo crees así?

—Así, desde luego.

—Pues no dejemos las cosas a medias y tratémoslas a fondo.

—Habla —dijo.

—Afirmamos que el pintor es capaz de diseñar unas riendas y un freno.

—Sí.

—Sin embargo, los hacedores de estas cosas son el talabartero y el herrero.

—No hay duda.

—Ahora bien, ¿conoce el pintor cómo deben ser las riendas y el freno? ¿O están en el mismo caso que él el herrero y el talabartero, de tal modo que sólo el buen jinete sabe servirse de aquéllos?

—Ciertamente.

—¿Diremos que es eso también lo que ocurre en todas las otras cosas?

—¿Cómo?

—Que sobre cada cosa se dan tres clases de arte: la de su uso, la de su fabricación y la de su imitación.

—Sí.

—Pero, ¿no es verdad que la virtud, la belleza y la perfección de todo objeto, de todo ser vivo o de toda actividad, guardan relación únicamente con el uso para el que fueron hechos o les dispuso la Naturaleza?

—Eso mismo.

—Es, por tanto, plenamente necesario que el que hace uso de un objeto sea precisamente el más experimentado; y deberá asimismo indicar al que lo fabrica lo que hay de bueno o de malo en él relativamente a su disfrute. Así, el flautista anuncia al fabricante de flautas cuáles son las que le sirven para su oficio, prescribiéndole cómo debe hacerlas, en lo cual aquel le obedecerá.

—¿Cómo no?

—Por consiguiente, el primero de esos hombres dirá al otro, con conocimiento de causa, cuáles son las características de una buena o mala flauta; y el otro asentirá y pondrá manos a la obra.

—Claro que sí.

—El hacedor de un objeto, pues, tendrá un recta creencia acerca de su bondad y de su maldad; no en vano convive con el que le conoce y viene obligado a oírle. Pero el que utiliza ese objeto habrá de tener conocimiento de él.

—Indudablemente.

—El imitador adquirirá el conocimiento de que hablamos no de otro modo que con el uso que hace de las cosas. ¿Y sabrá si son bellas y perfectas o no, o tendrá una justa opinión de ellas por la conversación que mantenga con el entendido, así como por las instrucciones que reciba sobre lo que ha de pintar?

—Yo creo que ni una ni otra cosa.

—Bien se ve, entonces, que el imitador no sabrá ni llegará a tener una recta opinión acerca de las cosas que imita y en cuanto a su belleza o a su maldad.

—No parece.

—Pues sí que puede darse buen tono ese imitador careciendo, como es verdad, de conocimiento sobre su obra.

—Desde luego.

—Pero, a pesar de todo, continuará realizando su plan aun sin conocer lo que encierra cada cosa de bueno o de malo. Al parecer, se contentará con imitar lo que resulta hermoso para la mayoría, insensata desconocedora de todas las cosas.

—No otra cosa puede hacer.

—Queda, pues, demostrado de manera suficiente que el imitador no tiene un conocimiento profundo de las cosas que imita, con lo cual convierte su arte imitativo no en algo serio, sino más bien en algo infantil. En cuanto a los que se dedican a la poesía trágica, sea componiendo yambos o versos épicos, son todos ellos imitadores como el que más.

—En efecto.

V

—¡Por Zeus! —exclamé yo—, ¿y esa imitación no se encuentra a distancia de tres grados de la verdad? ¿No es eso?

—Sí.

—¿Y sobre qué parte del hombre ejerce su poder?

—¿Qué es realmente lo que quieres decir?

—Vas a comprobarlo ahora: una misma cosa no parece de igual tamaño vista de cerca o vista de lejos.

—Claro que no lo parece.

—E igualmente, semeja ser curva o recta, según la contemplemos en el agua o fuera de ella; y cóncava o convexa por cierta ilusión visual que producen en nosotros los colores. Todo esto ocasiona, naturalmente, una gran perturbación en nuestra alma, de la que se aprovechan la pintura en claroscuro, el arte de la magia y el de los charlatanes y cuantos recursos por el estilo pueden afectarla.

—Es cierto.

—¿Y de qué otros remedios más apropiados usaremos que no sean el medir, el contar y el pesar, para que no llegue a imponerse a nosotros esa apariencia de más o menos grande o de más o menos peso, sino la regla del cálculo, de la medición y del peso?

—¿Cómo no?

—Pero aquí actuará, a no dudarlo, la parte razonable de nuestra alma.

—Esa precisamente.

—¿A la cual, después de haber comprobado que unas cosas son mayores, menores o iguales a otras, se le evidencian términos contrarios al mismo tiempo y acerca de un mismo objeto?*

—Sí.

—¿Y no es esto lo que nosotros teníamos por imposible al afirmar que no pueden darse dos juicios contrarios al mismo tiempo y sobre el mismo objeto?

—Sí, y lo afirmábamos con toda razón.

—Así, pues, el juicio de nuestra alma que prescinde de la medida en nada se relaciona con el juicio adecuado a ella.

—Desde luego.

—Pero la facultad que obedece a la medida y al cálculo será la mejor del alma.

—¿Qué se opone a ello?

—Justamente, la parte más vil que se encuentra en nuestro interior.

—Eso, necesariamente.

—Este es el acuerdo que yo buscaba cuando decía que la pintura y, de manera general, toda la imitación, realiza su obra a una gran distancia de la verdad. De ella puede afirmarse todavía que tiene relación y amistad con esa parte de nosotros alejada de la razón y no dispuesta, por tanto, para ningún fin bueno y verdadero.

—Completamente —dijo.

—Es, pues, bien claro que la imitación, que ya de por sí resulta vil, se une a otra cosa vil y aumenta su vileza.

—Así parece.

—¿Ocurre esto solamente —pregunté yo— con la imitación visual o también con la que afecta al oído, incluida asimismo en el campo poético?

—También, naturalmente —contestó—, con esta segunda imitación.

---

* Véase lo dicho anteriormente, IV.

—Pero no convendrá detenerse tan sólo —afirmé— en la analogía de la poesía con la pintura.

—Habrá que fijarse en aquella parte del alma que mantiene trato con la poesía imitativa y ver si realmente es vil o virtuosa.

—Eso creo yo.

—Consideremos las cosas de esta manera: digamos que la poesía imitativa presenta a unos hombres entregados a trabajos forzosos o voluntarios con cuya acción piensan obtener la felicidad o la infelicidad y, en consecuencia, el disfrute de la alegría o la tristeza. ¿O puede añadirse algo más a lo que digo?

—Nada más.

—Y a través de todos estos trabajos, ¿no se mantiene el hombre en un mismo pensamiento? ¿O surgirá en él la discordia y se pondrá en contradicción consigo mismo como cuando ejercitaba la vista en dos sentidos y formaba opiniones contradictorias sobre un mismo objeto y al mismo tiempo? Recuerdo perfectamente que a nada conduce un acuerdo sobre esto, porque para todo lo ya dicho antes habíamos convenido suficientemente en lo que sigue: que nuestra alma encierra en sí misma un sinfín de contradicciones de esa clase.

—Justo acuerdo —dijo.

—Indudablemente —asentí yo—. Pero lo que entonces omitimos me parece necesario que lo examinemos ahora.

—¿Y qué es eso? —preguntó.

—Decíamos en aquella ocasión —afirmé— que un hombre virtuoso sobrellevará más fácilmente que ningún otro desgracias como la pérdida de un hijo o la de otro ser singularmente querido.

—Ciertamente.

—Ahora, en cambio, tendremos que comprobar si nada le apesadumbra o, caso de que esto sea imposible, en qué medida pone límites a su dolor.

—Admitiremos lo segundo —dijo— como más verdadero.

—Pues contéstame a lo que voy a preguntarte: ¿piensas acaso que este hombre se enfrentará y opondrá más resistencia al dolor cuando sea visto por sus semejantes que cuando se encuentre a solas consigo mismo?

—Mucho más lo hará —contestó— cuando sea visto.

—A mi juicio, cuando se encuentre a solas dejará oír muchos lamentos, de los que sentiría vergüenza si alguien le oyese; y hará también muchas cosas que no aceptaría que nadie le viese hacer.

—En efecto —dijo.

VI

—Pero, ¿no es la razón y la ley lo que le impele a resistir, y su misma pasión, por el contrario, lo que le arrastra al dolor?

—Naturalmente.

—Si, por tanto, existen en el hombre dos tendencias contrarias respecto a un mismo objeto y en la misma ocasión, diremos que hay en él necesariamente dos partes opuestas.

—¿Cómo no?

—Y una de ellas, ¿no se mostrará decidida a obedecer a la razón por dondequiera que la razón la conduzca?

—¿Cómo?

—Dice la ley que lo mejor es mantener en alto grado la tranquilidad y no afligirse en la desgracia, por cuanto no se evidencia claramente si son bienes o males lo que nos acarrea. Pues tampoco se aprovecha nada con la aflicción, ni ninguna de las cosas humanas merece una gran preocupación, ya que muchas veces el propio dolor es un impedimento para todo aquello que puede venir al instante en nuestra ayuda

—¿A qué te refieres? —preguntó.

—A esa reflexión —dije yo— sobre las cosas que han ocurrido y al hecho de colocar nuestras acciones bajo el hado de la fortuna, ni más ni menos que en el juego de dados y conforme a la inclinación que muestre la razón. Porque no habrá de procederse como los niños que, cogiéndose la parte herida, pierden el tiempo en inútil gritería, sino que deberá acostumbrarse al alma a procurarse remedio lo antes posible y a enderezar lo que está caído y enfermo, haciendo desaparecer así el llanto de dolor con el propio arte curativo.

—Es lo mejor que cabe hacer —observó— para liberarse del infortunio.

—Y nuestra parte más esclarecida, decimos, querrá someterse al dictado de lo racional.

—Es claro que sí.

—¿No diremos también que es irracional, indolente y amigo de la cobardía todo aquello que recuerda nuestras desgracias y nuestros lamentos, sin encontrarse nunca saciado de ellos?

—Eso diremos.

—Porque la parte irritable se presta a una grande y variada imitación, en tanto un carácter sensato y tranquilo, siempre semejante a sí mismo, no resulta fácil de imitar ni cómodo de comprender para aquel que quiere imitarle. Y esto sobre todo para una multitud festiva y para hombres procedentes de todas partes y reunidos en el teatro. La imitación, en este caso, tendría que originar en ellos unos sentimientos que les son extraños.

—Efectivamente.

—Se ve claro, pues, que el poeta imitativo no fue creado por la naturaleza para tratar esa parte del alma, ni su ciencia está preparada para darle satisfacciones. Si realmente ha de granjearse el aprecio de la multitud, incidirá en el carácter irritable y variado, que es el más fácil de imitar.

—Así es.

—Tenemos, por tanto, motivos justos para censurarle y para ponerle en correspondencia con el pintor. Porque se parece a éste en esa su obra sin valor, comparada con la verdad, e igualmente en la confianza que demuestra hacia una parte del alma que no es, ciertamente, la mejor. Por tal motivo, no debemos ofrecerle entrada en una ciudad con buenas leyes, porque despierta y alimenta el vicio y, dándole fuerzas, destruye también el principio racional, no de otro modo que lo haría cualquier ciudadano que, revistiendo de autoridad a los malvados, traicionase a la ciudad y destruyese a los bien dotados. Hay lugar para decir que el poeta imitativo introduce en el alma de cada uno un régimen miserable, complaciendo a la parte irracional de aquélla, que no es capaz de distinguir lo grande de lo pequeño y sí sólo de pensar las mismas cosas, unas veces como grandes y otras como pequeñas, forjándose así unas meras apariencias alejadas por completo de la verdad.

—No hay duda de ello.

VII

—Nuestras aseveraciones, sin embargo, no han dado aún con el mal mayor de la poesía. Es verdaderamente terrible ese trato afrentoso que reserva para los hombres prudentes, del que sólo se salvan unos pocos.

—¿Por qué no ha de serlo, si es verdad lo que tú dices?

—Escucha y luego decidirás. Sabes bien cuánto disfrutamos los mejores de entre nosotros al escuchar cómo Homero o cualquier otro de los trágicos imita a alguno de los héroes que, lleno de dolor, prorrumpe en una larga queja y se deshace en llanto y grita y se golpea. Seguimos entonces con verdadera simpatía la expresión de esos sentimientos y ensalzamos como buen poeta al que nos ha colocado en una situación así.

—Lo sé. ¿Cómo no?

—Pero, en cambio, cuando la desgracia se cierne sobre nosotros, no te cabe duda de que nos jactamos de lo contrario, si somos capaces de permanecer tranquilos y de guardar la calma en la idea de que es esto lo propio del varón, y de la mujer aquello que antes ensalzábamos.

—No lo dudo, desde luego —dijo.

—¿Y juzgas en su lugar —pregunté— la alabanza de ese hombre, cuando uno de nosotros no desearía esa situación y se avergonzaría de ella, lleno de repugnancia por tal estado? ¿A qué viene, pues, el gozo y el aplauso?

—No, por Zeus —dijo—; no parece razonable.

—Sí —afirmé yo—, considerando la cuestión bajo aquel aspecto.

—¿Cómo?

—Pensemos que aquella parte del alma que es retenida y privada de su llanto en las desgracias propias y que necesita saciar por naturaleza sus deseos de gemir, es la misma que los poetas colman de gozo. Es claro que la parte mejor de nosotros por su carácter y no formada suficientemente por la razón y por el hábito, afloja la vigilancia de la parte llorona, porque contempla desgracias ajenas y no le parece vergonzoso dar su aprobación a las lágrimas intempestivas de otro hombre que se dice buen varón. Estima que obtiene con ello la ganancia del placer y que no valdría la pena verse privada de éste por el desdén hacia el poema entero. Yo pienso que son pocos los que se paran a meditar que algún provecho obtendrán para sí de las vicisitudes ajenas. Si mantienen hacia éstas un fuerte sentimiento de compasión, no resulta fácil que lo soporten en sus propias penalidades.

—Es la pura verdad —dijo.

—¿Y no aduciremos las mismas razones para todo aquello que mueve a risa? Porque, cuando sueltas la carcajada en medio de la representación cómica o al escuchar conversaciones privadas que para ti mismo serían motivo de vergüenza, pero que ahora no desprecias por su vileza, ¿qué otra cosa haces sino repetir aquella actitud de los temas emotivos? Y puedes así echar a reír con ganas, cosa que antes retenías en ti mismo con el principio racional, temiendo te juzgasen como un simple bufón. Ese proceder se manifestará luego con frecuencia en tus relaciones normales con los demás hasta el punto de convertirte en un verdadero comediante.

—Naturalmente —dijo.

—Pues bien, acerca del amor, de la cólera y de todos esos movimientos del alma, dolorosos y placenteros, que nosotros atribuimos a nuestras propias acciones, ¿no produce en nosotros los mismos efectos la imitación poética? Porque alimenta y riega todas esas cosas que convendría dejar secas, y escoge además como gobernante aquello mismo que debiera ser gobernado, con el fin de volvernos mejores y más felices y no peores y más desgraciados.

—Nada tengo que objetar —afirmó.

—Por tanto, querido Glaucón —añadí—, cuando te encuentres con panegiristas de Homero que digan que fue este poeta el que educó a la Hélade y que es digno de que se le acoja y se le preste la debida atención en lo que concierne al gobierno y a la dirección de los asuntos humanos, hasta el punto de adecuar la vida propia a los preceptos de su poesía, deberás prodigarles tu cariño e incluso besarles como si se tratase de los mejores ciudadanos, concediéndoles que Homero es el poeta más grande y el primero de los trágicos. Sin embargo, no olvidarás también que en nuestra ciudad sólo convendrá admitir los himnos a los dioses y los elogios a los hombres esclarecidos. Si en toda manifestación, épica o lírica, das cabida a la musa voluptuosa, el placer y el dolor se enseñorearán de tu ciudad y ocuparán el puesto de la ley y de la razón más justa a los ojos de los hombres de todos los tiempos.

—Muy cierto es lo que dices —asintió.

VIII

—Y bien —dije yo—, puesto que volvemos a tratar de la poesía, debiera justificar el que la hayamos desterrado de la ciudad: sencillamente, la razón nos lo ha dictado. Añadamos, si acaso, para que la poesía no nos acuse de dureza y de rusticidad, que ya viene de antiguo la disensión entre la filosofía y la poesía. Pues ahí están los dichos de «la perra arisca que ladra a su dueño» o del «hombre grande que grita en los círculos de los necios», o de «la multitud de sabios que imperan sobre Zeus», o de «los solícitos y sutiles por mor de su pobreza» y otras mil cosas por el estilo que atestiguan esa vieja oposición. Afirmemos, no obstante, que si la poesía imitativa relativa al placer tuviese alguna razón que argüir en pro de su permanencia en una ciudad bien regida, la recibiríamos con sumo gusto, convencidos del encanto que nos procura. Ahora bien, que esto no nos permita traicionar a todo aquello que nos parece verdadero; porque, ¿no eres tú, querido amigo, uno de los más fascinados por la poesía, especialmente cuando la contemplas a través de Homero?

—Efectivamente.

—¿No será justo, pues, que le concedamos el derecho a defenderse, bien en una poesía de tipo lírico, bien en cualquier otro verso?

—Nada más natural.

—Démosles también a sus defensores, a esos que no son poetas, pero sí amigos de la poesía, la posibilidad de probar su razón, aunque sea en prosa, demostrando a la vez que la poesía no sólo es grata, sino provechosa para los regímenes políticos y la vida del hombre. Les escucharemos benévolamente, pues buena ganancia obtendríamos si llegase a mostrarse que no solamente es grata, sino provechosa.

—¿Cómo no íbamos a beneficiarios? —dijo.

—Si eso no hiciesen, querido amigo, tomaremos por modelo la conducta de los enamorados, los cuales, si piensan que no han de obtener provecho de su amor, se alejan de él acudiendo a la violencia si es necesario. Y así nosotros, movidos por el amor de la poesía, alimento de nuestros hermosos regímenes, nos mostraremos bien dispuestos hacia ella en el deseo de que aparezca como la cosa mejor y más verdadera. Mas, hasta que no encuentre razones que abonen su defensa, la escucharemos conjurar con el canto esa misma justificación a que nos referíamos, y a nosotros nos quedará el recurso de acoger su canto para no caer de nuevo en un amor juvenil y multitudinario. Y nos convenceremos, entonces, de que no debe tomarse en serio esa poesía, que ni es apta ni adecuada para la verdad. Pongamos, pues, en guardia al que la escuche y advirtámosle que debe prevenir su régimen interior y reconocer como verdadero todo lo que hemos dicho acerca de la poesía.

—Soy en todo de tu opinión —afirmó.

—Una gran lucha —añadí—, mayor, querido Glaucón, de lo que se piensa, decide acerca de la bondad o de la maldad. Y ni por los honores ni por las riquezas, ni por cargo alguno, ni siquiera por la poesía, conviene descuidar el tratar con la justicia o con cualquier otra virtud.

—También convengo contigo —dijo— después de lo que acaba de afirmarse. Creo que cualquier otro abundaría en lo mismo.

IX

—Y con todo —advertí yo—, aún no hemos hablado de las mayores recompensas a la virtud y de los premios que se le ofrecen.

—Inconcebibles tendrán que ser —dijo—, si todavía superan a todo lo ya dicho.

—¿Y sería grande acaso —pregunté— lo que transcurre en un tiempo pequeño? Porque todo ese tiempo que separa la infancia de la vejez, bien poca cosa es relativamente a la eternidad.

—Digamos que no es nada —contestó.

—¿Pues qué? ¿Piensas que un ser inmortal debe tratar en serio un tiempo tan corto y despreciar en cambio toda la eternidad?

—Yo, al menos, no pienso eso —dijo él—. Pero, realmente, ¿a qué te refieres?

—¿No te das cuenta —dije yo— que nuestra alma es inmortal y que no perece jamás?

A lo que, después de dirigirme una extraña mirada, contestó:

—Nada sé de ello, por Zeus. Y tú, ¿podrías decirnos algo?

—Si no me engaño, creo que sí —afirmé—. Y digo más: creo que tú también. Porque la cuestión no encierra dificultad.

—Para mí, desde luego, la tiene —dijo—. Pero te escucharía de buena gana si la cosa es tan fácil como dices.

—Escucha, pues —dije yo.

—Habla entonces —contestó.

—¿Reconoces la existencia —pregunté— de algo bueno y de algo malo?

—Claro que sí.

—¿Y tienes acerca de estas cosas el mismo pensamiento que yo?

—Dime cuál es el tuyo.

—Pues el de que lo malo destruye y corrompe, en tanto que lo bueno conserva y aprovecha.

—De acuerdo —dijo él.

—Pues bien, ¿te parece que cada cosa tiene su bien y su mal? ¿Podríamos poner como ejemplo a la oftalmía para los ojos, a la enfermedad para el cuerpo todo, al tizón para el trigo, a la podredumbre para la madera, a la herrumbre para el bronce y el hierro y, como digo, un mal y una enfermedad connaturales a casi todos los seres?

—Desde luego —dijo.

—Cuando alguno de estos males ataca a un ser, ¿no hace que éste se vuelva malo y no termina también por disolverlo y destruirlo enteramente?

—¿Cómo no?

—Por consiguiente, el mal que cada cosa lleva en sí y su misma perversión es la que acaba por destruirla. Y si no la destruye, no hay cosa alguna que pueda destruirla. Lo que es bueno nunca tendrá poder para disolverla, ni, asimismo, lo que no es bueno ni malo.

—¿Cómo podría hacerlo? —inquirió.

—Si, pues, encontramos algún ser al que su mismo mal puede volverle malo, sin que por ello sea capaz de disolverle o destruirle, ¿no llegaremos a concluir que a ese ser no le alcanza la muerte?

—Eso parece —dijo.

—Entonces —dije yo—, ¿no hay algo que hace al alma mala?

—Sí que lo hay —contestó—. Todo lo que hace poco mencionábamos: la injusticia, la intemperancia, la cobardía y la ignorancia.

—Pues bien: ¿alguno de estos males puede disolverla o destruirla? Considera la cuestión en su verdadero punto, no vaya a ser que cometamos un error estimando que el hombre injusto e insensato, cuando se le condena por su injusticia, perece realmente a manos de ésta, que es la pervertidora de su alma. He aquí cómo debe mirarse la cosa: la enfermedad habrá de juzgarse como el mal del cuerpo, ese mal que lo disuelve, lo corrompe y lo lleva a no ser siquiera cuerpo; y todas las demás cosas de que hablábamos, influirlas por su privativo mal, acabarán por perderse en el no ser, al contacto o convivencia con ese principio de destrucción ¿O no es así?

—Sí.

—Considera, pues, al alma de la misma manera. ¿Te parece que tanto la injusticia como los demás males que entran en contacto y en convivencia con ella, tienen poder para corromperla y destruirla, e incluso para llevarla a la muerte mediante la separación del cuerpo?

—De ningún modo —afirmó.

—Insensato sería decir, sin embargo —añadí—, que la maldad ajena destruye una cosa, pero no la propia.

—Insensato, desde luego.

—Pues piensa, Glaucón —dije yo—, en el efecto que puede producir la maldad de los alimentos, sea ésta la que sea. Nosotros no creemos que el cuerpo deba perecer, precisamente, por la corrupción de los alimentos, por su putrefacción o por cualquier otra causa, sino que, en ocasión de esa misma corrupción por efecto de los alimentos, decimos que el cuerpo ha perecido bajo la acción de aquéllos, aun siendo la enfermedad la verdadera causa. Si los alimentos son una cosa y el cuerpo otra, nunca podremos concluir que el cuerpo ha sido destruido por un mal extraño, a no ser que este mal venga a ser la causa del mal propio.

—Estás en lo cierto —asintió.

X

—Por esa misma razón —proseguí—, si la maldad del cuerpo no produce en el alma la maldad de ésta, no podremos decir que alcance a destruirla un mal que le es extraño, sin la intervención del propio, esto es: algo ajeno que la ataque.

—Tienes razón —dijo.

—Ahora bien, o contradecimos todo esto como si no fuese verdadero o, mientras subsistan esas razones, digamos que ni por causa de la fiebre o de cualquier otra enfermedad, ni por el degüello, ni por el desmenuzamiento completo del cuerpo en pequeños trozos, ni por todas estas cosas, podrá ser destruida el alma. A no ser, claro está, que alguno nos demuestre que con todos estos padecimientos del cuerpo el alma se vuelve más injusta y más impía. Sólo con la presencia de un mal extraño, pero sin la adición del mal privativo al ser, no hay lugar a decir que se destruye el alma ni cualquier otro ser.

—Ciertamente —afirmó—, nadie podrá mostrarnos nunca que las almas de los que mueren se hagan más injustas por el hecho mismo de morir.

—Supón, sin embargo —dije yo—, que alguien se atreve a contradecir nuestro razonamiento y a manifestar que el hombre en trance de muerte se hace más vil y más injusto, para no convenir con nosotros en que las almas son inmortales. A nuestro juicio, si quien eso dice, dice realmente verdad, la injusticia será algo así como una enfermedad para el que la lleva dentro. Porque es una causa de muerte por su propia naturaleza, hasta tal punto que quienes la acogen terminan por morir con más o menos prontitud. Con todo, esa muerte nada tiene que ver con la que sufren ahora estos mismos hombres en castigo de su injusticia.

—¡Por Zeus! —exclamó—, no parece que la injusticia sea cosa muy terrible, si proporciona la muerte a todo aquel que la practica. En este caso, semejaría la liberación de sus propios males. Yo acepto mejor la opinión contraria, esto es, la de que mata, si a mano viene, a los demás, en tanto mantiene pleno de vida y vigilante al que hace uso de ella. Bien lejos está, según parece, de producir la muerte a este hombre.

—Gran verdad es la que dices —asentí yo—. Porque si la propia vileza y el mal propio no son suficientes para matar y destruir el alma, difícilmente podrá provocar su muerte el mal que se destina a otro ser, ni cualquier otra cosa que no tenga que ver con ella.

—Difícilmente —afirmó él— si contamos con la lógica.

—Entonces llega el momento de decir que si no es destruida por mal alguno, propio o ajeno, se evidencia por necesidad que ha de existir siempre; y si existe siempre, es inmortal.

—Por fuerza —dijo.

XI

—Demos por cierta esa afirmación —proseguí—, y, una vez admitida, no creo haya duda para ti respecto a la existencia inalterable de las mismas almas. Su número no podrá disminuir por la sencilla razón de que ninguna perece, y tampoco podrá aumentar, porque si algo más se añadiese a los seres inmortales, está claro que procedería de lo que es mortal, con lo que todo terminaría siendo inmortal.

—Muy cierto, desde luego.

—Pero eso que digo no podemos pensarlo nosotros —afirmé—. Ni la razón permite creer que nuestra alma, en su más pura naturaleza, sea algo así, ni que reúna un sinfín de elementos diversos, desiguales y diferentes en relación con su propio ser.

—¿Cómo dices? —preguntó.

—No resulta fácil —agregué— que lo eterno esté compuesto de muchas cosas y que esta misma composición no sea la más adecuada al alma, tal como nos parecía hace un momento.

—No es, en efecto, lo natural.

—Nos fuerzan, pues, a admitir la inmortalidad del alma esa razón que invocábamos y otras muchas. Ahora bien: cómo es el alma en realidad no se hace patente por la contemplación de su convivencia con el cuerpo y con otros males, tal como ahora la vemos; conviene, por el contrario, percibirla atentamente con el entendimiento y en su prístina pureza, porque sólo así parecerá mucho más hermosa y resplandecerá nítidamente la obra de la justicia y todo lo demás que tratábamos hace poco. Esto que decimos, sin embargo, quede relegado a la situación presente del alma, que nosotros hemos contemplado en la misma disposición que los que veían al marino Glauco sin alcanzar a distinguir fácilmente su primera naturaleza. Y cómo iban a hacerlo si las antiguas partes de su cuerpo, unas habían sido destrozadas y otras se habían consumido o habían perecido por entero víctimas de las aguas, mientras en su lugar surgían cúmulos de conchas, de algas y de piedras que configuraban a este hombre con la apariencia de un monstruo de la Naturaleza. Pues lo mismo cabe afirmar del alma, sujeta a multitud de males. Pero quizá, Glaucón, debamos mirar a otra parte.

—¿A cuál? —preguntó.

—Creo que hay que considerar su amor al saber y no menos las cosas a las que se dirige y que constituyen su anhelada compañía, por razón de su afinidad a lo divino, a lo inmortal y a todo lo eterno. Nuestra consideración remontará el estado presente del alma para verla, llevada de su esfuerzo, fuera del mar en que ahora se encuentra y desembarazada del piélago de piedras y de conchas que la rodean, por la necesidad que siente de alimento terreno. Porque son esos banquetes que llaman felices los que proporcionan esta masa terrosa, pétrea y silvestre. En esa ocasión, el alma presentará su verdadera naturaleza y podremos ver claramente si es compuesta o simple, o cómo y cuál sea en su estado real; ahora, a mi entender, el camino recorrido nos ha ilustrado convenientemente sobre las facetas y formas que reviste a través de la vida humana.

—Sin duda alguna —dijo.

XII

—Todo eso de que hablamos —dije yo— ha sido desechado con nuestro razonamiento, sin que por ello nos haya cegado la recompensa y la gloria de la justicia, al modo como hicieron, según vosotros, Hesíodo y Homero. Porque, ¿no hemos encontrado que la justicia es en sí misma el mayor bien y que ha de proceder siempre justamente, tenga o no tenga en su poder el anillo de Giges y con él, además, el yelmo que llevaba Hades?

—Verdad es lo que dices —contestó.

—¿Podrá, pues, Glaucón —añadí—, parecer digno de censura el que devolvamos a la justicia y a las demás virtudes esas ventajas y esos premios que les corresponden y que al unísono les atribuyen los dioses y los hombres, tanto en vida del hombre justo como después de su muerte?

—De ninguna manera —respondió.

—¿Estaréis dispuestos a restituirme lo que habéis tomado en préstamo en el curso de la discusión?

—¿A qué te refieres?

—Sabes que os concedí el que el hombre justo puede parecer injusto, y el injusto, justo. Y sabes también que aunque eso mismo no pasa inadvertido para los dioses y para los hombres, había que suponerlo en beneficio de la discusión y para que la justicia en sí fuese juzgada con respecto a la injusticia en sí. ¿O no lo recuerdas?

—Procedería mal —dijo— si no lo recordase.

—Después de formulado ese juicio —advertí—, te pido de nuevo, en nombre de la justicia, que aceptes la reputación que recibe de los hombres y de los dioses; así, podrá ella celebrar sus victorias con los premios convenientes y darlos también a los que la practican, porque ya se ha presentado otorgando los bienes propios y con una limpia ejecutoria para quienes la sirven lealmente.

—No pides nada injusto —afirmó.

—¿Me concederéis, por tanto, en primer lugar, que ninguno de los dos hombres citados puede ocultar su verdadero ser a la mirada de los dioses?

—Te lo concederemos —dijo.

—Y si no lo ocultan, el uno será querido por los dioses y el otro odiado, conforme a lo que habíamos convenido al principio.

—Así es.

—¿No convendremos también en que todas las cosas otorgadas por los dioses al hombre amado de ellos han de constituir para éste el mayor de los bienes, salvo algún mal necesario con el que pueda purgar una falta anterior?

—Desde luego.

—Por consiguiente, en cuanto al hombre justo, hemos de precisar todavía que tanto la pobreza como la enfermedad o cualquier otra cosa que parezca un mal resultarán a la postre un claro bien para él, del que disfrutará en vida o después de la muerte. Jamás será olvidado por los dioses aquel hombre que procura por todos los medios hacerse justo y semejarse por entero a la divinidad mediante la práctica rigurosa de la virtud.

—Es natural —dijo él— que un hombre como ése no deba ser abandonado por su semejante.

—Pero acerca del hombre injusto, ¿no tendremos que pensar lo contrario?

—Efectivamente.

—Esos y no otros serán los premios que reciba el justo de los dioses.

—Por lo menos, tal es mi opinión —dijo.

—¿Y cuáles serán asimismo los que recoja de los hombres? —pregunté— ¿No estaré en lo cierto al afirmar lo que sigue? ¿No les ocurrirá a los hombres malos e injustos lo mismo que a esos corredores, que luego de haber tomado bien la salida, no demuestran tanta rapidez a la llegada? Son ágiles y saltan perfectamente nada más comenzar, pero al final caen en el más grande de los ridículos y se retiran precipitadamente de la carrera con las orejas caídas y sin corona. En cambio, los verdaderos corredores se mantienen íntegros hasta el final, recogen sus premios y reciben a la vez la corona. ¿Y no es esta con frecuencia la suerte de los justos? ¿No les alcanza al final de sus acciones, de su trato social y de su vida, la reputación y los premios de los hombres?

—En alto grado.

—¿Consentirás que yo diga de esos hombres lo que tú mismo afirmabas de los injustos? A mi juicio, cuando los justos llegan a la edad madura obtienen el mando de sus ciudades, si es que a eso aspiran, se casan con quien les viene en gana y efectúan a su elección el matrimonio de sus hijos. Digo, pues, de ellos todo lo que tú decías de aquellos hombres. Y repito de la mayor parte de los hombres injustos que, aunque parezcan lo contrario en su juventud, al final de la carrera serán advertidos en su doblez y merecerán la más amplia burla de todos; y con la vejez, vendrán para ellos el reproche despiadado de los extranjeros y compatriotas, los azotes y todas aquellas cosas que tú juzgabas tan salvajes. No dudarás que todos estos son los sufrimientos que has escuchado de mí. Ahora te toca decir si consientes en aceptarlos.

—Sin duda alguna —dijo—, pues los estimo justos.

XIII

—He aquí, por tanto —añadí—, los premios, recompensas y regalos que recibirá en vida el hombre justo de los hombres y de los dioses. Puedes agregarlos a aquellos bienes que le proporciona la justicia en sí misma.

—Hermosas y sólidas ventajas son ésas —contestó.

—Pues muy poco representan —dije yo— en relación con el número y la magnitud de los bienes y de los males que recibirán los hombres al término de su vida. Porque en este punto conviene detenerse lo suficiente para llevar al ánimo de los hombres todo aquello que les sea más provechoso.

—Habla —dijo él—, que yo seré todo oídos para escucharte en asunto tan grato para mí.

—No voy a referirte —advertí— la historia de Alcinoo, sino la de un hombre valeroso, Er el Armenio, originario de Panfilia. Este hombre, muerto en la guerra, fue recogido a los diez días junto con los demás cadáveres ya corrompidos, pero estando él intacto. Conducido a su casa para ser enterrado y dispuesto ya sobre la pira, volvió a la vida a los doce días y dio a conocer a los presentes lo que había contemplado en el otro mundo*: Después de abandonar el cuerpo —dijo él— su alma se había puesto a caminar con otras muchas hasta llegar a un paraje verdaderamente maravilloso, en el que podían verse, en la tierra, dos aberturas relacionadas entre sí, exactamente enfrente de otras dos situadas arriba, en el cielo. En medio, se encontraban unos jueces que, luego de emitir su juicio, ordenaban a los jus-

---

* He aquí el mito de más fuerza poética de *La República*. Con la visión insuperable del mundo de los muertos se conjugan los conocimientos de Platón y, de modo especial, toda su rica concepción de la ciencia astronómica de su tiempo.

tos que se dirigiesen hacia el cielo por el camino de la derecha, con un letrero colgado por delante en el que aparecía el fallo dictado; a los injustos, en cambio, les obligaban a tomar el camino de la izquierda, hacia la tierra, y provistos de otro letrero, colgado por detrás en el que detallaban todas las acciones que habían cometido. Cuando le vieron adelantarse, le dijeron que él habría de ser mensajero para los hombres de todas las cosas que allí contemplase, en razón de lo cual le invitaron a que oyera y observara lo que pasaba en aquel lugar. Y, en efecto, vio cómo por cada una de las aberturas correspondientes del cielo y de la tierra emprendían las almas la marcha, luego de haber sido juzgadas, en tanto por la otra abertura de la tierra salían almas llenas de suciedad y de polvo, y por la del cielo bajaban otras almas enteramente puras. Todas daban la impresión, al llegar, de que provenían de un largo viaje, y dirigiéndose con regusto a la pradera como si allí les esperase una grata reunión, se saludaban unas a otras, porque eran viejas conocidas, y se preguntaban mutuamente, las del cielo por las cosas de la tierra y las de la tierra por las cosas del cielo. Unas, claro está, deploraban su suerte y prorrumpían en llanto al recordar cuántas y cuán grandes cosas habían sufrido y visto en su peregrinaje de un milenio por la tierra; otras, precisamente las que venían del cielo, alababan su bienaventuranza y expresaban su contento por las cosas hermosas e indescriptibles que habían contemplado. Muy largo sería de contar todo esto Glaucón. Lo que nuestro hombre refería como fundamental era lo siguiente: cada alma sufría el castigo por las faltas cometidas, de tal modo que por cada una recibía una condena diez veces mayor que aquélla y con una duración de cien años, que es el tiempo calculado para la vida humana; con ello, el castigo de su delito quedaba multiplicado por diez, y los causantes de gran número de muertes o traidores a las ciudades o a los ejércitos, que pudieran haber entregado a la esclavitud, o cómplices de cualquier otra calamidad, esos hombres, digo, se veían atormentados por unos sufrimientos diez veces mayores que los que habían cometido; cosa que, en la misma proporción, se otorgaba a los que habían observado buena conducta y habían sido justos y piadosos. En cuanto a los niños muertos al nacer y poco después de haber nacido, decía también otras cosas que no vale la pena mencionar. Para los acusados de impiedad, tanto hacia los dioses como hacia los padres, e igualmente para los homicidas a mano armada, establecía unos castigos todavía más severos. Estuvo presente —según dijo— a la pregunta que formuló una de aquellas almas sobre la suerte de Ardieo el Grande. Este gran Ardieo había ejercido como tirano en una ciudad de Panfilia, mil años antes del relato, y entre sus crímenes se contaban la muerte de su anciano padre y la de su hermano mayor, amén de otras muchas faltas de impiedad que de él se narraban. El alma preguntada respondió de esta manera: «No ha llegado, ni parece probable que llegue hasta aquí.»

XIV

Y nuestra sorpresa subió de punto cuando contemplamos este espectáculo aterrador: cerca ya de la abertura y casi a punto de salir de ella, luego de haber sufrido nuestros castigos, pudimos ver de súbito a aquél y a todos los demás, en su gran mayoría tiranos. Con ellos se encontraban algunos particulares, de los que en vida más habían pecado, todos los cuales, en el momento en que pretendían subir, la abertura no los recibía, y antes bien, dejaba oír un mugido cada vez que uno de los miserables irreductibles o que no había expiado suficientemente su castigo, intentaba salir de allí. Entonces —decía él— unos hombres «salvajes y que aparecían envueltos en fuego, presentes como estaban y oidores del mugido, apresaban a unos y descendían con ellos, mientras a Ardieo y a los demás les ataban los pies, las manos y la cabeza, los echaban por tierra y los desollaban, y luego, llevándolos a la orilla del camino, los desgarraban sobre retamas espinosas, declarando a la vez a cuantos pasaban por allí por qué trataban de ese modo a aquellos hombres y se empeñaban en arrojarlos al Tártaro». Y continuaba diciendo que entre los muchos y variados terrores que les asediaban, superaba sin duda a todo el temor de que se reprodujera el mugido en el momento de la subida; por eso, se apoderaba de ellos un gran contento si conseguían subir en silencio. Estos eran, pues, los castigos y las penas que se ofrecían, e igualmente las recompensas a que podían aspirar. Después de descansar siete días en la pradera, cada una de las almas debía disponerse a partir de allí al octavo día. Cuatro días más tarde arribaban a un lugar desde donde podía contemplarse una luz que, cual una columna y semejante al arco iris, pero todavía más brillante y más pura que éste, se extendía por todo el cielo y la tierra. Un día de marcha les permitía llegar a la luz y entonces contemplaban, en medio de ella, los extremos de las cadenas del cielo, porque esta luz era su lazo de unión, que sujetaba toda la esfera celeste al modo como lo hacen las ligaduras de las trirremes. Desde esos extremos percibían como extendido el huso de la Necesidad, gracias al cual pueden girar todas las esferas. La rueca y el gancho de aquél eran de acero y su tortera, en cambio, comprendía una mezcla de acero y de otras materias. Digamos ahora la naturaleza de esa tortera: no existía diferencia alguna con las nuestras en cuanto a su forma, pero conviene imaginársela enteramente hueca con el engaste en ella de otra tortera más pequeña, que fuese como encajonada allí. Esta imagen podría repetirse una tercera y una cuarta vez y aún cabría multiplicarla por ocho. Pues ocho venían a ser las torteras, encajonadas unas en otras y presentando sus bordes a manera de círculos; y todas ellas conformaban la superficie de una sola, dispuestas como estaban alrededor de la rueca, que atravesaba por su parte el centro de la octava. La tortera primera, exterior a las otras, tenía unos bordes circulares mucho más anchos; seguían después en anchura los de la sexta; luego los de la cuarta, que era la tercera; a continuación los de la octava, que era la cuarta; los de la séptima después, que era la quinta; en seguida los de la quinta, que era la sexta; venían aún los de la tercera, que era la séptima, y al fin los de la segunda, que era la octava. Los bordes de la tortera mayor poseían colores variados; los de la séptima eran más brillantes; los de la octava recibían de la séptima su color y su brillo; los de la segunda y los de la quinta se parecían muchísimo y eran más amarillos que aquéllos; los de la tercera, disponían del color más blanco; los de la cuarta eran de un tono rojizo, y los de la sexta se calificaban como segundos por su blancura. Todo el huso daba vueltas sobre sí con un movimiento uniforme, y en él, por su parte, giraban también ligeramente, pero en sentido contrario al todo, los siete círculos del interior. El más rápido de ellos era el octavo; en segundo lugar podían colocarse, sin distinción alguna, el séptimo, el sexto y el quinto; parecíales el cuarto, en ese movimiento en órbita invertida, el que ocupaba el tercer lugar; y luego estaban el tercero, en cuarto puesto, y el segundo, en quinto. El huso mismo daba vueltas entre las rodillas de la Necesidad, y sobre cada uno de los círculos se mantenía una Sirena, que giraba con él y emitía una sola voz y de un solo tono;

las ocho voces de las ocho Sirenas formaban un conjunto armónico. A distancias iguales y en derredor, se encontraban sentadas otras tres mujeres, cada una ocupando su trono; no eran sino las Parcas, hijas de la Necesidad, vestidas de blanco y ceñidas sus cabezas con una especie de ínfulas: sus nombres, Láquesis, Cloto y Atropo. Las tres acompañaban en su canto a las Sirenas; Láquesis, recordando los hechos pasados; Cloto, refiriendo los presentes, y Atropo, previendo los venideros. Cloto, colocada su mano derecha sobre el huso, aunque actuando por intervalos, facilitaba el giro del círculo exterior; Atropo, aplicando su mano izquierda, hacía lo propio con los círculos interiores, y Láquesis, por turno, imprimía movimiento con la derecha o con la izquierda, y tanto al círculo exterior como a los interiores.

XV

Una vez llegados allí hubieron de acercarse sin demora al trono de Láquesis, donde un adivino procedía a la previa colocación de las almas y, luego de haber tomado del regazo de Láquesis unos lotes y modelos de vidas, ascendía a una alta tribuna para proclamar. «He aquí lo que dice la virgen Láquesis, hija de la Necesidad: Almas efímeras, va a dar comienzo para vosotras una nueva carrera mortal en un cuerpo también portador de la muerte. No será ser divino el que elija vuestra suerte, sino que vosotras mismas la elegiréis. La primera en el orden de la suerte escogerá la primera, esa nueva vida a la que habrá de unirse irrevocablemente. Pero la virtud no tiene dueño; cada una la poseerá, en mayor o menor grado, según la honra o el menosprecio que le prodigue. La responsabilidad será toda de quien elija, porque la divinidad es inocente.»

Luego que hubo hablado, arrojó los lotes sobre la multitud de almas y cada una de éstas recogió el que había caído a su lado, salvo el alma de Er, a la cual no fue permitido elegir. Con el lote en la mano, quedaba ya en claro para cada alma qué número de orden le correspondía en la elección. Seguidamente, el adivino arrojó a tierra y delante de ellas modelos de vidas que superaban con mucho al de almas presentes. Los había de todas clases; podían escogerse, pues, vidas de cualesquiera de los animales y de los hombres. Por ejemplo, aparecían entre aquéllas, vidas de tiranos que habían cumplido su ciclo, y otras que, truncadas en mitad, concluyeran en la pobreza, en el destierro o en la mendicidad. Echábanse de ver igualmente vidas de hombres de gran prestigio; unos, por su porte y por la belleza, la fuerza o el vigor que demostraban en la lucha; otros, por su progenie y las virtudes de sus antepasados. Mas también había vidas de hombres sin relieve alguno y de mujeres de la misma condición. No se disponía, empero, orden de preferencia de las almas, por cuanto la elección de cada uno habría de obedecer por necesidad a su criterio. Todo lo demás, y contemos aquí las riquezas y la pobreza, las enfermedades y la salud, se encontraba mezclado en unas y en otras vidas, pero algunas veces en un justo medio. En esa coyuntura, querido Glaucón, el peligro, según parece, era grande para el hombre; de ahí que deba cuidarse sumamente, por encima de cualesquiera otras enseñanzas, el que cada uno de nosotros se dedique a la búsqueda y aprendizaje de todo aquello que le procure poder y conocimiento para distinguir la vida útil de la miserable; sólo así podrá escoger, siempre y en todas partes, la mejor de las vidas posibles. Habrá de someter para ello a su consideración todas las cosas ya dichas, y bien reunidas o por separado, las pondrá en relación con la vida más perfecta; comprobará también cuál es el mal o el bien que producirá la belleza unida a la pobreza o a la riqueza o a cualquier otra disposición del alma; y no desconocerá menos las consecuencias de un ilustre o de un oscuro nacimiento, de una vida privada, de una rectoría, de una fortaleza o debilidad, de una buena o mala aptitud para aprender, y de todas esas cosas por el estilo que se dan naturalmente en el alma o se adquieren por ella, íntimamente unidas. De modo que, reflexionando sobre todo ello, estará en condiciones de escoger siempre que mire atentamente a la naturaleza del alma y sea capaz de distinguir la vida mejor de la vida peor, llamando mejor en este caso a la que la hace más justa, y peor a la que la hace más injusta. Todo lo demás podrá dejarlo a un lado, porque ya hemos visto que ésta es la mejor elección para el hombre, tanto en esta vida como después de la muerte. Conviene, pues, llegar al Hades con esta opinión fortalecida, para no dejarse dominar allí por el deseo de las riquezas y de los males y no caer también en tiranías y otros muchos hechos semejantes, causa de irremediables daños e incluso de sufrimientos todavía mayores. Habrá que elegir siempre una vida intermedia entre las extremas, huyendo en lo posible, tanto en esta vida como en la otra, de los excesos en uno u otro sentido. Por este camino puede llegar el hombre, en efecto, a alcanzar la mayor felicidad.

XVI

Fue entonces cuando el mensajero del más allá dio a conocer estas palabras del adivino: «Aun para el que llegue el último —dijo—, y siempre que elija sensatamente y viva de acuerdo con su elección, habrá una vida dichosa y carente de males. Así, pues, ni se descuide el que elija primero, ni caiga en el desánimo quien elija el último.»

Y nos añadía que, luego de haber dicho esto, el primero en el orden de la suerte se acercó a escoger sin dilación e hízose con la mayor de las tiranías. Tan necia y ávidamente procedió, y tanto prescindió también del más mínimo examen, que no tuvo en cuenta para nada que en ese destino iba implícito el devorar a sus hijos y otros males semejantes. Después que lo consideró con atención, se daba golpes a sí mismo y lamentaba su elección, para la que prescindiera totalmente de las razones del adivino. Y no se acusaba de los males en suerte, sino que inculpaba a la fortuna, a los dioses y a todo antes que a sí mismo. Se trataba nada menos que de una de las almas llegadas del cielo y que anteriormente había vivido en un régimen ordenado, cierto que sin filosofía, pero con el ejercicio habitual de la virtud. Por así decir, las almas provenientes del cielo, quizá por su falta de preparación, se engañaban todavía más que las otras; en cambio, las que procedían de la tierra no verificaban una elección demasiado apresurada por aquello de que ellas mismas habían compartido sufrimientos y habían visto padecer a los demás. Por esta misma experiencia y en razón del lote caído en suerte, se producía para muchas almas un cambio de males y de bienes, pues es evidente que si alguien volviese de nuevo a la vida y desenvolviese sanamente su razón, amén de contar en la elección con un lote que no fuese de los últimos, llegaría a alcanzar la felicidad aquí en la tierra, siguiendo los consejos del más allá, e incluso podría retornar al otro mundo y regresar de él a través de un camino no ya subterráneo y escabroso, sino plácido y celeste.

Este era el espectáculo digno de verse que nos refería Er, y en el que las almas, individualmente, efectuaban la elección de sus vidas; espectáculo que, por cierto, resultaba digno de compasión, a la vez que risible y admirable. Las más de las veces se verificaba la elección de acuerdo con el hábito de la primera vida. Y así, narraba Er cómo había visto el alma de Orfeo escoger la vida de un cisne, llevada del odio al sexo femenino y porque no quería ser engendrada en una mujer en razón a la muerte que había sufrido a manos de éstas, y presentaba a Támiras encarnándose en un ruiseñor, y a un cisne que, con otros pájaros cantores, cambiaba su vida por la vida humana. El alma cuyo lote ocupaba el lugar veinte inclinó su ánimo por una vida de león: era la de Áyax, el hijo de Telamón, que huía de este modo a la condición de hombre, acordándose del juicio de las armas. Seguía a éste el alma de Agamenón, que, odiando también al género humano, por los padecimientos que había sufrido, cambiaba su vida por la de un águila. En medio se encontraba el alma de Atalanto, que al ver los grandes honores recibidos por un atleta, no quiso contemplar nada más y adoptó esta vida para sí. En seguida venía el alma de Epeo, el hijo de Panopeo, que cambió su naturaleza por la de una mujer artesana; y entre las últimas aparecía el alma del ridículo Tersites, que revestía la forma de un mono. Designada la última por la suerte, se disponía a elegir el alma de Ulises, la cual, repuesta de su ambición y acordándose de sus primeros trabajos, andaba buscando largo rato la vida de un hombre particular y apartado de la acción. Y a fe que dio con ella, aislada y olvidada de todos. Y no más verla, dijo que habría elegido de igual modo de ser la primera en suerte; tal era el gozo que experimentaba. Otros cambios análogos se producían al trocarse los animales en hombres o en otros animales, y la mezcla se verificaba en unos términos que era corriente ver animales injustos transformarse en fieras, y otros justos en especies ya domesticadas.

Luego que todas las almas habían elegido sus vidas, se aproximaban a Láquesis en el orden mismo de la suerte. Y ella daba a cada una el genio de su preferencia, que sería a la vez guardián de su vida y garante de su elección. A éste correspondía conducirla antes de nada al trono de Cloto, la cual, poniéndole su mano encima y haciendo girar el huso, confirmaba el destino y la elección de alma. Después que el alma había tocado el huso, se la llevaba adonde hilaba Atropo, y era ésta la que hacía irrevocable lo ya otorgado. Desde allí, sin que le fuera posible volver atrás, marchaba el alma hasta el trono de la necesidad y bajo él pasaban sucesivamente tanto el genio como el alma e, igualmente, todas las demás almas. Y luego, todas ellas se dirigían a la llanura del Olvido, en medio de un calor terrible y sofocante, porque en aquel campo no se veía un solo árbol ni nada de lo que la tierra produce. Llegada la tarde, se reunían junto al río de la Despreocupación, cuya agua no puede ser contenida en ningún recipiente. Todas venían obligadas a beber una cierta cantidad de esta agua; pero había almas que procedían imprudentemente y, al beber más de la cuenta, perdían en absoluto la memoria. Y ocurrió después, cuando ya las almas se entregaban al sueño y era el tiempo de medianoche, que un trueno y un seísmo turbó la calma llevando de repente a cada una hacia un lugar distinto al del nacimiento y precipitándolas como si fueran estrellas. Pero a Er se le había impedido que bebiera del agua, y, no obstante, sin saber cómo había sido, encarnó de nuevo en su cuerpo, y de pronto, levantando los ojos al cielo, vióse, muy de mañana, yacente sobre la pira.

Así pudo salvarse y no pereció, Glaucón, esta fábula de Er, que también guardará nuestras vidas si seguimos sus enseñanzas. De acuerdo con ellas atravesaremos con felicidad el río del Olvido y no mancharemos en modo alguno nuestra alma. Si dais crédito a mis palabras y estimáis que el alma es inmortal y capaz de recibir todos los males y todos los bienes, marcharemos siempre por el camino del cielo y cuidaremos inteligentemente, por todos los medios, de la práctica de la justicia. Con ello, seremos amigos de nosotros mismos y de los dioses durante la permanencia en este mundo y, al igual que los vencedores en los juegos, obtendremos luego en todas partes los premios que se conceden a la virtud. Que la felicidad nos acompañe, pues, tanto en este mundo como en ese viaje de mil años que acabamos de referir.

DIÁLOGOS

INTRODUCCIÓN

Francisco Márquez

Los *Diálogos* de Platón, son un inagotable homenaje a la figura de su maestro Sócrates; el joven Platón uno de aquellos brillantes muchachos ganado por el "polemo" dialéctico que asistió sin duda alguna al proceso de su admirado maestro, víctima de unos manejos democráticos que le condenaron.

La injusticia cometida con Sócrates es sin duda el argumento decisivo para santificar su odio a la plebe. Lo cierto es, que el joven Platón ante tales hechos, jamás sería un demócrata de convicción, toda su energía la consumió en su proyecto melancólico de la fundación de una "ciudad ideal", una república regida por la diké y la armonía cósmica de las almas y las leyes.

Son muchos los rasgos del estado ideal platónico que no hacen nada más que dar forma concreta a postulados socráticos; buscan el equilibrio entre las clases, donde cada una se caracteriza por una misión específica poseedora además de su propio sistema de educación y sus virtudes.

En la cúspide de la pirámide social, los filósofos, para investigar mediante el diálogo la idea del bien y regir con ella a toda la comunidad.

La alternativa política que ofrece Platón como respuesta a la corrupción de la democracia en Atenas para restaurar los valores en el plano ideológico de la sociedad.

Es posible que los *Diálogos* de Platón simplemente fueran divulgaciones para el gran público; para lo que no existe acuerdo común al respecto. Fecharemos un orden cronológico de cuatro etapas en la vida de Platón siguiendo un criterio personal aludiendo posibles errores de época o fecha.

PERÍODO SOCRÁTICO

Tal es la característica de Sócrates, "no saber nada", claramente es en este período en Platón, la influencia por el determinismo intelectual de su maestro. La mayoría de estos *Diálogos*, terminan sin llegar a ningún resultado final.

1. *La apología.* Defensa de Sócrates en su proceso.

2. *El critón.* Se describe a Sócrates como el buen ciudadano que, a pesar de lo injusto de su condena, desea ofrendar su vida obedeciendo a las leyes del estado. Critón y otros le sugieren la fuga, pero Sócrates declara que se mantendrá fiel a sus principios.

3. *Eutifrón.* Sócrates espera su proceso por impiedad. Tema del diálogo: la naturaleza de la piedad. No se llega a ningún resultado definido.

4. *Laques.* Sobre la valentía. Ningún resultado definido.

5. *Ión.* Contra los poetas y los rapsodas.

6. *Protágoras.* La virtud es conocimiento y puede ser enseñada.

7. *Cármides.* Sobre la templanza. Sin resultado.

8. *Lisis.* Sobre la amistad. Sin resultado.

9. *La república.* Libro I. *Sobre la justicia.*

LA TRANSICIÓN

Claramente se puede apreciar con la lectura de estos *Diálogos*, que Platón va encontrando el camino de sus propias decisiones.

10. *Gorgias.* El político práctico, o los derechos del más fuerte contra el filósofo.

11. *Menón.* La virtud es enseñable: correcciones con vistas a la teoría de las ideas.

12. *Eutidemo.* Contra las falacias de los últimos sofistas.

13. *Hipias I.* Sobre lo bello.

14. *Hipias II.* ¿Es mejor hacer el mal voluntariamente, o sin querer?

15. *Cratilo.* Sobre la teoría del lenguaje.

16. *Menexeno.* Una parodia de la retórica.

LA MADUREZ

Época en la que Platón se encuentra en plena posesión de sus propias ideas como se puede apreciar en las siguientes obras que nos legó.

17. *El banquete.* Toda la belleza terrestre es sólo una sombra de la verdadera belleza a la cual aspira el alma en virtud del Eros.

18. *Fedón.* Las ideas y la inmortalidad del alma.

19. *La república* (libros II-X). El Estado. Dualismo metafísico muy acentuado.

20. *Fedro.* De la naturaleza del amor; posibilidad de la retórica filosófica. Naturaleza tripartita del alma, como en *La república*.

LA VEJEZ

21. *Teeteto.* El conocimiento no es la percepción sensible o del verdadero juicio.

22. *Parménides.* Defensa de la teoría de las ideas contra la crítica.

23. *Sofista.* Nueva consideración de la teoría de las ideas.

24. *El político.* El verdadero gobernante es el que sabe. El estado legal es un sucedáneo del que sería deseable.

25. *Filebo.* Relación entre el placer y el Bien.

26. *Timeo.* La ciencia natural. Aparece el Demiurgo.

27. *Critias.* El estado ideal agrario contrastado con el poderío marítimo imperialista: La Atlántida.

28. *Las leyes y el epinomis.* Platón hace una concesión a la vida real, modificando lo utópico de su *República*.

29. Las cartas 7ª y 8ª debieron de ser escritas después de la muerte de Dión (353 a. de C.).

En los tres diálogos que presentamos en este libro, se puede apreciar la dialéctica como método de división, concepto este que sostuvo Platón, como búsqueda colectiva de la verdad entre dos o varios contertulios siguiendo el procedimiento de su maestro de la pregunta y la respuesta.

GORGIAS,
O DE LA RETÓRICA

ARGUMENTO

Igual al *Fedón* por la fuerza y elevación moral de las ideas y por el vigor de la dialéctica y por el acertado empleo de la mitología, no tiene *Gorgias,* sin embargo, su interés dramático. Sócrates sigue representando el primer papel, pero en una situación muy distinta. Y en cuanto a sus adversarios: Gorgias de Leontinos, Polo de Agrigento y Calicles de Atenas, distan mucho de inspirar la viva simpatía de sus discípulos. No se debe, pues, esperar una composición tan animada ni tan llena de vida, lo cual no es óbice para que el *Gorgias* sea una de las obras más bellas de Platón.

Su objeto no anuncia desde luego su importancia filosófica: es la Retórica. Pero Platón, como siempre, engrandece y eleva su asunto conducido por el examen de lo que realmente es y de lo que debe ser la retórica a consideraciones superiores acerca de lo justo y lo injusto, de lo bello y de lo feo considerados en ellos mismos; después de la impunidad y del castigo, y por último del bien, no sólo en los discursos de un orador, sino en la vida entera. De estas alturas adonde le ha llevado el buscar los principios que dominan y gobiernan el arte de persuadir, sabe descender sin esfuerzo a todos los estados y a todas las acciones de la vida para aplicar las verdades generales, y después de haber establecido de este modo y en nombre de la razón su doctrina moral, invoca en su apoyo las tradiciones de los pueblos transmitidas de siglo en siglo, bajo la forma de un mito, de un sentido no menos profundo que el de *Fedón.* Tal es el plan general: he aquí la continuación de la discusión.

Sócrates y Querefonte encuentran delante de su casa a Calicles, hospedador de Gorgias y de Polo, que les ofrece presentarlos a los dos extranjeros: en su casa es donde se desarrolla la conversación. El primer cruce de palabras entre Polo y Querefonte y el exordio declamatorio del primero son el preámbulo de la discusión, que no comienza verdaderamente sino en el momento en que Sócrates oye directamente de boca de Gorgias lo que es y lo que enseña. Gorgias es un retórico y enseña retórica. ¿Cuál es el objeto de la retórica? Los discursos. ¿Toda clase de discursos, como pueden pronunciarlos y a propósito de su arte el médico y el maestro de gimnasia? No; solamente los discursos que sin estar mezclados a ninguna acción manual tienen por único fin la persuasión. Este es, pues, el objetivo de la retórica. Pero, ¿qué clase de persuasión?, porque todas las ciencias quieren persuadir de algo. La retórica de lo que persuade es de lo justo y de lo injusto, pero esto no es decir bastante; hay que saber todavía si el orador se dirige a personas instruidas, cuya persuasión se fundará sobre la ciencia, o a ignorantes, a los que habrá que persuadir solamente por la creencia; si debe instruir persuadiendo o solamente persuadir. Porque si no se propone instruir, tampoco tiene necesidad de estar instruido. Pero si no está instruido no podrá ser consultado acerca de la justicia o injusticia de una causa, y entonces, ¿para qué la retórica?

Gorgias no se rinde después de este primer ataque; sostiene que la retórica es por excelencia el arte de persuadir, en el sentido de que da los medios de hacer prevalecer su opinión en todo y contra todos. Puede usarse bien o mal de ella, pero si el orador hace un mal uso de ella, no es a la retórica a la que hay que culpar, sino a él. Vana sutilidad que se libra de las objeciones de Sócrates. Hay que escoger, en efecto, entre la retórica extraña a la ciencia y a la verdad, que se limita a hacer creer a la plebe ignorante que todo es bueno o malo, justo o injusto, bello o feo según la necesidad del momento, un arte pérfido e inmoral, y la retórica que se inspira en la verdad, la propaga y persuade con ella. Este es el punto decisivo.

Supongamos que el orador es instruido: conocedor de la justicia y de la verdad, es justo e incapaz de hacer nada contra su carácter, es decir, de persuadir jamás de la injusticia, la falsía y la fealdad, y ejerce un arte profundamente moral del cual es imposible hacer un mal empleo. Esta es la retórica según Sócrates, pero no según Gorgias ni Polo; es la que debe ser, pero no la que es. Porque tal como la practican los retóricos, ni siquiera es un arte, sino una rutina, sin más finalidad que la de procurarse gusto y distracción. Es una de tantas viles prácticas que recomienda la adulación y fraudulentamente ha logrado ocupar el puesto de las verdaderas artes. Hay, es cierto, ciencias que tienen por objetivo la educación y el perfeccionamiento del alma y del cuerpo: la Política y la Legislación en el orden moral y la Medicina y la Gimnástica en el orden físico. Son artes saludables, que la adulación que acaricia a todos los vicios de la naturaleza humana ha sustituido con simulacros funestos a la salud del cuerpo y del alma, como son la cocina que reemplaza a la medicina, el tocador a la gimnástica, la sofística a la legislación, y la política, por último, a la retórica. Es preciso, pues, tomarla por lo que es, es decir, por una rutina, porque no se basa sobre ningún conocimiento de la naturaleza de las cosas de que se trata, no puede dar cuenta de nada y no tiene más finalidad que el placer. El orador que la ejerce no es él mismo más que un adulador despreciable al que ni siquiera se le mira a la cara.

Más atrevido que Gorgias, cuya circunspección retrocedió ante la tesis explícita del interés personal, declara Polo que la fuerza de la retórica está en el poder que da al orador para hacer lo que quiera. Mas, ¿qué es hacer lo que se quiere? Es querer lo que aparentemente es ventajoso, porque no hay nadie que no prefiera su conveniencia a todo lo demás. Pero para un hombre desprovisto del sentido de discernir el bien del mal, hay que reconocer que no es un gran poder el del poder hacer lo que le conviene. Es, pues, necesario que el orador esté dotado de buen sentido ante todo, y aun, admitido esto, no está probado que haga lo que quiere. Por lo menos no le ocurre por lo general. El orador, semejante en todo esto a todos los hombres, haciendo lo que hace de ordinario, no hace lo que quiere, por la razón de que no quiere lo que hace, sino aquello en vista de lo cual hace lo que hace. Es como un enfermo que toma una porción amarga, no porque quiera tomarla, sino porque quiere recobrar la salud. La salud, es decir, en general su bien, he aquí lo que todos quieren verdaderamente. Si el orador, pues, quiere su bien haciendo lo que hace todos los días, hace lo que quiere; si no, no. Y en este caso no tiene poder. Por ejemplo: ¿podrá decirse que el orador hace lo que quiere cuando manda desterrar o matar arbitrariamente a un ciudadano? No, porque hace lo más contrario que hay a su bien, es decir, una injusticia. No es, pues, poderoso, ni siquiera feliz, como les ocurrió a Arquelao, usurpador del trono de Macedonia, y al gran rey de Persia, no obstante poder hacer cuanto les plugo. Porque sólo es feliz en el mundo el hombre que no tiene remordimientos, el hombre honrado. No pensará así quizá la ignorante muchedumbre, pero sí el hombre de buen sentido. Del hombre injusto no es bastante decir que no es dichoso; hay que penetrarse también de esta verdad: que hay un hombre todavía más desgraciado, que es el que comete impunemente la injusticia. Para el culpable, cualquiera que sea, no hay mayor desgracia que escapar al castigo, ni beneficio mayor que sufrir la pena que ha merecido.

Sócrates insiste con fuerza en la idea de que es peor y más denigrante cometer una injusticia que ser víctima de ella en nombre de la idéntica naturaleza del mal y de lo feo, de lo bello y del bien. ¿Qué es lo que hace una cosa bella? El placer o la utilidad o bien el placer y la utilidad. ¿De dónde procede la fealdad de una cosa? Del dolor o del mal o bien del dolor y del mal a la vez. Una cosa, por consiguiente, es más bella que otra cuando procura más placer o más bien que ésta; y una cosa es más fea que otra por producir más males o dolor que ésta o más males y dolores simultáneamente. Apliquemos estas premisas a la injusticia cometida y a la injusticia sufrida. Es evidente que cometerla es menos doloroso que sufrirla. Por consiguiente, no es por el dolor sólo ni por el mal y el dolor reunidos por lo que la injusticia cometida se sobrepone a la sufrida. Queda por ver si será por el mal. Pero como en principio lo malo y lo feo son inseparables, es de necesidad que sea más fea la comisión de la injusticia que el sufrirla sólo por el hecho de ser peor.

¿Y cuál es la consecuencia en que hemos venido a parar? Que en nombre del amor al bien y del horror al mal naturales en todos los hombres, no hay ni uno solo, a menos que carezca de buen sentido, que no prefiera sufrir una injusticia a cometerla. Esta conclusión bella por sí misma lo es más aún por el apoyo que presta a la que la sigue: que el mal mayor que cabe imaginar es el no ser castigado cuando se ha merecido serlo. Sócrates se complace en sentar sobre las pruebas más sólidas este esfuerzo supremo de su dialéctica. En efecto, es evidente que es lo mismo sufrir la pena y ser justamente castigado. Pero lo que es justo por sí mismo es bello, lo que es bello es bueno y útil. La utilidad del castigo proviene, pues, de su justicia. Pero ¿qué utilidad? La misma en el sentido que el hierro y el fuego procuran al enfermo que se entregó en manos del cirujano y ha recobrado la salud. Pero la ventaja que viene del castigo está muy por encima de él, como la superioridad del alma lo está sobre el cuerpo; es la liberación de una enfermedad moral, de la mayor enfermedad: de la injusticia. ¿Será posible no reconocer el bien infinito que es recobrar la salud del alma si se la ha perdido? Pues entonces, ¿cómo negar que la impunidad hace del hombre injusto el más desdichado de los hombres, ya que le obliga a sufrir el peor y más irremediable de los males?

Volviendo rápida pero muy lógicamente al objeto principal de la conversación, define Sócrates el verdadero objetivo de la retórica en armonía con los evidentes principios que manifestó. Debe ser el arte de acusarse a sí mismo y de acusar también a sus parientes y amigos; el arte saludable de invocar sobre su cabeza y sobre todos los que se ama el justo castigo, como el remedio soberano contra las enfermedades del alma. El mayor mal que la retórica puede infligir a quien la ejerce, la mayor venganza que pueda poner en manos de sus enemigos, es cambiarse en el arte de disimular la injusticia, de sustraer a un culpable a su pena y de forzarle a vivir presa del mar que devora su alma.

El silencio de Gorgias y de Polo es la mejor confesión de que nada tiene que oponer a esta refutación de la retórica desprovista de principio moral, o lo que es igual, puesta al servicio del interés, tal como ellos la presentaron. Pero Platón tiene cuidado de no dejar sin contestar algunos argumentos de otra naturaleza contrarios a la retórica basada sobre la justicia, argumentos sumamente débiles, pero que si no fueran refutados directamente parecerían tener algún valor. Son los que pone en la boca de Calicles.

Calicles responde que Sócrates acaba de exponer verdaderamente el modo de sentir de los filósofos, pero no el de los políticos. Trata ligera y desdeñosamente la filosofía de estudio, buena sí para formar el espíritu de los jóvenes, pero por lo demás perfectamente inaplicable en la práctica. En la política es preciso resolverse a estar en contradicción con ella y consigo mismo, después de todo, si se piensa como ella, porque una cosa es la teoría y otra la práctica. Si en vez de desde el punto de vista de la Ley en el que se ha colocado Sócrates, se miran las cosas desde el punto de vista de la naturaleza, se llega a conclusiones diametralmente opuestas. Es un hecho reconocido, por ejemplo, que los hombres ven más deshonor en ser víctimas de una injusticia que en cometerla, porque es ser tratado como esclavo y humillarse ante alguien más fuerte que uno mismo. Los débiles, incapaces de defenderse solos, han inventado y puesto las leyes por encima de la naturaleza. Pero, ¿a quién engañan estas leyes? A pesar de la filosofía y de la legislación, en toda sociedad el más fuerte desempeña, el papel más lúcido. En estos razonamientos se descubre la eterna presunción de aquellos para quienes los principios nada significan y la experiencia en cambio todo; ellos se llaman positivistas. Su tesis está expresamente presentada aquí con toda su provocante crudeza. ¿Qué?, responde Sócrates; es preciso conocer ante todo el sentido del concepto *el más fuerte,* que es el más poderoso y el que más interesa saber de la confesión de Calicles. Porque en la sociedad lo más fuerte es el mayor número precisamente, es decir, el pueblo es el que hace las leyes. Si legisla contra la injusticia es porque piensa que es peor cometerla que soportarla. De manera que la ley está perfectamente de acuerdo con la naturaleza en este punto y la tesis positiva queda ya refutada. Calicles quiere corregirse dando solamente a la expresión *el más fuerte,* el sentido de *el mejor.* Éste debe mandar a los demás porque es el más sabio, y por lo tanto debe de ser además el más ganancioso. ¿Ganancias de qué? ¿De alimentos, de bebidas, de vestimenta? No, no es esto. Es indispensable que Calicles dé a su pensamiento un nuevo grado de precisión y que diga con claridad qué entiende por el más sabio: es, dice, el que posee la mayor habilidad y el mayor valor para procurarse el poder. Más claro aún: el hombre absolutamente libre de realizar sus deseos y de satisfacer sus pasiones sin restricción y sin medida alguna. Éste es el héroe de la retórica positiva; el hombre más fuerte, el mejor, el más sabio, el más esforzado y el más feliz de todos los hombres. Todo lo que no está conforme con este ideal del poder de la oratoria no es más que una ridícula necedad, una convención contraria a la naturaleza.

Pero las objeciones se suceden con increíble abundancia en la boca de Sócrates. Si la felicidad consiste en la satisfacción de los deseos, mientras más sean éstos, más feliz se será. También se deduce que la mayor dicha es estar la vida entera con un hambre y una sed extremas y una comezón continua con tal de poder estar comiendo, bebiendo y rascándose a todas horas; consecuencia risible, pero lógica. En segundo lugar, la teoría tiende nada menos que a identificar el placer con el bien. Nada más falso. El signo de identidad entre dos casos es su coexistencia en un mismo objeto, como el signo de su diferencia esencial es la necesidad de existir en alguna parte la una sin la otra. Según esto, ¿no es cierto que un placer no existe sino con la condición de que la necesidad que satisface continúe subsistiendo, como la sed en el placer al apagarla? Y la necesidad, ¿no es un dolor? De aquí se deduce que el dolor y el placer existen simultáneamente, sea en el cuerpo o en el alma. Pero si el placer es el bien, el dolor es el mal, de manera que es preciso admitir que el bien y el mal pueden encontrarse juntos en el mismo sujeto, mientras en la realidad lo contrario es la verdad, puesto que el bien y el mal se excluyen por esencia. En fin, la pretendida identidad del placer y del bien destruye toda diferencia moral entre los hombres, y puesto que todos están llamados a disfrutar en igual medida de los mismos placeres y los mismos dolores, tienen que ser por este concepto igualmente buenos e igualmente malos, y hasta, más bien, serán mejores los más sensuales y más entregados a toda clase de placeres, por esto mismo, que los temperantes y prudentes.

Y que nadie espere sustraerse a esta detestable consecuencia estableciendo, como hace Calicles, una distinción entre los placeres. Por lo pronto, es una concesión ruinosa y además un arma contra la teoría, porque si se quiere decir que hay placeres útiles que es conveniente buscar y otros nocivos, de los que es preciso huir, se destruye la identidad del placer y del bien. Involuntariamente se conviene en que no es el placer lo que hay que buscar por el bien sino el bien en vista del placer. Pero esta pesquisa exige reflexión y habilidad, todo un arte, en fin, teniendo como objetivo el bien. Consideradas así todas las artes que no tienen más finalidad que el placer, el arte del flautista, del que tañe la lira; el arte mismo del poeta, que compone ditirambos, tragedias o comedias, desde que se propone divertir en vez de instruir, son más perjudiciales que útiles. A este género pertenece la retórica cuando no pretende más que recrear el oído o adular a la opinión. Esto es lo que hace que sea tan grande el número de aduladores y tan escaso el de verdaderos oradores. No hay que temer el decir que Temístocles, Milcíades y Pericles mismo no fueron dignos de este nombre, puesto que, lejos de instruir al pueblo, lo dejaron, confesión propia de ellos, más indócil y más corrompido de lo que lo encontraron.

Calicles, a su vez, queda reducido al silencio por esta argumentación vigorosa, y Sócrates, desde este momento, dueño absoluto del campo, llena casi por sí solo todo el final del diálogo. Acaba con fuerza con su último adversario, sentando como conclusión que la felicidad humana, lejos de residir en la libre satisfacción de las pasiones, consiste en su moderación. La intemperancia precipita al alma en el desorden; la medida establece en ella el orden, la regla, y con ellos la paz interna: El hombre moderado, esclavo voluntario de su deber para con los dioses y sus semejantes, se guarda de los excesos, es justo, prudente, valiente y por lo mismo feliz. Este es el modelo del orador, que no es verdaderamente grande más que por el bien que puede hacer al pueblo aconsejándole la justicia. La justicia es la norma de toda su vida pública y privada, porque lo que un hombre tal teme más en el mundo no es verse acusado, condenado y conducido a la muerte, sino cometer una injusticia. Su única preocupación es poner su alma al abrigo de toda falta hasta que llegue el instante en que estará dispuesto a comparecer ante los jueces que le esperan.

En apoyo de otros principios que nadie impugna, apela Sócrates, además, a la tradición popular del reparto del universo entre los hijos de Crono, Zeus, Poseidón y Hades (Plutón), y a la constitución en los infiernos de tres jueces supremos: Minos, Eaco y Radamantis, encargados de decidir sin apelación el destino de las almas del justo y del malvado, según como hubiera vivido; pura fábula, si se quiere, como dice Sócrates, pero fábulas dignas de ser creídas mientras no se encuentre otra mejor. Pero lo que no es fabuloso son los principios que representa la tradición y que proceden de la razón, esta guía al que el sabio y el prudente siguen con preferencia a todos los demás.

INTERLOCUTORES:
CALICLES, SÓCRATES, QUEREFONTE,
GORGIAS, POLO

CALICLES.—Dícese, Sócrates, que en la guerra y en el combate es donde hay que encontrarse a tiempo.

SÓCRATES.—¿Venimos entonces, según se dice, a la fiesta y retrasados?

CALICLES.—Sí, y a una fiesta deliciosa, porque Gorgias nos ha dicho hace un momento una infinidad de cosas a cuál más bella.

SÓCRATES.—Querefonte, a quien aquí ves, es el causante de este retraso, Calicles; nos obligó a detenernos en la plaza.

QUEREFONTE.—Nada malo hay en ello, Sócrates; en todo caso remediaré mi culpa. Gorgias es amigo mío, y nos repetirá las mismas cosas que acaba de decir, si quieres, y si lo prefieres lo dejará para otra vez.

CALICLES.—¿Qué dices, Querefonte? ¿No tiene Sócrates deseos de escuchar a Gorgias?

QUEREFONTE.—A esto expresamente hemos venido.

CALICLES.—Si queréis ir conmigo a mi casa, donde se aloja Gorgias, os expondré su doctrina.

SÓCRATES.—Te quedo muy reconocido, Calicles, pero ¿tendrá ganas de conversar con nosotros? Quisiera oír de sus labios qué virtud tiene el arte que nos profesa, qué es lo que promete y qué enseña. Lo demás lo expondrá, como dices, otro día.

CALICLES.—Lo mejor será interrogarle, porque este tema es uno de los que acaba de tratar con nosotros. Decía hace un momento a todos los allí presentes que le interrogaran acerca de la materia que les placiera, alardeando de poder contestar a todas.

SÓCRATES.—Eso me agrada. Interrógale, Querefonte.

QUEREFONTE.—¿Qué le preguntaré?

SÓCRATES.—Lo que es.

QUEREFONTE.—¿Qué quieres decir?

SÓCRATES.—Si su oficio fuera hacer zapatos te contestaría que zapatero. ¿Comprendes lo que pienso?

QUEREFONTE.—Lo comprendo y voy a interrogarle. Dime: ¿es cierto lo que asegura Calicles, de que eres capaz de contestar a todas las preguntas que se te pueden hacer?

GORGIAS.—Sí, Querefonte, así lo he declarado hace un momento, y añado que desde hace muchos años nadie me ha hecho una pregunta que me fuera desconocida.

QUEREFONTE.—Siendo así, contestarás con mucha facilidad.

GORGIAS.—De ti depende el hacer la prueba.

POLO.—Es cierto, pero hazla conmigo, si te parece bien, Querefonte, porque me parece que Gorgias está cansado, pues acaba de hablarnos de muchas cosas.

QUEREFONTE.—¿Qué es esto, Polo? ¿Te haces ilusiones de contestar mejor que Gorgias?

POLO.—¿Qué importa con tal de que conteste bastante bien para ti?

QUEREFONTE.—Nada importa. Contéstame, pues, ya que así lo quieres.

POLO.—Pregunta.

QUEREFONTE.—Es lo que voy a hacer. Si Gorgias fuera hábil en el arte que ejerce su hermano Heródico, ¿qué nombre le daríamos con razón? El mismo que a Heródico, ¿verdad?

POLO.—Sin duda.

QUEREFONTE.—Entonces, con razón, le podríamos llamar médico.

POLO.—Sí.

QUEREFONTE.—Y si estuviera versado en el mismo arte que Aristofonte, hijo de Aglaofonte, o que su hermano, ¿qué nombre habría que darle?

POLO.—El de pintor, evidentemente.

QUEREFONTE.—Puesto que (Gorgias) es muy hábil en un cierto arte, ¿qué nombre será el más a propósito para designarle?

429

POLO.—Hay, Querefonte, entre los hombres una porción de artes cuyo descubrimiento ha sido debido a una serie de experiencias, porque la experiencia hace que nuestra vida marche según las reglas del Arte, mientras que la inexperiencia la obliga a marchar al azar. Unos están versados en un arte, otros en otro, cada uno a su manera: las artes mejores son patrimonio de los mejores. Gorgias es uno de éstos y el arte que posee la más bella de todas.

SÓCRATES.—Me parece, Gorgias, que Polo está muy acostumbrado a discurrir, pero no cumple la palabra que ha dado a Querefonte.

GORGIAS.—¿Por qué, Sócrates?

SÓCRATES.—No contesta, me parece, a lo que se le pregunta.

GORGIAS.—Si te parece bien, interrógale tú mismo.

SÓCRATES.—No; pero si le pluguiera responderme, le interrogaría de buena gana, tanto más cuanto que por lo que he podido oír a Polo es evidente que se ha dedicado más a lo que se llama la retórica que al arte de conversar.

POLO.—¿Por qué razón, Sócrates?

SÓCRATES.—Por la razón, Polo, de que habiéndote preguntado Querefonte en qué arte es Gorgias hábil, haces el elogio de su arte, como si alguien lo menospreciara, pero no dices cuál es.

POLO.—¿No te he dicho que es la más bella de todas las artes?

SÓCRATES.—Convengo en ello; pero nadie te interroga acerca de las cualidades del arte de Gorgias. Se te pregunta solamente qué arte es y qué debe decirse de Gorgias. Querefonte te ha puesto en camino por medio de ejemplos, y tú al principio le respondiste bien y concisamente. Dime ahora de igual modo qué arte profesa Gorgias y qué nombre es el que a éste tenemos que darle. O mejor aún: dinos tú mismo, Gorgias, qué calificativo hay que darte y qué arte profesas.

GORGIAS.—La retórica, Sócrates.

SÓCRATES.—Entonces ¿hay que llamarte retórico?

GORGIAS.—Y buen retórico, Sócrates, si quieres llamarme lo que me glorifico de ser, para servirme de la expresión de Homero.

SÓCRATES.—Consiento en ello.

GORGIAS.—¿Podremos decir que eres capaz de enseñar este arte a otros?

GORGIAS.—Esa es mi profesión, no sólo aquí, sino en todas partes.

SÓCRATES.—¿Quisieras, Gorgias, que continuáramos en parte interrogando y en parte contestando, como estamos haciendo ahora, y que dejemos para otra ocasión los largos discursos, como el que Polo había empezado? Pero, por favor, mantén lo que has prometido y redúcete a dar breves respuestas a cada pregunta.

GORGIAS.—Hay algunas respuestas, Sócrates, que por necesidad no pueden ser breves. No obstante, haré de manera que sean lo más cortas posibles. Porque una de las cosas de que me lisonjeo es de que nadie dirá las mismas cosas que yo con menos palabras.

SÓCRATES.—Es lo que debe ser, Gorgias. Hazme ver hoy tu conclusión y otra vez nos desplegarás tu abundancia.

GORGIAS.—Te contestaré y convendrás conmigo en que no has oído nunca hablar más concisamente.

SÓCRATES.—Puesto que presumes de ser tan hábil en el arte de la retórica y capaz de enseñarlo a otro, dime cuál es su objeto, como el objeto del arte del tejedor es el de hacer trajes. ¿No es así?

GORGIAS.—Sí.

SÓCRATES.—¡Por Hera, Gorgias!, admiro tus respuestas, que más breves no pueden ser.

GORGIAS.—También presumo, Sócrates, de mi habilidad en este género.

SÓCRATES.—Dices bien. Contéstame, te lo ruego, del mismo modo en lo referente a la retórica, y dime cuál es su objeto.

GORGIAS.—Discursos.

SÓCRATES.—¿Qué discursos, Gorgias? ¿Los que explican a los enfermos el régimen que tienen que observar para restablecerse?

GORGIAS.—No.

SÓCRATES.—¿La retórica no tiene entonces por objeto toda clase de discursos?

GORGIAS.—No, sin duda.

SÓCRATES.—Sin embargo, ¿enseña a hablar?

GORGIAS.—Sí.

SÓCRATES.—Pero la medicina, que he citado como ejemplo, ¿no pone a los enfermos en disposición de pensar y de hablar?

GORGIAS.—Necesariamente.

SÓCRATES.—La medicina, según las apariencias, ¿tiene también por objeto los discursos?

GORGIAS.—Sí.

SÓCRATES.—¿Los que conciernen a las enfermedades?

GORGIAS.—Sí.

SÓCRATES.—¿No tiene igualmente por objeto la gimnasia los discursos referentes a la buena y mala disposición del cuerpo?

GORGIAS.—Es cierto.

SÓCRATES.—Lo mismo puede decirse de las demás artes: cada una de ellas tiene por objeto los discursos relativos al asunto que se ejerce.

GORGIAS.—Parece que sí.

SÓCRATES.—Entonces, ¿por qué no llamas retórica a las otras artes que también tienen por objeto los discursos, puesto que das este nombre a un arte cuyo objeto son los discursos?

GORGIAS.—Es porque todas las otras artes, Sócrates, no se ocupan más que de obras manuales y de otras producciones semejantes, mientras que la retórica no produce ninguna obra manual y todo su efecto y su virtud están en los discursos. He aquí por qué digo que la retórica tiene por objeto los discursos y pretendo que con esto digo la verdad.

SÓCRATES.—Creo comprender lo que quieres designar por este arte, pero lo veré más claro dentro de un instante. Contéstame: ¿hay arte, verdad?

GORGIAS.—Sí.

SÓCRATES.—Entre todas las artes, unas consisten, principalmente, me figuro, en la acción, y necesitan de muy pocos discursos; algunas ni siquiera uno, pero su obra puede terminarse en el silencio como la pintura, la escultura y muchas otras. Tales son, a mi modo de ver, las artes que dicen no tienen ninguna relación con la retórica.

GORGIAS.—Has comprendido perfectamente mi pensamiento, Sócrates.

SÓCRATES.—Hay, por el contrario, otras artes que ejecutan todo lo que es de su resorte por el discurso y no tienen necesidad de ninguna o casi ninguna acción. Por ejemplo la aritmética, el arte de calcular, la geometría, el juego de dados y muchas otras artes, de las que algunas requieren tantas palabras como acción y la mayor parte más, tanto que toda su fuerza y todo su efecto están en los discursos. A este número me parece que dices pertenece la retórica.

GORGIAS.—Es cierto.

SÓCRATES.—Tu intención, me figuro, no será, sin embargo, la de dar el nombre de retórica a ninguna de estas artes; como no sea que, como has dicho expresamente que la retórica es un arte cuya virtud consiste toda en el discurso, pretendieras que alguno quisiera tomar a broma tus palabras para hacerte esta pregunta: Gorgias, ¿das el nombre de retórica a la aritmética? Pero a mí no se me ocurre que llamas así a la aritmética ni a la geometría.

GORGIAS.—Y no te engañas, Sócrates, si aceptas mi pensamiento como debe ser aceptado.

SÓCRATES.—Entonces acaba de contestar a mi pregunta. Puesto que la retórica es una de estas artes que tanto empleo hacen del discurso y que muchas otras están en el mismo caso, procura decirme por relación en qué consiste toda la virtud de la retórica en el discurso. Si refiriéndose a una de las artes que acabo de nombrar me preguntara alguien: Sócrates, ¿qué es la numeración?, le contestaría, como tú has hecho hace un momento, que es un arte cuya virtud está en el discurso. Y si me preguntara de nuevo: ¿con relación a qué?, le respondería que con relación al conocimiento de lo par y de lo impar, para saber cuántas unidades hay en lo uno y en lo otro. Y de igual manera, si me preguntara: ¿qué entiendes por el arte de calcular?, le diría también que es una de las artes cuya fuerza toda consiste en el discurso. Y si continuara preguntándome: ¿con relación a qué?, le contestaría que el arte de calcular tiene casi todo común con la numeración, puesto que tiene el mismo objeto, saber lo par y lo impar, pero que hay la diferencia de que el arte de calcular considera cuál es la relación de lo par y lo impar, entre sí, relativamente a la cantidad. Si me preguntaran por la astronomía, y después de haber contestado que es un arte que ejecuta por el discurso todo lo que le incumbe, añadieran: ¿a qué se refieren los discursos de la astronomía?, les respondería que al movimiento de los astros, del Sol y de la Luna y que explican en qué proporción está la velocidad de su carrera.

GORGIAS.—Y responderías muy bien, Sócrates.

SÓCRATES.—Contéstame de igual manera, Gorgias. La retórica es una de esas artes que ejecutan y acaban todo por el discurso, ¿no es cierto?

GORGIAS.—Es verdad.

SÓCRATES.—Dime, pues, cuál es el objeto con el cual se relacionan los discursos que emplea la retórica.

GORGIAS.—Los más grandes e importantes asuntos humanos, Sócrates.

SÓCRATES.—Lo que dices, Gorgias, es una cosa que está en controversia y acerca de la cual todavía nada hay decidido. Porque habrás oído cantar en los banquetes la canción cuando los convidados enumeran los bienes de la vida diciendo que el primero es disfrutar de buena salud, el segundo ser hermoso y el tercero ser rico sin injusticia, como dice el autor de la canción.

GORGIAS.—Lo he oído, pero, ¿a propósito de qué me lo dices?

SÓCRATES.—Porque los artesanos de estos bienes cantados por el poeta, a saber, el médico, el maestro de gimnasia y el economista, se apresurarán a alinearse en filas contigo, y el médico me dirá el primero: Sócrates, Gorgias te engaña. Su arte no tiene por objetivo al mayor de los bienes del hombre: es el mío. Si yo le preguntara: ¿Quién eres tú para hablar de esta manera? Soy médico, me respondería. ¿Y qué pretendes? ¿Que el mayor de los bienes es el fruto de tu arte? ¿Puede alguien discutirlo, Sócrates, me respondería puesto que produce la salud? ¿Hay algo que los hombres prefieren a la salud? Después de este vendría el maestro de gimnasia, que me diría: Sócrates, mucho me sorprendería que Gorgias pudiera mostrarte algún bien derivado de su arte que resulte mayor que el que resulta del mío. Y tú, amigo mío, replicaría yo, ¿quién eres y cuál es tu profesión? Soy el maestro de gimnasia, replicaría, y mi profesión la de hacer robusto y hermoso el cuerpo humano. El economista llegaría después que el maestro de gimnasia y menospreciando todas las otras profesiones, me figuro que me diría: Juzga por ti mismo, Sócrates, si Gorgias o cualquier otro puede proporcionar bienes mayores que la riqueza. Qué le diríamos, ¿eres el artesano de la riqueza? Sin duda, nos respondería: soy el economista. Y qué, le diríamos, ¿crees acaso que la riqueza es el mayor de los bienes? Seguramente, replicaría. Sin embargo, diría yo, Gorgias, aquí presente, pretende que su arte produce un bien mayor que el tuyo. Es evidente que me preguntaría: ¿Qué gran bien es ése? Que Gorgias se explique. Imagínate, Gorgias, que ellos y yo te hacemos la misma pregunta, y dime en qué consiste lo que llamas el mayor bien del hombre que te vanaglorias de producir.

GORGIAS.—Es, en efecto, el mayor de todos los bienes aquel a quien los hombres deben su libertad y hasta en cada ciudad la autoridad sobre los otros ciudadanos.

SÓCRATES.—Pero vuelvo a decirte: ¿cuál es?

GORGIAS.—A mi modo de ver, el de estar apto para persuadir con sus discursos a los jueces en los tribunales, a los senadores en el Senado, al pueblo en las asambleas; en una palabra, a todos los que componen toda clase de reuniones políticas. Este talento pondría a tus pies al médico y al maestro de gimnasia y se verá que el economista se habrá enriquecido no para él, sino para otro, para ti, que posees el arte de hablar y ganar el espíritu de las multitudes.

SÓCRATES.—Por fin, Gorgias, me parece que me has mostrado tan de cerca como es posible en qué arte piensas: es la retórica, y si te he comprendido bien, dices que es la obrera de la persuasión, ya que tal es el objetivo de todas sus operaciones y que en suma no va más allá. ¿Podrías probarme, en efecto, que el poder de la retórica va más allá que de hacer nacer la persuasión en el alma de los oyentes?

GORGIAS.—De ningún modo, y a mi modo de ver la has definido muy acertadamente, puesto que verdaderamente a esto sólo se reduce.

SÓCRATES.—Escúchame, Gorgias. Si hay alguien que hablando con otro esté ansioso de comprender bien la cosa de que se habla, puedes estar seguro de que me lisonjeo de ser uno, y me figuro lo mismo de ti.

GORGIAS.—¿Qué quieres decir con esto?

SÓCRATES.—Escúchalo: sabes que no concibo de ninguna manera de qué naturaleza es la persuasión que atribuyes a la retórica ni por qué motivo se verifica esta persuasión; no es que no sospeche de lo que quieres hablar. Pero no por esto dejaré de preguntarme qué persuasión nace de la retórica y acerca de qué. Si te interrogo en vez de hacerte partícipe de mis conjeturas, no es por causa tuya, sino, en vista de esta conversación, a fin de que avance de manera que conozcamos claramente el asunto de que tratamos. Mira tú mismo si crees que tengo motivos para interrogarte. Si te preguntara de qué clase de pintores está Zeuxis y tú me contestaras que en la de pintores de animales, ¿no tendría yo razón si te preguntara, además, qué clase de animales pinta y sobre qué?

GORGIAS.—Sin duda.

SÓCRATES.—¿No es porque también hay otros pintores que pintan animales?

GORGIAS.—Sí.

SÓCRATES.—De manera que si Zeuxis fuera el único que los pintara, me habrías contestado bien.

GORGIAS.—Seguramente.

SÓCRATES.—Dime, pues, refiriéndome a la retórica: ¿Te parece que es la única que motiva la persuasión o hay otras que hacen lo mismo? Este es mi pensamiento. El que enseña cualquier cosa que sea, ¿persuade de lo que enseña o no?

GORGIAS.—Persuade con toda seguridad, Sócrates.

SÓCRATES.—Volviendo a las mismas artes de que ya se ha hecho mención, ¿no nos enseña la aritmética y el aritmético lo concerniente a los números?

GORGIAS.—Sí.

SÓCRATES.—¿Y no persuaden al mismo tiempo? La aritmética, por tanto, es una obrera de la persuasión.

GORGIAS.—Apariencia de ello tiene.

SÓCRATES.—¿Y si nos preguntaran en qué persuasión y de qué? Diríamos que es la que enseña la cantidad del número, sea par o impar. Aplicando la misma respuesta a las demás artes de que hablamos nos sería fácil demostrar que producen la persuasión y señalar la especie y el objeto. ¿No es cierto?

GORGIAS.—Sí.

SÓCRATES.—La retórica no es, pues, el único arte cuya obra es la persuasión.

GORGIAS.—Dices la verdad.

SÓCRATES.—Por consiguiente, puesto que no es la única que produce la persuasión y que otras artes consiguen lo mismo, tendremos derecho a preguntar, además, de qué persuasión es arte la retórica y de qué persuade esta persuasión. ¿No juzgas que esta pregunta está muy en su lugar?

GORGIAS.—Desde luego que sí.

SÓCRATES.—Ya que piensas así, respóndeme.

GORGIAS.—Hablo, Sócrates, de la persuasión que tiene lugar en los tribunales y las asambleas públicas, como decía ha muy poco, y en lo referente a las cosas justas e injustas.

SÓCRATES.—Sospechaba que tenías en vista, en efecto, esta persuasión y estos objetos, Gorgias. Pero no quise decirte nada para que te sorprendiera si en el curso de esta conversación te interrogara acerca de cosas que parecen evidentes. No es por ti, ya te lo he dicho, que procedo de esta manera, sino a causa de la discusión, al fin de que marche como es preciso y que por simples conjeturas no tomemos la costumbre de prevenir y adivinarnos los pensamientos mutuamente; pero acaba tu discurso como te plazca, y siguiendo los principios que establezcas tú mismo.

GORGIAS.—Nada me parece tan sensato como esta conducta.

SÓCRATES.—Pues entonces, adelante, y examinemos todavía esto otro. ¿Admites lo que se llama saber?

GORGIAS.—Sí.

SÓCRATES.—¿Y lo que se llama creer?

GORGIAS.—También lo admito.

SÓCRATES.—¿Te parece que saber y creer, la ciencia y la creencia, son la misma cosa o dos diferentes?

GORGIAS.—Pienso, Sócrates, que son dos diferentes.

SÓCRATES.—Piensas acertadamente, y podrás juzgar por lo que te voy a decir. Si te preguntaran, Gorgias, ¿hay una creencia verdadera y una falsa? Convendrías, sin duda, en que sí.

GORGIAS.—Sí.

SÓCRATES.—¿Y también una ciencia falsa y una verdadera?

GORGIAS.—No.

SÓCRATES.—Entonces es evidente que creer y saber no son la misma cosa.

GORGIAS.—Ciertamente.

SÓCRATES.—Sin embargo, los que saben están persuadidos lo mismo que los que creen.

GORGIAS.—Convengo en ello.

SÓCRATES.—¿Quieres que, consecuentes a esto, admitamos dos especies de persuasión, una que produce la creencia sin la ciencia y otra que produce la ciencia?

GORGIAS.—Sin duda.

SÓCRATES.—De estas dos persuasiones, ¿cuál es la que con la retórica opera en los tribunales y asambleas con motivo de lo justo y de lo injusto? ¿Con aquella de la que nace la creencia sin la ciencia o la que engendra la ciencia?

GORGIAS.—Es evidente, Sócrates, que con la que engendra la creencia.

SÓCRATES.—La retórica, a lo que parece, es, pues, obrera de la persuasión que hace creer y no de la que hace saber en lo tocante a lo justo y lo injusto.

GORGIAS.—Sí.

SÓCRATES.—El orador, pues, no se propone instruir a los tribunales y a las otras asambleas acerca de la materia de lo justo y de lo injusto, sino únicamente conseguir que crean. Verdad es que en tan poco tiempo le sería imposible instruir a tanta gente en objetos tan importantes.

GORGIAS.—Sin duda.

SÓCRATES.—Admitido esto; veamos, te ruego, lo que puede pensarse de la retórica. En cuanto a mí, te diré que todavía no puedo formarme una idea precisa de lo que de ella debo decir. Cuando una ciudad se reúne para escoger médicos, constructores de embarcaciones o toda clase de obreros, ¿no es verdad que el orador no tendrá necesidad de dar consejos, puesto que es evidente que en estas elecciones se escogerá siempre al más experto? Ni cuando se trate de la construcción de murallas, de puertos o de arsenales serán necesarios discursos, porque se consultará sólo a los arquitectos. Ni cuando se deliberará acerca de la elección de un general a las órdenes del cual se irá a combatir al enemigo, porque en estas ocasiones serán los hombres de guerra los que tendrán la palabra, y los oradores no serán consultados. ¿Qué piensas, Gorgias? Puesto que te dices orador y capaz de formar otros oradores, a nadie mejor que a ti puedo dirigirme para conocer a fondo tu arte. Figúrate, además, que estoy trabajando aquí por tus intereses. Es posible que entre los que aquí están haya quienes deseen ser discípulos tuyos, porque sé de muchos que tienen gana de ello y no se atreven a interrogarte. Persuádete, pues, de que cuando te interrogo es como si ellos mismos te preguntasen: ¿Qué ganaríamos, Gorgias, si nos dieras lecciones? ¿Acerca de qué estaríamos en estado de dar consejo a nuestros conciudadanos? ¿Será solamente de lo justo y de lo injusto, o además, de los objetos de que Sócrates acaba de hablar? Intenta responderles.

GORGIAS.—Sócrates, voy, en efecto, a tratar de desarrollarte por entero toda la virtud de la retórica, porque me has puesto admirablemente en camino para ello. Tú sabes seguramente que en los arsenales de Atenas las murallas y los puertos se construyeron en parte siguiendo los consejos de Temístocles y en parte según los de Pericles, y no escuchando a los obreros.

SÓCRATES.—Sé, Gorgias, que se dice eso de Temístocles. De lo de Pericles lo vi yo mismo, cuando aconsejó a los atenienses levantaran la muralla que separa Atenas del Pireo.

GORGIAS.—Así ves, pues, Sócrates, que cuando se trata de tomar un partido en los asuntos de que hablabas son los oradores los que aconsejan y su opinión es la que decide.

SÓCRATES.—Esto es lo que me asombra y es la causa de que te interrogue hace tanto tiempo acerca de la eficacia de la retórica. Me parece maravillosamente grande considerada desde este punto de vista.

GORGIAS.—Si supieras todo, verías que la retórica abarca, por decirlo así, la virtud de todas las otras artes. Voy a darte una prueba muy convincente de ello. He ido a menudo con mi hermano y otros médicos a ver enfermos que no querían tomar una poción o tolerar que se les aplicara el hierro o el fuego. En vista de que el médico no conseguía nada, intenté convencerlos sin más recursos que los de la retórica, y lo conseguí. Añado que si un orador y un médico se presentan en una ciudad y que se trate de una discusión de viva voz ante el pueblo reunido o delante de cualquier corporación acerca de la preferencia entre el orador y el médico, no se hará caso ninguno de éste, y el hombre que tiene el talento de la palabra será escogido, si se propone serlo. En consecuencia, igualmente con un hombre de cualquier profesión se hará preferir al orador antes que otro, quienquiera que sea, porque no hay materia alguna de la que no hable en presencia de una multitud de una manera tan persuasiva como no podrá igualarle cualquier otro artista. La ciencia de la retórica es, pues, tan grande y tal como acabo de decir. Pero es preciso, Sócrates, hacer uso de la retórica como de los demás ejercicios, porque aunque se haya aprendido el pugilato, el pancracio y el combate con armas pesadas de manera de poder vencer a amigos y enemigos, no se debe por esto servirse de ellos contra todo el mundo ni herir a sus amigos, golpearlos o matarlos. Pero también es cierto que no se debe tomar aversión a la gimnasia ni desterrar de las ciudades a los maestros de ella y de esgrima porque alguno que haya frecuentado los gimnasios y héchose en ellos un cuerpo robusto y vuéltose un buen luchador maltratara y golpeara a sus padres o cualquiera de sus parientes o amigos. Los maestros preparan a sus discípulos a fin de que hagan un buen uso de lo que aprenden, defendiéndose contra sus enemigos y contra los malvados, pero no para el ataque. Y si estos discípulos, por el contrario, usan mal de su fuerza y de su habilidad en contra de la intención de sus maestros, no se deduce de ello que ni los maestros ni el arte que enseñan sean malos, ni que sobre ellos haya de recaer la culpa, sino sobre los que abusan de lo que se les enseñó. El mismo juicio puede emitirse acerca de la retórica. El orador, en verdad, está en estado de hablar de todo y contra todos, de manera que estará más apto que nadie para persuadir a la multitud en un momento dado del asunto que le plazca. Mas esto no es una razón para que prive a los médicos de su reputación, ni tampoco a los artesanos, por el hecho de poder hacerlo. Al contrario: se debe usar la retórica, como de los otros ejercicios, con arreglo a la justicia. Y si alguno que se haya formado en el arte de la oratoria abusa de esta facultad y de este arte para cometer una acción injusta, no se tendrá derecho por esto, me parece, a odiar y desterrar de la ciudad al maestro que le dio lecciones. Porque si puso un arte en sus manos fue para que lo empleara en pro de las causas justas y el otro lo empleó de un modo enteramente opuesto. Él, el discípulo que ha abusado del arte, es el que la equidad quiere que sea aborrecido, expulsado y condenado a muerte, pero no el maestro.

SÓCRATES.—Estoy pensando, Gorgias, en que has asistido como yo a muchas disputas y que habrás observado una cosa, que es que cuando los hombres se proponen conversar les cuesta mucho trabajo fijar de una y otra parte las ideas y terminar la conversación después de haberse instruido a sí mismos y a los demás. Pero cuando surge entre ellos alguna controversia y uno pretende que el otro habla con poca exactitud o claridad, se enojan y se imaginan que se los contradice por envidia y que se habla por espíritu de disputa y no con intención de esclarecer la materia propuesta. Algunos acaban injuriándose groseramente y separándose después de haberse dicho tales cosas, que los oyentes se lamentan de haber sido el auditorio de gente semejante. Pero, ¿a propósito de qué digo esto? Pues que me parece que no hablas de una manera consecuente a lo que, referente a la retórica, dijiste antes, temo que si te refuto puedas figurarte que mi intención no es la de disputar acerca de la cosa misma, a fin de aclararla, sino por hacerte la contra. Si tienes, pues, el mismo carácter que yo, te interrogará con gusto; si no, no iré más lejos. Pero, ¿cuál es mi carácter? Soy de los que gustan de que se les refute cuando no complaciéndome tanto en refutar como en ser refutado. Considero, en efecto, que es un bien mucho mayor el ser refutado, porque es más ventajoso verse libre del mayor de los males que librar a otro de él. No conozco, además, que exista mayor mal para un hombre que el de tener ideas falsas en la materia que tratamos. Si dices que la disposición de tu espíritu es igual a la mía, prosigamos la conversación y si crees que debemos darla por terminada, consiento y sea como quieras.

GORGIAS.—Me lisonjeo, Sócrates, de ser uno de esos a quienes has retratado; sin embargo, tenemos que guardar consideración a los que nos escuchan. Mucho tiempo antes de que vinieras les había ya explicado muchas cosas, y si ahora reanudamos la conversación puede ser que nos lleve muy lejos. Conviene, pues, que pensemos en los oyentes y no retener al que tenga cualquier otra cosa que hacer.

QUEREFONTE.—Estáis oyendo, Gorgias y Sócrates, el ruido que hacen todos los presentes para testimoniaros el deseo que tienen de escucharos si continuáis hablando. De mí puedo aseguraros que quieran los dioses que nunca tenga asuntos tan importantes y urgentes que me obliguen a dejar de escuchar una discusión tan interesante y bien llevada por algo que sea más necesario.

CALICLES.—¡Por todos los dioses!, tiene razón Querefonte. He asistido a muchas de estas conversaciones, pero no sé si alguna me ha deleitado tanto como ésta. Por esto me obligaríais a inmensa gratitud si quisierais estar hablando todo el día.

SÓCRATES.—Si Gorgias quiere, no encontrarás en mí, Calicles, ningún obstáculo a tu deseo.

GORGIAS.—Sería bochornoso para mí si no consintiera, Sócrates, sobre todo después de haber dicho que me comprometía a contestar a todo el que quiera interrogarme. Continuaremos, pues, la conversación, si la compañía tiene gusto en ello, y propónme lo que juzgues a propósito.

SÓCRATES.—Escucha, Gorgias, lo que me sorprende de tu discurso. Es posible que hayas dicho la verdad y yo no te haya comprendido bien. Dices que estás en disposición de formar un hombre en el arte oratorio, si quiere tomar tus lecciones, ¿no es así?

GORGIAS.—Sí.

SÓCRATES.—Es decir, que le harás capaz de hablar de todo de una manera plausible ante la multitud, no enseñando, sino persuadiendo, ¿verdad?

GORGIAS.—Sí, eso dije.

SÓCRATES.—Y añadiste, en consecuencia, que tocante a la salud del cuerpo hará el orador que le crean más que al médico.

GORGIAS.—Lo dije, es cierto, con tal que se dirija a las multitudes.

SÓCRATES.—Por multitud entiendes indudablemente a los ignorantes, porque aparentemente el orador no tendrá ventaja sobre el médico ante personas instruidas.

GORGIAS.—Es cierto.

SÓCRATES.—Si es más capaz de persuadir que el médico, persuadirá mejor que el que sabe.

GORGIAS.—Sin duda.

SÓCRATES.—¿Aunque él mismo no sea médico?

GORGIAS.—Sí.

SÓCRATES.—Pero el que no es médico, ¿no ignora las cosas en las que el médico es un sabio?

GORGIAS.—Es evidente.

SÓCRATES.—El ignorante será, pues, más apto que el sabio para persuadir a los ignorantes, si es cierto que el orador está más capacitado que el médico para persuadir. ¿No es esto lo que se deduce de lo dicho o es otra cosa?

GORGIAS.—En el caso presente es lo que resulta.

SÓCRATES.—Esta ventaja del orador y de la retórica, ¿no es la misma con relación a las otras artes? Quiero decir si no es necesario que se instruya de la naturaleza de las cosas y que baste que invente cualquier medio de persuasión de manera que parezca a los ojos de los grandes más sabio que los que poseen esas artes.

GORGIAS.—¿No es muy cómodo, Sócrates, no tener necesidad de aprender más arte que éste para no tener que envidiar en nada a los otros artesanos?

SÓCRATES.—Examinaremos en seguida, suponiendo que nuestro tema lo exija, si en esta cualidad el orador es superior o inferior a los otros. Pero antes veamos si con relación a lo justo y a lo injusto, a lo bueno y a lo malo y a lo honrado y a lo que no lo es se encuentra el orador en el mismo caso que con relación a lo que es saludable para el cuerpo y para los objetos de los demás; de manera que ignore lo que es bueno o malo, justo o injusto, honrado o no, y que acerca de estos objetos se haya imaginado solamente algún expediente para persuadir y parecer ante los ignorantes más instruido que los sabios acerca de ello y a pesar de ser él un ignorante. Veamos si es necesario que el que quiera aprender la retórica sepa todo esto y lo practique hábilmente antes de tomar tus lecciones, o si en el caso de no tener ningún conocimiento, tú, que eres maestro de retórica, no le enseñarás nada de estas cosas que nos atañen o si harás de manera que no sabiéndolas parezca que las sabe y que pase por hombre de bien sin serlo; o si no podrás absolutamente enseñarle la retórica a menos que no haya aprendido anticipadamente la verdad acerca de estas materias. ¿Qué piensas de esto, Gorgias? En nombre de Zeus, explícanos, como nos prometiste hace un momento, toda la virtud de la retórica.

GORGIAS.—Pienso, Sócrates, que aunque no supiera nada de todo eso, lo aprendería a mi lado.

SÓCRATES.—Detente, no sigas. Respondes muy bien. Si tienes que hacer de alguno un orador, es absolutamente preciso que conozca lo que es justo y lo injusto, sea que lo haya aprendido antes de ir a tu escuela o que se lo enseñes tú.

GORGIAS.—Evidentemente.

SÓCRATES.—Pero dime: el que ha aprendido el oficio de carpintero, ¿es carpintero o no?

GORGIAS.—Lo es.

SÓCRATES.—Y cuando se ha aprendido música, ¿se es músico?

GORGIAS.—Sí.

SÓCRATES.—Y cuando se ha aprendido la medicina, ¿no se es médico? En una palabra, cuando con relación a todas las otras artes se ha aprendido lo que les pertenece, ¿no se es lo que debe ser el que ha estudiado cada una de estas artes?

GORGIAS.—Convengo en que sí.

SÓCRATES.—Entonces es de necesidad que el orador sea justo y que el hombre justo quiera que sus acciones sean justas.

GORGIAS.—Al menos así parece.

SÓCRATES.—El hombre justo no querrá, pues, cometer ninguna injusticia.

GORGIAS.—Es una conclusión necesaria.

SÓCRATES.—¿No se deduce necesariamente de lo que se ha dicho, que el orador es justo?

GORGIAS.—Sí.

SÓCRATES.—El orador, por consiguiente, no cometerá jamás una injusticia.

GORGIAS.—Parece que no.

SÓCRATES.—¿Recuerdas haber dicho un poco antes que no había que achacar la culpa ni expulsar de las ciudades a los maestros de gimnasia porque un atleta hubiese abusado del pugilato y cometido una acción injusta? Del mismo modo, si algún orador hace un mal uso de la retórica, no se debe hacer recaer la falta sobre su maestro ni desterrarlo del Estado, pero sí hacerla recaer sobre el autor mismo de la injusticia, que no usó la retórica como debía. ¿Dijiste esto o no?

GORGIAS.—Efectivamente, lo he dicho.

SÓCRATES.—¿Acabamos de ver o no que este mismo orador es incapaz de cometer una injusticia?

GORGIAS.—Acabamos de verlo.

SÓCRATES.—¿Y no dijiste desde el principio, Gorgias, que la retórica tiene por objeto los discursos que tratan, no de lo par y de lo impar, sino de lo justo y de lo injusto? ¿No es cierto?

GORGIAS.—Sí.

SÓCRATES.—Al oír hablar de esta manera, supuse que la retórica no podía ser nunca una cosa injusta, puesto que sus discursos se refieren siempre a la justicia. Pero cuando te he oído decir poco después que el orador podía hacer un mal uso de la retórica, me sorprendí. Y esto es lo que me hizo decirte que, si considerabas como yo que era una ventaja ser refutado, podríamos continuar la discusión y si no, dejarla. Habiéndonos puesto en seguida a estudiar el asunto, ves tú mismo que hemos acordado que el orador no puede usar injustamente de la retórica al querer cometer una injusticia. Y, ¡por el perro!, Gorgias, el examinar a fondo lo que hay que pensar acerca de esto, no es materia para una breve conversación.

POLO.—Pero, ¡Sócrates! ¿Tienes realmente de la retórica la opinión que acabas de decir? ¿O no crees más bien que Gorgias se ha avergonzado de confesar que el orador no conoce lo justo, ni lo injusto, ni lo bueno, y que si se va a él sin estar versado en estas cosas no las enseñaría? Esta confesión será probablemente la causa del desacuerdo en que ha incurrido y que tú aplaudes por haber llevado la cuestión a esta clase de pregunta. Pero, ¿piensas que haya en el mundo quien confiese que no tiene ningún conocimiento de la justicia y que no puede instruir en ella a los otros? En verdad, encuentro sumamente extraño llevar el discurso a semejantes simplezas.

SÓCRATES.—Has de saber, Polo encantador, que procuramos tener hijos y amigos para que cuando nos volvamos viejos y demos algún paso en falso, vosotros, los jóvenes, nos ayudéis a levantarnos y lo mismo a nuestras acciones y discursos. Si Gorgias y yo nos hemos engañado en todo lo que hemos dicho, corrígenos. Te lo debes a ti mismo. Si en todo lo que hemos reconocido hay algún acuerdo que te parezca mal acordado, te permito que insistas en él y que lo reformes como gustes, con tal de que tengas cuidado de una cosa.

POLO.—¿De qué?

SÓCRATES.—De contener tu afán de pronunciar largos discursos, afán al que estuviste a punto de sucumbir al comenzar esta conversación.

POLO.—¡Cómo! ¿No podré hablar todo el tiempo que me parezca?

SÓCRATES.—Sería tratarte muy mal, querido mío, si habiendo venido a Atenas, el sitio de Grecia donde se tiene más libertad para hablar, fueras el único a quien se le privara de este derecho. Pero ponte en mi lugar. Si discurres a tu placer y te niegas a contestar con precisión a lo que te proponga, ¿no habría motivo para que me compadeciera a mí vez si no me permitieran marcharme sin escucharte? Por esto, si tienes algún interés en la disputa precedente y quieres rectificar algo, vuelve, como te he dicho, al punto que quieras, interrogando y respondiendo a tu vez, como hemos hecho Gorgias y yo, combatiendo mis razones permitiéndome combatir las tuyas. Me figuro que pretendes saber las mismas cosas que Gorgias. ¿No es cierto?

POLO.—Sí.

SÓCRATES.—Por consiguiente, te brindas a contestar a cualquiera que quiera interrogarte sobre toda la materia, creyéndote en disposición de satisfacerle.

POLO.—Con seguridad.

SÓCRATES.—Pues bien, escoge lo que prefieras: interroga o responde.

POLO.—Acepto tu proposición; respóndeme, Sócrates. Puesto que te figuras que Gorgias se ve apurado para explicarte lo que es la retórica, dinos lo que tú piensas que es.

SÓCRATES.—¿Me preguntas qué clase de arte es la retórica a mi modo de ver?

POLO.—Sí.

SÓCRATES.—Si te he de ser franco, Polo, te diré que no la tengo por un arte.

POLO.—¿Por qué la tienes entonces?

SÓCRATES.—Por algo que tú lisonjeas de haber convertido en arte en un escrito que leí ha poco.

POLO.—¿Y qué más todavía?

SÓCRATES.—Por una especie de rutina.

POLO.—¿La retórica a tu modo de ver es una rutina?

SÓCRATES.—Sí, a menos que tengas tú otra idea de ella.

POLO.—¿Y qué objeto tiene esta rutina?

SÓCRATES.—Procurar agrado y placeres.

POLO.—¿No juzgas que la retórica es algo bello, puesto que ponen en estado de agradar y procurar placeres a los hombres?

SÓCRATES.—¿No te he dicho ya lo que entiendo es la retórica para que me preguntes, como estás haciendo, si no me parece bella?

POLO.—¿No te he oído decir que es una especie de rutina?

SÓCRATES.—Puesto que tanta importancia das a lo que se llama agradar y procurar un placer, ¿quisieras hacerme uno muy pequeño?

POLO.—Con mucho gusto.

SÓCRATES.—Pregúntame si considero a la cocina como un arte.

POLO.—Consiento en ello. ¿Qué arte es el de la cocina?

SÓCRATES.—Ninguno, Polo.

POLO.—¿Qué es entonces? Habla.

SÓCRATES.—Vas a oírlo: una especie de rutina.

POLO.—Dime, ¿cuál es su objeto?

SÓCRATES.—Helo aquí: agradar y procurar placeres.

POLO.—¿La retórica y la cocina son la misma cosa?

SÓCRATES.—Absolutamente no, pero las dos forman parte de una misma profesión.

POLO.—¿De cuál, si lo tienes a bien?

SÓCRATES.—Temo que sea demasiado grosero contestarte categóricamente y no me atrevo a hacerlo por Gorgias, por miedo de que se figure que quiero ridiculizar su profesión. En cuanto a mí, ignoro si la retórica que profesa Gorgias es la que me figuro, tanto más cuanto que la disputa precedente no nos ha descubierto claramente lo que piensa. Y refiriéndome a lo que llamo retórica te diré que es una parte de una cosa que nada tiene de bella.

GORGIAS.—¿De qué cosa? Dilo, Sócrates, y no temas ofenderme.

SÓCRATES.—Me parece, Gorgias, que es cierta profesión en la que el arte en verdad no interviene nada, pero que supone en un alma el talento de la conjetura, valor y grandes disposiciones naturales para conversar con los hombres. Llamo adulación a la especie en que está comprendida. Esta especie me parece estar dividida en qué sé yo cuántas partes, y de éstas, una es la cocina. Generalmente se cree que es un arte, pero a mi modo de ver no lo es porque sólo es una costumbre, una rutina. Entre las partes que constituyen la adulación cuento también a la retórica lo mismo que a lo llamado arte del vestido o a la sofística, y atribuyo a estas cuatro partes cuatro objetos diferentes. Si Polo quiere seguir interrogándome, puede hacerlo, porque todavía no le he explicado qué parte de la adulación digo que es la retórica. No se da cuenta de que todavía no he acabado mi contestación, y como si lo estuviera me pregunta si no considero que la retórica es una cosa bella. No le diré si me parece fea o bella antes de haberle respondido lo que es. De otra manera procederíamos sin orden. Polo, pregúntame, si quieres oírlo, qué parte de la adulación digo que es la retórica:

POLO.—Sea; te lo pregunto. Dime qué parte es.

SÓCRATES.—¿Comprendes mi respuesta? A mi modo de ver la retórica no es más que el simulacro de una parte de la política.

POLO.—Pero, ¿es bella o fea?

SÓCRATES.—Digo que fea, porque para mí es feo todo lo que es malo, puesto que es preciso contestarte como si comprendieras ya mi pensamiento.

GORGIAS.—¡Por Zeus, Sócrates! Yo mismo no concibo lo que quieres decir.

SÓCRATES.—No me sorprende, Gorgias, porque todavía no he dicho nada determinado. Pero Polo es joven y ardiente.

GORGIAS.—Déjale y explícame en qué sentido dices que la retórica es el simulacro de una parte de la política.

SÓCRATES.—Voy a intentar exponerte lo que acerca de esto pienso, y si la cosa no es como yo digo, Polo me refutará. ¿No hay una sustancia que llamas cuerpo y otra que denominas alma?

GORGIAS.—Indudablemente.

SÓCRATES.—¿No crees que hay una buena constitución del uno y de la otra?

GORGIAS.—Sí.

SÓCRATES.—¿No reconoces también que ambos pueden tener una constitución que parezca buena y que no lo sea? Me explicaré. Muchos parecen tener el cuerpo bien constituido y sólo un médico o un profesor de gimnasia verían fácilmente que no es así.

GORGIAS.—Tienes razón.

SÓCRATES.—Digo, pues, que hay en el cuerpo y en el alma un no sé qué que hace juzgar que ambos están en buen estado, aunque, sin embargo, no sea así.

GORGIAS.—Es cierto.

SÓCRATES.—Voy a ver si puedo darte a entender con más claridad lo que quiero decir. Digo que hay dos artes que corresponden a estas dos sustancias. Al que corresponde el alma, le llamo política; al otro, al que corresponde al cuerpo, no sabría designarlo con una sola palabra. Aunque la cultura del cuerpo no sea más que una, la divido en dos partes, que son la gimnasia y la medicina, y procediendo del mismo modo con la política, la divido también en dos partes y refiero la parte legislativa a la gimnasia y la judicial a la medicina, porque la medicina y la gimnasia por una parte, y la parte legislativa y judicial por otra, están muy relacionadas entre sí, porque se ejercen sobre el mismo objeto, no obstante se diferencia la una de la otra en alguna cosa. Estas cuatro partes, siendo tales como he dicho, tienen siempre por finalidad el mejor estado posible del cuerpo las unas y las otras el del alma; la adulación se ha dado cuenta de ello, no digo por un conocimiento reflexivo, sino por vía de conjetura, y dividiéndose en cuatro se insinúa bajo cualquiera de estas partes, haciéndose pasar por el arte cuyo disfraz ha adoptado. No se molesta en procurar que sea el mejor, sino el más agradable, atrae a sus redes a los insensatos y los engaña de tal modo, que les parece de un gran valor. La cocina se ha introducido furtivamente disfrazada de medicina y se atribuye el discernimiento de los alimentos más saludables al cuerpo, de manera que si el médico y el cocinero tuvieran que disputar juntos delante de niños o de hombres tan poco razonables como los niños, para saber quién de los dos, el médico o el cocinero, conoce mejor las buenas y las malas cualidades de los alimentos, el médico se moriría de hambre. Esto es lo que yo denomino adulación y digo que es una cosa vergonzosa. Polo, a ti es a quien lo digo, porque no tiende más que a lo agradable descuidando lo mejor. Añado que no es un arte, sino una rutina, porque no tiene ningún principio seguro referente a la naturaleza de las cosas que propone que le sirva de guía de conducta, de manera que no puede dar razón de nada, y yo no llamo arte a cosa alguna que está desprovista de razón. Si pretendes discutirme esto, me tienes dispuesto a contestarte. La lisonja culinaria se ha ocultado, como he dicho, bajo el manto de la medicina, y bajo el de la gimnástica la manía de engalanarse, práctica fraudulenta y engañadora, innoble y cobarde, que emplea para reducir las figuras los colores, el amaneramiento y la vestimenta, engañando a la gente con una belleza prestada que hace descuidar la hermosura natural que es la que proporciona la gimnástica. Y para no extenderme más, te lo diré como los geómetras y puede que así me comprendas mejor: lo que la vanidad en el vestir es a la gimnasia es lo que la cocina a la medicina, o mejor aún de esta manera: lo que la vanidad en el vestir es a la gimnasia es lo que la sofística a la parte legislativa; y lo que la cocina es a la medicina es lo que la retórica al arte judicial. La diferencia que la naturaleza ha puesto entre estas cosas es tal como acabo de explicarlo, pero a causa de su afinidad los sofistas y los oradores se aproximan a los jueces y legisladores y se dedican a los mismos asuntos. De donde se deriva que a punto fijo no saben ellos mismos cuál es su profesión, ni los otros nombres para qué sirven. Si el alma, en efecto, no se impusiera al cuerpo y éste gobernara a sí mismo; si el alma no examinara nada por sí misma y no discerniera la diferencia entre la cocina y la medicina y fuera el cuerpo el que juzgara según su placer, nada será más común, caro Polo, que lo que dice Anaxágoras (porque tú sin duda estás fuerte en estas materias): «todas se mezclarían y confundirían» y no se podrían distinguir los alimentos saludables ni los que prescribe el médico de los que prepara el cocinero. Ya has oído lo que pienso de la retórica: está en la misma relación respecto del alma que la cocina al cuerpo. Quizá es una inconsecuencia mía el haber pronunciado este discurso tan largo después de habértelos prohibido, pero soy acreedor a que se me disculpe, porque cuando me expresé concisamente no me comprendiste bien y no supiste qué partido sacar de mis respuestas; en una palabra, te faltaba más explicación. Cuando me contestes, si me encuentro en el mismo apuro al oír tus respuestas, te permitiré te extiendas a tu vez; pero mientras no sea así, déjame hacer, porque nada será más justo. Y si esta respuesta te proporciona alguna ventaja sobre mí, aprovéchala.

POLO.—Pero, ¿qué dices? ¿Que la retórica, a tu modo de ver, es lo mismo que la adulación?

SÓCRATES.—He dicho solamente que es una parte de ella. Pero veo, Polo, que a tu edad te va faltando ya la memoria. ¿Qué será cuando seas viejo?

POLO.—¿Te parece que en las ciudades se mira a los buenos oradores como si fuesen viles aduladores?

SÓCRATES.—¿Me haces una pregunta o empiezas un discurso?

POLO.—Es sólo una pregunta.

SÓCRATES.—Me parece que ni siquiera se los mira.

POLO.—¡Cómo! ¿Que no se los mira? De todos los ciudadanos, ¿no son ellos los que tienen más poder?

SÓCRATES.—No, si crees que el poder es un bien para quien lo tiene.

POLO.—Así lo creo.

SÓCRATES.—Entonces te digo que de todos los ciudadanos son los oradores los que tienen menos autoridad.

POLO.—¿Qué? Semejantes a los tiranos, ¿no hacen morir a quien quieren? ¿No despojan de sus bienes y destierran de las ciudades a quienes les place?

SÓCRATES.—¡Por el perro!, a cada cosa que dices me desconciertas y no sé si dices lo que piensas y expones tus opiniones o si me preguntas la mía.

POLO.—Claro está que te pregunto.

SÓCRATES.—Entonces, querido amigo, ¿por qué me haces dos preguntas a la vez?

POLO.—¿Cómo dos preguntas?

SÓCRATES.—¿No dijiste ahora mismo que los oradores, como los tiranos, condenan a muerte a quien quieren, los privan de sus bienes y los destierran de las ciudades que les place?

POLO.—Sí.

SÓCRATES.—Pues bien, yo te digo que son dos preguntas y voy a responder a la una y a la otra. Sostengo, Polo, que los oradores y los tiranos tienen muy poco poder en las ciudades, como hace poco te dije, y que no hacen casi nada de lo que quieren, aunque hagan lo que les parece ser lo más ventajoso.

POLO.—¿Y no es esto un gran poder?

SÓCRATES.—Según pretendes, Polo, no.

POLO.—¿Que yo pretendo eso?, ¡ca!, todo lo contrario, precisamente.

SÓCRATES.—Te digo que lo pretendes. ¿No has reconocido que un gran poder es un gran poder para el que está revestido de él?

POLO.—Y vuelvo a decirlo una vez más.

SÓCRATES.—¿Crees que es un bien para uno hacer lo que le parece más ventajoso cuando está desprovisto de sentido común? ¿Y llamas a esto un gran poder?

POLO.—De ninguna manera.

SÓCRATES.—Pruébame que los retóricos tienen buen sentido y que la retórica es un arte y no una adulación y me habrás refutado. Pero mientras no hagas nada de esto, seguirá siendo verdad que no es un bien para los oradores ni para los tiranos el hacer en las ciudades lo que les plazca. El poder es en verdad un bien, como dices, pero tú mismo convienes en que hacer lo que se juzga a propósito, cuando es un desatino, es un mal. ¿No es cierto?

POLO.—Sí.

SÓCRATES.—¿Cómo pues, tendrían los oradores y tiranos un gran poder en las ciudades, a menos que Polo no obligue a Sócrates a confesar que hacen lo que quieren?

POLO.—¡Qué hombre!

SÓCRATES.—Digo que no hacen lo que quieren. Refútame.

POLO.—¿No acabas de decir que hacen lo que creen más ventajoso para ellos?

SÓCRATES.—Y sigo sosteniéndolo.

POLO.—Entonces hacen lo que quieren.

SÓCRATES.—Lo niego.

POLO.—¡Qué! ¿Cuándo hacen lo que juzgan a propósito?

SÓCRATES.—Sin duda.

POLO.—En verdad, Sócrates, mantienes cosas insostenibles y deplorables.

SÓCRATES.—No me condenes tan deprisa, Polo encantador, por hablar como tú. Pero si tienes todavía que hacerme alguna pregunta pruébame que me engaño. Si no, contéstame.

POLO.—Consiento en contestarte a fin de ver claro en lo que quieres decir.

SÓCRATES.—¿Juzgas que los hombres quieren lo que hacen habitualmente o la cosa por la cual hacen esas acciones? Por ejemplo, los que toman de manos del médico una poción, ¿crees que quieren lo que hacen, es decir, tragarse la pócima y sentir dolor?, ¿o quieren recobrar la salud y por eso se toman la medicina?

POLO.—Es evidente que quieren recobrar la salud y que por eso toman la medicina.

SÓCRATES.—Del mismo modo los que viajan por mar y los que hacen toda clase de comercio no quieren lo que hacen diariamente, porque, ¿quién es el hombre que gusta de ir por mar, de exponerse a mil peligros y de tener mil dificultades? Pero quieren, me parece, la cosa por la cual hacen el viaje por mar, es decir, enriquecerse; las riquezas, en efecto, son el objeto de los viajes por mar.

POLO.—Conforme.

SÓCRATES.—¿No ocurre lo mismo con relación a todo lo demás? De manera que el que hace una cosa con miras a otra, no quiere la cosa misma que hace, sino aquella por la cual hace la primera.

POLO.—Sí.

SÓCRATES.—¿Hay algo en el mundo que no sea bueno ni malo o tenga lo medio entre lo bueno y lo malo sin ser lo uno ni lo otro?

POLO.—No puede ser de otro modo.

SÓCRATES.—¿No incluyes la sabiduría, la salud, la riqueza y todas las cosas parecidas en el número de las cosas buenas y a sus contrarias en el número de las malas?

POLO.—Sí.

SÓCRATES.—Y por cosas que no son buenas ni malas, ¿no entiendes aquellas que tanto tienen de bueno como de malo y tanto ni de lo uno ni de lo otro? Por ejemplo, estar sentados, andar, correr, navegar y también las piedras, las maderas y otras cosas por el estilo. ¿No es esto lo que concibes que no es bueno ni malo o es otra cosa?

POLO.—No, es esto mismo.

SÓCRATES.—Cuando los hombres hacen cosas indiferentes, ¿las hacen pensando en las buenas o hacen las buenas pensando en aquéllas?

POLO.—Hacen las indiferentes pensando en las buenas.

SÓCRATES.—Entonces es el bien lo que siempre perseguimos; cuando caminamos es pensando en el bien que nos convendrá más, y es en vista de este mismo bien que nos detenemos cuando nos detenemos. ¿No es así?

POLO.—Sí.

SÓCRATES.—Y sea que se condene a muerte a alguien, que se le destierre o prive de sus bienes, ¿no se determinará uno a estas acciones persuadido de que es lo mejor que puede hacer? ¿No te parece?

POLO.—Ciertamente.

SÓCRATES.—Todo lo que se hace en este género es, pues, en vista del bien que se hace.

POLO.—Convengo en ello.

SÓCRATES.—¿No hemos convenido también en que no se quiere la cosa que se hace con miras a otra sino a ésta?

POLO.—Nadie puede contradecirlo.

SÓCRATES.—Entonces no queremos condenar a muerte, ni desterrar del país, ni despojar a nadie de lo suyo sin más ni más, sino cuando eso nos pueda ser útil, pero si puede perjudicarnos, no. Porque, como reconoces, se quieren las cosas cuando son buenas. En cuanto se refiere a las que no son buenas ni malas y a las malas, a éstas no se las quiere. Lo que digo, Polo, ¿te parece verdad o no? ¿Por qué no me contestas?

POLO.—Me parece verdad.

SÓCRATES.—Puesto que no estamos de acuerdo, cuando un tirano o un orador condena a alguien a muerte o al destierro o a la confiscación de sus bienes, creyendo que es el partido más ventajoso para él mismo, aunque realmente sea el peor, hace lo que juzga más a propósito, ¿no es así?

POLO.—Sí.

SÓCRATES.—¿Hace por esto lo que quiere, si es verdad que lo que hace es malo…? ¿Por qué no respondes?

POLO.—No me parece que haga lo que quiere.

SÓCRATES.—¿Es posible que un hombre tal tenga un gran poder en la ciudad, si, como has reconocido, es un bien el estar revestido de un gran poder?

POLO.—No puede tenerlo.

SÓCRATES.—Por consiguiente, tuve razón al decir que es posible que un hombre haga cuanto se le ocurra juzgar a propósito en una ciudad sin disfrutar, no obstante, de un gran poder, ni hacer lo que quiere.

POLO.—Como si tú mismo, Sócrates, no prefirieras tener la libertad de hacer en una ciudad cuanto te gustara a no tenerla, y como si cuando ves a cualquiera hacer morir a otro porque lo cree conveniente, o despojarle de sus bienes o arrojarle en una prisión, no le envidiaras.

SÓCRATES.—¿Supones que procede con justicia o no?

POLO.—De cualquier manera que sea, ¿no es siempre algo digno de envidia?

SÓCRATES.—Habla mejor. Polo.

POLO.—¿Por qué?

SÓCRATES.—Porque no hay que envidiar a aquellos cuya suerte no debe excitar ninguna envidia ni a los desgraciados, sino tenerles lástima.

POLO.—Pero, ¿es posible que juzgues tal la condición de estos de quienes te hablo?

SÓCRATES.—¿Podría acaso juzgarlos de otro modo?

POLO.—¿Consideras entonces como desgraciado y digno de compasión a cualquiera que condena a muerte a quien juzga a propósito, aun en el caso de que le condene con justicia?

SÓCRATES.—De ninguna manera, pero también me parece digno de ser envidiado.

POLO.—¿No acabas de decir que es desgraciado?

SÓCRATES.—Sí, querido; lo he dicho del que condena a muerte injustamente, y además, que es digno de compasión. Y del que quita justamente la vida a otro, digo que no puede ser envidiado.

POLO.—El hombre condenado injustamente a muerte, ¿no es desgraciado y merecedor de compasión al mismo tiempo?

SÓCRATES.—Menos que el autor de su muerte, Polo, y menos aún que el que ha merecido la muerte.

POLO.—¿Cómo, Sócrates?

SÓCRATES.—Porque de todos los males, el mayor es cometer una injusticia.

POLO.—¿Es este el mayor mal? ¿No es mayor el sufrir una injusticia?

SÓCRATES.—De ninguna manera.

POLO.—Entonces, ¿preferirías más ser víctima de una injusticia que cometerla?

SÓCRATES.—No quisiera ni lo uno ni lo otro. Pero si me viera obligado a cometer una injusticia o a tener que sufrirla, preferiría esto antes que cometerla.

POLO.—¿Aceptarías o no la condición de tirano?

SÓCRATES.—No, si por tirano entiendes la misma cosa que yo.

POLO.—Entiendo por tirano lo que te dije hace muy poco: tener el poder de hacer en una ciudad cuanto me viniere en gana; matar, desterrar, en una palabra, obrar como le plazca a mi albedrío.

SÓCRATES.—Reflexiona, caro amigo, acerca de lo que voy a decir. Si cuando la plaza pública está llena de gente y teniendo yo oculto un puñal bajo mi brazo te dijera: «Polo, acabo de conseguir un poder maravilloso igual al de un tirano.» De todos estos hombres que ves, el que me parezca a propósito de que mate, morirá en seguida. Si me parece que debo romper la cabeza a alguno, al instante la tendrá rota; si quiero rasgar sus vestiduras, las rasgaré, tan grande es el poder que tengo en esta ciudad. Si te resistieras a creerme y te enseñase el puñal, puede ser que al verlo exclamaras: de esta manera cualquiera puede tener un gran poder. De igual modo podrías incendiar la casa del ciudadano que se te antojara, los arsenales de Atenas y todas las embarcaciones públicas y particulares. Pero la grandeza del poder no consiste precisamente en hacer lo que se juzga a propósito. ¿Lo crees?

POLO.—De la manera que acabas de decir, no.

SÓCRATES.—¿Quisieras decirme por qué razón desecharías un poder semejante?

POLO.—Sí.

SÓCRATES.—Dila.

POLO.—Porque quien usara de él, sería castigado irremisiblemente.

SÓCRATES.—¿No es un mal el ser castigado?

POLO.—Sin duda.

SÓCRATES.—Entonces, querido, juzgas, pues, de nuevo que se dispone de un gran poder cuando haciendo lo que se juzga a propósito se hace lo que es ventajoso y que entonces es una cosa buena. En esto consiste, en efecto, el gran poder; fuera de esto es una cosa mala y un poder muy débil. Examinemos eso todavía. ¿No convenimos en que algunas veces es mejor hacer lo que decimos hace un instante, condenar a muerte a los ciudadanos, desterrarlos y decomisar sus bienes y que otras veces no?

POLO.—Nadie podrá contradecirte.

SÓCRATES.—Entonces parece que acerca de este punto estamos acordes tú y yo.

POLO.—Sí.

SÓCRATES.—¿En qué caso dices tú que es mejor hacer esta clase de cosas? Determínalo sin ambigüedades.

POLO.—Respóndete tú mismo a esta pregunta, Sócrates.

SÓCRATES.—Puesto que prefieres saber mi opinión antes de darme a conocer la tuya, te digo que es mejor hacerlas cuando se las hace con justicia y peor cuando se hacen injustamente.

POLO.—Es verdaderamente muy difícil refutarte, Sócrates. ¿No podría convencerte, sin embargo, cualquier chiquillo de que no dices la verdad?

SÓCRATES.—Muy reconocido quedaría a ese niño y no menos a ti si me refutas y me libras de mis extravagancias. No te canses de obligar a un hombre que te quiere; por favor, pruébame que estoy equivocado.

POLO.—Para esto no hay que recurrir a sucesos remotos. Lo ocurrido ayer y anteayer basta para confundirte y demostrar que muchos hombres culpables de injusticias son felices.

SÓCRATES.—¿Qué sucesos son esos?

POLO.—¿Ves a ese Arquelao, hijo de Pérdicas, rey de Macedonia?

SÓCRATES.—Si no lo veo, al menos oigo hablar de él.

POLO.—¿Y qué te figuras que es, dichoso o desgraciado?

SÓCRATES.—No lo sé, Polo, porque todavía no he hablado con él.

POLO.—¿Qué dices? ¿Si hubieras hablado con él, sabrías a qué atenerte y de otra manera no puedes saber si es feliz?

SÓCRATES.—Te aseguro que no.

POLO.—Estoy seguro, Sócrates, que también dirías que ignoras si el gran rey es dichoso.

SÓCRATES.—Y diré la verdad, porque ignoro cuál es el estado de su alma desde el punto de vista de la ciencia y la injusticia.

POLO.—¿Supones acaso que toda la felicidad consiste en esto?

SÓCRATES.—A mi modo de ver, sí, Polo, porque pretendo que cualquiera que sea probo o virtuoso, hombre o mujer, es dichoso, y que el injusto y perverso es desgraciado.

POLO.—Según tú, entonces será desgraciado este Arquelao de quien hablo.

SÓCRATES.—Sí, querido amigo, si es injusto.

POLO.—¿Cómo no sería injusto? Él, que no tenía ningún derecho al trono que ocupa por haber nacido de una madre esclava de Alcetas, hermano de Pérdicas; él, que según las leyes, era esclavo de Alcetas y que debería haberle servido como tal, si hubiera querido cumplir con él en justicia y que en consecuencia habría sido dichoso, según pretendes, mientras que hoy es soberanamente desgraciado, puesto que ha cometido muchos crímenes. Porque habiendo llamado a Alcetas, su dueño y tío, con pretexto de entregarle la autoridad de que Pérdicas le había despojado, le recibió en su casa, le embriagó y lo mismo a su hijo Alejandro, primo suyo y casi de la misma edad, los hizo subir a un carro y de noche los llevó lejos del palacio y se desembarazó de ellos haciéndolos degollar. Una vez cometido este crimen, no se dio cuenta de la desgracia extrema en que se había precipitado ni sintió el menor remordimiento, y poco tiempo después, lejos de consentir en ser dichoso, sirviendo a la justicia y cuidando de la educación de su hermano, hijo legítimo de Pérdicas, de siete años de edad, y entregándole la corona que le pertenecía de derecho, le arrojó a un pozo después de haberle estrangulado, y dijo a Cleopatra, madre del niño, que éste, persiguiendo a su ganso, se cayó al pozo, donde halló la muerte. Haciéndose así culpable de más crímenes que hombre alguno en Macedonia, es hoy día no el más dichoso, sino el más desgraciado de todos los macedonios. Y quizá hay más de un ateniense, empezando por ti, que preferiría la condición de cualquier otro macedonio a la de Arquelao.

SÓCRATES.—Desde que comenzamos a hablar te felicité, Polo, por lo muy versado que me pareciste estar en la retórica, pero, en cambio, has descuidado bastante el arte de conversar. ¿Son estas, pues, las razones con que un niño me refutaría? Al oírte has destruido con estas razones lo que anticipé de que el injusto no es dichoso. Pero, ¿cómo, querido amigo, puesto que no estoy conforme con nada absolutamente de lo que has dicho?

POLO.—Di que no quieres confesarlo, pero seguramente piensas como yo.

SÓCRATES.—Eres admirable pretendiendo refutarme con argumentos de retórica como los que creen hacer lo mismo ante los tribunales. Allí, en efecto, se imagina un abogado haber refutado a otro cuando ha presentado un gran número de testigos distinguidos que responden de la veracidad de lo que dice mientras su adversario sólo puede presentar uno o ninguno. Pero esta clase de refutación no sirve de nada para descubrir la verdad, porque algunas veces puede ser condenado un acusado en falso por la declaración de un gran número de testigos que parecen ser de algún peso. Y en el caso presente casi todos los atenienses y los extranjeros serán de tu opinión acerca de las cosas de que hablas, y si quieres alegar testimonios contra mí para probar que la razón no está de mi parte, tendrás como testigos, siempre que quieras, a Nicias, hijo de Nicérato, y a sus hermanos, que han dado los trípodes que se ven en fila en el Templo de Dioniso; también tienes, si quieres, a Aristócrates, hijo de Escelio, de quien es esta hermosa ofrenda en el templo de Apolo Pítico; podrás contar también con toda la familia de Pericles y cualquier otra familia de Atenas que juzgues a propósito elegir. Pero soy, aunque solo, de otra opinión, porque no dices nada que me obligue a cambiarla; pero presentando contra mí una porción de testigos falsos puedes proponerte desposeerme de mis bienes y de la verdad. En cuanto a mí, no creo haber formulado ninguna conclusión que valga la pena acerca del asunto de nuestra disputa, a menos que no te reduzca a que te presentes tú mismo a rendir testimonio de la verdad de lo que digo; y tú creo que nada podrás alegar contra mí a menos que yo, que estoy solo, declare en tu favor y que no asignes importancia al testimonio de los otros. He aquí, pues, dos maneras de refutar: la una la que tú y otros creéis buena, y la otra la que yo, por mi parte, juzgo buena. Comparémoslas juntas y veamos si no difieren en nada. Porque los asuntos sobre los cuales no nos hemos puesto de acuerdo no son de nimias consecuencias; al contrario, casi lo más bello que se debe saber, e ignorarlo lo más vergonzoso que puede ocurrirnos, porque el punto capital al que afluyen es saber, o ignorar, quién es feliz o desgraciado. Y volviendo al objeto de nuestra disputa, pretendes tú, en primer lugar, que es posible ser feliz siendo injusto y en medio mismo de la injusticia, porque crees que Arquelao, aunque injusto, no por eso deja de ser feliz. ¿No es esta la idea que debemos tener de tu manera de pensar?

POLO.—Sí.

SÓCRATES.—Pues yo sostengo que tal aseveración es imposible. Este es un primer punto sobre el cual no estamos de acuerdo. Sea. Pero dime: ¿será dichoso el culpable cuando se le haga justicia y se le castigue?

POLO.—De ninguna manera; al contrario, si estuviera en este caso, sería muy desgraciado.

SÓCRATES.—Por lo que dices, si el culpable escapa a su merecido castigo será feliz, ¿no es cierto?

POLO.—Ciertísimo.

SÓCRATES.—Pues yo pienso, Polo, que el hombre injusto y criminal es desgraciado de todas maneras, pero aún más si no sufre ningún castigo y sus crímenes permanecen impunes, y que lo es menos si recibe por parte de los hombres y de los dioses el justo castigo por sus perversidades.

POLO.—Presentas una extraña paradoja, Sócrates.

SÓCRATES.—Voy a intentar, querido Polo, hacerte decir las mismas cosas que yo, porque te considero amigo mío. Estos son los objetos que nos hacen opinar de distinto modo. Juzga tú mismo. Dije antes que cometer una injusticia es un mal mayor que sufrirla.

POLO.—Es verdad.

SÓCRATES.—Y tú, que sufrirla es mayor mal.

POLO.—Sí, lo digo.

SÓCRATES.—También he dicho que los que obran injustamente son desgraciados, y tú me lo has refutado.

POLO.—Sí, ¡por Zeus!

SÓCRATES.—Mejor dicho, te figuras habérmelo refutado.

POLO.—Y probablemente, tengo motivos para creerlo.

SÓCRATES.—Por tu parte juzgas dichosos a los malos cuando no los aflige el castigo de la justicia.

POLO.—Nadie me lo contradirá.

SÓCRATES.—Pues yo digo que son muy desgraciados y que los que sufren el merecido castigo lo son menos. ¿Quieres refutarme también esto?

POLO.—Esta aseveración es aún más difícil de refutar que la precedente, Sócrates.

SÓCRATES.—No lo creas, Polo; pero es una empresa imposible porque nunca se puede refutar lo que es verdad.

POLO.—¿Cómo has dicho? ¿Qué? ¿Que un hombre sorprendido al cometer un delito como el aspirar a la tiranía, sometido en seguida a la tortura, a quien le desgarran los miembros, le queman los ojos y después de haber sufrido en su persona tormentos sin medida y de todas clases y haber visto padecer otros tantos a su esposa y sus hijos, y por fin es crucificado y quemado vivo, que este hombre será más dichoso que si, escapando a estos suplicios, consiguiera ser tirano y pasara toda su vida dueño de la ciudad, haciendo lo que le pluguiera y siendo objeto de la envidia de sus conciudadanos y de los extranjeros y considerado feliz por todo el mundo? ¿Y pretendes que es imposible refutar tales absurdos?

SÓCRATES.—Estás tratando de asustarme con tanta palabrería, buen Polo, pero no me refutas, y hace un momento llamabas en socorro tuyo a los testigos. Sea lo que quiera, recuérdame una cosa poco importante: ¿has supuesto que este hombre aspirara injustamente a la tiranía?

POLO.—Sí.

SÓCRATES.—Siendo así, el uno ni será más dichoso que el otro, ni el que logró apoderarse injustamente de la tiranía, ni el que ha sido castigado, porque no podría ser que de dos desgraciados el uno sea más feliz que el otro. Pero el más desgraciado de los dos es el que se ha escapado y ha llegado a hacerse dueño de la tiranía. ¿Por qué te ríes, Polo? ¿Es acaso un nuevo modo de refutar el reírse de un hombre en sus barbas sin alegar una razón en contra de lo que ha dicho?

POLO.—¿No te crees suficientemente refutado, Sócrates, afirmando cosas que ningún otro hombre se atrevería a sostener? Interroga más bien a cualquiera de los que te escuchan.

SÓCRATES.—No cuento en el número de los políticos, Polo, y el año pasado, cuando la suerte me hizo tener que ser senador, y a mi tribu le tocó presidir y tuve necesidad de recoger los sufragios, me puse en ridículo por no saber lo que tenía que hacer. No me hables, pues, de recoger los votos de los asistentes, y si, como te digo, no puedes oponerme argumentos mejores, deja que a mi vez te interrogue y procura ensayar mi manera de interrogar, que me figuro es la buena. Yo no puedo presentar más que un testigo en favor de lo que digo y es precisamente el mismo con quien converso y no hago caso alguno de la multitud. No recojo más sufragio que el suyo; en cuanto a la muchedumbre, ni siquiera le dirijo la palabra. Mira, pues, si puedes tolerar a tu vez que te refute animándote a responder a mis preguntas. Porque estoy convencido de que tú y yo y los demás hombres pensamos todos que cometer una injusticia es un mal mucho mayor que soportarla, como el no ser castigado por sus crímenes más mal que sufrir la pena merecida.

POLO.—Yo sostengo, en cambio, que no es esa mi opinión ni la de ningún otro. Tú mismo ¿preferirías ser víctima de una injusticia antes que cometer una?

SÓCRATES.—Sí, y tú también y todo el mundo.

POLO.—Estás es un error; ni tú, ni yo, ni quienquiera que sea.

SÓCRATES.—¿Quieres responderme?

POLO.—Consiento, porque tengo una curiosidad muy grande de saber lo que dirás.

SÓCRATES.—Pues para saberlo, contéstame, Polo, como si empezara a interrogarte por primera vez. ¿Qué mal opinas mayor: cometer una injusticia o ser víctima de ella?

POLO.—Ser víctima de ella, me parece.

SÓCRATES.—¿Y qué es más feo: cometer una injusticia o soportarla? Responde.

POLO.—Cometerla.

SÓCRATES.—Si es más feo, será, pues, un mal mayor.

POLO.—De ninguna manera.

SÓCRATES.—Comprendo. ¿Tú no crees, a lo que parece, que lo bueno y lo malo, lo bello y lo feo sean la misma cosa?

POLO.—Ciertamente que no.

SÓCRATES.—¿Qué dices de esto? ¿A todas las cosas bellas en cuestión de cuerpos, de colores, de figuras y de profesiones las llamas bellas sin relacionarlas a algo? Empezando por los cuerpos hermosos, cuando dices que son bellos, ¿no es refiriéndoles a su uso, a causa de la utilidad que puede obtenerse de ellos o en vista de cierto placer cuando su aspecto despierta un sentimiento de agrado en el alma de los que los contemplan? Aparte de esta, ¿hay alguna otra razón que te haga decir que un cuerpo es hermoso?

POLO.—No conozco ninguna otra.

SÓCRATES.—De igual manera, ¿no llamas bellas a todas las otras cosas, figuras, colores, por el placer o la utilidad que proporcionan o por ambos a la vez?

POLO.—Sí.

SÓCRATES.—¿No ocurre lo mismo con los sonidos y con todo lo que pertenece a la música?

POLO.—Sí.

SÓCRATES.—Igualmente lo que es bello en cuestión de leyes y de géneros de vida, ¿no lo es, sin duda, por más razón que por ser útil o agradable, o bien por las dos cosas a la vez?

POLO.—No me lo parece.

SÓCRATES.—¿No puede decirse lo mismo refiriéndose a la belleza de las ciencias?

POLO.—Indudablemente; definir lo bello, Sócrates, como haces, explicándolo por medio de lo útil y de lo agradable es hermoso.

SÓCRATES.—Lo feo, entonces, ¿estará bien definido por los dos contrarios: el dolor y lo malo?

POLO.—Necesariamente.

SÓCRATES.—Si de dos cosas bellas una lo es más que la otra, ¿no lo es porque la aventaja en hermosura o en utilidad, o en ambas cosas a la vez?

POLO.—Sin duda.

SÓCRATES.—Y de dos cosas feas, si una es más fea que la otra será porque causa más dolor o más mal, o lo uno y lo otro. ¿No es una necesidad que sea así?

POLO.—Sí.

SÓCRATES.—Veamos ahora. ¿Qué decíamos antes referente a la injusticia cometida o sufrida? ¿No dijiste que era peor sufrir la injusticia y más feo cometerla?

POLO.—Así dije.

SÓCRATES.—Si es más fea la comisión de una injusticia que la desgracia de ser víctima de ella, es o porque es más enojoso y causa más dolor, o por ser un mal mayor, o por lo uno y lo otro a la vez. ¿No es esto también una necesidad?

POLO.—Lo es, indudablemente.

SÓCRATES.—Examinaremos en primer lugar si es más doloroso cometer una injusticia que tener que sufrirla, y si los que la cometen experimentan más dolor que los que son víctimas de ella.

POLO.—Aquéllos, no, Sócrates; pero éstos, sí.

SÓCRATES.—La acción de cometer una injusticia no es, pues, tan dolorosa como el sobrellevar ésta.

POLO.—No.

SÓCRATES.—Si es así, ocurrirá lo mismo con relación al dolor y al mal a su vez.

POLO.—Parece que así es.

SÓCRATES.—Entonces no nos queda más que referirnos al último de los dos.

POLO.—Sí.

SÓCRATES.—¿Al mal solo?

POLO.—Me parece.

SÓCRATES.—Puesto que cometer una injusticia hace inclinarse del lado del mal, es peor que padecerla.

POLO.—Es evidente.

SÓCRATES.—¿No reconoce la mayoría de los hombres que es más repugnante, y tú mismo lo has confesado, cometer una injusticia que padecerla?

POLO.—Sí.

SÓCRATES.—¿No acabamos de ver que también es peor?

POLO.—Parece que sí.

SÓCRATES.—¿Preferirías tú lo que es más feo y peor a lo que lo es menos? No te avergüences de contestarme, Polo, porque nada malo te ocurrirá. Pero entrégate generosamente a este discurso, cuando lo harías a un médico; responde y muéstrate conforme con lo que te pregunto o niégalo.

POLO.—No lo preferiría.

SÓCRATES.—¿Crees que habrá alguien en el mundo que lo prefiera?

POLO.—Después de lo que acabas de decir, me parece que no.

SÓCRATES.—Entonces tuve razón cuando dije que ni yo, ni tú, ni quienquiera que sea, preferiría cometer una injusticia a padecerla, porque es una cosa mala.

POLO.—Así parece.

SÓCRATES.—¿Ves ahora, Polo, comparando tu manera de refutar con la mía, que no se asemejan nada? Todos los demás convienen contigo en lo que les propones. A mí me basta tu confesión sola y tu único testimonio; no recojo más sufragio que el tuyo y me ocupo muy poco de lo que piensan los demás. Quedamos, pues, de acuerdo acerca de este punto. Pasemos a examinar el otro, en el cual no conveníamos tú y yo, a saber: si verse castigado por las injusticias cometidas es el mayor mal, como pensabas, o si es un mal aún mayor disfrutar de la impunidad, como creo yo. Procedamos de esta manera. Sufrir el dolor de su injusticia y ser castigado con arreglo a la ley, ¿te parece que es lo mismo?

POLO.—Sí.

SÓCRATES.—¿Podrías negarme que lo que es justo es bello en tanto que es justo? Reflexiona antes de contestarme.

POLO.—Me parece que es así, Sócrates.

SÓCRATES.—Considera todavía esto. Cuando uno hace una cosa, ¿es preciso que haya un paciente que responda a este agente?

POLO.—Me figuro que sí.

SÓCRATES.—Lo que el paciente sufre, ¿no es de la misma naturaleza que lo que hace el agente? Mira lo que quiero decir: si alguno pega, ¿no es una necesidad que se haya pegado a una cosa?

POLO.—Seguramente.

SÓCRATES.—¿Y si pega deprisa y fuerte que la cosa sea golpeada de la misma manera?

POLO.—Sí.

SÓCRATES.—Lo golpeado experimenta, por tanto, un efecto de la misma naturaleza que la acción del que golpea.

POLO.—Indudablemente.

SÓCRATES.—Por consiguiente, si uno quema es preciso que haya alguna cosa que se queme.

POLO.—No puede ser de otro modo.

SÓCRATES.—¿Y si se quema mucho y de una manera dolorosa que la cosa quemada lo sea precisamente de la manera que ése la quema?

POLO.—Sí.

SÓCRATES.—Y lo mismo si una cosa corta porque otra tiene que ser cortada.

POLO.—Sí.

SÓCRATES.—Y si el corte es grande o profundo o doloroso, la cosa cortada tiene que ser exactamente de la manera como se la corta.

POLO.—Así parece.

SÓCRATES.—En una palabra: mira a ver si me concedes respecto a todas las otras cosas lo que acabo de decir: que lo que hace el agente lo sufre el paciente tal como el agente lo hace.

POLO.—Te lo concedo.

SÓCRATES.—Después de estas condiciones, dime si ser castigado es sufrir u obrar.

POLO.—Sufrir, necesariamente, Sócrates.

SÓCRATES.—¿Por parte de algún agente, sin duda?

POLO.—Del que castiga, naturalmente.

SÓCRATES.—El que castiga con razón, ¿castiga justamente?

POLO.—Sí.

SÓCRATES.—¿Haciendo una obra justa o no?

POLO.—Haciendo una cosa justa.

SÓCRATES.—El que está castigado, cuando se le castiga, sufre una cosa justa, por tanto.

POLO.—Aparentemente.

SÓCRATES.—¿No habíamos convenido en que todo lo justo es bello?

POLO.—Sí.

SÓCRATES.—Lo que hace la persona que castiga y lo que sufre la persona castigada es, pues, bello.

POLO.—Sí.

SÓCRATES.—Pero lo que es bello es al mismo tiempo bueno porque es agradable o útil.

POLO.—Necesariamente.

SÓCRATES.—Por eso lo que sufre el castigado es bueno.

POLO.—Parece que sí.

SÓCRATES.—De ello se deduce, por consiguiente, alguna utilidad.

POLO.—Sí.

SÓCRATES.—¿Es esta utilidad la que concibo, quiero decir, la de que mejora su alma, si es cierto que está castigado con razón?

POLO.—Así parece.

SÓCRATES.—Así es que el castigado se ve libre de la maldad que hay en su alma.

POLO.—Sí.

SÓCRATES.—¿No se ve así libre del mayor de los males? Considera la cosa desde este punto de vista. ¿Conoces, relacionado con la adquisición de riquezas, además de la pobreza, algún otro mal para el hombre?

POLO.—No, no conozco más que éste.

SÓCRATES.—Y refiriéndonos a la constitución del cuerpo, ¿no llamas males a la debilidad, a las enfermedades, a la fealdad y a otras cosas más?

POLO.—Sí.

SÓCRATES.—¿Piensas, sin duda, que el alma también tiene sus males?

POLO.—¿Quién puede dudarlo?

SÓCRATES.—¿No serán lo que llamas injusticia, ignorancia, cobardía y otros defectos parecidos?

POLO.—Ciertamente.

SÓCRATES.—Con estas tres cosas, pues, las riquezas, el cuerpo y el alma, se relacionan, según tú, tres males: la pobreza, la enfermedad y la injusticia.

POLO.—Sí.

SÓCRATES.—¿Cuál de estos tres males es el más feo? ¿No es la injusticia, que bien podemos calificar de vicio del alma?

POLO.—Sin comparación.

SÓCRATES.—Si es el más feo, ¿no es también el peor?

POLO.—¿Cómo lo entiendes, Sócrates?

SÓCRATES.—Helo aquí. Como consecuencia de nuestras confesiones anteriores, lo más feo lo es siempre porque es causa del mayor dolor o del mayor perjuicio, o de uno y otro al mismo tiempo.

POLO.—Es verdad.

SÓCRATES.—Pero, ¿no acabamos de reconocer que la injusticia y todos los vicios del alma son los más feos que hay?

POLO.—En efecto: lo hemos reconocido.

SÓCRATES.—Lo son porque no hay nada más doloroso o nada más perjudicial, o por ambas cosas.

POLO.—Necesariamente.

SÓCRATES.—Entonces, ¿es más doloroso ser injusto, intemperante, cobarde e ignorante que ser un indigente o un enfermo?

POLO.—Tomando las cosas así, me parece que no.

SÓCRATES.—Los vicios del alma no son, pues, lo más feo sino porque aventajan de una manera extraordinaria o los otros en el mal y perjuicio que causan, que superan a cuanto pudiera decirse, puesto que has confesado que no son debidos al dolor.

POLO.—Así parece.

SÓCRATES.—Pero lo que se distingue por el exceso de daño que causa es el mayor de los males.

POLO.—Sí.

SÓCRATES.—La injusticia, la intemperancia y los otros vicios del alma son, de todos los males, los mayores.

POLO.—Parece que sí.

SÓCRATES.—¿Qué arte nos libra de la pobreza? ¿No es la economía?

POLO.—Sí.

SÓCRATES.—Y de la enfermedad, ¿no es la medicina?

POLO.—Naturalmente.

SÓCRATES.—¿Y de la maldad y de la injusticia? Si no me comprendes de esta manera, veamos de esta otra: ¿Adónde y a casa de quién llevamos a aquellos cuyo cuerpo está enfermo?

POLO.—A casa de los médicos.

SÓCRATES.—¿Y adónde a los que se entregan a la injusticia y al libertinaje?

POLO.—Parece que quieres decir que a casa de los jueces.

SÓCRATES.—Para que los castigue, ¿verdad?

POLO.—Indudablemente.

SÓCRATES.—Los que castigan con razón, ¿no siguen en eso las reglas de cierta justicia?

POLO.—Es evidente que sí.

SÓCRATES.—Así es que la economía precave de la indigencia, la medicina libra de la enfermedad y la justicia de la intemperancia y de la injusticia.

POLO.—Así creo.

SÓCRATES.—Pero de estas tres cosas de que hablas, ¿cuál crees, Polo, que es la más bella?

POLO.—¿De qué tres cosas?

SÓCRATES.—De la economía, de la medicina y de la justicia.

POLO.—La justicia las aventaja mucho, Sócrates.

SÓCRATES.—Puesto que es la más bella, es, pues, la que procura el mayor placer o la mayor utilidad, o lo uno y lo otro.

POLO.—Sí.

SÓCRATES.—¿Tener que entregarse en mano de los médicos es agradable? Y el tratamiento que se impone a los enfermos, ¿les causa placer?

POLO.—No lo creo.

SÓCRATES.—Pero, ¿es una cosa útil?

POLO.—Sí.

SÓCRATES.—Porque libra de un gran mal; así, pues, es ventajoso sufrir el dolor para recuperar la salud.

POLO.—Sin ningún género de dudas.

SÓCRATES.—Pensando sólo en el cuerpo, ¿quién es más dichoso: el hombre que está en manos de los médicos o el que no ha estado enfermo?

POLO.—Evidentemente, el segundo.

SÓCRATES.—En efecto; la felicidad no consiste, parece, en verse aliviado de un mal, sino en no estar sujeto a él.

POLO.—Es verdad.

SÓCRATES.—Y de dos enfermos, lo mismo da que lo sean del cuerpo que del alma, ¿quién es el más desgraciado: el bien asistido y curado de su mal, o aquel que no está cuidado y no se cura?

POLO.—Me parece que el que no recibe cuidados.

SÓCRATES.—Hemos dicho que el castigo procura la liberación del mayor de los males, que es la maldad.

POLO.—Sí, convinimos en ello.

SÓCRATES.—Porque el castigo vuelve sensato, obliga a ser más justo y es la medicina del alma.

POLO.—Sí.

SÓCRATES.—El más feliz, por consiguiente, es quien no tiene maldad alguna en el alma, porque hemos visto que este mal es el mayor de los males.

POLO.—Es evidente.

SÓCRATES.—Y después de él, quien se ve libertado del mal.

POLO.—Me parece que sí.

SÓCRATES.—Que es quien ha sido advertido, amonestado y ha sufrido el castigo.

POLO.—Sí.

SÓCRATES.—Pero quien vive más desgraciado es el que comete injusticias y no se ve libre de ellas.

POLO.—Todo hace creer que sí.

SÓCRATES.—¿No es este hombre el que habiéndose hecho culpable de los mayores delitos y permitídose las mayores injusticias consigue ponerse a cubierto de las amonestaciones, de las correcciones y de los castigos? Tal es, como dijiste, la situación de Arquelao y de los otros tiranos, de los oradores y de todos los que gozan de un gran poder.

POLO.—Parece que sí.

SÓCRATES.—Y verdaderamente, mi querido Polo, todas esas gentes han hecho casi lo mismo que el que siendo atacado por las enfermedades más graves encontrara el medio de no tener que someterse al tratamiento que los médicos le prescribieran contra los vicios de su cuerpo obligándole a ciertos remedios, por miedo, como si fuera un niño, de que le cauterizaran o cortaran, porque es doloroso. ¿No te parece que la cosa es así?

POLO.—Sí.

SÓCRATES.—El principio a que tal conducta obedecería sería indudablemente la ignorancia de las ventajas de la salud y de la buena constitución del cuerpo. Parece, después de nuestras anteriores convicciones, que los que huyen de su castigo, mi querido Polo, se conducen de la misma manera. Ven lo que su modo de proceder tiene de doloroso, pero están ciegos para su utilidad; ignoran que es más de lamentar vivir con un alma que no está sana sino corrompida, injusta e impía, que con un cuerpo enfermo. Por esto no perdonan medio de escapar al castigo y no verse liberados del mayor de los males. Pensando así, acaparan riquezas, buscan amigos y se aplican a adquirir el talento de la palabra y de la persuasión. Pero si las cosas en que hemos convenido son verdaderas, Polo, ¿ves lo que resulta de este discurso o prefieres que juntos saquemos las conclusiones?

POLO.—Consiento, a menos que seas de otra opinión.

SÓCRATES.—¿No se deduce de esto que la injusticia es el mayor de los males?

POLO.—Al menos me lo parece.

SÓCRATES.—¿No hemos visto que el castigo procura la liberación de ese mal?

POLO.—Parece verosímil.

SÓCRATES.—¿Y que la impunidad lo fomenta?

POLO.—Sí.

SÓCRATES.—Cometer la injusticia no es en magnitud más que el segundo mal, pero cometerla y no ser castigado es lo primero y el mayor de todos los males.

POLO.—También me lo parece.

SÓCRATES.—¿No es este, querido amigo, el punto en que no estábamos de acuerdo? Tú considerabas dichoso a Arquelao porque, habiéndose hecho culpable de los mayores crímenes, no sufría el menor castigo, y yo sostenía, al contrario, que Arquelao, como cualquier otro que no sufra la pena que merece por las injusticias que ha cometido, debe ser considerado infinitamente más desgraciado que cualquier otro; que el autor de una injusticia es siempre más desgraciado que aquel sobre quien ésta recae, y que el malvado que permanece impune lo es también más que aquel a quien se castiga. ¿No fue esto lo que dije?

POLO.—Sí.

SÓCRATES.—¿No te he demostrado que quien tenía razón era yo?

POLO.—Me parece que sí.

SÓCRATES.—Bueno. Pero si esto es verdad, ¿cuál es la utilidad de la retórica, Polo? Porque una consecuencia de nuestra convicción es que ante todo debemos guardarnos de todo hecho injusto, por ser un mal por sí mismo, ¿verdad?

POLO.—Ciertamente.

SÓCRATES.—Y que si uno mismo o cualquier persona por la que se interesa ha cometido una injusticia, tiene que personarse en el sitio donde reciba lo más pronto posible el conveniente correctivo y apresurarse a buscar al juez como acudiría al médico, por miedo que la enfermedad de la injusticia, permaneciendo en su alma, no engendre una corrupción secreta que la haga incurable. ¿Podemos decir otra cosa si subsisten nuestras primeras convicciones? ¿No es una necesidad que lo que digamos esté de acuerdo con lo que antes establecimos y con nada más?

POLO.—¿Cómo sería posible hablar de otra manera, Sócrates?

SÓCRATES.—La retórica, Polo, no nos puede, pues, servir en ningún caso para defender nuestra causa en caso de una injusticia, ni tampoco la de nuestros hijos, parientes y amigos, ni aun la de nuestra patria: ¿para qué servirá entonces sino para acusarle uno mismo antes de que cualquiera le acuse y lo mismo a sus parientes e íntimos en cuanto se hagan culpables de una injusticia y a no tener secreto el delito, sino a exponerlo en pleno día, a fin de que el delincuente sea castigado y que recupere la salud? En este caso será necesario hacerse violencia lo mismo que a los otros para sobreponerse a todo temor y ofrecerse cerrando los ojos, pero animosos, como se ofrece uno al médico para sufrir las incisiones y las quemaduras, consagrándose a la consecución de lo bueno y honrado sin tener para nada en cuenta el dolor; de manera que si la falta cometida merece latigazos se presente uno a recibirlos; si los hierros, tendiendo las manos a las cadenas; si una multa, pagándola; si el ostracismo, condenándose a él, y si la muerte, sufriéndola; que sea uno el primero en deponer contra sí mismo y los suyos; que no se guarde y que para esto ponga en juego toda la retórica a fin de que por la confesión de sus crímenes llegue a verse libre del peor de los males, que es la injusticia. ¿Acordaremos esto, Polo, o lo negaremos?

POLO.—Extraño me parece en verdad, Sócrates, pero quizá es una consecuencia de lo que antes hemos dicho.

SÓCRATES.—Entonces tenemos que desdecirnos de nuestros anteriores discursos o reconocer que esto resulta así necesariamente.

POLO.—Sí, así es.

SÓCRATES.—Y procederemos del modo contrario cuando se trata de hacer daño a cualquiera, sea un enemigo, sea a quienquiera. Uno mismo no debe exponerse a malos tratos de la parte de sus enemigos y ha de procurar garantizarse de ellos. Pero si éstos cometen una injusticia contra otro, es preciso esforzarse por todas las maneras de obra y de palabra para sustraerle al castigo e impedir su comparecencia ante los jueces; pero si compareciera, hacer todo lo posible para que se escape y no sea castigado; de manera que si ha defraudado una gran suma de dinero no la devuelva, se la guarde y la emplee en gastos impíos e injustos suyos y de sus amigos; si su crimen merece la muerte, que no la sufra, y si puede, que no muera nunca, y que, continuando siendo un malvado, sea inmortal; si no, que viva en el crimen el mayor tiempo posible. He aquí, Polo, para qué creo que es útil la retórica, porque para quien no está en el caso de cometer ninguna injusticia no veo pueda serle de gran utilidad, si es que le es de alguna, porque, como hemos visto antes, no sirve para nada.

CALICLES.—Dime, Querefonte, ¿habla en serio Sócrates o bromea?

QUEREFONTE.—Me parece, Calicles, que habla muy seriamente, pero podemos preguntárselo.

CALICLES.—¡Por todos los dioses! Tienes razón, y es lo que tengo ganas de hacer. Sócrates, dime: ¿nos hablas en serio o en broma? Porque si hablas en serio y lo que dices es en serio y es verdad, la vida que llevamos nosotros sería completamente equivocada y haríamos en todo lo contrario, parece, de lo que deberíamos.

SÓCRATES.—Si los hombres, Calicles, en vez de estar sujetos a las mismas pasiones, unos de una manera y otros de otra, tuvieran cada uno su pasión particular diferente de las de los otros, no sería empresa fácil hacer conocer a los demás lo que uno mismo experimenta. Hablo así porque sé que tú y yo nos hallamos en una misma situación, porque ambos amamos dos cosas: yo a Alcibíades, hijo de Clinias, y a la filosofía, y tú al pueblo de Atenas y al hijo de Pirilampes. He observado todos los días que, a pesar de lo elocuente que eres, cuando los objetos de tu amor opinan de distinto modo que tú, y cualquiera que sea su manera de pensar, no te sientes con fuerzas para contradecirlos y que pasas de lo blanco a lo negro si les place. En efecto, cuando hablas a una reunión de atenienses, si sostienen que las cosas no son tal como dices, cambias en seguida de parecer para conformarte con sus opiniones. Lo mismo te sucede con el hermoso mancebo, hijo de Pirilampes. No sabrías resistirte a su voluntad ni a sus discursos, de manera que si alguno, testigo del lenguaje que mantienes diariamente por complacerlos, se extrañara y lo encontrase absurdo, le responderías probablemente, si quisieras decir la verdad, que mientras tus dos amores no cesen de hablar como hablan, tú no dejarás de hablar como hablas. Figúrate que oyes de mis labios la misma contestación y no te extrañas de los discursos que pronuncio, pero comprometo a la filosofía, uno de mis amores, a no hablar del mismo modo, porque ella, querido amigo, sostiene siempre lo que acabas de oír, y me da mucho menos quehacer que el otro objeto de mis amores. El hijo de Clinias habla unas veces y otras de muy distinta manera, pero la filosofía mantiene siempre el mismo lenguaje. Lo que ahora te parece tan extraño es de ella; estaba presente cuando se dijo. Así, pues, o refutas lo que por boca mía dijo hace muy poco o pruébale que cometer la injusticia y vivir en la impunidad después de haberla cometido no es colmo de todos los males, o si dejas subsistir esta verdad en toda su fuerza, te juro, Calicles, por el perro, dios de los egipcios, que Calicles nunca estará de acuerdo consigo mismo y toda su vida será una perpetua contradicción. Y yo, al menos, amigo mío, soy de opinión que para mí valdría mucho más que mi lira estuviera mal montada y desafinada, y que la mayoría, lejos de estar acordes conmigo, me contradijeran que yo no estuviera de acuerdo conmigo mismo y tuviera que contradecirme.

CALICLES.—Me parece, Sócrates, que triunfas con tus discursos al igual que un orador popular. Toda tu declamación se basa en el hecho de haber ocurrido a Polo lo mismo que él ha pretendido haberle sucedido a Gorgias respecto a ti. Ha dicho, en efecto, que cuando preguntaste a Gorgias, en la suposición de que fueran a su casa a aprender la retórica y no tuvieran ningún conocimiento de lo que concierne a la justicia, si él les daría lecciones, que Gorgias se avergonzó de contestarte conforme a la verdad, y dijo que la enseñanza a causa del hábito establecido entre los hombres, que encontrarían mal una respuesta contraria; que esta confesión había hecho caer a Gorgias en contradicción, lo que te había satisfecho; en una palabra, que me parece que en esta ocasión se ha burlado Polo de ti con razón. Pero he aquí que ahora se encuentra en el mismo caso que Gorgias. Te confieso, amigo mío, que no me satisface nada que Polo te conceda que es peor o más feo cometer una injusticia que padecerla, porque esta confesión es la que le ha confundido en la disputa y ha permitido le cierres la boca, porque ha tenido vergüenza de decir su pensamiento. En efecto, Sócrates, so pretexto de buscar la verdad, como dices, haces a los que conversan contigo preguntas propias de un declamador y que tienen por objeto lo que es bello no por la naturaleza, sino según la ley; pero en la mayor parte de las cosas la naturaleza y la ley están en oposición, de manera que si por vergüenza no se atreve uno a decir lo que piensa, estará por fuerza obligado a contradecirse. Tú te diste cuenta de esta sutil distinción y te aprovechas de ella para tender lazos en la controversia. Si alguno te habla de lo que refiere a la ley, le preguntas acerca de lo que atañe a la naturaleza; si te habla de lo que está en el orden de la naturaleza, le interrogas acerca de lo que está en el orden de la ley. Esto es lo que acabas de hacer al referirte a la injusticia cometida y a la sufrida cuando Polo habló de lo legalmente más feo; tú, por el contrario, te atuviste a lo legal como si fuera lo natural. Según la naturaleza, todo lo peor es también lo más feo; por consiguiente, sufrir una injusticia es una cosa muy fea, pero, según la ley, más feo es aún el cometerla. Y, en efecto, sucumbir a la injusticia de otro no es propio de un hombre, sino de un vil esclavo, para quien vale más morir que vivir, cuando sufriendo injusticias y ofensas no se está en estado de defenderse uno mismo ni tampoco defender a quienes le son caros. Pero pienso en que los que escriben las leyes son los débiles y la gran masa, y teniendo sólo en cuenta lo que les puede interesar determinan lo que ha de ser digno de loa y lo que ha de merecer ser prohibido. Para amedrentar a los más fuertes, que podrían ir más allá de los otros e impedírselo, dicen que es feo e injusto aventajar en algo a los demás, y que trabajar por hacerse más poderoso es hacerse culpables de injusticia, porque siendo los más débiles se consideran demasiado felices de que todos sean iguales, ya que ellos son los peores. Tal es la razón por la cual en el orden de la ley es injusto y feo el querer aspirar a más que la mayoría, y por esto se le ha dado el nombre de injusticia.

Pero me parece que la naturaleza demuestra que no es justo que el que valga más tenga menos que otro que no valga lo que él y el más fuerte menos que el más débil, y prueba en mil ocasiones que debe ser así, tanto en lo que concierne a los animales como a los mismos hombres, entre los cuales vemos Estados y

naciones enteras donde la regla de lo justo es que el más fuerte
se imponga al más débil y esté más beneficiado que él. ¿Con qué
derecho hizo Jerjes la guerra a Grecia y su padre a los escitas?
Y como estos podría citar infinidad de otros ejemplos. En esta
clase de empresas se trata, me figuro, de obrar según la naturaleza, y, ¡por Zeus!, también según las mismas leyes de ella, aunque no ciertamente quizá según las leyes que los hombres han
establecido. Desde la juventud nos ganamos y nos llevamos a los
mejores y más fuertes de entre nosotros; los formamos y los
domamos, como se doma a los cachorros del león, por medio de
discursos repletos de encantos y prestigios, haciéndoles saber
que es preciso subordinarse a la legalidad y que en esto consiste
lo bello y lo justo. Pero me imagino que si surgiera un hombre
dotado de excelsas cualidades que, sacudiendo y rompiendo
todas estas trabas, encontrara el medio de desembarazarse de
ellas y que, pisoteando nuestros escritos, vuestros prestigios,
vuestras discusiones y leyes antinaturales y aspirando a elevarse
sobre todo, se convirtiera de esclavo en vuestro señor, entonces
se vería brillar la justicia tal como es, manifestando sus derechos. Píndaro, me parece, apoya estos sentimientos en una sola
oda, en que dice que «la ley es la reina de los mortales y de los
inmortales. Ella misma —añade— lleva consigo la fuerza que su
mano poderosa convierte en legítima. Juzgo de ello por los trabajos de Hércules, que sin haberlos comprado...» Estas son,
poco más o menos, las palabras de Píndaro, porque no sé de
memoria la oda. Pero su sentido es que Hércules se llevó a los
bueyes de Gerión sin haberlos comprado y sin que se los hubiese dado, dejando comprender que su acción era justa según la
naturaleza y que los bueyes y todos los demás bienes de los
débiles e insignificantes pertenecen de derecho al más fuerte y al
mejor. La verdad es, pues, tal como te la digo: tú mismo la reco-
nocerás si, dando de lado a la filosofía, te dedicas a asuntos más
elevados. Te confieso, Sócrates, que la filosofía es algo muy
divertido cuando en la juventud se la estudia con moderación,
pero si se prolonga su estudio más tiempo del preciso se convierte en una plaga de la humanidad. Porque por grandes que
sean las dotes con que la naturaleza haya adornado al hombre,
si éste en una edad ya adelantada continúa filosofando tiene por
fuerza que carecer de la experiencia de todo lo que no debe
ignorar el hombre que quiera ser una persona bienquista y dis-
tinguida. Porque no sólo son inexpertos en las leyes del Estado,

sino también en la manera acertada de tratar a los hombres en las relaciones públicas o particulares que con ellos se tienen, y además carecen de toda experiencia de los placeres y pasiones humanas, y, en una palabra, de idea alguna de lo que es la vida. Por esto incurren en el ridículo cuando tienen que hacerse cargo de cualquier asunto doméstico o civil, como les ocurre a los políticos cuando concurren a vuestras asambleas y controversias. Porque nada hay tan cierto como estas palabras de Eurípides: «Cada uno se consagra con placer a las cosas para las cuales muestra más talento, a las que dedica la mayor parte del día en su afán de superarse a sí mismo.» En cambio, se huye de aquellas en las que uno no descuella, y se habla con desprecio de ellas, mientras por amor propio se ponderan las primeras, creyendo de este modo elogiarse a sí mismo. Pero lo mejor, a mi modo de ver, es tener algunos conocimientos de las unas y de las otras. Conviene tener un barniz de filosofía, el que se necesite para el cultivo del espíritu, y no me parece vergonzoso que un joven filosofe. Pero seguir filosofando en la edad viril me parece ridículo, Sócrates. Los que se consagran a la filosofía me hacen la misma impresión que los niños que todavía no hablan bien y no piensan más que en jugar. Cuando veo a un niño todavía en edad de no hablar que bromea balbuciendo, me place y le encuentro gracioso y propio de sus pocos años, pero si le oigo articular las palabras con precisión, me extraño, me lastima el oído y me parece presentir al esclavo. Mas si es un hombre el que oigo balbucir y veo jugar, la cosa me parece ridícula, indecente en esa edad y merecedora de unos latigazos. Esta es mi manera de pensar acerca de los que se ocupan de la filosofía. Un joven entregado a ella me complace y le encuentro muy en su lugar, y juzgo que tiene nobleza de sentimientos; si la desdeña, me parece un alma baja que jamás se creerá capaz de una bella y generosa acción. Mas cuando veo a un anciano filosofando todavía y que no ha renunciado a este estudio, le considero merecedor de ser castigado con el látigo, Sócrates. Como dije hace un momento, por bellas dotes naturales que tenga este hombre, no puede por menos de degradarse al evitar los lugares frecuentados de la ciudad y las plazas públicas, donde los hombres, según el poeta, adquieren la celebridad, y escondiéndose, como hace, pasa el resto de sus días charlando en un rincón con tres o cuatro niños sin que nunca salga de su boca un discurso noble y grande que valga la pena ser conocido. Sócrates, pienso bien de ti y soy uno de tus amigos; en este momento me parece que respecto de ti me animan los mismos sentimientos que a Zeto le animaron respecto a Anfión de Eurípides, de quien ya he hecho mención, porque me está viniendo al pensamiento de dirigirte un discurso parecido al que Zeto dirigió a su hermano. Descuidas, Sócrates, lo que debería ser tu principal ocupación y desfiguras por tus procederes infantiles un espíritu de tan espléndida naturaleza como el tuyo, tanto, que no sabrías proponer una determinación en las deliberaciones de asuntos de justicia, ni lo que hay de plausible y probable en una empresa, ni sugerir a los otros un consejo generoso. Sin embargo, mi querido Sócrates —y no te ofendas por lo que te voy a decir, porque son la simpatía y el afecto los que me lo dictan—, ¿no te parece vergonzoso estar en el estado en que estoy persuadido te hallas, lo mismo que los otros que pasan sus días en marchar incesantemente en la carrera filosófica? Si cualquiera te echara la mano encima, y lo mismo que digo de ti puedo decirlo de los que se te asemejan, y te condujera a la cárcel sosteniendo que le habías causado un perjuicio, aunque no le hayas hecho nada, te quedarías con la boca abierta, la cabeza te daría vueltas y te verías sumamente apurado sin saber qué hacer ni decir. Y cuando comparecieras ante los jueces, por vil y despreciable que fuere tu acusador, serías condenado a muerte si le pluguiera hacerte condenar a tal pena. ¿Qué estima puede, pues, tenerse, querido Sócrates, a un arte que empeora a los que, dotados de las mejores cualidades, se aplican a él, los incapacita para defenderse a sí mismos y para salvar de los mayores peligros no sólo a su propia persona, sino a ninguna otra; que los expone a verse desposeídos de todos sus bienes por sus enemigos y a arrastrar en su patria una vida sin honor? La cosa es un poco fuerte para dicha, pero, en fin, se puede abofetear impunemente a un hombre de este carácter. Créeme, pues, querido amigo, deja tus argumentos, cultiva lo bello, ejercítate en lo que te dará la reputación de hombre hábil y abandona a otros estas vanas sutilezas que sólo tratan de extravagancias o puerilidades y que terminarán por reducirte a la miseria; propónte por modelos no a esos que disputan con estas frivolidades, sino a las personas que han conquistado fama y riquezas y que gozan de las otras ventajas de la vida.

SÓCRATES.—Si mi alma fuese de otro, ¿no crees, Calicles, que sería para mí motivo de gran alegría encontrar una excelente piedra de toque de las que sirven para probar el oro, de manera que acercándola a mi alma, si me diera testimonio favorable, reconociera yo sin ningún género de duda que estoy en buen estado y que tengo necesidad de ninguna prueba más?

CALICLES.—¿A propósito de qué me preguntas esto, Sócrates?

SÓCRATES.—Voy a decírtelo: creo haber tenido contigo un feliz encuentro.

CALICLES.—¿Por qué?

SÓCRATES.—Estoy seguro de que si te manifiestas de acuerdo conmigo en las opiniones que tengo en el alma es porque estas opiniones son verdad. Observo, en efecto, que para saber si un alma está bien o mal es preciso poseer tres cualidades que tú reúnes: la ciencia, la bondad y la franqueza. Encuentro mucha gente que no es capaz de sondearme porque no es sabio como tú. Otros hay que son sabios, pero como no se interesan por mí como tú, no quieren decirme la verdad. Estos dos extranjeros, Gorgias y Polo, son hábiles los dos, y mis amigos, pero les falta un poco de franqueza y son más circunspectos de lo que les conviene ser. ¿Cómo no han de serlo, puesto que por una vergüenza perjudicial han llevado su timidez hasta el extremo de contradecirse mutuamente ante tantas personas y tratándose de objetos de la mayor importancia? En cuanto a ti, te digo que empiezas por tener todo lo que tienen los otros, porque eres sumamente hábil, como convendrá la mayor parte de los atenienses, y además me miras bondadosamente. Mira por lo que juzgo. Sé, Calicles, que sois cuatro los que habéis estudiado juntos la filosofía: tú, Tisandro de Afidna, Andrón, hijo de Androción, y Nausicides de Colarges. Un día os oí deliberar acerca de a qué extremo se debía llevar el cultivo de la sabiduría y sé qué opinión fue la que se impuso: que no se debía aspirar a ser filósofo consumado y que os advertiríais mutuamente de tener cuidado de que por filosofar más de lo conveniente no os perjudicarais sin saberlo. Hoy que te oigo darme el mismo consejo que a tus más íntimos amigos, me das con ello una prueba decisiva del afecto que me tienes. De que tienes además lo que es necesario para hablarme con toda libertad y no disimularme nada por vergüenza lo has dicho tú mismo, y el discurso que acabas de dirigirme testimonia también de ello. Una vez las cosas así, es evidente que lo que me concedas en esta discusión acerca del asunto que nos separa habrá pasado por una prueba suficiente de tu parte y de la mía, y que no será necesario someterlo a un nuevo examen. Porque tú no me lo habrás dejado pasar por falta de luces ni por exceso de vergüenza y tampoco confesarás nada por deseo de engañarme, siendo, como dices, mi amigo. Así será el resultado de tus opiniones y las mías la plena y entera verdad. De todas las consideraciones, Calicles, la más bella sin duda es la que concierne a los objetos acerca de los cuales me has dado una lección: qué se debe ser, a qué debe uno dedicarse con preferencia y hasta qué punto, sea en la ancianidad o en la juventud. En cuanto a mí, si el género de vida que llevo es reprensible desde ciertos puntos de vista, estáte persuadido de que la falta no es voluntaria de mi parte y que de ella sólo tiene la culpa la ignorancia. No renuncies, pues, a hacerme observaciones como tan bien empezaste; pero explícame a fondo qué profesión es a la que debo dedicarme y cómo tengo que componérmelas para ejercerla, y si después de que la cosa esté decidida entre los dos, descubres más tarde que no me atengo fielmente a lo convenido, tenme por un hombre sin corazón y prívame en lo sucesivo de tus consejos, como absolutamente indigno de ellos. Expónme, pues, de nuevo, te lo ruego, lo que Píndaro y tú entendéis por lo justo; has dicho tú que, consultando a la naturaleza, el más poderoso tiene derecho de apropiarse lo que pertenece al más débil, el mejor a mandar al que lo es menos y el que vale más a tener más que el vale menos. ¿Tienes alguna otra idea de lo justo o mi memoria me es infiel?

CALICLES.—Lo que dije entonces es lo que sigo diciendo.

SÓCRATES.—¿Piensas en lo mismo cuando dices que uno es mejor y cuando dices que uno es más poderoso? Porque te confieso que no he podido comprender lo que querías decir ni si por los más poderosos entendías los más fuertes y si es preciso que los más débiles estén sometidos a los más fuertes, como parece lo insinuaste al decir que los grandes Estados atacan a los pequeños en virtud del derecho natural porque son más poderosos y más fuertes, lo que hace suponer que más poderosos, más fuertes y mejor son la misma cosa. ¿O se puede ser mejor y al propio tiempo más pequeño y más débil, más poderoso y también peor? ¿O el mejor y el más poderoso están comprendidos en la misma definición? Hazme ver claramente si más poderoso, mejor y más fuerte expresan la misma idea o ideas diferentes.

CALICLES.—Te declaro que estas palabras expresan, en efecto, la misma idea.

SÓCRATES.—En el orden de la naturaleza, ¿es la multitud más poderosa que uno solo, puesto que, como dijiste hace un instante, es la que formula las leyes contra el individuo?

CALICLES.—Nadie puede dudarlo.

SÓCRATES.—Las leyes de la mayoría son, pues, las de los más poderosos.

CALICLES.—Seguramente.

SÓCRATES.—Y, por consiguiente, de los mejores, puesto que, según tú, los más poderosos son también con mucho los mejores.

CALICLES.—Sí.

SÓCRATES.—Sus leyes son, pues, bellas según la naturaleza, puesto que son las de los más poderosos.

CALICLES.—Lo reconozco.

SÓCRATES.—Pero, ¿no piensa la mayoría que la justicia consiste en la igualdad, como hace un momento decías, y que es más feo cometer una injusticia que padecerla? ¿Es cierto o no? Y, por favor, ten cuidado de no avergonzarte ahora. ¿Piensa la mayoría, o no, que es justo tener tanto y no más que los otros y que cometer una injusticia es algo más feo que ser víctima de ella? No te niegues a contestarme a esto, Calicles, a fin de que, si convienes en ello, me afirmes en mi parecer viéndolo apoyado por el sufragio de un hombre tan capacitado para juzgar.

CALICLES.—Pues bien, sí; el gran número está persuadido de ello.

SÓCRATES.—Entonces no es solamente según la ley, sino también según la naturaleza, que es más feo cometer una injusticia que sufrirla y que la justicia consiste en la igualdad. De manera que parece que no dijiste la verdad hace un momento y que me acusaste sin razón al sostener que la naturaleza y la ley están en contradicción, que yo lo sabía de sobra y que me servía de este conocimiento para tender lazos en mis discursos, haciendo recaer la discusión sobre la ley cuando se hablaba de la naturaleza y sobre la naturaleza cuando se hablaba de la ley.

CALICLES.—¡Este hombre no va a cesar de decir vaciedades! Sócrates, contéstame: ¿no te avergüenzas a tus años de estar a la caza de palabras y considerar que has ganado tu causa cuando uno se equivoca en una palabra? ¿Te figuras que por los más poderosos entiendo algo distinto de los mejores? ¿No te he dicho hace ya tiempo que para mí tienen la misma acepción estos términos de mejor y más poderosos? ¿Te imaginas acaso que pienso que se deben considerar como leyes de acuerdos que se hayan tomado en una asamblea compuesta de una masa de esclavos y de gentes de todas clases cuyo único mérito no es quizá más que su fuerza física?

SÓCRATES.—Perfectamente, sapientísimo Calicles. ¿Es así como lo entiendes?

CALICLES.—Sin duda.

SÓCRATES.—Me figuraba hace ya bastante tiempo, querido amigo, que tomabas las palabras «más poderoso» en este sentido y si te he interrogado ha sido porque tenía ganas de conocer mejor tu pensamiento. Porque tú no crees que dos son mejores que uno ni que tus esclavos sean mejores que tú porque son más fuertes. Dime, pues, de nuevo quiénes son los que llamas mejores, puesto que no son los más fuertes, y, por favor, sé menos áspero conmigo a fin de que no huya de tu escuela.

CALICLES.—¡Ya vuelves a burlarte de mí!

SÓCRATES.—¡No, Calicles, no, por Zeto!, de cuyo nombre te serviste hace poco para burlarte bastante de mí. Vamos, dime quiénes son los que llamas mejores.

CALICLES.—Los que valen más.

SÓCRATES.—¿Ves como no me dices más que palabras y que no me explicas nada? ¿No vas a decirme si por los mejores y más poderosos entiendes los más sabios u otros parecidos?

CALICLES.—¡Sí, por Zeus!, a ellos me refiero muy especialmente.

SÓCRATES.—Así pues, a menudo es mejor un sabio por lo que dices que diez mil que no lo son, y a él corresponderá mandar y a los otros obedecer, y en calidad de dominador deberá tener más que sus súbditos. Me parece que es esto lo que quieres decir, si es verdad que uno solo es mejor que diez mil, y conste que no voy a caza de palabras.

CALICLES.—Es precisamente lo que digo: que, según la ley natural, es muy justo que el mejor y más sabio mande y tenga mejor parte que los que carecen de méritos.

SÓCRATES.—Mantente, pues, en esto. ¿Y qué vas a contestar a lo que te voy a preguntar? Si varios estuviéramos reunidos en un mismo sitio como estamos aquí y hubiéramos aportado para una comida para todos diferentes manjares y bebidas, y nuestra asamblea se compusiera de gentes, fuertes unas y débiles otras, y uno de nosotros, por su calidad de médico, supiese más que nosotros en lo referente al uso de esos alimentos, y por añadidura fuera, como es muy verosímil, más fuerte que unos y más débil que otros, ¿no es cierto que este hombre, sabiendo más que nosotros, será también el mejor y más poderoso en lo referente a estas cosas?

CALICLES.—Indudablemente.

SÓCRATES.—Por ser mejor, ¿será preciso que tenga una parte mayor de alimentos que los otros? ¿O más bien, en su calidad de jefe, estar encargado de la distribución de todo? Pero en cuanto a disfrutar de los alimentos teniendo en cuenta su cuerpo, no aspiraría a tener más que los demás, porque podría hacerle daño, sino a más que unos y menos que otros; pero si por casualidad fuera el más débil, menos que todos, Calicles, no obstante ser el mejor. ¿No te parece, mi buen amigo?

CALICLES.—Me estás hablando de comidas, de bebidas, de médicos y de otras tonterías análogas. No es eso lo que quiero decir.

SÓCRATES.—¿No has reconocido que el más sabio es el mejor? Confiésalo o niégalo.

CALICLES.—Lo reconozco.

SÓCRATES.—¿Y que el más sabio tiene que percibir mayor parte?

CALICLES.—Sí, pero no en cuestión de alimentos y bebidas.

SÓCRATES.—Comprendido: puede ser que se trate de vestidos. ¿Es preciso que el más hábil en la confección de telas lleve el traje más grande y vaya cargado de un gran número de trajes de los más hermosos.

CALICLES.—¿De qué trajes me estás hablando?

SÓCRATES.—Por lo dicho será preciso que el artesano más entendido en la fabricación de cueros y el mejor de los zapateros tengan más calzado que los demás y que el zapatero lleve cuando vaya a la calle los zapatos más grandes y muchos de repuesto.

CALICLES.—¿Qué tonterías de zapatos estás diciendo?

SÓCRATES.—Si no es esto lo que piensas, puede que sea esto otro; por ejemplo, que el labrador entendido y práctico en el cultivo de sus tierras debe tener más semillas que echar en sus campos que los otros.

CALICLES.—Siempre tienes que venir a parar a lo mismo. Sócrates.

SÓCRATES.—A lo mismo, no, Calicles; pero sí al mismo asunto.

CALICLES.—¡Por todos los dioses!, no cesas de tener en la punta de la lengua a los zapateros, a los curtidores, a los cocineros y a los médicos, como si aquí nos ocupáramos de ellos.

SÓCRATES.—Pero, ¿no me dirás al fin en qué debe ser más poderoso y sabio aquel a quien la justicia autoriza a tener más que los demás? ¿No preferirías decirlo tú mismo a que yo te lo sugiera?

CALICLES.—Te lo digo desde hace tiempo. Por los más poderosos no entiendo ni a los cocineros ni a los zapateros, sino a los más expertos en los asuntos públicos y en la buena administración del Estado, y no solamente entendidos, sino más valientes y capaces de ejecutar los proyectos que han concebido sin fatigarse por debilidad del espíritu.

SÓCRATES.—¿No estás viendo, querido Calicles, que los dos nos estamos reprochando lo mismo? Tú me echas en cara que digo siempre lo mismo, como si fuera un delito, y yo, al contrario, me quejo de que nunca dices lo mismo de las mismas cosas, y de que unas veces tienes a los más fuertes por mejores y más poderosos y otras a los que más saben. Ahora me das una tercera definición, y los más poderosos y mejores son, según tú, los más valientes. Dime de una vez para siempre a quiénes llamas los mejores y más poderosos y con relación a qué.

CALICLES.—Ya te he dicho que son los hombres expertos en las cuestiones políticas y valientes; a ellos les pertenece el gobierno de los Estados y es justo que tengan más que los otros, puesto que son los que mandan y éstos los que obedecen.

SÓCRATES.—¿Son ésos, querido amigo, los que se mandan a sí mismos, o en qué haces consistir su imperio?

CALICLES.—¿De qué hablas?

SÓCRATES.—Hablo de cada individuo en tanto que se manda a sí mismo. ¿O no es necesario acaso que ejerza imperio sobre sí mismo, sino únicamente sobre los demás?

CALICLES.—¿Qué entiendes por mandarse a sí mismo?

SÓCRATES.—Nada extraordinario, sino lo que todo el mundo cree saber: ser temperante, dueño de sí mismo y dominar sus pasiones y deseos.

CALICLES.—¡Eres encantador!, nos estás hablando de imbéciles y los llamas temperantes.

SÓCRATES.—¡Cómo! No creo que haya nadie que no haya comprendido que no es eso lo que quiero decir.

CALICLES.—Es eso mismo, Sócrates. ¿Cómo puede ser dichoso un hombre obligado a ser esclavo de algo? Pero voy a decirte con entera libertad lo que es lo bello y lo justo en el orden de la naturaleza. Para tener una vida feliz es necesario dejar que sus pasiones tomen el incremento posible y no reprimirlas. Cuando así han llegado al paroxismo se debe estar en disposición de satisfacerlas con valor y habilidad, satisfaciendo cada deseo a medida que nace. Me figuro que esto es lo que no sabría hacer la mayoría de los hombres y es la causa de que condenen a los que lo consiguen, ocultando avergonzados su propia impotencia. Dicen, pues, que la intemperancia es algo muy feo, como he observado antes; encadenan a los que han nacido dotados de mejores cualidades que ellos, y no pudiendo conceder a sus pasiones lo que necesitan para contenerlas, elogian la temperancia, la moderación y la justicia por pura cobardía. Y en realidad, para cualquiera que haya tenido la suerte de nacer de padres reyes o bien con suficiente grandeza de alma para procurarse alguna soberanía, como una tiranía o una monarquía, no habrá nada tan vergonzoso y dañino como la templanza, puesto que hombres de su temple, que pueden disfrutar de todos los bienes de la vida sin que nadie se lo impida, se impondrían el yugo de las leyes, de los discursos y de la censura de lo vulgar. ¿Cómo no los haría desgraciados esta pretendida belleza de la justicia y de la templanza quitándoles la libertad de dar más a sus amigos que a sus enemigos, siendo como son soberanos, en su propia ciudad? Tal es el estado de cosas en esa verdad,

Sócrates, tras la cual dices que corres. La molicie, la intemperancia, el desenfreno, cuando nada les falta, son la virtud y la
felicidad. Todas esas otras bellas ideas, esas convenciones contrarias a la naturaleza, no son más que extravagancias humanas,
que no deben ser tenidas en cuenta para nada.

SÓCRATES.—Acabas de exponer con mucho valor y libertad tu pensamiento, Calicles; explicas con mucha claridad lo que
los otros piensan, es cierto, pero no se atreven a decir. Te conju-
ro para que en todas las materias procedas del mismo modo a fin
de que veamos clarísimamente el género de vida que no es preciso adoptar. Y dime: ¿sostienes que para ser como conviene, no
se deben poner trabas a las pasiones, sino dejarlas acrecentarse
todo lo posible y procurando tener con qué satisfacerlas, y que
en esto consiste la virtud?

CALICLES.—Sí, lo sostengo.

SÓCRATES.—Admito esto, es una gran equivocación decir
que los que nada necesitan son felices.

CALICLES.—Si así fuera, nadie sería tan feliz como los
cadáveres y las piedras.

SÓCRATES.—Pero también sería una vida terrible esa de la
que tú hablas. Verdaderamente, no me sorprendería que fuera
cierto lo que dice Eurípides: «¿Quién sabe si la vida no es para
nosotros una muerte y la muerte una vida?», y si en realidad
estamos muertos. A un sabio le oí decir que ahora estábamos
muertos y que nuestros cuerpos eran solamente nuestras sepulturas, y en cambio la parte del alma en que residen las pasiones
es de naturaleza apta para cambiar de sentimientos, y pasar de
un extremo a otro. Un hombre de espíritu siciliano, quizá, o ita-
liano, explicando esto por la fábula, en la que descollaba, llamaba por una alusión de nombre a esta parte del alma un tonel, a
causa de su facilidad para creer y dejarse persuadir, y a los insensatos y profanos todavía no iniciados. Comparaba la parte del
alma de estos insensatos en la que residen las pasiones, siempre
que el alma es intemperante y no se contiene en nada, a un tonel
agujereado, a causa de su insaciable avidez. Este hombre,
Calicles, pensaba todo lo contrario que tú, que de todos los que
están en el Hades, y por esa palabra entendía lo que es invisible,
los más desventurados son estos profanos que llevan sobre la
espalda un tonel agujereado lleno de agua que cogen con un
cedazo. Este cedazo, decía explicando su pensamiento, es el

alma de estos insensatos, para indicar que estaba agujereada y que la desconfianza y el olvido no le permitían retener nada. Toda esta explicación es bastante extravagante; sin embargo, hace comprender lo que quiero darte a conocer, si logro decidirte a cambiar de opinión y preferir a una vida insaciable y disoluta una vida ordenada que se satisface con lo que tiene a mano y no desea nada más. ¿He logrado ganar algo en tu espíritu, y volviendo sobre tus pasos crees que los temperamentos son más felices que los licenciosos? ¿O no he conseguido nada y, aunque empleara varias explicaciones mitológicas parecidas estarías más inclinado a pensar de otro modo?

CALICLES.—Esto último que dices es la verdad, Sócrates.

SÓCRATES.—Tolera que te explique un nuevo ejemplo salido de la misma escuela que el anterior. Mira si lo que dices de estas dos vidas, la desenfrenada y la moderada, no es como si supieras que de dos hombres tiene cada uno un gran número de toneles; que los de uno de los dos hombres están en muy buen estado y llenos este de vino, este otro de miel, un tercero de leche y otros de diferentes licores; que además los licores de cada tonel sólo se obtienen tras muchas molestias y son muy raros: que aquel hombre que llenó sus toneles no tiene que echar nada más en ellos en lo sucesivo y que por esto puede estar perfectamente tranquilo; el otro hombre puede, es cierto, procurarse los mismos licores tan difícilmente como el primero; sus toneles, en cambio, están podridos y agujereados, lo que obliga a estar llenándolos incesantemente de día y de noche, so pena de verse presa de terribles disgustos. Este cuadro es la imagen de una vida y otra vida; ¿sigues diciendo que la del libertino es más feliz que la del moderado? ¿No te hace convenir este discurso que la vida morigerada es preferible a la desarreglada o no te he convencido?

CALICLES.—No me has convencido, Sócrates, porque ese hombre cuyos toneles están siempre llenos no disfruta de placer alguno, y una vez que los ha llenado se encuentra en el caso de que antes hablé, de vivir como una piedra, sin experimentar en lo sucesivo placeres ni dolores. El placer y la dulzura de la vida consisten en derramar cuanto más posible.

SÓCRATES.—Si hay que echar mucho es señal de que mucho se escapa, y para que así sea tiene que haber agujeros muy grandes.

CALICLES.—Sin duda.

SÓCRATES.—La condición de que me hablas no es, por cierto, la de un cadáver ni la de una piedra, sino la de una sima. Además, dime: ¿comparas eso al tener hambre y comer entonces?

CALICLES.—Sí.

SÓCRATES.—¿Y a tener sed y beber?

CALICLES.—Sí. Y sostengo que sentir esos apetitos y poder satisfacerlos es vivir dichoso.

SÓCRATES.—Muy bien, querido amigo, continúa como has empezado y procura no tener que avergonzarte. Pero que yo, por mi parte, tampoco me avergüence. Ante todo, dime si es vivir feliz tener sarna y comezón, poderse rascar a gusto y pasarse la vida rascándose.

CALICLES.—¡Qué absurdos dices y qué prueba de mal gusto das recurriendo a tan feos artificios!

SÓCRATES.—Aunque así he desconcertado a Polo y Gorgias, contigo no temo ocurra lo mismo ni te ruborices, porque eres demasiado valiente, pero contesta solamente a mi pregunta.

CALICLES.—Digo que el que se rasca vive feliz.

SÓCRATES.—¿Bastará con que le pique la cabeza o tendrá que picarle algo más? Te lo pregunto. Fíjate, Calicles, en lo que responderás si se llevan las preguntas de esta clase hasta lo lejos que se pueden llevar. En fin, siendo las cosas así, resultará que la vida de los sodomitas no es detestable, vergonzosa ni miserable. ¿O te atreverás a sostener que éstos son felices también cuando tienen todo lo que les hace falta?

CALICLES.—¿No te da vergüenza, Sócrates, haber hecho recaer nuestra conversación sobre tales inconvenientes?

SÓCRATES.—¿Soy yo el causante de ello o el que descaradamente sostiene que cualquiera que experimenta un placer, de cualquier clase que sea, es feliz sin hacer distingo entre los placeres honestos y deshonestos? Explícame, pues, esto. ¿Pretendes que lo agradable y lo bueno son la misma cosa o admites que hay cosas agradables que no son buenas?

CALICLES.—Para que no haya contradicción en mi discurso, si te digo que lo uno es diferente de lo otro, te contesto que son la misma cosa.

SÓCRATES.—Estropeas todo lo dicho precedentemente y no buscaremos juntos a la verdad con la exactitud requerida si respondes lo que no piensas, mi querido Calicles.

CALICLES.—Tu, Sócrates, me das el ejemplo.

SÓCRATES.—Si así es, hago tan mal como tú. Pero mira, querido amigo, si el bien no consiste en algo diferente del placer, cualquiera que sea éste, porque todo lo vergonzoso que embozadamente acabo de indicar y mucho más aún sería evidentemente una consecuencia inmediata de ello, si fuera cierto lo que has dicho.

CALICLES.—Al menos tú lo crees, Sócrates.

SÓCRATES.—Y tú, Calicles, ¿aseguras de buena fe que lo que has dicho es la verdad?

CALICLES.—Sí.

SÓCRATES.—¿Quieres que discutamos tu opinión como si hablaras en serio?

CALICLES.—Hablo muy en serio.

SÓCRATES.—Perfectamente. Puesto que tal es tu manera de pensar, explícame esto. ¿No existe una cosa a la que llamas ciencia?

CALICLES.—Sí.

SÓCRATES.—¿No hablaste hace poco del valor unido a la ciencia?

CALICLES.—Es cierto.

SÓCRATES.—¿No haces distinción de estas dos cosas por la razón de que el valor es otra cosa que la ciencia?

CALICLES.—Naturalmente.

SÓCRATES.—¿La voluptuosidad y la ciencia son la misma cosa o se diferencian?

CALICLES.—Se diferencian, sapientísimo Sócrates.

SÓCRATES.—Y el valor, ¿es también distinto de la voluptuosidad?

CALICLES.—Sin duda.

SÓCRATES.—Espera para que grabemos esto en la memoria: Calicles el Acarniense sostiene que lo agradable y lo bueno son la misma cosa y que la ciencia y el valor son diferentes la una del otro y de lo bueno. ¿Sócrates de Alópeco está conforme con esto o no?

CALICLES.—No está conforme.

SÓCRATES.—No creo tampoco que Calicles lo esté cuando haya reflexionado seriamente, porque dime: ¿no crees que la manera de ser de la gente feliz es contraria de los desgraciados?

CALICLES.—Sin duda.

SÓCRATES.—Puesto que estas dos maneras de ser son opuestas, ¿no es de necesidad que ocurra con ellas lo mismo que con la salud y la enfermedad? Porque el mismo hombre no puede estar a la vez bueno y enfermo, y no pierde la salud al mismo tiempo que se ve libre de la enfermedad.

CALICLES.—¿Qué quieres decir?

SÓCRATES.—Escúchalo: tomemos, por ejemplo, la parte del cuerpo que más te plazca. ¿Los ojos? ¿No se enferman los ojos alguna vez de una afección que se llama oftalmía?

CALICLES.—¿Quién puede dudarlo?

SÓCRATES.—A la vez no pueden tenerse los ojos sanos y tener una oftalmía.

CALICLES.—De ninguna manera.

SÓCRATES.—Pero cuando está uno curado de la oftalmía, ¿pierde la salud de los ojos o pierde ambas cosas a la vez?

CALICLES.—No.

SÓCRATES.—Me parece que sería una cosa prodigiosa y absurda, ¿no es cierto?

CALICLES.—Sí.

SÓCRATES.—Porque me parece que la una viene y la otra se va y recíprocamente.

CALICLES.—Convengo en ello.

SÓCRATES.—¿No puede decirse lo mismo de la fuerza y de la debilidad?

CALICLES.—Sí.

SÓCRATES.—¿Y de la velocidad y de la lentitud?

CALICLES.—También.

SÓCRATES.—¿Se adquieren de la misma manera y se pierden a la vez los bienes y los males, la dicha y la desgracia?

CALICLES.—Ciertamente.

SÓCRATES.—Si descubrimos, pues, ciertas cosas que se tienen aún en el momento en que uno se ve libre de ellas, es evidente que no son ni un bien ni un mal. ¿Lo reconocemos? Examínalo bien antes de contestarme.

CALICLES.—Lo reconozco sin titubeos.

SÓCRATES.—Volvamos ahora a lo que antes convinimos. ¿Dijiste del hambre que es una sensación agradable o desagradable? Hablo del hambre considerada en sí misma.

CALICLES.—Sí, es una sensación dolorosa, y comer teniendo gana, una cosa agradable.

SÓCRATES.—Te comprendo; pero el hambre por sí misma, ¿es dolorosa o no?

CALICLES.—Yo digo que sí lo es.

SÓCRATES.—¿Y la sed sin duda también?

CALICLES.—Ciertamente.

SÓCRATES.—¿Crees que es necesario que te haga nuevas preguntas o convienes ya en que toda necesidad, todo deseo es doloroso?

CALICLES.—Convengo en ello; no me preguntes más.

SÓCRATES.—Perfectamente. Beber teniendo sed, ¿es en tu opinión una cosa agradable?

CALICLES.—Sí.

SÓCRATES.—¿No es verdad que tener sed es causa de dolor?

CALICLES.—Sí.

SÓCRATES.—¿Y que beber es la satisfacción de un deseo y un placer?

CALICLES.—Sí.

SÓCRATES.—¿De manera que beber es tener un placer?

CALICLES.—Sin duda.

SÓCRATES.—¿Porque se tiene sed?

CALICLES.—Sí.

SÓCRATES.—O sea, ¿porque se sufre un dolor?

CALICLES.—Sí.

SÓCRATES.—¿Ves que de esto resulta que cuando dices: beber teniendo sed es como si dijeras: experimentar un placer sintiendo un dolor? Estos dos sentimientos, ¿no concurren en el mismo tiempo y en el mismo lugar, sea del alma o sea del cuerpo, como prefieras, porque, en mi opinión, lo mismo da? ¿Es cierto o no?

CALICLES.—Es cierto.

SÓCRATES.—Pero, ¿no confesaste que es imposible ser desgraciado al mismo tiempo que se es feliz?

CALICLES.—Y lo sigo diciendo.

SÓCRATES.—Acabas de reconocer que se puede disfrutar de un placer sintiendo dolor.

CALICLES.—Así parece.

SÓCRATES.—Entonces seguir un placer no es ser feliz ni experimentar un dolor ser desgraciado, y por consiguiente, lo agradable es distinto de lo bueno.

CALICLES.—No sé qué razonamientos tan capciosos empleas, Sócrates.

SÓCRATES.—Lo sabes muy bien, pero disimulas, Calicles. Todo esto no es por tu parte más que una broma. Pero sigamos adelante a fin de que veas bien hasta qué punto eres sabio tú que me das opiniones. ¿No cesan al mismo tiempo el placer de beber y la sed?

CALICLES.—No entiendo nada de lo que dices.

GORGIAS.—No hables así, Calicles; responde por nosotros a fin de terminar esta disputa.

CALICLES.—Sócrates es siempre el mismo, Gorgias. Hace preguntitas que carecen de importancia para refutaros en seguida.

GORGIAS.—¿Y qué te importa? No es cosa tuya, Calicles. Te has comprometido a dejar argumentar a Sócrates como mejor le plazca.

CALICLES.—Continúa, pues, con tus minuciosas y apretadas preguntas, ya que así lo desea Gorgias.

SÓCRATES.—Puedes considerarte dichoso, Calicles, por haber sido iniciado en los grandes misterios antes de estarlo en los pequeños; debo confesar que no creí que esto estuviera permitido. Vuelve, pues, al punto donde te quedaste y dime si no se cesa al mismo tiempo de tener sed y de sentir el placer de beber.

CALICLES.—Confieso que sí.

SÓCRATES.—¿No se pierden igualmente a la vez la sensación del hambre y de otros deseos y la del placer?

CALICLES.—Es verdad.

SÓCRATES.—¿Se cesa, pues, al mismo tiempo de sentir dolor y placer?

CALICLES.—Sí.

SÓCRATES.—Por consiguiente, no se pueden perder a la vez los bienes y los males como estás convencido. ¿No sigues estándolo todavía?

CALICLES.—Sin duda; pero, ¿qué se deduce de ello?

SÓCRATES.—Se deduce, mi querido amigo, que lo bueno y lo grato, lo malo y lo doloroso, no son la misma cosa, puesto que se cesa al mismo tiempo de experimentar los unos y los otros, lo que nos muestra la diferencia. ¿Cómo podría ser, en efecto, lo agradable la misma cosa que lo bueno y lo doloroso que lo malo? Examina además esto, si quieres, de otra manera. Porque no creo que vayas a estar más de acuerdo contigo mismo. Mira: ¿no llamas buenos a los que son buenos a causa del bien que reside en ellos, como llamas hermosos a aquellos en quienes se encuentra la belleza?

CALICLES.—Sí.

SÓCRATES.—Pero, ¿cómo? ¿Llamas gentes de bien a los insensatos y a los cobardes? Hace un rato no los llamabas así, pero sí dabas ese nombre a los hombres valerosos e inteligentes. ¿No sigues diciendo que éstos son los hombres de bien?

CALICLES.—Ciertamente.

SÓCRATES.—Dime, ¿has visto alegre alguna vez a un niño privado de razón?

CALICLES.—Sí.

SÓCRATES.—¿No has visto también alegre a un hombre demente?

CALICLES.—Creo que sí; pero, ¿por qué me lo preguntas?

SÓCRATES.—Por nada; contesta solamente.

CALICLES.—He visto algunos.

SÓCRATES.—¿Y has visto también a hombres razonables en la tristeza y en la alegría?

CALICLES.—Sí.

SÓCRATES.—¿Quiénes sienten más vivamente la alegría y el dolor: los cuerdos o los insensatos?

CALICLES.—No creo que haya una gran diferencia.

SÓCRATES.—Me basta. ¿No has visto cobardes en la guerra?

CALICLES.—Ya lo creo.

SÓCRATES.—Cuando el enemigo se retiraba, ¿quiénes te han parecido demostrar más júbilo, los cobardes o los valientes?

CALICLES.—Unas veces se alegraban más los unos y otras los otros, pero casi lo mismo.

SÓCRATES.—Eso no significa nada. ¿Los cobardes se alegran también?

CALICLES.—Muchísimo.

SÓCRATES.—¿Y los insensatos también, a lo que parece?

CALICLES.—Sí.

SÓCRATES.—Cuando el enemigo avanzaba, ¿estaban tristes los cobardes solamente o también los valerosos?

CALICLES.—Los unos y los otros.

SÓCRATES.—¿Igualmente?

CALICLES.—Los cobardes quizá más.

SÓCRATES.—Y cuando el enemigo se retira, ¿no son los cobardes quienes más se alegran?

CALICLES.—Puede ser.

SÓCRATES.—De manera que los insensatos y los cuerdos, los cobardes y los valientes, experimentan, por lo que dices, igualmente el dolor y el placer, y los cobardes más que los valientes.

CALICLES.—Y lo sostengo.

SÓCRATES.—Pero los cuerdos y los valientes son buenos y los cobardes y los insensatos malos.

CALICLES.—Sí.

SÓCRATES.—Los buenos y los malos experimentan, pues, casi igualmente la alegría y el dolor.

CALICLES.—Así lo sostengo.

SÓCRATES.—Pero los buenos y los malos, ¿son aproximadamente igual buenos o malos?, ¿o acaso no son los malos mejores y peores que los buenos?

CALICLES.—¡Por Zeus!, te aseguro que no sé lo que dices.

SÓCRATES.—¿No sabes que dijiste que los buenos son buenos por la presencia del bien y los malos por la del mal, y que el placer es un bien y el dolor un mal?

CALICLES.—Sí.

SÓCRATES.—El bien o el placer se encuentran, pues, en aquellos que experimentan una alegría mientras la experimentan.

CALICLES.—Sin duda.

SÓCRATES.—Entonces, ¿los que sienten alegría son buenos por la presencia del bien?

CALICLES.—Sí.

SÓCRATES.—Dime: ¿no se encuentra el mal y el dolor en los que sienten penas?

CALICLES.—Sin duda.

SÓCRATES.—¿Dices todavía, o no dices ya, que los malos son malos por la presencia del mal?

CALICLES.—Sigo diciéndolo.

SÓCRATES.—De manera que los que experimentan alegría son buenos y los que tienen algún dolor malos.

CALICLES.—Seguramente.

SÓCRATES.—Y lo son más si estos sentimientos son más vivos y menos si son más débiles, e igualmente si son iguales.

CALICLES.—Sí.

SÓCRATES.—¿No pretendes que los cuerdos y los insensatos, los cobardes y los valientes experimentan casi igualmente la alegría y el dolor y hasta aún más los cobardes?

CALICLES.—Sí.

SÓCRATES.—Deduce conmigo las consecuencias que resultan de estos reconocimientos, porque se dice que es muy bello decir y considerar hasta dos y tres veces las cosas bellas. Convenimos en que el cuerdo y el valiente son buenos; ¿no es así?

CALICLES.—Sí.

SÓCRATES.—¿Y en que el insensato y el malo son malos?

CALICLES.—Sin duda.

SÓCRATES.—Además, en que el que disfruta de la alegría es bueno.

CALICLES.—Sí.

SÓCRATES.—Y en que el que siente el dolor es malo.

CALICLES.—Necesariamente.

SÓCRATES.—En fin, en que el bueno y el malo experimentan de una manera igual el placer y el dolor y el malo quizá más.

CALICLES.—Sí.

SÓCRATES.—El malo entonces se vuelve tan bueno y hasta mejor que el bueno. Esto y lo que antes se ha dicho, ¿no se deduce de que haya quien sostiene que lo bueno y lo grato es lo mismo? ¿Es así o no, Calicles?

CALICLES.—Hace ya rato, Sócrates, que te estoy escuchando, y asintiendo a todo cuanto dices, porque observo que cuando alguien, aunque sea en broma, te da motivo para que le derrotes, te alegras como un niño. ¿Te has podido imaginar que yo, y al decir yo digo cualquier hombre, no opinamos que hay placeres mejores y otros peores?

SÓCRATES.—¡Ja, ja! ¡Qué pillo eres, Calicles! Me estás tratando como a un niño diciendo unas veces que las cosas son de una manera y otra de un modo distinto, viendo así si me puedes engañar, y mira: al principio no pude creer que te prestaras a engañarme, porque te tenía por amigo. Pero me he llevado un chasco y reconozco que no tengo más remedio que contentarme, como dice el antiguo proverbio, con que las cosas sean como son y tomar lo que me das. Ahora, pues, me dices, a lo que parece, que hay voluptuosidades buenas y malas. ¿No es así?

CALICLES.—Sí.

SÓCRATES.—¿No son las buenas las que reportan alguna utilidad y las malas las perjudiciales?

CALICLES.—Indudablemente.

SÓCRATES.—¿Te refieres a las voluptuosidades que voy a decir refiriéndome, por ejemplo, al cuerpo, las que se encuentran en el comer y el beber? ¿Y no consideras que son buenas las que procuran al cuerpo salud y fuerza o cualquier otra cualidad parecida, y que son malas las que engendran cualidades contrarias?

CALICLES.—Seguramente.

SÓCRATES.—¿No es preciso escoger y aprovechar las voluptuosidades y los dolores que nos sean un bien?

CALICLES.—Es cierto.

SÓCRATES.—¿Y huir de los que nos perjudican?

CALICLES.—Evidentemente.

SÓCRATES.—Porque, si te acuerdas, convinimos Polo y yo en que en todas las cosas tenemos que obrar en vista del bien. ¿Opinas también como nosotros que el bien es el objetivo de todas nuestras acciones y que todo lo demás debe referirse a él y no el bien a las otras cosas? ¿Unes tu sufragio a los nuestros?

CALICLES.—Sí.

SÓCRATES.—Entonces hay que hacer todo, hasta lo agradable con miras al bien, y no el bien con miras a lo agradable.

CALICLES.—Sin duda.

SÓCRATES.—¿Puede discernir cualquiera entre las cosas agradables cuáles son las buenas y cuáles las malas? ¿O más bien se necesita para ello de un experto en cada género?

CALICLES.—Hace falta uno de éstos.

SÓCRATES.—Recordemos ahora lo que acerca de este punto dije a Polo y a Gorgias. Dije, si no lo has olvidado, que hay ciertas industrias que sólo aspiran a procurar placeres y limitándose a esto ignoran lo que es bueno y lo que es malo, y que hay otras que lo saben. Entre el número de las industrias cuya finalidad son los placeres del cuerpo, he contado la cocina, no como un arte, sino como una rutina, y también la medicina entre las artes cuya finalidad es el bien. Y en nombre de Zeus que preside la amistad, no creas, Calicles, que te conviene bromearte de mí ni responder contra tus convicciones diciendo cuanto te venga a la boca, ni de tomar a pura chanza de mi parte lo que te digo. Estás viendo que nuestra disputa tiene por causa una materia muy importante. ¿Y qué hombre, en efecto, si tiene un poco de juicio, mostrará más interés por un asunto que puede igualarse al que le inspire el afán de saber cómo debe vivir; si es necesario que siga la vida a la que le invitas y obrar como debe obrar un hombre, según tu criterio discurriendo ante el pueblo congregado, ejercitándose en la retórica y administrando los negocios públicos de la manera que los administra hoy en día o si debe preferir la vida consagrada a la filosofía y en qué se diferencia este género de vida del precedente? Quizá esté más apto para distinguir el uno del otro, como yo he empezado a hacerlo ha poquísimo tiempo, después de haberlos separado y haber convenido entre nosotros que son dos vidas diferentes, examinando en qué consiste esta diferencia y cuál de las dos vidas merece ser preferida. Quizá no comprendes todavía lo que te quiero decir.

CALICLES.—Verdaderamente no.

SÓCRATES.—Te lo voy a explicar más claramente. Tú y yo hemos estado de acuerdo en que existen lo bueno y lo agradable, y que lo agradable no es lo mismo que lo bueno; además, en que hay ciertas industrias y diversas maneras de procurárselas; unos tendiendo a buscar lo agradable y otros lo bueno. Empieza, pues, concediéndome o negándome este punto.

CALICLES.—Te lo concedo.

SÓCRATES.—Vamos a ver si estarás de acuerdo conmigo en que lo que dije a Polo y Gorgias te parece verdad. Les dije que la habilidad del cocinero no me parecía un arte, sino una rutina; que la medicina, al contrario, es un arte, fundándome en que la medicina ha estudiado la naturaleza del sujeto en quien se ejerce, conoce las causas de lo que hace y puede dar razón de cada una de sus operaciones; la cocina, en cambio, por estar dedicada por completo a la preparación del placer y tender a este fin sin someterse a ninguna regla ni haber examinado la naturaleza del placer ni los motivos de sus preparaciones, está desprovista por completo de razón y, por decirlo así, no se da cuenta de nada; no es más que un uso, una rutina, un simple recuerdo que se conserva de lo que se tiene costumbre de hacer y por el que se procura el placer. Examina primeramente si esto te parece bien dicho, y en seguida si hay, con relación al alma, profesiones parecidas, unas que, marchando según las reglas del arte, tengan cuidado de procurar al alma lo que le es ventajoso y que las otras descuidan, y como ya lo he dicho con referencia al cuerpo, se ocupan únicamente del placer del alma y de los medios de buscárselos, no examinando para nada en ninguna materia cuáles son los buenos placeres y los malos, y no preocupándose más que de impresionar el alma gratamente, séale ventajoso o no. Mi opinión, Calicles, es que existe esta clase de profesiones a las que no vacilo en llamar adulaciones, lo mismo a las referentes al cuerpo que a las que conciernen al alma y a cualquiera otra cosa que procure el placer sin haberse molestado en averiguar si le es útil o pernicioso. ¿Opinas como yo o piensas de otra manera?

CALICLES.—No opino como tú, pero dejo pasar este punto a fin de terminar esta disputa y por complacer a Gorgias.

SÓCRATES.—¿La adulación de que te hablo existe con relación a un alma solamente o también con relación a dos o más?

CALICLES.—Con relación a dos y a muchas.

SÓCRATES.—Así pues, se podrá complacer a una muchedumbre de almas reunidas sin preocuparse de lo que les es más ventajoso.

CALICLES.—Así me lo imagino.

SÓCRATES.—¿Podrías decirme qué profesiones son las que producen este efecto?, o, mejor aún, si lo prefieres, te interrogaré, y a medida que te parezca que una profesión es de esta clase dirás sí, y si te parece que no, dirás que no. Comencemos por la profesión de flautista. ¿No te parece, Calicles, que tiende nada más que a procurarnos un placer y que de lo demás no se preocupa?

CALICLES.—Eso me parece.

SÓCRATES.—¿Y no juzgas lo mismo de todas las profesiones parecidas, como la de tocar la lira en los juegos públicos?

CALICLES.—Sí.

SÓCRATES.—¿Y no dirás lo mismo de los ejercicios de los coros y de las composiciones ditirámbicas? ¿Crees que Cinesias, hijo de Meles, se preocupa de que sus cantos sirvan para que se vuelvan mejores los que los escuchan y que tiene otras miras que no sean las de agradar a la masa de los espectadores?

CALICLES.—Lo que me dices de Cinesias es evidente.

SÓCRATES.—¿Y su padre, Meles? ¿Te imaginas que cuando canta acompañándose de la lira piensa en el bien? Y ni siquiera en lo agradable, porque con su canto desagrada a los oyentes. Examina bien. ¿No te parece que todo canto con acompañamiento de lira y toda composición ditirámbica no han sido inventados más que en vista del placer?

CALICLES.—Sí.

SÓCRATES.—Y la tragedia, esa poesía solemne y admirable, ¿a qué aspira? ¿No te parece que todos sus esfuerzos no tienden más que al único objeto del placer, al espectador? Cuando se presenta algo agradable y gracioso, pero malo al mismo tiempo, ¿se esforzará en suprimir lo que es agradable y placentero, pero malo; y en declamar y cantar lo que no es agradable, pero útil, encuentren o no placer en ello los espectadores? De estas dos disposiciones, ¿cuál es a tu parecer la de la tragedia?

CALICLES.—Es claro, Sócrates, que se inclina más del lado del placer y del agrado de los espectadores.

SÓCRATES.—¿No hemos visto hace muy poco, Calicles, que todo esto no es más que adulación?

CALICLES.—Seguramente.

SÓCRATES.—Pero si de una poesía, cualquiera que sea, quitásemos el canto, el ritmo y la medida, ¿quedaría algo más que las palabras?

CALICLES.—No.

SÓCRATES.—Estas palabras, ¿no se dirigen a la multitud y al pueblo congregados?

CALICLES.—Sin duda alguna.

SÓCRATES.—La poesía es, pues, una poesía de declamación popular.

CALICLES.—Así lo parece.

SÓCRATES.—Esta declamación popular es, por consiguiente, una retórica; porque, ¿no te parece que los poetas hacen en el teatro el papel de oradores?

CALICLES.—Sí.

SÓCRATES.—Nosotros hemos encontrado, por tanto, una retórica para el pueblo, es decir, para los niños, las mujeres y los hombres libres y los esclavos reunidos; retórica de la que no hacemos mucho caso, puesto que hemos dicho que no es más que una adulación.

CALICLES.—Es verdad.

SÓCRATES.—Muy bien. ¿Y qué nos parece esta retórica hecha para el pueblo de Atenas y los pueblos de las otras ciudades constituidos todos por hombres libres? ¿Te parece bien que los oradores compongan siempre sus arengas en vista del mayor bien y se propongan hacer que sus conciudadanos se vuelvan más virtuosos, todo lo más posible, por virtud de sus discursos? ¿O bien que los mismos oradores, buscando agradar a los ciudadanos y descuidando el interés público para no ocuparse más que del suyo personal, traten a los pueblos como a los niños, esforzándose únicamente en complacerlos sin inquietarse de si por esto se volverán mejores o empeorarán?

CALICLES.—En esto tengo que establecer un distingo: hay oradores que hablan teniendo a la vista la utilidad pública; otros, en cambio, son como has dicho.

SÓCRATES.—Me basta con esto, porque si hay dos maneras de arengar, una de ellas es una adulación y una práctica vergonzosa y la otra es honorable; yo opino que ésta es la que trabaja en mejorar las almas de los ciudadanos y se dedica en toda controversia a decir lo que es más provechoso, sea agradable o no al auditorio. Pero tú no has visto jamás una retórica semejante, o si puedes nombrarme algún orador de este carácter, ¿por qué no me das su nombre?

CALICLES.—¡Por Zeus! Entre todos los de hoy día, no conozco ni uno.

SÓCRATES.—¿Qué dices…? Y entre los antiguos, ¿podrías nombrarme alguno de quien pueda decirse que los atenienses se volvieron mejores desde que comenzó a arengarlos de menos buenos que eran antes? Porque yo no veo quién pudiera ser.

CALICLES.—¿Será posible que no hayas oído decir que Temístocles fue un hombre de bien, lo mismo que Cimón, Milcíades y Pericles, muerto hace poco y cuyos discursos has oído?

SÓCRATES.—Si la verdadera virtud consiste, como dijiste, en contentar sus pasiones y las de los otros, tienes razón. Pero si no es así, como nos hemos visto forzados a reconocer en el curso de esta discusión, la virtud consiste en la satisfacción de nuestros deseos, que una vez contentados hacer mejor al hombre y a no conceder nada a los que empeoran, y si además hay un arte para esto, ¿puedes decirme que alguno de los que acabas de nombrar haya sido virtuoso?

CALICLES.—No sé qué contestarte.

SÓCRATES.—Si buscas bien encontrarás una respuesta. Examinemos, pues, pacíficamente, si alguno de entre ellos ha sido virtuoso. ¿No es cierto que el hombre virtuoso, que en todos sus discursos tiene siempre en vista el mayor bien, no hablará al azar y se propondrá un fin? Procederá como los artistas que aspirando a la perfección en su obra no cogerán al azar lo que necesitan para ejecutarla, sino lo que es adecuado para darle la forma que debe tener. Por ejemplo: si quieres fijarte en los pintores, en los arquitectos, en los constructores de barcos, en una palabra, en el obrero que te plazca, verás que cada uno de ellos pone en cierto orden todo lo que coloca y obliga a cada parte a adaptarse y a sumarse a las otras hasta que todo tenga la disposición, la forma y la belleza que debe tener, lo mismo que los otros obreros de quienes hablábamos antes hacen con relación a su obra; me refiero a lo que los maestros de gimnasia y los médicos hacen respecto del cuerpo para prepararlo debidamente y lograr su mejor estado. ¿Reconocemos o no que la cosa es así?

CALICLES.—Creo que siempre debe ser así.

SÓCRATES.—Una casa en la que reina el orden y el arreglo, ¿no es buena?; y si en ella hay desorden, ¿no es mala?

CALICLES.—Sí.

SÓCRATES.—¿No debe decirse lo mismo de una embarcación?

CALICLES.—Sí.

SÓCRATES.—Y refiriéndose a nuestro cuerpo, ¿no podemos emplear el mismo lenguaje?

CALICLES.—Sin duda.

SÓCRATES.—¿Será buena nuestra alma si es desordenada? ¿No lo será más si todo en ella está en orden y en regla?

CALICLES.—Después de lo anteriormente dicho, nadie podrá negarlo.

SÓCRATES.—¿Qué nombre darías al efecto que el orden y el arreglo producen en el cuerpo? Probablemente lo llamarías salud y fuerza, ¿no es cierto?

CALICLES.—Sí.

SÓCRATES.—Trata ahora de encontrar y decirme precisamente el nombre del efecto que el orden y el arreglo producen en el alma.

CALICLES.—¿Por qué no lo buscas tú mismo, Sócrates?

SÓCRATES.—Si prefieres, lo diré; pero si encuentras que tengo razón, convén en ello; si no, refútame y no me dejes pasar nada. Me parece que se da el nombre de saludable a todo lo que mantiene el orden en el cuerpo y la salud y las otras buenas cualidades corporales. ¿Te parece bien o no?

CALICLES.—Me parece verdad.

SÓCRATES.—Así pues, el buen orador, el que conduce según las reglas del arte, tenderá siempre a este fin en los discursos que dirigirá a las almas y en todas sus acciones; si hace alguna concesión al pueblo será sin perder esto de vista, y si le quita algo será por el mismo motivo. Su espíritu estará ocupado incesantemente pensando en los medios de hacer la justicia en el alma de sus conciudadanos, de expulsar de ella a la injusticia, de hacer germinar en ella la templanza y de apartar de ella a la intemperancia: de introducir, en fin, todas las virtudes y de excluir todos los vicios. ¿Estás de acuerdo conmigo u opinas de otro modo?

CALICLES.—Opino como tú.

SÓCRATES.—¿De qué le sirve, en efecto, Calicles, a un cuerpo enfermo y mal dispuesto que le presenten manjares suculentos en abundancia y las bebidas más exquisitas o cualquier otra cosa que quizá de nada le aproveche o, al contrario, más bien le perjudique? ¿No es verdad?

CALICLES.—Sí.

SÓCRATES.—Porque me figuro que no es una ventaja para un hombre vivir con un cuerpo enfermo, puesto que por necesidad tendrá que vivir en ese estado una vida desgraciada. ¿No te lo parece?

CALICLES.—Sí.

SÓCRATES.—Por esto dejan los médicos en general en libertad a los que se encuentran bien de satisfacer sus apetitos como de comer cuanto quieran cuando tienen gana y lo mismo de beber cuando tienen sed. Pero jamás permiten a los enfermos hartarse de lo que les apetece. ¿Estás también de acuerdo conmigo en esto?

CALICLES.—Sí.

SÓCRATES.—Pero, querido amigo, ¿no será preciso proceder lo mismo con el alma? Quiero decir que en tanto sea mala, es decir, insensata, intemperante, injusta e impía, se debe mantener alejado de ella lo que desea y no permitirle más que lo que pueda volverla mejor. ¿Piensas como yo o no?

CALICLES.—Pienso como tú.

SÓCRATES.—Porque es el partido más ventajoso para el alma.

CALICLES.—Sin duda.

SÓCRATES.—Pero tener a alguien alejado de lo que desea, ¿no es corregirle?

CALICLES.—Sí.

SÓCRATES.—Entonces para el alma vale más vivir corregida que silenciosamente, como pensabas hace poco.

CALICLES.—No comprendo nada de lo que dices, Sócrates, interroga a otro.

SÓCRATES.—He aquí un hombre que no podría consentir en lo que por él se hace ni soportar la cosa misma de que estamos hablando: la enmienda.

CALICLES.—Nada de lo que has estado diciendo me interesa ni me ocupo de ello; si te he estado contestando ha sido por placer a Gorgias.

SÓCRATES.—¡Sea! ¿Qué haremos entonces? ¿Dejaremos incompleta esta discusión?

CALICLES.—Tú lo sabrás.

SÓCRATES.—Pero como comúnmente se dice que no está permitido dejar nada incompleto, aunque sólo sea un cuento, y que hay que ponerle una cabeza para que no ande errante sin cabeza de un lado a otro, contéstame a lo que falta para dar una cabeza a esta conversación.

CALICLES.—¡Qué pesado eres, Sócrates! Si quieres creerme, renuncia a esta disputa o termínala con otro.

SÓCRATES.—¿Quién querrá ser ese otro? Por favor, no dejemos sin terminar esta discusión.

CALICLES.—¿No podrías terminarla solo, sea hablando o contestándote tú mismo?

SÓCRATES.—No, por temor de que me ocurra lo que dice Epicarmo, y que no sea yo solo el que diga lo que dos hombres decían antes. Pero veo que no voy a tener más remedio que hacerlo; sin embargo, si lo decidimos juntos, creo que siendo tantos debemos estar interesados en saber lo que hay de verdad y de falso en el asunto de que tratamos, porque a todos nos interesa que la cosa quede evidenciada. Por esto voy a exponer lo que pienso acerca de ello. Si alguno de vosotros encontrase que reconozco como verdaderas cosas que no lo son, que me interrumpa sin pérdida de tiempo y me refute. Después de todo, no hablo como un hombre seguro de lo que dice, pero busco unido a vosotros. Por esto, si alguno que me discuta una cosa me pareciera que tiene razón, seré el primero en ponerme de acuerdo con él. Por lo demás, no os hago esta proposición más que en el concepto de que juzguéis que debe terminarse esta discusión; mas si no opináis así, dejémosla donde ha quedado y vámonos.

GORGIAS.—Mi opinión, Sócrates, es que nos separemos, pero cuando tú termines tu discurso, y me parece que los otros piensan como yo. Estaría encantado de oírte exponer lo que aún te queda que decir.

SÓCRATES.—Y yo, Gorgias, reanudaría gustosísimo la conversación con Calicles hasta que pudiera devolverte el discurso de Anfión por el de Zeto. Pero puesto que no quieres, Calicles, que terminemos esta disputa, escúchame al menos, y cuando se me escape alguna frase que no te parezca bien dicha, dime que no siga, y si me pruebas que estoy en un error, no me enfadaré contigo: al contrario, te consideraré como mi mayor bienhechor.

CALICLES.—Habla, amigo mío, y acaba.

SÓCRATES.—Escúchame bien: voy a reanudar nuestra disputa desde el principio. Lo bueno y lo agradable son la misma cosa, ¿no? No, como convinimos Calicles y yo. ¿Es preciso que hagamos lo agradable en vista de lo bueno o lo bueno en vista de lo agradable? Debemos hacer lo agradable en vista de lo bueno. ¿No es lo agradable lo que nos produce una sensación de placer mientras disfrutamos de ello? ¿Y bueno aquello cuya presencia nos hace buenos? Sin duda. Entonces, nosotros somos buenos, nosotros y todas las cosas que son buenas por la presencia de alguna virtud? Me parece que esto es incontestable, Calicles. Pero la virtud de una cosa, cualquiera que sea, mueble, cuerpo, alma o animal, no se encuentra en ella, sin más ni más, de una manera perfecta; debe su origen al orden, al arte que conviene a cada una de dichas cosas. ¿Es esto verdad? Para mí, sí. La virtud de cada cosa, ¿está, pues, reglamentada y ordenada? Yo lo afirmaría. Entonces, el alma que tenga un orden especial ¿será también mejor que la desordenada? Necesariamente. Pero el alma que tiene orden y mérito es la reglada. ¿Cómo podría no serlo? ¿Es temperante el alma reglada? Por fuerza. Entonces el alma temperante es buena. No podrías decir lo contrario, Calicles; pero si tienes que objetarme algo, dímelo.

CALICLES.—Continúa, caro amigo.

SÓCRATES.—Digo, pues, que si el alma temperante es buena, la que está en una disposición contraria tiene que ser mala. Esta alma es el alma insensata e intemperante.

CALICLES.—Convengo en ello.

SÓCRATES.—El hombre temperante o moderado cumple con sus deberes para con la divinidad y sus semejantes, porque si no los cumpliera no sería temperante. Y es necesario que sea así. Cumpliendo con sus deberes para con sus semejantes realiza actos de justicia, y cumpliendo los que tiene para con la divinidad, actos de santidad. Y todo el que realiza actos de justicia y santidad es necesariamente justo y sano. Esto es verdad. Por fuerza, además, es valeroso, porque no es propio de un hombre temperante buscar ni rehuir lo que no le conviene buscar ni rehuir. Pero cuando el deber lo exige es preciso que prescinda de acontecimientos y de los hombres, del placer y del dolor, buscando, en cambio, lo que le conviene y permaneciendo firme donde deba. De manera, caro Calicles, que es de toda necesidad que el hombre temperante que, como se ha visto, es justo, valeroso y santo, sea un perfecto hombre de bien, y que siendo un hombre de bien todos sus actos sean buenos y honrados, y que obrando bien sea dichoso; que el malo, al contrario, cuyos hechos son perversos, sea desgraciado; el malo es de una disposición contraria a la del temperante, es el libertino, cuya condición tú ponderas. Esto hago constar por lo menos y afirmo que es verdad, y si es verdad, quienquiera que aspire a vivir feliz no tendrá más remedio, me parece, que buscar y ejercer la templanza y huir de la vida licenciosa tan lejos y rápidamente como pueda; por todos los medios posibles debe procurar, además, no hacerse merecedor de ninguna corrección, pero si tuviera necesidad de ella o alguno de los suyos, sea en la vida privada o por su intervención en los asuntos públicos, será preciso que le hagan sufrir un castigo y que se le corrija si se quiere que sea feliz. Tal es, a mi juicio, el objetivo que debe guiar su conducta, refiriendo todos sus actos y los del Estado a este fin; que la justicia y la moderación imperan en aquel que aspira a ser dichoso. Hay que guardarse muy bien de dar libre curso a las pasiones, de esforzarse en satisfacerlas, lo que es un mal incurable, y de llevar así una vida de bandolero. Un hombre tal no podría ser amigo de los otros hombres ni de los dioses, porque no es posible que tenga relación alguna con ellos, y donde no median relaciones no puede existir la amistad. Los sabios, Calicles, dicen que un lazo común une al cielo con la Tierra, a los dioses y a los hombres, y este lazo común es la amistad, la templanza, la moderación y la justicia, y por esta razón, amado Calicles, dan a este universo el nombre de Cosmos y no lo llaman desorden o licencia. Pero a pesar de lo sabio que eres, me parece que no prestas atención a lo que digo y no ves que la igualdad geométrica tiene mucho poder entre los dioses y los hombres. Así es que crees que todo es cuestión de tener más que los demás y no hacer caso de la Geometría. ¡Bueno! Es preciso, pues, refutar lo que acabo de decir y demostrar que no se es feliz por la posesión de la justicia y de la templanza ni desgraciado por estar entregado al vicio: o si este discurso es verdad, examinar lo que resultará de él. Pero resulta, Calicles, todo lo que antes dije y acerca de lo cual me preguntaste si hablaba en serio cuando dije que en caso de una injusticia debería acusarse uno mismo, acusar a su hijo y a su amigo, y valerse para esto de la retórica; y lo que creíste que Polo aceptaba como verdad por vergüenza, era, pues, verdad, que es mucho más repugnante y mucho peor cometer una injusticia que ser víctima de ella. No es menos verdad que para ser un buen orador es preciso ser justo y estar versado en la ciencia de las cosas justas, lo cual Polo también ha dicho que Gorgias me había concedido por vergüenza. Las cosas en este estado, examinemos un poco los reproches que me haces, y si tienes razón o no al decir que no estoy en disposición de defenderme yo mismo ni a ninguno de mis amigos, ni de mis parientes, ni de librarme de los grandes peligros; en fin, que estoy a merced del primero que quiera abofetearme —esta fue tu expresión— o despojarme de mis bienes o desterrarme de la ciudad o hasta de matarme y que hallarse en una situación semejante es lo más horrible del mundo. Tal fue tu manera de pensar. He aquí la mía: la he dicho ya más de una vez, pero nada me importa repetirlo. Sostengo, Calicles, que lo más feo de todo no es ser abofeteado injustamente, ni verse mutilado el cuerpo o despojado el bolsillo, sino el hecho de abofetearme y de arrebatarme injustamente lo que es mío; y que robarme, apoderarse de mi persona, escalar mi casa, cometer, en una palabra, cualquier mala acción contra mí o contra lo que es mío, es mucho peor y más odioso para el que lo comete que para mí que lo sufro. Estas verdades, que pretendo han sido demostradas en el transcurso de esta conversación, están unidas entre sí, al menos me lo parece, por razones de hierro y de diamante, sirviéndome de una expresión quizá un poco grosera. Si no consigues romperlas, tú o cualquier otro más vigoroso que tú, no será posible hablar con sensatez de estos objetos si se emplea un lenguaje diferente del mío, que en estas cuestiones es siempre el mismo, a saber: que no puedo asegurar que lo que digo sea la verdad, pero de todos con quienes he hablado, como ahora hablo contigo, no ha habido ni uno que haya podido evitar caer en ridículo si sostuvo una opinión contraria. Esto me hace suponer que mi creencia es la verdadera; pero si lo es, si la injusticia es el mayor de los males para quien la comete, y si a pesar de lo grande que es existe otro, si es posible todavía mayor, es este: el de no ser castigado por las injusticias cometidas, ¿qué género de socorro es el que uno no puede procurarse a sí mismo sin exponerse a ser objeto de la burla general? ¿No es este el auxilio cuyo efecto es el de apartar de nosotros el mayor perjuicio? Sí: lo incontestablemente más vergonzoso es no poder prestarse ayuda a sí mismo ni a sus parientes ni amigos. En segundo lugar, hay que colocar como vergonzoso la incapacidad de poder evitar el segundo mal; en tercer lugar, la impotencia de poder evitar el tercer mal, y así sucesivamente según la importancia del mal. Tan bello como es poder preservar de estos males, tan vergonzoso y feo es el no poder evitarlos. ¿Te parece que es así, como digo, o crees que de otra manera?

CALICLES.—Creo que es como has dicho.

SÓCRATES.—De estas dos cosas, cometer una injusticia y ser víctima de ella, siendo la primera para nosotros un gran mal y la segunda uno menor, ¿es, pues, preciso que el hombre se procure para estar en disposición de socorrerse a sí mismo y gozar de la doble ventaja de no cometer una injusticia y no ser víctima de ella? ¿Es el poder o la voluntad? He aquí lo que quiero decir. Pregunto si para no sufrir injusticias basta no querer ser víctima de ellas o si hay que hacerse bastante poderoso para ponerse a cubierto de ellas.

CALICLES.—Es evidente que no logrará librarse de ellas más que siendo poderoso.

SÓCRATES.—En cuanto al segundo punto, que es cometer la injusticia, ¿será bastante no querer para no cometerla, de manera que en efecto no se cometa?, ¿o será necesario conquistar cierto poder o un cierto arte y falto de aquél, o si no se aprende o logra practicarlo cometerá la injusticia...? ¿Por qué no contestas a esto, Calicles? ¿Crees que cuando Polo y yo convinimos en que nadie comete la injusticia queriendo, sino que los que son malos y obran mal cometen la injusticia contra su voluntad nos hayamos visto obligados por buenas razones o no a hacer esta declaración?

CALICLES.—Te concedo también esto para que puedas terminar tu discurso.

SÓCRATES.—Es necesario, pues, a lo que parece, procurarse también cierto poder o cierto arte para no cometer injusticias.

CALICLES.—Sin duda.

SÓCRATES.—Mas, para preservarse de toda o de casi toda la injusticia de otro, ¿qué medio hay? Fíjate a ver si en esto eres de mi opinión. Creo que es necesario poseer toda la autoridad en la ciudad, bien como soberano o tirano, o bien siendo amigo de los que gobiernan.

CALICLES.—¿Ves, Sócrates, cómo estoy dispuesto a darte mi aprobación cuando dices bien? Esto me parece perfectamente bien dicho.

SÓCRATES.—Examina si lo que añado es menos verdad. Me parece, como dijeron antiguos y sabios personajes, que lo semejante es amigo de lo que se le asemeja más. ¿Piensas igualmente?

CALICLES.—Sí.

SÓCRATES.—Entonces, ¿dondequiera que se encuentre un tirano salvaje y sin educación, si hay en su ciudad algún ciudadano mucho mejor que él, le temerá y no podrá ser nunca su verdadero amigo?

CALICLES.—Es cierto.

SÓCRATES.—El tirano a su vez no querrá tampoco a ningún ciudadano de un mérito inferior al suyo, porque le despreciará y no sentirá nunca por él el afecto que se profesa a un amigo.

CALICLES.—También es verdad.

SÓCRATES.—El único amigo que le quedará, por consiguiente, el solo a quien otorgará su confianza, será aquel que teniendo su mismo carácter, aprobando y censurando las mismas cosas, consentirá en obedecerle y en estar sometido a su voluntad. Este hombre disfrutará de gran influencia en el Estado y nadie podrá perjudicarle impunemente. ¿No te parece?

CALICLES.—Sí.

SÓCRATES.—Por este medio, se pondrá muy pronto, decimos, a cubierto de las injusticias y se hará poderoso entre sus conciudadanos.

CALICLES.—Puede asegurarse.

SÓCRATES.—Pero, ¿podrá precaverse igualmente contra la comisión de injusticias por su parte? ¿O necesitará mucho en el caso de que se parezca a un jefe, para tener un gran ascendiente sobre él? Yo creo que todos sus esfuerzos se dirigirán a colocarse en disposición de poder cometer las mayores injusticias y a no tener que temer poder ser castigado. ¿No opinas lo mismo?

CALICLES.—Indudablemente.

SÓCRATES.—Por consiguiente, llevará consigo el mayor de los males, que será la desfiguración de su alma, originada por la semejanza con su jefe y por su poder.

CALICLES.—No sé cómo te las arreglas para dar vueltas a tu discurso poniéndolo de arriba abajo y viceversa. ¿Ignoras que este hombre que toma por modelo al tirano hará morir, si le parece, y despojará de sus bienes al que no quiera hacer como él?

SÓCRATES.—Lo sé, mi querido Calicles; tendría que ser sordo para ignorarlo después de haber oído más de una vez de tus propios labios hace muy poco tiempo, lo mismo que de los de Polo y de los de casi todos los habitantes de esta ciudad. Pero escúchame a mi vez. Convengo en que podrá mandar matar a quien se le antoje; pero entonces será un malvado y el condenado a muerte un hombre de bien.

CALICLES.—¿No es esto precisamente lo más irritante?

SÓCRATES.—Para el hombre sensato, al menos, no, como lo prueba este discurso. ¿Crees acaso que el hombre no debe preocuparse más que de vivir el mayor tiempo posible y dedicarse al aprendizaje de las artes que pueden preservarnos de todos los mayores peligros, como el arte de la retórica, que hoy me aconsejabas estudie, porque constituye nuestra seguridad ante los tribunales?

CALICLES.—¡Sí, por Zeus!; cree que te doy un excelente consejo.

SÓCRATES.—Y el arte de nadar, querido Calicles, ¿no te parece muy estimable?

CALICLES.—Si te he de ser franco, no.

SÓCRATES.—Sin embargo, salva de la muerte a quienes se hallan en circunstancia en que es necesario este arte. Pero si te parece indigno de aprecio te citaré otro muy importante: el arte de dirigir las embarcaciones, que no solamente preserva a las almas, sino también a los cuerpos y los bienes contra los mayores peligros, como la retórica. Este arte es modesto y sin pompa, se mantiene retraído y procura pasar inadvertido, como si nunca hiciera nada de particular, mas aunque gracias a él logremos las mismas ventajas que nos proporciona el arte de la oratoria, no exige, creo, más que dos óbolos para traernos sanos y salvos desde Egina hasta aquí, y si es desde Egipto o desde el Ponto sólo dos dracmas por prestarnos un beneficio tan grande y conservarnos, como acabo de decir, nuestra persona y bienes, nuestros hijos y nuestras esposas al depositarnos sobre tierra firme en el puerto. El que posee este arte y que nos ha prestado tan señalado servicio, apenas desembarca se pasea modestamente por la orilla junto a su barco, porque sabe decirse a sí mismo, me imagino, que ignora quiénes son los viajeros a los que ha favorecido preservándolos de sumergirse, ni quiénes a los que ha perjudicado sabiendo que no han salido de su barco mejores de lo que entraron de cuerpo y alma. Razona, pues, de esta suerte: si alguno agobiado de enfermedades graves, incurables, no se ha ahogado en las aguas del mar, es víctima de la desgracia de no haberse muerto y no se beneficia por ello. Si, pues, tiene en su alma, sustancia mucho más preciosa que su cuerpo una porción de males incurables, ¿es un beneficio vivir o se le presta un servicio a un hombre semejante salvándole del mar, de las garras de la justicia o de cualquier otro peligro? Al contrario, el piloto sabe que para un malvado la vida no significa una ventaja, porque por necesidad tiene que vivir desgraciado. Este es el motivo de que el piloto no esté vanidoso de su arte, aunque le debamos nuestra salvación, ni tampoco el arquitecto militar, que en ciertos casos puede salvar tantas cosas, no digo como el piloto, sino como el caudillo de las tropas, que a veces conserva ciudades enteras. No lo compares, pues, con el abogado. Si no obstante quisiera hablar como tú, Calicles, y ponderar su arte, te agobiaría a fuerza de razones, probándote que debes hacerte arquitecto militar y exhortándote a creer que las demás artes nada significan al lado de la suya, y estáte seguro de que las palabras no le faltarían. Y tú no dejarías por esto de menospreciar menos su arte y a él; le dirías como una injuria que no es más que un arquitecto militar y que no querrías a su hija por nuera ni a su hijo por yerno. Mas tú, que tanto alabas tu arte. ¿con qué derecho podrás despreciar el suyo y los otros de que he hablado? Sé lo que me vas a contestar: que eres mejor que ellos y de mejor ascendencia. Pero si por mejor no debe entenderse lo que yo llamo mejor, y si toda la virtud consiste en poseer en seguridad su persona y bienes, tu desprecio al arquitecto militar, al médico y las otras artes cuyo fin es velar por nuestra conservación, es, sencillamente, una ridiculez. Pero ten mucho cuidado, querido amigo, de que lo bello y lo bueno no sean algo más que el aseguramiento y la conservación propios y de los demás. En efecto, el que es verdaderamente un hombre no debe desear vivir tanto tiempo como se supone ni demostrar demasiado apego a la vida, sino dejar a la divinidad el cuidado de todo esto, y prestando crédito a lo que dicen las mujeres, de que nadie ha logrado escapar a su destino, hay que ver después de qué manera tendrá que proceder para pasar lo mejor posible el tiempo que se ha de vivir. ¿Ha de ser esto acomodándose a las costumbres del Gobierno al que se está subordinado? Es, pues, preciso que te esfuerces por parecerte al pueblo ateniense si quieres serle grato y tener un gran crédito en esta ciudad. Mira si te convendrá y también a mí. Pero sí hay que temer, querido amigo, que no nos ocurra lo que se dice sucede a las mujeres de Tesalia cuando hacen descender la Luna, y no podamos adquirir tal poder en Atenas más que a costa de lo que nos sea más caro. Y si crees que alguno en el mundo te enseñará el secreto de volverte poderoso en esta ciudad sin tener el menor parecido con el Gobierno y que este parecido sea para ti un bien o más bien un mal, como pienso, te engañas, Calicles. Porque no te bastará ser un imitador, es preciso haber nacido con un carácter igual al suyo para contraer con ellos una amistad verdadera y también conseguir algo de la de tu mancebo, el hijo de Pirilampes. El que te dé un perfecto parecido con ellos hará de ti un político y un orador tal como ambicionas serlo. Los hombres, en efecto, se complacen escuchando los discursos que se refieren a sus caracteres y todo lo extraño a éstos los ofende; a menos, querido Calicles, que otro sea tu modo de pensar. ¿Tenemos algo que oponer a esto?

CALICLES.—No sé cómo es, Sócrates, pero me parece que tienes razón, y sin embargo, me encuentro en el mismo caso de la mayoría de los que te escuchan: no me persuades.

SÓCRATES.—Esto es debido a que el cariño a tu pueblo y el amor que sientes por el hijo de Pirilampes, arraigados en tu corazón, combaten mis razones. Pero si reflexionáramos juntos y más a menudo acerca de estos asuntos, quizá te rindas a ella. Recuerda que dijimos que hay dos maneras de cultivar el cuerpo y el alma: una que tiene por objeto el placer y otra que se propone el bien y lejos de adular sus inclinaciones las combate. ¿No es esto en lo que convenimos se diferencian ambas?

CALICLES.—Sí.

SÓCRATES.—La que sólo piensa en la voluptuosidad es innoble y nada más que pura adulación. ¿No es así?

CALICLES.—Sí, puesto que lo quieres.

SÓCRATES.—La otra, en cambio, no piensa más que en perfeccionar el objeto de nuestros cuidados, sea el cuerpo o sea el alma.

CALICLES.—Sin duda.

SÓCRATES.—¿No es así como debemos emprender la cultura del Estado y de los ciudadanos, trabajando para hacerles tan buenos como sea posible?, puesto que sin esto, como dijimos, cualquier servicio que se les haga no les sería de ninguna utilidad, a menos que el alma de aquellos a quienes deban procurar grandes riquezas o un aumento de sus dominios o cualquier otro género de poder, no sea buena y honrada. ¿Admitimos esto como cierto?

CALICLES.—Sí, si lo prefieres.

SÓCRATES.—Si nos instáramos mutuamente, querido Calicles, a intervenir en los asuntos públicos; por ejemplo: en la construcción de las murallas, arsenales, templos y los edificios más considerables, ¿no sería lo más natural que nos estudiáramos y examináramos primero si tenemos aptitudes o conocimiento en la arquitectura o no y de quién habíamos aprendido este arte? ¿Crees que sería necesario o no?

CALICLES.—Indudablemente creo que sí.

SÓCRATES.—Lo segundo que habría que examinar, ¿no sería si hemos construido alguna casa para nosotros o nuestros amigos y si esta casa está bien o mal construida? Y una vez terminado este examen, si encontrásemos que habíamos tenido maestros inteligentes y célebres, bajo cuya dirección hemos construido un gran número de hermosos edificios, y otros varios para nosotros mismos desde que nos separamos de nuestros maestros, siendo así podía confiársenos sin temor a imprudencia la construcción de las obras públicas; mas, si al contrario, no podemos decir quiénes fueron nuestros maestros ni enseñar ningún edificio obra nuestra o si enseñamos varios mal entendidos, sería una locura de nuestra parte emprender una obra pública y animarnos a ello mutuamente. ¿Reconocemos que esto está bien dicho o no?

CALICLES.—Sin duda.

SÓCRATES.—¿No ocurre lo mismo con las demás cosas? Si, por ejemplo, tuviéramos que servir al público en calidad de médicos y creyéndonos capacitados para ello, ¿no nos examinaríamos mutuamente y estudiaríamos? Veamos, dirías tú, cómo está Sócrates, y si sus cuidados han curado a alguien, hombre libre o esclavo. Y yo haría lo mismo contigo. Y si resultara que no hubiéramos devuelto la salud a nadie, ni ciudadano extranjero, ni hombre ni mujer, ¡por el nombre sagrado de Zeus!, Calicles, ¿no sería verdaderamente muy ridículo que pueda haber hombres que lleguen al extravagante extremo de querer aprender en el mismo cántaro, como se dice, el oficio de alfarero y dedicarse en seguida al servicio del público y animar a los otros a que los imiten antes de haber logrado ejercitarse en su arte y producido muestras de su aprendizaje? ¿No juzgarías que una conducta semejante sería verdaderamente insensata?

CALICLES.—Sí.

SÓCRATES.—Entretanto, ¡oh, tú!, el mejor de los hombres, que empiezas a intervenir en la vida pública incitándome a imitarte, y que me reprochas que no tomo ninguna parte activa en ella, ¿no podríamos examinarnos mutuamente? Ensayemos un poco: ¿Calicles ha convertido en mejor a algún ciudadano en el tiempo transcurrido? ¿Podéis nombrar a alguien, extranjero, ciudadano, hombre libre o esclavo que habiendo sido antes un malvado, injusto, insensato y libertino se haya convertido en un hombre honrado gracias a los esfuerzos de Calicles? Dime, Calicles, si te interrogan así, ¿qué responderías? ¿Podrías decir que el trato contigo ha mejorado a alguien? ¿Te avergüenzas de confesarme si cuando no eras más que un simple particular y antes de mezclarte en el gobierno del Estado hiciste algo parecido?

CALICLES.—Siempre quieres tener razón, Sócrates.

SÓCRATES.—No creas que te interrogo por espíritu de controversia, sino por el sincero deseo de aprender cómo debe uno conducirse entre nosotros en la administración pública, y si al intervenir en los asuntos del Estado te propondrás otro objeto que no sea el hacer de nosotros perfectos ciudadanos. ¿No hemos convenido varias veces ya que tal debe ser la finalidad de la política? ¿Estamos de acuerdo o no? Responde. Pues estamos de acuerdo, ya que me obligas a contestar por ti. Si tal es el beneficio que el hombre de bien debe esforzarse en procurar a su patria, reflexiona un poco y dime si te sigue pareciendo todavía que aquellos personajes, de quienes hablaste hace algún tiempo, Pericles, Cimón, Milcíades y Temístocles, fueron buenos ciudadanos.

CALICLES.—Sin duda alguna.

SÓCRATES.—Si fueron buenos ciudadanos es evidente, por consiguiente que de peores que eran sus compatriotas los hicieron mejores. ¿Los hicieron o no?

CALICLES.—Los hicieron.

SÓCRATES.—Cuando Pericles empezó a hablar en público, ¿eran, pues, peores los atenienses que cuando los arengó por última vez?

CALICLES.—Pudo ser que lo fueran.

SÓCRATES.—No hay que decir «pudo ser», querido amigo, porque eso se deduce necesariamente de lo que hemos convenido, si es verdad que Pericles fue un buen ciudadano.

CALICLES.—Bueno, ¿qué más?

SÓCRATES.—Nada, pero dime solamente si es general la opinión de que los atenienses se volvieron mejores por los cuidados de Pericles o si éste, por el contrario, los corrompió más. Oigo decir que por culpa de Pericles los atenienses se volvieron perezosos, cobardes, charlatanes e interesados, puesto que él fue el primero que los convirtió en mercenarios.

CALICLES.—Esto, Sócrates, se lo has oído decir a los orejas rasgadas.

SÓCRATES.—Lo que voy a decirte ahora al menos no es un «oído decir». Sé, con toda certeza, y tú también lo sabes, que Pericles adquirió al principio un gran renombre y que los atenienses en el tiempo se fueron haciendo peores, no pronunciaron contra él ninguna sentencia infamante, pero al fin de la vida de Pericles, cuando gracias a él se hubieron vuelto buenos y virtuosos, le condenaron por peculado, y faltó un poco para que le condenaran a muerte como a un mal ciudadano.

CALICLES.—¿Acaso fue por eso malo Pericles?

SÓCRATES.—De un hombre que guardara asnos, caballos y bueyes, dirían, si se les pareciera, que era un mal guardián, si aquellos animales vueltos feroces entre sus manos cocearan, mordieran y dieran cornadas, y no hubiesen tenido tales mañas cuando se le confiaron. ¿No crees que no sabe cuidar bien de un animal cualquiera que sea quien habiéndolo recibido manso lo hace más intratable de lo que era? ¿Opinas así, o no?

CALICLES.—Sí, puesto que así te complazco.

SÓCRATES.—Pues entonces haz el favor de decirme si el hombre puede ser clasificado en la especie de los animales o no.

CALICLES.—¿Cómo no ha de estarlo?

SÓCRATES.—¿No gobernaba Pericles a los hombres?

CALICLES.—Sí.

SÓCRATES.—Pues bien, ¿no era preciso, como hemos convenido, que de injustos que eran, sometidos a él se volvieron buenos, ya que él los gobernaba como si realmente fuese un buen político?

CALICLES.—Ciertamente.

SÓCRATES.—Pero los justos son de carácter dulce, como dice Homero. Tú qué dices, ¿piensas como nuestro gran poeta?

CALICLES.—Sí.

SÓCRATES.—Pero Pericles los volvió más feroces de lo que eran cuando se encargó de ellos, y esto basta contra él mismo, lo más contrario del mundo a sus propósitos.

CALICLES.—¿Quieres que convenga en ello?

SÓCRATES.—Sí, si crees que digo la verdad. ¿Y al volverlos más feroces no los hizo, por consiguiente, más injustos y peores?

CALICLES.—Sea.

SÓCRATES.—Por tanto, desde este punto de vista no ha sido Pericles un buen político.

CALICLES.—Tú lo dices.

SÓCRATES.—Y tú también a juzgar por tus confesiones. Dime ahora acerca de Cimón: ¿aquellos a quienes gobernó no le hicieron sufrir la pena del ostracismo para estar diez años sin oír su voz? ¿No hicieron lo mismo también con Temístocles, pero desterrándole para siempre? A Milcíades, el vencedor en Maratón, le condenaron a ser enterrado vivo, y si no hubiera sido por el primer pritáneo le hubieran arrojado a la fosa. Sin embargo, si todos ellos hubieran sido buenos ciudadanos, nada parecido a esto les hubiera ocurrido. No es natural que los hábiles conductores de carros que no se cayeron de sus vehículos cuando comenzaron a conducirlos se caigan más tarde, después de haber domado sus caballos y ser mejores aurigas. Esto es lo que no ocurre ni en la conducción de carros ni en ninguna otra profesión. ¿Qué dices?

CALICLES.—Que, en efecto, no ocurre.

SÓCRATES.—Nuestros anteriores discursos han resultado, por tanto, verdad, porque parece que no conocemos a persona alguna de esta ciudad que haya sido un buen político. Confesaste hace muy poco que hoy día no encuentras ni uno solo, pero sostuviste que antes los hubo y nombraste perfectamente a éstos, de quienes acabo de hablar, y luego hemos visto que en nada aventajaban a los de hoy en día, que si hubieran sido oradores habrían hecho uso de la verdadera retórica haciendo mejores a los atenienses, y si se hubieran servido de la retórica aduladora no habrían incurrido en su desgracia.

CALICLES.—Y sin embargo, caro Sócrates, falta mucho para que alguno de los políticos del día ejecute obras tan grandes como las que hizo el que más prefieras de aquellos otros.

SÓCRATES.—Por esto, querido amigo, no los menosprecio en su calidad de servidores del pueblo; al contrario, me parece que desde este punto de vista valen mucho más que los actuales y que se mostraron más hábiles en procurar al Estado lo que deseaba. Pero en lo referente a hacer cambiar de objetivo a los deseos, no permitir su satisfacción y llevar a los ciudadanos, bien fuera por la persuasión y hasta por la violencia, hacia lo que pudiera haberlos hecho mejores, es en lo que, por decirlo así, no existe diferencia entre ellos y los de ahora, y ésta es realmente la única empresa propia de un buen ciudadano. En lo que estoy muy de acuerdo contigo es en reconocer que en la cuestión de construcciones de barcos, murallas, arsenales y muchas otras obras análogas supieron procurarnos mucho más los de los tiempos pasados lo que nos hacía falta que los de nuestros días. Pero en esta discusión nos está sucediendo a ti y a mí una cosa un poco ridícula. Desde que empezamos a hablar no hemos cesado de dar vueltas alrededor del mismo objeto sin entendernos. Me imagino que con frecuencia has confesado y reconocido que hay dos maneras de cuidar el cuerpo y el alma: la una, servil, se propone proporcionar por todos los medios posibles alimentos a los cuerpos cuando sienten hambre y bebidas cuando tienen sed, vestidos para el día y para la noche y calzado cuando tienen frío, y en una palabra, todas las otras cosas que el cuerpo puede necesitar. Me sirvo expresamente de estas imágenes para que comprendas mejor mi pensamiento. Cuando se está en disposición de subvenir a estas necesidades, como comerciante, traficante o artesano de cualquiera de estas profesiones: panadero, cochero, tejedor, zapatero y curtidor, no es de extrañar que uno, por ser tal, se figure ser el proveedor de las necesidades del cuerpo y que como tal sea mirado por cualquiera que ignore que además de estas artes hay otras cuyas partes son la gimnástica y la medicina, y a la que verdaderamente pertenece el cuidar del cuerpo y a la que corresponde imponerse a todas las otras artes y servirse de sus productos porque es la única que sabe lo que hay de saludable y perjudicial en la comida y en la bebida y que las otras artes ignoran. Por esto cuando se trata del cuerpo hay que reputar de funciones serviles y bajas a las otras artes y que la medicina y la gimnasia ocupen, como es justo, la jerarquía que les corresponde. Que lo mismo ocurre con relación al alma, me parece habrás comprendido algunas veces que es lo que pienso, y me lo concedas como hombre que entiende perfectamente lo que digo. Pero un momento después añades que en esta ciudad ha habido excelentes hombres de Estado, y cuando te pregunto quiénes, me presentas hombres que para los asuntos políticos es precisamente como si te preguntase quiénes han sido o son los más hábiles en la gimnástica y capaces de cuidar bien de los cuerpos y me citaste seriamente a Tearión, el panadero; a Miteco, que ha escrito acerca de la cocina en Sicilia, y a Sarambo, el tratante de vinos, pretendiendo que han descollado en el arte de tratar los cuerpos, porque sabían preparar admirablemente el uno el pan, el otro los guisados y el tercero el vino. Quizá te enfadarías conmigo si respecto de esto te dijera: no tienes, mi querido amigo, idea alguna de lo que es la gimnástica; me nombras servidores de nuestras necesidades que no tienen más ocupación que satisfacer éstas, pero que desconocen lo que hay de bueno y bello en este género, y que después de haber llenado e hinchado con toda clase de alimentos el cuerpo de los hombres y haber sido elogiado, acaban por echarles a perder su temperamento primitivo. Los glotones, que son unos ignorantes, no acusarán a estos fomentadores de su gula de ser los causantes de las enfermedades que les sobrevienen y de la pérdida de sus carnes sanas, pero sí echarán la culpa a los presentes que les hubiesen dado algunos ejemplos. Y cuando los excesos del estómago que hayan cometido sin preocuparse para nada de su salud les acaecen largo tiempo después numerosas enfermedades, la emprenderán contra éstas, hablarán pestes de ellas y si pudieran perjudicarlas las perjudicarían, pero seguirían prodigando alabanzas a los excesos, causa indiscutible de sus males. Del mismo modo procedes tú ahora, Calicles, exaltando a las personas que dieron bien de comer y beber a los atenienses y satisficieron sus pasiones sirviéndoles cuanto apetecieron. Aquéllos hicieron grande al Estado, dicen los atenienses; pero no ven que dicho engrandecimiento no es más que una hinchazón, un tumor lleno de podredumbre; porque de una manera descabellada estos antiguos políticos han llenado la ciudad de puertos, arsenales, murallas, impuestos y otras tonterías semejantes sin unir a estas obras la moderación y la justicia. Cuando la enfermedad se declare, no vacilarán en culpar a los que le hayan aconsejado prudentemente y elevarán hasta las nubes a Temístocles, Cimón y Pericles, los verdaderos autores de sus males, y quizá procedan contra ti, si no sabes defenderte, y contra mi amigo Alcibíades, aunque no seáis los primeros autores de su caída, pero sí quizá los cooperadores. Por lo demás, veo que hoy día ocurre algo irrazonable; y lo mismo oigo decir de los hombres que nos precedieron; veo, en efecto, que cuando la ciudad castiga como culpables de malversación a algunos de los que intervienen en los negocios públicos, se enfadan y se quejan amargamente del mal trato a que se los somete después de los servicios sin cuento que han prestado al Estado. ¿Es injusta, como pretenden, la sentencia de muerte que el pueblo pronuncia contra ellos? No, ni nada más falso. Un hombre puesto al frente del gobierno en un Estado no puede nunca ser castigado injustamente por este Estado. Lo mismo que les ocurre a algunos de estos hombres que se las dan de políticos, pasa con los sofistas, porque éstos, gente hábil indudablemente, tienen la desgracia de observar en ocasiones una conducta por completo desprovista de buen sentido. Al mismo tiempo que hacen alarde de profesar la virtud, acusan a menudo a sus discípulos de ser culpables de injusticia al regatearles su remuneración y no demostrarles ninguna clase de reconocimiento después de tantos beneficios como ellos, los sofistas, les han otorgado. Dime si hay algo más inconsecuente que semejantes palabras. ¿No juzgas tú mismo, amigo mío, que es absurdo decir que hombres que se han convertido en justos y buenos por los desvelos de sus maestros y en cuyos pechos la injusticia ha cedido el puesto a la justicia, obren injustamente por un vicio que ya no tienen? Por no querer contestarme, me has obligado, Calicles, a pronunciar contra mi voluntad un verdadero discurso.

CALICLES.—¿Acaso te es imposible hablar si no te contesta alguien?

SÓCRATES.—Parece que sí, puesto que desde que no me quieres contestar me extiendo en largos discursos. Pero, ¡en nombre de Zeus que preside la amistad!, dime, ¿no encuentras absurdo que un hombre, que se vanagloria de haber hecho virtuoso a otro, se queje de él como de un malvado, cuando por sus esfuerzos se ha convertido y realmente es bueno?

CALICLES.—Efectivamente, me parece absurdo.

SÓCRATES.—¿No es este, sin embargo, el lenguaje que oyes de boca de los que hacen profesión de formar a los hombres en la virtud?

CALICLES.—Es verdad; pero, ¿puede esperarse otra cosa de gente tan despreciable como los sofistas?

SÓCRATES.—Pues bien, ¿qué dirías de los que teniendo a gala hallarse a la cabeza del Estado y de dedicar todos sus esfuerzos a hacerlo virtuoso, le acusan en la primera ocasión de estar muy corrompido? ¿Crees que hay mucha diferencia entre éstos y los precedentes? El sofista y el orador, querido amigo, son la misma cosa o dos cosas muy parecidas, como dije a Polo. Pero como no conoces esta semejanza, te imaginas que la retórica es lo más bello que existe en el mundo y desprecias la profesión de sofista. Y en realidad es la sofística más bella que la retórica, lo mismo que la función del legislador con relación a la del juez y la de la gimnástica a la de la medicina. Y yo había creído que los sofistas y los oradores eran los únicos que no tenían ningún derecho a reprochar nada al sujeto que educan y forman, y menos de ser éste malo para ellos, porque acusándole se acusan ellos mismos de no haber hecho ningún bien a los que se jactan de haber mejorado. ¿No es verdad?

CALICLES.—Es cierto.

SÓCRATES.—Y también son los únicos que podrían no exigir recompensa alguna por los beneficios que procuran, si lo que dicen fuera verdad. En efecto, cualquiera que hubiese recibido un beneficio de otro género, por ejemplo, que por los cuidados de un maestro de gimnasia se haya vuelto más ligero para las carreras, puede ser que fuera capaz de frustrarle el reconocimiento que le debe, si el maestro lo dejara a su discreción y no hubiera hecho con él ningún convenio en virtud del cual percibiera su remuneración al mismo tiempo que le comunicara la agilidad. Porque no creo que sea la lentitud en las carreras, sino la injusticia, lo que hace mala a la gente. ¿No es verdad?

CALICLES.—Sí.

SÓCRATES.—Si alguno, pues, destruyera este principio de maldad, quiero decir, la injusticia, no tendría motivos de temer que se portaran mal con él, y sería el único que podría seguramente prodigar sus beneficios gratuitamente, si realmente estaba en su poder el volver virtuosos a los hombres. ¿Me das la razón en esto?

CALICLES.—Sí.

SÓCRATES.—Sin duda por esta razón no es ninguna vergüenza recibir un salario por otros consejos que se dan, referentes, por ejemplo, a la arquitectura o todo arte parecido.

CALICLES.—Así me parece.

SÓCRATES.—En cambio, sería vergonzoso que cualquiera que se negara a inspirar a un hombre toda la virtud que pueda tener y enseñarle a gobernar perfectamente a su familia o su patria y a negarle sus consejos a menos que se le diera dinero. ¿No es cierto?

CALICLES.—Sí.

SÓCRATES.—Es evidente que la razón de esta diferencia consiste en que de todos los beneficios éste es el único que despierta en el que lo recibe el deseo de convertirse a su vez en bienhechor; de manera que es una buena señal el dar muestras de reconocimiento al autor de un beneficio tal y una mala el no demostrar gratitud. ¿No te parece que es así?

CALICLES.—Sí.

SÓCRATES.—Explícame, pues, con toda claridad, cuál de estas dos maneras de gobernar un Estado me recomiendas: si combatir las inclinaciones de los atenienses para hacer de ellos excelentes ciudadanos, en calidad de médico, o ser servidor de sus pasiones y no tratar con ellos más que para halagarlos. Dime la pura verdad, Calicles: es justo que ya que debutase hablándome con franqueza continúes hasta el fin diciéndome lo que piensas. Sé generoso y contéstame con sinceridad.

CALICLES.—Te recomiendo que seas el servidor de Atenas.

SÓCRATES.—Es decir, que me invitas, muy generoso, Calicles, a convertirme en su adulador.

CALICLES.—Si prefieres tratarlos como a misios, allá tú, Sócrates; pero si tomas el partido de lisonjearlos...

SÓCRATES.—No me repitas una vez más lo que tantas me has dicho, de que me matará el primero que tenía ganas de ello, si no quieres que te repita a mi vez que el que haga morir a un hombre de bien será por fuerza un malvado; ni que me arrebatará lo que pueda poseer, a fin de que no tenga que decirte que después de despojarme de mis bienes no sabrá qué uso hacer de ellos, y que como me los quitará injustamente los usará injustamente, y si injustamente, de una manera fea y por tanto mal.

CALICLES.—Me parece, Sócrates, que estás en la firme convicción de que nada de esto te sucederá, como si estuvieras muy lejos de todo peligro y que ningún hombre, por malo y despreciable que pueda ser, pueda llevarte ante los tribunales.

SÓCRATES.—Podrías calificarme de demente, Calicles, si no creyera que en una ciudad como Atenas hay alguien que no esté expuesto a toda clase de accidentes. Pero lo que si sé es que si mañana, por uno de estos accidentes con que me amenazas, compareciera ante algún tribunal, el que me citara sería un mal hombre, porque un ciudadano honrado jamás llevará ante los tribunales a un inocente. Y no tendría nada de extraño que me condenasen a muerte. ¿Quieres saber por qué te lo digo?

CALICLES.—Sí, quisiera saberlo.

SÓCRATES.—Me imagino que me dedico a la verdadera política con un corto número de atenienses —para no decir que me dedico solo— y que nadie más que yo hoy día cumple con los deberes de un hombre público. Como no entra en mis intenciones adular a aquellos con quienes hablo diariamente, tiendo a lo más útil y no a lo más agradable, y no quiero hacer ninguna de las bellas cosas que me aconsejas, no sabría qué decir cuando me hallara ante los jueces. Y ahora viene muy al caso lo que dije a Polo: me juzgarán como juzgarían unos niños a un médico acusado por un cocinero. Examina, en efecto, lo que un médico sometido a un tribunal de semejantes jueces tendría que decir en su defensa si le acusaran en estos términos: Niños, este hombre os ha perjudicado mucho, os pierde y también a los que aún son menores que vosotros y os precipita en la desesperación cortándoos, quemándoos, enflaqueciéndoos y ahogándoos: os da pociones amarguísimas y os hace morir de hambre y de frío. No os sirve, como yo, manjares de todas clases en gran número y gratísimos al paladar. ¿Qué piensas que diría un médico al verse en tal aprieto? Responder lo que es verdad: Niños, si os he hecho todo eso, ha sido para conservaros la salud. ¿No te figuras que los jueces protestarían a gritos y con todas sus fuerzas al escuchar su respuesta?

CALICLES.—Me parece que casi todos te dirán que sí.

SÓCRATES.—¿No te figuras que este médico se vería en el mayor de los apuros para saber lo que tendría que decir?

CALICLES.—Con toda seguridad.

SÓCRATES.—Sé que me sucedería lo mismo si tuviera que comparecer ante la justicia, porque no podría hablar a los jueces de placeres que les haya procurado y que ellos cuentan como tantos beneficios y servicios; no tengo envidia a los que lo procuran ni a los que los disfrutan. Si se me acusa de corromper a la juventud llenando su espíritu de dudas y de hablar mal de ciudadanos de más edad que la mía y de pronunciar contra ellos discursos mordaces, sea privada o públicamente, no podré decir, aunque sea verdad, que si obro y hablo de tal suerte, es con justicia y teniendo en vista vuestro prestigio, ¡oh jueces!, y nada más. Así es que tendré que esperar todo cuanto el destino tenga a bien ordenarme.

CALICLES.—¿Encuentras, Sócrates, que es hermoso para un ciudadano verse en una situación semejante que le imposibilite de defenderse por sí mismo?

SÓCRATES.—Sí, Calicles, siempre que pueda responder de una cosa con la que te has mostrado acorde más de una vez; con tal, digo, de que pueda probar para su defensa que no tiene discurso alguno ni ninguna acción injusta que reprocharse, cometidos contra los dioses ni contra los hombres, porque a menudo hemos reconocido que este auxilio es para él el más poderoso de todos. Si se probara que soy incapaz de prestarme este auxilio y tampoco cualquier otro, me avergonzaría de haber caído en falta en este punto, lo mismo delante de poca que de mucha gente y aun ante mí mismo solo; causaría mi desesperación ver que una impotencia semejante fuese causa de mi muerte. Mas si perdiera la vida por no haber hecho algún uso de la retórica aduladora, estoy muy seguro que me verías soportar la muerte estoicamente. Verdad es que únicamente un insensato o un cobarde teme a la muerte. Lo que se teme es la comisión de injusticias, porque la mayor de todas las desdichas es bajar a los infiernos con el alma cargada de crímenes. Me alegraría, si lo desearas, probarte que la cosa efectivamente es así.

CALICLES.—Si has acabado con lo otro, añade todavía esto.

SÓCRATES.—Escucha, pues, una bella narración que tomarás, me imagino, por una fábula, y que creo es una verdad. Yo, al menos, te la doy como tal. Zeus, Posidón y Plutón se repartieron la soberanía, como Homero lo refiere, después de su padre. Desde el tiempo de Crono existía una ley entre los hombres que ha subsistido y subsiste todavía entre los dioses; todo mortal que hubiera llevado una vida santa y justa iría después de su muerte a las islas de los Bienaventurados, donde gozaría de una perfecta felicidad a cubierto de todos los males; el que al contrario hubiese vivido en la injusticia y en la impiedad, iría a un lugar de castigo y de suplicio denominado el Tártaro. Durante el reinado de Crono y en los primeros años de Zeus, dichos hombres eran juzgados en vida por jueces vivientes, que decidían de un futuro destino el mismo día en que tenían que morir, por lo que estos juicios se pronunciaban mal. Esta fue la causa de que Plutón y los gobernadores de las islas de los Bienaventurados acudieran a Zeus y le dijeran que les enviaban hombres que no merecían las recompensas ni los castigos que se les habían asignado. Yo acabaré con esta injusticia, respondió Zeus. Lo que hace se sentencie mal hoy día es que se juzga a los hombres vestidos, puesto que se les juzga cuando aún viven. Así es, continuó diciendo, que muchos cuya alma está corrompida, están revestidos de hermosísimos cuerpos, de nobleza y de riquezas, y cuando se trata de pronunciar el fallo, se presentan muchísimos testigos a deponer en su favor y dispuestos a testimoniar que han vivido bien. Los jueces se dejaban deslumbrar por todo esto y además juzgaban vestidos teniendo delante del alma, ojos, orejas y toda la masa del cuerpo que los envuelve. Sus vestiduras, y lo mismo las de las personas a las que van a juzgar, son para ellos otros tantos obstáculos. Hay que empezar, pues, dijo, por quitar a los hombres la presciencia de su última hora, porque ahora la conocen con anticipación. Ya he dado mis órdenes a Prometeo a fin de que los prive de ese privilegio. Quiero, además, que sean juzgados en completa desnudez de todo lo que les rodea y que para esto no se les juzgue hasta después de muertos. Es preciso también que el juez esté completamente desnudo, muerto y que examine inmediatamente por su alma la de cada uno en cuanto muera, se haya separado de todos sus parientes y deje todas sus galas en la Tierra, a fin de que su fallo sea justo. Estaba enterado de estos abusos antes que vosotros; por esto he designado para jueces a tres de mis hijos, dos de Asia: Minos y Radamantis, y uno de Europa: Eaco. Cuando mueran, emitirán sus fallos en la pradera, en el sitio en que desembocan tres caminos, uno de los cuales conduce a las islas de los Bienaventurados y otro al Tártaro. Radamantis juzgará a los hombres de Asia, y Eaco a los de Europa; asignaré a Minos la autoridad suprema para decidir en última instancia en los casos en que aquéllos estén indecisos, a fin de que la sentencia referente al paraje de la destinación de los hombres después de su muerte sea pronunciada con toda la equidad posible. Tal es, Calicles, la narración que oí y que tengo por verdadera. Razonando acerca de este discurso he aquí lo que me parece resulta de él. La muerte, me figuro, no es más que la separación de estas dos cosas: el cuerpo y el alma. En el momento de su separación cada una de las dos no es muy diferente de lo que era en vida del hombre. El cuerpo conserva la naturaleza y los vestigios bien señalados de los cuidados que con él se tuvieron o de los accidentes que sufrió. Por ejemplo, si alguno tuvo en vida un cuerpo muy grande, fuere por naturaleza o por educación, su cadáver después de su muerte será grande; si estaba grueso, su cadáver lo estará también y lo mismo en todo lo demás. De igual manera, si gustó de cuidar de su cabello, su cadáver tendrá hermosa cabellera; si fue un penado que llevara en su cuerpo las huellas y las cicatrices de los latigazos o de otras heridas, podránse ver las mismas huellas y cicatrices en su cadáver. Si hubiese tenido en vida algún miembro roto o dislocado, estos defectos serán todavía visibles después de su muerte. En una palabra, tal como ha sido en vida en lo concerniente al cuerpo, tal será en todo o en parte, durante cierto tiempo, después de la muerte. Me parece, Calicles que con el alma debe ocurrir lo mismo, y que cuando queda despojada del cuerpo, lleva las marcas evidentes de su carácter y de las diversas afecciones que cada uno ha experimentado en su alma como consecuencia del género de vida que abrazó. Una vez que llegue a la presencia de su juez, los de Asia ante Radamantis, éste los llamará para que se le aproximen y examinará el alma de cada uno sin saber a quién pertenece. Y a veces, teniendo entre las manos al gran rey o a cualquier otro soberano o potentado, descubrirá que no tiene nada sano en su alma, porque los perjurios y las injusticias la han flagelado y cubierto de cicatrices de las que cada una de sus acciones ha dejado grabada la huella en su alma; que la mentira y la vanidad han trazado en ella mil revueltas y que nada recto se encuentra en ella por haber sido educada lejos de la verdad. El juez ve que el poderío sin límites, la vida de molicie y desenfreno, y una conducta desarreglada, han llenado aquella alma de desorden e infamia, e inmediatamente que se da cuenta de todo esto la envía cubierta de ignominia a su prisión, en donde apenas llegue sufrirá el castigo merecido. A todo el que sufre una pena y es castigado por otro de una manera razonable, le ocurre que o se vuelve mejor y el castigo le resulta un beneficio o que sirve de ejemplo a otros, a fin de que siendo testigos de los tormentos que sufren teman verse en igual caso y trabajan por enmendarse. Los que sacan partido de los castigos que les imponen los dioses y los hombres son aquellos cuyas faltas son de naturaleza que permite se expíen en la Tierra. Pero no se hacen acreedores a este beneficio, sea en la Tierra o sea en los infiernos, más que por los dolores y los sufrimientos, único medio posible para verse libre de la injusticia. Los que han cometido los crímenes más execrables y que por este motivo son incurables, sirven de ejemplo a los otros. Su suplicio no les reporta ninguna ventaja, porque son incapaces de curación, pero para los demás es útil ver los grandes tormentos, espantosos y dolorosísimos, que sufren eternamente por sus faltas, estando, por decirlo así, expuestos en la prisión de los infiernos como un ejemplo que sirve a la vez de espectáculo y de instrucción a todos los malos que incesantemente llegan a aquellos antros. Sostengo que Arquelao pertenecerá a este número, si lo que Polo ha dicho de él es cierto, y como él todo tirano que se le asemeje. Hasta creo que la mayor parte de los condenados a tal exhibición son tiranos, reyes, potentados y hombres de Estado. Porque ellos son los que a causa del gran poder de que están revestidos cometen las acciones más injustas e impías. Homero me testimonia de ello. Los que representan como eternamente atormentados, con reyes y potentados como Tántalo, Sísifo y Ticio. En cuanto a Tersites y otros malvados de inferior categoría, ningún poeta los ha representado sufriendo los mayores suplicios, como un culpable de los incurables, sin duda porque no poseyeron todo el poder, por lo que tuvieron más suerte que los que impunemente pudieron ser perversos. Los más grandes criminales, querido Calicles, se forman de los que tienen en su mano toda la autoridad. Nada impide, sin embargo, que entre éstos se encuentren también hombres virtuosos, que nunca serían demasiado admirados. Porque es una cosa muy difícil,

Calicles, y merecedora de los mayores elogios, vivir dentro de la justicia cuando se está en plena libertad de obrar mal, tanto que se encuentran muy pocos de este carácter. Ha habido, no obstante, en esta ciudad, y también en otras, y seguirá habiendo seguramente, personajes excelentes en este género de virtud que consiste en administrar con arreglo a las leyes de la justicia lo que les está confiado. Uno de ellos ha sido Arístides, hijo de Lisímaco, que por sus virtudes se hizo célebre en toda Grecia; pero la mayor parte de los hombres en el poder, amigo mío, se vuelven malos. Volviendo a lo que decía, cuando alguno de estos cae entre las manos de Radamantis, no sabe éste de él ni quién es ni quiénes son sus padres, y sí sólo que es malo y habiéndolo reconocido tal, lo relega al Tártaro después de haberle puesto una señal según le juzgue susceptible de curación o no. Al llegar al Tártaro el culpable es castigado como merece. Otras veces, viendo un alma que vivió santamente y en verdad, el alma de un particular o de otro cualquiera, pero sobre todos, como lo pienso, Calicles, de un filósofo ocupado únicamente de sí mismo y que durante su vida evitó las dificultades de los negocios, se encanta y la destina a las islas de los Bienaventurados. Eaco, por su parte, procede de igual manera. Uno y otro se pronuncian sus veredictos teniendo una varita en la mano. Minos es el único que se sienta y tiene la alta inspección; en la mano sostiene un cetro de oro, como Homero refiere que le vio Ulises teniendo un cetro de oro y haciendo justicia a los muertos. Yo concedo, querido Calicles, entera fe a estos discursos y me aplico a fin de presentarme ante el juez llevando el alma más íntegra posible. Por esto, menospreciando lo que la mayoría de los hombres tiene en más alta estimación y no aspirando más que a la verdad, consagraré todos mis esfuerzos, en lo que de mí depende, a vivir tan virtuosamente como pueda y a morir igualmente cuando suene la hora de abandonar este mundo. Invito a todos tanto como puedo, y a ti mismo a mi vez, a abrazar este género de vida y a ejercitarte en este combate, el más interesante a mi juicio de cuantos libramos aquí abajo. Te reprocho que no estarás en disposición de socorrerte a ti mismo cuando tengas que comparecer a sufrir el juicio de que hablo y que cuando te encuentres en presencia de tu juez, el hijo de Egina, y te haya llevado ante su tribunal, abrirás de espanto la boca y perderás la cabeza ni más ni menos que yo ante los jueces en esta ciudad. Podrá ser que entonces te abofeteen, ignominiosamente, y que te inflijan toda clase de ultrajes. Estás escuchando lo que te digo como si fuesen cuentos de viejas y no haces ningún caso de ello. Nada de extraño tendría que todos hiciéramos lo mismo si después de investigar mucho lográramos encontrar algo mejor y más verdadero. Pero ves que vosotros tres, Polo, Gorgias y tú, que sois los más sabios de la Grecia de hoy, no sabríais probarnos que se debe llevar otra vida diferente de la que nos será útil cuando estemos allá abajo. De tantas opiniones que hemos discutido todas han sido refutadas menos esta, que permanece inquebrantable: que se debe tener mucho más cuidado de cometer una injusticia que no de ser víctimas de ella y que ante todo se debe procurar no sólo parecer un hombre de bien, sino serlo lo mismo en público que en privado; que si alguno faltare en algo fuere en lo que fuere, es preciso castigarle, y que después del primer bien, que es ser justo, el segundo es llegarlo a ser y sufrir el correctivo que antes mereció; que es preciso huir de la lisonja de sí mismo como de la de los demás y que jamás ha de servirse de la retórica ni de ninguna otra profesión si no es con miras a la justicia. Ríndete pues, a mis razones y sígueme por la ruta que te conducirá a la felicidad en esta vida y después de tu muerte como acaba de demostrar este discurso. Sufre que se te menosprecie como un insensato, que te insulten si quieren, y hasta déjate abofetear sin protestar aunque te parezca infamante. Ningún mal te sucederá por ello si eres realmente un hombre bueno dedicado a la práctica de la virtud. Después que la hayamos cultivado en compañía, si lo juzgamos a propósito intervendremos en los negocios públicos, y cuando se trate de deliberar acerca de algo, estaremos más en estado de hacerlo que actualmente. Porque es vergonzoso para nosotros que en la situación en que parecemos estar, queramos hacer creer como si valiéramos para algo, sin tener en cuenta que a cada instante cambiamos de opinión en lo referente a los mismos objetos y hasta a los más importantes, ¡tan grande es nuestra ignorancia! Sirvámonos, pues, del discurso que nos hace la luz en este momento, como de un guía que nos hace ver que el mejor partido que podemos seguir es vivir y morir en la práctica de la justicia y de las otras virtudes. Marchemos por la senda que nos traza y excitemos a los otros a que nos imiten. No escuchemos el discurso que te ha seducido, Calicles, y al que me exhortas para que me rinda, porque no vale nada, amigo mío.

FEDÓN, O DE LA INMORTALIDAD DEL ALMA

ARGUMENTO

Fedón no es, como otros diálogos platónicos, un simple cambio de preguntas y respuestas sin más finalidad que poner en evidencia el error de una teoría o la verdad de un principio; es una complicada composición de otra clase, en la que a través de un drama principal se han propuesto, discutido y resuelto problemas complejos que interesan a la vez a la Psicología, la Moral y la Metafísica: obra sabia en la que se han fundido con un profundo propósito tres objetos muy diferentes: la narración, la discusión y el mito.

La narración es la pintura real y sensible del último día y de la muerte de Sócrates, hecha a Equécrates de Fliunte por Fedón, testigo todavía emocionado de aquel fin tan sereno y tan noble, que refiere fielmente en un lenguaje impreso de la sencillez y grandeza antiguas. Es un cuadro de eterna belleza, sobre el cual es imposible posar la mirada sin sentirse poco a poco penetrado de la admiración entusiasta, y por momentos conmovida, que se respira en las palabras de su intérprete. En el momento en que Fedón nos abre la puerta de su prisión, se nos aparece Sócrates sentado familiarmente en el borde de su lecho en medio de sus discípulos, ansiosos desde muy temprano de recoger las últimas palabras del maestro venerado: su aspecto es sonriente y de tranquilidad, y ni una sombra de tristeza o de cansancio altera su rostro, tan sereno y tan animoso como el pensamiento que lo anima. Sin la emoción mal reprimida de sus amigos y las lágrimas que no pueden contener, y sin los lamentos de Jantipa, su consorte, nada hubiera delatado en Sócrates la proximidad de su muerte. Sin el menor esfuerzo conservaba su manera de ser y su lenguaje de siempre. Fedón se enternece y nos emociona refiriéndonos sus recuerdos personales; se complace al acordarse de que su maestro, a cuyos pies acostumbraba a sentarse en un taburete, jugó aquel día con sus cabellos durante la conversación, embromándole cariñosamente porque el luto le obligaría al día siguiente a cortarse tan bello adorno. Resuelto Sócrates a dar a sus amigos el ejemplo de la filosofía, mandó que se retiraran a su mujer y sus hijos, impuso reserva al dolor de sus amigos y no tardó en provocar a una discusión a Simmias y a Cebes, discusión que se prolongaría hasta la puesta del sol, el instante señalado por la ley para beber la cicuta. Será, como él mismo dijo, el canto del cisne; no un canto de tristeza, sino de sublime esperanza en una vida inmortal y bienaventurada.

¿No debe desear la muerte el filósofo? ¿Tiene o no derecho a adelantarse a una muerte a su parecer demasiado lenta y a atentar contra su existencia? Estas son las primeras preguntas. La convicción de Sócrates es que la esperanza de encontrar, en una vida mejor que la nuestra, dioses justicieros, buenos y amigos de los hombres, basta para incitar al sabio a sonreír ante la muerte. Pero ningún hombre debe adelantar el término natural de la vida y el sabio menos que los demás, porque si existe una razón justa para no temer la muerte, hay dos para esperarla, empezando por el ánimo esforzado de que debe dar pruebas, soportando con paciencia los males de esta vida, en la que se cree guardando un puesto cuyo abandono representaría una cobardía; después, por pensar que su persona y su destino pertenecen a los dioses, sus creadores y dueños, y que no perteneciéndose carece del derecho de disponer de sí mismo. Estas razones son las más poderosas que jamás se hayan invocado contra el suicidio; no es poco honor para Platón el que en un problema tan importante y tan delicado su espiritualismo pagano nada tenga que envidiar a la moral cristiana y al espiritualismo moderno. ¡Y con qué fuerza pone de relieve la idea tan diferente que de la vida y la muerte se forman el filósofo y el hombre vulgar! Éste se aferra a la vida porque sólo le preocupa su cuerpo y los goces sensuales, no pensando siquiera en que tiene un alma. La muerte le aterra también porque al destruir su cuerpo le priva de cuanto le es caro. Pero, ¿dónde están el valor de la vida y el horror a la muerte en quien no concede a su cuerpo la menor importancia? Tal es el filósofo que encuentra la felicidad en el pensamiento único que aspira a bienes invisibles como él mismo, inasequibles aquí abajo, y que gozoso ve llegar la muerte como el fin del período de prueba que le separa de estos bienes, a los que toda la vida dedicó sus meditaciones. Su vida, en realidad, no es más que una mediación de la muerte. Preguntad a Platón cuáles son esos bienes invisibles, y os dirá: «No hablo solamente de lo justo, de lo bueno y de lo bello, sino también de lo grande, de la salud, de la fuerza, en una palabra, de la esencia de todas las cosas, es decir, de lo que son ellas por sí mismas.» Este es el primer rasgo de la teoría de ideas cuyo objetivo va a acusarse muy pronto.

Pero, ¿de dónde tiene el filósofo la certidumbre de no perecer por completo cuando muere? Y si no tiene la prueba de que el alma sobrevive al cuerpo, ¿quién le asegura que no es víctima del engaño de una bella ilusión? Platón se decide resueltamente a explicar por boca de Sócrates estos problemas tan vaporosos y toca sucesivamente los puntos siguientes, que basta mencionar para hacer ver su importancia: la supervivencia del alma al cuerpo, la reminiscencia, la preexistencia del alma, la existencia de las ideas por sí mismas, la sencillez, la inmaterialidad, la indisolubilidad, la libertad del alma y, en fin, su inmortalidad.

Parte de las ideas pitagóricas de la estancia del alma en los infiernos y de su retorno a la vida para establecer su existencia después de la muerte. Este es el sentido de la máxima: «los vivos nacen de los muertos», encerrada en esta otra más general, de que todo lo que tiene algo contrario nace de este contrario, lo mismo que lo más grande de lo más pequeño, lo más fuerte de lo más débil, lo más rápido de lo más lento, lo peor de lo mejor, la vigilia del sueño y la vida de la muerte. A este argumento en pro de la supervivencia del alma, tomado de la doctrina de la metempsicosis, se agrega un todo platónico en favor de la preexistencia. Es una consecuencia del principio de que la ciencia no es más que una reminiscencia, principio que supone la teoría de las ideas, a la cual nos referimos aquí por segunda vez. Saber es recordar y el recuerdo supone un conocimiento anterior. Si el alma se acuerda de cosas que no ha podido conocer en esta vida, es una prueba de que ha existido anteriormente. ¿No es cierto que nuestra alma, a través de la imperfecta igualdad de los objetos sensibles entre sí, tiene la idea de una igualdad perfecta, inteligible e inasequible a los sentidos? ¿No tiene también la idea del bien, de lo justo, de lo santo y de la esencia de todas las cosas? Son conocimientos que no pudo adquirir después de que nacimos, puesto que no son perceptibles a los sentidos; preciso es, por tanto, que los haya adquirido antes: «la consecuencia de todo esto es que el alma existe antes de nuestra aparición en este mundo, lo mismo que las esencias». Estos dos argumentos, justo es decirlo, a pesar del prestigio de los nombres de Pitágoras y Platón, no tienen para nosotros más que un valor histórico. El primero no puede arrostrar una discusión, como tampoco la teoría muerta de la metempsicosis, de la que procede; el segundo tendría toda la fuerza de una demostración si las dos teorías de las ideas y de la reminiscencia, que tanta importancia tienen en la doctrina de Platón, pudieran ser aceptadas sin reservas hoy día.

Mas he aquí, en compensación, una serie de razonamientos capaces de satisfacer a las inteligencias más exigentes. Están fundados en el examen de la naturaleza del alma. ¿Es nuestra alma una de esas cosas que pueden disolverse o es indisoluble? ¿Es simple o compuesta, material o inmaterial? ¿Es, en fin, más afín a lo que cambia incesantemente o más bien a lo que es eternamente idéntico a sí mismo? Bastan estas dos últimas preguntas para servir de testimonio de que en el pensamiento de Platón, el problema del destino del alma después de la muerte no puede tener solución más que después del de su esencia. La busca en seguida. Distingue dos órdenes de cosas; las unas simples, absolutas, inmutables, eternas, en una palabra, las esencias ininteligibles; las otras son mutables, es decir, cuerpos perceptibles a los sentidos. ¿A cuál de estos órdenes se une nuestra alma? A las esencias, porque como ellas es invisible, simple y dispuesta además a buscarlas por sí misma como un don propio de su naturaleza. Si nuestra alma es semejante a las esencias, no cambia nunca, como no cambian ellas, y no tiene que temer que la muerte la disuelva como el cuerpo. Es inmortal. Pero Platón tiene especial cuidado en dejar sentado, sin pérdida de tiempo, que si el alma por su naturaleza tiene asegurado un distinto futuro, no tiene éste por qué ser igual para todas las almas indistintamente. La del filósofo y la del justo, purificadas por la constante meditación de las esencias divinas, serán admitidas sin duda a disfrutar de la vida de bienaventuranzas de los dioses, pero las del vulgar y perverso, contaminadas de impurezas o crímenes, estarán privadas de esta eterna felicidad y sometidas a pruebas cuya pintura extrae Platón de la mitología. Estas creencias de otros tiempos prueban al menos la antigüedad de la fe del género humano en una sanción suprema de la ley moral, y añaden el peso del consentimiento universal a uno de los principios más ciertos de la filosofía.

Pero esta argumentación origina dos objeciones. ¿No se dice de la armonía de una lira que es tan visible e inmaterial como el alma? Y por lo mismo, ¿no podrá temerse para el alma lo que sucede a la armonía, que perezca antes que el cuerpo, como la armonía antes que la lira? La objeción sólo es viciosa. Para reducirla a la nada, basta pensar que el alma no puede compararse seriamente a la armonía por dos buenas razones: la primera es que existe antes que el cuerpo, como se ha demostrado, y que es absurdo decir que la armonía existe antes que la lira. La segunda es que el alma manda al cuerpo y gobierno sus órganos, mientras que es absurdo decir que la armonía manda a las partes de la lira. Se ve cómo la preexistencia y la libertad del alma vienen en parte en socorro de su inmortalidad puesta en duda.

La otra objeción se deduce de la idea de que no es imposible que el alma, después de haber sobrevivido a varios cuerpos, perezca a la par que el último a que ha animado. Esta objeción, que no parece formalmente desvirtuada como la anterior por la preexistencia y la libertad del alma, está refutada por Platón en nombre del principio al cual retrotrae incesantemente todas las cuestiones capitales, que es el principio de la existencia de las ideas, desenvuelto aquí con más abundancia y acerca del cual es ya preciso explicarse. Por encima de todas las cosas que impresionan a nuestros sentidos, existen unos paradigmas puramente inteligibles que son los tipos perfectos, absolutos, eternos e inmutables de todo lo imperfecto que existe en este mundo; son las ideas, no abstractas, sino realmente existentes, las únicas realidades de las que todo lo que no sean ellas no es más que una imagen imperfecta: son la justicia absoluta, la belleza absoluta, la santidad absoluta, la igualdad absoluta, la unidad absoluta, la paridad absoluta, la grandeza absoluta y la pequeñez absoluta, entre las cuales Platón parece no establecer al principio ninguna distinción en el sentido de que admite por igual su realidad. Si no repugna, pues, por nada el admitir que la justicia, la belleza y la verdad absolutas existen por sí mismas como otros tantos atributos de Dios, fuerza es convenir que no ocurre lo propio con estas otras ideas platónicas de la igualdad, la grandeza, la fuerza, la pequeñez y otras aún más alejadas de la naturaleza divina, es decir, las ideas tipo de todos los seres sensibles. Todo queda reducido a esta alternativa: o rechazar en absoluto la teoría de las ideas por ser excesiva o suponer que el buen sentido de Platón ha debido establecer distinciones y grados entre las ideas que hagan razonable su teoría. Es el partido que parece mejor, a pesar del silencio de Platón. De esto no se encuentra ni en *Fedón*, ni en ninguna otra parte, alguna razón explícita, pero casi parece un argumento su manifiesto afán de insistir de mejor gana, más frecuentemente y con mayor fuerza en ciertas ideas con preferencia a otras. Son aquéllas las de lo bello, lo justo, lo verdadero, lo santo, lo bueno por sí mismo, a las cuales parece asignar por lo mismo una capital importancia. Por esto, y sea lo que quiera lo que se decida acerca del carácter de las otras ideas, el principio de las esencias conserva toda su fuerza contra las dudas propuestas referentes a la inmortalidad del alma. Si ésta, como se ha demostrado, participa de la naturaleza divina de las esencias, no puede admitir, como tampoco pueden las mismas esencias, nada contrario a su naturaleza, no puede perecer nunca con el cuerpo cuando éste se disuelve, porque es inmutable e indisoluble, y porque por esencia se escapa a todas las condiciones de la muerte. Y si tal es su destino, añade Sócrates, ¡cuán grande será en esta vida su interés en hacerse digna de una feliz eternidad!

Aquí cede la discusión que deja el campo al mito. No tenemos por qué someter a un escueto análisis esta pintura poética, y sin embargo, profundamente moral, de la diferente estancia de los malvados y de los justos, de las penas que se infligen a los unos y de la felicidad que se concede a los otros. Pero importa señalar de una vez para siempre el sentido filosófico de estos hechos tomados de la mitología, que se encuentran en la mayor parte de los diálogos importantes de Platón. ¿Para qué recurrir a las creencias religiosas o a las tradiciones populares? ¿Es quizá una prudente concesión al politeísmo ante el cual corrían riesgo de ser sospechosos los progresos de la filosofía, como lo prueban el proceso y la condena a muerte de Sócrates? No es irrazonable el pensarlo. Pero una explicación que parece más digna de ser tenida en cuenta es que Platón, en interés mismo de los progresos de las creencias morales, por cuya propagación tanto hizo, no desdeña nada de lo que pudiera hacer fueran aceptadas más pronto por el espíritu de sus contemporáneos. ¿Qué más de acuerdo, pues, con su objetivo que establecer la conformidad de los dogmas religiosos con las cuestiones fundamentales de la moral? ¿Qué más hábil que la presentación de las tradiciones populares como una imagen y una profecía de las nuevas doctrinas? Pero hay que fijarse en la altura de miras que le hacen no tomar de aquellos mitos primitivos más que lo que tienen apropiado para elevar el espíritu al impresionar a la imaginación. Todos los detalles de estas pinturas conspiran a este fin. Con la misma idea nos hace ver a Sócrates cumpliendo con todo rigor los actos que la religión imponía, como los homenajes tributados a la omnipotencia de la divinidad, la libación, la plegaria a los dioses antes de beber la cicuta y el sacrificio de un gallo a Asclepio.

Volviendo a la narración que en cierto modo forma el marco de la obra entera, diremos que *Fedón* termina con los conmovedores detalles de los últimos momentos de Sócrates, de quien sus amigos no se separan sino después de haberle cerrado piadosamente los ojos. Doce palabras resumen la impresión que deja en el espíritu esta grande y noble figura: Sócrates ha sido el más sabio y justo de todos los hombres.

INTERLOCUTORES:
Al principio, EQUÉCRATES Y FEDÓN; después,
SÓCRATES, APOLODORO, CEBES, SIMMIAS,
CRITÓN, FEDÓN, JANTIPA,
esposa de SÓCRATES; el sirviente de los ONCE

EQUÉCRATES.—Dime, Fedón, ¿estuviste tú mismo con Sócrates cuando en la prisión bebió la cicuta, o lo que sabes de sus últimas horas te lo refirió alguien?

FEDÓN.—Estuve yo mismo.

EQUÉCRATES.—¿Qué dijo Sócrates antes de morir y cómo murió? Me agradaría saberlo, porque no hay hoy día un ciudadano de Fliunte que esté en relación con Atenas y desde hace mucho tiempo no ha venido nadie a Atenas que nos haya podido dar más informes de este asunto, sino que Sócrates murió después de beber la cicuta. Más, no hemos sabido.

FEDÓN.—¿Entonces ignoras cómo instruyeron su proceso?

EQUÉCRATES.—Esto sí; alguien nos dijo, y nos extrañamos mucho, que Sócrates no murió hasta mucho tiempo después de pronunciada la sentencia. ¿A qué se debió esto, Fedón?

FEDÓN.—A una casualidad: la víspera del juicio habían coronado la popa de la embarcación que los atenienses envían todos los años a Delos.

EQUÉCRATES.—¿Qué barco es ése?

FEDÓN.—Si hay que dar crédito a los atenienses es el mismo en el que Teseo embarcó con los siete mancebos y las siete doncellas que llevó a Creta y que salvó al salvarse a sí mismo. Se cuenta que los atenienses hicieron un voto a Apolo si sus hijos se libraban del peligro de mandar todos los años una teoría a Delos y lo cumplen siempre desde aquella fecha. En cuanto empieza la teoría, ordena una ley que se purifique la ciudad y se prohíbe dar muerte a ningún condenado mientras el barco no haya llegado a Delos y regresado a Atenas, y algunas veces tarda mucho tiempo en el viaje cuando lo cogen vientos contrarios. La teoría empieza cuando el sacerdote de Apolo corona la popa de la embarcación y, como te digo, esto ocurrió precisamente la víspera del juicio de Sócrates. Por eso permaneció tanto tiempo en la prisión entre su condena y su muerte.

EQUÉCRATES.—¿Y qué hizo el día de su muerte? ¿Qué dijo? ¿Quienes de sus amigos le acompañaron aquel día? ¿Prohibieron los jueces que fueran a visitarle y murió sin que le asistieran sus amigos?

FEDÓN.—Nada de eso; le acompañaron sus amigos, y por cierto muchos.

EQUÉCRATES.—Cuéntame todo detalladamente si no tienes algo importante que te lo impida.

FEDÓN.—Precisamente estoy completamente libre y procuraré complacerte. No hay para mí placer mayor que recordar a Sócrates. bien sea hablando de él u oyendo hablar de él a otros.

EQUÉCRATES.—Puedes estar persuadido que la misma es la disposición de los que te escuchan. Empieza y procura no olvidarte de nada.

FEDÓN.—Mis impresiones de aquel día parecieron verdaderamente extrañas, porque lejos de sentirme lleno de compasión por la muerte de un amigo, le encontraba digno de envidia al ver su tranquilidad y escuchar sus discursos; la intrepidez que demostraba ante la muerte me persuadía de que no dejaba esta vida sin la ayuda de alguna divinidad que le llevaría a otra para ponerle en posesión de la mayor dicha que los hombres pueden disfrutar. Estos pensamientos sofocaban en mí la compasión que debería haber sentido ante un espectáculo tan triste y me impidieron también encontrar en nuestras conversaciones acerca de la filosofía, que fue el asunto de ellas aquel día, aquel placer que experimentaba de ordinario. La idea de que un hombre como Sócrates iba a morir me producía una mezcla extraña de pena y placer, lo mismo que a todos los allí presentes. Lo mismo nos habrías visto sonreír unas veces como prorrumpir en llanto, sobre todo, uno: Apolodoro, cuyo humor conoces.

EQUÉCRATES.—¿Cómo no habría de conocerle?

FEDÓN.—En él mejor que en los demás se veía esta diversidad de sentimientos. Yo estaba tan descompuesto como los otros.

EQUÉCRATES.—¿Quiénes eran ésos?

FEDÓN.—De los atenienses estaban Apolodoro, como ya te he dicho; Cristóbulo y su padre Critón; Hermógenes, Epígenes, Esquines y Antístenes; también estaban Ctesipo de Peania, Menéxeno y todavía algunos más del país; creo que Platón estaba enfermo.

EQUÉCRATES.—¿Había extranjeros?

FEDÓN.—Sí; Simmias de Tebas, Cebes y Fedondas, y de Mégara, Euclides y Terpsión.

EQUÉCRATES.—¿Estaba también Aristipo y Cleómbroto?

FEDÓN.—No, se dijo que estaba en Egina.

EQUÉCRATES.—¿Quién más había?

FEDÓN.—Creo haber nombrado a casi todos los que estaban.

EQUÉCRATES.—Entonces cuéntame lo que hablasteis.

FEDÓN.—Procuraré referírtelo sin omitir nada, porque desde el día de su sentencia no transcurrió uno sólo sin ir a ver a Sócrates. Con este objeto nos reuníamos todas las mañanas en la plaza pública donde fue juzgado, muy cerca de su prisión, y allí esperábamos a que la abrieran, lo que nunca fue muy temprano. Apenas la abrían acudíamos a su lado, donde ordinariamente pasábamos toda la jornada. Aquel día nos reunimos más temprano que de costumbre, porque al separarnos de él la víspera por la noche, supimos que el barco había vuelto de Delos y convinimos que nos encontraríamos al día siguiente en el mismo sitio, lo más de madrugada que pudiéramos. Apenas llegamos, salió a nuestro encuentro el guardia de la prisión, que tenía la costumbre de hacernos entrar en ésta, para rogarnos que esperásemos un poco y que no entráramos antes de que fuera a buscarnos, porque, dijo, los Once estaban haciendo quitar los hierros a Sócrates en este momento y anunciándole que había de morir hoy. Momentos después fue a buscarnos y nos abrió la puerta del calabozo. Al entrar vimos a Sócrates, al que ya habían despojado de los hierros, y a Jantipa, a quien conoces, sentada cerca de él teniendo en brazos a uno de sus hijos. Apenas nos vio, prorrumpió en lamentos y a gritar, como suelen las mujeres en ocasiones semejantes. Sócrates —exclamó—: ¿de manera que tus amigos vienen a hablar contigo por última vez? Pero él volvióse a mirar a Critón, y dijo: Que la lleven a su casa. Inmediatamente entraron los esclavos de Critón y a la fuerza se llevaron a Jantipa, que lanzaba desgarradores gritos y se golpeaba furiosamente el rostro. Al mismo tiempo se sentó Sócrates sobre su lecho, y doblando la pierna de la que acababan de quitarle la cadena y frotándosela con la mano nos dijo: Qué cosa tan extraña es lo que los hombres denominan placer, y qué maravillosamente se acuerda con el dolor, aunque se crea lo contrario, porque aunque no puedan encontrarse juntos cuando se experimenta uno de los dos casi siempre tiene que esperar al otro, como si estuviesen ligados inseparablemente. Creo que si Esopo se hubiera detenido a pensar en esta idea, quizá hubiera hecho con ella una fábula. Habría dicho que la divinidad intentó poner de acuerdo a estos dos enemigos, y que, no lográndolo, se contentó con encadenarlos a una misma cadena, de manera que desde entonces, cuando uno de ellos se presenta, le sigue el otro de muy cerca. Es lo que yo mismo estoy experimentando ahora, porque al dolor que los hierros me producían en esta pierna, parece sucederle ahora una sensación de placer.

¡Por Zeus!, le interrumpió Cebes; me has hecho recordar que algunos, y entre ellos, en último término, Eveno, me han preguntado con motivo de las fábulas de Esopo, que has puesto en verso, y de tu himno a Apolo, ¿cómo se te ha ocurrido componer uno en tu vida? Si tienes ganas de que conteste a Eveno, cuando me haga la misma pregunta, que estoy seguro me hará, ¿qué quieres que le diga?

No tienes más que decirle la cosa tal como es, respondió Sócrates; que no ha sido por cierto para ser su rival de poesía, porque sabía lo difícil que es hacer versos, sino únicamente buscando la explicación de ciertos sueños para obedecerlos, si por casualidad era la poesía aquel arte bello en el que me ordenaban me ejercitara. Porque toda mi vida he tenido un mismo sueño, que unas veces en una forma y otras en otra me recomendaba siempre lo mismo: Sócrates, ejercítate en las bellas artes. Hasta ahora había tenido esta orden por una simple advertencia, como la que por costumbre se hace a los que corren en la liza, en la creencia de que este sueño me ordenaba solamente que continuara viviendo como había vivido prosiguiendo el estudio de la filosofía, que constituía toda mi ocupación y que es la primera de las artes. Pero después de mi sentencia, como la fiesta de Apolo aplazó su ejecución, pensé que aquel sueño me ordenaba ejercitarme en las bellas artes como los otros hombres, y que antes de partir de este mundo estaría más seguro de haber cumplido con mi deber componiendo versos para obedecer al sueño. Empecé por este himno al dios cuya fiesta se celebraba, pero en seguida reflexioné que para ser verdaderamente poeta no basta hacer discursos en verso, sino que es preciso inventar ficciones, y no ocurriéndoseme ninguna recurrí a las fábulas de Esopo y versifiqué las primeras que me acudieron a la memoria. Ya sabes, pues, mi querido Cebes, lo que tienes que contestar a Eveno; dile también de mi parte que se conduzca bien y que si es sabio me siga, porque todo hace prever que hoy partiré, puesto que los atenienses lo ordenan.

¿Qué consejo, Sócrates, es el que das a Eveno?, exclamó Simmias. Le veo muy a menudo y por lo que sé de él estoy seguro de que no te seguirá por su gusto.

¿Cómo?, replicó Sócrates, ¿acaso no es filósofo Eveno?

Creo que lo es, respondió Simmias.

Entonces querrá seguirme, dijo Sócrates, lo mismo que todo hombre que dignamente haga profesión de serlo. Sé muy bien que no se hará violencia, porque dicen que eso no está permitido. Y al decirlo, levantó las piernas de la cama, puso los pies en el suelo y sentado de esta manera continuó hablando el resto del día.

Cebes preguntó: ¿Cómo puedes conciliar, Sócrates, que no es lícito suicidarse y que el filósofo, sin embargo, debe querer seguir a cualquiera que se muera?

¿Será posible, Cebes, replicó Sócrates, que ni tú ni Simmias hayáis oído hablar nunca de esto a vuestro amigo Filolao?

Nunca se ha explicado con mucha claridad, Sócrates, respondió Cebes.

De mí puedo aseguraros, añadió Sócrates, que no sé más que lo que he oído decir y no os ocultaré nada de lo que he podido saber. No creo que exista ocupación que convenga más a un hombre que muy pronto va a partir de este mundo, que la de examinar bien y procurar conocer a fondo qué es precisamente este viaje y descubrir la opinión que de él tenemos. ¿Qué cosa mejor podríamos hacer mientras esperamos la puesta del sol?

¿En qué puede fundarse uno, Sócrates, dijo Cebes, para asegurarnos de que el suicidio no es lícito? A Filolao, cuando estaba con nosotros, y a otros varios, les oí decir que estaba mal hecho. Pero ni él ni nadie nos han dicho nunca nada claro acerca de esta cuestión.

Ármate de valor, dijo Sócrates, porque quizá vas a saber más hoy, pero te sorprenderás al ver que el vivir es para todos los hombres una necesidad invariable, una necesidad absoluta, aun para aquellos para los que la muerte sería mejor que la vida: verás también, como algo asombroso, que no está permitido se procuren el bien por sí mismos aquellos para los que la muerte es preferible a la vida y que estén obligados a esperar a otro libertador.

Y Cebes, sonriendo, contestó a la manera de su país: la divinidad lo sabe.

Esta opinión puede parecer irrazonable, continuó diciendo Sócrates, pero quizá no deja de tener razón. El discurso que se nos dirige en los misterios de que los hombres estamos en este mundo como los centinelas en un puesto que nunca podemos abandonar sin permiso, es quizá demasiado difícil y rebasa nuestra comprensión. Pero nada me parece mejor que esto: los dioses tienen necesidad de los hombres y éstos pertenecen a los dioses. ¿No te parece que es verdad, Cebes?

Muy verdad, respondió Cebes.

Tú mismo, siguió diciendo Sócrates, ¿no te enfadarías muchísimo si uno de tus esclavos se matara sin orden tuya, y no le castigarás con todo rigor si pudieras?

Sí, sin duda.

Por la misma razón, dijo Sócrates, es muy justo sostener que uno no se puede suicidar y que es preciso esperar que la divinidad nos envíe una orden formal de abandonar la vida, como la que hoy me manda.

Me parece esto verosímil, dijo Cebes, pero lo que dijiste al mismo tiempo, de que el filósofo desea voluntariamente la muerte, me parece extraño, si es cierto que los dioses necesitan de los hombres, como acabas de decir, y que los hombres son una pertenencia de los dioses. Lo que me parece completamente desprovisto de razón es que los filósofos no estén disgustados de salir de la tutela de los dioses y de dejar una vida en la que los mejores gobernantes del mundo quieren tener buen cuidado de ellos. ¿Se figuran acaso que abandonados a sí mismos serán capaces de gobernarse mejor? Comprendo que a un loco se le pueda ocurrir que sea preciso huir de su amo, cuéstele lo que le cueste, y no comprenda que siempre se debe estar unido a lo que es bueno y no perderlo nunca de vista. Por esto huirá sin motivo. Pero un hombre prudente y sabio desearía siempre estar bajo la dependencia de lo que es mejor para él. De lo que infiero, Sócrates, todo lo contrario de lo que decías y pienso que los sabios se afligen por tener que morir y que los locos se alegran.

A Sócrates pareció agradable la sutileza de Cebes, y volviéndose de nuestro lado, nos dijo: Cebes encuentra siempre objeciones y no se entrega desde el primer momento a lo que se le dice.

Yo también encuentro que Cebes tiene alguna razón, dijo Simmias. ¿Qué pretenden, en efecto, los sabios, que huyen de dueños mucho mejor que ellos, privándose voluntariamente de su apoyo? A ti se refieren las palabras de Cebes, que te reprocha el que te separes tan gustoso de nosotros y que abandones a los dioses, que según tu propia confesión son tan buenos dueños.

Tenéis razón, contestó Sócrates, y veo que queréis obligarme a defenderme como me defendí de la justicia.

Tú lo has dicho.

Preciso es, pues, satisfaceros, dijo Sócrates, y procurar que esta apología sea más afortunada cerca de vosotros que la primera lo fue cerca de mis jueces. En efecto, Simmias y tú, Cebes, si yo no creyera encontrar en la otra vida dioses tan buenos y tan sabios y hombres mejores que los de aquí abajo, sería muy injusto, si no me afligiera tener que morir. Pero sabed que espero reunirme a hombres justos. Quizá pueda lisonjearme de ello al atreverme a aseguraros todo lo que puede asegurarse en cosas de esta naturaleza, que espero encontrar dioses, dueños muy buenos. He aquí el porqué de que no me aflija tanto la perspectiva de la muerte, confiando en que después de esta vida exista todavía algo para los hombres, y que según la antigua máxima, los buenos serán allí mejor tratados que los malvados.

Y con estos pensamientos en el alma, dijo Simmias, ¿querías abandonarnos sin participárnoslo? Me parece que son un bien que no es común y si nos persuades será un hecho tu apología.

Quiero intentarlo, nos dijo, pero escuchemos antes lo que Critón quizá tenga que decirnos, porque me parece que hace ya un rato que quiere hablarnos.

No tengo que decirte, le contestó Critón, sino que el hombre que debe darte a beber el veneno no cesa de decirme que es preciso advertirte que hables lo menos posible. Porque pretende que hablar demasiado hace entrar en calor al cuerpo, y que nada tan contrario como esto para los efectos del veneno, y que cuando se ha hablado mucho, hay que duplicar y hasta triplicar la dosis.

Déjale que diga lo que quiera, respondió Sócrates; y que prepare la cicuta como si tuviera que tomarla dos veces, y hasta tres, si es necesario.

Sabía que me ibas a dar esta respuesta, dijo Critón, pero sigue insistiendo.

No le hagas caso, volvió a repetirle Sócrates; pero ya es tiempo de que os explique a vosotros, que sois mis jueces, las razones que me persuaden de que un hombre que se ha consagrado toda la vida a la filosofía, tiene que morir lleno de valor y con la firme esperanza de que al partir de esta vida disfrutará de goces sin fin. Procuraré daros prueba de ello a ti, Simmias, y a ti, Cebes.

Los hombres ignoran que los verdaderos filósofos sólo laboran durante la vida para prepararse a la muerte; siendo así, será ridículo que después de haber estado persiguiendo sin descanso este único fin comenzaran a retroceder y a tener miedo cuando la muerte se les presenta.

Simmias, al oírle, se echó a reír. ¡Por Zeus!, exclamó: en verdad, Sócrates, me has hecho reír a pesar de la envidia que siento en este instante, porque estoy persuadido de que si hubiera aquí gentes que te escucharan, la mayor parte de ellas no dejarían de decir que hablas muy bien de los filósofos. Nuestros tebanos, principalmente, consentirían de muy buena gana que todos los filósofos aprendiesen tan bien a morir que se murieran de verdad, y dirían que saben muy bien que eso es todo lo que merecen.

Y no dirían más que la verdad, Simmias, replicó Sócrates, excepto en un punto que saben muy bien, porque no es cierto que puedan saber por qué razón desean morir los filósofos ni por qué son dignos de ello. Pero dejemos a los tebanos y hablemos entre nosotros. ¿La muerte nos parece algo?

Sin ninguna duda, respondió Simmias.

¿No es la separación del alma y del cuerpo, dijo Sócrates, de manera que el cuerpo permanezca solo y el alma sola también? ¿No es esto lo que denominamos muerte?

Esto mismo, dijo Simmias.

Mira, querido amigo, si pensaras como yo, porque ello nos daría mucha luz para lo que buscamos, ¿te parece propio de un filósofo buscar lo que se llama el placer, como el comer y beber?

De ninguna manera, Sócrates.

¿Y los goces del amor?

Tampoco.

Y de todos los demás goces que interesan al cuerpo, ¿crees que los busca y hace gran estima de ellos; por ejemplo, de las hermosas vestiduras, del bello calzado y de todos los demás ornamentos del cuerpo? ¿Crees que los tiene en aprecio o que los menosprecia cuando la necesidad no le obliga a servirse de ellos?

Me parece, dijo Simmias, que un verdadero filósofo no podrá más que menospreciarlos.

Entonces, ¿te parece, siguió diciendo Sócrates, que todos los cuidados de un filósofo no tienen por objeto el cuerpo, y que al contrario, no trabaja más que para prescindir de éste todo lo posible a fin de no ocuparse más que de su alma?

Así es.

Así resulta de todas estas cosas de que estamos hablando, dijo Sócrates, que desde luego es evidente que lo propio del filósofo es trabajar más particularmente que los demás hombres en la separación de su alma del comercio del cuerpo.

Evidentemente, dijo Simmias.

Y, sin embargo, se figura la mayor parte de la gente que un hombre que no encuentra un placer en esta clase de cosas y no usa de ellas, ignora verdaderamente lo que es la vida y les parece que quien no goza de las voluptuosidades del cuerpo está muy cerca de la muerte.

Dices bien, Sócrates.

Pero, ¿qué diremos de la adquisición de la ciencia? Cuando no se le asocia a este fin, ¿es el cuerpo o no un obstáculo? Voy a explicarme con un ejemplo. ¿Tienen la vista y el oído algún viso de certeza o tienen razón los poetas de cantarnos sin cesar que en realidad nada vemos ni oímos? Porque si estos dos sentidos no son seguros ni verdaderos, los otros lo serán todavía mucho menos, siendo mucho más débiles. ¿No opinas como yo, Simmias?

Sin duda alguna, dijo Simmias.

¿Cuándo, pues, encuentra el alma la verdad? Porque cuando la busca con el cuerpo vemos claramente que éste la engaña e induce al error.

Es cierto.

¿No te parece que por el razonamiento llega el alma principalmente a conocer la verdad?

Sí.

¿Y no razona mejor que nunca cuando no está influenciada por la vista ni por el oído, ni por el dolor, ni por la voluptuosidad y encerrada en sí misma prescinde del cuerpo y no tiene con él relación alguna, en tanto que es posible, y se aferra a lo que es para conocerla?

Lo has dicho perfectamente.

¿No es, entonces, sobre todo cuando el alma del filósofo desprecia al cuerpo, huye de él y trata de estar sola consigo misma?

Eso me parece.

¿Qué diremos ahora de ciertas cosas, Simmias? De la justicia, por ejemplo, ¿diremos que es algo o que es nada?

Diremos seguramente que es algo.

¿No diremos también lo mismo de lo bueno y lo bello?

Sin duda.

Pero, ¿lo has visto alguna vez con tus propios ojos?

Nunca.

¿Existe algún otro sentido corporal por el cual hayas podido comprender alguna de las cosas de que hablo, como la magnitud, la salud, la fuerza; en una palabra, la esencia de todas, es decir, lo que son por sí mismas? ¿Es por medio del cuerpo como se reconoce la realidad? ¿O es cierto que aquel de nosotros que se disponga a examinar con el pensamiento y lo más atentamente que pueda lo que quieren encontrar se acerca más que los demás al objetivo y llegará a conocerlo mejor?

Seguramente.

Y con más claridad lo hará quien examine cada cosa sólo por el pensamiento sin tratar de facilitar su meditación con la vista ni a sostener su razonamiento recurriendo a otro sentido corporal; quien sirviéndose del pensamiento sin mezcla alguna trate de encontrar la esencia pura y verdadera de las cosas sin el ministerio de los ojos ni del oído, y separado, por decirlo así, de todo el cuerpo, que no hace más que perturbar el alma e impedirla encontrar la verdad en cuanto tiene con él la menor relación. ¿No es verdad, Simmias, que si alguno llega a conseguir conocer la esencia de las cosas tiene que ser este de quien estoy hablando?

Tienes razón, Sócrates, y hablas admirablemente.

¿No se deduce necesariamente de este principio, continuó Sócrates, que los verdaderos filósofos deben pensar y decirse entre ellos, para seguir sus investigaciones: la razón sólo tiene una senda; mientras tengamos nuestro cuerpo, y nuestra alma esté contaminada de esta corrupción, jamás poseeremos el objeto de nuestros deseos, es decir, la verdad? Porque el cuerpo nos opone mil obstáculos por la necesidad que nos obliga a cuidar de él, y las enfermedades que pueden presentarse turbarán también nuestras investigaciones. Además, nos llena de amores, de deseos, de temores, de mil ilusiones y de toda clase de estupideces, de manera que no hay nada tan cierto como el dicho vulgar de que el cuerpo jamás conduce a la sabiduría. Porque, ¿quién es el que provoca las guerras, las sediciones y los combates? El cuerpo con todas sus pasiones. En efecto, todas las guerras no tienen más origen que el afán de armarse de riquezas, y nos vemos forzados a amasarlas por el cuerpo, para satisfacer sus caprichos y atender como esclavos a sus necesidades. He aquí la causa de que no nos sobre tiempo para pensar en la filosofía; y el mayor de nuestros males todavía es cuando nos deja algún ocio y nos ponemos a meditar, interviene de repente en nuestros trabajos, nos perturba y nos impide discernir la verdad. Queda, pues, demostrado aquí; si queremos saber verdaderamente alguna cosa, es preciso prescindir del cuerpo y que sea el alma sola la que examine los objetos que quiera conocer. Sólo entonces gozaremos de la sabiduría de la que nos decimos enamorados, es decir, después de nuestra muerte y nunca jamás durante esta vida. La misma razón lo dice, porque si es imposible que conozcamos algo puramente mientras que estamos con el cuerpo, es precisa una de dos cosas: o que nunca se conozca la verdad o que se la conozca después de la muerte, porque entonces el alma se pertenecerá a ella misma libre de carga, mientras que antes no. Mientras pertenezcamos a esta vida no nos aproximaremos a la verdad más cuando nos alejemos del cuerpo y renunciemos a todo comercio con él, como no sea el que la necesidad nos imponga; y mientras no le consintamos que nos llene de su corrupción natural y, en cambio, nos conservemos puros de todas sus contaminaciones hasta que la divinidad misma venga a redimirnos. Por este medio, libres y rescatados de la locura del cuerpo, hablaremos, como es verosímil, con hombres que disfrutarán de la misma libertad y conoceremos por nosotros mismos la esencia pura de las cosas y quizá sea esta la verdad; pero al que no sea puro no le será nunca dado alcanzar la pureza. Aquí tienes, mi caro Simmias, lo que parece deben pensar los verdaderos filósofos y el lenguaje que deben emplear entre ellos. ¿No lo crees como yo?

Así lo creo, Sócrates.

Si es así, mi querido Simmias, todo hombre que llegue adonde voy a ir ahora, tiene gran motivo para esperar que allá, mejor que en ninguna parte, poseerá lo que con tantas fatigas buscamos en esta vida; de manera que el viaje que me ordenan me llena de una dulce esperanza y el mismo efecto producirá en todo el que esté persuadido de que su alma está preparada, es decir, purificada para conocer la verdad. Por consiguiente, purificar el alma, ¿no es, como decíamos hace muy poco, separarla del cuerpo y acostumbrarla a encerrarse y a reconcentrarse en sí misma renunciando en todo lo posible a dicho comercio, viviendo bien sea en esta vida o en la otra sola, desprendida del cuerpo, como de una cadena?

Es verdad, Sócrates.

¿Y no es esta liberación, esta separación del alma y del cuerpo lo que se llama la muerte?

Ciertamente.

¿Y no son los verdaderos filósofos los únicos que trabajan verdaderamente a este fin? ¿Esta separación y esta liberación no constituyen toda su ocupación?

Esto me parece, Sócrates.

¿No sería, pues, como antes dije, sumamente ridículo que un hombre que ha estado dedicado durante toda su vida a esperar la muerte, se indigne al verla llegar? ¿No sería risible?

¿Cómo no?

Entonces es cierto, Simmias, que los verdaderos filósofos no trabajan más que para morir y que la muerte no les parezca nada terrible. Mira tú mismo; si desprecian su cuerpo y desean vivir solos con su alma, ¿no sería el mayor absurdo tener miedo cuando llegue ese instante, afligirse y no ir voluntariamente allá donde esperan obtener los bienes por los cuales han suspirado toda su vida? Porque han estado deseando adquirir la sabiduría y verse libres de este cuerpo objeto de su desprecio. ¡Qué! Muchos hombres, por haber perdido a sus amigos, sus mujeres y sus hijos, han descendido voluntariamente a los infiernos conducidos por la sola esperanza de volver a ver a los que habían perdido y vivir con ellos, y un hombre que ama de verdad la sabiduría y tiene la firme esperanza de encontrarla en los infiernos, ¿se disgustará por tener que morir y no irá gozoso a los parajes donde disfrutará de lo que ama? ¡Ah, mi querido Simmias!, es preciso creer que irá con una gran voluptuosidad si verdaderamente es un filósofo, porque estará firmemente convencido de que sólo en los infiernos encontrará la pura sabiduría que busca. Y siendo así, ¿no será extravagante, como dije, que un hombre tal temiera a la muerte?

¡Por Zeus!, exclamó Simmias, ¡sería una locura!

Por tanto, siempre que veas que un hombre se enoja y retrocede cuando se ve frente a la muerte, será una prueba cierta de que es un hombre que ama, no la sabiduría, sino a su cuerpo, y con éste los hechos y las riquezas; o uno solo de ellos o ambos a la vez.

Es como dices, Sócrates.

Por esto, Simmias, lo que se ha denominado la fortaleza, ¿no es peculiar de los filósofos? Y la temperancia, de la que el gran número no conoce más que el nombre, esta virtud que consiste en no ser esclavo de sus deseos, sino en sobreponerse a ellos y vivir con moderación, ¿no es propia más bien de aquellos que desprecian sus cuerpos y viven en la filosofía?

Necesariamente.

Si quieres examinar la fortaleza y la temperancia de los hombres, de seguro las encontrarás ridículas.

¿Por qué, Sócrates?

Tú sabes que todos los hombres creen que la muerte es uno de los mayores males.

Es verdad, dijo Simmias.

Por esto cuando uno de estos hombres, a los que se llama fuertes, sufre la muerte con algún valor, no la sufre más que por temor a un mal mayor.

Fuerza es convenir en ello.

Y, por consiguiente, los hombres no son fuertes más que por el miedo, excepto los filósofos. ¿No resulta ridículo, por tanto, que un hombre sea valiente por miedo?

Tienes razón, Sócrates.

¿No les ocurre lo mismo a vuestros temperamentos? No lo son más que por intemperancia. y aunque esto parezca imposible es, sin embargo, lo que pasa con su vana moderación, porque los temperamentos no renuncian a una voluptuosidad más que por temor de verse privados de otras voluptuosidades que desean y a las cuales se han acostumbrado. Llaman tanto como quieren a la intemperancia al ser vencidos por sus pasiones, pero al mismo tiempo no dominan ciertas voluptuosidades más que por estar sujetos a otras que se han adueñado de ellos, y esto se parece mucho a lo que hace un momento he dicho: que son temperantes por intemperancia.

Me parece una gran verdad.

Que no te engañe esto, mi querido Simmias; no es un camino que conduce a la virtud el cambiar voluptuosidades por voluptuosidades, tristeza por tristeza, temores por temores, como los que cambian una moneda grande por piezas pequeñas. La sabiduría es la única moneda de buena ley por la cual hay que cambiar todas las otras. Con ella se compra todo y se tiene todo, fortaleza, templanza, justicia; en una palabra: la virtud no es verdadera más que unida a la sabiduría, independientemente de las voluptuosidades, tristezas y temores y todas las demás pasiones; tanto, que todas las demás virtudes sin la sabiduría y de las cuales se hace un cambio continuo, no son más que sombras de virtud, una virtud esclava del vicio, que no tiene nada verdadero ni sano. La verdadera virtud es una purificación de toda clase de pasiones. La templanza, la justicia y la misma sabiduría no son más que purificaciones y hay buen motivo para creer que quienes establecieron las purificaciones distaban muy mucho de ser unas personas despreciables, sino grandes genios que ya desde los primeros tiempos quisieron hacernos comprender bajo estos enigmas que aquel que llegara a los infiernos sin estar iniciado ni purificado será precipitado al cieno, y aquel que llegara después de haber cumplido la expiación será recibido entre los dioses, porque, como dicen los que presiden los misterios: muchos llevan el tirso pero pocos son los poseídos del dios. Y éstos, a mi modo de ver, sólo son los que filosofaron bien. Nada he omitido para ser de su núcleo y toda mi vida he estado trabajando para conseguirlo. Si todos mis esfuerzos no han sido inútiles y lo he logrado, lo sabré dentro de un momento, si a Dios le place. He aquí, mi querido Cebes, mi apología para sincerarme ante vosotros al abandonaros, y al separarme de los dueños de este mundo no estar triste ni disgustado, en la esperanza de que allí no menos que aquí, encontraré buenos amigos y buenos señores, que es lo que el pueblo no sabría imaginar. Pero tendría una gran satisfacción si ante vosotros lograra defenderme mejor que ante los jueces atenienses.

Cuando Sócrates terminó de hablar tomó la palabra Cebes y le dijo: Sócrates, todo cuanto acabas de decir me parece una gran verdad. Hay solamente una cosa que los hombres no acaban de creer: es lo que nos has dicho del alma, porque se imaginan que cuando ésta abandona el cuerpo cesa de existir; que el día mismo en que el hombre muere, o ella se escapa del cuerpo, se desvanece como un vapor y no existe en ninguna parte. Porque si subsistiera sola, recogida en sí misma y liberada de todos los males de que nos has hablado, habría una esperanza tan grande y tan bella, Sócrates, que todo lo que has dicho será verdad; pero que el alma viva después de la muerte del hombre, que actúe y piense, es lo que puede ser necesite alguna explicación y pruebas sólidas.

Tienes razón, Cebes, ¿qué haremos? ¿Quieres que examinemos en esta conversación si esto es verosímil o si no lo es?

Me darías un gran placer permitiéndome escuchar de tus labios lo que piensas en esta materia.

No creo, dijo Sócrates, que aunque alguno nos oyera, y fuera además un autor de comedias, pudiera reprocharme que no hago más que decir tonterías ni que hablo de cosas que no nos interesan de cerca. Si te parece, examinaremos la cuestión. Preguntémonos ante todo si las almas de los muertos están en los infiernos o si no están. Es una creencia muy antigua que las almas, al dejar este mundo, van al Hades y que de allí vuelven al mundo y a la vida después de haber pasado por la muerte. Si es así y los hombres después de la muerte retornan a la vida, se deduce, necesariamente, que durante este intervalo están las almas en los infiernos, porque no volverían al mundo si estuvieran en él, y esto será una prueba suficiente de que existen, si vemos claramente que los vivos no nacen más que de los muertos, porque si no es así necesitaríamos buscar otras pruebas.

Naturalmente, dijo Cebes.

Y Sócrates continuó: Pero para cerciorarse de esta verdad es preciso no contentarse con examinarla con relación a los hombres, sino también con relación a los animales, a las plantas y a todo lo que nace, porque así se verá que todas las cosas nacen de la misma manera, es decir, de sus contrarios, cuando los tienen. Por ejemplo: lo bello es lo contrario de lo feo, lo justo de lo injusto, y lo mismo una infinidad de cosas. Veamos, pues, si es de absoluta necesidad que las cosas que tienen su contrario no nazcan más que de este contrario, lo mismo que cuando una cosa aumenta es preciso de toda necesidad que antes fuera más pequeña para adquirir después aquel aumento.

Sin duda.

Y cuando disminuye es preciso que antes fuera mayor para poder disminuir más tarde.

Efectivamente.

Lo mismo que lo más fuerte procede de lo más débil y lo más rápido de lo más lento.

Es evidente.

Y cuando una cosa empeora, continuó Sócrates, ¿no es porque antes era mejor, y cuando se vuelve injusta porque antes era justa?

Sin duda, Sócrates.

Entonces Cebes, creo que está suficientemente probado que las cosas proceden de sus contrarios.

Muy suficientemente, Sócrates.

Pero entre estos dos contrarios existen siempre dos procesos de generación: de este a aquel y en seguida de aquel a este. Entre una cosa mayor y una menor, este proceso es el crecimiento y la disminución: al uno le llamamos crecer y al otro disminuir.

Así es.

Lo mismo sucede con lo que se llama mezclarse, separarse, calentarse, enfriarse y con todo hasta el infinito.

Y aunque ocurra a veces que carecemos de términos para expresar todos estos cambios, vemos, no obstante, por la experiencia, que es siempre de absoluta necesidad que las cosas nazcan las unas de las otras y que a través de un medio pasen de la una a la otra.

Es indudable.

¿La vida misma, dijo Sócrates, no tiene también su contrario como la vigilia tiene el sueño?

Sin duda, respondió Cebes.

¿Y cuál es ese contrario?

La muerte.

¿No nacen estas dos cosas la una de la otra, si son contrarias, y entre dos contrarias no hay dos generaciones?

¿Cómo no ha de haberlas?

Yo, dijo Sócrates, te diré la combinación de las dos contrarias de que acabamos de hablar y el paso recíproco de la una a la otra; tú me explicarás la otra combinación. Del sueño y de la vigilia te diré que del sueño nace la vigilia y de la vigilia el sueño; que la generación de la vigilia al sueño es la somnolencia y la del sueño a la vigilia el despertar. ¿No está bastante claro?

Clarísimo.

Dinos a tu vez la combinación de la vida y de la muerte.

¿No dijiste que la muerte es lo contrario de la vida?

Sí.

¿Y que nacen la una de la otra?

Sí.

¿Quién nace, pues, de la vida?

La muerte.

¿Y quién nace de la muerte?

Fuerza es contestar que la vida.

¿Entonces, dijo Sócrates, de lo que ha muerto es de donde nace todo lo que tiene vida?

Así me parece.

Y, por consiguiente, nuestras almas están en los infiernos, después de nuestra muerte.

Eso me parece.

Y de los intermedios de estos dos contrarios, ¿no es sensible uno de ellos? ¿No sabemos lo que es morir?

Ciertamente.

¿Qué haremos, pues? ¿No reconoceremos también a la muerte la virtud de producir su contrario o diremos que en este sentido se muestra defectuosa la naturaleza? ¿No es de absoluta necesidad que la muerte tenga su contrario?

Es necesario.

¿Cuál es ese contrario?

Revivir.

Revivir, si hay un retorno de la muerte a la vida, dijo Sócrates, es comprender este retorno. Esto nos hace convenir en que los vivos nacen de los muertos lo mismo que los muertos de los vivos, prueba incontestable de que las almas de los muertos existen en alguna parte de donde vuelven a la vida.

Me parece, dijo Cebes, que no es una consecuencia necesaria de los principios que hemos acordado.

Me parece, Cebes, que no lo hemos acordado sin razón; míralo tú mismo. Si todos estos contrarios no se engendrarán recíprocamente, girando, por decirlo así, en el círculo, y si no hubiera una producción directa del uno al otro contrario, sin vuelta de este último al primero que lo había producido, verías que al final tendrían todas las cosas la misma figura, serían de la misma hechura y, por último, cesarían de nacer.

¿Cómo has dicho, Sócrates?

No es muy difícil comprender lo que digo. Si no hubiera más que el sueño y no hubiese un despertar después de él y producido por él, verías que todas las cosas al fin nos representarían verdaderamente la fábula de Endimión y no se diferenciarían en nada, porque les sucedería, como a Edimión, que estarían sumergidas en profundo sueño. Si todo estuviera mezclado sin que esta mezcla produjese nunca una separación, llegará muy pronto a suceder lo que enseñaba Anaxágoras: todas las cosas estarían juntas. Por la misma razón, mi querido Cebes, si todo lo que ha tenido vida muriera y estando muerto permaneciera en el mismo estado sin revivir, ¿no llegaría necesariamente el caso de que todas las cosas tendrían un fin y que no habría ya nada que viviera? Porque si de las cosas muertas no nacen las vivientes y si éstas muriesen a su vez, ¿no sería absolutamente inevitable que todas las cosas fueran finalmente absorbidas por la muerte?

Inevitable, Sócrates, contestó Cebes, y todo lo que acabas de decir me parece irrefutable.

Me parece también, Cebes, que nada puede oponerse a estas verdades y que no nos engañamos cuando las admitimos; porque es seguro que hay una vuelta a la vida, que los vivos nacen de los muertos, que las almas de los muertos existen y que las almas de los justos son mejores y las de los malvados peores.

Lo que dices, Sócrates, le interrumpió Cebes, es además una deducción necesaria de otro principio que con frecuencia te he oído establecer: que nuestra ciencia no es más que reminiscencia. Si este principio es exacto, es absolutamente indispensable que hayamos aprendido en otro tiempo las cosas de que nos acordamos en éste, lo que es imposible si nuestra alma no existe antes de venir bajo esta forma humana. Es una nueva prueba de la inmortalidad de nuestra alma.

Pero Cebes, dijo Simmias interrumpiéndole, ¿qué demostración se tiene de este principio? Recuérdamela, porque ahora no me acuerdo de ella.

Hay una demostración muy bella, contestó Cebes: que todos los hombres, si se los interroga bien, encuentran todo por ellos mismos, lo que no harían jamás si no tuvieran en sí las luces de la recta razón.

Si alguno los pone de pronto junto a figuras de geometría y otras cosas de esta naturaleza, ve manifiestamente que así es.

Si no quieres rendirte a esta experiencia, Simmias, dijo Sócrates, mira si por este camino no entrarás en nuestro sentir: ¿Te cuesta trabajo creer que aprender es solamente recordar?

No mucho, respondió Simmias, pero quisiera me recordaran lo que estábamos hablando; de lo que Cebes ya me ha dicho casi me acuerdo y comienzo a creerlo, pero esto no impedirá que escuche con gusto las pruebas que quieras darme.

Helas aquí, repuso Sócrates: empezamos por convenir todos que para acordarse es preciso haber sabido antes la cosa que se recuerda.

Naturalmente.

¿Convenimos también en que cuando la ciencia viene de cierta manera es una reminiscencia? Cuando digo de cierta manera es, por ejemplo, cuando un hombre al ver u oír alguna cosa o percibiéndola por otro cualquiera de sus sentidos no solamente conoce esta cosa que ha llamado su atención, sino al mismo tiempo piensa en otra que no depende de la misma manera de conocer, sino de otra, ¿no decimos con razón que este hombre ha vuelto a acordarse de la cosa que ha acudido a su espíritu?

¿Cómo dices?, preguntó Simmias.

Digo, por ejemplo, que el conocimiento de un hombre es uno y otro el conocimiento de una lira.

Efectivamente.

¡Pues bien!, siguió diciendo Sócrates, ¿no sabes lo que le sucede a los amantes cuando ven una lira, un vestido o algo de lo que sus amores tienen la costumbre de servirse? Pues reconociendo esta lira acude en seguida a su pensamiento la imagen de aquel a quien pertenece. He aquí lo que es la reminiscencia, como viendo a Simmias se recuerda a Cebes. Podrían citarse muchos más ejemplos. Aquí tienes lo que es la reminiscencia, sobre todo cuando vuelven a recordarse cosas olvidadas por remotas o por haberlas perdido de vista.

Es muy cierto, dijo Simmias.

¿Viendo en pintura un caballo o una lira, continuó Sócrates, no puede uno acordarse de un hombre? ¿Y viendo el retrato de Simmias no cabe recordar a Cebes?

¿Quién duda de ello?

Y con mayor razón al ver el retrato de Simmias se recordará a Simmias mismo.

Sin dificultad.

¿No se ve, según esto, que la reminiscencia se produce tanto por cosas parecidas como por cosas diferentes?

Así sucede, en efecto.

Pero cuando el parecido hace recordar alguna cosa, ¿no sucede necesariamente que el espíritu percibe repentinamente si falta algo al retrato para que sea perfecto el parecido con el original que se recuerda o si no le falta algo?

Otra cosa sería imposible, dijo Simmias.

Pues escucha a ver si opinas como yo. ¿No llamamos igualdad a alguna cosa? No hablo de la igualdad que se encuentra entre un árbol, entre una piedra y otra piedra y entre otras varias cosas parecidas. Hablo de una igualdad muy diferente de todo esto. ¿Decimos que es algo o que es nada?

Decimos ciertamente que es algo, sí, ¡por Zeus!

Pero, ¿conocemos esta igualdad?

Sin duda.

¿De dónde hemos sacado esta ciencia, este conocimiento?

¿Nos hemos formado idea de esta igualdad por las cosas de que acabamos de hablar, es decir, viendo árboles iguales y piedras iguales a otras varias cosas de esta naturaleza; de esta igualdad que no es ni los árboles ni las piedras, sino otra cosa completamente

distinta? Porque, ¿no te parece distinta? Fíjate bien en esto: las piedras y los árboles, que con frecuencia son los mismos, ¿no nos
parecen comparándolos iguales unas veces y diferentes otras?

Seguramente.

Las cosas iguales parecen desiguales algunas veces, pero la
igualdad en sí, ¿te parece desigualdad?

Nunca, Sócrates.

La igualdad y lo que es igual, ¿no son, pues, la misma cosa?

Ciertamente que no.

Sin embargo, de estas cosas iguales, que son diferentes de la
igualdad, es de donde han sacado la idea de la igualdad.

Es verdad, Sócrates, dijo Simmias.

¿Y que esta igualdad sea parecida o diferente de los objetos
que te han dado la idea de ella?

Ciertamente.

Por lo demás, no importa cuando viendo una cosa te imaginas otra, que ésta sea parecida o no a la primera para que eso sea
necesariamente una reminiscencia.

Sin dificultad.

Pero, dijo Sócrates, ¿qué diremos de esto? Cuando vemos
árboles que son iguales u otras cosas iguales, ¿las encontramos
iguales como la igualdad misma de la que tenemos idea o es preciso que sean iguales como esta igualdad?

Es muy preciso.

Convenimos, pues, en que cuando alguno, viendo una cosa,
piensa que esa cosa, como la que en este instante veo delante de
mí, puede ser igual a otra, pero que le falta mucho para ello y
que no puede ser como ella y le es inferior, ¿es absolutamente
necesario que aquel que tiene ese pensamiento haya visto y
conocido antes aquella cosa a la que ésta se parece, aunque ase-
gure que sólo se le parece imperfectamente?

Es de imprescindible necesidad.

¿No nos ocurre también lo mismo con las cosas iguales
cuando queremos compararlas con la igualdad?

Ciertamente, Sócrates.

Es, pues, absolutamente necesario que hayamos visto esta
igualdad aun antes del tiempo en que viendo por primera vez
cosas iguales pensamos en que todas ellas tienden a ser iguales,
como la igualdad misma, pero que no pueden lograrlo.

Es cierto.

Pero convengamos también en lo que hemos deducido de este pensamiento y que es imposible proceda de otra parte que no sea uno de nuestros sentidos, por haber visto o tocado, o, en fin, por haber ejercitado otro cualquiera de nuestros sentidos, porque lo mismo digo de todos.

Es la misma cosa, Sócrates, de que antes hablábamos.

Es preciso, pues, que sea de nuestros sentidos mismos de donde derivemos este pensamiento, que todas las cosas iguales, que son el objeto de nuestros sentidos, tiendan a esta igualdad y que, sin embargo, queden por debajo de ella. ¿No es así?

Sin duda alguna, Sócrates.

Entonces, Simmias, ha sido preciso que antes de que hayamos comenzado a ver, oír y hacer uso de nuestros sentidos, hubiésemos tenido conocimiento de esta igualdad inteligible para comparar con ella, como hacemos, las cosas sensibles iguales y para que todas tiendan a ser parecidas a esta igualdad y que le sean inferiores.

Es una consecuencia necesaria de cuanto se ha dicho, Sócrates.

Pero, ¿no es verdad que antes de nuestro nacimiento hemos visto, hemos oído y hecho uso de todos nuestros otros sentidos?

Muy cierto.

¿Entonces es preciso que antes de ese tiempo hayamos tenido conocimiento de la igualdad?

Sin duda.

¿Y por consecuencia es preciso que lo hayamos tenido antes de haber nacido?

Así me parece.

Si lo hemos tenido antes de nuestro nacimiento, sabemos, pues, antes de nacer, y por lo pronto después de nuestro nacimiento hemos conocido no sólo lo que es igual, lo que es grande y lo que es más pequeño, sino todas las demás cosas de esta naturaleza; porque lo que decimos aquí se refiere lo mismo a la igualdad que a la belleza misma, a la bondad, a la justicia y a la santidad; en una palabra, a todas las demás cosas de la existencia y de las que hablamos en nuestras preguntas y en nuestras contestaciones. De manera que es absolutamente necesario que hayamos tenido conocimiento de ellas antes de nacer.

Es cierto.

Y si después de haber tenido estos conocimientos no llegáramos a olvidarlos nunca, no solamente naceríamos con ellos, sino además los conservaríamos toda nuestra vida; porque saber no es más que conservar la ciencia que se ha adquirido y no perderla, y olvidar, ¿no es perder la ciencia que antes se tenía?

Sin duda, Sócrates.

Y si después de haber tenido estos conocimientos antes de nacer y de haberlos perdido después de haber nacido, volvemos a poseer esa ciencia anterior gracias al misterio de nuestros sentidos, que es lo que llamamos aprender, ¿no será eso recuperar la ciencia que tuvimos, y no podremos con razón llamarlo recordar?

Tienes mucha razón, Sócrates.

Porque hemos convenido en que es muy posible que el que haya sentido una cosa, es decir, que la ha visto, oído o percibido por cualquiera de sus sentidos, piense a propósito de ella en otra que ha olvidado y con la cual la percibida tiene alguna relación aunque no se le parezca. De manera que, de estas dos cosas, una es absolutamente necesaria: o que las conservemos toda nuestra vida o que los que, según nosotros, aprenden, no hagan más que recordarlas y que la ciencia no sea más que una reminiscencia.

Es necesariamente preciso, Sócrates.

¿Qué escogerías, pues, Simmias? ¿Nacemos con conocimiento o volvemos a acordarnos de lo que sabíamos y habíamos olvidado?

En verdad te digo, Sócrates, que no sé qué escoger.

Y de esto otro, ¿qué pensarás y qué escogerás? Un hombre que sabe una cosa, ¿puede darse cuenta de lo que sabe o no?

Puede darse cuenta, sin duda.

¿Y te parece que todos los hombres puedan dar razón de las cosas de que hemos estado hablando?

Bien lo quisiera, respondió Simmias, pero temo que mañana no encontremos ya un hombre que sea capaz de dar razón de ellas.

Entonces, ¿no te parece que todos los hombres tienen esta ciencia?

Ciertamente que no.

Entonces, ¿no hacen más que volver a acordarse de las cosas que supieron otra vez?

Así tiene que ser.

Pero, ¿en qué tiempo adquirieron nuestras almas esta ciencia? Porque no ha sido después de que nacimos.

Seguramente no.

Entonces, ¿antes?

Sin duda.

Y, por consiguiente, Simmias, nuestras almas existían antes de este tiempo, antes de que apareciesen bajo esta forma humana: y mientras carecían de cuerpo sabían.

A menos, Sócrates, que no digamos que hemos adquirido todos estos conocimientos al nacer, porque es el único tiempo que nos queda.

Me parece bien, mi querido Simmias; pero, ¿en qué tiempo los perdimos? Porque hemos convenido en que hoy no los tenemos ya. ¿Los perdimos al mismo tiempo que los adquirimos? ¿O puedes señalar otro tiempo?

No, Sócrates, y no me he dado cuenta de que no decía nada.

Hay, pues, que tener por constante, Simmias, que si todas estas cosas que a todas horas tenemos en la boca, quiero decir lo bello, lo justo y todas las esencias de este género existen verdaderamente, si referimos todas las percepciones de nuestros sentidos a estas nociones primitivas, como a su tipo, que empezamos por encontrar en nosotros mismos, es necesariamente preciso, digo, que como todas estas cosas existen, nuestra alma haya existido también antes de que naciéramos: y si todas estas cosas no existen, todos nuestros discursos son inútiles. ¿No es esto así? ¿Y no es también una necesidad igual, si estas cosas no existen, que nuestras almas existan también antes de nuestro nacimiento, y que, si estas cosas no son, tampoco sean nuestras almas?

Esta necesidad me parece igualmente segura, Sócrates: y de todo este discurso resulta que nuestra alma existe antes de que nazcamos, lo mismo que las esencias de que acabas de hablar; porque yo al menos no encuentro nada tan evidente como la existencia de todas estas cosas, lo bueno, lo bello y lo justo, y tú, además, me lo has demostrado suficientemente.

¿Y Cebes?, preguntó Sócrates; porque es preciso que también él esté persuadido.

Pienso, dijo Simmias, que también encuentra las pruebas muy suficientes, a pesar de ser de todos los hombres el más rebelde a las pruebas. Sin embargo, le tengo por convencido de que nuestra alma existe antes de nuestro nacimiento, pero que subsista después de nuestra muerte, es lo que a mí mismo no me parece suficientemente probado, porque esta opinión del pueblo, de la que Cebes te habló hace un momento, perdura todavía con toda su fuerza: es, como recordarás, que después de la muerte del hombre el alma se disipa y cesa de ser. ¿Qué puede impedir, en efecto, que el alma nazca, que exista en alguna parte, que sea antes de venir a animar al cuerpo y que después que haya salido de este cuerpo acabe con él y cese de ser?

Dices muy bien, Simmias, añadió Cebes: me parece que Sócrates no ha probado más que la mitad de lo que necesitaba probar; porque ha demostrado muy bien que nuestra alma existía antes de nuestro nacimiento, pero para acabar su demostración ha debido probar también que nuestra alma existe después de nuestra muerte no menos de lo que existía antes de esta vida.

Pero ya os he demostrado, Simmias y Cebes, replicó Sócrates, y convendréis en ello si unís esta última prueba a la que ya tenéis de que los vivos nacen de los muertos porque si es verdad que nuestra alma existe antes de nuestro nacimiento, si es preciso de toda necesidad que para venir a la vida salga, por decirlo así, del seno de la muerte, ¿cómo no habría de existir la misma necesidad de su existencia después de la muerte puesto que tiene que retornar a la vida? Así está demostrado lo que pedís. Sin embargo, me parece que estáis deseando los dos profundizar más en esta cuestión y que teméis, como los niños, que cuando el alma salga del cuerpo pueda ser arrebatada por el viento, sobre todo cuando se muere en un día huracanado.

Cebes se echó a reír. Supón, Sócrates, que lo temamos, o más bien que no somos nosotros los que tememos, pero que bien pudiera ser que hubiera entre nosotros un niño que lo temiera: procuremos enseñarle a no tener miedo de la muerte como de un vano fantasma.

Para esto, replicó Sócrates, hay que recurrir diariamente a los conjuros hasta verle curado.

Pero, ¿dónde encontraremos un buen conjurador puesto que vas a dejarnos?

Grecia es grande, Cebes, respondió Sócrates, y en ella se encuentra un gran número de gente hábil. Además, hay otros países, que habrá que recorrer preguntando en todos para encontrar a este conjurador, sin ahorrar penalidades ni gastos, porque no hay nada mejor en que podáis emplear vuestra fortuna. Preciso es también que le busquéis entre vosotros mismos, porque bien pudiera suceder que no encontréis persona más apta que vosotros mismos para hacer estos exorcismos.

Haremos lo que dices, Sócrates, pero si no te desagrada reanudaremos el discurso que dejamos.

Me será muy grato, Cebes, ¿y por qué no?

Tienes razón, Sócrates, dijo Cebes.

Lo primero que tenemos que preguntarnos a nosotros mismos, siguió diciendo Sócrates, es a qué naturaleza de cosas pertenece el disolverse, por qué clase de cosas debemos temer que se verifique este accidente y a qué cosas no le sucede. Después habrá que examinar a cuál de estas naturalezas pertenece nuestra alma y, por último, temer o esperar para ella.

Es verdad.

¿No te parece que son las cosas compuestas o que son de naturaleza de serlo, a las que corresponde desasociarse en los elementos que han hecho su composición, y que si hay seres que no estén compuestos sean éstos los solos a quienes no puede alcanzar este accidente?

Me parece muy cierto, dijo Cebes.

¿No parece que las cosas que son siempre las mismas y de la misma manera no deben ser compuestas?

Opino como tú, Sócrates.

Ocupémonos sin pérdida de tiempo de las cosas de que ha poco hablábamos y con cuya verdadera existencia hemos estado siempre conformes en nuestras preguntas y respuestas. Estas cosas, ¿son siempre las mismas o cambian alguna vez? ¿Admiten o experimentan algún cambio por pequeño que sea, la igualdad, la belleza, la bondad y toda existencia esencial, o cada una de ellas por ser pura y simple permanece así, siempre la misma en sí, sin sufrir nunca la menor alteración ni el menor cambio?

Es absolutamente necesario que permanezcan siempre las mismas, sin cambiar nunca, dijo Cebes.

Y todas estas cosas, siguió diciendo Sócrates, hombres, caballos, vestidos, muebles y tantas otras de la misma naturaleza, ¿permanecen siempre las mismas o son enteramente opuestas a las primeras en el sentido de que jamás permanecen en el mismo estado ni con relación a ellas ni tampoco con relación a las otras?

Nunca permanecen las mismas, respondió Cebes.

Entonces son cosas que puedes ver, tocar y percibir por cualquier sentido; en cambio, las primeras, las que siempre son las mismas, no pueden ser percibidas más que por el pensamiento, porque son inmateriales y nunca se las ve.

Es cierto, Sócrates, dijo Cebes.

¿Quieres, pues, prosiguió Sócrates, que admitamos dos clases de cosas?

Con mucho gusto, dijo Cebes.

¿Una visible y la otra inmaterial? ¿Ésta siempre la misma y aquélla cambiando continuamente?

Lo quiero también.

Veamos, pues; ¿no estamos compuestos de un cuerpo y un alma? ¿O hay además algo en nosotros?

No, no hay nada más.

¿A cuál de estas dos especies es nuestro cuerpo más afín y más parecido?

No habrá nadie que no convenga más que a la especie visible.

Y nuestra alma, querido Cebes, ¿es visible o invisible?

Los hombres por lo menos no la ven.

Pero cuando hablamos de las cosas visibles o invisibles, ¿hablamos refiriéndonos sólo a los hombres sin tener en cuenta ninguna otra naturaleza?

Refiriéndonos a la naturaleza humana.

¿Qué diremos, pues, del alma? ¿Puede ser vista o no?

No puede.

Entonces, ¿es inmaterial?

Sí.

Si es así, nuestra alma se asemejará más que el cuerpo a lo invisible, y éste a lo visible.

Necesariamente.

¿No dijimos antes que cuando el alma se sirve del cuerpo para considerar cualquier objeto, sea por la vista, por el oído o por cualquier otro sentido, puesto que la única función del cuerpo es considerar los objetos por medio de los sentidos, se siente atraída por el cuerpo hacia cosas que nunca son las mismas, y que extravía, se turba, vacila y tiene vértigos como si se hubiera embriagado por ponerse en relación con ellas?

Sí.

En cambio, cuando examina las cosas por sí misma sin recurrir al cuerpo, tiende hacia lo que es puro, eterno, inmortal e inmutable, y como es de esta misma naturaleza, se une a ello, si es para sí misma y puede. Entonces cesan sus extravíos y sigue siendo siempre la misma, porque se ha unido a lo que jamás varía y de cuya naturaleza participa; este estado del alma es al que se llama sabiduría.

Perfectamente, dijo Sócrates, y es una gran verdad.

¿A cuál de las dos especies de seres te parece que el alma se asemejará más después de lo dicho antes y ahora?

Me parece, Sócrates, que todos y hasta el más estúpido tendrá que decir después de escuchada tu explicación, que el alma se parecerá y será más afín a lo que siempre es lo mismo que a lo que continuamente cambia.

¿Y el cuerpo?

Se parece más a lo que cambia.

Emprendamos otro camino. Cuando el alma y el cuerpo están juntos, la naturaleza ordena al uno obedecer y ser esclavo y al otro que impere y mande. ¿Cuál, pues, de estos dos es el que te parece asemejarse a lo que es divino y quién a lo que es mortal? ¿No opinas que sólo lo que es divino está capacitado para mandar y que lo que es mortal es apropiado para obedecer y ser esclavo?

Naturalmente.

Entonces, ¿a qué se parece nuestra alma?

Es evidente, Sócrates, que nuestra alma se parece a lo que es divino y nuestro cuerpo a lo que es mortal.

Mira, pues, querido Cebes, si de todo lo que acabamos de decir no se deduce necesariamente que nuestra alma se asemeja mucho a lo que es divino, inmortal, inteligible, simple o indisoluble, siempre igual y siempre parecido a sí mismo, y que nuestro cuerpo se parece a lo humano, mortal, sensible, compuesto, disoluble, siempre cambiante y jamás semejante a sí mismo.

¿Hay alguna razón que podamos alegar para destruir estas consecuencias y hacer ver que no es así?

Ninguna, indudablemente.

Siendo así, ¿no conviene al cuerpo disolverse muy pronto y al alma permanecer siempre indisoluble o en un estado indiferente?

Es otra verdad la que dices.

Ves, pues, que después de morir el hombre, su parte visible, el cuerpo que permanece expuesto ante nuestros ojos y que llamamos el cadáver, no sufre, sin embargo, al principio ninguno de estos accidentes y hasta permanece intacto durante algún tiempo y se conserva bastante, si el cuerpo era hermoso y estaba en la flor de la edad; los cuerpos que se embalsaman, como en Egipto, duran casi enteros un número increíble de años. En los mismos que se corrompen hay siempre partes como los huesos, los nervios y algunas otras de la misma naturaleza, que pueden decirse inmortales. ¿No es cierto?

Ciertísimo.

Y el alma, este ser invisible que va a otro medio semejante a ella, excelente, puro, invisible, es decir, a los infiernos, cerca de un dios emporio de bondad y sabiduría, un paraje al que espero irá mi alma dentro de un momento si a la divinidad le place, ¿un alma tal y de esta naturaleza no haría más que abandonar el cuerpo y se desvanecería reduciéndose a la nada como cree la mayoría de los hombres? Para esto falta mucho, mi amigo Simmias y mi amado Cebes; he aquí más bien lo que ocurre: si el alma se retira, pura, sin conservar nada del cuerpo, como la que durante la vida no ha tenido con él comercio alguno voluntario y al contrario huyó siempre de él recogiéndose en sí misma, meditando siempre, es decir, filosofando bien y aprendiendo efectivamente a morir, ¿no es esto una preparación para la muerte?

Sí.

Si el alma se retira en este estado, va hacia un ser semejante a ella, divino, inmortal, lleno de sabiduría, cerca del cual, libre de sus errores, de su ignorancia, de sus temores, de sus amores tiránicos y de todos los demás males anexos a la naturaleza humana goza de la felicidad; y, como se dice de los iniciados, pasa verdaderamente con los dioses toda la eternidad. ¿No es esto lo que debemos decir, Cebes?

¡Sí, por Zeus!, le contestó.

Pero si se retira del cuerpo mancillada, impura, como la que siempre ha estado mezclada con él ocupada en servirlo, poseída de su amor, embriagada de él hasta el punto de creer que lo único real es lo corporal, lo que se puede ver, tocar, comer y beber, o lo que sirve a los placeres del amor, mientras que hábilmente huía de todo lo que es oscuro, invisible e inteligible, de lo cual sólo la filosofía tiene el sentido, ¿piensas tú que un alma en este estado puede salir pura y libre del cuerpo?

No puede ser.

Sí; no puede ser, porque sale cubierta de las máculas corporales que el comercio continuo y la unión más estrecha que ha tenido con el cuerpo, por no haber estado más que con él y no haberse ocupado más que de él, se le han hecho como naturales.

Así tiene que ser.

Estas máculas, mi querido Cebes, son una pesada envolvente terrestre y visible, y el alma cargada de este peso es arrastrada todavía por él hacia este mundo visible, por el temor que a ella le inspira el mundo invisible, o sea, el infierno, y va errante, como se dice, a los lugares de sepulturas, vagando alrededor de las tumbas, donde se han visto fantasmas tenebrosos, como son los espectros de estas almas, que no han salido del cuerpo purificadas del todo, sino conservando algo de esta materia visible que todavía las hace visibles.

Es muy verosímil, Sócrates.

Sí, sin duda, Cebes, y verosímil también que no son las almas de los buenos, sino las de los malos las que están obligadas a errar por esos lugares a donde las lleva la pena de su primera vida, que ha sido mala, y donde continuarán errantes hasta que el amor que han tenido por esa masa corporal, que las sigue perennemente, penetre de nuevo en un cuerpo y vuelvan probablemente a las mismas costumbres que fueron la ocupación de su primera vida.

¿Qué quieres decir, Sócrates?

Digo, por ejemplo, amado Cebes, que los que han hecho del vientre su dios y que sólo han amado la intemperancia sin pudor y sin comedimiento, entrarán verosímilmente en el cuerpo de asnos o de otros animales semejantes. ¿No opinas como yo?

Ciertamente.

Y las almas de los que sólo han amado la injusticia, la tiranía y la rapiña animarán cuerpos de lobos, de gavilanes y de halcones. ¿Pueden ir a otra parte las almas como ésas?

Sin duda que no.

Y otras habrá también que se asociarán a cuerpos análogos a sus gustos.

Evidentemente.

¿Cómo podrían ser de otra manera? Y los más felices, aquellos cuyas almas van al lugar más agradable, ¿no son los que siempre han practicado las virtudes sociales y civiles que se llaman templanza y justicia, a las cuales se han formado por el hábito y la práctica solamente, sin la ayuda de la filosofía y de la reflexión?

¿Cómo pueden ser los más dichosos?

Porque es verosímil que sus almas entraron en los cuerpos de animales pacíficos y amables, como las abejas y las hormigas, o que volverán a cuerpos humanos para hacer hombres de bien.

Es probable.

Pero acercarse a la naturaleza de los dioses es lo que nunca estaría permitido a los que no filosofaron en toda su vida y cuyas almas no han salido del cuerpo con toda pureza; esto sólo se reserva para el verdadero filósofo. Aquí tenéis, mi querido Cebes y mi amado Simmias, el motivo por el cual los verdaderos filósofos renuncian a todos los deseos del cuerpo, se dominan y no se entregan a sus pasiones; y no temen la pobreza ni la ruina de su casa, como el pueblo que se afana por las riquezas, ni la ignominia ni el oprobio, como los que aman los honores y las dignidades.

No sería propio de ellos, dijo Cebes.

No lo sería, continuó Sócrates, por esto todos los que se preocupan de su alma y que no viven para el cuerpo, rompen con todas las costumbres y no siguen el mismo camino que los otros que no saben a dónde van; mas, persuadidos de que es preciso no hacer nada que sea contrario a la filosofía, a la liberación y a la purificación que ella procura, se abandonan a su guía yendo a donde los lleva.

¿Cómo, Sócrates?

Voy a explicároslo. Los filósofos que ven su alma unida verdaderamente y pegada a su cuerpo y forzada a considerar los objetos como a través de una prisión oscura y no por ella misma, comprenden bien que la fuerza de este lazo temporal consiste en las pasiones, que hacen que el alma encadenada a sí misma apriete más la cadena; reconocen que la filosofía, adueñándose de su alma, la consuela dulcemente y trabaja para libertarla haciéndola ver que los ojos están llenos de ilusiones como los oídos y los demás sentidos de su cuerpo, advirtiéndola de que sólo haga uso de ellos cuando la necesidad la obligue, y aconsejándola encerrarse y reconcentrarse en sí misma y a no creer más testimonio que el suyo propio, cuando haya examinado en su interior lo que es la esencia de cada cosa y se haya persuadido bien de que todo lo que examina por cualquier intermediario, cambiando con éste, no tiene nada verdadero. Pero lo que ella examina con los sentidos es lo sensible y visible e inteligible. El alma del verdadero filósofo, persuadida de que no puede oponerse a su libertad, renuncia en todo lo que puede a las voluptuosidades, a los deseos, a las tristezas y a los temores, porque sabe que después de los grandes placeres, grandes temores y extremadas tristezas o deseos, se experimentan no sólo los males sensibles que todo el mundo conoce, como las enfermedades o la pérdida de los bienes, sino también el mayor y último de los males, tanto mayor porque no se deja sentir.

¿Qué mal es ése, Sócrates?

El que el alma, obligada a regocijarse o afligirse por cualquier causa, se persuade de que el origen de ese placer o esta tristeza es muy real, aunque no lo sea. Tal es el efecto de todas las cosas visibles, ¿no es cierto?

Cierto es.

¿No es en esta clase de afectos, sobre todo, donde el alma está más particularmente unida al cuerpo?

¿Por qué?

Porque cada voluptuosidad y cada tristeza están armadas, por decirlo así, de un clavo con el que fijan el alma al cuerpo y la hacen tan material, que llega a pensar que no hay más objetos reales que los que el cuerpo le dice. Por tener las mismas opiniones que el cuerpo, está por fuerza obligada a tener los mismos hábitos y costumbres, lo que le impide llegar pura a los infiernos; pero saliendo de esta vida, manchada todavía con las máculas del cuerpo del que acaba de separarse, entra muy pronto en otro cuerpo, donde arraiga como si la hubieran sembrado, y esto es lo que hace que esté privada de toda relación con la esencia pura, simple y divina.

Es exacto, dijo Cebes.

Por estas razones trabajan los verdaderos filósofos para adquirir la fortaleza y la templanza y no por las otras razones que el pueblo se imagina. ¿Pensarás tú acaso como ése?

De ninguna manera.

Esto es lo que convendrá siempre al alma de un verdadero filósofo, porque así no creerá nunca que la filosofía deba liberarla para que una vez liberada se abandone a las voluptuosidades y a las tristezas y vuelva a encadenarse, lo que sería volver a empezar de nuevo, como la tela de Penélope. Al contrario, reprimiendo todas las pasiones en una tranquilidad perfecta y teniendo siempre la razón por guía, sin separarse nunca de ella, contempla incesantemente lo que es verdadero, divino e inmutable y está por encima de la opinión. Y alimentada por esta verdad pura, está persuadida de que debe vivir siempre de la misma manera mientras está unida al cuerpo, y que después de la muerte, devuelta a lo que es de la misma naturaleza que ella, estará libre de todos los males que afligen a la naturaleza humana. Con estos principios, mis amados Simmias y Cebes, y después de una vida semejante, ¿podría temer el alma que en el momento en que se separe del cuerpo se la lleven los vientos y la disipen, y que completamente destruida no exista en alguna parte?

Calló Sócrates y se produjo un largo silencio. Sócrates parecía ocupado con lo que acababa de decir; nosotros también lo estábamos, y Cebes y Simmias hablaban en voz baja. Observólo Sócrates y les preguntó: ¿De qué habláis? ¿Os parece que les falta algo a mis pruebas? Porque me figuro que dan lugar a muchas dudas y objeciones, si se quiere tomar la pena de examinarlas detalladamente. Si habláis de otra cosa, no tengo nada que decir, pero por poca que sea la duda que alberguéis acerca de lo que he dicho, no tengáis el menor reparo en decirme con toda franqueza si os parece que falta algo a mi demostración; asociadme a vuestras pesquisas, si creéis que con ayuda mía saldréis más fácilmente de dudas.

Te voy a decir la verdad, respondió Simmias; hace ya mucho tiempo que Cebes y yo tenemos dudas y uno y otro nos instigamos mutuamente a confiártelas por las ganas que tenemos de que nos saques de ellas. Pero los dos hemos temido serte inoportunos y hacerte preguntas desagradables dada la situación en que te encuentras.

¡Ah, mi caro Simmias!, replicó Sócrates sonriendo dulcemente. Qué gran trabajo me costaría persuadir a los otros hombres de que no considero una desgracia la situación en que me encuentro, puesto que no sabría persuadiros a vosotros mismos, que me creéis más difícil de tratar que nunca he sido. Me juzgáis, pues, muy inferior a los cisnes en lo que se refiere a los presentimientos y a la adivinación, porque cuando sienten que van a morir cantan mejor que nunca cantaron, alegres porque van a encontrar al dios a quien sirven. Pero los hombres, por el temor que les inspira la muerte, calumnian a los cisnes, diciendo que lloran su muerte y cantan de tristeza. Y no reflexionan en que no hay pájaro que cante cuando tiene hambre o frío o sufre por cualquier otra causa, ni siquiera el ruiseñor, la golondrina ni la abubilla, de los que se dice que su canto no es más que un efecto del dolor. Pero estos pájaros no cantan de tristeza, y creo que menos aún los cisnes, que perteneciendo a Apolo son adivinos; y como prevén los bienes de que se disfruta en la otra vida, cantan y se regocijan más que nunca ese día. Y yo pienso que sirvo a Apolo tan bien como ellos y que como ellos estoy consagrado a este dios, que no recibo menos que ellos de nuestro común maestro el arte de la adivinación y que no estoy más disgustado que ellos de partir de esta vida. Por esto mismo no os privéis de hablar tanto cuanto os plazca ni preguntarme todo el tiempo que tengan a bien permitir los Once.

Muy bien, Sócrates, respondió Simmias; voy a decirte mis dudas y Cebes te expondrá en seguida las suyas.

Opino, como tú, que de estas materias es imposible o al menos muy difícil saber toda la verdad en esta vida, y estoy persuadido de que no examinar muy atentamente lo que se dice y cansarme antes de haber hecho todos los esfuerzos, es un acto propio sólo de un hombre débil y cobarde. Porque de dos cosas una es precisa: o aprender de otros lo que es o encontrarlo uno mismo. Si una y otra de estas vías son imposibles, se escogerá entre todos los razonamientos humanos el mejor y más consistente, abandonándose a él como a una navecilla para cruzar así a través de las tempestades de esta vida, a menos que se pueda encontrar para este viaje una embarcación más sólida, alguna razón inquebrantable, que nos ponga fuera de peligro. Por esto no me avergonzaré de hacerte preguntas, ya que me lo permites, y no me expondré a tenerme un día que echar en cara no haberte dicho lo que ahora estoy pensando. Cuando examino con Cebes lo que has dicho, te confieso, Sócrates, que tus pruebas no parecen suficientes.

Puede que tengas razón, mi querido Simmias; pero, ¿en qué te parecen insuficientes?

En que podría decirse lo mismo de la armonía de una lira, de la lira misma y de sus cuerdas; que la armonía de la lira es algo invisible, inmaterial, bello y divino; que la lira y sus cuerdas son cuerpos, materia, cuerpos compuestos, terrestres y de naturaleza mortal. Y si hiciera pedazos la lira o rompiera sus cuerdas, ¿no habría quizá alguien que con razonamientos parecidos a los tuyos pudiera sostener que es preciso que esta armonía subsista y no perezca? Porque es imposible que una vez rotas sus cuerdas pueda subsistir la lira, y que las cuerdas, que son cosas mortales, subsistan después de la rotura de la lira, y que la armonía, que es de la misma naturaleza que el ser inmortal y divino, perezca antes que lo que es mortal y terrestre; pero es absolutamente necesario, diríase, que la armonía exista en alguna parte y que el cuerpo de la lira y las cuerdas se corrompan y perezcan enteramente antes de que aquélla sufra la menor lesión. Y tú mismo, Sócrates, te habrás dado cuenta seguramente de que pensamos que el alma es algo parecido a lo que te voy a decir: nuestro cuerpo está compuesto y mantenido en equilibrio por el calor, el frío, lo seco y lo húmedo, y nuestra alma no es más que la armonía que resulta de la justa mezcla de estas cualidades cuando están combinadas y muy de acuerdo. Si nuestra alma no es más que una especie de armonía, es evidente que cuando nuestro cuerpo está demasiado agobiado o en tensión por las enfermedades o por otros males, es necesario que nuestra alma, por divina que sea, perezca como las otras armonías que consisten en los sonidos o que son el efecto de los instrumentos, mientras que los restos de cada cuerpo duran todavía bastante tiempo antes de que los quemen o se corrompan. Esto es, Sócrates, lo que podríamos responder a estas razones, si alguno pretendiera que nuestra alma, no siendo más que una mezcla de las cualidades del cuerpo, perece la primera en lo que llamamos la muerte.

Sócrates nos miró sucesivamente, como solía hacer con frecuencia, y sonriendo contestó: Simmias tiene razón; si alguno de vosotros tiene más facilidad que yo para responder a sus objeciones, ¿por qué no lo hace?, porque me parece que ha atacado bien las dificultades del asunto. Pero antes de contestarle quisiera oír lo que Cebes tiene que objetarme, a fin de que mientras habla tengamos tiempo de pensar en lo que debemos decir. Y después de que hayamos escuchado a los dos, cederemos si sus razones son buenas, y si no, sostendremos nuestro principio con todas nuestras fuerzas. Dinos, Cebes, ¿qué te impide rendirte a lo que he establecido?

Voy a decirlo, respondió Cebes. Es que me parece que la cuestión está en el mismo punto que antes y que origina nuestras anteriores objeciones. Encuentro admirablemente demostrada la existencia de nuestra alma antes de que venga a animar el cuerpo, si mi confesión no te ofende; pero que siga subsistiendo después de nuestra muerte es lo que no está igualmente probado. Sin embargo, no me rindo en manera alguna a la objeción de Simmias, que pretende que nuestra alma no es ni más fuerte ni más duradera que nuestro cuerpo, porque me parece infinitamente superior a todo lo corpóreo. ¿Por qué, pues, me dirás, dudas todavía? Puesto que ves que después de morir el hombre lo que hay más débil en él subsiste todavía, ¿no te parece de absoluta necesidad que lo que es duradero dure todavía más tiempo? Escucha, te lo ruego, a ver si contestaré bien a esta objeción, porque para que se me comprenda tengo necesidad de recurrir, como Simmias, a una corporación. A mi modo de ver, es como si, después de la muerte de un anciano tejedor, se dijera: este hombre no se ha muerto, porque existe en alguna otra parte, y la prueba de ello es que aquí tenéis el vestido que llevaba y que él mismo se confeccionó: todavía está entero y no ha perecido; y si alguno rehusara rendirse a esta prueba, le preguntaría quién es más durable, si el hombre o el vestido que lleva y del que se sirve. Sería preciso que me respondiera el hombre, y con esto se pretendía haberle demostrado que, puesto que lo que el hombre tiene menos durable no ha perecido, con mucha mayor razón el hombre mismo subsiste todavía. Pero la cosa no es así, creo, mi querido Simmias, y escucha, te ruego, lo que contesto a esto. No hay nada que al oír hacer esta objeción no diga que es un absurdo. Porque este tejedor, después de haber usado muchos trajes que se hizo, ha muerto entre ellos, pero antes que el último, lo que no autoriza a decir que el hombre sea una cosa más débil y menos duradera que el traje. Esta comparación conviene lo mismo al alma que al cuerpo, y cualquiera que se los aplique dirá sabiamente, a mi modo de ver, que el alma es un ser muy duradero y el cuerpo un ser más débil y de menor duración. Y añadiría que cada alma usa varios cuerpos, sobre todo si vive un gran número de años; porque si el cuerpo se deshace y se disuelve mientras el hombre vive todavía y el alma renueva incesantemente su perecedera envoltura, es necesario que cuando muera lleve su última envoltura y que ésta sea la única antes de la cual ella muera; y una vez muerta el alma, manifiesta muy pronto el cuerpo la debilidad de su naturaleza, porque se corrompe y perece rápidamente. Por esto, no se puede conceder todavía tanta fe a tu demostración, para que tengamos esta confianza en que nuestra alma subsiste todavía después de nuestra muerte, porque si alguno dijera aún más de lo que tú dices y se le concediera, no sólo que nuestra alma existe en el tiempo que precede a nuestro nacimiento, sino que nada impide que después de nuestra muerte existan las almas de algunos y renazcan varias veces para morir de nuevo, siendo el alma bastante potente para usar sucesivamente varios cuerpos, lo mismo que el hombre usa varios vestidos; si, concediéndole esto, digo, no se niega, sin embargo, que se desgasta a fuerza de todos estos reiterados nacimientos y que, finalmente, tiene que terminar por perecer verdaderamente en alguna de estas muertes; y si se añadiera que nadie puede discernir cuál de estas muertes es la que herirá al alma —ya que es imposible de percibir para cualquiera de nosotros—, pues cualquier hombre que no teme a la muerte es un insensato, a menos que no esté en condiciones de demostrar que el alma es enteramente inmoral e imperecedera. De otra manera, es absolutamente necesario que quien va a morir tema por su alma y tiemble ante la idea de que perezca en esta próxima separación del cuerpo.

Cuando hubimos escuchado estas objeciones, nos enfadamos mucho, como en seguida lo confesamos, de que después de haber estado tan bien persuadidos por los razonamientos anteriores, vinieran éstos a perturbarnos con sus dificultades y a sembrar en nosotros la desconfianza, no sólo de todo lo que se había dicho, sino además de todo lo que en el porvenir pudiéramos decir, puesto que creíamos siempre que no seríamos buenos jueces en estas materias o que éstas serían por sí mismas poco susceptibles de ser conocidas.

EQUÉCRATES.—Por los dioses, Fedón, os lo perdono, porque al oírte me digo yo mismo: ¿qué creeremos en adelante puesto que los razonamientos de Sócrates, que me parecían tan capaces de persuadir, resultan dudosos? La objeción de Simmias, en efecto, de que nuestra alma no es más que una armonía, me sorprende maravillosamente y siempre me sorprendió, porque me ha hecho recordar que ya hace tiempo había tenido yo el mismo pensamiento. Así pues, tengo que volver a empezar y necesitaré nuevas pruebas para estar convencido de que nuestra alma no muere con el cuerpo. Dime, pues, ¡por Zeus!, de qué manera continuó Sócrates la controversia, si pareció tan enfadado como nosotros o si sostuvo su aflicción con dulzura; en fin, si os satisfizo por completo o no. Cuéntame todo, con todo detalle, te lo ruego, y sin olvidar nada.

FEDÓN.—Te aseguro, Equécrates, que si toda mi vida había admirado a Sócrates, en aquel momento le admiré más que nunca, porque tuvo muy prontas sus respuestas, lo que en realidad no es sorprendente en un hombre como él; pero lo que me pareció primero más digno de admiración fue ver con qué dulzura, con qué bondad y con qué aire de aprobación escuchó las objeciones de aquellos jóvenes y, en seguida, con qué sagacidad observó la impresión que nos causaron, y como si fuéramos vencidos que huyeran, nos llamó, nos hizo volver la cabeza y nos condujo de nuevo a la discusión.

EQUÉCRATES.—¿Cómo?

FEDÓN.—Vas a oírlo: yo estaba sentado a su derecha, en un taburete, cerca de su lecho. Y él sentado más alto que yo; pasándome la mano por la cabeza y jugando como tenía costumbre con mis cabellos que me caían sobre los hombros, me dijo: Fedón, ¿no es mañana cuando harás que te corten tu hermosa cabellera?

Así me parece, Sócrates.

No será, si me crees.

¿Cómo?

Hoy es cuando yo debo cortarme el cabello y tú el tuyo si es cierto que nuestro razonamiento ha muerto y que no podemos resucitarlo; si yo estuviera en tu lugar y hubiese sido vencido, juraría como los de Argos no dejar que volviera a crecerme el cabello hasta haber logrado a mi vez alcanzar la victoria sobre las razones de Simmias y de Cebes.

Pero yo supuse: Has olvidado el proverbio de que el mismo Heracles no basta contra dos.

¿Por qué no me llamas a mí, dijo, como tu Yolao, ahora que todavía es de día?

Te llamo, le respondí, pero no como Heracles llama a su Yolao, sino como Yolao llama a su Heracles.

No importa, repuso; es igual.

Pues tengamos cuidado ante todo de no incurrir en un gran defecto.

¿Cuál?, le pregunté.

De ser misólogos, me dijo, lo mismo que hay misántropos; porque la desgracia mayor es odiar a la razón y esta misología nace del mismo manantial que la misantropía. ¿De dónde procede la misantropía? De que después de haberse fiado de un hombre sin ningún examen y de creerle sincero, honorable y fiel, acabamos por descubrir que es falso y perverso; después de varias experiencias parecidas, viendo que uno ha sido engañado por los que creía eran sus mejores y más íntimos amigos, harto de verse tanto tiempo sometido a tal error, llega a odiar a todos los hombres persuadido de que no hay ni uno que sea sincero. ¿No has observado que la misantropía se forma gradualmente?

Sí, le respondí.

¿No es una vergüenza, continuó diciendo, que un hombre semejante, sin el arte de conocer a los hombres, se atreva a frecuentar su trato? Porque si tuviera la menor experiencia habría visto la cosas humanas tal como son y reconocido que es escaso el número de los buenos y los malos, y muy numerosos en cambio los que están entre estos dos extremos.

¿Cómo has dicho, Sócrates?

Digo, Fedón, que hay hombres de ésos, como los hay muy altos o muy pequeños. ¿No encuentras que no hay nada tan extraño como un hombre muy alto o uno muy pequeño, y lo mismo digo de los perros y de todas las demás cosas, como de lo que es rápido y de lo que es lento, de lo que es hermoso y de lo que es feo, de lo que es blanco y de lo que es negro? ¿No observas que en todas estas cosas los dos extremos son raros y lo medio es lo más ordinario y común?

Lo observo muy bien, Sócrates.

¿Y que si se propusiera la concesión de un premio a la perversidad habría muy pocos que pudieran aspirar a él?

Es verosímil.

Seguramente, repuso; mas no es de otra manera como los razonamientos se asemejan a los hombres; pero me he dejado arrastrar por seguirte. El único parecido que existe es que cuando se admite como verdadero un razonamiento sin saber el arte de razonar, sucede más tarde que parece falso, séalo o no, y muy diferente de él mismo. Y cuando se ha adquirido la costumbre de disputar siempre por y contra, se cree uno finalmente muy hábil y se imagina ser el único que ha comprendido que ni en las cosas ni en los razonamientos hay nada verdadero ni seguro, que todo es continuo flujo y reflujo, como el Euripo, y que nada permanece un solo instante en el mismo estado.

Es verdad.

¿No sería, pues, una verdadera desgracia, Fedón, que cuando hay un razonamiento verdadero, sólido y susceptible de ser comprendido por haber oído a aquellos otros razonamientos, en que todo parece falso unas veces y verdadero otras, en vez de acusarse a sí mismos de esas dudas o de achacarlas a su falta de arte, se echará la culpa a la razón misma y que se pasará uno la vida odiando y calumniando a la razón, privándose así de la verdad y de la ciencia?

¡Por Zeus!, exclamé, sí que sería deplorable.

Tengamos entonces cuidado de que no nos suceda esta desgracia y nos dejemos influir por la idea de que nada sano existe en el razonar. Persuadámonos, más bien, en que es en nosotros mismos donde no hay nada sano todavía y dirijamos animosamente todos nuestros esfuerzos a la consecución de la salud perdida. Vosotros, que todavía tenéis tiempo de vivir, estáis obligados a ello y yo también, porque voy a morir y temo que al tratar hoy de esta materia, lejos de obrar como verdadero filósofo, me he conducido como un terco disputador, como hacen los ignorantes, que cuando disputan no se ocupan para nada de enseñar la verdad o de aprender, porque su único objeto es ganarse la opinión de todos los que nos escuchan. La única diferencia que existe entre ellos y yo es que yo no busco solamente persuadir de lo que diré a los que están aquí presentes, por más que si esto sucediera me encantaría, pero mi objetivo principal es convencerme a mí mismo. Así es, mi querido amigo, como razono, y verás que este razonamiento me interesa muchísimo. Si lo que digo parece bien, se hace bien en creerlo, y si después de la muerte no existe nada, habré tenido la pequeña ventaja de no haberos molestado con mis lamentaciones durante el tiempo que me queda de estar entre vosotros. Pero no estaré mucho tiempo en esta ignorancia que consideraría un mal; felizmente va a disiparse. Fortificado por estos pensamientos, mis queridos Cebes y Simmias, voy a continuar la discusión y si me creéis os rendiréis más a la autoridad de la verdad que a la de Sócrates. Si encontráis que lo que os diré es verdad, admitido. Y si no. combatidlo con todas vuestras energías, teniendo cuidado de que yo mismo no esté engañado y que os engañe con la mejor voluntad y que no me separe de vosotros como la abeja que deja su aguijón clavado en la herida. Empecemos, pues, pero fijaos ante todo, os lo ruego, en si me acuerdo bien de vuestras objeciones. Me parece que Simmias teme que el alma, aunque más excelente y divina que el hombre, no perezca antes que él como ha dicho de la armonía; y Cebes, si no me equivoco, ha estado conforme en que el alma es más duradera que el cuerpo, pero que no se puede asegurar si, después de haber usado varios cuerpos, no perece antes de separarse del último, y si esto no es una verdadera muerte del alma, porque el cuerpo no cesa un solo instante de perecer. ¿No son estos los dos puntos que tenemos que examinar, Cebes y Simmias?

Los dos dijeron que sí.

¿Desecháis todo lo que antes os dije, continuó, o admitís parte de ello?

Dijeron que no desechaban todo.

Pero, añadió, ¿qué pensáis de lo que os dije que aprender no es más que volver a acordarse? ¿Y que, por consiguiente, es una necesidad que nuestra alma haya existido en alguna parte antes de haber estado ligada al cuerpo?

Yo, dijo Cebes, he reconocido desde el primer instante la evidencia y no sé que haya principio que me parezca más verdadero.

Opino lo mismo, dijo Simmias, y me sorprenderá mucho si alguna vez cambiara de manera de pensar.

Pues será necesario que cambies, mi cáro tebano, replicó Sócrates, si persistes en la creencia de que la armonía es algo compuesto y que nuestra alma no es más que una armonía que resulta del acuerdo de las cualidades del cuerpo; porque probablemente no te creerías a ti mismo si dijeses que la armonía existe antes de las cosas que deben comprenderla. ¿Lo dirías?

De seguro que no, respondió Simmias.

Pero, ¿no ves qué es lo que dices, continuó Sócrates, cuando sostienes que el alma existe antes de venir a habitar en el cuerpo y que, por tanto, está compuesta de cosas que no existen todavía? Porque el alma no es como la armonía a la cual la comparas, pero es evidente que la lira, las cuerdas y los sonidos discordantes existen antes que la armonía, que resulta de todas estas cosas y perece con ellas. Esta última parte de tu discurso, ¿está de acuerdo con la primera?

De ninguna manera, dijo Simmias.

Sin embargo, repuso Sócrates, si un discurso ha de estar acorde alguna vez, es éste, en que se trata de la armonía.

Tienes razón, dijo Simmias.

Y éste, sin embargo, no lo está, dijo Sócrates. Mira, pues, cuál de las dos opciones prefieres: que la ciencia es una reminiscencia o el alma una armonía.

Opto por la primera, dijo Simmias, porque admití la segunda sin demostración, por su verosímil apariencia que es suficiente al vulgar. Pero ahora estoy convencido de que todos los discursos que no se apoyan más que en las verosimilitudes están hinchados de vanidad, y que si no se tiene mucho cuidado extravían y engañan lo mismo en geometría que en cualquiera otra ciencia. Pero la doctrina de que la ciencia no es más que una reminiscencia se funda sobre una prueba sólida, y es que, como hemos dicho, nuestra alma, antes de venir a animar el cuerpo, existe como la esencia misma, es decir, como realmente es. He aquí por qué, convencido de que debo rendirme a esta prueba, no deba escucharme a mí mismo y ni tampoco escuchar a quienes quieran decirme que el alma es una armonía.

Y ahora, Simmias, ¿te parece que es propio de la armonía o de cualquier otra composición ser diferente de las mismas cosas de que está compuesta?

De ninguna manera.

¿Ni de hacer ni sufrir nada que no hagan las cosas que la componen?

Simmias manifestó su conformidad.

Entonces, ¿no es propio de la armonía el preceder a las cosas que la componen, pero sí seguirlas?

También convino en ello.

Entonces, ¿será preciso que la armonía tenga sonidos, movimientos u otras cosas contrarias a las cosas de que se compone?

Es seguro.

Pero qué, ¿toda armonía no está en él acorde?

No entiendo bien, dijo Simmias.

Pregunto que si, según sus elementos estén más o menos acordes, la armonía no existirá más o menos.

De seguro.

¿Y puede decirse del alma que un alma sea más o menos alma que la otra?

De ninguna manera.

Veamos, pues. ¡Por Zeus! ¿No se dice que tal alma tiene inteligencia y virtud y que es buena, y que tal otra tiene demencia o perversidad, que es mala? ¿Se dice con razón?

Sí, sin ningún género de duda.

Pero los que sostienen que el alma es una armonía, ¿qué dirán que son estas cualidades del alma, este vicio y esta virtud? ¿Dirán que la una es armonía y el otro es una disonancia? ¿Que el alma, siendo armonía por su naturaleza, tiene todavía en ella otra armonía, y que esta última, siendo una disonancia, no produce ninguna armonía?

No te lo sabrán decir, respondió Simmias: pero me parece muy de suponer que los partícipes de esta opinión dirán algo parecido.

Pero hemos quedado de acuerdo, dijo Sócrates, en que un alma no es más ni menos alma que otra, es decir, que hemos admitido que no es más o menos armonía que otra. ¿No es así?

Reconozco que sí, dijo Simmias.

¿Y que no siendo más o menos armonía no está más o menos de acuerdo con sus elementos? ¿Verdad?

Sin duda.

¿Y que no estando más o menos de acuerdo con sus elementos puede haber en ella más armonía o menos armonía? ¿O es preciso que la tenga igualmente?

Igualmente.

Entonces, puesto que un alma ni puede ser más o menos alma que otra, ¿no puede ser más o menos un acorde que otro?

Es verdad.

¿De esto se deduce necesariamente que un alma no podrá tener ni más armonía ni más disonancia que otra?

Convengo en ello.

Por consiguiente, ¿puede un alma tener más virtud o vicio que otra, si es verdad que el vicio es una disonancia y la virtud una armonía?

De ninguna manera.

¿O quiere más bien la razón que se diga que el vicio no se encontraría nunca en un alma si ésta fuera armonía, porque la armonía, si es perfectamente armonía, no puede admitir disonancia?

Sin dificultad.

El alma, por tanto, si es perfectamente alma, no podrá ser susceptible de vicio.

¿Cómo podrá serlo después de los principios en que hemos convenido?

Según estos mismos principios, ¿serán igualmente buenas las almas de todos los seres animados si todas son igualmente almas?

Me parece que sí.

¿Y te parece bien dicho esto y que sea consecuencia de la hipótesis de que el alma es armonía, si la hipótesis es cierta?

No, de ninguna manera.

Pero te pregunto si de todas las cosas que componen al hombre encuentras que hay otra que mande a más del alma, sobre todo cuando ésta es buena.

No hay más que ella sola.

¿Manda ella dejando sueltas las riendas a las pasiones o resistiéndose a éstas? Por ejemplo, cuando el cuerpo tiene sed, ¿no le impide el alma beber o comer cuando tiene hambre y otras mil cosas análogas donde vemos la manera manifiesta como el alma combate las pasiones del cuerpo? ¿No es así?

Sin duda.

Pero, ¿no convinimos antes que el alma, siendo una armonía, no puede nunca tener más sonido que el de los elementos que la tensan, la sueltan y la agitan, ni sufrir más modificaciones que las de los elementos que la componen, a los que necesariamente tiene que obedecer sin nunca poderles mandar?

Sí: convinimos en ello, sin duda, dijo Simmias; pero, ¿cómo impedirlo?

Y Sócrates contestó: ¿No vemos ahora precisamente que el alma hace todo lo contrario? ¿Que gobierna y dirige las cosas mismas de que se pretende está compuesta, las resiste durante casi toda su vida reprimiendo a las unas más duramente por los dolores, como la gimnástica y la medicina tratando a las otras con más dulzura y contentándose con amenazar y reñir los deseos, la cólera, los temores, como cosas de naturaleza distinta a la suya?

Es lo que Homero ha expresado tan bien en la *Odisea* cuando dice que Ulises, golpeándose el pecho, reprendió con estas palabras a su corazón: «Soporta esto, corazón mío; cosas más duras soportaste ya.» ¿Crees que Homero habría dicho esto si hubiera pensado que el alma es una armonía que debe estar regida por las pasiones del cuerpo? ¿Y no crees más bien que pensó en que el alma debe guiarlas y dominarlas y que es de naturaleza más divina que la armonía?

¡Sí por Zeus, lo creo!

Y, por consiguiente, mi querido Simmias, replicó Sócrates, no podemos decir nunca, con la menor apariencia de razón, que el alma es una especie de armonía, porque no estaríamos nunca de acuerdo, me parece, ni con Homero el divino poeta, ni con nosotros mismos.

Simmias convino en ello.

Me parece, añadió Sócrates, que hemos suavizado bastante bien esta armonía tebana: pero, Cebes, ¿como haríamos para calmar a este Cadmo? ¿De qué discurso nos serviremos?

Tú lo encontrarás, Sócrates, respondió Cebes. Este que has empleado para combatir la armonía me ha impresionado más de lo que esperaba, porque mientras Simmias te exponía sus dudas consideraba imposible que nadie pudiera refutarlas, y desde el principio me asombré cuando vi que ni siquiera pudo resistir a tu primer ataque; después de esto, no me extrañaría nada que Cadmo corra igual suerte.

No lo ponderes demasiado, mi querido Cebes, dijo Sócrates, no vaya a suceder que la envidia eche por tierra lo que tengo que decir, que es lo que está en las manos de la divinidad. Y nosotros, uniéndonos más de cerca, como dice Homero, estudiaremos tu argumento. Lo que buscas se reduce a este punto: tú no quieres que se demuestre que el alma es inmortal y que no puede perecer, a fin de que un filósofo que va a morir y muere valientemente, en la esperanza de que será infinitamente más feliz en los infiernos que si hubiera vivido de manera muy distinta a la que ha llevado, no tenga una confianza insensata. Porque el alma sea alguna cosa fuerte y divina, y que haya existido antes de nuestro nacimiento no prueba nada, dices de su inmortalidad. Y todo lo que se puede inferir de ello es que puede durar mucho tiempo y que estaba en alguna parte antes que nosotros, durante siglos casi infinitos; que durante ese tiempo ha podido conocer y hacer muchas cosas sin ser por esto más inmortal; que, al contrario, el primer momento de su venida al cuerpo ha sido quizá el principio de su pérdida y como una enfermedad que se prolonga en las angustias y debilidades de esta vida y que acaba por lo que llamamos muerte. Añades que importa poco que el alma no venga más que una vez a animar el cuerpo o que venga varias y que esto en nada altera nuestros justos motivos de temor, porque, a menos que uno esté loco, tiene siempre que temer a la muerte mientras no sepa con certeza y no pueda demostrar que el alma es inmortal. He aquí, me parece, todo lo que dices, mi querido Cebes, y lo repito expresamente a fin de que nada se nos escape y que todavía puedas añadir o quitar algo, si quieres.

Por ahora, respondió Cebes, no tengo nada que cambiar; es todo lo que todavía digo.

Después de haber guardado silencio durante un largo rato, volvióse Sócrates hacia él y dijo: En verdad, Cebes, no me pides una cosa fácil, porque para explicarla hay que examinar a fondo la cuestión del nacimiento y de la muerte. Si quieres te diré lo que a mí mismo me ocurrió en esta materia, y si te parece bien y te puede ser útil, lo aprovecharás para apoyar tus opiniones.

Lo que quiero de todo corazón, dijo Cebes.

Escúchame, pues. Durante mi juventud estaba poseído de un deseo increíble de aprender la ciencia que se llama la física; porque encontraba admirable el saber la causa de todas las cosas, de lo que las hace nacer y las hace morir y de lo que las hace ser. Y no hubo molestia que no me haya dado para examinar primeramente si es del calor o del frío, como algunos pretenden, que nacen los seres animados después de haber sufrido una especie de corrupción; si es la sangre la que hace el pensamiento, o si es el aire o el fuego, o si no es ninguna de estas cosas y solamente es el cerebro la causa de nuestros sentidos, de la vista, del oído, del olfato; si de estos sentidos resulta la memoria y de la representación nace finalmente la ciencia. Quería conocer también las causas de su corrupción; llevé mi curiosidad hasta el cielo y los abismos de la tierra para saber qué es lo que produce todos los fenómenos, y al fin me encontré tan inhábil como más no se puede ser en estas investigaciones. Voy a darte una prueba muy visible de ello, y es que este bello estudio me ha vuelto tan ciego para las cosas mismas que antes conocía evidentemente, al menos así me parecía y a otros también, que me he olvidado de todo lo que sabía acerca de varias materias como ésta: ¿por qué crece el hombre? Me imaginaba que para todo el mundo era muy claro que el hombre crece porque come y bebe, porque por los alimentos las carnes se añaden a las carnes, los huesos a los huesos y todas las otras partes a sus partes similares; lo que al principio no era más que un pequeño volumen se aumenta y crece, y de esta manera un hombre pequeño se hace grande; he aquí lo que yo pensaba. ¿No encuentras que tenía razón?

Seguramente.

Escucha la continuación. También me imaginaba saber por qué era un hombre más alto que otro, llevándole la cabeza, y un caballo de más alzada que otro; y pensaba también en cosas mucho más claras, por ejemplo, en que diez eran más que ocho porque le habían añadido dos, y que lo que medía dos pies era mayor que lo que medía uno, porque le aventajaba en la mitad.

Y ahora, ¿qué crees?, preguntó Cebes.

¡Por Zeus!, estoy tan lejano de creer conocer las causas de algunas de estas cosas, que no creo ni siquiera saber cuándo se añade uno a uno, si es este último uno el que se ha convertido en dos, o si es éste el que se ve añadido, el que convierte en dos por la adición del uno al otro. Porque lo que me sorprende es que, mientras estaban separados, cada uno de ellos era uno y no era dos, y que después de haberse acercado se hayan convertido en dos por el mero hecho de haberlos puesto uno al lado del otro. Tampoco veo por qué cuando se divide una cosa, haga esta división que cada cosa, que antes de estar dividida era una, se convierta en dos desde el momento de esa separación, por ser ésta una causa completamente contraria a la que hace que uno y uno sean dos: allí uno y uno hacen dos porque se los junta o se los añade uno al otro y aquí la cosa que es una se convierte en dos porque se la divide y separa. Aún más: tampoco creo saber por qué uno es uno y por las razones físicas menos todavía cómo nace la menor cosa, perece o existe. Pero he resuelto recurrir a otro método, ya que éste no me satisface nada. Oyendo leer a alguien en un libro, me dijo ser de Anaxágoras, que la inteligencia es la regla y causa de todos los seres: quedé encantado; me pareció admirable que la inteligencia fuera la causa de todo, porque pensé que si ella había dispuesto todas las cosas las habría arreglado del mejor modo. Si alguien, pues, quiere saber la causa de alguna cosa, lo que hace que nazca y perezca, debe buscar la mejor manera de que aquélla pueda ser; y me pareció que de este principio se deducía que la única cosa que el hombre debe buscar tanto por él como por los otros, es lo mejor y más perfecto, porque en cuanto lo haya encontrado conocerá necesariamente lo que es peor, ya que para lo uno y lo otro no hay más que una ciencia.

Desde este punto de vista, sentía una alegría muy grande por haber encontrado un maestro como Anaxágoras, que me explicaría, según mis deseos, la causa de todas las cosas, y después de haberme dicho, por ejemplo, si la Tierra es redonda o plana, me explicaría la causa y la necesidad de que sea como es y me diría lo que es aquí lo mejor y por qué es lo mejor. Y también se creía que está en el centro del universo, y esperaba me dijera por qué es lo mejor que estuviera allí, y después de haber recibido de él todas estas aclaraciones estaba dispuesto a no buscar jamás otra clase de causa. Me proponía también interrogarle acerca de la Luna y de los demás cuerpos celestes a fin de conocer las razones de sus revoluciones, de sus movimientos y de todo lo que les sucede, y sobre todo para saber por qué es lo mejor que cada uno de ellos haga lo que hace. Porque no podía imaginar que después de haber dicho que la inteligencia había dispuesto las cosas pudiera darme otra causa de su disposición sino ésta: que aquello era lo mejor. Y me lisonjeaba de que después de haber asignado esta causa en general y en particular a todo, me haría conocer en qué consiste lo bueno de cada cosa en particular y lo bueno de todas en común. Por mucho que me hubiesen prometido no habría dado mis esperanzas en cambio.

Cogí, pues, estos libros con el mayor interés y empecé su lectura lo más pronto que me fue posible para saber cuanto antes lo bueno y lo malo de todas las cosas; mas no tardé mucho en perder la ilusión de tales esperanzas, porque desde que hube adelantado un poco en la lectura vi un hombre que en nada hacía intervenir la inteligencia y que no daba razón alguna del orden de las cosas, y que en cambio sustituía al intelecto por el aire, el éter, el agua y otras cosas tan absurdas.

Me hizo el efecto de un hombre que dijera: Sócrates hace por la inteligencia todo lo que hace, y queriendo en seguida dar razón de cada cosa que hago, dijera que hoy, por ejemplo, estoy aquí sentado en el borde de mi lecho porque mi cuerpo está compuesto de huesos y nervios; que los huesos, por ser duros y sólidos, están separados por junturas, y que los nervios que pueden encogerse y alargarse, unen los huesos a la carne y la piel, que los envuelve y se ciñe a uno y a otros; que los huesos están libres en su encierro, y que los nervios, que pueden estirarse y encogerse, hacen que puedan plegar las piernas como veis, y que esta es la causa por la que estoy aquí sentado de esta manera. O también, como si para explicaros la causa de la conversación que tenemos en este instante, no os asignara más que causas tales como la voz, el aire, el oído y otras cosas parecidas y no os dijera una sola palabra de la verdadera causa, que es que los atenienses no han encontrado nada mejor para su provecho que condenarme a muerte y que por la misma razón he encontrado que lo mejor para mí es estar sentado en esta cama esperando tranquilamente la pena que me han impuesto. Porque os juro, por el perro, que estos nervios y estos huesos que tengo aquí, estarían hace ya mucho tiempo en Megara o en Beocia, si hubiera pensado que eso era mejor para ellos, y si no hubiese estado persuadido de que era mucho mejor y más justo permanecer aquí para sufrir el suplicio a que mi patria me ha condenado, que escaparme y huir. Pero dar aquellas otras razones me parece una suma ridiculez.

Que os diga que si no tuviera huesos ni nervios y otras cosas parecidas no podría hacer lo que juzgara a propósito, pase; pero decir que estos huesos y estos nervios son la causa de lo que hago y no la elección de lo que es mejor y que para esto me sirvo de mi inteligencia, es el mayor de los absurdos; porque es no saber hacer la diferencia de que una es la causa y otra la cosa, sin la cual la causa jamás sería causa; y, no obstante, es esta otra cosa la que el pueblo, que siempre va a tientas, como en las más espesas tinieblas, toma por la verdadera causa y se engaña a sí mismo dándole dicho nombre. He aquí por qué unos, rodeando a la Tierra en un torbellino, la suponen fija en el centro del mundo, y otros la conciben como un ancho dornajo que tiene el aire por base de sustentación, como si fuese un taburete, pero todo esto sin preocuparse para nada del poder que la ha dispuesto como debía ser para que fuera lo mejor, y no creen que haya un poder divino, y, en cambio, se imaginan haber encontrado un Atlas más fuerte, más inmortal y más capaz de sostener todas las cosas; y a este bien, único capaz de ligar y abarcar todo, lo consideran como algo vano.

De mí puedo deciros que de buena gana me habría convertido en discípulo de todo el que hubiese podido enseñarme esta causa, pero como por más que he hecho no he conseguido conocerla por mí mismo ni por los otros, ¿quieres, Cebes, que te diga la segunda tentativa que hice para encontrarla?

No deseo con más vehemencia cosa alguna.

Después de haberme cansado de examinar todas las cosas, creí que debía tener sumo cuidado de que no me ocurriera lo que sucede a los que contemplan un eclipse de sol, porque ha habido alguno que por no tener la precaución de mirar en el agua o en otro medio la imagen de este astro, perdiera la vista, y temí que pudiera perder los ojos del alma al mirar los objetos con los ojos del cuerpo y servirme de mis sentidos para tocarlos y conocerlos. Quizá no sea demasiado apropiada la imagen de que me sirvo para explicarme, porque no estoy conforme conmigo mismo de que el que ve las cosas con la razón las ve en otro medio que el que las mira en sus fenómenos; mas sea lo que fuere, he aquí el camino que emprendí, y desde entonces, teniendo siempre por fundamento lo que me parece lo mejor de lo mejor, lo tomo por lo verdadero, lo mismo en las cosas que en las causas y, desde luego, desecho como falso lo que no está de acuerdo con aquello. Pero voy a explicarme todavía con mayor claridad, porque me figuro que no acabas de comprenderme.

Tienes razón, Sócrates, dijo Cebes, porque no te he comprendido del todo.

Sin embargo, replicó Sócrates, no te digo nada nuevo; no digo más que lo que he dicho en mil ocasiones y he repetido en la discusión anterior. Para explicarte el método que ha servido en la investigación de las causas, voy a volver a lo que tanto he rebatido, empezando a tomarlo como fundamento. Digo, pues, que existe algo bueno, bello y grande por sí mismo. Si me concedes este principio, confío en demostrarte por este medio que el alma es inmortal.

Te lo concedo, dijo Cebes; y hazte la cuenta de que te lo concedí hace mucho para que, cuanto antes, me convenzas.

Pues presta atención a lo que voy a decir y mira si estás en ello de acuerdo conmigo. Me parece que si existe algo bello, además de lo que es bello por sí mismo, será bello únicamente porque participa de lo bello mismo, y lo mismo digo de todas las otras cosas. ¿Me concedes esta causa?

Te la concedo.

Entonces no comprendo ni entiendo ya todos aquellos sabios razonamientos que nos han dado, pero si alguien me dice que lo que proporciona la belleza a un objeto es la vivacidad de sus colores o la armónica proporción de sus partes, u otras cosas semejantes, prescindo de todas estas razones, que no hacen más que confundirme, y contesto inhábilmente, lo reconozco, que la causa no puede ser más que la presencia o la comunicación de la primera belleza, de cualquier manera que se haga esta comunicación, y no aseguro nada más. Solamente afirmo que todas las cosas bellas son bellas por la presencia de lo bello mismo. Y mientras me atenga a este principio no creo poder engañarme, y estoy persuadido de poder responder con toda seguridad que las cosas bellas son bellas por la presencia de lo bello. ¿No te parece también?

Digo lo mismo que tú.

¿Y que las cosas grandes no son grandes más que por la magnitud y las pequeñas por la pequeñez?

Sí.

Y si alguien te dijera que uno es más alto que otro porque le lleva la cabeza o viceversa, ¿no serías de su opinión y sostendrías, en cambio, que todas las cosas que son más grandes que otras lo son únicamente por la magnitud, y que esta sola es quien las hace grandes, y que las que lo son más pequeñas lo son únicamente por la pequeñez? Porque si dijeras que uno es una cabeza más alto o más bajo que el otro, temerías, me figuro, que pudiera objetarte primero que es por sí misma una cosa que lo más grande es más grande o lo más pequeño más pequeño, y después que, según tú, la cabeza que por sí misma es más pequeña, hace mayor la magnitud de lo que es grande, lo que es un absurdo: ¿qué más absurdo, en efecto, que decir que algo es grande por cualquier cosa pequeña? ¿No temerías te hicieran estas objeciones?

Sin duda, contestó Cebes, sonriendo.

¿No temerías decir por la misma razón que diez son más que ocho porque los aventaja en dos? ¿Y no dirías más bien que es por la cantidad? Lo mismo de dos codos, ¿no dirías que son más grandes que un codo por la magnitud que no porque tienen un codo más? Porque hay el mismo motivo de temor.

Tienes razón.

Pero, ¿qué? Cuando se añade uno a uno o se divide uno en dos, ¿tendrías dificultad en decir que en el primer caso es la adición la que hace que uno y otro sean dos y en el último que la división sea quien haga que uno se convierta en dos? ¿Y no afirmarías mejor que de la existencia de las cosas no sabes más causas que su participación en la esencia propia a cada objeto, y que por consiguiente no sabes más razón para que uno y uno sean dos, que la participación en la dualidad, y de que uno es la participación de la mitad? ¿No dejarías a un lado estas adiciones y divisiones, y todas estas bellas respuestas? ¿No se las abandonarías a los más sabios y, teniendo miedo como se dice, de tu propia sombra o mejor dicho, de tu ignorancia, no te atendrías firmemente al principio que hemos expuesto? Y si alguno lo atacara, ¿lo dejarías sin respuesta hasta que hubieras examinado bien todas las consecuencias de este principio para ver si están de acuerdo o en desacuerdo entre sí? Y cuando estuvieras obligado a dar la razón, ¿no lo harías además tomando algún otro principio más elevado, hasta que hubieses encontrado alguna cosa segura que te satisficiera? Al mismo tiempo procurarías no tergiversar todo, como estos disentidores, y no confundir tu principio con aquellos que derivan para encontrar la verdad de las cosas. Es cierto que pocos de estos disputadores se molestan por la verdad y que mezclando todas las cosas por efecto de su profundo saber, se contentan con gustarse a sí mismos; pero tú, si eres verdaderamente un filósofo, harás lo que te he dicho.

Tienes razón, dijeron al mismo tiempo Simmias y Cebes.

EQUÉCRATES.—¡Por Zeus!, Fedón, era muy justo. Porque me ha parecido que Sócrates se expresaba con una claridad maravillosa, aun para aquellos dotados de la menor inteligencia.

FEDÓN.—Lo mismo opinaron todos los allí presentes.

EQUÉCRATES.—Y yo, que no estaba, opino lo mismo después de oír lo que me dices. Pero, ¿qué más se dijo después de esto?

FEDÓN.—Me parece, si recuerdo bien, que después que le concedieron que toda idea existe en sí y que las cosas que participan de esta idea toman de ella su denominación, continuó de esta manera: Si este principio es verdadero, cuando dices que Simmias es más alto que Sócrates y más bajo que Fedón, ¿no dices que en Simmias se encuentran la elevada estatura y la pequeñez?

Sí, dijo Cebes.

Pero, ¿no convienes en que si dices: Simmias es más alto que Sócrates, no es una proposición verdadera por sí misma? Porque no es verdad que Simmias sea más alto porque es Simmias, pero es más alto porque tiene la estatura. Tampoco es verdad que sea más alto que Sócrates porque Sócrates es Sócrates, sino porque Sócrates participa de la pequeñez por comparación con la estatura de Simmias.

Es verdad.

Simmias tampoco es más bajo que Fedón por ser Fedón, sino porque Fedón es alto cuando se le compara con Simmias, que es bajo.

Así es.

Así pues, Simmias es a la vez alto y bajo porque está entre dos; es más alto que uno por la superioridad de su estatura, y en cambio más bajo por su estatura que el otro. Y echándose a reír añadió: Creo que me he detenido demasiado con esas expresiones, pero, en fin, es como os digo.

Cebes convino en ello.

He insistido tanto para persuadiros mejor de mi principio, porque me parece que la magnitud no puede ser al mismo tiempo grande y pequeña, pero, además, porque la magnitud que está en nosotros no admite la pequeñez y no puede ser excedida; porque de dos cosas, la una, o sea, la magnitud, huye y cede el puesto cuando ve aparecer a su contraria, que es la pequeñez, o perece por entero. Pero si recibe la pequeñez jamás podrá ser otra cosa que lo que es, como yo, por ejemplo, que después de haber recibido la poca estatura, me quedo tal como soy y además bajo. Lo que es grande no puede nunca ser pequeño; del mismo modo lo pequeño en nosotros no quiere nunca volverse grande o serlo, ni tampoco una de dos cosas contrarias quiere, siendo lo que es, ser su contraria, y, entonces, o huye o perece en esta variación.

Convino Cebes en ello, pero alguno de los presentes, no recuerdo bien quién, dijo, dirigiéndose a Sócrates: ¡Por los dioses! ¿No admitiste antes lo contrario de lo que dices? Porque, ¿no conviniste en que lo más pequeño nace de lo mayor y lo mayor de lo menor? En una palabra, ¿que los contrarios nacen siempre de sus contrarios? Y ahora me parece haber comprendido que has dicho que esto no podrá suceder nunca.

Sócrates adelantó un poco la cabeza para oír mejor: Muy bien, dijo, tienes razón al recordarnos lo que hemos dejado establecido, pero no ves la diferencia que hay entre lo que dijimos entonces y lo que ahora decimos. Dijimos que una cosa nace siempre de su contraria y ahora decimos que un contrario no se convierte nunca en su contrario a sí mismo ni en nosotros ni en la naturaleza. Entonces nos referíamos a las cosas que tienen sus contrarios y a las que podíamos llamar por su nombre, y aquí hablamos de las esencias mismas, que por su presencia dan su nombre a las cosas en que se encuentran, y de estas últimas es de las que decimos que no pueden jamás nacer una de otra. Y mirando al mismo tiempo a Cebes, dijo: ¿No te ha turbado lo que acaban de objetarnos?

No, Sócrates: no soy tan débil, por más que hay cosas capaces de desorientarnos.

Entonces, ¿convenimos todos unánime y absolutamente, dijo Sócrates, en que un contrario no puede convertirse nunca en el contrario de sí mismo?

Es verdad, dijo Cebes.

Vamos a ver si convendrás también en esto otro: ¿hay alguna cosa a la que puedas llamar frío? ¿Y alguna a la que puedas dar el nombre de calor?

Seguramente.

¿La misma cosa que la nieve y el fuego?

No, ¡por Zeus!

¿El calor es, pues, diferente del fuego, y lo frío de la nieve?

Sin dificultad.

Convendrás también, me figuro, en que la nieve, cuando ha recibido calor, como decíamos ha poco, no será más lo que era, que cuando se le acerque el calor le cederá el puesto o desaparecerá por completo.

Sin duda.

Lo mismo puede decirse del fuego, que en cuanto lo gane el frío se retirará o desaparecerá, porque después de haberse enfriado no podrá ya ser lo que era y no será frío y calor simultáneamente.

Muy cierto, Sócrates.

Hay, pues, cosas cuya idea tiene siempre el mismo nombre que se comunica a otras cosas, que no son lo que es ella misma, pero que conservan su forma mientras existen. Dos ejemplos aclararán lo que digo: lo impar debe tener siempre el mismo nombre, ¿no es así?

Sin duda.

Pero, ¿es ello la única cosa que tenga este nombre? Te lo pregunto. ¿O hay alguna otra cosa que no sea lo impar y, sin embargo, sea preciso designarla con el mismo nombre por ser de una naturaleza que no puede existir nunca sin par, como, por ejemplo, el número tres y muchísimos otros? Pero fijémonos en el tres. ¿No encuentras que el número tres debe ser denominado siempre por su nombre y al mismo tiempo por el nombre de impar, por más que lo impar no sea la misma cosa que el número tres? Sin embargo, tal es la naturaleza del tres, del cinco y de toda la mitad de los números, que aunque cada uno de ellos no sea lo que es lo impar, es a pesar de ello siempre impar. Lo mismo ocurre con la otra mitad de los números, como dos, cuatro, que aunque no sean lo que es lo par, cada uno de ellos es, sin embargo, siempre par. ¿No estás de acuerdo conmigo?

¿Cómo podría no estarlo?

Ten mucho cuidado con lo que ahora voy a mostrar. Helo aquí: me parece que no solamente estos contrarios, que no admiten jamás a sus contrarios, sino, además, todas las otras cosas que, no siendo contrarias entre sí, tienen, no obstante, sus contrarios, no parecen poder recibir la esencia contraria a la que tienen; pero desde que esta esencia se presenta desaparecen o perecen. El número tres, por ejemplo, ¿no desaparecerá antes que convertirse en un número par permaneciendo tres?

Seguramente, dijo Cebes.

El dos, sin embargo, no es contrario del tres, dijo Sócrates.

Indudablemente, no.

Entonces los contrarios no son las únicas cosas que no reciben a sus contrarios, pero además hay otras cosas que les son incompatibles.

Es cierto.

¿Quieres que las determinemos tanto como nos sea posible?

Sí.

¿No serán, Cebes, aquellas que no sólo obligan a aquello de que han tomado posesión a conservar siempre su propia idea, sino también siempre la de cierto contrario?

¿Qué quieres decir?

Lo que decíamos hace un instante: todo aquello donde se encontrará la idea de tres debe infaliblemente seguir siendo no sólo tres, sino también permanecer impar.

¿Quién lo duda?

Y por consiguiente es imposible que admita nunca la idea contraria a la que constituye como tal.

Sí, es imposible.

¿No es lo impar la idea que lo constituye? La idea contraria a lo impar, ¿no es la idea de lo par?

Sí.

¿La idea de lo par no se encuentra, pues, nunca en lo impar?

Sin duda.

¿El tres es, pues, incapaz de lo par?

Incapaz.

¿Porque el tres es impar?

Por esto.

He aquí, pues, lo que queríamos determinar: que hay ciertas cosas que no siendo contrarias a otras, excluyen, sin embargo, a esta otra por lo mismo que si le fuera contraria; como el tres, que aunque no sea contrario al número par, no lo admite; lo mismo el dos, que lleva siempre algo contrario al número impar, como el fuego al frío y otros varios. Piensa, pues, si no te agradaría hacer la definición en esta forma: no solamente lo contrario no admite a su contrario, sino además todo lo que lleva consigo un contrario, al comunicarse a otra cosa, no admite nada contrario a lo que lleva consigo.

Piénsalo bien todavía, porque no está de más el oírlo varias veces. El cinco no admitirá nunca la idea del par, como el diez, que es su doble, no admitirá jamás la idea de lo impar; y este doble, aunque su contrario no sea lo impar, no admitirá, sin embargo, la idea de lo impar, lo mismo que las tres cuartas partes, ni el tercio ni todas las demás partes admitirán nunca la idea del entero, si me escuchas y estás de acuerdo conmigo.

Te sigo maravillosamente y estoy de acuerdo contigo.

Ahora voy a volver a mis primeras preguntas, y tú me contestarás no idénticamente a dichas preguntas, sino de diferente manera, siguiendo el ejemplo que voy a darte. Porque además de la manera de contestar de la que ya hemos hablado, que es segura, veo todavía otra que no lo es menos. Porque si me preguntases qué es lo que hay en el cuerpo que hace sea caliente, no te daría esta respuesta necia, pero segura: que es el calor; pero de lo que acabamos de decir deduciría una contestación más sabia y te diría que es el fuego; y si me preguntas qué es lo que hace que el cuerpo esté enfermo, no te responderé que es la enfermedad, sino la fiebre. Si me preguntas qué es lo que hace impar a un número, no te contestará que la imparidad, sino la unidad, y lo mismo de otras cosas. Fíjate bien en si entiendes suficientemente lo que quiero decirte.

Lo entiendo perfectamente.

Respóndeme, pues, continuó Sócrates: ¿qué es lo que hace que el cuerpo esté viviente?

El alma.

¿Es siempre así?

¿Cómo podría no serlo?, dijo Cebes.

¿Lleva el alma, pues, consigo, la vida a todas partes donde penetra?

Seguramente.

¿Existe algo contrario a la vida o no hay nada?

Sí, hay algo.

¿Qué?

La muerte.

El alma no admitirá, pues, nada que sea contrario a lo que ella siempre lleva consigo; esto se deduce necesariamente de nuestros principios.

La consecuencia no puede ser más segura, dijo Cebes.

¿Y cómo llamamos a lo que jamás admite la idea de lo par?

Lo impar.

¿Cómo llamamos a lo que jamás admite la justicia y el orden? La injusticia y el desorden.

Sea.

Y a lo que jamás admite la idea de la muerte, ¿cómo lo llamamos?

Lo inmortal.

¿El alma no admite la muerte?

No.

¿El alma es, pues, inmortal?

Inmortal.

¿Diremos que esto está demostrado o encontráis que todavía le falta algo a la demostración?

Está suficientemente demostrado, Sócrates.

Y si fuera necesario que lo impar fuera inmortal, Cebes, ¿no lo sería también el tres?

¿Quién lo duda?

Si lo que no tiene calor fuera necesariamente imperecedero, siempre que alguien acercara el fuego a la nieve, ¿no subsistiría ésta sana y salva? Porque no perecería, y por mucho que se la expusiera al fuego jamás admitiría el calor.

Muy exacto.

Del mismo modo puede decirse que si lo que es susceptible al frío estuviera exento necesariamente de perecer, por muchas cosas frías que se echaran sobre el fuego jamás se extinguiría éste, jamás perecería; al contrario, saldría de allí con toda su fuerza.

Es de absoluta necesidad.

Es, pues, necesario decir lo mismo de lo que es inmortal. Si lo que es inmortal nunca puede perecer, por mucho que la muerte se acerque al alma será absolutamente imposible que el alma muera, porque, según lo que acabamos de decir, el alma nunca admitirá a la muerte y no morirá jamás, del mismo modo que el tres, ni ningún otro número impar, nunca podrá ser par, como el fuego no podrá nunca ser frío ni el calor del fuego convertirse en frialdad. Alguno me dirá quizá: estamos conformes en que lo impar no puede volverse par sino por la llegada de lo par; pero, ¿qué impide que si lo impar muere ocupe su puesto lo par? A esta objeción no podría responder que lo impar no perece, si no fuera imperecedero. Pero si lo hemos declarado imperecedero sostendríamos con razón que, por mucho que hiciera lo par, el tres y lo impar sabrían componérselas para no perecer. Y lo mismo sostendríamos del fuego, de lo caliente y de otras cosas parecidas. ¿No es verdad?

Claro está que sí, dijo Cebes.

Y, por consiguiente, si nos referimos a lo inmortal, que es de lo que ahora estamos tratando, y convenimos en que todo lo que es inmortal es imperecedero, es necesario no solamente que el alma sea inmortal, sino absolutamente imperecedera, y si no convenimos en esto hay que buscar otras pruebas.

No es necesario, dijo Cebes, porque, ¿qué será imperecedero si el alma, que es inmortal y eterna, estuviera sujeta a perecer?

Que la divinidad, repuso Sócrates, que la esencia y la idea de la vida y si hay alguna otra cosa que sea inmortal, que todo eso no perezca, no hay nadie que pueda no estar conforme con ello.

¡Por Zeus!, todos los hombres al menos lo reconocerán, dijo Cebes, y creo que aún más los dioses.

Pues, si es verdad que todo lo inmortal es imperecedero, el alma que es inmortal, ¿no estará exenta de perecer?

Es necesario que sea así.

Por esto cuando la muerte llega al hombre, lo que hay mortal en él muere y lo inmortal se retira sano e incorruptible cediendo el puesto a la muerte.

Es evidente.

Si existe, pues, alguna cosa inmortal e imperecedera, mi querido Cebes, debe ser el alma y por consiguiente nuestras almas existirán en el otro mundo.

Nada tengo que oponer a esto, dijo Cebes, y no puedo hacer más que rendirme a tus razones, pero si Simmias y los otros tienen cualquier cosa que objetar, harán muy bien en no callar, porque, ¿cuándo volverán a tener otra ocasión como ésta para hablar e ilustrarse acerca de estas materias?

Por mi parte, dijo Simmias, nada tengo tampoco que oponer a las palabras de Sócrates, pero confieso que la grandeza del asunto y la debilidad natural del hombre me infunden una especie de desconfianza a pesar mío.

No solamente está muy bien dicho lo que acabas de decir, Simmias, sino que por ciertos que nos parezcan nuestros primeros principios, es preciso que volvamos a ocuparnos de ellos para examinarlos con mayor cuidado. Cuando los hayas comprendido suficientemente entenderás sin dificultad mis razonamientos tanto como es posible al hombre, y cuando estés convencido de ellos, ya no buscarás otras pruebas.

Muy bien, dijo Cebes.

Una cosa que es muy justo pensemos, amigos míos, es que si el alma es inmortal, tiene necesidad de que cuiden de ella no solamente en este tiempo, que llamamos el de nuestra vida, sino todavía en el tiempo que ha de seguir a ésta; porque si lo pensáis bien encontraréis que es muy grave no ocuparse de ella. Si la muerte fuera la disolución de toda la existencia tendrían los malos una gran ganancia después de la muerte, libres al mismo tiempo de su cuerpo, de su alma y de sus vicios; pero puesto que el alma es inmortal, no tiene otro medio de librarse de sus males y no hay más salvación para ella que volviéndose muy buena y muy sabia. Porque consigo no lleva más que sus costumbres y hábitos, que son, se dice, la causa de su felicidad o de su desgracia, desde el primer momento de su llegada al paraje al que, se dice, cuando uno muere le conduce el genio que le ha guiado durante la vida; un paraje donde los muertos se reúnen para ser juzgados a fin de que vayan a los infiernos con el guía al que se le ha ordenado adónde tiene que llevarlos. Y después de recibir allí los bienes o los males que merecen, permanecen en el mismo lugar el tiempo marcado y entonces otro guía los vuelve a esta vida después de varias revoluciones de siglos. Este camino no es como dice Télefo en Esquilo: «un simple camino conduce a los infiernos». No es único ni simple; si lo fuera no habría necesidad de guía porque no habiendo más que un solo camino, me figuro que nadie se perdería, pero hay muchas revueltas y se divide en varios, como conjeturo por lo que se verifica en nuestros sacrificios y ceremonias religiosas. El alma temperante y sabia sigue voluntariamente a su guía y no ignora la suerte que le espera; pero la que está clavada a su cuerpo por las pasiones, como antes dije, sigue mucho tiempo unida a ella, lo mismo que a este mundo visible, y sólo después que se ha resistido mucho es arrebatada a la fuerza y contra voluntad por el genio que se le ha asignado. Cuando llega a este lugar de reunión de todas las almas, si está impura o manchada por algún asesinato o cualquiera de los otros crímenes atroces, que son las acciones semejantes a ella, huyen de su proximidad todas las almas a las que horroriza; no encuentra compañero ni guía y va errante en el más completo abandono hasta que después de cierto tiempo la necesidad la arrastra al sitio donde debe estar. En cambio, la que pasó su vida en la templanza y la pureza, tiene por compañeros y guías a los mismos dioses, y va a habitar en el lugar que le está preparado, porque hay diversos maravillosos lugares en la tierra, y esta misma no es tal como se la figuran aquellos que acostumbran haceros descripciones, como por uno mismo de ellos he sabido.

Simmias le interrumpió diciéndole: ¿Qué has dicho, Sócrates? He oído decir muchas cosas de la Tierra, pero no son las mismas que te han dicho. Me agradaría oírte hablar de esto.

Para referírtelo, caro Simmias, no creo que sea necesario poseer el arte de Glauco, pero probarte la verdad de ello es más difícil y no sé si bastaría todo el arte de Glauco.

Esta empresa no sólo es quizá superior a mis fuerzas, sino que, aunque no lo fuera, el poco tiempo que me resta de vida no consiente que empecemos un discurso tan largo. Todo lo más que puedo hacer es daros una idea general de esta Tierra y de los diferentes lugares que encierra, tales como me los imagino.

Esto nos bastará, dijo Simmias.

Primeramente, repuso Sócrates, estoy convencido de que si la Tierra está en medio del cielo, y es de forma esférica, no tiene necesidad ni del aire ni de ningún otro apoyo que la impida caer y que el cielo mismo que la rodea por igual y su propio equilibrio bastan para sostenerla, porque todo lo que está en equilibrio en medio de una cosa que lo oprime por igual, no podrá inclinarse hacia ningún lado, y por consiguiente estaría fijo e inmóvil; de esto es de lo que estoy persuadido.

Y con razón, dijo Simmias.

Además estoy convencido de que la Tierra es muy grande y que no habitamos en ella más que esta parte que se extiende desde Faside hasta las columnas de Hércules, repartidos alrededor del mar como las hormigas y las ranas alrededor de un pantano. Hay, creo, otros pueblos que habitan otras partes que nos son desconocidas, porque por todas partes en la Tierra hay cavidades de todas clase de tamaños y de figuras en las que el agua, el aire y la niebla se han reunido. Pero la Tierra misma está por encima, en este cielo puro poblado de astros, y al que la mayor parte de los que hablan de él denominan el éter, del cual lo que afluye a las cavidades que habitamos no es más que el sedimento. Sumidos en estas cavernas sin darnos cuenta de ello, creemos habitar en lo alto de la Tierra, casi como cualquiera que constituyera su morada en las profundidades del océano se imaginara habitar encima del mar, y viendo a través del agua, el sol y los otros astros, tomara el mar por el cielo, y como por su peso o por su debilidad no habría subido nunca a la superficie y ni siquiera habría sacado la cabeza fuera del agua, no habría visto que estos lugares que habitamos son mucho más puros y bellos que los que él habita, ni encontrado a nadie que pudiera informarle de ello. Éste es precisamente el estado en que nos encontramos. Confinados en alguna cavidad de la Tierra creemos habitar en lo alto, tomamos el aire por el cielo y creemos que es el verdadero cielo en el que los astros evolucionan. Y la causa de nuestro error es que nuestro peso y nuestra debilidad nos impiden elevarnos por encima del aire, porque si alguno pudiese llegar a las alturas valiéndose de unas alas, apenas habría sacado la cabeza fuera de nuestro aire impuro vería lo que pasa en aquellos dichosos parajes, como los peces que se elevan sobre la superficie del mar ven lo que pasa en este aire que respiramos; y si se encontrase con que su naturaleza le permitía una larga contemplación, reconocería que aquello era el verdadero cielo, la luz verdadera y la verdadera Tierra. Porque esta tierra que pisamos, estas piedras y todos estos lugares que habitamos, están enteramente corrompidos y roídos como lo que está en el mar está roído por la acritud de las sales. Tampoco crece en el mar nada perfecto ni de precio; no hay en él más que cavernas, arena y fango, y donde hay tierra y cieno. Nada se encuentra allí que pueda ser comparado a lo que vemos aquí. Pero lo que se encuentra en los otros parajes está aún muy por encima de lo que vemos en éstos, y para haceros conocer la belleza de esta Tierra pura que está en medio del aire os diré si queréis una bella fábula que merece ser escuchada.

Dínosla, porque la escucharemos con el mayor placer, dijo Simmias.

Se dice, mi querido Simmias, que si se mira esta Tierra desde un punto elevado, se parece a uno de esos balones de cuero cubierto de doce franjas de diferentes colores, de los cuales lo que los pintores emplean apenas son reflejos, porque los colores de dicha Tierra son infinitamente más brillantes y más puros. Uno es un púrpura maravilloso, otro del color del oro; aquél de un blanco más brillante que el alabastro y la nieve, y así los demás colores, que son tantos y de tal belleza que los que aquí vemos no pueden serles comparados. Las mismas cavidades de esa Tierra llenas de aire y agua tienen matices diferentes de todos los que vemos, de manera que la Tierra presenta una infinidad de maravillosos matices admirablemente diversos. En esta Tierra tan perfecta, todo es de una perfección proporcionada a ella, los árboles, las flores y las frutas; las montañas y las piedras tienen un pulido y un brillo tales, que ni el de nuestras esmeraldas ni nuestros jaspes ni zafiros puede comparársele. No hay ni una sola piedra en aquella Tierra feliz que no sea infinitamente más bella que las nuestras y la causa de ello es que todas aquellas piedras preciosas son puras, no están corroídas ni estropeadas, como las nuestras, por la acritud de las sales ni por la corrupción de los sedimentos que de allí descienden a nuestra Tierra inferior, donde se acumulan e infectan no sólo la tierra y las piedras, sino los animales y las plantas. Además de todas estas bellezas abundan en aquella Tierra feliz el oro, la plata y otros metales que, distribuidos con abundancia en todas partes, proyectan de todos lados un brillo que deleita la vista, de suerte que el contemplar aquella Tierra es un espectáculo de los bienaventurados. Está habitada por toda clase de animales y por hombres, unos en medio de las tierras y otros alrededor del aire, lo mismo que nosotros alrededor del mar. Los hay también habitando en las islas que el aire forma cerca del continente, porque el aire es allí lo que aquí son el agua y el mar para nosotros; y lo que el aire es aquí para nosotros es para ellos el éter. Sus estaciones están tan bien atemperadas, que sus habitantes viven mucho más que nosotros y siempre exentos de enfermedades, y en cuanto a la vista, el oído, el olfato y los demás sentidos, y hasta la inteligencia misma están por encima de nosotros como el éter aventaja al agua y al aire que respiramos. Tiene bosques sagrados y templos que verdaderamente son morada de los dioses, que dan testimonio de su presencia por los oráculos, profecías e inspiraciones, y por todos los otros signos de su comunicación con ellos. Ven también al Sol y la Luna como realmente son, y todo el resto de su felicidad está en proporción de lo que habéis oído.

Ved, pues, lo que es aquella Tierra con todo lo que la envuelve. En derredor suyo, en sus cavernas, hay una porción de lugares, algunos más profundos y más abiertos que el país que habitamos; otros más profundos, pero menos abiertos, y por último, otros con menos profundidad y menos extensión. Todos estos lugares tienen aberturas en varios sitios en su fondo y se comunican entre sí por galerías, por las cuales corre como en recipientes una enorme cantidad de agua, ríos subterráneos de caudal inagotable, manantiales de aguas frías y otros de calientes, ríos de fuego y otros de fango, unos más líquidos y otros cenagosos como los torrentes del fango y fuego que en Sicilia preceden a la lava. Estos lugares se llenan de una o de otra de estas materias, según sea la dirección que toman las corrientes a medida que se esparcen. Todos estos manantiales se mueven hacia abajo y arriba como un columpio sostenido en el interior de la Tierra. He aquí cómo se efectúa este movimiento. Entre las aberturas de la Tierra hay una, precisamente la mayor, que atraviesa toda la Tierra. De ella habla Homero cuando dice: «muy lejos, en el abismo más profundo que hay bajo la Tierra». Homero y la mayor parte de los poetas llaman a este lugar el Tártaro. Allá es donde van a parar todos los ríos y de allí salen. Cada uno de ellos tiene la naturaleza de la tierra por encima de la cual corre. Esto hace que estos ríos vuelvan a su curso y es porque no encuentran fondo, pues sus aguas ruedan suspendidas en el vacío bullendo lo mismo hacia arriba que hacia abajo. El aire y el viento que las envuelven hacen lo mismo y las siguen cuando se elevan y cuando descienden; y lo mismo que en los animales entra y sale el aire incesantemente por la respiración, el aire que se mezcla con estas aguas entra y sale con ellas y provoca vientos furiosos. Cuando estas aguas caen con violencia en el abismo inferior del que he hablado, forman corrientes que vuelven a través de la tierra a los lechos que encuentran, que llenan como se llena una bomba. Cuando estas aguas salen de allí y vuelven a los lugares que habitamos, los llenan de la misma manera y de allí se extienden por todas partes bajo la tierra alimentando nuestros mares, nuestros ríos, nuestros lagos y nuestras fuentes. Desaparecen después filtrándose en la tierra, unas después de dar muchos rodeos y otras menores circuitos para volver al Tártaro, en donde entran unas mucho más bajas de lo que salieron y otras menos, pero todas más bajas. Las unas entran y salen del Tártaro por el mismo lado y las otras entran por el lado opuesto a su salida, y las hay que tienen su curso circular y que después de haber dado una o varias veces la vuelta a la Tierra, como serpientes que se enroscan, se precipitan a lo más bajo que pueden, van hasta la mitad del abismo, pero no más allá, porque la otra mitad está más alta que su nivel. Forman varias corrientes y muy grandes; cuatro son las principales, de las cuales la mayor es la que más exteriormente corre por todo el alrededor; es la que se llama océano. Lo que está enfrente es el Aqueronte, que corre de manera opuesta a través de los parajes desiertos y sumergiéndose en la Tierra se precipita en las marismas de Aquerusíade, adonde las almas van la mayor parte de las veces al salir de la vida y después de permanecer allí el tiempo prescrito, unas más y otras menos, son devueltas a este mundo para animar nuevos cuerpos. Entre el Aqueronte y el océano corre un tercer río, que no lejos de su fuente cae en un vasto lugar de fuego, donde forma un lago mucho más grande que nuestro mar y en el que se ve hervir el agua mezclada con fango, y saliendo de allí negro y lleno de barro recorre la Tierra y va a parar en la marisma Aquerusíade sin que sus aguas se confundan. Después de dar varias vueltas bajo la Tierra se antoja en lo más bajo del Tártaro; a este río se le denomina Piriflegetonte, y de él se ven surgir llamaradas por varias grietas de la Tierra. Frente a éste cae un cuarto río, al principio en un lugar pavoroso y agreste, que dicen es de un color azulado y al que llaman el Estigio; en éste forma la laguna Estigia, y después de haber adquirido en las aguas de dicha laguna propiedades horribles, se filtra en la Tierra, donde da varias vueltas dirigiendo su corriente hacia el Piriflegetonte, al que por fin se encuentra en la laguna de Aqueronte por la extremidad opuesta. Sus aguas no se mezclan con las de los otros ríos, y después de dar la vuelta a la Tierra se precipita como ellos en el Tártaro por el sitio opuesto al Piriflegetonte. A este cuarto río le han dado los poetas el nombre de Cocito.

La naturaleza ha dispuesto así todas estas cosas: cuando los muertos llegan al paraje donde su genio les lleva, se juzga lo primero de todo si llevan una vida justa y santa o no. Aquellos que se encuentran que vivieron ni enteramente criminales ni absolutamente inocentes, son enviados al Aqueronte, donde embarcan en barquichuelas que los llevan hasta la laguna Aquerusíade, donde van a tener su residencia y donde sufren penas proporcionadas a sus faltas y, una vez libres, la recompensa de sus buenas acciones. Los incurables a causa de la enormidad de sus faltas y que cometieron numerosos sacrilegios, asesinatos inicuos, violaron las leyes y se hicieron reos de delitos análogos, víctimas de la inexorable justicia y de su destino fatal, son precipitados al Tártaro, del que jamás saldrán. Pero aquellos que no hayan cometido más que faltas que pueden ser expiadas, aunque muy graves, como la de haberse dejado dominar por la ira contra su padre o su madre o haber matado a alguien en un arrebato de cólera y que han hecho penitencia toda su vida, es necesario que sean precipitados al Tártaro; pero después de haber permanecido un año en él, el oleaje los devuelve a la orilla; los homicidas son enviados al Cocito, y los parricidas al Piriflegetonte, que los arrastra hasta cerca de la laguna Aquerusíade; allí llaman a gritos a los que mataron o contra quienes cometieron actos de violencia, y los conjuran a que les permitan pasar al otro lado de la laguna y los reciban; si los ablandan, pasan y se ven libres de sus males, pero si no, vuelven a ser precipitados en el Tártaro, que los arroja a los otros ríos, y esto dura hasta que conmueven a los que fueron sus víctimas; tal es la sentencia que contra ellos pronuncian sus jueces. Pero aquellos a quienes se les reconoce una vida santa, se ven libres de todos los lazos terrestres como de una prisión y son recibidos en las alturas, en aquella tierra pura donde habitarán. Y de éstos, los que fueron purificados enteramente por la filosofía, viven perdurablemente sin cuerpo y son acogidos en parajes aún más admirables que no es fácil describirlos y además no me lo permite el poco tiempo que me queda de vida. Pero lo que acabo de deciros debe bastar, mi querido Simmias, para haceros ver que debemos trabajar toda nuestra vida entera para adquirir virtudes y sabiduría, porque el premio es grande y bello y la esperanza halagadora.

Lo que un hombre de buen sentido no debe hacer es sostener que estas cosas sean como os las he descrito; pero que todo lo que os he dicho del estado de las almas y de sus residencias sea aproximadamente así, creo que puede admitirse, si es cierto que el alma es inmortal, y la cosa vale la pena de correr el riesgo de creerla. Es un azar que es hermoso admitir y del cual debe uno mismo quedar encantado. Ahora comprenderéis por qué me he detenido tanto tiempo en este discurso. Todo hombre, pues, que durante su vida renunció a la voluptuosidad y a los bienes del cuerpo, considerándolos como perniciosos y extraños, que no buscó más voluptuosidad que la que le proporciona la ciencia y adornó su alma, no con galas extrañas, sino con ornamentos que le son propios, como la templanza, la justicia, la fortaleza y la verdad, debe esperar tranquilamente la hora de su partida a los infiernos, dispuesto siempre para este viaje cuando el destino le llame. Vosotros dos, Simmias y Cebes, y los demás, emprenderéis este viaje cuando el tiempo llegue. A mí me llama hoy el hado, como diría un poeta trágico, y ya es hora de ir al baño, porque me parece mejor no beber el veneno hasta después de haberme bañado, y además ahorraré así a las mujeres el trabajo de lavar un cadáver.

Al acabar de hablar Sócrates, le dijo Critón: Bien está, Sócrates; pero, ¿no tienes que hacernos a mí o a los otros ninguna recomendación referente a tus hijos o a algún otro asunto en que te pudiéramos servir?

Nada más, Critón, que lo que siempre os he recomendado: que tengáis cuidado con vosotros mismos, y con ello me haréis un favor, y también a mi familia y a vosotros mismos, aunque ahora nada me prometáis; porque si os abandonarais y no quisierais seguir los consejos que os he dado, de muy poco servirán todas las promesas y protestas que me hicierais hoy.

Haremos cuantos esfuerzos podamos para conducirnos así. Pero dinos, ¿cómo quieres que te enterremos?

Como se os ocurra, contestó Sócrates; si es que lográis apoderaros de mí y no me escapo de vuestras manos.

Y mirándonos al mismo tiempo que iniciaba una sonrisa, añadió: Me parece que no conseguiré convencer a Critón de que soy el Sócrates que charla con vosotros y que pone en orden todas las partes de su discurso; él se imagina que soy aquel al que va a ver muerto dentro de un instante, y me pregunta cómo me enterrará. Y todo este largo discurso que acabo de pronunciaros para probaros que en cuanto tome el veneno no estaré ya con vosotros, porque os dejaré para ir a disfrutar de la felicidad de los bienaventurados, me parece que ha sido en vano para Critón, que creo se figura que sólo he hablado para consolaros y consolarme. Os ruego, pues, que salgáis garantes por mí cerca de Critón, pero de una manera muy contraria a como él quiso serlo para mí ante los jueces, porque respondió por mí que me quedaría; vosotros diréis por mí, os lo ruego, que apenas haya muerto me iré, a fin de que el pobre Critón soporte más dulcemente mi muerte y que al ver quemar o enterrar mi cuerpo no se desespere como si yo sufriera grandes dolores y no diga en mis funerales que expone a Sócrates, que se lleva a Sócrates y que entierra a Sócrates, porque es preciso que sepas, mi querido Critón, que hablar impropiamente no es sólo cometer una falta en lo que se dice, sino hacer daño a las almas. Hay que tener más valor y decir que sólo es mi cuerpo lo que entierras y entiérralo como te plazca y de la manera que juzgues más conforme con las leyes.

Sin añadir una palabra más se levantó y pasó a una habitación inmediata para bañarse. Critón le siguió y Sócrates nos rogó le esperásemos; así lo hicimos hablando de lo que nos había dicho, examinándolo todavía y comentando lo desgraciados que íbamos a sentirnos, considerándonos como niños privados de su padre y condenados a pasar el resto de nuestra vida en la orfandad.

Cuando salió del baño le llevaron a sus hijos, porque tenía tres, dos muy niños y uno bastante grande, y al mismo tiempo entraron las mujeres de la familia. Las habló algún tiempo en presencia de Critón y dióles órdenes; después hizo que se retirasen las mujeres y los niños, y volvió a reunirse con nosotros. El Sol se acercaba ya a su ocaso, porque Sócrates había estado bastante tiempo en el baño. Al entrar se sentó sobre el borde de la cama sin tener tiempo de decirnos casi nada porque el servidor de los Once entró a la vez y acercándose a él dijo: Sócrates, no tendré que hacerte el mismo reproche que a los otros, porque en cuanto les advierto de la orden de los magistrados que es preciso beban el veneno, me increpan y me maldicen. Pero tú no eres como ellos; desde que entraste en la prisión te he encontrado el más firme, el más bondadoso y el mejor de cuantos aquí han estado presos, y estoy seguro de que a partir de este momento no me guardas ningún rencor, únicamente lo sentirás contra los que son causa de tu desgracia, y los conoces muy bien. Ya sabes, Sócrates, lo que he venido a anunciarte; adiós y procura soportar con ánimo viril lo que es inevitable. Volvióse derramando lágrimas y se retiró. Sócrates le siguió con la mirada y le dijo: También yo te digo adiós y haré lo que me dices. Ved, dijo al mismo tiempo, qué honorabilidad la de este hombre y qué bondad: todo el tiempo que ha pasado aquí ha estado visitándome constantemente, es el mejor de los hombres, y ahora llora por mí. Pero vamos, Critón, obedezcámosle con agrado. Que me traigan el veneno si está preparado, y si no que lo prepare él mismo.

Pero se me figura, Sócrates, que el Sol está todavía sobre los montes y aún no se ha puesto: sé que muchos no apuraron el veneno hasta mucho tiempo después de recibir la orden; que comieron y bebieron cuanto les plugo, y que algunos hasta disfrutaron de sus amores; por esto no tengas prisa. Todavía tienes tiempo.

Los que hacen lo que dices, Critón, dijo Sócrates, tienen sus razones; creen que es tiempo ganado, y yo tengo las mías para no hacerlo. Porque lo único que creo que ganaría retardando el beber la cicuta sería poseerme el ridículo ante mí mismo al verme tan enamorado de la vida que quisiera economizarla cuando ya no tengo más. Así pues, caro Critón, haz lo que te digo y no me atormentes más.

Critón hizo una seña al esclavo que tenía cerca y que salió, volviendo un rato después con el que debía dar el veneno que llevaba preparado en una copa. Al verle entrar le dijo Sócrates: Muy bien, amigo mío; pero, ¿qué es lo que tengo que hacer? ¡Instrúyeme!

Pasearte cuando hayas bebido, contestó aquel hombre, y acercarte a tu lecho en cuanto notes que se te ponen pesadas las piernas. Y al mismo tiempo le tendió la copa, que Sócrates cogió, Equécrates, con la mayor calma, sin mostrar emoción, y sin cambiar de color ni de fisonomía, sino mirando al hombre tan firme y seguro de sí mismo como siempre. Dime, dijo, ¿se puede hacer una libación con esta bebida?

Sócrates, respondió el hombre, no preparamos más que lo necesario para ser bebido.

Comprendo, dijo Sócrates, pero al menos estará permitido, porque es justo elevar sus plegarias a los dioses a fin de que bendigan y hagan próspero nuestro viaje; es lo que les pido: ¡que escuchen mi ruego! Y arrimando la copa a los labios la apuró con una mansedumbre y tranquilidad admirables.

Hasta entonces habíamos tenido casi todos fuerza de voluntad para contener nuestras lágrimas, pero al verle beber, y después que hubo bebido, nos echamos a llorar como los otros. Yo, a pesar de mis esfuerzos, lloré tanto, que no tuve más remedio que cubrirme con mi manto para desahogarme llorando, porque no lloraba por la desventura de Sócrates, sino por mi desgracia al pensar en el amigo que iba a perder. Critón empezó a llorar antes que yo y salió fuera, y Apolodoro, que desde el principio no había hecho más que llorar, empezó a gritar, lamentarse y sollozar de tal manera, que nos partía a todos el corazón, menos a Sócrates. Pero, ¿qué es esto, amigos míos?, nos dijo. ¿A qué vienen esos llantos? Para no oír llorar a las mujeres y tener que reñirlas las mandé retirar, porque he oído decir que al morir sólo se deben pronunciar las palabras amables. Callad, pues, y demostrad más firmeza. Estas palabras nos avergonzaron tanto, que contuvimos nuestros lloros. Sócrates, que continuaba paseándose, dijo al cabo de algún rato que notaba ya un gran peso en las piernas y se echó de espaldas en el lecho, como se le había ordenado. Al mismo tiempo se le acercó el hombre que le había dado el tóxico, y después de haberle examinado un momento los pies y las piernas, le apretó con fuerza el pie y le preguntó si lo sentía; Sócrates contestó que no. En seguida le oprimió las piernas, y subiendo más las manos nos hizo ver que el cuerpo se helaba y tornaba rígido. Y tocándolo nos dijo que cuando el frío llegara al corazón nos abandonaría Sócrates. Ya tenía el abdomen helado; entonces se descubrió Sócrates, que se había cubierto el rostro, y dijo a Critón: debemos un gallo a Asclepio; no te olvides de pagar esta deuda. Fueron sus últimas palabras.

Lo haré, respondió Critón; pero piensa si no tienes nada más que decirme.

Nada, contestó; un momento después se estremeció ligeramente. El hombre entonces le descubrió del todo; Sócrates tenía la mirada fija, y Critón al verlo le cerró piadosamente los ojos y la boca.

Ya sabes, Equécrates, cuál fue el fin del hombre de quien podemos decir que ha sido el mejor de los mortales que hemos conocido en nuestro tiempo, y además el más sabio y el más justo de los hombres.

EL BANQUETE, O DEL AMOR

ARGUMENTO

El asunto de este diálogo es el amor.

He aquí el preámbulo de que ningún detalle es indiferente. El ateniense Apolodoro refiere a personajes que no se nombran lo ocurrido en un banquete dado a Sócrates, Fedro, el médico Erixímaco, el poeta cómico Aristófanes y otros invitados por Agatón, cuando fue premiada su primera tragedia. Apolodoro no concurrió a aquella cena, pero conoció todos los detalles por un tal Aristodemo, uno de los convidados, cuya veracidad pudo comprobar con el testimonio del mismo Sócrates. Y estos detalles están muy presentes en su memoria porque hace poco ha tenido ocasión de contarlos. Los aparentemente más sencillos tienen su importancia. Los convidados se han reunido ya en casa de Agatón; Sócrates es el único que se está haciendo esperar. Se le ve dirigirse muy pensativo a la morada de su anfitrión y detenerse largo rato inmóvil y abstraído a pesar de que reiteradamente se le llama mientras comienza la cena. ¿No es esta una imagen sensible de su frugalidad proverbial y de su decidida inclinación a la meditación más que a la actividad exterior que distrae a los demás hombres? Entra en casa de Agatón hacia el final de la cena y su llegada imprime a la reunión un carácter de sobriedad y de gravedad desusadas. Por indicación de Erixímaco acuerdan los comensales beber con moderación, despedir a la flautista y entablar una conversación. ¿De qué se hablará? Del amor, asunto favorito de Platón. ¡Qué arte de preparar el espíritu a la teoría que sin esfuerzo va a desarrollarse, pero con una consecuencia lógica en el discurso que cada uno de los concurrentes han de pronunciar acerca del amor! ¡Y qué cuidado para precaver de la monotonía al conservar estos sutiles discursantes la manera de pensar y de decir más conveniente al carácter y a la profesión de cada uno! Fedón habla como un joven, pero como un joven cuyas pasiones han sido ya purificadas por el estudio de la filosofía; Pausanias, como hombre maduro al que la edad y la filosofía han enseñado lo que no saben los jóvenes; Erixímaco se explica como médico; Aristófanes tiene la elocuencia del poeta cómico ocultando tras sus palabras bufas profundos pensamientos; Agatón se expresa como poeta, y, por último, después de todos, y cuando la teoría se ha ido elevando gradualmente, la completa Sócrates y la expresa en el maravilloso lenguaje de un sabio y de un inspirado.

Fedro es el primero que toma la palabra para hacer del amor un elogio de un carácter muy loable. Este panegírico es el eco de la opinión de un corto número de hombres a los que una educación liberal ha capacitado para juzgar el amor libre de toda sensualidad grosera y en su acción moral. El amor es un dios y un dios muy antiguo, puesto que ni los prosistas ni los poetas han podido nombrar ni a su padre ni a su madre, lo que significa sin duda que no es fácil explicar su origen sin estudios. Es el dios que más favorece a los hombres, porque no tolera la cobardía en los amantes y siempre les inspira la abnegación. Es como un principio moral que gobierna la conducta surgiendo en todos los hombres la vergüenza de lo malo y la pasión del bien. «De manera que si por cualquier encantamiento un Estado o un ejército pudieran estar compuestos únicamente de amantes y de amados no existiría pueblo alguno que extremara tanto el horror al vicio y la emulación a la virtud.» En fin, es un dios que labra la felicidad del hombre al hacerlo dichoso en la Tierra y en el cielo, donde todo el que ha practicado el bien encuentra su recompensa. «Infiero, dice Fedro, que de todos los dioses es el Amor el más antiguo, el más augusto y el más capaz de hacer al hombre virtuoso y feliz durante la vida y después de la muerte.»

Pausanias es el segundo que habla. Empieza corrigiendo lo que hay de excesivo en este elogio entusiasta; precisa la cuestión después y coloca la teoría del amor en la entrada de su verdadera vía, de una investigación filosófica. El Amor no puede ir sin Afrodita, es decir, no se explica sin la belleza, primera indicación del lazo tan estrecho que unirá al Amor con lo bello. Hay dos Afroditas; la una, antigua, hija del Cielo, y que no tiene madre, es Afrodita Urania o celestial; la otra, más joven, hija de Zeus y de Dione, es la Afrodita popular. Hay, pues, dos Amores correspondientes a las dos Afroditas: el primero sensual, popular, no se dirige más que a los sentidos; es un amor vergonzoso que es preciso evitar. Pausanias, después de señalar, en cuanto comenzó a hablar, este punto olvidado por Fedro, y satisfecho después de haber dicho estas palabras, no vuelve a ocuparse de él en la continuación de este discurso. El otro amor se dirige a la inteligencia, y por esto mismo al sexo que participa de más inteligencia, al sexo masculino. Este amor es digno de ser buscado y honrado por todos. Pero exige para ser bueno y honorable varias condiciones difíciles de reunir en el amante. Éste no debe consagrar su afecto a un amigo demasiado joven, porque no podrá prever cómo serán más adelante el cuerpo y el espíritu de su amigo; el cuerpo puede deformarse con el crecimiento y el espíritu corromperse; es de prudentes evitar estas equivocaciones buscando jóvenes con preferencia a los niños. El amante debe conducirse en su trato con su amigo observando las reglas de la honorabilidad: «Es deshonesto acordar sus favores a un hombre vicioso con malos fines.» Y no lo es menos el ceder ante un hombre rico y poderoso por el afán del lucro o de honores. El amante debe amar el alma y el alma la virtud. El amor tiene por fundamento un cambio de servicios recíprocos entre el amante y el amigo con el fin de «hacerse mutuamente felices». Estas reflexiones, cada vez más acentuadas, de Pausanias han separado el elemento de la cuestión, que quedará siendo el objeto de todos los demás discursos; elemento a la vez psicológico y moral, dispuesto a transformarse y a incrementar más.

El médico Erixímaco, que discursea el tercero, guarda en su manera de enfocar el tema del amor, en la naturaleza del desarrollo que da a su pensamiento y hasta en su dicción todos los rasgos familiares propios de su sabia profesión. Acepta desde el principio la diferencia de los amores indicada por Pausanias, pero va más allá que él. Se propone establecer que el amor no reside únicamente en el alma de los hombres, sino que está en todos los seres; lo considera como la unión y la armonía de los contrarios y prueba la verdad de su definición con los ejemplos siguientes: el amor está en la Medicina en el sentido de que la salud del cuerpo resulta de la armonía de las cualidades que constituyen el buen y el mal temperamento. El arte de un buen médico es tener la habilidad de restablecer esta armonía cuando está perturbada y mantenerla. El amor existe en los elementos, puesto que es necesario el acuerdo de lo seco y lo húmedo, de lo caliente y lo frío, naturalmente contrarios, para producir una temperatura moderada. ¿No hay también amor en la música: esta combinación de sonidos opuestos, de lo grave y de lo agudo, de lo lleno y lo sostenido? Lo mismo puede decirse de la poesía, cuyo ritmo sólo es debido a la unión de las breves y las largas. Lo mismo también de las estaciones, que son el feliz temperamento de los elementos entre sí, un acorde de influencias, cuyo conocimiento es el objetivo propio de la Astronomía, y lo mismo también finalmente de la adivinación y la religión, puesto que su objeto es el mantenimiento en una proporción conveniente de lo que hay de bueno y de vicioso en la naturaleza humana y el que los dioses y los hombres vivan en buena inteligencia. El amor, pues, está en todas partes; funesto y perverso cuando los elementos opuestos rehúsan unirse y existe el predominio de uno de ellos, que los hace sustraerse a la armonía; bueno y saludable cuando esta armonía se produce y mantiene. Es fácil ver que el rasgo saliente de este discurso es la nueva definición del amor: la unión de los contrarios. La teoría se ha ampliado y abre ya ante el espíritu un vasto horizonte, puesto que desde el dominio de la filosofía en la que estaba encerrada en el principio tiende a abarcar por entero todo el orden de las cosas físicas.

Aristófanes, que cuando tuvo que hablar cedió su vez a Erixímaco, sin duda porque lo que él tenía que decir del amor debía ligarse mejor con el lenguaje del célebre médico, siguiéndolo más que precediéndolo, entra en un orden de ideas que parecen diametralmente opuestas y que en el fondo concuerdan entre sí. Para confirmar su opinión y a su vez dar pruebas completamente nuevas de la universalidad del amor imagina una mitología sumamente extraña a primera vista.

En los tiempos primitivos hubo tres especies de hombres: unos que eran todo hombre, otros todo mujer y los terceros hombre y mujer: los Andróginos, especie del todo inferior a las dos primeras. Estos hombres eran todos dobles: dos hombres unidos, dos mujeres unidas y un hombre y una mujer unidos; su unión se verificaba por la piel del vientre, tenían cuatro brazos y cuatro piernas, dos caras en una misma cabeza, opuesta la una a la otra y vueltas del lado de la espalda, los órganos de la generación dobles y colocados en el mismo lado de la cara a la ter-

minación de la espalda. Los dos seres así unidos, llenos de amor
el uno por el otro, engendraban a sus semejantes no uniéndose,
sino dejando caer la semilla a tierra como las cigarras. Esta raza
de hombres era fuerte, se volvió orgullosa, atrevida y osada,
hasta el punto de que, como los gigantes de la fábula, trató de
escalar el cielo. Para castigarla y disminuir su fuerza resolvió
Zeus dividir a estos hombres dobles. Empezó por cortarlos en
dos, encargando a Apolo que curara la herida. El dios arregló el
vientre y el pecho, y para humillar a los culpables les volvió la
cara hacia el lado por donde se había hecho la separación, a fin
de que tuvieran siempre ante los ojos el recuerdo de su fracasa-
da aventura. Los órganos de la generación habían quedado en el
lado de la espalda, de manera que cuando las mitades separadas,
atraídas por el ardor del amor, se acercaban la una a la otra, no
podían engendrar y la raza se perdía. Intervino Zeus, pasó
delante aquellos órganos e hizo posibles la generación y la
reproducción. Pero desde entonces se verificó la generación por
la unión del varón con la hembra y la saciedad separó uno del
otro a los seres del mismo sexo primitivamente unidos. Mas han
guardado en el amor que sienten el uno por el otro el recuerdo
de su antiguo estado; los hombres nacidos de los hombres
dobles se aman entre sí, como las mujeres nacidas de las mujeres dobles también se aman unas a otras, como las mujeres nacidas de los Andróginos aman a los hombres y los hombres nacidos de estos mismos Andróginos sienten el amor a las mujeres.

¿Cuál es el objeto de este mito? Aparentemente, explicar y
calificar todas las especies del amor humano. Las conclusiones
que se deducen de este doble punto de vista están profundamente marcadas por el carácter de las costumbres griegas en la
época de Platón, que contradicen en absoluto a los sentimientos
que el espíritu moderno y el cristianismo han hecho prevalecer.
Porque si se toma por punto de partida la definición de
Aristófanes, que el amor es la unión de los semejantes, se llega a
la conclusión de que el amor del hombre a la mujer y de la mujer
al hombre es el más inferior de todos, puesto que es la unión de
dos contrarios. Hay, pues, que poner por encima de él el amor
de la mujer a la mujer buscado por las tríbadas, y por encima de
estos amores, el del hombre al hombre, el más noble de todos.
No es solamente el más noble, sino el único amor verdadero y
durable. Por esto, cuando las dos mitades de un hombre doble

que se buscan incesantemente llegan a encontrarse, comparten al instante el amor más violento e indisoluble que los vuelve a su primer estado. Y en esto es en lo que el sentir de Aristófanes se acerca al sentimiento de Erixímaco. Hay, en efecto, entre ellos este punto común: que el amor, considerado una vez como la armonía de los contrarios y otra como la unión de los semejantes, es en todos los casos el deseo de la unidad; es una idea que lleva a la metafísica la teoría de la psicología y de la física.

Agatón hace a su vez uso de la palabra. Es poeta y hábil retórico; por esto exhala su discurso un perfume de elegancia. Anuncia que va a completar lo que todavía falta a la teoría del amor, preguntándose primero cuál es su naturaleza y después sus defectos según ésta. Amor es el más venturoso de los dioses; es, pues, de naturaleza divina. ¿Y por qué el más venturoso? Porque es el más hermoso, escapándose siempre de la vejez y siendo compañero de la juventud. Es el más tierno y el más delicado, porque escoge para residencia el alma del hombre, que es lo más delicado y tierno que hay después de los dioses; también es el más sutil, porque si no, no podría, como lo hace, introducirse en todas partes, penetrar en todos los corazones y salir del mismo modo, y el más gracioso, porque jamás va sin la belleza, fiel al viejo adagio de que el amor y la fealdad siempre están en guerra. Amor es el mejor de los dioses porque es el más justo, ya que nunca ofende ni es ofendido; el más temperante, puesto que la templanza consiste en dominar los placeres y no hay ninguno superior al amor; el más fuerte, porque venció al mismo Ares, el dios de la Victoria, y el más hábil, en fin, porque forma él a su antojo a los poetas y a los artistas y es el maestro de Apolo, de las Musas, de Hefesto, de Atenea y de Zeus. Después de esta ingeniosa pintura de la naturaleza del amor quiere Agatón, como se lo ha prometido a sí mismo, celebrar sus beneficios, y lo hace en una brillante peroración impregnada de esta elegancia un poco amanerada que caracterizaba su talento y de la que Platón parece haber querido dar una copia fiel y ligeramente irónica. «La elocuencia de Agatón, hace decir a Sócrates, me recuerda a Gorgias.»

Todos los comensales han expresado libremente sus ideas acerca del amor; Sócrates es el único que no ha despegado los labios. No le falta razón para hablar el último; evidentemente es el intérprete directo de Platón, y es precisamente en su discurso donde hay que buscar la verdad platónica. Por tanto, se compone éste de dos partes: la una, crítica, en la que Sócrates rechaza lo que no le parece admisible en todo lo dicho anteriormente, sobre todo en el discurso de Agatón; la otra, dogmática, en la que, conservando la división de Agatón, da su propia opinión acerca de la naturaleza y de los efectos del amor. Helas aquí en análisis:

El discurso de Agatón es hermosísimo, pero quizá más penetrado de poesía que de filosofía y más engañador que verídico. Sostiene, en efecto, que el Amor es un dios, que es hermoso y bueno, pero nada de esto es verdad. El amor no es hermoso porque no posee la belleza, puesto que la desea y sólo se desea lo que no se tiene. Tampoco es bueno por la razón de que todas las cosas buenas son bellas, y lo bueno es de una naturaleza inseparable de lo bello. Queda por probar que no es dios. Aquí, y por un artificio de compensación que se asemeja a una especie de protesta implícita contra el papel hasta este momento completamente sacrificado de la mujer en esta conversación acerca del amor, pone Platón sus opiniones en boca de una mujer, la extranjera de Mantinea, que las expresa, y no Sócrates.

De boca de Diotima, «maestra en amor y en muchas otras cosas», declara Sócrates haber aprendido todo lo que sabe referente al amor. Ella empezó por hacerle saber que el amor no es hermoso ni bueno como él había probado, y por consiguiente, que no es dios. Si en efecto fuera dios, sería hermoso y bueno, porque los dioses, a los que nada les falta, no pueden estar privados de bondad ni de belleza. ¿Quiere decir esto que el amor sea un ser malo y feo? No puede deducirse necesariamente, porque entre la belleza y la fealdad y entre la bondad y la maldad hay un término medio lo mismo que entre la ciencia y la ignorancia. Pues, ¿qué es entonces? El amor es un ser intermedio entre lo mortal y lo inmortal, en una palabra, un demonio. La función de un demonio es servir de intérprete entre los dioses y los hombres, llevando de la Tierra al cielo el homenaje y los votos de los mortales, y del cielo a la Tierra las voluntades y los beneficios de los dioses. Como demonio, mantiene el amor la armonía entre la esfera humana y la divina y aproxima estas naturalezas contrarias; en unión de los otros demonios, es el lazo que une el gran todo. Esto es lo mismo que decir que el hombre se eleva hasta Dios por el esfuerzo del amor; es el fondo presentido del verdadero pensamiento de Platón, pero todavía falta desarrollarlo y aclararlo.

¿De qué serviría conocer la naturaleza y la misión del amor si se debieran ignorar su origen, su objeto, sus efectos y su fin supremo? Platón no ha querido dejar en la duda estas preguntas. El Amor fue concebido el día del nacimiento de Afrodita y es hijo de Poros, el dios de la Abundancia, y de Penía, la diosa de la Pobreza; esto explica a su vez su naturaleza semidivina y su carácter. De su madre ha heredado el ser pobre, delgado, desvalido, sin hogar y mísero, y de su padre el ser varón, emperador, fuerte, cazador afortunado y siempre sobre la pista de lo bueno y lo bello. Es apasionado por la sabiduría, que es buena y bella por excelencia, no siendo bastante sabio para poseerla ni bastante ignorante para creer que la posee. Su objeto, en último análisis, es lo bello y lo bueno, que Platón identifica en una sola palabra: la belleza. Pero es preciso comprender bien lo que es amar lo bello: es desear apropiárselo y poseerlo siempre para ser feliz. Y como no hay hombre que no aspire a su propia felicidad y no la busque, es preciso distinguir entre todos quién es aquel a quien se le aplica esta caza tras la felicidad en la posesión de lo bello. Es el hombre que aspira a la producción en la belleza según el espíritu. Y como no se juzga perfectamente dichoso más que con la seguridad de que esta producción debe perpetuarse sin interrupción y sin fin, se deduce que el amor verdaderamente no es más que el deseo mismo de la inmortalidad, que es la única inmortalidad que es posible al hombre según el cuerpo, y que se produce por el nacimiento de hijos, por la sucesión y sustitución de un ser joven a uno viejo. Este deseo de perpetuarse es la razón del amor paternal, de esta solicitud para asegurar la transmisión de su nombre y de sus bienes. Pero por encima de esta producción y de esta inmortalidad, según el cuerpo, están aquellas que se logran según el espíritu. Éstas son lo propio del hombre que ama la belleza del alma y que trata de inculcar en un alma bella que le ha sucedido los rasgos inestimables de la virtud y del deber. Ésta perpetúa la sabiduría cuyos gérmenes existían en él, y así se asegura una inmortalidad muy superior a la primera.

Las últimas páginas del discurso de Sócrates están consagradas a señalar la serie de esfuerzos por los cuales el amor se eleva gradualmente hasta su fin supremo. El hombre poseído de amor se siente atraído al principio por un cuerpo hermoso y después por todos los cuerpos, cuyas bellezas son todas hermanas las unas de las otras. Este es el primer grado del amor. En seguida se enamora de las almas bellas y de todo lo que en ellas es bello, acciones y sentimientos. Atraviesa este segundo grado para pasar de la esfera de las acciones a la inteligencia; en ésta se siente apasionado de todas las ciencias, cuya belleza le inspira con inagotable fecundidad los pensamientos más elevados y todos los grandes discursos que constituyen la filosofía. Pero entre todas las ciencias hay una que cultiva por completo toda su alma, y es la ciencia misma de lo bello, cuyo conocimiento es el colmo y la perfección del amor. ¿Y qué es esto tan bello, tan codiciable y tan difícil de alcanzar? Es la belleza en sí, eterna y divina, la única belleza real de la que todas las otras son sólo un mero reflejo: Iluminado por su luz pura inalterable, hombre afortunado entre muchos a quienes les es dado contemplarlo al fin, siente nacer en él, y engendra en los otros, toda clase de virtudes; este hombre es verdaderamente dichoso y verdaderamente inmortal.

Después del discurso de Sócrates parece que se ha dicho cuanto pudo decirse acerca del amor y que el banquete debe terminar. Pero a Platón le pareció bien poner en un relieve inesperado la altura moral de su teoría por el contraste con la bajeza de los afectos ordinarios de los hombres. He aquí el motivo por el que de repente se vea llegar a Alcibíades medio borracho, la testa coronada de hiedra y violetas, acompañado de tocadores de flauta y de un tropel de amigos embriagados. ¿Qué significa esta orgía en medio de estos filósofos? ¿No pone ante los ojos, según las expresiones de Platón, el eterno contraste entre la Afrodita celestial y la Afrodita popular? Pero el ingenioso autor de *El Banquete* saca de ello otro poderoso efecto. La orgía, que amenazaba ser contagiosa, cesa como por encanto en el momento en que Alcibíades reconoce a Sócrates. ¡Qué imagen del poder del genio y de la superioridad de esta moral de Sócrates en el discurso en que Alcibíades hace contra su voluntad el más magnífico elogio de este encantador y revela su afecto a la persona de Sócrates, su admiración ante aquella razón superior y serena y la vergüenza de sus propios extravíos!

Cuando Alcibíades acaba de hablar, comienza a circular la copa entre los invitados, que sucesivamente van sucumbiendo a la embriaguez. Sócrates, solo, invencible, porque su pensamiento, separado de estos desórdenes, preserva de ellos su cuerpo, se entretiene hablando de diversos asuntos con los que resisten hasta las primeras horas del día. Entonces, y cuando todos los comensales se han rendido al sueño, abandona la morada de Agatón para ir a entregarse a sus ocupaciones cotidianas: última imagen de esta alma esforzada que la filosofía había inmunizado contra las pasiones.

INTERLOCUTORES:

Al principio, APOLODORO, Y SU AMIGO; después SÓCRATES, AGATÓN, FEDRO, PAUSANIAS, ERIXÍMACO, ARISTÓFANES Y ALCIBÍADES

APOLODORO.—Creo que estoy bastante bien preparado para narraros lo que me pedís, porque últimamente cuando desde mi casa de Falero regresaba a la ciudad, me vio un conocido mío que iba detrás de mí y me llamó desde lejos y bromeando: ¡Hombre de Falero, Apolodoro! ¿No puedes acortar el paso? —Me detuve y lo esperé. —Apolodoro, me dijo, te buscaba precisamente. Quería preguntarte lo que pasó en la casa de Agatón el día en que cenaron allí Sócrates, Alcibíades y algunos otros. Se dice que toda la conversación versó sobre el Amor. Algo de ello he sabido por un hombre al que Fénix, el hijo de Filipo, refirió parte de los discursos, pero este hombre no pudo darme detalles de la conversación; sólo me dijo que tú estabas bien enterado de todo. Cuéntame, pues; después de todo es deber tuyo dar a conocer lo que ha dicho tu amigo; pero dime antes si estuviste presente en aquella conversación. —Me parece muy natural, le respondí, que ese hombre no te haya dicho nada preciso, porque estás hablando de esta conversación como de una cosa acaecida hace poco y como si yo hubiera podido estar presente. —Sí que lo creía. —¿Cómo, le dije, no sabes, Glauco, que hace ya unos años que Agatón no ha puesto los pies en Atenas? De mí puedo decirte que no hace todavía tres que frecuento a Sócrates y que me dedico a estudiar diariamente sus palabras y todas sus acciones. Antes de este tiempo iba errante de un sitio a otro y creyendo llevar una vida razonable era el más desgraciado de los hombres. Me imaginaba, como tú ahora, que lo último de que uno tenía que ocuparse era de la filosofía. —Vamos, déjate de burlas y dime cuándo fue esa conversación. —Tú y yo éramos muy jóvenes; fue en el tiempo en que Agatón alcanzó el premio con su primera tragedia y al día siguiente del que, en honor de su victoria, sacrificó a los dioses rodeado de sus coristas. —Hablas de algo ya lejano, me parece; pero, ¿de quién tienes todo lo que sabes? ¿Del mismo Sócrates? —¡No, por Zeus!, le contesté, de un tal Aristodemo de Cidataneon, un hombrecito que siempre va descalzo. Éste estuvo presente, y si no estoy equivocado era entonces uno de los más fervientes admiradores de Sócrates. Algunas veces he interrogado a Sócrates acerca de algunas cosas que había oído a este Aristodemo y lo que ambos me dijeron fue siempre lo mismo. —¿Por qué tardas tanto en referirme la conversación? ¿En qué podríamos emplear mejor el camino que nos queda hasta Atenas? —Consentí y durante todo el trayecto fuimos hablando de esto. Por lo cual, como te he dicho hace un momento, estoy bastante bien preparado y cuando queráis podréis oír mi narración. Debo deciros que además de lo provechoso que es hablar u oír hablar de filosofía, no hay nada en el mundo en lo que con más gusto tome parte; en cambio me muero de fastidio cuando os oigo a vosotros, los que tenéis dinero, hablar de vuestros intereses. Deploro vuestra ceguedad y la de vuestros amigos, porque creéis hacer maravillas y no hacéis nada bueno. Es probable que vosotros por vuestra parte me tengáis mucha lástima y me parece que tenéis razón, pero yo no creo que se os haya de compadecer, sino que se os compadece ya.

AMIGO.—Siempre has de ser el mismo Apolodoro: siempre hablando mal de ti mismo y de los demás y persuadido de que todos los hombres, exceptuando a Sócrates, son unos miserables. No sé por qué no te apodan el Furioso; pero bien sé que hay algo de esto en tus discursos. Estás agriado de ti mismo y de toda la humanidad, exceptuando a Sócrates.

APOLODORO.—¿Te parece que es preciso estar furioso o privado de razón para hablar así de mí y de todos vosotros?

AMIGO.—No es este el momento a propósito para disputar. Ríndete sin más tardar a mi petición y repíteme los discursos que se pronunciaron en casa de Agatón.

APOLODORO.—Voy a complacerte; pero mejor será que tomemos la cosa desde el principio, como Aristodemo me la contó.

Encontré a Sócrates, me dijo, que salía del baño y, contra su costumbre, llevaba sandalias. Le pregunté a dónde iba tan compuesto. —Voy a cenar en casa de Agatón, me contestó. Rehusé asistir a la fiesta que dio ayer por temor al gentío, pero me comprometí a ir hoy; por esto me ves tan engalanado. Me he compuesto mucho para ir a casa de un guapo mozo. Y a ti, Aristodemo, ¿no ten entran ganas de venir a cenar también, aunque no estés invitado? —Como quieras, le respondí. —Pues ven conmigo y formemos el proverbio haciendo ver que un hombre honrado puede ir a cenar a casa de otro hombre honrado sin que se lo hayan rogado. De buena gana acusaría a Homero no sólo de no haber modificado este proverbio, sino de haberse burlado de él, cuando después de habernos mostrado a Agamenón como un gran guerrero y a Menelao como un combatiente de poco empuje, le hace ir al festín de Agamenón sin estar invitado, es decir, un inferior a la mesa de un superior que está por encima de él. —Temo, dije a Sócrates, no ser como tú dices, sino más bien, como dice Homero, un hombre vulgar que se presenta en el comedor del sabio sin estar invitado. Pero ya que eres tú quien me lleva, a ti te incumbe defenderme, porque no confesaré que voy sin invitación; diré que eres tú quien me has convidado. —Somos dos, respondió Sócrates, y uno u otro encontrará lo que habrá que decir. Vamos, pues.

Charlando amistosamente nos dirigimos a la morada de Agatón, pero durante el trayecto, Sócrates, que se había puesto pensativo, fue quedándose atrás. Me detuve para esperarle, pero me dijo que siguiera adelante. Al llegar a casa de Agatón, encontré la puerta abierta y hasta me ocurrió una aventura bastante cómica. Un esclavo de Agatón me condujo sin demora a la sala donde los comensales se habían sentado ya a la mesa esperando que se les sirviera. Apenas me vio Agatón, exclamó: —Bienvenido sea, ¡oh Aristodemo!, si vienes a cenar. Si es para otra cosa hablaremos de ella otro día. Te busqué ayer para rogarte que fueras uno de los nuestros, pero no pude encontrarte. ¿Por qué no has traído a Sócrates? —Al oírle me vuelvo y veo que Sócrates no me ha seguido. —He venido con él, que es quien me ha invitado, le dije. —Has hecho bien, repuso Agatón, pero ¿dónde está? —Me seguía y no concibo lo que puede haber sido de él. —Esclavo, dijo Agatón, ve a buscar a Sócrates y tráenoslo. Y tú, Aristodemo, colócate al lado de Erixímaco. Esclavo, que le laven los pies para que pueda ocupar su sitio. —Entretanto, anunció otro esclavo que había encontrado a Sócrates parado sobre el umbral de una casa inmediata, pero que por más que le llamaba para que viniera no quería hacerle caso. —¡Qué cosa tan extraña!, dijo Agatón. Vuelve y no te separes de él mientras no venga. —No, no, dije, dejadle. Muy a menudo le ocurre detenerse donde se encuentra. Si no me engaño, muy pronto le veréis entrar. No le digáis nada, dejadle. —Si opinas así, sea como dices, replicó Agatón. ¡Esclavos, servidnos! Traednos lo que queráis, como si no tuvieseis aquí quien pueda daros órdenes, porque es una molestia que nunca me he tomado. Miradnos a mis amigos y a mí como si fuéramos vuestros convidados. Haced lo mejor que sepáis y haceos honor a vosotros mismos.

Comenzamos a cenar y Sócrates no venía. A cada instante quería Agatón que le fuera a buscar, pero yo lo impedía siempre. Por fin se presentó Sócrates después de habernos hecho esperar algún tiempo, como solía, y cuando ya habíamos medio cenado, Agatón, que estaba sentado solo en un triclinio, en un extremo de la mesa, le rogó se pusiera a su lado. —Ven, dijo, Sócrates; quiero estar lo más cerca posible de ti para procurar tener mi parte de los sabios pensamientos que has encontrado cerca de aquí, porque tengo la certeza de que has encontrado lo que buscabas; si no, estarías todavía en el mismo sitio. —Cuando Sócrates hubo ocupado su puesto, dijo: ¡Ojalá pluguiera a los dioses que la sabiduría, Agatón, fuera una cosa que pudiera verterse de una inteligencia a otra cuando dos hombres están en contacto, como el agua pasa de una copa llena a otra vacía a través de una tira de lana! Si el pensamiento fuera de esta naturaleza, sería yo el que tendría que llamarse dichoso por estar cerca de ti, porque me parece que me llenaría de la buena y abundante sabiduría que posees; la mía es algo mediocre y equívoca, por decirlo así, un sueño. La tuya, al contrario, una magnífica sabiduría y rica de las esperanzas más bellas, como lo atestiguan el brillo con que luce desde tu juventud y el aplauso que más de treinta mil griegos acaban de tributarle. —Eres un burlón, contestó Agatón; ya examinaremos qué sabiduría es mejor; si la tuya o la mía, y Dioniso será nuestro Juez. Pero ahora no pienses más que en cenar.

Sócrates se sentó, y cuando él y los otros convidados terminaron de cenar, se hicieron las libaciones y se cantó un himno en honor del dios y después de todas las otras ceremonias religiosas ordinarias, se habló de beber. Pausanias tomó entonces la palabra:

—Veamos, dijo, cómo beberemos para que no nos siente mal. Debo confesar que todavía noto los efectos de la comilona de ayer y que tengo necesidad de respirar un poco, como pienso os debe suceder a la mayor parte de vosotros, porque ayer fuisteis de los nuestros. Tengamos, pues, cuidado de beber moderadamente. —Pausanias, dijo Aristófanes, no sabes con qué agrado escucho tu consejo para que seamos temperantes, porque soy uno de los que menos moderados estuvieron ayer. —¡Cómo me agradáis cuando estáis de tan excelente humor!, dijo Erixímaco, hijo de Acúmeno. Pero todavía queda por hacer una advertencia: ¿se encuentra Agatón en disposición de beber? —No estoy muy fuerte, respondió éste, pero todavía puedo beber algo. —Para nosotros es un hallazgo, replicó Erixímaco, y al decir nosotros me refiero a Aristodemo, Fedro y a mí, que opinéis así los buenos bebedores porque nosotros a vuestro lado somos malos bebedores. Exceptúo a Sócrates, que bebe como quiere y poco le importa el partido que se tome. Así, y puesto que no vengo animado a hacer demasiados honores a los vinos, no se me podrá tildar de inoportuno si os digo algunas verdades acerca de la embriaguez. Mi experiencia de médico me ha hecho ver perfectamente que el exceso de vino es funesto para el hombre. Yo, por mi parte, lo evitaré cuanto pueda y nunca lo aconsejaré a los demás, sobre todo, cuando tengan la cabeza pasada de una orgía de la víspera. —Sabes, le dijo Fedro de Mirrinunte, interrumpiéndole, que siempre me presto a tu opinión, principalmente cuando hablas de medicina, pero hoy tienes que reconocer que todo el mundo está muy razonable.

No hubo más que una voz; de común acuerdo se decidió que no habría excesos y que se bebería lo que cada uno comprendiese poder beber. —Puesto que así se ha convenido, dijo Erixímaco, y no se obligará a nadie a beber más de lo que le apetece, propongo que empecemos por despedir a la tocadora de flauta. Si quiere tocar lejos de aquí para distraerse, que toque, o, si prefiere, para las mujeres en el interior. Nosotros, si queréis hacerme caso, entablaremos una conversación y si os parece bien hasta os propondré el tema.

Todos aplaudieron, incitándole a entrar en materia. Erixímaco continuó: Empezaré por este verso de la Melanipa de Eurípides: este discurso no es mío, sino de Fedro. Porque Fedro me dice todos los días con una especie de indignación: ¿no es una cosa extraña, Erixímaco, que entre tantos poetas que han compuesto himnos y cánticos en honor de la mayoría de los dioses, no haya habido ni siquiera uno que haya hecho el elogio del Amor, que es un dios tan grande? Mira a los hábiles sofistas, que todos los días componen sendos discursos en prosa en loor de Hércules y otros semidioses, y para no citar más que un nombre me referiré al famoso Prodico, y no es algo que pueda sorprendernos. Hasta he visto un libro titulado: *Elogio de la sal,* en el que su sabio autor exagera las maravillosas cualidades de la sal y los grandes servicios que presta al hombre. En pocas palabras: no encontrarás casi nada que no haya tenido ya su panegírico. ¿Cómo, pues, puede explicarse que en este ardor de alabar a tantas cosas, nadie hasta hoy haya emprendido la tarea de celebrar dignamente al Amor y que haya olvidado a un dios tan grande? Yo, continuó Erixímaco, comparto la indignación de Fedro; quiero pagar, pues, mi tributo al Amor y ganarme su benevolencia. Me parece al mismo tiempo que a una compañía como la nuestra no le estaría de más honrar a este dios. Si os parece no busquemos más temas para nuestra conversación. Cada uno improvisará lo mejor que pueda un discurso en elogio del Amor. Se dará la vuelta de izquierda a derecha. Fedro, por su categoría, será el primero que hable, y yo después, por ser el autor de la proposición que os hago. —Nadie se opondrá a tu voto, Erixímaco, dijo Sócrates; yo, desde luego, no, y eso que hago profesión de no saber más cosa que del Amor; ni tampoco Agatón, ni Pausanias, ni Aristófanes seguramente, que por entero está consagrado a Afrodita y a Dioniso. E igualmente puedo responder del resto de la compañía, aunque, si he de decir la verdad, la partida no es igual para nosotros que estamos sentados los últimos. En todo caso, si los que nos preceden cumplen con su deber y agotan la materia, estaremos en paz dándoles nuestra aprobación. Que bajo felices auspicios comience, pues, Fedro a hacer el elogio del Amor.

La proposición de Sócrates fue adoptada por unanimidad. No debéis esperar de mí que os repita palabra por palabra los discursos que se pronunciaron. Aristodemo, de quien tengo todas estas noticias, no me los pudo repetir perfectamente, y yo mismo me olvidaré de alguna cosa de lo que me refirió, pero os repetiré lo esencial. He aquí, pues, según él, cuál fue el discurso de Fedro:

«El Amor es un dios muy grande bien digno de ser honrado entre los dioses y entre los hombres por mil razones, pero principalmente por su antigüedad, porque no hay dios tan antiguo como él. Y la prueba es que no tiene padre ni madre. Ningún poeta ni prosista ha podido atribuírselos. Según Hesíodo, al principio existió el Caos, después la Tierra de amplio seno, base eterna e inquebrantable de todas las cosas, y el Amor. Hesíodo, por consecuencia, hace que la Tierra y el Amor suceda al caos. Parménides habla así de su origen: El amor es el primer dios que él concibió.

»Acusilao comparte la opinión de Hesíodo. Así pues, de un común acuerdo, es el Amor el más antiguo de los dioses y de todos ellos el que más beneficios concede a los hombres. Porque no conozco ventaja mayor para un joven que tener un amante virtuoso y para un amante que amar un objeto virtuoso. Abolengo, honores, riquezas, nada puede inspirar al hombre como el Amor lo que es necesario para llevar una vida honorable; quiero decir la vergüenza de lo malo y la emulación del bien. Sin estas dos cosas es imposible que un particular o un Estado hagan nunca nada gracioso ni bello. Hasta me atrevo a decir que si un hombre que ama cometiera una mala acción o recibiera un ultraje sin rechazarlo, no habría padre ni pariente ante quienes este hombre tuviera más vergüenza de presentarse que ante aquel a quien ama. Y vemos que lo mismo sucede al que es amado, porque jamás estará tan abochornado como cuando su amante le sorprende en cualquier falta. De manera que si por cualquier obra de encantamiento un Estado o un ejército pudiera estar compuesto solamente de amantes y de amados, no existiría otro pueblo que profesara tanto horror al vicio ni estimara tanto la emulación a la virtud. Hombres así unidos, aunque fueran en corto número, podrían vencer a los demás hombres. Porque si hay alguien de quien un amante no quisiera ser visto arrojando al suelo sus armas o abandonando sus filas, es del que ama; preferiría morir mil veces antes que abandonar en el peligro a su bienamado y dejarle sin auxilio, porque no hay hombre tan cobarde a quien Amor no infunda el mayor valor y no lo convierta en un héroe. Lo que decía Homero de los dioses que inspiran audacia a ciertos guerreros puede decirse con más justicia del Amor que de ninguno de los dioses. Únicamente los amantes son los que saben morir el uno por el otro. Y no solamente los hombres, sino también las mujeres han dado su vida por salvar a los que amaban. Grecia ha visto el admirado ejemplo de Alcestis, hija de Pelias; sólo ella se prestó a morir por su esposo, a pesar de tener éste padre y madre; su amor sobrepujó tanto al cariño y a la amistad de aquéllos que comparados con ella parecieron ser unos extraños para su hijo, y su parentesco no más que nominal. Y aunque en el mundo se hayan llevado a cabo nobilísimos actos, sólo hay muy pocos que hayan logrado rescatar de los infiernos a los que a éstos descendieron; pero la acción de Alcestis pareció tan bella a los hombres y a los dioses, que éstos, prendados de su valor, la volvieron a la vida. Verdad es que un amor noble y generoso se hace estimar hasta de los mismos dioses.

»No trataron así a Orfeo, hijo de Eagro, al que enviaron al Hades sin concederle lo que pedía. En vez de devolverle a su esposa, a la que iba a buscar, no le enseñaron más que su fantasma, porque, como músico que era, le faltó valor, y en vez de imitar a Alcestis y morir por la que amaba, se ingenió para descender en vida al Hades. Por esto, indignados los dioses, le castigaron por su cobardía, haciéndole perecer a mano de las mujeres. En cambio, honraron a Aquiles, hijo de Tetis, y le recompensaron enviándole a las islas de los Bienaventurados, porque habiéndole predicho su madre que si mataba a Héctor moriría en seguida después, y que si no le combatiera, volvería al hogar paterno, donde moriría después de edad avanzada, no vaciló, sin embargo, ni un instante en defender a su amante Patroclo y en vengarle con desprecio de su propia vida, y quiso no sólo morir por un amigo, sino hasta morir sobre el cuerpo de aquel amado. Por esto los dioses le tributaron más honores que a hombre alguno en su admiración ante aquel testimonio de abnegación por aquél de quien era amado. Esquilo se burla de nosotros cuando nos dice que Aquiles era el amante de Patroclo; él, que no sólo era más bello que Patroclo, sino que todos los otros héroes. Era todavía imberbe y mucho más joven, como dice Homero. Y verdaderamente, si los dioses aprueban lo que se hace por el que se ama, estiman, admiran y recompensan de muy diferente manera lo que se hace por aquel de quien se es amado. En efecto, el que ama es algo más divino que el que es amado, porque está poseído de un dios. Por esto ha sido Aquiles todavía mejor tratado que Alcestis después de su muerte en la isla de los Bienaventurados.

Concluyó diciendo que, de todos los dioses, el Amor es el más antiguo, el más augusto y el más apto para hacer virtuoso y feliz al hombre durante su vida y después de su muerte.»

Así terminó Fedro su discurso. Aristodemo omitió los de otros que había olvidado y habló de Pausanias, que dijo así:

«No apruebo, Fedro, la simple proposición que se ha hecho de elogiar al amor. Esto estaría bien si sólo hubiese un amor, pero como no es así, porque hay varios, habría sido mejor decir ante todo cuál es el que tenemos que elogiar, que es lo que voy a ensayar hacer. Empezaré diciendo qué amor es el que merece ser elogiado, y después lo alabaré lo más dignamente que pueda. Es sabido que sin el Amor no habría Afrodita; si ésta fuera solamente una no habría más que un Amor, pero puesto que hay dos, tiene que haber también dos Amores. ¿Quién duda de que hay dos Afroditas? La una, la mayor, hija de Cielo y que no tiene madre, es la que nosotros denominamos Afrodita celestial; la otra, más joven, es hija de Júpiter y de Dione y la llamamos Afrodita popular. Se deduce que de los dos Amores que son los ministros de estas Venus, hay que llamar a uno el celestial y a otro el popular. Todos los dioses, sin duda, son dignos de ser venerados, pero distingamos bien las funciones de estos dos amores.

»Toda acción por sí misma no es bella ni fea: lo que hacemos actualmente, comer, beber, discurrir, nada de esto es bello por sí mismo, pero puede serlo por la manera como se haga: bello si se hace según las de la justicia y la honorabilidad, y feo si se hace contra estas reglas. Lo mismo sucede al amar. Todo amor en general no es ni bello ni digno de encomio, sino únicamente el que nos incita a amar honradamente. El Amor de la Afrodita popular es popular también y no inspira más que bajezas; el Amor que reina entre los malos, que aman sin selección lo mismo a las mujeres que a los jóvenes, al cuerpo más que al alma, mientras más insensato se es, se es tanto más solicitado por los malos, que sólo aspiran al goce sensual, y con tal de conseguirlo poco les importan los medios con que lo logran. De aquí procede el que hagan cuanto se les ocurre, lo mismo lo bueno que lo contrario, porque su Amor es el de la Venus más joven, que nació del varón y de la hembra. Pero como la Afrodita celestial no nació de la hembra, sino sólo del varón, el Amor que la acompaña no busca más que a los niños. Viniendo una diosa de más edad y que por tanto no tiene los fogosos sentidos de la juventud, aquellos a quienes inspiran no aman más que al sexo masculino, naturalmente más fuerte y más inteligente. He aquí las características por las cuales se podrá reconocer a los verdaderos servidores de este Amor: no se sienten atraídos por una gran juventud, sino por jóvenes cuya inteligencia comienza a desenvolverse, es decir, a los cuales les apunta el bozo. Porque su objeto no es, a mi parecer, aprovecharse de la imprudencia de un joven amigo y seducirle para dejarle después, y riéndose de su victoria correr tras cualquier otro; se unen con el pensamiento de no separarse más y pasar toda la vida con el que aman. Sería verdaderamente deseable que existiera una ley que prohibiera amar a mancebos demasiado jóvenes para evitar emplear su tiempo en una cosa tan incierta; porque, ¿quién sabe en lo que se convertirá un día esa juventud?, ya que con los niños el porvenir es dudoso, se ignora cómo se volverán el cuerpo y el espíritu y si sus inclinaciones los encaminarán hacia el vicio o la virtud. Los sabios y prudentes se imponen voluntariamente una ley tan justa, pero sería preciso hacerla observar rigurosamente a los amantes populares de que hablamos y prohibirles estas clases de contratos como se les impide en la medida de lo posible amar a las mujeres de condición noble, puesto que no tienen derecho a amarlas. Esos son los que han deshonrado al amor, hasta el extremo de que algunos han dicho que es vergonzoso conceder favores a los amantes. Su amor intempestivo e injusto a una exagerada juventud es el único que ha dado lugar a una opinión semejante, puesto que nada de lo que se hace inspirándose en los sentimientos de sabiduría y honradez puede ser censurado justamente.

»Las leyes que reglan el amor en los otros países son fáciles de comprender por su sencillez y precisión. En la ciudad de Atenas y en la de Lacedemonia son complicadas y dificultosas y la costumbre está sujeta a explicación. En la Élide, por ejemplo, y en Beocia, donde la gente se muestra poco hábil en el arte de la palabra, se dice sencillamente que es bueno conceder sus favores a quien nos ama; nadie, joven ni anciano, lo encuentra mal. Es preciso creer que en estos países se ha autorizado así el amor para allanar dificultades y que no haya necesidad de recurrir a artificios del lenguaje de los que sus habitantes no son capaces. En Jonia y en todos los países sometidos al dominio de los bárbaros está declarada esta costumbre como vergonzosa e igualmente se han proscrito la filosofía y la gimnasia. Y es porque los tiranos indudablemente no quieren que entre sus súbditos surjan individuos de gran valor, ni amistades ni uniones vigorosas, que son las que forman el Amor. Los tiranos de Atenas hicieron la experiencia de ellos en otros tiempos. El amor de Aristogitón y la fidelidad de Harmodio derribaron su poderío. Es, pues, visible que de los Estados donde se considera vergonzoso conceder sus favores a quien nos ama, procede esa severidad de la iniquidad de los que la han establecido, de la tiranía de los gobernantes y de la cobardía de los gobernados; pero en los países donde simplemente se dice que está bien conceder sus favores a quien nos ama, esta indulgencia es una prueba de grosería. Todo esto está más sabiamente ordenado entre nosotros. Pero, como ya lo he dicho, es más difícil de comprender: por una parte se dice que es preferible amar a los ojos de todo el mundo que amar en secreto y que se debe amar con preferencia a los hombres más generosos y virtuosos, aunque sean menos hermosos que los otros. Es verdaderamente sorprendente cómo se interesan todos por los éxitos afortunados de un hombre amado: se le anima, lo que no ocurriría si no se creyera que es lícito amar; ganarse el afecto del amado se considera bello y el no lograrlo humillante. La costumbre permite al amante el empleo de medios maravillosos para conseguir su objetivo y no hay ni uno sólo de estos medios que no fuera capaz de perderle en la estima de los buenos si se sirviera de ellos para otros fines que no sean el hacerse amar. Porque si un hombre en el afán de enriquecerse o conseguir un empleo o una influencia de naturaleza análoga se atreviera a tener con alguno la menor complacencia de las que un amante concede al que ama, si recurriera a las súplicas, si uniera a éstas las lágrimas, jurara, se acostara delante de su puerta y descendiera a mil bajezas de las que un esclavo se avergonzara, no habría ni amigo ni enemigo que no le impidiera envilecerse hasta ese extremo. Los unos le echarían en cara su manera de conducirse, propia de un adulador y un esclavo; los otros se avergonzarían y tratarían de corregirle. Y todo esto, sin embargo, no sólo no está mal en un hombre que ama, sino que, al contrario, le sienta maravillosamente; no solamente se soportan las bajezas sin ver en ellas nada deshonroso, sino que se le aprecia como a un hombre que cumple bien su deber; y lo más extraño todavía es que los amantes son los únicos perjuros a los que no castigan los dioses, porque se dice que en el amor no obligan los juramentos, ya que es verdad que en nuestras costumbres los hombres y los dioses permiten todo a los amantes. No hay, pues, nadie que acerca de esto no esté persuadido de que en esta ciudad es muy loable amar y ser amigo del amado. Y desde otro punto de vista, si se concediera con qué cuidado coloca un padre cerca de sus hijos a un preceptor que vele por ellos, y que el deber principal de este preceptor es impedir que hablen con aquellos que los aman; que sus mismos camaradas se burlan de ellos si los ven mantener un comercio semejante y que los ancianos no se oponen a estas burlas y no riñen a sus autores; al ver esto que es costumbre en nuestra ciudad, ¿no se creería que vivimos en un país donde la gente se avergüenza de formar semejantes amistades íntimas? He aquí cómo hay que explicar esta contradicción: el amor, como dije antes, no es bello ni feo por sí mismo. Es bello si se ama obedeciendo a las leyes de la honorabilidad, y feo si se ama faltando a ellas; porque no es honrado conceder sus favores a un hombre vicioso y por malos motivos, y es honorable rendirse por buenas causas y al amor de un hombre que practica la virtud. Llamo hombre vicioso al amante popular que ama al cuerpo con preferencia al alma, porque su amor no podrá ser duradero, pues ama una cosa que no dura. Cuando la flor de la belleza que él ama se marchite, le veréis desaparecer sin acordarse de sus palabras ni de ninguna de sus promesas. Pero el amante de un alma bella permanece fiel toda la vida porque ama lo que es duradero. Por esto quiere la costumbre que antes de obligarnos examinemos bien; que nos entreguemos a unos y huyamos de otros; la costumbre anima a unirse a aquéllos y evitar a éstos, porque discierne y juzga de qué especie es el que ama lo mismo que el que es amado. Se deduce de esto que debe dar vergüenza entregarse muy pronto, porque se exige la prueba del tiempo que hace se conozcan mejor todas las cosas. También es vergonzoso ceder a un hombre rico y poderoso, sea que se sucumba por temor o por debilidad, o por dejarse deslumbrar por el dinero o por la esperanza de conseguir empleos, porque aparte de que las razones de esta índole no pueden engendrar nunca una amistad generosa, se basan además sobre fundamentos poco sólidos y poco durables. Queda un solo motivo con el cual, según nuestras costumbres, se puede favorecer honorablemente a un amante, porque lo mismo que el servir voluntariamente un amante al objeto de su amor no es considerado como adulación y no se le reprocha, hay también una especie de servidumbre voluntaria que nunca puede ser criticada, y es aquella a que uno se obliga por la virtud. Nosotros estimamos que si un hombre se une a otro en la esperanza de perfeccionarse, gracias a él, en una ciencia o en la virtud, esta servidumbre voluntaria no tiene nada de vergonzosa y no puede ser calificada de adulación. Es preciso que se mire al amor como a la filosofía y a la virtud y que sus leyes tiendan al mismo fin que la de éstas, si se quiere que sea honorable favorecer al que nos ama; porque si el amante y el amado se aman mutuamente en estas condiciones, a saber, que el primero, agradecido a los favores del que ama, esté dispuesto a prestarle cuantos servicios le permita rendirle la equidad, y que por su parte el amado tenga con él todas las complacencias convenientes en reconocimiento del empeño de su amante en tomarle sabio y virtuoso; si el amante es verdaderamente capaz de infundir ciencia y virtud al que ama, y el amado tiene un verdadero deseo de adquirir instrucción y ciencia, si todas estas condiciones se reúnen, únicamente entonces será decoroso conceder sus favores a quien le ama. Ningún otro motivo puede ser permitido para amar, aunque en este caso no será vergonzoso el verse engañado; en todos los demás sí, sea uno engañado o no. Porque si en la esperanza de la ganancia se abandona uno a un amante al que se le creía rico y luego se reconoce que es pobre y que no puede cumplir la palabra que dio, la vergüenza no es menor, porque se ha hecho ver que ante la perspectiva de un provecho se puede hacer todo por todo el mundo, lo que dista mucho de ser bello. Al contrario: si después de haber favorecido a un amante creyéndole honorable y en la esperanza de volverse mejor por medio de su amistad se descubre que este amante no es honorable, no posee virtud, es hermoso verse engañado de tal suerte, porque el engaño ha hecho ver el fondo de su corazón; se ha probado que por la virtud, y en la esperanza de llegar a un grado mayor de perfección, se era capaz de emprender todo, y nada más glorioso que esto. Es hermoso, pues, amar por la virtud; este Amor es el de Afrodita celestial, y es celestial por sí mismo, beneficioso para los particulares y los Estados y digno de ser objeto de sus principales estudios, puesto que obliga al amante y al amado a velar por ellos mismos a fin de esforzarse en ser mutuamente virtuosos. Todos los otros amores pertenecen a la Afrodita popular. Aquí tienes, Fedro, todo lo que en honor tuyo puedo improvisar acerca del Amor.»

Calló Pausanias y a Aristófanes le llegó el turno de hablar, como le dijo Aristodemo, pero no pudo por atacarle el hipo debido a haberse excedido en la comida o cualquier otra causa. En su apuro, se dirigió al médico Erixímaco, a cuyo lado estaba sentado, y le dijo: Es preciso, Erixímaco, que me libres de este hipo o que hables por mí hasta que se me haya pasado. —Haré lo uno y lo otro, contestó Erixímaco, porque hablaré en tu lugar y tú en el mío cuando cese tu hipo. Si quieres que tu incomodidad pase muy pronto, retén algún tiempo la respiración mientras hablo, y si no haz gárgaras con un poco de agua. Si el hipo es demasiado violento, buscas algo con que hacerte cosquillas en la nariz, estornudarás, y si lo repites un par de veces cesará infaliblemente el hipo. —Bueno; empieza a hablar mientras hago lo que me has indicado.

Erixímaco habló en los siguientes términos:

«Pausanias comenzó muy bien su discurso, pero el final no me ha parecido suficientemente desarrollado, por lo que me creo obligado a completarlo. Apruebo la distinción que ha hecho de los dos amores, pero creo haber descubierto por mi parte la medicina, que el amor no reside solamente en el alma de los hombres, donde tiene por objeto la belleza, sino que también tiene otros muchos objetos, que se encuentran en muchas otras cosas, en los cuerpos de todos los animales, en los productos de la tierra, en una palabra, en todos los seres; y que la grandeza y las maravillas del dios se manifiestan en todo, lo mismo en las cosas divinas que en las humanas. Y para rendir honores a mi arte elegiré en la medicina mi primer ejemplo.

»Naturaleza corporal contienen los dos amores, porque las partes del cuerpo que están sanas y las enfermas constituyen necesariamente cosas diferentes y heterogéneas, y lo heterogéneo desea y se siente atraído por lo heterogéneo. El amor que reside en un cuerpo sano no es el mismo que el amor que reside en un cuerpo enfermo; y la máxima que Pausanias acaba de establecer: es bello conceder sus favores a un amigo virtuoso y vergonzoso entregarse a quien está animado de una pasión desarreglada, es aplicable al cuerpo; es bello y hasta necesario ceder a lo que hay de bueno y sano en cada temperamento, y al contrario, no sólo es vergonzoso complacer a todo lo que hay de malsano y depravado, sino que es preciso hasta combatirlo, si se quiere ser un buen médico. Porque, para decirlo en pocas palabras, la medicina es la ciencia del amor en los cuerpos, en su relación con la repleción y la evacuación, y el médico, que sabe discernir mejor en esto el amor ordenado del vicioso, debe ser estimado como el más hábil, y aquel que dispone de tal manera de las inclinaciones del cuerpo que puede cambiarlas según sea necesario introducir el amor donde no existe y donde es necesario y arrancarlo de donde es vicioso, éste es un excelente artista, porque es necesario que sepa establecer la amistad entre los elementos más enemigos e inspirarles un amor mutuo. Pero los elementos más enemigos son los más contrarios, como el frío y el calor, lo seco y lo húmedo, lo amargo y lo dulce y los otros de la misma especie. Por haber encontrado el medio de establecer el amor y la concordia entre estos contrarios es por lo que Asclepio, el jefe de nuestra familia, inventó la medicina, como dicen los poetas, y yo lo creo. Me atrevo a asegurar que el amor preside a la medicina. Con poco que se fije la atención se reconocerá igualmente su presencia en la música, y esto debe ser lo que Heráclito quiso decir probablemente aunque se expresara mal. La unidad, dijo, que se opone a sí misma, se pone acorde con ella misma; produce, por ejemplo, la armonía de un arco o de una lira. Decir que la armonía es una oposición o que consiste en elementos opuestos, es un gran absurdo, pero Heráclito entendía aparentemente que en los elementos opuestos en principio, como lo grave y lo agudo, y puestos acordes después, es donde el arte musical encuentra la armonía. En defecto, la armonía no es posible mientras lo grave y lo agudo permanezcan opuestos, porque la armonía es una consonancia y la consonancia un acorde, y no pueden ser acordes dos cosas opuestas mientras estén opuestas; por esto las cosas opuestas que no están acordes no producen armonía. Por esto mismo las largas y las breves, que son opuestas entre sí, cuando se ponen acordes componen el ritmo. Y aquí es la música, como antes la medicina, la que produce el acorde estableciendo el amor y la concordia entre los contrarios. La música es, pues, la ciencia del amor en lo relativo al ritmo y a la armonía.

»No es difícil reconocer la presencia del amor en la constitución del ritmo y de la armonía; allí no se encuentran dos amores, pero cuando se trata de hombres, sea inventando lo que se llama composición musical, sea sirviéndose a propósito de los aires y de las medidas ya inventadas, que es lo que se denomina educación, entonces hace falta una gran atención y un hábil artista. Este es el momento de aplicar la máxima antes establecida: que es necesario complacer a los hombres moderados y a los que están en camino de serlo y fomentar su amor, el amor legítimo y celestial, el de la musa Urania. Pero en cambio se debe proceder con suma cautela con el amor de Plymnia, que es el amor vulgar no favoreciéndolo más que con una gran reserva, de manera que el agrado que procura no pueda conducir jamás al desarreglo. La misma circunspección es necesaria en nuestro arte para reglar el uso de los placeres de la mesa, de una manera tan acertada que se pueda disfrutar de ellos sin perjudicar a la salud. Debemos, pues, distinguir cuidadosamente estos dos amores en la medicina, en la música y en todas las cosas divinas y humanas, puesto que no hay ninguna donde no se encuentre. También se hallan en la constitución de las estaciones que componen el año, porque todas las veces que los elementos de los que hablé hace poco: el frío, lo caliente, lo húmedo y lo seco, contraen los unos por los otros un amor ordenado y componen una armonía justa y moderada, el año adquiere fertilidad y es saludable a los hombres, a las plantas y a todos los animales sin perjudicarlos en nada. Pero cuando es el amor intemperante el que prevalece en la constitución de las estaciones, destruye y arrasa casi todo, engendra la peste y toda clase de enfermedades que atacan a los animales y las plantas; las heladas, el granizo y el añublo provienen de este amor desordenado de los elementos. La ciencia del amor en el movimiento de los astros y las estaciones del año se denomina Astronomía. Los sacrificios, el empleo de la adivinación, es decir, todas las comunicaciones de los hombres con los dioses, no tienen más objeto que mantener o curar el amor, porque toda nuestra impiedad viene de que en todos nuestros actos no buscamos ni honramos al mejor amor, sino al peor en nuestras relaciones con los seres vivientes, los nuestros y los dioses. Lo propio de la divinidad es vigilar y conservar estos dos amores. La adivinación es, pues, la obrera de la amistad que existe entre los dioses y los hombres, porque sabe todo lo que hay de santo o de impío en las inclinaciones humanas. Por eso puede decirse, en general, con verdad, que el amor es poderoso y hasta que su poder es universal, pero es cuando se aplica al bien y está reglado por la justicia y la templanza tanto según nuestra manera de ser como de la de los dioses, y entonces se manifiesta en todo su poderío y nos procura una felicidad perfecta haciéndonos vivir en paz los unos con los otros y conciliándonos la benevolencia de los dioses, cuya naturaleza está muy por encima de la nuestra. Puede ser que omita muchas cosas en este elogio del amor, pero será involuntariamente. A ti, Aristófanes, te corresponde suplir lo que se me haya escapado. Sin embargo, si proyectas honrar al dios de otra manera, hazlo y empieza ya que se te quitó el hipo.»

Aristófanes respondió: Se me ha quitado, efectivamente, y no ha podido ser más que por el estornudar, y me admiro de que para restablecer el orden de la economía del cuerpo sea necesario un movimiento como ese, acompañado de ruidos y agitaciones ridículas. Porque el estornudo hizo que el hipo cesara inmediatamente. —Ten cuidado, mi querido Aristófanes, dijo Erixímaco; a punto de tomar la palabra estás ya bromeándote, y cuando podrías discursear en paz me obligas a vigilarte para ver si no dirás nada que excite la risa. —Tienes razón, Erixímaco, respondió Aristófanes sonriendo. Hazte la cuenta de que no he dicho nada y no me vigiles, porque no temo haceros reír con mi discurso, que es el objeto de mi musa y que para ella significaría un gran triunfo, pero sí decir cosas ridículas. —Después de haber disparado la flecha, dijo Erixímaco, ¿piensas escaparte? Fíjate bien en lo que vas a decir, Aristófanes, y habla como si tuvieras que rendir cuenta de cada una de tus palabras; y puede ser que si me parece bien te trate con indulgencia. —Sea como quieras, Erixímaco, me propongo hablar de otra manera que Pausanias y tú.

«Me parece que los hombres han ignorado por completo hasta ahora el poder del Amor, porque si lo conocieran le habrían erigido templos y altares magníficos y le ofrendarían suntuosos sacrificios, lo que no es práctica, aunque nada como esto sería tan conveniente, porque de todos los dioses es el que reparte más beneficios a los hombres; es su protector y el médico que los cura de los males que impiden al género humano llegar al colmo de la felicidad. Voy, pues, a ensayar haceros conocer el poder del amor y vosotros enseñaréis a los demás lo que habréis aprendido de mí. Pero es fuerza empezar por deciros cuál es la naturaleza del hombre y las modificaciones que ha sufrido.

»La naturaleza humana era antes muy diferente de como es hoy día. Al principio hubo tres clases de hombres: los dos sexos que subsisten hoy día y un tercero compuesto de estos dos y que ha sido destruido y del cual sólo queda el nombre. Este animal formaba una especie particular que se llamaba andrógina porque reunía el sexo masculino y el femenino, pero ya no existe y su nombre es un oprobio. En segundo lugar, tenían todos los hombres la forma redonda, de manera que el pecho y la espalda eran como una esfera y las costillas circulares, cuatro brazos, cuatro piernas, dos caras fijas a un cuello orbicular y perfectamente parecidas; una sola cabeza reunía estas dos caras opuestas la una a la otra; cuatro orejas, dos órganos genitales y el resto de la misma proporción. Marchaban erguidos como nosotros y sin tener necesidad de volverse para tomar todos los caminos que querían. Cuando querían ir más deprisa se apoyaban sucesivamente sobre sus ocho miembros y avanzaban rápidamente por un movimiento circular, como los que con los pies en el aire hacen la rueda. La diferencia que se encuentra entre estas tres especies de hombres procede de la diferencia de sus principios: el sexo masculino está producido por el Sol, el femenino por la Tierra y el compuesto de los otros dos por la Luna, que participa de la Tierra y del Sol. Tenían de estos principios su forma, que es esférica, y su manera de moverse. Sus cuerpos eran robustos y vigorosos y sus ánimos esforzados, lo que les inspiró la osadía de subir hasta el cielo y combatir contra los dioses, como Homero lo ha escrito de Efialtes y de Oto. Zeus examinó con los dioses el partido que se debería adoptar. La cuestión presentaba dificultades porque los dioses no querían aniquilarlos como hicieron con los gigantes fulminando rayos contra ellos, pero por otra parte, no podían dejar sin castigo su atrevida insolencia. Por fin, después de largas reflexiones, y de tener en cuenta que si los hombres desaparecieran desaparecerían también el culto y los sacrificios que aquellos les tributaban, se expresó Zeus en estos términos: Creo haber encontrado un medio de conservar a los hombres y de tenerlos más reprimidos, y es disminuir sus fuerzas. Los separaré en dos y así los debilitaré y al mismo tiempo tendremos la ventaja de aumentar el número de los que nos sirvan: andarán derechos sostenidos solamente por dos piernas, y si después de este castigo conservan su impía audacia y no quieren estar tranquilos, los separaré de nuevo y se verán obligados a andar sobre un pie solo, como los que en las fiestas en honor de Dioniso bailan sobre un pellejo de vino.

»Después de esta declaración hizo el dios la separación que acababa de resolver, cortó a los hombres en dos mitades, lo mismo que hacen los hombres con la fruta cuando la quieren conservar en almíbar o cuando quieren salar los huevos cortándolos con una crin, partiéndolos en dos partes iguales. A continuación ordenó a Apolo que curara las heridas y que colocara la cara y la mitad del cuello en el lado por donde se había hecho la separación, a fin de que la vista del castigo los volviera más modestos. Apolo les puso la cara del modo indicado y recogiendo la piel cortada sobre lo que hoy se llama vientre, la reunió a la manera de una bolsa que se cierra dejando una abertura en medio, que es lo que llamamos ombligo. Pulió los demás pliegues, que eran numerosos, y arregló el pecho dándole forma con un instrumento parecido al que emplean los zapateros para pulir el cuero sobre la horma y dejó solamente algunos pliegues sobre el vientre y el ombligo, como recuerdo del castigo anterior. Una vez hecha esta división, cada mitad trató de encontrar aquella de la que había sido separada y cuando se encontraban se abrazaban y unían con tal ardor en sus deseos de volver a la primitiva unidad, que perecían de hambre y de inanición en aquel abrazo, no queriendo hacer nada la una sin la otra. Cuando una de estas mitades perecía, la que la sobrevivía buscaba otra a la que de nuevo se unía, fuera ésta la mitad de una mujer entera, lo que hoy llamamos una mujer, o un hombre, y así iba extinguiéndose la raza. Movido Zeus a compasión, imagina un nuevo expediente: pone delante los órganos de la generación, que antes estaban detrás: se concebía y vertía la semilla, no uno en el otro, sino sobre la tierra como las cigarras. Zeus puso delante aquellos órganos y de esta manera se verificó la concepción por la conjunción del varón con la hembra. Entonces, si la unión se verificaba entre el hombre y la mujer, eran los hijos el fruto de ella, pero si el varón se unía al varón, la saciedad los separaba muy pronto y volvían a sus trabajos y otros cuidados de la vida. De ahí procede el amor que naturalmente sentimos los unos por los otros, que nos vuelve a nuestra primitiva naturaleza y hace todo para reunir las dos mitades y restablecernos en nuestra antigua perfección. Cada uno de nosotros no es por tanto más que una mitad de hombre que ha sido separado de un todo de la misma manera que se parte en dos un lenguado. Estas dos mitades se buscan siempre. Los hombres que proceden de la separación de aquellos seres compuestos que se llaman andróginos aman a las mujeres, y la mayor parte de los adúlteros pertenecen a esta especie, de la que también forman parte las mujeres que aman a los hombres y violan las leyes del himeneo. Pero las mujeres que provienen de la separación de las mujeres primitivas no prestan gran atención a los hombres y más bien se interesan por las mujeres; a esta especie pertenecen las tribadas. Los hombres procedentes de la separación de los hombres primitivos buscan de igual manera el sexo masculino. Mientras son jóvenes aman a los hombres, disfrutan durmiendo con ellos y en estar entre sus brazos y son los primeros entre los adolescentes y los adultos, como si fueran de una naturaleza mucho más viril. Sin ninguna razón se les acusa de no tener pudor, y no es por falta de pudor por lo que proceden así; es porque poseen un alma esforzada y valor y carácter viriles por lo que buscan a sus semejantes, y la prueba es que con la edad se muestran más aptos para el servicio del Estado que los otros. Cuando llegan a la edad viril, aman a su vez a los adolescentes y jóvenes, y si se casan y tienen hijos, no es por seguir los impulsos de su naturaleza, sino porque la ley los constriñe a ello. Lo que ellos quieren es pasar la vida en el celibato juntos los unos y los otros. El único objetivo de estos hombres, sean amantes o amados, es reunirse con sus semejantes. Cuando uno de éstos ama a los jóvenes o en otro llegar a encontrar su mitad, la simpatía, la amistad y el amor se apoderan del uno y del otro de tal manera, de tan maravillosa manera, que ya no quieren separarse, aunque sólo sea un momento. Estos hombres que pasan toda la vida juntos, no sabrían decir qué es lo que quieren el uno del otro, porque si encuentran tanta dulzura en vivir así no parece que los placeres de los sentidos sean causa de ello. Su alma desea evidentemente alguna otra cosa que no puede expresar, pero que adivina y da a entender. Y cuando están reposando en el lecho estrechamente abrazados, si Hefesto se presentase ante ellos con los instrumentos de su arte y les dijera: "¡Hombres!, ¿qué es lo que os pedís recíprocamente?", y si viéndoles titubear continuara preguntándoles: "Lo que queréis, ¿no es estar unidos de tal manera que ni de día ni de noche estéis nunca el uno sin el otro? Si es esto lo que deseáis, voy a fundiros y a mezclaros de tal manera que cesaréis de ser dos personas para no ser más que una y mientras viváis viviréis una vida común, como una sola persona, y cuando muráis estaréis unidos de tal manera que no seréis dos personas, sino también una sola.

Ved, pues, si es esto que deseáis lo que puede haceros completamente felices." Sí; si Hefesto les hablara de esta manera es seguro que ninguno de ellos rehusaría ni respondería que deseaba otra cosa, persuadido de que lo que acababa de oír expresaba lo que siempre existía en el fondo de su alma: el deseo de estar unido y confundido con el objeto amado de manera que no formara con él más que un solo ser. La causa es que nuestra primitiva naturaleza era una y que nosotros éramos un todo completo. Se da el nombre de amor al deseo de volver a recobrar aquel antiguo estado. Primitivamente, como ya he dicho, éramos uno, pero después, en castigo a nuestra iniquidad, fuimos separados por Zeus, como los de Arcadia por los lacedemonios. Debemos tener sumo cuidado de no cometer ninguna falta contra los dioses, por el temor a tener que sufrir una segunda división y tener que ser como las figuras representadas de perfil en los bajorrelieves que no tienen más que media cara o como dados cortados en dos. Es preciso que todos nos exhortemos a reverenciar a los dioses a fin de evitar un nuevo castigo y conseguir volver a nuestro estado primitivo por la intersección del amor. Que nadie se muestre hostil al amor, porque con esto se atraería el odio de los dioses. Procuremos, pues, merecer la benevolencia y el favor de este dios, y él nos hará encontrar la otra parte de nosotros mismos, felicidad que hoy día no alcanzan más que poquísimas personas. Que Erixímaco no critique estas últimas palabras creyendo que con ellas aludo a Pausanias y a Agatón, porque quizá pertenecen ambos a ese pequeño número y también a la naturaleza masculina. Sea como quiera, estoy seguro de que todos, hombres y mujeres, seremos felices si, gracias al amor, encontramos cada uno nuestra mitad y volvemos a la unidad de nuestra naturaleza primitiva. Y si este antiguo estado es el mejor, el que más se le aproxima en este mundo tiene que ser por fuerza el mejor, y es el poseer un amado como se deseaba. Si, pues, tenemos que alabar al dios que nos procura esta felicidad, alabemos al amor, que no solamente nos sirve mucho en esta vida, conduciéndonos a lo que nos es propio, sino porque además da los más poderosos motivos para esperar que si tributamos fielmente a los dioses lo que les es debido, él nos devolverá a nuestra primitiva naturaleza después de esta vida, curará nuestras enfermedades y nos proporcionará una pura felicidad. He aquí, Erixímaco, mi discurso en elogio del amor; es diferente del tuyo, pero vuelvo a conjurarte una vez más a que no te burles de él y así podremos escuchar los otros, mejor dicho, los dos otros, porque solamente faltan por hablar Sócrates y Agatón.»

Te obedeceré, dijo Erixímaco, y con tanto más agrado por lo mucho que tu discurso me ha encantado, tanto que si no conociera la altura a que se eleva la elocuencia de Agatón y Sócrates en la materia del amor, temería mucho que se quedaran muy cortos a tu lado por haber dejado entre todos completamente agotado el tema después de lo que aquí se ha dicho. Y, sin embargo, espero mucho de ellos.

Has sabido salir muy airoso de la empresa, dijo Sócrates, pero si en este momento pudiera cambiarte conmigo, Erixímaco, y sobre todo después de que haya hablado Agatón, temblarías de temor y estarías tan apurado como yo. —Quieres hacerme víctima de un maleficio, dijo Agatón a Sócrates, y turbarme haciéndome creer que esta asamblea está nerviosa esperando que me va a oír decir verdaderas maravillas. —Muy corto de memoria tendría que ser, querido Agatón, replicó Sócrates, si después de haberte visto subir a la escena tan tranquilo y seguro de ti mismo y rodeado de comediantes y oído recitar tus versos sin el menor asomo de emoción y mirando a la concurrencia, me imaginara que te ibas a turbar delante de unos cuantos oyentes. —¡Ah querido Sócrates!, respondió Agatón, no creas que me embriagarán tanto los aplausos del teatro para hacerme olvidar que para el hombre sensato el juicio de un pequeño número de sabios es mucho más de temer que el de una multitud de locos. —Sería injusto, Agatón, amigo mío, si tuviese tan mala opinión de ti; estoy persuadido de que si te encontraras con un pequeño número de personas a las que creyeras sabias, las preferirías a la muchedumbre; pero nosotros quizá no nos contamos en ese número, porque estuvimos en el teatro y formamos parte del gentío. Pero suponiendo que te encontrases con otros que fueran sabios, ¿no temerías hacer algo que pudieran desaprobarte? ¿Qué crees? —Que tienes razón, respondió Agatón. Fedro no le dejó contestar, porque tomó la palabra y dijo: Si continúas contestando a las preguntas que te haga Sócrates, no se apurará por no tenerte que preguntar, porque no hay nada que le agrade tanto como poder hablar, sobre todo si su interlocutor es bello. No puedo negar que disfruto oyendo hablar a Sócrates, pero debo cuidar de que el Amor reciba los elogios que le hemos prometido y de que cada uno de nosotros pague su tributo. Cuando estéis en paz con el dios podréis reanudar vuestra charla. —Tienes razón, Fedro, dijo Agatón, y nada me impide que hable, porque en otra ocasión podré reanudar la conversación con Sócrates. Voy primeramente a establecer el plan de mi discurso y después empezaré.

«Me parece que todos los que hasta ahora han hablado ha sido, más que alabando al Amor, felicitando a los hombres por la dicha que este dios les concede; pero, ¿quién es el autor de tantos beneficios? Nadie lo ha dado a conocer. Y, sin embargo, la única manera de alabar es explicar la naturaleza de la cosa de que se trata y desarrollar los efectos que produce. Así, para elogiar al amor, hay que decir primeramente quién es y a continuación hablar de sus beneficios. Digo, pues, que de todos los dioses, si puede decirse sin cometer un crimen, es el más feliz, porque es el más bello y el mejor. Es el más bello porque, primeramente, Fedro es el más joven de los dioses, y él mismo prueba lo que digo, puesto que en su carrera se escapa a la vejez, y eso que su carrera va bastante deprisa, como se ve, más deprisa al menos de lo que nos conviene. El Amor la detesta naturalmente y huye de ella cuando puede; en cambio acompaña a la juventud y se complace en ir con ella, porque la antigua máxima dice que lo parecido se une siempre a lo parecido. Así es que estando de acuerdo con Fedro en muchos otros puntos, no puedo convenir con él en que el Amor sea más antiguo que Crono y Jápeto. Sostengo, al contrario, que es el más joven de los dioses y que su juventud es eterna. Estas viejas querellas de los dioses que nos refieren Hesíodo y Parménides, si fueron ciertas, que no lo sabemos, se producirían bajo el imperio de la necesidad y no del Amor, porque entre los dioses no hubiera habido mutilaciones ni cadenas ni tantas otras violencias si el Amor hubiera estado con ellos, y la paz y la amistad los habrían unido como ahora desde que el Amor es el que reina entre ellos. Es, pues, cierto que es joven y además delicado. Pero haría falta un poeta como Homero para cantar la delicadeza de este dios. Homero dice que Ate es diosa y delicada: "Sus pies, dice, son delicados, porque jamás los posa sobre la tierra, pues marcha pisando la cabeza de los hombres."

»Me parece que es bastante decir para probar lo delicada que es Ate, que no se apoya en lo que es duro, sino en lo que es suave. Me serviré de una prueba parecida para mostraros cuán delicado es el Amor. No anda sobre la tierra ni sobre las cabezas, que no presentan un punto de apoyo muy suave, pero sí camina y reposa sobre las cosas más tiernas, porque es en los corazones y las almas de los dioses y de los hombres donde establece su morada. Y todavía no en todas las almas, porque se aleja de los corazones duros y no reposa más que en los corazones tiernos. Y como jamás toca con el pie ni con ninguna otra parte de su cuerpo más que la parte más delicada de los seres más delicados, es preciso que por fuerza sea de una extrema delicadeza. Es, pues, el más joven y el más delicado de los dioses. Además, es de una esencia sutil, porque si no, no podría extender en todos sentidos ni penetrar inadvertido en todas las almas ni salir de ellas si fuera de una sustancia sólida, y lo que sobre todo hace reconocer en él una esencia sutil y moderada es la gracia que, según voz general, le distingue eminentemente, porque el amor y la fealdad están en continua pugna. Como vive entre las flores, no se puede dudar de la frescura de su tez. Y, en efecto, el Amor no se detiene jamás en donde no hay flores o ha dejado de haberlas, sea en un cuerpo, en un alma o en cualquier otra cosa, pero se posa y permanece donde encuentra flores y perfumes delicados. Se podrían aportar muchas otras pruebas de la belleza de este dios, mas éstas son suficientes. Hablemos ahora de su virtud. La ventaja mayor de que disfruta el Amor es que no puede recibir ofensa alguna por parte de los dioses ni de los hombres, a los que tampoco podría él ofender, porque si sufre o hace sufrir es sin constreñir, porque la violencia y el Amor son incompatibles. Al Amor se le someten voluntariamente los hombres y a todo acuerdo aceptado voluntariamente lo declaran justo las leyes, reinas del Estado. Pero el Amor no es solamente justo, es además de la mayor temperancia, porque ésta consiste en triunfar de los placeres y de las pasiones; pero, ¿hay algún placer que supere al amor? Si todos los placeres y pasiones son inferiores al amor es porque éste los domina, y si los domina tiene que tener por fuerza una templanza incomparable. En cuanto a su fuerza, ni la de Ares puede igualársele, porque no es Ares quien posee al Amor, sino el Amor a Ares. Del amor a Afrodita, dicen los poetas: el que posee es más fuerte que el poseído, y sobrepujar al que sobrepuja a los demás, ¿no es ser el más fuerte de todos? Después de haber hablado de la justicia, de la templanza y de la fuerza de este dios, nos resta todavía probar su habilidad. Procuremos cuanto nos sea posible no ser parcos al ponderarla. Para honrar a mi arte, como Erixímaco ha querido honrar al suyo, diré que el Amor es un poeta tan hábil que de quien mejor le parece hace un poeta. Y llega a serlo efectivamente, por extraño que antes se fuera a las Musas, en cuanto el Amor le inspira, lo que prueba que el Amor descuella en todas las obras propias de las Musas, porque no se enseña lo que se ignora, como no se da lo que no se tiene. ¿Podría negarse que todos los seres vivientes son obra del Amor desde el punto de vista de su producción y de su nacimiento? ¿Y no vemos que en todas las artes quien ha recibido lecciones del Amor se hace hábil y célebre, mientras permanece oscuro cuando no está inspirado en ese dios? Bajo el dominio del Amor y de la pasión descubrió Apolo el arte de disparar el arco, la medicina y la adivinación, de manera que puede decirse que es discípulo del Amor, como lo son las Musas en la música. Hefesto en el arte de forjar los metales, Atenea en el de tejer y Zeus en el de gobernar a los dioses y los hombres. Si la concordia se restableció entre los dioses, es preciso atribuirla al Amor, es decir, a la belleza, porque el Amor no se aviene con fealdad. Antes del Amor, como he dicho al principio, pasaron muchas cosas deplorables entre los dioses durante el reinado de la necesidad. Mas apenas nació este dios brotaron del Amor toda clase de bienes para los dioses y los hombres. He aquí, Fedro, por qué me parece que el Amor es muy bello y muy bueno y además comunica a los otros estas mismas ventajas. Terminaré con su homenaje poético; es el Amor quien da

> *la paz a los hombres, la calma al mar,*
> *el silencio a los vientos, un lecho y el sueño al dolor.*

»Es el que aproxima a los hombres impidiéndoles ser unos extraños; es el principio y lazo de toda sociedad, de toda reunión amistosa, y preside las fiestas, los coros y los sacrificios; llena de dulzura y destierra la aspereza. Es pródigo en benevolencia y avaro en odio. Propicio a los buenos, admirado de los sabios, grato a los dioses, objeto de los deseos de los que todavía no lo tienen, precioso tesoro de los que lo poseen, padre del lujo, de las delicias, de la voluptuosidad, de los dulces encantos, de los tiernos deseos y de las pasiones; vela por los buenos y descuida a los malos. En nuestras penas, en nuestros temores, en nuestras añoranzas y en nuestras palabras es nuestro consejero, nuestro sostén y nuestro salvador. Es, en fin, la gloria de los dioses y de los hombres, el mejor y el más hermoso de los dueños a quien todo mortal debe seguir y repetir en loor suyo los himnos que él mismo canta para derramar la dulzura entre los dioses y entre los hombres. A este dios, Fedro, consagro mi discurso, que he pronunciado lo mejor que he podido.»

Cuando Agatón terminó de hablar, le aplaudieron todos los oyentes, que declararon había hablado de una manera digna de un dios y de él; después se dirigió Sócrates a Erixímaco: —Y bien, hijo de Acúmeno, dijo, ¿no tenía yo motivos de temor y no he sido buen profeta cuando os anuncié que Agatón pronunciaría un admirable discurso y me pondría en un grave aprieto? —Has sido un buen profeta, dijo Erixímaco, al decirnos que Agatón hablaría muy bien; pero me figuro que no al predecirnos que ibas a verte apurado. —Pero, querido amigo, replicó Sócrates, ¿quién no se apuraría tanto como yo teniendo que hablar después de un discurso tan bello, tan variado y tan admirable en todas sus partes, pero principalmente al final, en que las expresiones son de una belleza tan acabada que no se las podría escuchar sin sentirse emocionado? Me siento tan incapaz de decir nada tan bello, que avergonzado habría desertado de mi puesto si me hubiera sido posible, porque la elocuencia de Agatón me ha recordado a Gorgias hasta tal punto, que verdaderamente me ha ocurrido lo que dice Homero: «Temí que al acabar Agatón no lanzara sobre mi discurso la cabeza de Gorgias, el terrible orador, y petrificara mi lengua.» Al mismo tiempo reconocí mi ridiculez al comprometerme con vosotros a celebrar el Amor cuando me llegara el turno, y sobre todo al vanagloriarme de ser un sabio en el amor, yo que no sé alabar nada. En efecto, hasta ahora había sido bastante ingenuo para creer que en un panegírico sólo debían citarse hechos verdaderos; que esto era lo esencial y que después sólo se trataría de escoger entre esas cosas las más bellas y disponerlas de la manera más conveniente. Tenía, pues, gran esperanza en hablar bien, creyendo saber la verdadera manera de alabar. Pero parece que este método no vale nada y que es preciso atribuir las mayores perfecciones al objeto cuyo elogio se ha propuesto hacer, aunque no las tenga, porque la veracidad o la falsedad en esto no tienen importancia, como si se hubiese convenido, a lo que parece, en que cada uno de nosotros aparentará hacer el elogio del Amor, pero en realidad no lo hiciera. Por esto me figuro que atribuís al Amor todas las perfecciones y que lo describís tan grande y causa de tan grandes cosas; queréis hacerlo parecer muy bello y muy bueno; me refiero a los que no conocen el asunto, no ciertamente a la gente ilustrada. Esta manera de alabar es hermosa e imponente, pero me era completamente desconocida cuando os prometí alabarlo en el momento en que me llegara mi turno. Ha sido, pues, mi lengua y no mi corazón quien contrajo este compromiso. Permitidme, por tanto, que le rompa, porque todavía no estoy en disposición de haceros un elogio de este género. Pero si queréis hablaré a mi manera, refiriéndome solamente a cosas verdaderas sin caer en el ridículo de pretender contender con vosotros disputándoos la elocuencia. Mira, pues, Fedro, si te conviene escuchar un elogio que no irá más allá de los límites de la verdad y en el que no habrá efectos rebuscados en las palabras ni en sus sintaxis. Fedro y las otras personas de la asamblea le dijeron que hablara como quisiera. —Permíteme entonces, Fedro, que antes haga algunas preguntas a Agatón, a fin de que, seguro de su consentimiento, pueda hablar con más confianza. —Puedes preguntarle cuanto gustes, respondió Fedro. Y Sócrates comenzó:

«Encuentro, mi querido Agatón, que entraste admirablemente en materia al decir que había que empezar por enseñar ante todo cuál es la naturaleza del amor, y en seguida cuáles sus efectos. Tu proemio me ha complacido. Veamos ahora, después de todo lo magnífico y bello que has dicho de la naturaleza del amor, lo que me contestas a esta pregunta: ¿Es el amor de alguna cosa o de nada? Y no te pregunto si es hijo de un padre o de una madre porque sería ridículo. Pero si, por ejemplo, y a propósito de un padre, te preguntara si es o no padre de alguien, tu respuesta para ser justa debería ser que es padre de un hijo o de una hija; ¿no es así? —Sí, sin duda, dijo Agatón. —¿Y sería lo mismo de una madre? Agatón volvió a mostrarse conforme. —Permíteme que te haga todavía algunas preguntas para descubrirte mejor mi pensamiento: un hermano, por su calidad de serlo, ¿es hermano de alguien o no? —Tiene que ser hermano de alguien, respondió Agatón. —De un hermano o de una hermana. Agatón dijo que sí. —Procura, pues, replicó Sócrates, mostrarnos si el Amor no es el amor de nada o si lo es de alguna cosa. —De alguna cosa seguramente. —Retén en tu memoria lo que afirmas y no olvides que el Amor es amor; pero antes de ir más lejos, dime si el Amor desea la cosa de la que es amor. —Sí, ciertamente. —Pero, prosiguió Sócrates, ¿posee la cosa que desea y ama o no la posee? —Me parece lo más verosímil que no la posea, contestó Agatón. —¿Verosímil? Piensa más bien si no es preciso que al que desea le falta la cosa que desea o bien que no la desee si no le falta. A mí, Agatón, me parece necesaria esta consecuencia. ¿Y a ti? —A mí también. —Perfectamente: así, ¿el que es alto desearía ser alto; el que es fuerte, fuerte? —Esto es imposible después de lo que hemos convenido. —Porque no se sabría prescindir de lo que se tiene. Tienes razón. —Si el que es fuerte, replicó Sócrates, deseara ser fuerte, el que es ágil ser ágil y el que está bien de salud estarlo…, puede ser que alguno se imagine en este caso y otros análogos que los que son fuertes, ágiles y están sanos y poseen todas estas ventajas desean todavía lo que ya poseen. Para que no caigamos en una ilusión semejante es por lo que insisto acerca de esto. Si quieres reflexionar un poco verás que lo que esta gente posee lo posee necesariamente, quiera o no; ¿cómo, pues, lo desearía? Si alguno rico y hallándose perfectamente me dijese: Estoy rico y sano y deseo la riqueza y la salud; deseo, por consiguiente, lo que ya tengo, podríamos responderle: Posees riquezas, salud y fuerza; si las deseas es para el porvenir porque ahora, quieras o no, las tienes. Mira, pues, si cuando dices: deseo una cosa que ahora poseo, ¿no significa esto: deseo poseer en el porvenir lo que tengo en este momento? ¿No crees que dirá que sí? —Estoy convencido de ello. —Pues bien, continuó Sócrates, ¿no es amar lo que no se está seguro de poseer, lo que no se posee todavía, el desear tenerlo en el porvenir como lo que actualmente se posee? —Sin duda. —Entonces, en este caso, como en cualquier otro, quien quiera que desee, desea lo que no está seguro de poseer en aquel momento, lo que no posee, lo que no tiene y lo que le falta. Esto es lo que es desear y amar. —Ciertamente. —Reparemos, añadió Sócrates, en todo lo que acabamos de decir. Primero: que el Amor es amor de alguna cosa, y, en segundo lugar, de una cosa que falta. —Sí, dijo Agatón. —Acuérdate ahora de que, según tú, el Amor es amor. Si quieres te lo recordaré. —Has dicho, me parece, que la concordia se restableció entre los dioses por el amor de lo bello, porque no hay amor de la fealdad. ¿No es esto lo que has dicho? —En efecto, lo he dicho. Y con razón, querido amigo. Y si es así, ¿el Amor es, pues, el amor de la belleza y no de la fealdad? Agatón asintió. Pero, ¿no convinimos en que se aman las cosas que nos hacen falta y que no poseemos? —Sí. —Entonces el Amor carece de belleza y no la posee. —Necesariamente. —Pero, ¿llamas bello a lo que le falta la belleza y no la posee de ninguna clase? —No, por cierto. —Y si es así, ¿sigues asegurando todavía que el amor es bello? —Temo mucho no haber comprendido bien lo que dije, respondió Agatón. Hablabas muy cuerdamente, Agatón, pero continúa contestándome: ¿te parece que las cosas buenas son bellas? —Me lo parece. —Si, pues, el Agatón carece de belleza y lo bello es inseparable de lo bueno, el Amor carece también de bondad. —Hay que reconocerlo así, porque no hay posibilidad de resistirse a ti, Sócrates. —A la verdad, querido Agatón, es a la que no es posible resistirse, porque resistirse a Sócrates no tiene ninguna dificultad. Pero ahora voy a dejarte en paz para ocuparme de un discurso que me dijo un día una mujer de Mantinea llamada Diotima. Era una mujer muy versada en todo lo concerniente al Amor y a muchas otras cosas. Ella fue la que prescribió a los atenienses los sacrificios que suspendieron durante diez años una peste que los amenazaba. Todo lo que sé del Amor, lo aprendí de ella. Voy a tratar de repetir lo mejor que pueda, después de lo que tú y yo hemos convenido, Agatón, la conversación que tuve con ella; y para no apartarme de tu método, explicaré primero lo que es Amor y a continuación cuáles son sus defectos. Me parece que me será más fácil repitiéndoos fielmente la conversación que mantuvimos la extranjera y yo.

»Había dicho a Diotima casi las mismas cosas que Agatón acaba de decir: que el Agatón era un gran dios y lo era de las cosas bellas. Y ella se servía de las mismas razones que acabo de emplear contra Agatón para probarme que no era bello ni bueno. Le repliqué: Pero, ¿qué dices, Diotima, que el Agatón es feo y malo? —Habla mejor, me respondió ella. ¿Crees que todo lo que no es bello tiene forzosamente que ser feo? —Lo creo, sí. —¿Y que no se puede carecer de ciencia sin ser un ignorante? ¿O no has observado que existe un término medio entre la sabiduría y la ignorancia? —¿Cuál es? —Tener formada una opinión verdadera sin poder dar la razón de ella; ¿no sabes que eso no es ni ser sabio, porque la ciencia tiene que fundarse en razones ni ser ignorante, puesto que a lo que participa de la verdad no se le puede llamar ignorancia? La opinión verdadera ocupa, pues, el justo término entre la ciencia y la ignorancia. Confesé a Diotima que tenía razón. —Pues no deduzcas entonces, replicó ella, que todo lo que no es bello tiene necesariamente que ser feo y que todo lo que no es bueno ha de ser por fuerza malo. Y por haber tenido que reconocer que el amor no es bello ni bueno no vayas a creer que necesariamente sea feo y malo; creo solamente que es un término medio entre lo uno y lo otro, o sea, entre los contrarios. —Sin embargo, le repliqué, todo el mundo está de acuerdo en afirmar que el Amor es un dios muy grande. —Al decir todo el mundo, ¿a quién te refieres, Sócrates; a los sabios o a los ignorantes? —A todo el mundo sin excepción, repuse. —¿Cómo puede pasar por un gran dios entre aquellos que ni siquiera le reconocen por un dios? —¿Quiénes pueden ser ésos?, dije. —Tú y yo, me respondió ella. —¿Cómo puedes probármelo? —No me va a ser difícil. Contéstame. —No me has dicho que todos los dioses son bellos y dichosos o te atreverías a pretender que hay algunos de ellos que no sean dichosos ni bellos? —No, ¡por Zeus! —¿No llamas dichosos a los poseedores de las cosas bellas y buenas? —Ciertamente. —Pero conviniste en que el Amor desea las cosas buenas y bellas y que el deseo es una prueba de privación. —En efecto, convine en ello. —¿Cómo, pues, replicó Diotima, puede el Amor ser un dios estando privado de lo que es bello y bueno? —Parece que tiene que ser imposible. —¿No ves, pues, que tú también piensas que el Amor no es un dios? —Qué, le respondí, ¿acaso es mortal el Amor? —No. —Pues entonces dime, Diotima, ¿qué es? —Es, como te decía hace un momento, algo intermedio entre lo mortal y lo inmortal. —Pero, en fin, ¿qué es? —Un gran demonio, Sócrates, porque todo demonio ocupa el medio entre los dioses y los hombres. —¿Qué función tienen los demonios?, pregunté. —Ser los intérpretes e intermediarios entre los dioses y los hombres, llevar al Cielo las plegarias y sacrificios de los hombres y transmitir a éstos los mandatos de los dioses y la remuneración de los sacrificios que les ofrecieron. Los demonios pueblan el intervalo que separa al Cielo de la Tierra y son el lazo que une el gran todo. De ellos proviene toda la ciencia de la adivinación y el arte de los sacerdotes en lo que se refiere a los sacrificios, a los misterios, encantamientos, profecías y la magia. Como la naturaleza divina no entra jamás en comunicación directa con los hombres, es por medio de los demonios como los dioses alternan y hablan con ellos, sea en el estado de vigilia o durante el sueño. El que es sabio en todo esto es un demonio, y el que es hábil en lo demás, en las artes y en los oficios, un hombre vulgar. Los demonios son numerosos y de varias especies, y el Amor es uno de ellos. ¿A qué padres debe el haber nacido?, dije a Diotima. —Voy a decírtelo, aunque sea un poco largo, me contestó.

»Cuando nació Afrodita celebraron los dioses un gran festín y entre ellos se encontraba Poros, hijo de Metis. Después de la gran comida se presentó Penía solicitando unas migajas sin atreverse a pasar de la puerta. En aquel momento Poros, embriagado de néctar (porque entonces todavía no se bebía vino), salió de la sala y entró en el jardín de Zeus, donde el sueño no tardó en cerrar sus párpados cansados. Penía entonces, instigada por su penuria, ideó tener un hijo de Poros; se acostó a su lado y fue madre del Amor. He aquí por qué el Amor fue el compañero y servidor de Afrodita, puesto que fue concebido el mismo día que ella nació, y además porque por su naturaleza ama la belleza y Afrodita es bella. Y como hijo de Poros y de Penía, mira cuál fue su herencia: desde luego es pobre, y lejos de ser hermoso y delicado, como se piensa generalmente, está flaco y sucio, va descalzo, no tiene domicilio, ni más lecho ni abrigo que la tierra; duerme al aire libre en los quicios de las puertas y en las calles; en fin, está siempre, como su madre, en precaria situación. Pero, por otra parte, ha sacado de su padre el estar siempre sobre la pista de todo lo que es bueno y bello; es varonil, osado, perseverante, gran cazador, siempre inventando algún artificio, ansioso de saber y aprendiendo con facilidad, filosofando incesantemente, encantador, mago y sofista. Por su naturaleza no es mortal ni inmortal; pero en un mismo día está floreciente y lleno de vida mientras está en la abundancia, y luego se extingue para revivir por efecto de la naturaleza paterna. Todo lo que adquiere se le escapa sin cesar, de manera que nunca es rico ni pobre. Al mismo tiempo se encuentra entre la sabiduría y la ignorancia, porque ningún dios filosofa ni desea ser sabio, puesto que la sabiduría va anexa a la propia naturaleza divina, y en general quien es sabio no filosofa. Lo mismo ocurre a los ignorantes; ninguno de ellos filosofa ni desea llegar a ser sabio, porque la ignorancia tiene el enojoso defecto de convencer a los que no son hermosos, ni buenos, ni sabios, de que poseen estas cualidades, y nadie desea las cosas de las que no se cree desprovisto. —Pero Diotima, ¿quiénes son, pues, los que filosofan si no lo son los sabios ni los ignorantes? —Hasta para un niño es evidente, y el Amor es lo que es amado y no lo que ama. Creo que el Amor es de ese número. La sabiduría es una de las cosas más bellas del mundo; ahora bien: el Amor ama lo que es bello, luego hay que convenir en que el Amor es amante de la sabiduría, es decir, filósofo, y como tal ocupa el lugar entre el sabio y el ignorante. Esto lo debe a su nacimiento, porque es hijo de un padre sabio y rico y de una madre que no es rica ni sabia. Tal es, mi querido Sócrates, la naturaleza de este demonio. No me sorprende la idea que de él te habías formado, porque creías, por lo que he podido conjeturar por tus palabras, que el Amor es lo que es amado y no lo que ama. Creo que el Amor te parecía muy bello porque lo amable es la belleza real, la gracia, la perfección y el soberano bien. Pero el que ama es de una naturaleza muy diferente, como acabo de explicar. —Está bien, extranjera, sea: razonas muy bien, pero si el Amor es como dices, ¿qué utilidad presta a los hombres? —Esto es, Sócrates, lo que ahora voy a procurar hacerte comprender. Conocemos la naturaleza y el origen del Amor, que es, como dices, el amor de lo bello. Pero si alguno de nosotros pregunta: ¿qué es el amor de lo bello, Sócrates y Diotima?, o para hablar más claramente: el que ama a lo bello, ¿qué es lo que ama? —Poseerlo, respondí. —Esta respuesta exige nueva pregunta, dijo ella: ¿qué ganará con la posesión de lo bello? Repuse que no estaba en disposición de contestar inmediatamente a aquella pregunta. —Y si se cambiasen los términos y poniendo lo bueno en lugar de lo bello te preguntaran: Sócrates, el que ama lo bueno, ¿qué es lo que ama? —Poseerlo. —¿Y qué ganará poseyéndolo? —Esta vez me parece más fácil la respuesta: que será dichoso. —Porque la posesión de las cosas buenas hace dichosos a los seres y ya no hay necesidad de preguntar por qué el que quiere ser dichoso quiere serlo; tu respuesta me parece que satisface a todo. —Es verdad, Diotima. —Pero, ¿te imaginas que este amor y esta voluntad sean comunes a todos los hombres y que todos quieren siempre tener lo que es bueno u opinas de otro modo? —No, creo que todos tienen siempre este deseo y esta voluntad. —¿Por qué, pues, Sócrates, no decimos de todos los hombres que aman, si todos aman siempre la misma cosa? ¿Por qué lo decimos de los unos y no de los otros? —Esto me extraña mucho. —Pues no te extrañe: nosotros distinguimos una especie particular de amor y la llamamos amor, con el nombre de todo el género, mientras que para las demás especies empleamos términos diferentes. —Por favor, un ejemplo. —He aquí uno. Sabes que la palabra poesía tiene numerosas acepciones; en general, expresa la causa que haga pasar lo que quiera que sea del no ser al ser, de manera que toda obra de arte es una poesía, y todo artista y todo obrero, un poeta. —Es verdad. —Y, sin embargo, ves que no se les llama poetas, sino que se les da otros nombres, y que una sola especie de poesía tomada separadamente, la música y el arte de los versos, ha recibido el nombre de todo el género. Y, en efecto, esta sola especie es la que se llama poesía y únicamente a los que la poseen se les da el nombre de poetas. —También es verdad. —Lo mismo ocurre con el amor; en general, es el deseo de lo que es bueno y nos hace felices; es el gran amor seductor innato de todos los corazones. Pero de todos los que en las diversas direcciones tienden a este fin, hombres de negocios, atletas, filósofos, no se dice que aman y no se los llama amantes; sólo a los que se entregan a una especie de amor se les da el nombre de todo el género y sólo a ellos se les aplican las palabras amar, amor y amantes. —Me parece que tienes razón, le dije. —Se ha dicho, siguió diciendo Diotima, que buscar la mitad de sí mismo es amar, pero yo pretendo que amar no es buscar la mitad ni el todo de sí mismo cuando ni esta mitad ni este todo son buenos; y la prueba, amigo mío, es que consentimos en dejarnos cortar el brazo o la pierna, aunque nos pertenecen, si juzgamos que estos miembros están atacados de un mal incurable. En efecto, no es lo nuestro lo que amamos, a menos que sólo miremos como nuestro y perteneciéndonos por derecho propio lo que es bueno y como extraño lo malo, porque los hombres sólo aman lo bueno. ¿No es esta tu opinión? —¡Por Zeus!, pienso como tú. —¿Basta entonces con decir que los hombres aman lo bueno? —Sí. —Pero ¿no es preciso añadir que también deseen poseerlo? —Sí, es preciso. —¿Y no solamente poseerlo, sino poseerlo siempre? —También es preciso. —En suma, pues, consiste el amor en querer poseer siempre lo bueno. —Nada tan exacto, respondí. —Si tal es en general el amor, ¿cuál es el acto particular en que el buscar y perseguir con ardor lo bueno toma el nombre de amor? ¿Cuál es? ¿Puedes decírmelo? —No, Diotima; si no fuera así no estaría admirando tu sabiduría y no habría venido a buscarte para aprender de ti estas verdades. —Pues te lo voy a decir: es la producción en la belleza, sea por el cuerpo o sea por el alma. —He aquí un enigma que exige un adivino para solucionarlo; te confieso que no lo comprendo. —Voy a hablar más claramente. Todos los hombres, Sócrates, son aptos para engendrar lo mismo corporal que espiritualmente, y cuando llegan a cierta edad su naturaleza los incita a producir. Pero ésta no puede producir en la fealdad, sino en la belleza; la unión del hombre y de la mujer es una producción, y esta producción una obra divina, fecundación y generación, a las cuales el ser mortal debe su inmortalidad. Pero estos efectos no podrían verificarse en lo que es discordante. Más la fealdad no puede armonizar con nada que sea divino; únicamente la belleza. La belleza es, pues, para la generación lo que la Moira y la Ilitía. Por esto el ser fecundante, al acercarse lleno de amor y júbilo a lo bello, se dilata, engendra y produce. En cambio, cuando triste y enfriado se aproxima a la fealdad, se vuelve de espaldas, se contrae, torna reservado y no engendra, llevándose con dolor su germen fecundo. En el ser fecundante y lleno de vigor para producir, es éste el origen de la ardiente persecución de la belleza que debe librarle de grandes dolores. Porque la belleza, Sócrates, no es como te imaginas el objetivo del amor. —¿Cuál es entonces? —La generación y la producción en la belleza. —Sea, respondí. —No cabe dudarlo, replicó Diotima. —Pero, ¿por qué es la generación el objeto del amor? —Porque la generación es la que perpetúa la familia de los seres animados y le da inmortalidad compatible con la naturaleza mortal. Pero después de todo lo que hemos convenido es necesario unir al deseo de lo bueno el deseo de la inmortalidad, puesto que el amor consiste en desear que lo bueno nos pertenezca siempre. De esto se deduce que la inmortalidad es también un objetivo del amor.

»Tales fueron las enseñanzas que me dio Diotima en nuestras conversaciones acerca del amor. Un día me dijo: —¿Cuál es, según tú, Sócrates, la causa de este deseo y de este amor? ¿No has observado el estado extraño en que se encuentran los animales terrestres y volátiles cuando sienten el deseo de engendrar? ¿Cómo enferman todos, qué agitación amorosa al principio durante la época del acoplamiento; después, cuando se trata de alimentar a su progenie, cómo hasta los más débiles están siempre dispuestos a luchar contra los más fuertes y a morir por ella y cómo se imponen hambre y toda clase de privaciones para que aquélla pueda vivir? Tratándose de los hombres, podría creerse que obran así por convicción, pero de los animales, ¿sabrías decirme dónde adquieren estas disposiciones amorosas? Le contesté que lo ignoraba. Ignorando esto, ¿esperas llegar a ser sabio algún día en cosas del amor? —Pero Diotima, para serlo he venido a buscarte, sabedor de que tengo necesidad de lecciones. Explícame, pues, lo que te pedí me explicaras y todas las demás cosas que se relacionan con el amor. —Pues bien, dijo ella, si crees que el objeto natural del amor es el que hemos convenido varias veces, no debe preocuparte mi pregunta, porque aquí, como precedentemente, es también la naturaleza mortal la que quiere perpetuarse y hacerse tan inmortal como le es posible. Y el único medio de que dispone para lograrlo es el nacimiento, que sustituye a un individuo viejo por un joven. Efectivamente, por más que se diga de un individuo, desde que nace hasta que muere, que vive y que es siempre el mismo, en realidad no se encuentra nunca en el mismo estado ni en la misma envoltura, sino muere y renace sin cesar en sus cabellos, en su carne, en sus huesos, en su sangre, en una palabra, en todo su cuerpo, y no solamente en su cuerpo, sino también en su alma; sus hábitos, costumbres, opiniones, deseos, placeres, penas, temores y todas sus afecciones no permanecen nunca los mismos; nacen y mueren continuamente. Pero lo más sorprendente es que sólo nacen y mueren en nosotros nuestros conocimientos de la misma manera (porque en este sentido cambiamos incesantemente), sino que cada uno de ellos en particular experimenta las mismas vicisitudes. En efecto, lo que llamamos reflexionar se refiere a un conocimiento que se borra, porque el olvido es la extinción de un conocimiento. Pero al formar la reflexión en nosotros un nuevo recuerdo que sustituye al que se va, conserva en nosotros ese conocimiento tanto, que creemos que es el mismo. Así se conservan todos los seres mortales; no permanecen en absoluto y siempre los mismos, como lo que es divino, pero el que envejece deja en su lugar un individuo joven parecido a lo que era él mismo. Aquí tienes, Sócrates, cómo todo lo que es mortal, el cuerpo y lo demás, participa de la inmortalidad. En cuanto al ser inmortal, es por otra razón. No te asombre, pues, que todos los seres animados asignen tanta importancia a su descendencia, porque es del deseo de la inmortalidad de donde proceden la solicitud y el amor que los animan.

Después que hubo hablado de esta suerte, le dije, poseído de admiración: —Muy bien, sapientísima Diotima; pero, ¿es realmente como dices? Ella, con el tono de un perfecto sofista, me contestó: —No lo dudes, Sócrates, y si ahora quieres reflexionar un poco acerca de la ambición de los hombres, te parecerá poco de acuerdo con estos principios, a menos que no pienses en lo muy poseídos que están los hombres del deseo de crearse un nombre y de adquirir una gloria inmortal en la posteridad, y que este deseo, más aún que el amor paternal, es lo que los lleva a afrontar todos los peligros, sacrificar su fortuna, soportar todas las fatigas y hasta perder la vida. ¿Crees efectivamente que Alcestis hubiera sufrido la muerte en lugar de Admeto; que Aquiles la habría buscado para vengar a Patroclo y que vuestro Codro se habría sacrificado para asegurar la realeza a sus hijos, si no hubiesen esperado dejar este imperecedero recuerdo de su virtud que aún vive entre nosotros? Era preciso, continuó Diotima. Pero para esta inmortalidad de la virtud, para esta noble gloria, no creo que haya nada tan eficaz como que cada uno obre con tanto más ardor mientras más virtuoso sea, porque todos aman lo que es inmortal. Los que son fecundos según el cuerpo, aman a las mujeres y se dirigen con preferencia a ellas, creyendo asegurarse por la procreación de hijos la inmortalidad, la perpetuidad de su nombre y la felicidad en el transcurso de los tiempos. Pero los que son fecundos por el espíritu... porque hay quienes son mucho más fecundos del espíritu que del cuerpo para las cosas que el espíritu es llamado a producir. ¿Qué cosas son estas que el espíritu es llamado a producir? La sabiduría y las otras virtudes nacidas de los poetas y de todos los artistas dotados del genio de la inventiva. Pero la sabiduría más excelsa y más bella es la que preside al gobierno de los Estados y de las familias humanas y se la denomina prudencia y justicia. Cuando, pues, un mortal divino lleva en su alma desde la infancia el germen de estas virtudes y llegado a la madurez de la edad desea engendrar y producir, va errante de un lado a otro buscando la belleza en la cual podrá engendrar, porque jamás podría en la fealdad. En el ardor de producir se aficiona, pues, a los cuerpos hermosos con preferencia a los feos, y si encuentra en un cuerpo bello un alma también bella, generosa y bien nacida, esta reunión le complace soberanamente, y para un hombre tal encuentra en seguida una abundancia de discursos acerca de la virtud, los deberes y ocupaciones del hombre de bien, dedicándose a instruirle, porque el contacto y el comercio con la belleza le hacen engendrar y producir aquello cuyo germen llevaba. Ausente y presente, piensa siempre en su bien amado y en común alimenta a los frutos su unión. Por esto son mucho más fuertes e íntimos que los lazos de la familia y los lazos y la afección que los unen, porque sus hijos son más bellos y más inmortales. Y no hay nadie que no prefiera tales hijos a toda otra posteridad si considera y admira las producciones que Homero y Hesíodo dejaron y el renombre y el recuerdo inmortal que esos hijos inmortales proporcionan a sus padres; o bien si se acuerda de los hijos que Licurgo dejó a Lacedemonia, que fueron la salvación de aquella ciudad y hasta diría que de toda Grecia. A Solón también lo reverencian como padre de las leyes, y a otros grandes hombres se les tributa honores, lo mismo en Grecia que en las comarcas de los bárbaros, porque produjeron una porción de obras admirables y engendraron toda clase de virtudes. Tales hijos son los que les han valido templos, pero los hijos del cuerpo en ninguna parte han servido para honrar a sus padres.

»Es posible, Sócrates, que hasta aquí haya logrado iniciarte en los misterios del Amor; pero del último grado de iniciación y de las revelaciones más secretas, de todo lo que te he estado diciendo, no es más que una preparación, no sé, si aun bien dirigido, podrá tu espíritu elevarse hasta ellos. No por esto dejará de continuar mi celo prosiguiendo tu enseñanza sin debilitarse. Procura seguirme lo mejor que puedas.

»El que quiera llegar a este fin por el camino verdadero debe empezar a buscar los cuerpos bellos y hermosos desde su edad temprana; si está bien dirigido debe también, además, no amar más que a uno solo y engendrar bellos discursos en el que haya elegido. A continuación deberá llegar a comprender que la belleza que se muestra en un cuerpo cualquiera es hermana de la que se encuentra en todos los otros. En efecto, si hay que buscar la belleza en general, sería una verdadera locura no creer que la belleza que reside en todos los cuerpos es una e idéntica. Una vez penetrado de este pensamiento deberá mostrarse amante de todos los cuerpos bellos y despojarse, como de una menospreciada futesa, de toda pasión que se encontrara en uno solo. Después aprenderá a estudiar la belleza del alma, considerándola mucho más preciosa que la del cuerpo, de tal manera que un alma bella, aun en un cuerpo privado de atractivos, basta para atraer su amor y su interés y para hacerle engendrar en ella los discursos más a propósito para el perfeccionamiento de la juventud. Por este medio se verá forzosamente obligado a contemplar la virtud que se encuentra en las acciones de los hombres y en las leyes y a ver que esa cualidad es idéntica a ella misma en todas partes, y, por consiguiente, a hacer poco caso de la belleza corporal. De los actos de los hombres pasará a las ciencias para contemplar su belleza, y entonces, con un concepto más amplio de lo bello, no estará ya encadenado como un esclavo en el estrecho amor de un mancebo o adolescente, de un hombre o de una sola acción, sino que, lanzado al océano de la belleza y alimentando sus ojos con el espectáculo, engendrará con inagotable fecundidad los discursos y pensamientos más bellos de la filosofía hasta que, habiendo fortificado y aumentado su espíritu con esta sublime contemplación, no vea más que una ciencia: la de lo bello.

»Préstame ahora toda la atención de que seas capaz. Quien esté iniciado en los misterios del amor hasta el punto en que estamos, después de haber recorrido en un orden conveniente, todos los grados de lo bello, llegado al término de la iniciación, descubrirá de repente una maravillosa belleza, la que era el objetivo de todos sus trabajos anteriores: belleza eterna, increada e imperecedera, exenta de incremento y de disminución, belleza que no es bella en tal arte y fea en otra, bella por un concepto y fea por otro, bella en un sitio y fea en otro, bella para unos y fea para otros; belleza que no tiene nada sensible como en un rostro y unas manos ni nada corpóreo, que no es tampoco un discurso o una ciencia, que no reside en un ser diferente de ella misma, en un animal, por ejemplo, o en la Tierra o en el Cielo o en cualquier otra cosa, pero que existe eterna y absolutamente por ella misma y en ella misma, de la cual participan todas las demás bellezas, sin que su nacimiento ni su destrucción le aporten la menor disminución ni el menor incremento ni la modificación en nada. Cuando de las bellezas inferiores se ha elevado uno por un amor a los jóvenes, bien entendido, hasta esta belleza perfecta, y se empieza a entreverla, estará muy próxima la consecución del objetivo, porque el camino recto del amor, que lo siga uno por sí mismo o guiado por otro, hay que empezarlo por la belleza de aquí abajo hasta elevarse a las alturas en que impera la belleza suprema, pasando, por decirlo así, por todos los peldaños de la escala, de un cuerpo bello o dos, de dos a todos los otros, de los cuerpos bellos a las bellas ocupaciones a las ciencias bellas, hasta que de ciencia en ciencia se llega a la ciencia por excelencia, que no es otra que la ciencia de lo bello mismo, y se termine conociéndolo tal como es en sí. ¡Oh, mi querido Sócrates!, continuó la extranjera de Mantinea, si alguna cosa da valor a esta vida es la contemplación de la belleza absoluta; y si llegas a contemplarla, ¡qué te parecerán después el oro y las joyas, los niños más bellos y esos jóvenes, cuya vista te turba y encanta, y lo mismo a otros muchos, que por ver sin cesar a los que amáis, por estar incesantemente con ellos, si fuere posible hasta os privaríais de comer y beber y pasaríais la vida a su lado absortos en su contemplación! ¿Qué pensar de un mortal a quien le fuera dado contemplar la belleza pura, simple y sin mezcla, no revestida de carne, de colores luminosos ni de todas las otras vanidades perecederas, sino la belleza divina misma? ¿Crees que sería un miserable destino tener fijos los ojos en ella y gozar de la contemplación y de la compañía de un objeto tal? ¿No crees, al contrario, que el hombre, que fuera el único aquí abajo que percibiera lo bello por el órgano al cual lo bello le es perceptible, podría él solo engendrar no imágenes de la virtud, puesto que no se une a imágenes, sino verdaderas virtudes, ya que con lo que se une es la verdad? Y al que engendra y alimenta la verdadera virtud es al que le corresponde ser amado de la divinidad, y si algún hombre tiene que ser inmortal es éste sobre todos.

»Tales fueron, mi amado Fedro y todos los que me escucháis, los discursos de Diotima, que me persuadieron y con los que a mi vez trato de convencer a los demás de que para conseguir un gran bien encontrará difícilmente la naturaleza humana un auxiliar más poderoso que el Amor. También digo que todo hombre debe honrar al Amor. De mí os digo que venero todo cuanto a él se refiere y que hago de ello un culto particular y lo recomiendo a los otros; en este mismo instante acabo de celebrar lo mejor que he podido, como hago sin cesar, el poder y la fuerza del Amor. Y ahora dime, Fedro, si ese discurso puede ser llamado un elogio al Amor, y si no, dale el nombre que mejor te plazcan.

Al terminar de hablar Sócrates llovieron sobre él las alabanzas, pero Aristófanes se disponía a hacer algunas observaciones
porque Sócrates en su discurso había hecho una alusión a una
cosa que él había dicho, cuando de repente se oyó mucho ruido en la puerta exterior y fuertes golpes redoblados en ella; al
mismo tiempo se pudieron distinguir voces jóvenes que debieron de haber bebido más de lo conveniente y la de una tocadora de flauta. —Esclavos, exclamó Agatón, id a ver qué es eso; si
es alguno de nuestros amigos, hacedlos entrar, y si no, decidles
que hemos cesado de beber y que estamos descansando. Un instante después oímos la voz de Alcibíades, medio borracho, que
gritaba: —¿Dónde está Agatón? Que me lleven a donde está
Agatón. Unos cuantos de sus amigos y la flautista le cogieron
bajo los brazos y le llevaron hasta la puerta de nuestra sala.
Alcibíades se detuvo; llevaba una guirnalda de violetas y hiedra
con numerosas cintas. —Amigos, os saludo, dijo. ¿Queréis
admitir en vuestra mesa a un hombre que ha bebido ya bastante? ¿O nos iremos después de haber coronado a Agatón, porque
este es el objeto de nuestra visita? Me fue imposible venir ayer,
pero aquí me tenéis con la corona y las cintas para ceñir con ella
la frente del más sabio y hermoso de los hombres, si me está
permitido expresarme así. ¿Os reís de mí porque estoy borracho? Reíd tanto como os plazca, porque sé que digo la verdad.
Pero veamos; contestadme: ¿me dejáis entrar o no? ¿Beberéis
conmigo o no? Todos exclamaron: —¡Que entre y se acomode!
El mismo Agatón le llamó. Sostenido por sus amigos se adelantó Alcibíades y mientras se ocupaba de quitarse las cintas y las
guirnaldas para coronar a Agatón, no vio a Sócrates que estaba
frente a él y fue a sentarse precisamente entre Agatón y él, que
se había apartado para hacerle sitio. Después de sentarse besó
Alcibíades a Agatón y le coronó. —Esclavos, dijo éste: descal-
zad a Alcibíades, que será el tercero en este triclinio. —Con
mucho gusto, dijo Alcibíades; pero, ¿quién es este tercer bebe-
dor? Y al volverse y ver a Sócrates se levantó bruscamente,
exclamando: —¡Por Hércules!, ¿qué es esto? ¿Cómo, Sócrates?
¡Otra vez en acecho para sorprenderme, apareciendo, según
acostumbras, en el momento en que menos lo esperaba! ¿Qué
has venido a hacer aquí? ¿Por qué ocupas este sitio? ¿Cómo te
las has arreglado para en vez de sentarte al lado de Aristófanes
o de algún otro de los que bromean te encuentro al lado del más
bello de la compañía? —¡Socorro, Agatón!, replicó Sócrates. El

amor de este hombre es para mí un verdadero apuro. Desde que empecé a amarle no puedo mirar ni hablar a ningún joven, sin que por despecho o celos se libre a excesos increíbles, colmándome de injurias y conteniéndose con dificultad para no unir los golpes a las recriminaciones. Ten, pues, cuidado de que ahora mismo no la emprenda contra mí y se deja llevar de un arrebato de este género; procura que haga la paz conmigo o protégeme si quiere entregarse a alguna violencia, porque tengo miedo de su amor y de sus furores celosos. No habrá paz entre nosotros, dijo Alcibíades, pero dejaré la venganza para otra ocasión. Ahora, Agatón, ten la bondad de devolverme unas cuantas cintas de tu guirnalda para que ciña con ella la maravillosa cabeza de este hombre. No quiero que pueda reprocharme no haberle coronado como a ti, a él, que en los discursos triunfa de todo mundo, no sólo en una ocasión, como tú ayer, sino siempre. Cogió unas cintas, coronó a Sócrates, se dejó caer sobre el triclinio y después de acomodarse dijo: —¿Qué es esto, amigos míos? Me parecíais muy sobrios y no me parece que deba consentíroslo: hay que beber: es lo convenido. Me constituyo en rey del festín hasta que hayáis bebido como es preciso. Agatón, manda a un esclavo que me traiga una copa bien grande, o mejor: esclavo, dame esa vasija. Aquel vaso podría contener más o menos ocho cótilas. Después de haberlo hecho llenar lo apuró Alcibíades el primero y en seguida lo hizo llenar para Sócrates diciendo: —Que nadie vea malicia en lo que hago, porque Sócrates bebería tanto como quisiéramos y nunca se emborracharía. El esclavo llenó el vaso y Sócrates bebió. Erixímaco tomó la palabra entonces y preguntó: —¿Qué vamos a hacer, Alcibíades? ¿Beberemos sin hablar ni cantar y nos contentaremos con imitar a la gente que tiene sed? Alcibíades respondió: —Te saludo, Erixímaco, digno hijo del mejor y más sabio de los padres. —Te saludo igualmente, replicó Erixímaco; pero, ¿qué hacemos? —Lo que prescribas, porque es preciso obedecerte:

«Un médico vale él solo por muchos hombres.» Ordena, pues, lo que te agrade. —Entonces, escucha, dijo Erixímaco: antes de tu llegada habíamos acordado que cada uno de nosotros, por turno, empezando por la derecha, haría lo mejor que pudiera el elogio del Amor. Todos hemos cumplido como buenos; es justo que tú, que nada has dicho y que no has bebido menos, cumplas a tu vez. Cuando hayas terminado podrás prescribir a Sócrates el asunto que se te ocurra; él hará lo mismo con su vecino de la derecha y así sucesivamente. —Todo esto está muy bien, dijo Alcibíades: pero, ¡querer que un hombre embriagado dispute en elocuencia con gente sobria y de sangre fría! La partida no sería igual. Además, querido, lo que Sócrates dijo hace un momento de mis celos, ¿te ha persuadido o sabes que lo contrario es precisamente la verdad? Porque si en su presencia me atreviera a elogiar a otro que no fuera él, sea un dios o un hombre, no podría contenerse y me maltrataría. —Habla mejor, dijo Sócrates. —¡Por Posidón!, no digas nada, Sócrates, porque estando tú presente a nadie alabaré sino a ti. —¡Pues bien, sea!, dijo Erixímaco; haznos si te parece bien el elogio de Sócrates. —¿Cómo lo entiendes, Erixímaco? ¿Crees que es preciso caer sobre ese hombre y vengarme de él delante de vosotros? —¡Eh, joven mancebo!, le interrumpió Sócrates, ¿qué es lo que proyectas? ¿Quieres prodigarme irónicos elogios? Explícate. —Diré la verdad, si lo consientes. —¿Qué si lo consiento? Lo exijo. —Te voy a complacer, respondió Alcibíades; pero mira lo que vas a hacer: si digo algo que no sea verdad, interrúmpeme, si quieres, y no temas desmentirme, porque a sabiendas no diré ninguna mentira. Pero si no expongo los hechos con un orden muy exacto, no te extrañes, porque en el estado en que estoy no es muy fácil dar cuenta clara y seguida de tus extravagancias.

»Para elogiar a Sócrates, amigos míos, tendré que recurrir a comparaciones: Sócrates creerá quizá que trato de haceros reír, pero mis imágenes tendrán por objeto la verdad y no la broma. Empiezo diciendo que Sócrates se asemeja a esos silenos que vemos expuestos en los estudios de los escultores, a los que los artistas representan con una flauta o con pitos en la mano; si separáis las dos piezas de que se componen estas estatuas, encontraréis en su interior la imagen de alguna divinidad. Digo en seguida que Sócrates se parece especialmente al Sátiro Marsias. En cuanto al exterior, no me negarás, Sócrates, el parecido, y en cuanto a lo demás, escucha lo que tengo que decir: ¿no eres un presumido burlón? Si lo niegas traeré testigos. ¿No eres también un flautista y mucho más admirable que Marsias? Él encantaba a los hombres con la potencia de los sonidos que su boca arrancaba a los instrumentos, que es lo que todavía hacen hoy quienes ejecutan los aires de este sátiro; en efecto, los que tocaba Olimpo pretendo que son de Marsias, su maestro.

Pero gracias a su carácter divino, sea un hábil artista o una mala flautista quien los ejecute, tienen la virtud de arrebatarnos a nosotros mismos y de hacernos conocer a los que tienen necesidad de las iniciaciones y de los dioses; la única diferencia que hay en este asunto entre Marsias y tú, Sócrates, es que sin necesidad de instrumentos, con simples discursos, haces lo mismo que él. Otro que hable, aunque sea el más famoso orador, no nos causa, por decirlo así, ninguna impresión, pero que hables tú mismo o que otro repita tus discursos por poco versado que esté en el arte de la palabra, y todos los que escuchan, hombres, mujeres y adolescentes, se sienten impresionados y transportados. Si no fuera, amigos míos, porque temo que creáis que estoy completamente borracho, os testimoniaría con juramento la impresión extraordinaria que sus discursos me han producido y siguen produciéndome todavía. Cuando le escucho me late el corazón con más violencia que a los coribanes; sus palabras me hacen derramar lágrimas y veo a numerosos oyentes experimentando las mismas emociones. He oído hablar a Pericles y a nuestros más grandes oradores y los he encontrado elocuentes, pero no me hicieron sentir nada parecido. Mi alma no se turbaba ni se indignaba consigo misma de su esclavitud. Pero escuchando a Marsias, la vida que llevo me ha parecido a menudo insoportable. Tú no discutirás, Sócrates, la verdad de lo que digo, y ahora mismo siento que si prestara oído a tus discursos me resistiría a ellos y me producirían la misma impresión. Es un hombre que me obliga a reconocer que, faltándome muchas cosas, descuido mis propios asuntos para ocuparme de los atenienses. Para alejarme de él tengo que taparme los oídos como para escapar de las sirenas, porque si no, estaría constantemente a su lado hasta el fin de mis días. Este hombre despierta en mí un sentimiento del que nadie me creería susceptible: es el de la vergüenza; sí, únicamente Sócrates me hace enrojecer, porque tengo la conciencia de no poder oponer nada a sus consejos; y sin embargo, después de separarme de él me siento con fuerza para renunciar al favor popular. Por esto huyo de él y procuro evitarle, mas cuando le vuelvo a ver me avergüenzo ante él y enrojezco por haber hecho que mis actos desmintieran mis palabras, y a menudo creo que desearía que no existiera; y no obstante, si esto sucediera, sé que sería mucho más desgraciado todavía, de manera que no sé cómo debo proceder con este hombre.

»Tal es la impresión que produce en mí y en muchos otros también la flauta de este sátiro. Pero todavía quiero convenceros aún más de lo justo de mi comparación y del poder extraordinario que ejerce sobre los que le escuchan. Porque tenéis que saber que ninguno de nosotros conoce a Sócrates. Puesto que he empezado, os diré todo. Veis el ardiente interés que Sócrates demuestra por los bellos mancebos y adolescentes y con qué apasionamiento los busca y hasta qué extremo le cautivan; veis también que ignora todo y que no sabe nada; al menos así lo parece. ¿No es propio todo esto de un sileno? Enteramente. Tiene todo el exterior que los estatuarios dan al sileno, pero ¡abridle!, mis queridos comensales, ¡qué tesoros no encontraréis en él! Sabed que la hermosura de un hombre lo es el objeto más indiferente. Nadie se podría imaginar hasta qué punto la desdeña e igualmente a la riqueza y las otras ventajas que envidia el vulgo. Para Sócrates carecen de todo valor, y a nosotros mismos nos considera como nada; su vida entera transcurre burlándose de todo el mundo y divirtiéndose en hacerle servir de juguete para distraerse. Pero cuando habla en serio y se abre, no sé si otros habrán visto las bellezas que guarda en su interior; yo sí las he visto y me han parecido tan divinas, tan grandes, tan preciosas y tan seductoras, que creo es imposible resistirse a Sócrates. Pensando al principio que lo que le interesaba en mí era mi belleza, me felicité por mi buena fortuna; creí haber encontrado un medio maravilloso de medrar contando con que complaciéndole en sus deseos obtendría con seguridad de él que me comunicara toda su ciencia. Tenía yo, además, la más elevada opinión de mis atractivos exteriores. Con este fin empecé por despedir al servidor que se hallaba siempre presente en mis entrevistas con Sócrates, para quedarme solo con él. Necesito deciros toda la verdad; escuchadme atentamente, y tú Sócrates, repréndeme si mintiere. Me quedé, pues, solo con Sócrates, amigos míos; esperaba inmediatamente que me pronunciaría uno de esos discursos que la palabra inspira a los amantes cuando se encuentran sin testigos con el objeto amado, y de antemano experimentaba un placer al imaginármelo. Pero mi esperanza me engañó: Sócrates estuvo conmigo todo el día hablándome como de costumbre, hasta que se retiró. Otro día le desafié a ejercicios gimnásticos, esperando conseguir algo por este medio. Nos ejercitamos y a menudo luchamos juntos sin testigos, pero nada adelanté. No pudiendo conseguir nada por este camino, me decidí a atacarle enérgicamente. Había empezado y no quería declararme vencido antes de saber a qué atenerme. Le invité a cenar como hacen los amantes cuando quieren tender un lazo a sus bien amados; al pronto rehusó, pero con el tiempo concluyó por acceder. Vino, pero apenas hubo cenado quiso marcharse. Una especie de pudor me impidió retenerle. Pero otra vez le tendí un nuevo lazo, y después de cenar prolongué nuestra conversación hasta muy avanzada la noche, y cuando quiso marcharse le obligué a quedarse, pretextando que era demasiado tarde. Se acostó en el lecho en el cual había cenado, que estaba muy cerca del mío, y nos quedamos solos en la sala.

»Hasta aquí no hay nada que no pueda referir delante de quienquiera que sea. Lo que va a seguir no lo oiríais de mis labios si el vino, con la infancia o sin ella, no dijera siempre la verdad, según el proverbio, y porque olvidar un admirable rasgo de Sócrates después de haberme propuesto elogiarlo, no me parece justo. Me encuentro además en la misma disposición de ánimo de los que han sido mordidos por una víbora, que no quieren hablar con nadie de su accidente si no es con aquellos a quienes ocurrió lo propio, como los sólo capaces de concebir y excusar todo lo que hicieron y dijeron en sus sufrimientos. Y yo, que me siento mordido por algo más doloroso y en el sitio más sensible, llámesele corazón, alma o como se quiera, yo que he sido mordido y estoy herido por los discursos de la filosofía, cuyos dardos son más acerados que el dardo de una víbora, cuando alcanza a un alma joven y bien nacida y la hacen decir o hacer mil cosas extravagantes; viendo en derredor mío a Fedro, Agatón, Erixímaco, Pausanias y Aristodemo, sin contar a Sócrates y a los otros, afectados como yo de la locura y la rabia de la filosofía, no dudo en proseguir delante de vosotros el relato de aquella noche, porque sabréis excusar mis actos; y a todo hombre profano y al sin cultura cerradle con triple candado los oídos.

»Cuando se apago la lámpara, amigos míos, y los esclavos se hubieron retirado, juzgué que no me convenía usar rodeos con Sócrates y que debía exponerle claramente mi pensamiento. Le toqué, pues, con el codo y le pregunté: —¿Duermes, Sócrates? —Todavía no, me respondió. —¿Sabes en lo que estoy pensando? —¿En qué? —Pienso en que tú eres el solo amante digno de mí y me parece que no te atreves a descubrirme tus sentimientos. De mí puedo asegurarte que me encontraría muy poco razonable si no buscara complacerte en esta ocasión, como en toda otra en la que pudiera quedarme obligado bien por mí mismo o bien por mis amigos. No tengo empeño mayor que el de perfeccionarme todo lo posible y no veo a nadie cuyo auxilio para esto pueda serme más provechoso que el tuyo. Si rehusara alguna cosa a un hombre como tú, temería más verme criticado por los sabios que no por los necios y vulgares concediéndote todo. Y Sócrates me contestó con su habitual ironía: —Si lo que dices de mí es cierto, mi querido Alcibíades; si tengo, en efecto, el poder de hacerte mejor, no me pareces en verdad poco hábil, y has descubierto en mí una maravillosa belleza muy superior a la tuya. Por consiguiente, al querer unirte a mí y cambiar tu belleza por la mía, me parece que comprendes muy bien tus intereses, porque en vez de la apariencia de lo bello quieres adquirir la realidad y darme cobre para recibir oro. Pero míralo más de cerca, buen joven, no vaya a ser que te engañes acerca de lo que valgo. Los ojos del espíritu no empiezan a ver con claridad hasta la época en que los cuerpos se debilitan, y tú estás todavía muy lejos de ese momento. —Tales son mis sentimientos, Sócrates, le repliqué, y no he dicho nada que no piense; tú adoptarás la resolución que te parecerá más conveniente para ti y para mí. —Está bien, me respondió; la pensaremos y haremos en esto, como en todo, lo que más nos convenga a los dos.

»Después de estas palabras le creí alcanzado por el dardo que le había lanzado. Sin dejarle tiempo para añadir una palabra, me levanté envuelto en este mismo manto que veis, porque era invierno, y tendiéndome sobre la vieja capa de este hombre, ceñí con mis brazos a esta divina y maravillosa persona y pasé a su lado toda la noche. Espero, Sócrates, que de todo lo que estoy diciendo no podrás desmentir una palabra. Pues bien: después de tales insinuaciones permaneció insensible y no tuvo más que desdenes y desprecios para mi belleza y no ha hecho más que insultarla, y yo, amigos míos, la juzgaba de algún valor. Sí, sed jueces de la insolencia de Sócrates; los dioses y las diosas pueden ser mis testigos de que me levanté de su lado como me habría levantado del lecho de mi padre o de un hermano mayor.

»Después de esto, ya concebiréis cuál debió ser la situación de mi espíritu. Por una parte, me consideraba menospreciado y por otra admiraba su carácter, su temperancia y la fortaleza de su alma, y me parecía imposible encontrar un hombre que le igualara en sabiduría y en dominio sobre sí mismo: de manera que no podía enfadarme ni pasar sin su compañía y tampoco veía la forma de ganármela, porque sabía muy bien que era mucho más invulnerable al dinero que Ayante al hierro y que el único atractivo al que le creía sensible no había podido nada contra él. Más servil a este hombre que ningún esclavo puede serlo a su amo, fui errante de un lado a otro sin saber qué partido tomar. Tales fueron mis primeras relaciones con él. Más tarde nos encontramos juntos en la expedición contra Potidea, donde fuimos compañeros de mesa. Allí veía a Sócrates descollando no solamente sobre mí, sino sobre todos por su paciencia para soportar las fatigas y penalidades. Si como suele ocurrir en campaña nos faltaban víveres, Sócrates soportaba el hambre y la sed mucho mejor que todos nosotros, y si teníamos abundancia, sabía disfrutar de ella mejor que los demás. Sin ser amigo de la bebida, bebía más que ningún otro si le obligaban y lo que va a sorprenderos es que nadie le ha visto embriagado, y de esto me figuro que muy pronto vais a tener la prueba. En aquel país el invierno es sumamente riguroso y el modo de resistir Sócrates el frío era prodigioso. Cuando helaba más y nadie se atrevía a salir de sus alojamientos o si salía era muy abrigado, bien calzado y los pies envueltos en fieltro o en pieles de oveja, no dejaba de entrar y salir con la misma capa que tenía la costumbre de llevar, y con los pies descalzos marchaba más cómodamente sobre el hielo que nosotros que íbamos bien calzados, tanto, que los soldados le miraban con malos ojos, creyendo que los desafiaba. Tal fue Sócrates entre las tropas.

»Pero ved lo que todavía hizo y soportó este hombre animoso durante esta misma expedición: el rasgo es digno de ser referido. Una mañana se le vio en pie entregado a una profunda meditación. No encontrando lo que buscaba no se marchó, sino que continuó reflexionando en la misma postura. Era ya el mediodía; nuestra gente le observaba diciéndose extrañados unos a otros que Sócrates estaba desde muy temprano abstraído en sus pensamientos. Por fin, cuando ya había anochecido, los soldados jonios, después de haber cenado, armaron sus camas de campaña cerca de donde él se hallaba para dormir a la intemperie, porque entonces era verano, y observar al mismo tiempo si pasaría la noche en la misma actitud, y en efecto, continuó estando en pie hasta la salida del sol, cuando, después de haber hecho su plegaria al astro del día, se retiró.

»¿Queréis saber cómo se conduce en los combates? Es una justicia que hay que rendirle todavía. En un hecho, todo cuyo honor me atribuyeron los generales, fue él quien me salvó la vida. Viéndome herido, no quiso abandonarme, y nos libró a mí y a mis armas de caer en manos del enemigo. Insistí entonces, Sócrates, cerca de los generales para que te adjudicaran el premio al valor, y este es un hecho que no podrás discutirme ni tratar de mentira; pero los generales, por consideración a mi categoría, quisieron otorgarme el premio y tú te mostraste más interesado que ellos en que me lo concedieran con perjuicio tuyo. La conducta de Sócrates, amigos míos, merece ser conocida también en la retirada de nuestro ejército después de la derrota de Delion. Yo estaba a caballo y él a pie y pesadamente armado. Nuestra gente comenzaba a huir en todas direcciones. Sócrates se retiraba con Lanques. Los encontré y les dije que tuvieran ánimos, porque no los abandonaría. Entonces conocí a Sócrates mejor aún que en Potidea, porque estando a caballo tenía menos que ocuparme de mi seguridad personal. Desde el primer momento me di cuenta de que Sócrates era mucho más animoso que Laques; vi también que allí, como en Atenas, marchaba arrogante y con desdeñoso mirar, para hablar como tú, Aristófanes. Miraba tranquilamente a los nuestros, lo mismo que al enemigo, y desde lejos se adivinaba en su continente que no se le acercarían impunemente. Y así se retiraron sanos y salvos él y su compañero, porque en la guerra no se ataca generalmente al que muestra tales disposiciones, sino más bien se persigue a los que huyen a toda velocidad de sus piernas.

»Podía añadir en alabanza a Sócrates un gran número de hechos no menos admirables, pero que también pueden ser contados de otros. Pero lo que hace a Sócrates digno de particular admiración es no tener semejantes ni entre los antiguos ni los contemporáneos. Podría comparársele, por ejemplo, con Brásidas o con tal otro, con Aquiles, Pericles, Néstor y Antenor, y hay otros personajes entre los cuales sería fácil establecer relaciones. Pero no se encontrará ninguno entre los antiguos ni entre los modernos que se aproxime en nada a este hombre en sus discursos y en sus originalidades, a menos de compararle, como he hecho, a él y a sus discursos, a los silenos y a los sátiros, porque me olvidé de deciros al empezar que sus discursos tienen también un perfecto parecido con los silenos: que se abren. En efecto, a pesar del deseo que se tiene de escuchar a Sócrates, lo que dice parece al principio completamente grotesco. Las expresiones de que reviste sus pensamientos son tan groseras como la piel de un impúdico sátiro; no os habla más que de asnos embastados, forjadores, zapateros y curtidores, y hace el efecto que dice las mismas cosas en otros términos de manera que no es de extrañar que al ignorante y al tonto le entren ganas de reír. Pero que se abra ese discurso y examine su interior y se encontrará en seguida que está lleno de sentido y después que es divino y que encierra las imágenes más nobles de la virtud; en una palabra, todo lo que debe tener presente ante los ojos el que quiera ser un hombre de bien. He aquí, amigos míos, lo que elogio en Sócrates y de lo que le acuso, porque he unido a mis elogios el relato de los ultrajes que me ha inferido. Y no soy yo sólo a quien ha tratado así, porque también ha engañado a Cármides, hijo de Glauco; a Eutidemo, hijo de Diocles, y a una porción más de jóvenes aparentando ser su amante cuando más bien representaba cerca de ellos el papel del bien amado. Y tú también, Agatón, aprovéchate de estos ejemplos y procura no dejarte engañar a tu vez por este hombre; que mi triste experiencia te ilumine y no imites al insensato, que según el proverbio por la pena es cuerdo.»

Cuando acabó de hablar Alcibíades, se rieron de su franqueza y de que parecía que todavía estaba enamorado de Sócrates.

Éste tomó entonces la palabra: —Me imagino que has estado sobrio esta noche, porque si no, no habrías tratado el asunto con tanta habilidad, intentando desviarnos del verdadero motivo de tu discurso, motivo del que sólo has hablado incidentalmente, como si tu único fin sólo hubiera sido el que nos enemistásemos Agatón y yo, porque has pretendido que debo amarte y a nadie más y que únicamente tú debes amar a Agatón. Pero hemos descubierto tu ardid y visto claro la tendencia de la fábula de los sátiros y los silenos. Desbaratemos, pues, su plan, querido Agatón, y hagamos de manera que nadie pueda separarnos al uno del otro. —Creo, en verdad, Sócrates, que tienes razón, dijo Agatón, y estoy seguro de que ha venido a sentarse entre tú y yo nada más que para separarnos, pero no va a salirse con la suya, porque ahora mismo voy a ponerme a tu lado. —¡Muy bien!, dijo Sócrates; ven aquí a mi derecha. —¡Ves, Zeus, exclamó Alcibíades, lo que me hace sufrir este hombre! Se imagina que puede imponerme la ley en todo.

Permite al menos, maravilloso Sócrates, que Agatón se coloque entre nosotros dos. —Imposible, dijo Sócrates, porque acabas de pronunciar mi elogio; ahora me toca a mí hacer el de mi vecino de la derecha. Mas si Agatón se coloca a mi izquierda, no hará seguramente de nuevo mi elogio mientras no haya hecho yo el suyo. Deja venir, pues, a este joven, mi querido Alcibíades, y no le envidiéis las alabanzas que estoy impaciente por prodigarle. —No hay medio de que me quede aquí, Alcibíades, exclamó Agatón; quiero cambiar de sitio para oírme elogiar por Sócrates. —He aquí lo que siempre sucede, dijo Alcibíades. Doquier se encuentre Sócrates, su único sitio está al lado de los jóvenes. Y ahora mismo ved, ¿qué pretexto tan fácil y plausible ha encontrado para que Agatón se coloque a su lado!

Agatón se levantaba para sentarse al lado de Sócrates, cuando un alegre tropel se presentó ante la puerta en el preciso momento en que uno de los convidados se disponía a salir. Prodújose entonces un gran tumulto al entrar en la sala los recién llegados y sentarse alrededor de la mesa, y en el desorden general se vieron obligados los invitados a beber con exceso. Aristodemo añadió que Fedro, Erixímaco y algunos otros se marcharon a sus casas y que él se quedó dormido; y después de un largo sueño, porque en aquella estación las noches son muy largas, se despertó con la aurora al oír cantar a unos gallos. Al abrir los ojos vio que los otros convidados dormían o se habían ido. Agatón, Sócrates y Aristófanes eran los únicos que estaban despiertos y vaciaban por turno una copa muy grande que se pasaban de uno a otro y de derecha a izquierda. Al mismo tiempo discurría Sócrates con ellos. Aristodemo no recordaba lo que hablaron, porque como acababa de despertarse, no había oído el principio, pero someramente me dijo que Sócrates había forzado a sus dos interlocutores a que reconocieran que un mismo hombre debe ser a la vez poeta trágico y poeta cómico, y que cuando se sabe tratar la tragedia según las reglas del arte, se debe saber igualmente tratar la comedia. Obligados a convenir en ello y no siguiendo más que a medias la discusión, se les empezaron a cerrar los ojos. Aristófanes fue el primero que se durmió; después Agatón, cuando ya era muy de día. Sócrates, después de haber visto dormidos a los dos, se levantó y salió como de costumbre acompañado de Aristodemo, fue al Liceo, se bañó allí y pasó el resto del día consagrado a sus ocupaciones habituales y no volvió a su casa hasta la noche para reposar.

ÍNDICE

obraSelectas